et notre fils bien aimé
Henri Walbaum pour
le 15ᵐᵉ anniversaire de
naissance de la part de ses
parents, ce 21 Aout 187.
H. Walbaum

JEAN CALAS

ET SA FAMILLE

10757. — IMPRIMERIE GÉNÉRALE DE CH. LAHURE

Rue de Fleurus, 9, à Paris

LA MALHEUREUSE FAMILLE CALAS

la e Mère, les deux Filles, avec Jeanne Viguiere, leur bonne Servante, le Fils et son ami, le jeune Lavaysse.

Qualibus in tenebris vitæ quantilque periclis
Degitur hoc ævi quodcumque est.   Lucret.

Avec Privilège du Roi.

Imp. par F. Chardon ainé, r. Hautefeuille, 30, Paris.

LA MALHEUREUSE FAMILLE CALAS

La Mère, les deux Filles, avec Jeanne Viguiere, leur bonne Servante, le Fils et son ami, le jeune Lavaysse.

Qualibus in tenebris vitæ quantilque periclis
Degitur hoc ævi quodcunque est.
                                    Lucret.

Avec Privilège du Roi.

Imp. par F. Chardon ainé, r. Hautefeuille, 30, Paris.

JEAN CALAS

ET SA FAMILLE

ÉTUDE HISTORIQUE D'APRÈS LES DOCUMENTS ORIGINAUX

SUIVIE

DE PIÈCES JUSTIFICATIVES

ET DES LETTRES DE LA SŒUR A.-J. FRAISSE
DE LA VISITATION

PAR

ATHANASE COQUEREL FILS

SECONDE ÉDITION
REFAITE SUR DE NOUVEAUX DOCUMENTS

PARIS

LIBRAIRIE DE JOËL CHERBULIEZ
33, RUE DE SEINE, 33

1869

PRÉFACE.

On peut se demander s'il est nécessaire, s'il est à
propos, de revenir, après un siècle presque révolu, sur
le procès de Jean Calas, un obscur marchand de Toulouse ? Son crime ou son innocence, l'erreur judiciaire
ou le juste arrêt qui l'envoya à l'échafaud, n'est-ce
pas un de ces faits isolés, une de ces questions toutes
particulières qui peuvent occuper quelques jours l'attention du public, mais auxquelles le temps ne laisse
guère qu'un intérêt très-secondaire et de pure curiosité?

Et si, au contraire, ce condamné a encore des champions dévoués et des adversaires ardents ; si, de part
et d'autre, on se passionne, aujourd'hui même, à ce
douloureux sujet, n'y a-t-il pas un tort et peut-être un
danger à évoquer sans nécessité des souvenirs encore
brûlants?

Quant à la première de ces questions, les faits répondent. Nous aurons à juger plusieurs publications
tout à fait récentes, destinées à prouver le crime de
Calas et nous croyons savoir que d'autres encore se
préparent. L'opinion publique, sous l'influence de la réac-

A

tion ultra-catholique de notre temps, se prononce de plus
en plus pour les juges et contre la victime. A Toulouse,
des passions locales n'ont jamais cessé de donner à
ce débat, sans cesse repris, un caractère d'amertume.
A Paris, les journaux l'*Univers* et le *Correspondant* se
sont empressés de communiquer à leurs lecteurs la
nouvelle justification des arrêts du Parlement et des
Capitouls.

On va jusqu'à prétendre que le rôle de Voltaire, dans
ce procès dont il a fait l'entretien de l'Europe entière,
bien loin d'être glorieux pour lui, n'est qu'un exemple
de sa légèreté et de sa mauvaise foi, et ne vaut pas
mieux que ses sarcasmes contre le christianisme ou ses
écrits licencieux.

De ces attaques nombreuses et réitérées, il est résulté
une impression générale d'incertitude. Pour bien des
esprits, la question est devenue douteuse et elle exige
un plus ample informé.

Il nous paraît convenable de répondre à ce désir, et
le moment est propice. Évidemment on a repris intérêt
à ce procès ; les écrits que nous citerons le prouvent.
Il existe d'ailleurs, sur cette affaire et sur les hommes
qu'elle met en scène, des renseignements inédits, importants et nombreux, dont l'usage, qui eût été indis-
cret jusqu'à nos jours, n'a plus d'inconvénients. Quelques-unes de ces pièces se trouvaient entre mes mains,
et j'ai été amené peu à peu à en réunir beaucoup
d'autres. J'ai voulu ne laisser échapper aucun rayon de
lumière et ne rien dire que sur preuves authentiques.
Je crois donc devoir, avant tout, rendre ici un compte
précis des sources où j'ai puisé et des garanties de suffisante information que peut offrir ce travail.

C'est de la famille même du condamné qu'étaient venus jusqu'à moi les premiers documents. La plus jeune

des filles de Jean Calas est morte à Paris sous la Restauration, veuve du pasteur Duvoisin, chapelain de
l'Ambassade de Hollande à Paris.

Elle avait remis ses papiers de famille au dernier successeur de son mari, M. Marron, qui était devenu pasteur de l'Église réformée de Paris quand le culte protestant fut réorganisé par le premier consul. M. Marron
laissa ces documents à mon oncle Charles Coquerel,
auteur de l'*Histoire des Églises du Désert*, où le malheur
des Calas est raconté. C'est de lui-même que je les
tiens, et il m'a plus d'une fois recommandé de faire
paraître les *Lettres adressées par la Sœur A. J. Fraisse à
Mme Duvoisin*, si jamais ce grand procès, considéré longtemps comme définitivement jugé et gagné, occupait de
nouveau l'attention. Peu de semaines avant sa mort, en
m'indiquant ses dernières volontés au sujet des papiers
qu'il me léguait, il me fit promettre de publier un jour
cette correspondance.

Quand je vis reparaître, il y a trois ans, le nom de
Calas dans des brochures et des journaux hostiles à sa
mémoire, je compris que le moment venait de payer
cette dette, sacrée pour moi. Je croyais m'en acquitter
en me faisant simplement l'éditeur des *Lettres* de la religieuse. J'étais vivement exhorté à les publier, par un ou
deux excellents juges qui les avaient lues et qui se
trouvaient sous le charme de cette parole à la fois
naïve, touchante et spirituelle, de ces sentiments pieux,
si équitables et si élevés. Je pensais qu'il suffirait de
mettre une courte notice en tête de cette correspondance et je m'occupai d'en réunir les matériaux.

Je découvris alors, à ma grande surprise, que la
question avait été débattue plus récemment que je ne
le savais et presque toujours dans un sens hostile aux
Calas. Je rencontrai des assertions étranges à contrôler,

des calomnies à confondre, des méprises funestes à démêler.

Je ne crains nullement d'avouer qu'en lisant des récits inexacts, de maladroites défenses, il y eut un moment où moi-même j'hésitai, où je sentis que ma conviction manquait de base. Dès lors, je n'avais qu'un parti à prendre, celui de l'examen le plus sérieux et le plus détaillé. Quel qu'en fût le résultat, j'aurais cru devoir publier les lettres de la sœur Anne-Julie, comme un exemple édifiant de tolérance et d'impartialité, comme une œuvre touchante et digne d'être conservée. De plus, il y avait, en tout cas, à signaler l'extrême ignorance des juges de Toulouse, imaginant de bonne foi que le meurtre des enfants par leurs pères, pour cause de conversion au catholicisme, était commandé par Luther, par Calvin, et généralement pratiqué parmi les protestants. Quant aux Calas, pour peu que leur innocence m'eût paru douteuse, le rôle de leur défenseur ne me convenait en rien.

Il fallut donc essayer celui de juge d'instruction, ou plutôt de simple narrateur, et je ne l'eus pas longtemps entrepris que je vis clairement combien les modernes accusateurs avaient méconnu ou altéré les faits les mieux prouvés. D'un autre côté, il faut bien le reconnaître, les défenseurs de Calas ont souvent mal servi sa mémoire ; la plupart des écrits qui le réhabilitent sont entachés de partialité ; ceux de Voltaire pèchent quelquefois par la légèreté, et les Mémoires des trois avocats de Paris par la déclamation : les livres de Court de Gébelin, de d'Aldéguier et autres sont rarement exempts de passion, et l'on regrette chez presque tous le manque de précision, d'exactitude et de critique.

Au milieu de ce chaos, où se choquaient pêle-mêle

une centaine d'écrits pour ou contre, il y avait un seul
parti à prendre : ne consulter les auteurs modernes,
les avocats et Voltaire le premier, qu'à titre de renseignements, remonter aux sources originales et ne
juger que sur des témoignages contemporains, solidement établis.

Dès lors, c'est aux *Archives de l'État* qu'il fallait surtout recourir. Il s'y trouve des documents · de trois
ordres différents et d'une importance décisive. C'est
d'abord le procès, qui n'existe tout entier que là'.
Lorsque le Grand Conseil cassa les sentences rendues
à Toulouse en première instance par les Capitouls, et
en appel par le Parlement, il ordonna que des copies
certifiées de toute la procédure fussent envoyées aux
nouveaux juges. Malgré la mauvaise grâce et les délais
considérables qu'y mit le Parlement, il finit par obéir,
et tous ces documents, vérifiés sous ses yeux, furent
transmis par lui-même au tribunal des Maîtres des Requêtes. On y joignit plus tard les pièces, non moins importantes, que produisirent les Calas pour obtenir la
sentence du Conseil et enfin tous les actes de la dernière
information, faite à Paris par Dupleix de Bacquencourt.

Il était nécessaire, une fois familiarisé avec toute
cette procédure, d'aller à Toulouse pour pouvoir comparer avec la collection Parisienne celle qu'on y garde
dans les archives du Palais de Justice. Elle se compose
des originaux, tandis que celle de Paris ne contient que
des copies, mais certifiées par les mêmes autorités.
D'un autre côté, elle est beaucoup moins complète, et
cela sous un double rapport. La collection de la procédure toulousaine a été longtemps égarée à l'époque de
la Révolution, et quelques feuilles n'ont pas été retrou-

vées ou se sont perdues plus tard [1]. De plus, elle ne
comprend naturellement que la double information des
Capitouls et du Parlement; celle de Paris seule a pu se
grossir des pièces du troisième et du quatrième procès
devant le Grand Conseil et devant les Maîtres des Requêtes. Or, nous montrerons que devant les deux tribunaux de Toulouse le procès fut conduit de telle sorte
qu'il ne parvint à eux que des témoignages tous défa-
vorables (sauf un seul), et que les dépositions, les arguments, les faits justificatifs, tout ce qui pouvait servir
les accusés ne parut que devant les juges de Versailles
et de Paris. Aussi n'y a-t-il rien d'étonnant à ce que la
plupart des personnes qui ont vu seulement les pièces
toulousaines croient les Calas coupables; si ces mêmes
personnes lisaient les documents moins volumineux et
tout différents, des deux dernières instructions, elles
porteraient peut-être un jugement tout opposé. Il
n'appartient qu'à des esprits éminents et très-exercés,
comme l'ancien procureur général de Toulouse, aujour-
d'hui conseiller à la Cour de Cassation, M. Plougoulm,
de découvrir, dans les pièces mêmes sur lesquelles
Calas a été condamné à Toulouse, la pleine certitude
de son innocence.

Une seconde série de renseignements d'une haute
valeur se trouve à Paris aux Archives; ce sont les mi-

---

1. Il y a cependant à Toulouse quelques pièces accessoires qu'on
ne possède pas à Paris, et dont je me suis empressé de prendre connaissance. Ce sont : la Consultation demandée par le Procureur du Roi
Charles Lagane à un théologien de l'ordre de Saint-Dominique, le Père
Bourgis (voir p. 155); trois arrêtés rendus contre le procureur Duroux
fils, et un autre, prononcé dans l'affaire de l'assesseur Monyer (p. 120);
enfin un arrêt très-long et très-circonstancié qui établit, après le supplice de Calas, les droits des créanciers de sa succession; et quelques
autres documents sur ce règlement d'intérêts. — Ces pièces se trouvent
dans la copie que nous désignerons sous le nom de feu M. Gastambide.

nutes des dépêches dictées de 1761 à 1766 par le comte
de Saint-Florentin, secrétaire d'État [1]. Nous donnons,
à la suite de notre travail, un choix de ses lettres,
et nous en citerons beaucoup d'autres, soit dans le
cours même de notre discussion, soit dans les notes
placées à la fin du volume. On y verra que ce ministre dirigea secrètement et approuva tout ce qui eut
lieu.

Nous publions en même temps plusieurs lettres
adressées de Toulouse à M. de Saint-Florentin par les
juges de Calas ou par d'autres personnages influents
de l'époque, et qui se trouvent dans une autre section
de ces mêmes Archives [2]. Placées ainsi en regard les
unes des autres, les nouvelles que reçoit le ministre et
les instructions qu'il donne s'éclairent mutuellement
d'une vive lumière et fournissent de précieux éléments
au jugement qu'il s'agit d'établir.

Ces quatre séries officielles, dont trois à Paris et une
à Toulouse, sont complétées par une suite de dix-sept
pièces qui émanent de M. de Saint-Priest, intendant du
Languedoc, en résidence à Montpellier, et d'Amblard,
son subdélégué à Toulouse. J'en dois la communication
à M. Benoît, professeur à la Faculté de médecine, qui a
eu l'extrême obligeance de répondre à ma demande en
copiant lui-même ces dépêches sur les originaux, avec
une exactitude rigoureuse jusqu'à en respecter l'orthographe vieillie. C'est, du reste, une garantie de précision
et de correction que nous avons tenu à donner partout
où nous l'avons pu [3].

1. Dépêches du Secrétariat (série E. 8522 et suiv.)
2. Section historique 1818. Dossier de 19 pièces.
3. Archives de la préfecture de l'Hérault. (Liasse série C, n° 279.
Dossier : *Affaire Calas*). M. Rathery a bien voulu me faire savoir
qu'une copie de ces pièces a été communiquée à l'Académie de législation de Toulouse par M. Belhomme, archiviste du Languedoc. Cette

J'ai reçu de mon ami M. Charles Read divers documents
recueillis par la *Société d'Histoire du Protestantisme français* et d'autres qu'il a rassemblés lui-même. Je citerai
parmi les premiers quelques lettres inédites, prove-
nant de l'ancienne collection Lajariette à Nantes, et
copiées dans cette ville par M. le pasteur Vaugiraud;
parmi les derniers, plusieurs actes de l'état civil relevés par M. Read, à l'Hôtel de Ville de Paris, sur les
registres de la chapelle de l'ambassadeur de Hollande
et ceux du cimetière des protestants avant la Révolution.

Après les dépôts publics, il fallait consulter les papiers de famille. Avec les Calas un jeune homme, Gaubert Lavaysse, avait été impliqué dans ce terrible
procès, du 13 octobre 1761 au 9 mars 1765. Une de ses
sœurs, qui épousa l'écrivain La Beaumelle, avait réuni
en trois volumes in-8° une collection très-intéressante
de pièces relatives à cette affaire, contenant des mémoires imprimés, des lettres inédites, des articles de
journaux copiés par elle et jusqu'aux épigrammes, aux
petits vers de l'époque. Employé avec discrétion et critique, un pareil recueil était un trésor inappréciable.
Ces volumes, conservés d'abord au château de la No-
garède, près de Mazières (Ariége), par Mme Gleizes, fille
de La Beaumelle, se trouvent, depuis la mort de cette
dernière, au château de Lavelanet (Haute-Garonne), en
la possession de sa belle-sœur Mme Auguste Gleizes de
Caffarelli[1]. Malgré les scrupules et l'hésitation bien
naturelle qu'éprouvait Mme Aug. Gleizes à se séparer

Compagnie a fait déposer les documents qui lui étaient adressés dans
ses archives (Recueil de l'Académie de législation de Toulouse, t. **IV**,
p. 195, mai 1855). — Ce sont ces mêmes lettres que M. Salva a publiées
depuis, les croyant moins connues qu'elles ne l'étaient.

1. — Mme veuve Gleizes, née Jenny de Caffarelli, est décédée au château de Lavelanet le 16 février 1869, à l'âge de 73 ans.

de ces précieux volumes, elle m'a fait l'honneur de me
les envoyer à Paris et de les laisser longtemps entre
mes mains. Je ne puis trop lui en témoigner ici ma
respectueuse gratitude.

La Beaumelle prit une part active à la défense de la
famille accusée. Il s'était même procuré une copie léga-
lisée de la plupart des actes de la procédure toulousaine. Un autre membre de sa famille, son neveu,
M. Maurice Angliviel, ancien bibliothécaire au dépôt de
la Marine, héritier de tous ses manuscrits, a bien voulu
me les faire connaître et me fournir, en outre, nombre
de renseignements utiles.

M. Léonce Destremx, arrière-neveu de Cazeing qui
partagea un moment la captivité des Calas, a retrouvé
au château de Saint-Christol trois lettres de Mme Calas
et de sa fille Nanette à Cazeing, et d'autres papiers
de famille qu'il a bien voulu m'envoyer. Je dois également à M. Charles Meynier, de Nîmes, deux lettres de
Jean Calas.

A la Bibliothèque du Louvre, j'ai reçu les plus gracieux encouragements de M. Barbier, qui porte avec distinction un nom illustré par son père dans la science
bibliographique et qui m'a initié, non-seulement aux
richesses du dépôt public qui lui est confié, mais encore à d'autres qui lui appartiennent en propre. La bibliothèque considérable et toute spéciale réunie par
M. Beuchot, son beau-père, et qui lui a servi pour son
édition de Voltaire, m'a été ouverte, ainsi que les notes
manuscrites qu'il a laissées. J'y ai trouvé soit en indications, soit en livres, des ressources que j'avais cher-
chées vainement partout ailleurs.

Il ne suffisait pas d'explorer les diverses Bibliothèques de Paris ; j'ai visité en 1850 celle de Genève, dont
le directeur, feu M. Privat, était d'une famille alliée à

celle des Calas et s'est empressé de faciliter et d'éclairer mes recherches. Plus tard M. Gaberel, ancien pasteur, auteur d'une *Histoire de l'Église de Genève*, d'un ouvrage intitulé *Voltaire et les Genevois*, etc., a pris la peine de copier dans le dépôt de l'État civil, quelques renseignements qui m'étaient nécessaires.

J'ai trouvé aussi à Londres, dans le *British Museum*, quelques notes utiles.

Mais nulle part à l'étranger je n'ai reçu autant de secours qu'en Hollande, où un ancien et vénérable ami de mon père, M. L.-C. Luzac, *Curateur de l'Université de Leyde*, ancien ministre de l'instruction publique et de l'intérieur, a bien voulu mettre à contribution pour ce travail sa vaste bibliothèque, me communiquer deux lettres inédites de Voltaire, ainsi que d'autres pièces tirées de sa riche collection d'autographes, et enfin faire prendre, pour mon livre, à la Haye, des informations et des copies dans les Archives de l'État.

On peut juger, d'après ces détails, qu'il n'aurait pas été difficile de publier tout un volume de documents sur les Calas et leur procès. (Depuis la publication du livre, d'autres communications m'ont été faites en grand nombre.) J'ai cru que cette surabondance de preuves lasserait l'attention, et que ma tâche devait être d'éviter au lecteur le travail et les longueurs d'un examen si minutieux, en le faisant d'avance, et en mettant au jour, avec le résultat de ces investigations, l'élite des pièces justificatives.

J'ai cru devoir aussi dresser, sous le titre de Bibliographie, la liste la plus complète qu'il m'a été possible, des imprimés qui ont paru en diverses langues sur l'affaire Calas. Cette liste, plus que triple de celle qu'a donnée M. Beuchot, s'est encore enrichie. Je ne prétends nullement affirmer qu'elle soit complète, surtout pour les publications en langue allemande, anglaise ou hollandaise; mais j'ose dire que je n'ai rien épargné pour la compléter.

Ces nombreux écrits, je dois le faire remarquer, ou se répètent les uns les autres, ou n'embrassent qu'un côté du sujet. Quelques-uns même en font une véritable légende, embellie partout de détails fabuleux et semée d'anecdotes à effet. On n'avait pas encore essayé de contrôler au moyen des manuscrits les renseignements qu'ils contiennent, pour résumer, dans un récit détaillé, tout ce qu'ils ont de certain.

Bientôt, en puisant à ces sources diverses, la parfaite innocence des Calas et l'erreur déplorable où sont tombés leurs juges devinrent évidentes pour moi. C'est aux Archives, parmi les actes du quadruple procès, que cette vérité m'est apparue dans tout son éclat, et depuis, à chaque pas, ce travail m'en a fourni des preuves nouvelles. Je me suis appliqué à en rendre compte avec une sincérité absolue, sans m'étayer de ces arguments faibles qui ne font jamais que compromettre les forts, sans taire ce qu'il y avait à faire valoir contre ma propre opinion, et en faisant la part, aussi exacte que j'ai pu, du bien et du mal.

Ainsi, l'on a fait du Capitoul David un traître de mélodrame. Je l'ai peint, non d'après des conjectures, mais par ses propres lettres, par celles du ministre son instigateur, son complice et plus tard son juge. Louis Calas a été représenté par Court de Gébelin et d'autres comme dénaturé et lâche à un degré vraiment monstreux. J'ai fait voir par les faits, qu'il était sans cesse flottant, maîtrisé par ses amis et surtout cupide. Je n'ai voulu faire ni de Calas ni de sa veuve un type idéal et accompli; je les donne tels qu'ils se montrent. L'his-

toire, et surtout quand elle est biographique et indivi-
duelle, doit se garder de ces enthousiasmes mal fondés
qui couronnent un héros d'une auréole trop sainte
pour son front et le transfigurent au lieu de le peindre.
Les protestants ne doivent canoniser personne, pas
même un martyr.

Ce dernier mot m'amène à dire à quel point de vue
religieux je me suis placé. Il est essentiel de le déclarer. On aurait tort de chercher ici, ou d'y redouter, ni
un plaidoyer ni un pamphlet, pour ou contre le catholicisme, pour ou contre Voltaire ou l'Église réformée
de France. C'est un simple chapitre d'histoire, et rien
de plus. Il est vrai que dans cette histoire l'Église romaine, celle du Désert et l'école de Voltaire, sont toutes
trois en action. J'ai rendu justice à chacune selon mes
lumières, et avec une intention d'équité très-sérieuse
et très-soutenue.

J'ai blâmé sans hésiter les préventions populaires des
catholiques de Toulouse, leur étrange ignorance au sujet des protestants, l'intervention de l'Église, de ses ri-
tes et de ses corporations dans un procès où la religion
avait trop de part. Mais quand j'ai rencontré sur mon
chemin la vénérable et touchante figure de la vieille
Visitandine, c'est avec respect et sympathie que j'ai fait
connaître ses sentiments si élevés, ses actes si délicats;
la reconnaissant, malgré son caractère conventuel que
je suis très-loin d'aimer, comme une bonne chrétienne,
marquée du double sceau de la vraie charité et d'une
piété sincère. Et en disant ces choses comme je les
sens, chaleureusement et avec franchise, je n'ai nulle
intention de faire l'éloge ni même l'apologie des couvents; je remplis simplement le devoir d'un honnête
homme en présence de ce qui est moralement bon et
beau.

Quant à Voltaire, ai-je besoin de dire que l'éclat prodigieux de ses talents ne voile en rien à mes yeux ce
qu'il y eut de coupable dans la légèreté ignorante, la
mauvaise foi, le cynisme impie avec lesquels il a parlé
des choses les plus saintes et outragé à plaisir toute foi
et toute pudeur? Personne ne déplore plus que moi l'é-
ternelle confusion que faisait sans cesse cet ancien élève
des Jésuites, entre des abus détestables qu'il avait mille
fois raison de dénoncer, de combattre à outrance, et les
vérités religieuses ou morales qu'il enveloppait dans
les mêmes dérisions. Il est le plus coupable de ces
grands écrivains français qui ont abusé de l'esprit pour
tout railler, tout flétrir; sous ce rapport, le mal qu'il
a fait à la France est incalculable. Mais quelque énormes que soient ses torts (et je les tiens pour tels), je
dois dire bien haut, que ses efforts infatigables en faveur de la famille Calas, sans lesquels l'heure de la
réhabilitation n'aurait jamais sonné pour elle, furent
un exemple admirable de dévouement à l'humanité, à
la tolérance et à la justice. C'est par de pareils actes de
gouvernement moral qu'on fait avancer le monde, et au
milieu de ses chefs-d'œuvre, il a eu raison de dire en
songeant aux Calas et à d'autres :

> J'ai fait un peu de bien; c'est mon meilleur ouvrage.

Voltaire a régné sur son siècle, et souvent pour le
pervertir; mais quand il s'est servi de son immense
pouvoir pour propager de grands et immortels principes, qui lui venaient, à son insu, de l'Évangile; quand,
non content de les avoir proclamés, il les a pratiqués
lui-même et les a fait pratiquer autour et au-dessus de
lui, une profonde reconnaissance lui est due. La lui
refuser serait à mes yeux une preuve d'étroitesse ingrate et inique.

Si j'aime les humbles vertus de la religieuse, si je loue le zèle humain de l'incrédule, je n'ai pas moins le droit de faire admirer chez Calas un héroïsme dont la simplicité ne doit pas faire méconnaître la grandeur; chez sa veuve, la fermeté d'âme des matrones antiques, profondément pénétrée et attendrie par la foi chrétienne; chez Paul Rabaut et dans la part hardie qu'il prit à cette tragique histoire, l'intrépide dévouement d'un champion de l'Évangile qui, sous le coup d'une condamnation à mort, continue cinquante ans, sans orgueil ni faiblesse, son périlleux ministère, ne s'irrite jamais contre ses persécuteurs, et n'a qu'un seul jour de colère dans sa vie, celui où l'Église qu'il sert est accusée d'un fanatisme atroce et dénaturé. Sous l'ignoble règne de Louis XV, de pareils hommes sont l'honneur de leur pays, en même temps que la gloire de leur communion. Héritier de leur foi, j'ai été heureux de leur rendre hommage; mais j'ai résisté à l'entraînement de mon admiration.

En résumé, j'ai cherché, dans ce livre, à traiter chacun selon ce qui lui est dû, avec une justice qui a pu quelquefois être sévère, mais qui n'est jamais malveillante. La règle de mon travail a été cette maxime excellente, citée souvent et rarement pratiquée : *Suum cuique*.

ATH. C. F.

Novembre 1867.

AVERTISSEMENT

SUR CETTE ÉDITION

Depuis que ce livre a paru, la question qu'il traite a été de nouveau débattue. Une réfutation de notre travail a été publiée à Toulouse par un chanoine honoraire de cette ville, petit-neveu du Capitoul Boyer dont le vote décisif prévalut contre Calas (*Histoire du procès de Jean Calas à Toulouse*, par M. l'abbé Salvan). En outre, l'ouvrage d'un autre descendant des juges de Toulouse, M. le vicomte de Bastard d'Estang, *les Parlements de France*, a paru, et comme nous l'avions annoncé, l'auteur se prononce pour la culpabilité de la famille accusée.

Il m'a semblé, sinon très-nécessaire, au moins convenable de répondre à ces nouveaux réquisitoires, qui sont des symptômes remarquables, soit de la persistance des familles parlementaires de Toulouse dans les errements de leurs aïeux, soit de la réaction ultra-

montaine à laquelle nous assistons. D'ailleurs, le volume de M. Salvan m'a été utile à double titre, parce
qu'il contenait quelques pièces ou lettres du temps que
je ne connaissais qu'en partie.

Trois personnes, compétentes à des titres divers,
M. Charles Berryat-Saint-Prix, conseiller à la Cour de
Paris, M. Maurice Angliviel, neveu de la Beaumelle, pos-
sesseur de ses papiers, et M. Moquin-Tandon, de l'Institut, ont bien voulu me donner chacun, par écrit, une
série de notes sur la première édition de ce livre.

De nouvelles informations, en grand nombre, m'ont
permis aussi d'ouvrir une nouvelle enquête sur ce
mémorable procès. Non-seulement plusieurs personnes
m'ont fait l'honneur d'enrichir de divers documents
isolés mon trésor déjà considérable de pièces authentiques, mais une source très-riche de renseignements
originaux m'a été ouverte avec la plus parfaite obligeance. M. Fournier, ministre de France à Stockholm,
possédait dans son château de la Touraine, une malle
remplie des papiers de Mme Calas, qui avaient appartenu
après elle à son dernier descendant en France, Alexandre Duvoisin-Calas. Il s'y trouve treize lettres de Voltaire, inédites en grande partie.

Une gracieuse et active intervention m'ayant mis en
relation avec M. Fournier, il a bien voulu autoriser
non-seulement de nombreux extraits faits pour moi
dans sa collection par des mains amies, mais plus tard
la communication de cette riche collection tout entière ;

j'écris avec ces nouveaux documents originaux sous mes yeux. J'exprime ici à M. Fournier une très-vive gratitude.

J'ai dû à la même intervention, toujours zélée pour le bien et le vrai, le prêt d'un beau volume in-4º, qui contient la copie admirablement exécutée des principales pièces de la procédure toulousaine, fait sur les originaux et une série de quatorze lettres échangées entre l'intendant Saint-Priest, et son subdélégué à Toulouse, M. Amblard.

Sur la première page de ce recueil on lit ces mots :

Juin 1861.

Le procureur général de la Cour impériale,
Signé : E. GASTAMBIDE.

« Le présent volume de la procédure Calas a été copié textuellement sur le volume qui se trouve dans la Bibliothèque de la Cour impériale. — Il n'existe aujourd'hui que trois exemplaires de cet ouvrage; le premier appartient au parquet de la cour de Toulouse; le deuxième à M. Gastambide, conseiller à la Cour de cassation, ancien procureur général à Toulouse; le troisième à la Société des livres religieux de Toulouse. 25 décembre 1864. »

L'exemplaire qu'on a bien voulu me confier a été offert par M. Courtois de Viçoze à la Bibliothèque de la Société de l'histoire du protestantisme français et, selon l'intention du donataire, remis à M. Fernand Schickler, président de cette Société, après avoir servi à la présente révision de notre ouvrage. Ce précieux recueil reste donc à l'avenir accessible aux personnes studieuses

B

qui voudraient examiner de plus près les dépositions des témoins[1].

Quelques mots encore sur cette étude historique.

On m'a blâmé d'interrompre trop souvent mon récit, même aux moments les plus émouvants, pour relever telle ou telle circonstance significative, discuter une assertion, préciser un détail, ce qui, dit-on, nuit à l'intérêt *dramatique* du récit. Mais je n'ai nullement cherché à exciter les passions. Après les déclamations brillantes et pathétiques de Voltaire ou des avocats, après les drames de Chénier ou de Ducange, ce qu'il faut au lecteur, ce ne sont ni des phrases, ni des effets de théâtre, mais des faits solidement établis par une critique sans passion et sans distraction, toujours en éveil et toujours impartiale.

Dès le jour où j'ai entrepris cette tâche, j'ai essayé de suppléer par un travail assidu à tout ce qui me manquait en fait de science du droit; aujourd'hui, en publiant cette édition, revue, je crois devoir, non à moi-même, mais aux vénérables clients dont je me suis fait l'avocat, de déclarer que ce volume a été examiné, soit publiquement par M. Duverdy, dans la *Gazette des Tribunaux*, soit par de savants magistrats, tels que M. Berryat-Saint-Prix, à Paris, feu M. Drion, président du tribunal de Schlestadt, auteur d'excellents ouvrages his-

1. Disons cependant que la procédure de cassation et ce qui concerne la réhabilitation des condamnés y est réduit à quatre ou cinq pages insignifiantes. Ce sont seulement les deux procès de Toulouse devant les Capitouls et le Parlement, que cette copie reproduit.

toriques, et enfin par mon éminent ami M. Jalabert, doyen de la Faculté de droit de Nancy, qui, en me donnant d'excellents conseils dont je me suis empressé de profiter, ont bien voulu contrôler, au point de vue de la jurisprudence, l'exactitude de mes recherches [1].

1. Si ce que j'ai dit ici de Voltaire en 1858 (p. XIII) n'est que juste, on a eu tort de se scandaliser, en 1867, de voir le nom d'un biographe de Calas, parmi ceux des membres de la commission qui érige une statue, par souscription publique, au défenseur de Calas et de tant d'autres innocents injustement persécutés. Si cependant, aux yeux de quelqu'un de mes lecteurs, ma participation à cet acte de gratitude et de justice avait encore besoin d'apologie après tout ce qu'on va lire, je le renverrais à ce que j'en ai dit dans mes *Libres Études*, p. 356, sous le titre de *La Statue de Voltaire*.

Rien ne me confirme plus entièrement dans mon opinion sur Voltaire que l'aveugle haine que certaines personnes lui ont vouée. M. Salvan, chanoine de Toulouse, lisant sa lettre pleine d'émotion sur la réhabilitation des Calas, enfin obtenue par lui après trois ans d'incessants efforts, s'oublie jusqu'à le traiter de *pantin!* (p. 125). Ailleurs il écrit ces lignes calomnieuses : « Voltaire ne reconnaît que deux divinités sur la terre auxquelles il sacrifiait tous les jours : ses talents et son argent. Croyait-il Calas innocent, le croyait-il coupable? On n'en sait vraiment rien! » (p. 120). Ce n'est ni à Voltaire, ni à l'influence de son nom que peut nuire une si choquante injustice.

JEAN CALAS

ET SA FAMILLE

INTRODUCTION

COUP D'ŒIL SUR L'HISTOIRE RELIGIEUSE DE TOULOUSE [1]

> *Non alibi in hæreses armantur severiùs leges.... quò*
> *fit ut una inter Galliæ urbes immunis sit hæreticâ*
> *labe, nemine in civem admisso cujus suspecta sit apo-*
> *stolica fides.*
>
> G.-B. de GRAMOND,
> *Premier Président au Parlement de Toulouse.*
> (*Hist. Galliæ, lib.* 30. — 1643.)

> Nulle part les lois ne sont armées de plus de rigueur
> contre l'hérésie ; d'où résulte que, seule entre les villes
> de France, Toulouse est pure de la souillure hérétique,
> nul n'y étant admis à la bourgeoisie si sa foi catholique
> est suspecte.

Dans la dernière moitié du dix-huitième siècle, la
population presque entière d'une grande ville de France
et ses magistrats de tout ordre furent convaincus qu'un
père de famille avait étranglé un de ses fils pour l'empêcher d'entrer dans l'Église Romaine, et qu'en commettant ce crime atroce, il n'avait fait qu'obéir à une
loi établie parmi les protestants, ouvertement promul-

---

1. — I. *Annales* (inédites) *des Capitouls* (Aux archives de la ville). —
II. *Histoire de Vigilance, esclave, prêtre et réformateur des Pyrénées au*

guée par Calvin dans son *Institution chrétienne*, et régulièrement observée au sein de l'Église Réformée. Calas
est mort victime de cette monstrueuse erreur, qui, chez
presque tous, était sincère et qui non-seulement fut admise, publiée, affichée, plaidée, prêchée, accueillie à
cette époque par les tribunaux et par le Parlement lui-
même, mais qui, aujourd'hui encore, est considérée à
Toulouse comme une vérité par un certain nombre de
personnes dans toutes les classes et a été soutenue récemment par plusieurs écrivains[1].

Nous ne croyons nullement avoir à réfuter une opinion si absurde et qui suppose une si profonde ignorance historique; mais il nous paraît indispensable de
rappeler les principaux antécédents religieux d'une ville
où des préventions aussi singulières existent encore, et
où elles ont causé en d'autres temps les plus grands
malheurs. C'est, d'ailleurs, une histoire tout exceptionnelle que celle d'une ville française, contre laquelle
trois croisades ont été non-seulement prêchées, mais
exécutées, et qui a vu naître dans son sein les confréries de pénitents et l'inquisition elle-même. Il est impossible de juger l'état des esprits à Toulouse avant la
Révolution française, d'après les sentiments et les idées
qui régnaient ailleurs.

Cette capitale du Languedoc avait été, de très-bonne

cinquième siècle, par Napoléon Peyrat, 1 vol. in-12. — III. *Histoire et
Doctrine des Cathares ou Albigeois*, par Ch. Schmidt, 2 vol. in-8°.
— IV. *Les Toulousaines*, par Court de Gébelin, un vol. in-12. — V. *Histoire de Toulouse*, par d'Aldeguier, 4 vol. in-8°. — VI. *Histoire des institutions religieuses, politiques, judiciaires et littéraires de la ville de
Toulouse*, par le chevalier du Mège, 4 vol. in-8°. — VII. *Histoire du
Languedoc*, par Dom Claude de Vic et Dom Vayssette, continuée par le
chevalier du Mège, 10 vol. in-8°. — VIII. *Biographie Toulousaine*, par
une société de gens de lettres, 2 vol. in-8°. — IX. *Histoire de la délivrance de Toulouse*, arrivée le 27 mai 1562. Toulouse, 1762 et Amsterdam, 1765, in-8°. — X. *Pièces historiques relatives aux guerres de religion de Toulouse*, in-12. Toulouse, 1862, in-12. — XI. *Le massacre de
Toulouse*, d'après les documents contemporains. Paris, 1862, in-8°.

1. Voir notre chapitre xiv, *Histoire de l'opinion publique en France
au sujet des Calas.*

heure et par excellence, une ville lettrée, spirituelle, savante, où la pensée était indépendante, la parole hardie, la chanson souvent caustique et incisive [1].

On ne saurait dire quand a commencé, dans ses murs, la lutte des croyances. La France méridionale a toujours été un foyer d'opposition au catholicisme, un champ de bataille où l'hérésie et l'orthodoxie de Rome n'ont jamais cessé d'être en présence. L'antique civilisation gréco-romaine y avait de profondes racines [2], dont les derniers vestiges ne sont pas encore effacés. Quand l'autorité du clergé catholique s'établit en France, elle trouva, dans le Midi, l'esprit public beaucoup plus éclairé et plus vivant que dans le Nord, très-peu disposé à subir le joug, et toujours enclin à s'en affranchir. Aussi, toute une série de sectes sans cesse renaissantes apparurent successivement dans une vaste région qui comprend les Alpes, les Cévennes, les Pyrénées et s'étend de Lyon et de Bordeaux à la Méditerranée.

On a remarqué que Vigilance, ce prêtre du cinquième siècle qui peut être considéré comme le premier des Réformateurs, et qui s'éleva contre les honneurs excessifs rendus aux saints et aux reliques, contre le célibat et les jeûnes, était né à Calagoris ou Caligurris dans le pays de Comminges, près de Cazères (Haute-Garonne). *O crime*, s'écrie saint Jérôme dans ses lettres contre Vigilance, *des Évêques sont les complices de sa scélératesse!* C'était surtout l'évêque de Toulouse, Exsupère, qu'il at-

---

1. Dans deux de ses ouvrages, Augustin Thierry a constaté la prééminence intellectuelle où s'était élevée cette ville dès l'époque romaine et qu'elle sut augmenter sous les Visigoths : « Toulouse, avec ses consuls auxquels on donnait vulgairement le nom plus ancien de Capitouls, fut l'une des cités municipales qui eurent le plus de grandeur et d'éclat. » (*Tableau de l'ancienne France municipale.*)

« La cour des rois Visigoths à Toulouse, centre de la politique de tout l'Occident, intermédiaire entre la cour impériale et les royaumes germaniques, égalait en politesse et surpassait peut-être en dignité celle de Constantinople. » (*Lettres sur l'Histoire de France*, 1. 6.)

2. Martial, Ausone, Sidoine Apollinaire, désignent Toulouse comme la cité *Palladienne*. Saint Jérôme l'appelle la *Rome de la Garonne*.

taquait ainsi; ce fut lui qu'il accusa ailleurs *d'acquiescer aux fureurs* de ce prêtre dans son propre diocèse[1]. Ces vives agressions, il faut le dire, eurent un plein succès; Exsupère finit par se prononcer contre Vigilance et contre ses réformes; il fut canonisé après sa mort, et ses reliques, jointes à celles de saint Sernin, sont peut-être aujourd'hui celles que Toulouse entoure de la plus profonde vénération.

Deux siècles plus tard, Sérénus, évêque de Marseille, brisa les images que le peuple adorait. Au cinquième et au sixième siècle, l'Arianisme fut dans l'Aquitaine la religion dominante et ne cessa de prévaloir dans la Narbonnaise, même après la conversion au catholicisme du roi Récarède. Toulouse devint ensuite le foyer principal de l'hérésie Cathare, qui prit dans le midi de la France son nom géographique d'*Albigeoise*. Vers 1022, plusieurs adeptes de cette doctrine y furent punis du dernier supplice; ainsi commença cette longue liste d'hérétiques mis à mort dans Toulouse, qui ne fut close qu'au bout de sept siècles et demi, en l'année 1762, par les noms de cinq victimes dont la dernière fut Jean Calas.

Il y avait eu un moment, à l'époque de Charlemagne, où trois évêques, Claude à Turin, Félix à Urgel, Élipand à Tolède avaient travaillé à délivrer l'Église des innovations qui surchargeaient son culte. Au douzième siècle, pendant qu'Arnauld de Brescia protestait en Italie contre l'Église, les prédications anti-catholiques de Pierre de Bruys et de son disciple Henri eurent un grand succès dans le pays Toulousain, sinon dans la ville même où prévalait le Catharisme, et fondèrent une secte qui, sans tomber dans les erreurs dualistes des Cathares, attaquait Rome au nom de la Bible seule. Saint Bernard a raconté lui-même que, venant en 1147 avec le cardinal d'Ostie, légat d'Eugène III, combattre ces sectes, il trouva

1. *Ad Riparium.*

hostiles à l'Église un certain nombre de seigneurs qui n'appartenaient à aucune d'entre elles, et Alphonse, comte de Toulouse, à leur tête.

Bientôt s'organisa dans cette ville riche et puissante une véritable révolte contre Rome[1]. Des bourgeois, arrivés à l'opulence par le commerce et l'industrie, rivalisaient avec les seigneurs, étaient poëtes comme eux, et comme eux se faisaient bâtir, mais dans l'intérieur de la cité, des châteaux flanqués de tours. Lorsque, vers 1170, naquit à Lyon l'Église vaudoise, elle se propagea rapidement dans le midi de la France et attira bien des personnes que choquait le dualisme oriental des Albigeois. Déjà, en 1163, les *Hérétiques de Toulouse* préoccupaient très-sérieusement le concile de Tours. Un peu plus tard, Pierre Morand, l'un des principaux bourgeois de la ville, tenait dans sa maison, ou plutôt dans son château fort, des réunions de culte, et le peuple enthou·siaste le surnommait *Jean l'Évangéliste*.

En 1177, le comte Raymond V se déclara pour l'Église Romaine et demanda des secours contre l'hérésie au pape, aux rois de France et d'Angleterre. La lutte s'établit entre le comte de Toulouse et le vicomte de Béziers, et, en 1181, le cardinal Henri, évêque d'Albano, prêcha une première croisade, non en Terre-Sainte, mais dans l'intérieur de la France, non contre les infidèles Sarrasins, mais contre des hérétiques français et chrétiens. « Le centre de l'Église cathare dans le Midi était Toulouse, » dit le dernier historien du catharisme, M. le professeur Ch. Schmidt de Strasbourg. Le comte

---

1. Il suffit de rappeler, comme exemple des poésies anti-romaines qu'on chantait en Languedoc, un *Sirvente* du troubadour Guillaume de Figueras, cité dans le *Cours* de M. Villemain *sur la Littérature du Moyen Age* (V.e leçon). C'est une longue imprécation en vingt strophes, de douze vers chacune, dont dix-huit commencent par le mot *Roma*. On ne trouve dans les trois fameux sonnets CV-CVII de Pétrarque ni plus de violence dans l'invective, ni une haine plus méprisante, ni des accusations plus terribles d'irréligion et d'immoralité.

Raymond VI devint, non pas comme son père, un des persécuteurs, mais au contraire un des chefs de la secte. En 1208, Innocent III fit prêcher la seconde croisade ; Simon de Montfort la commanda, et bientôt Toulouse fut mise en interdit. En 1213, les prélats assemblés en concile à Lavaur écrivirent au Pape : « Si la perfide ville de Toulouse n'est pas retranchée de l'hydre de l'hérésie dont elle est le membre le plus putride, il est à craindre que le venin du monstre n'infecte de nouveau les lieux circonvoisins, déjà purifiés.... Nous vous prions donc en toute humilité que cette cité perverse, dont les crimes égalent ceux de Sodome et de Gomorrhe, soit radicalement exterminée, comme elle le mérite (*debito exterminio radicitus explantetur*), avec toutes les ordures et les souillures qui se sont accumulées sous le ventre gonflé de venin de la vipère. »

La ville se soumit en 1214. Cependant l'année suivante, Philippe Auguste envoya encore son fils Louis avec une armée contre « les restes des hérétiques toulousains. » Le pape, dans le concile de Latran, où Raymond VI et son fils se présentèrent en personne (1215), donna à Simon de Montfort leurs fiefs, la ville et le comté de Toulouse, le duché de Narbonne, les vicomtés de Carcassonne et de Béziers. Un tel acte ne pouvait être que le signal d'une nouvelle guerre ; en 1216, Toulouse assiégée et incendiée par Simon, délivrée par Raymond VI, assiégée de nouveau, respira un instant à la mort de Montfort, qui fut tué sous ses murs. Elle se vit encore assiégée quarante-cinq jours, mais inutilement, par le prince Louis qui, plus tard, devenu roi, fit proclamer à Paris, en parlement, une troisième croisade (1226). Saint Antoine de Padoue, venu pour convertir les hérétiques, en fit brûler un grand nombre ; enfin, en 1229, le comte Raymond VII fit amende honorable à Notre-Dame de Paris et Toulouse se rendit.

Ainsi finit la croisade. Elle eut des résultats politiques

importants, mais elle manqua son but. « L'hérésie, dit
M. Ch. Schmidt, subsista dans le Languedoc, aussi puissante, aussi fortement enracinée dans l'esprit du peuple, » et il ajoute avec raison que « l'indignation produite par les horreurs de la guerre, la ruine du pays,
l'anéantissement de l'indépendance nationale et religieuse, la destruction de la vie joyeuse et poétique du
Midi et de ses traditions chevaleresques, cette indigna
tion amère et profonde communiqua à l'hérésie de
nouvelles forces. »

Les bourgeois et les Capitouls, leurs chefs électifs,
restèrent hérétiques de cœur.

Nulle part cependant le catholicisme ne s'organisa plus
vigoureusement pour la lutte défensive et offensive.
Pendant l'époque des croisades, Toulouse avait vu naître
les confréries de pénitents. Ce fut entre les années 1209
et 1212 qu'un intime ami de saint Dominique, le fameux
troubadour Foulques de Marseille, devenu moine, puis
évêque de Toulouse, créa la première de ces associations qui furent imitées en Italie par saint Bonaventure
en 1270. Nous trouverons quatre de ces confréries à
Toulouse, au moment de la catastrophe des Calas, et
nous verrons la plus ancienne de toutes y prendre une
grande et funeste part. Cette institution qui eut un
instant, sous la Ligue, une action redoutable sur l'esprit public en France, existe encore en Italie, et ses
membres y sont vulgairement appelés *Sacconi*, du sac
où ils s'enveloppent. On sait que les pénitents sont des
laïques soumis à une organisation et une discipline qui
ont quelque chose de militaire. Chaque confrérie a ses
chefs, son lieu de réunion, sa bannière et son costume.
Ce que ce costume a de plus remarquable, c'est la ca-
goule, qui, percée de deux trous devant les yeux, enve-
loppe toute la tête et permet de tout voir sans être vu
et reconnu de personne. Il ne faut pas oublier que le fondateur avait armé les pénitents d'une sorte de sabre ou

coutelas porté en bandoulière par-dessus le sac et destiné à la guerre sainte contre les hérétiques. Il fallut renoncer plus tard à ces armes, trop dangereuses entre
des mains invisibles.

Toute redoutable que fût cette institution, elle ne
parut nullement suffire à consolider le catholicisme et
à extirper l'hérésie.

Dès .212, saint Dominique

> ..... *Il santo atleta*
> *Benigno a suoi ed a' nemici crudo* [1],

s'étant établi à Toulouse avec ses premiers compagnons,
y avait jeté les fondements de son *Ordre des frères Prêcheurs*, qui, au moment de sa mort, arrivée en 1221,
comptait déjà plus de 60 couvents, et qui depuis 1233
jusqu'à nos jours, fut chargé par le pape Grégoire IX
et ses successeurs du Saint-Office de l'Inquisition [2].

1. Dante. *Par.* XI, 128.
2. Saint Louis protégea ce tribunal, qui fut confirmé par Philippe le
Hardi, lors de la réunion du comté de Toulouse à la couronne, et par
Philippe le Bel, en 1303.
Innocent III, en 1229, chargea le Concile de Toulouse d'organiser les
tribunaux destinés à réprimer l'hérésie. Deux ans après, le Parlement
conféra le titre de Cour Royale au Saint-Office de Toulouse, et depuis, le
chef de ce corps porta le nom d'*Inquisiteur en tout le royaume de France,
spécialement député par le Saint-Siège apostolique et par l'autorité Royale*.
Charles VII lui donna de plus le titre de Conseiller du Roi.
Les rois et les gouverneurs du Languedoc n'entraient pas dans la
ville sans prêter entre les mains de ce redoutable personnage le serment
de conserver la foi et l'inquisition. Ce fut, selon les temps, le provincial
des dominicains ou leur général, ou le Pape lui-même, qui élut cet inquisiteur. Depuis le seizième siècle, les moines de Saint-Dominique le
nommèrent à la pluralité des voix, mais déjà son autorité avait reçu quelques atteintes; l'élection devait être ratifiée par le roi et enregistrée
au Parlement. On soumit l'inquisiteur à l'appel comme d'abus devant le
Parlement, lorsque cette cour siégea définitivement à Toulouse; on lui
donna même des adjoints choisis dans ce corps. Quoique confirmé encore
par François Ier en 1540, son pouvoir ne cessa de décliner. Enfin un archevêque de Toulouse, Charles de Montchal, jaloux d'une juridiction
étrangère à la sienne, la fit abolir par arrêt du conseil sous le règne de
Louis XIV, en 1645.
Malgré cette suppression, le titre d'Inquisiteur, désormais sans autorité,
mais non sans prestige, subsista à Toulouse jusqu'en 1706. C'était encore la Congrégation du Saint-Office qui nommait ce dignitaire et le roi

Raymond VII fut un prince sans énergie ; il laissa l'inquisition brûler vifs les Cathares, et exhumer des cadavres d'hérétiques pour les jeter sur le bûcher. Tantôt, vivement sollicité par les Capitouls et intimidé par le peuple, il chassait les inquisiteurs ; tantôt, réprimandé par le Pape, il leur abandonnait la ville. En 1242, six d'entre eux y furent assassinés. Les Dominicains eux-mêmes demandèrent alors à Innocent IV d'être déchargés de leur office. Il refusa. Le château de Montégut était l'asile des Albigeois ; Raymond le prit, et les inquisiteurs brûlèrent vifs, sans procès, deux cents prisonniers. Dès lors, le triomphe du catholicisme fut assuré, quoiqu'il mît encore un demi-siècle à s'affermir. Après Raymond, son gendre Alphonse de France devint comte de Toulouse, et l'antique nationalité, à la fois romaine et hérétique du Midi, s'affaiblit peu à peu. Réuni plus tard à la couronne de France, le comté de Toulouse fut en proie, depuis ce moment, à des persécutions plus soutenues. Une recrudescence du Catharisme à la fin du treizième siècle eut le sort qu'on pouvait prévoir ; Philippe le Bel vint à Toulouse en 1304 pour l'écraser.

Mais l'ennemi vaincu ne faisait que changer de nature ; les Vaudois se multipliaient de plus en plus, et ce fut contre eux que les fils de Dominique luttèrent ensuite pendant deux siècles.

Enfin arriva la Réformation. Un des premiers martyrs protestants de France fut Jean de Caturce, licencié en

---

confirmait son choix. Le père Antoine Massoulé fut le dernier à porter le titre d'inquisiteur, mais on montre encore la maison où siégeait le tribunal et qui avait été donnée à saint Dominique pour y établir son Ordre. Cette maison est devenue la propriété et la demeure des Jésuites. Elle portait ces deux inscriptions : *Domus inquisitionis.* — *Unus Deus, una fides.* Au-dessus de la porte étaient peints à fresque, à droite et à gauche d'un crucifix, les deux principaux saints de l'Ordre, le fondateur et saint Pierre martyr. (On peut consulter sur cet inquisiteur canonisé mes *Lettres sur les Beaux-Arts en Italie*, p. 12.) Toute cette décoration est à peu près détruite, mais j'en ai vu les traces. M. du Mège en a donné une représentation à peu près exacte dans son *Histoire des Institutions de Toulouse*, t. IV, p. 480.

droit, brûlé vif à Toulouse [1]. Pendant trente ans, un
grand nombre de huguenots y furent mis à mort, sans
que l'Église Réformée cessât de s'accroître; le parlement,
le clergé et une partie de la population sévissaient en
toute occasion, mais en vain. L'édit de janvier inter-
rompit ces persécutions et autorisa le culte réformé;
quelques-uns des Capitouls en charge à ce moment
étaient favorables au protestantisme. Ils firent bâtir, en
dehors de la porte de Villeneuve, un temple qui pouvait
contenir huit mille personnes et qui se trouva encore
trop petit. Cette tolérance publique irrita d'autant plus
les adversaires de la Réforme.

En 1562, dix ans avant la Saint-Barthélemy parisienne,
Toulouse eut la sienne [2]. Des protestants ensevelissaient
une femme; quelques catholiques prétendirent que la
défunte était de leur Église, attaquèrent le cortége funèbre et s'emparèrent du cadavre. Une rixe violente eut
lieu. Un prêtre sonna le tocsin. La population catholique
se jeta sur les réformés, beaucoup moins nombreux, et la
grande majorité du Parlement prit hautement parti contre eux. Ce corps fit le tour de la ville en robes rouges,
ordonnant aux catholiques, de la part du roi, de *courre
sus* aux réformés, les engageant à adopter une croix
blanche comme signe de ralliement et à marquer leurs
maisons. Ainsi organisée, la guerre civile devint affreuse;
les protestants se retranchèrent dans l'Hôtel de Ville, où
ils avaient quelques pièces de canon; pour les en délo-
ger, on mit le feu aux maisons contiguës, et le Parlement défendit sous peine de mort d'éteindre l'incendie;
mais les assiégés abattirent à coups de canon ces maisons enflammées. Alors Fourquevaux, gouverneur de

1. C'est à propos de ce supplice et d'autres qui suivirent, que Rabelais montre son héros fuyant Toulouse, et accuse les habitants de « faire
hrusler leurs régents tout vifs (*Pant.* II, v). »

2. On verra plus tard que le second anniversaire séculaire de ce massacre coïncida avec les malheurs des Calas, et eut sur leur sort une
fatale influence.

Narbonne, fut envoyé, l'olivier à la main, leur proposer deux articles de paix : ils sortiraient tous de l'Hôtel de Ville, en y laissant leurs armes et leurs munitions, et, à cette condition, ils se retireraient en liberté où bon leur semblerait. Ne pouvant tenir plus longtemps dans leur asile, ils se résignèrent à prendre ce parti, et le jour de Pentecôte, ils sortirent tous, sans armes, pendant l'heure des vêpres, espérant éviter ainsi la fureur du peuple, qui déjà avait massacré tous ceux des leurs qu'il avait pu saisir. Mais leur retraite ne pouvait être ignorée. Des cris menaçants éclatèrent de tous côtés; la foule qui remplissait les églises en sortit précipitamment et massacra sans pitié les huguenots désarmés. Les historiens portent de trois à cinq mille le nombre des victimes.

Loin de sévir contre les assassins, le Parlement fit mettre à mort ceux qui leur avaient échappé. Le cruel Monluc arriva à temps pour en voir quelque chose, et dit dans ses *Mémoires* (t. II, p. 73) : « *Je ne vis jamais tant de têtes voler.* » Le Parlement s'épura lui-même en destituant vingt-deux conseillers suspects, et ce fut à grand'peine que le premier président de Masencal, soupçonné de tolérance, garda sa charge. Par le même motif, tous les Capitouls de l'année 1562 furent déposés, leurs enfants dégradés de noblesse, leurs biens confisqués, et cet arrêt inscrit sur une plaque de marbre au Capitole. Ce massacre *délivra* Toulouse de l'hérésie qui depuis ce moment, sans être entièrement extirpée, n'y subsista plus qu'à l'état de minorité très-faible, toujours persécutée et détestée.

Alors seulement le catholicisme fut définitivement triomphant dans cette cité, qui avait été si longtemps et si opiniâtrément hérétique. Les rares protestants de Toulouse, quand ils osèrent y reparaître, se trouvèrent seuls héritiers de toutes les haines accumulées contre ces Ariens, ces Cathares, ces Albigeois, ces Vaudois, ces Huguenots, qui avaient si longtemps rempli le pays de

leur hérésie bonne ou mauvaise, contre lesquels n'a-
vaient suffi ni trois croisades, ni les pénitents, ni l'inquisition, et qu'avait détruits enfin le seul remède qui
puisse prévaloir contre une foi religieuse, l'extermi-
nation. Le Parlement institua à perpétuité une fête annuelle dite de la *Délivrance*, qui avait lieu le 17 mai,
anniversaire du massacre. Il décida que chaque année
les arrêts qu'il venait de rendre seraient relus au peuple, après quoi des processions auraient lieu pour rendre grâces à Dieu. En 1564, on obtint du Pape Pie IV
une bulle par laquelle il autorisa cette solennité religieuse, qui devait durer deux jours, et y attacha des
indulgences et des bénédictions spéciales [1].

Dès lors, la procession annuelle, où les quatre confréries ne manquaient pas de figurer avec leurs ban-
nières, ainsi que toutes les autorités et tous les corps
de métier, réchauffa périodiquement la haine populaire
contre les protestants. Les châsses de quarante saints
étaient portées en grande pompe des cryptes de Saint-
Sernin à la cathédrale [2]. Les huit Capitouls, en robes

---

1. Voltaire appelle cette fête *la procession annuelle où l'on remercie
Dieu de quatre mille assassinats.* (A Argental, 10 déc. 1767.)
2. C'est, dit-on, au culte rendu à ces reliques célèbres que Toulouse
dut le surnom de la *Sainte* qu'elle a longtemps porté. Aussi, les fameu-
ses cryptes ou *martyriæ* de Saint-Sernin où l'on conserve les *corps saints*,
ont reçu les deux inscriptions suivantes :

Hic sunt vigiles qui custodiunt urbem.
« Ici sont les gardiens qui veillent sur la ville. »
Non est in toto sanctior orbe locus.

Voici comment cette dernière a été traduite par un poëte de la ville,
Goudelin, lors de l'entrée de Louis XIII à Toulouse :

De l'hérésie en vain gronde l'affreux tonnerre,
Et Tolose vous dit avec la vérité :
« Sire, il n'est point de lieu plus sacré sur la terre. »

Il existe encore, dans cette même église de Saint-Sernin, et j'y ai
vu un monument ignoble des haines ecclésiastiques. Les stalles en bois
sculpté qui entourent le chœur portent ce qu'on appelle une *miséricorde* ou *patience;* c'est-à-dire que le dessous de la stalle, lorsqu'on le
redresse, forme un second siége plus petit et plus haut qui soutient les
chanoines quand ils sont censés chanter debout. C'est sur une de ces

d'écarlate à chaperons d'hermine, portaient le dais du Saint-Sacrement, précédés de leurs quatre assesseurs, qui tenaient des cierges à la main. Dès le 18 juin de la même année, et depuis à maintes reprises, mais toujours en vain, le gouvernement a interdit cette fête cruelle.

La Révocation de l'édit de Nantes fut reçue à Toulouse avec enthousiasme, et réveilla le souvenir néfaste du massacre.

A cette époque, l'administration municipale fit orner l'Hôtel de Ville de peintures à fresques par Pierre Rivals. Une de ces fresques rappelait la Révocation de l'édit de Nantes : Louis XIV y tenait d'une main l'épée nue, de l'autre le crucifix. A ses côtés, des soldats démolissaient des temples et plantaient la croix sur leurs ruines. Au fond, d'autres soldats forçaient des protestants à s'agenouiller devant des images.

Le second tableau représentait le massacre de 1562. On y voyait des protestants sans armes, arrêtés avec leurs femmes et leurs enfants près des portes de la ville, au moment où ils fuyaient, et assassinés par des soldats ou des bourgeois. Quelques-uns étaient précipités du haut des remparts. Des femmes, portant leurs enfants dans leurs bras, imploraient en vain les meurtriers [1].

En 1762 on prépara toutes choses pour célébrer, avec une pompe inusitée, le second anniversaire séculaire du massacre des huguenots. Les Capitouls de cette année, dans leur compte rendu annuel, s'expriment en ces ter-

sellettes qu'on a représenté quelques personnages groupés devant une chaire qu'occupe un pourceau, et au-dessous sont sculptés ces mots :

CALVIN
PORC PRESCHANT.

1. Ces fresques ont disparu avec les murs qu'elles décoraient. Depuis, on en eut honte. M. du Mège, après avoir vaguement et rapidement décrit la plus importante, celle du massacre de 1562, conteste l'existence de la première, ou du moins prétend qu'elle n'était pas à l'Hôtel de Ville. Mais ce qu'il en dit lui-même suffit. (*Hist. des Inst.*, t. IV, p. 292.)

mes : « Témoins et interprètes de la religion de tous les
ordres de cette ville, nous avons tâché de faire célébrer
avec toute la magnificence possible l'*année séculaire de la
délivrance*. Notre premier soin a été, comme vous le savez, Messieurs, d'imiter la piété de nos pères et de demander à notre Saint-Père une bulle conforme à celle
que Pie IV avait accordée au corps de la ville[1]. » En effet,
Clément XIII, par une bulle expresse, renouvela et éten-
dit à huit jours entiers les privilèges religieux, accordés
par Pie IV pour deux jours seulement. Les réjouissances
publiques furent magnifiques. Un feu d'artifice fort ad-
miré termina la fête. On voyait au sommet du principal
décor, une figure de la Religion tenant la croix d'une
main, et de l'autre un calice surmonté de l'hostie.

Un luxe inouï jusque-là distingua la procession séculaire ; des étoffes de soie et d'or avaient été depuis longtemps commandées à Lyon pour orner les reposoirs et
revêtir les officiants.

Voltaire se trompait quand il écrivait un peu brutale-
ment, le 9 janvier 1763 à Mme Calas : « Je pense que cette
cérémonie d'Iroquois ne subsistera pas longtemps[2]. »
En 1862, cent ans après cette lettre, l'archevêque de Toulouse, par un mandement exprès, annonça de nouveau
cette fête éclatante et séculaire. Le gouvernement s'opposa, avec grande raison selon nous, à ce que cette procession injurieuse eût lieu dans les rues, d'autant plus
que Toulouse, en notre temps, n'est plus *délivrée* de l'hérésie : elle a une Église protestante, des pasteurs, un
temple ; d'ailleurs nous sommes assuré qu'un grand
nombre de ses habitants catholiques n'approuvent ni le
massacre des protestants en 1562, ni les étranges
actions de grâces qu'à ce sujet on rend de nos jours au

---

1. Nous rendons volontiers aux Capitouls ce témoignage qu'on ne
trouve dans la délibération citée plus haut aucune parole de haine ou de
provocation contre les protestants.
2. *Lettres de Voltaire* ; voir notre recueil, p. 173.

ciel. Mais le gouvernement n'empêcha nullement, et en cela aussi il eut raison, que la fête ne fût célébrée dans l'intérieur des Églises catholiques de Toulouse. Elle l'a été ; on a pu juger par là si le clergé, pour rappeler ici un mot fameux, a oublié et appris ce qu'il aurait pu et dû oublier ou apprendre en trois siècles.

Il y a cent ans, au milieu d'une population si passionnée, dans une ville où les guerres civiles avaient laissé de si vivants souvenirs et dont les magistrats se faisaient une gloire de la persécution, ces manifestations d'une joie cruelle, ces provocations à l'intolérance ne pouvaient s'étaler dans les rues, sans surexciter les esprits. En effet, à Toulouse, l'année 1762 fut occupée tout entière par trois procès pour cause de religion, celui du pasteur Rochette et des frères Grenier, exécutés en février, celui de Calas, roué le 10 mars, et enfin celui de Sirven, qui n'échappa que par la fuite à la mort [1].

Jean Calas, sa femme, son fils, Lavaysse, Jeanne Viguier, attendaient leur arrêt, tous cinq sous le poids d'une accusation capitale, au moment où le Parlement fit exécuter François Rochette et trois gentilshommes verriers qui avaient entrepris de l'arracher aux cavaliers de la maréchaussée. Le 19 février, sur la place du Petit-Salin, le dernier des pasteurs martyrs, âgé seulement de vingt-six ans, fut pendu ; il portait sur la poitrine un écriteau avec ces mots : *Ministre de la R. P. R.* (Religion prétendue Réformée). En montant à l'échelle du gibet, il chanta le verset des martyrs huguenots :

La voici, l'heureuse journée
Qui répond à notre désir !
Louons Dieu qui nous l'a donnée ;
Faisons-en tout notre plaisir.
Grand Dieu, c'est à toi que je crie ;
Garde ton Oint et le soutiens !

1. On a prétendu que cette coïncidence n'avait pu avoir aucune influence sur les dispositions du peuple à l'égard de ces cinq victimes, parce que leurs supplices eurent lieu avant la procession. Mais est-il possible de croire que cette attente d'une fête doublement séculaire, ces apprêts

Grand Dieu, c'est toi seul que je prie :
Bénis ton peuple et le maintiens!

(Ps. cxviii, 12.)

Les trois gentilshommes furent décapités ; le plus
jeune se couvrit le visage de ses deux mains pendant le
supplice de ses frères ; mais quand le bourreau vint à
lui, et lui offrit encore une fois la vie s'il voulait se convertir, il lui répondit tranquillement : *Fais ton devoir*,
et mit sa tête sur le billot.

Ces exécutions où plusieurs protestants périssaient à
la fois n'avaient donc rien d'inouï à Toulouse. Il faudra
s'en souvenir quand on verra cinq accusés se défendre
contre les soupçons de toute la ville, sous la plus
odieuse des imputations, celle d'un parricide inspiré
par le fanatisme [1].

inusités, commandés un an à l'avance, et enfin les faveurs signalées du
Saint-Siège, ne firent aucune impression sur ce peuple ardent qui allait
célébrer avec plus d'éclat que jamais sa *délivrance* de l'hérésie et le
triomphe de son Église? Les faits prouvent le contraire.

1. Comme on nous a accusé de rapprocher à tort du supplice de
Jean Calas celui des quatre autres victimes immolées à Toulouse quelques jours avant lui, nous citerons la lettre suivante, où l'influence
qu'exerça chacun de ces deux procès sur l'autre est attestée par l'autorité elle-même.

Le 28 octobre 1781, le *subdélégué Amblard* écrivit à son supérieur,
M. de St-Priest, intendant du Languedoc :

« Les accusés sont gardés à vue, et personne absolument ne peut leur
parler ni les voir. On tient en même temps dans les prisons du Palais le
ministre (Rochette) avec plusieurs protestants (les trois frères de Grenier), qui se sont révoltés et qui ont fait sédition dans la généralité de
Montauban. Ils sont tous gardés à vue, chargés de fers, et il y a quatre
sentinelles depuis la porte de la prison, de cent en cent pas, jusqu'au corps de garde de la place du Salin qui, en cas de besoin, serait assemblé d'un coup de sifflet. Cette garde a été doublée. *Ces
deux événements, presque à la même époque, ne peuvent que nuire
aux accusés respectifs.*

« J'ai l'honneur, etc.   « AMBLARD. »

(Cette pièce, qui existe aux Archives départementales de l'Hérault, a
été publiée par M. l'abbé Salvan dans son ouvrage destiné à réfuter
le nôtre, p. 96.)

Est-il nécessaire de remarquer à quel point ces précautions inusitées
et parfaitement inutiles, quoi qu'en ait dit M. de St-Florentin, qui les

Toute cette longue guerre contre l'hérésie a laissé chez ce peuple, essentiellement partisan de la tradition et fier de son passé, des impressions hostiles que rien n'a pu changer ; il est arrivé, là comme ailleurs, une chose qui explique bien des craintes et des haines. Toulouse, longtemps foyer brillant de la libre pensée, était devenue depuis 1562 toute catholique ; dès lors, on y avait joui d'un calme relativement très-grand. Il était facile aux persécuteurs triomphants de rejeter la faute de ces luttes sanglantes, sur les victimes qu'ils avaient exterminées. Le peuple les crut ; et ce fut ainsi que le nom seul d'hérétique souleva, pendant des siècles, en cette ville qui avait tant souffert, les préventions les plus amères et de folles terreurs ; or, si quelque chose rend impitoyable et atroce, c'est la peur. J'ai constaté la parfaite exactitude de ce mot d'un biographe de Calas : « La majeure partie de ses concitoyens conservèrent toujours contre sa mémoire des préventions que le temps n'a pas effacées [1]. »

Il faut bien le reconnaître, depuis les cruautés atroces de la croisade contre les Albigeois jusqu'au hideux massacre du général Ramel en 1815 par les Verdets, l'histoire de Toulouse offre maint exemple du degré d'emportement et de frénésie que peuvent atteindre les passions religieuses ou politiques chez un peuple mobile, plein d'imagination et d'ardeur. Voltaire n'a eu que trop raison de dire : « Cette affaire, ou je suis fort trompé, est un reste de l'esprit des croisades contre les Albigeois [2]. » Et l'on est tenté par moments de s'écrier avec lui : « Il semble qu'il y ait dans le Languedoc une furie infernale, amenée autrefois par les inquisiteurs

approuve, garde doublée, sentinelles placées de cent pas en cent pas, durent émouvoir une population si facile à agiter?

1. *Biographie Toulousaine.*
2. Au président de la Marche, 25 avril 1762.

à la suite de Simon de Montfort ; et depuis ce temps, elle secoue quelquefois son flambeau. »

Hâtons-nous de le dire, malgré la persistance des préjugés populaires, ce flambeau est éteint. Nous sommes convaincu qu'il ne se rallumera jamais ; et c'est à regret que nous avons dû rappeler des souvenirs néfastes. Mais il nous a paru indispensable de montrer ce qu'était, en 1762, l'esprit du peuple toulousain, avant de raconter le drame sanglant où ce peuple a joué un grand rôle.

LA MAISON CALAS,
RUE DES FILATIERS, N° 50, A TOULOUSE.
(Réduction d'un dessin fait en 1835.)

CHAPITRE PREMIER.

L'ARRESTATION.

Civium ardor prava jubentium.
(HOR. *Od.*, III, 3, 2.)

Il arrive quelquefois qu'un malheur imprévu change
en un seul instant, pour ses victimes, la plus paisible
sécurité en un long enchaînement de douleurs et de
périls. Plus tard il leur paraît étrange de se rappeler, après tant de maux, l'heureuse tranquillité de vie.

les circonstances vulgaires et journalières, au milieu
desquelles elles ont été frappées. On a quelque peine
à se persuader que des instants si calmes, si doux,
aient précédé immédiatement des temps si cruels; il est
triste, il est presque effrayant de songer qu'au moment
même où l'on y touchait, rien encore ne les faisait pres-
sentir.

C'est sous cette involontaire impression que se trouvent ceux qui connaissent l'histoire de Calas et de sa famille, lorsqu'ils remontent à la date funeste du 13 octobre 1761.

Cette journée, qui commença tous leurs malheurs,
allait s'achever au milieu des occupations habituelles
du négoce. La boutique d'indiennes de Jean Calas fut
fermée à l'heure accoutumée, celle du souper de la famille. La *Grand'Rue des Filettiers*¹, alors la plus commerçante de Toulouse, ne cessa d'être animée par le
mouvement et les causeries des marchands et de leurs
commis occupés à tout mettre en ordre pour la nuit, ou
assis en plein air, devant leur porte, par groupes iné-
gaux. Ce soir-là, il y avait nombreuse compagnie devant
la boutique de la demoiselle Brandelac², à quelques pas
de celle des Calas. Plusieurs témoins passèrent devant
la maison sans y rien apercevoir d'extraordinaire, sans
entendre aucun bruit suspect. L'un d'eux³ se promenant
à la fraîcheur du soir, se trouvait là à huit heures et
demie, puis à neuf heures et quart, et il atteste que tout
était encore silencieux. Ce fut seulement à neuf heures et
demie, ou peu après, qu'il entendit chez les Calas des
cris de désespoir. Ces mêmes cris furent entendus par
quatorze personnes occupées dans les maisons voisines
ou qui se reposaient au dehors; et toutes s'accordent
sur le moment fatal, sinon sur les paroles qu'elles

1. Note 1, à la fin du volume.
2. Témoins Gourdin et demoiselle Marseillan.
3. Le François. Sa déposition est confirmée par celle d'Arnaud Sortal.

avaient cru distinguer. La plupart déclarent que l'on criait : *Ah ! mon Dieu!* et diffèrent seulement sur ce qu'elles ouïrent de plus. Au bruit, la servante de Mme Calas, Jeanne Viguier, ouvrit la fenêtre du premier étage, échangea quelques questions avec d'autres femmes, rentra, et bientôt reparut à la porte en criant : « C'en est fait! il est mort[1]! » ou, selon d'autres et en patois : *Ah! moun Diou! l'an tuat*[2] ! Peu d'instants après, on vit sortir en courant, de la maison, un jeune homme étranger, vêtu d'un habit gris, portant veste et culottes rouges, un tricorne bordé d'or et l'épée au côté. Un autre jeune homme, mais celui-là bien connu du voisinage, Pierre, le troisième fils de M. Calas, sortit aussi à deux reprises et revint d'abord avec Gorsse, le *garçon* ou élève du chirurgien Camoire, ensuite avec M. Cazeing, négociant comme Calas et son intime ami[3], puis enfin avec un homme de loi, le sieur Clausade[4].

Les voisins accoururent de tous côtés. Avant l'arrivée de Gorsse, un ami des jeunes Calas, Antoine Delpech, fils d'un négociant catholique, entra dans la boutique : Marc-Antoine, l'aîné des enfants de Calas, y était étendu sans vie, la tête supportée par des ballots; son père, appuyé sur le comptoir [5], se désespérait. Par moments, dit la servante dans sa déposition, « il se jetait partout, » et la mère « moins éplorée [6], » penchée sur le cadavre, s'efforçait en vain de lui faire avaler un cordial et en mouillait ses tempes. Delpech a déclaré qu'il crut d'abord à un duel. Il pensa que Marc-Antoine, « qui faisait bien des armes, » avait eu affaire avec quelqu'un.

1. Témoin : Marie Rey, servante de Ducassou.
2. Témoin : Demoiselle Campagnac.
3. Jean-Pierre Cazeing était né en 1696. Son fils Jacques, longtemps connu sous le nom de Cazeing aîné, était très-lié avec les jeunes Calas.
4. Voir sur toutes ces allées et venues les Mémoires de Lavaysse et la Déclaration de Pierre.
5. Lettre de Mme Calas.
6. Témoin : Brun.

« Je le tâtonnai, dit-il, sur l'estomac et autres parties de son corps que je trouvai froides, mais sans blessures.[1] » Gorsse, l'élève chirurgien, survint en ce moment et examina le corps ; « ayant porté la main sur le cœur, il le trouva,.dit-il, froid sur toutes ses parties et sans palpitation. »

Ces témoignages, qui confirment ce que déclarèrent les membres de la famille, sont importants ; puisque tout le cadavre et le cœur même étaient froids à neuf heures et demie ou quelques minutes après, les cris que l'on venait d'entendre à l'instant ne pouvaient être ceux du défunt ; personne n'ignore qu'il faut quelque temps pour qu'un corps humain perde sa chaleur.

Du reste, Gorsse déclara que le défunt avait péri, pendu ou étranglé.

Clausade [2], l'homme de loi, voyant l'inutilité des secours, conseilla à la famille d'avertir la police « pour constater la mort de ce jeune homme et obtenir la permission de le faire enterrer. » Lavaysse, l'étranger en habit gris, qui venait de rentrer, s'offrit encore pour cette mission, et courut avec Clausade chercher Me Monyer, assesseur des Capitouls, et leur greffier, Savanier. Quand ils revinrent, une foule agitée se pressait autour de la maison ; quarante soldats du guet en gardaient la porte, et l'un des Capitouls, David de Beaudrigue, y était déjà. L'assesseur et le greffier furent reconnus, et on les laissa entrer ; mais Lavaysse, qui les suivait, fut repoussé par les soldats ; en vain il insista, disant qu'il était l'ami de la maison et qu'il en venait. Il s'écria alors qu'il y avait soupé le soir même. A ce mot, on comprit qu'il pouvait être nécessaire de l'entendre ou même de s'assurer de lui. Il entra, et, dès ce moment,

---

1. La déposition de Brun (12e témoin), qui était aussi entré dans la maison, atteste le même fait.

2. Lav., 1 et 3.

son sort fut lié à celui des Calas; il partagea pendant quatre années leurs angoisses, leurs humiliations et leurs dangers.

David de Beaudrigue avait été éveillé dans son premier sommeil. Au premier mot que lui dirent deux commerçants du quartier, Borrel et Trubelle, qui l'avertirent chez lui à onze heures et demie, il accourut avec le guet, fit appeler un médecin et deux chirurgiens. Il commença par faire arrêter Pierre Calas qui était resté auprès du corps, attendant la police, tandis que ses parents s'étaient retirés dans leur chambre, à l'étage supérieur.

Pendant ce temps la foule, qui se pressait aux portes, se livrait à d'ardents commentaires sur cette sinistre énigme : des cris confus entendus de tout le quartier et le corps inanimé d'un jeune homme de vingt-huit ans trouvé au milieu des siens. Ces commentaires, loin d'être charitables, s'enflammaient de toute la chaleur des haines de religion, encore si vivaces à cette époque dans tout le Midi, et à Toulouse plus que partout ailleurs. Les Calas étaient protestants, et bien connus pour tels; une mort si imprévue et si étrange, arrivée au milieu d'eux, devait paraître un crime à ceux qui regardaient un protestant comme capable de tout; on n'hésita pas à croire, à dire qu'ils avaient assassiné leur fils. Mais pourquoi? quel motif donner à ce meurtre épouvantable, commis par un frère, un père et une mère? Le fanatisme n'alla pas chercher bien loin ses motifs; il les trouva en lui-même : ces Huguenots, s'écria-t-on, ont tué leur fils pour l'empêcher de se faire catholique. Cette hideuse accusation fut lancée du sein de la foule. On n'a jamais pu savoir par quelle voix; mais elle fut avidement reçue et répétée, de bouche en bouche, devenant de plus en plus affirmative. Personne ne l'adopta plus vite ni plus complétement que le Capitoul David. Ce cri anonyme lui parut la voix de la vérité. Ce soupçon fut pour lui un trait de lumière [1].

Il est peut-être utile de consigner ici une circonstance bien connue des habitants de Toulouse. Les protestants peu nombreux qui habitaient cette ville s'étaient groupés pour la plupart dans les quartiers de la Dalbade et de la Daurade et trouvaient dans leur rapprochement un motif de sécurité relative. Calas, au contraire, était contraint, par la nature de son commerce, à demeurer dans une partie de la ville qui était et qui est encore essentiellement catholique. Il s'y trouvait isolé et entouré de voisins hostiles, sinon à sa personne, au moins à son Église [2].

David omit de décrire l'état des lieux et ne prit pas même la peine de l'examiner; il ne fit pas visiter les endroits de la maison où des assassins auraient pu se cacher, comme le long corridor qui conduit de la rue à la cour; il oublia de constater si ceux qu'il accusait d'avoir étranglé un jeune homme dans la force de l'âge avaient les habits en désordre et portaient les marques d'une lutte sur leur personne; il omit de s'assurer si l'on trouverait dans la chambre du prétendu martyr des livres catholiques ou des *objets de piété*; il ne conserva pas même les papiers trouvés dans les poches des vêtements et qu'on déclara plus tard être des vers et chansons obscènes. En un mot, sans accomplir une seule des formalités que la loi exigeait, David monta à

---

1. Si David avait mieux connu les lois qu'il était chargé d'appliquer, il aurait pu se souvenir de ce texte très-précis et plein de sagesse, qui lui prescrivait une conduite tout opposée à celle qu'il a tenue : *Vanæ voces populi non sunt audiendæ; nec enim vocibus eorum credi oportet, quando aut noxium crimine absolvi aut innocentem condemnari desiderant.* (L. 12. C. *de pœnis*, lib. 9. tit. XXVII.) « Les vains bruits de la foule ne doivent point être écoutés; il ne faut en croire les voix populaires, ni quand elles veulent absoudre un criminel, ni quand elles demandent la condamnation d'un innocent. »

2. On nous affirme que, de nos jours, à Toulouse, au moment d'acheter un hôtel, une famille protestante dont nous pourrions citer le nom en a été détournée par le caractère ultra-catholique du voisinage.

la chambre de M. et de Mme Calas, leur ordonna de le
suivre à l'hôtel de ville, fit porter sur un brancard le
corps de Marc-Antoine et son habit qu'on avait trouvé
plié sur le comptoir; et arrêta, avec les Calas, toutes
les personnes qu'il trouva dans la maison, leur servante, le jeune Lavaysse et Cazeing, leur ami, qui n'é-
tait arrivé chez eux qu'à la nouvelle de la catastrophe.
Un défenseur des prévenus [1] releva plus tard le tort irréparable que leur fit cette arrestation si précipitée. Il
est possible, disons mieux, il est probable qu'un examen
attentif des lieux eût démontré immédiatement le suicide. Les preuves les plus évidentes ont été perdues
sans ressource.

L'arrestation d'ailleurs était illégale. Elle ne pouvait
avoir lieu sans mandat qu'en cas de *flagrant délit* ou de
clameur publique. Ce dernier mot ne signifie nullement
l'opinion du premier venu sur les causes d'un décès,
mais le cas où l'on crie dans la rue après quelqu'un
qui s'enfuit. Il n'y avait rien de pareil dans l'espèce.

Bien loin d'imaginer le sort qui les attendait, les parents du défunt, absorbés dans leur deuil, croyaient
être conduits à l'hôtel de ville pour rendre compte des
circonstances d'un suicide. Pierre Calas eut soin de
mettre une chandelle allumée dans le corridor pour
retrouver de la lumière quand ils reviendraient se coucher; mais David, en souriant de sa simplicité, fit éteindre le flambeau, et leur dit *qu'ils n'y reviendraient pas de*

---

1. Voici ce qu'écrivit à ce sujet un magistrat plein de sagesse et d'autorité, M. de la Salle, conseiller au Parlement de Toulouse :
« Le moins que les accusés puissent prétendre lorsque, comme dans
ce cas, le juge a négligé de vérifier les faits qui pourraient servir à leur
justification, c'est que tous ces faits soient regardés comme constatés;
car serait-il juste que la mauvaise disposition, l'impéritie ou la négligence du juge leur ravît leur défense naturelle? Or, si l'on regarde
comme constants les faits que les Capitouls négligèrent de vérifier et
dont la vérification n'est plus possible, il en résultera un corps de
preuve, une démonstration, supérieure à tout ce qu'il pourrait y avoir
de contraire dans l'information, que M. A. Calas n'a pas été mis à mort
par ses parents. (*Bibliogr.*, n° 5.) »

sitôt[1]. Ils n'y sont jamais revenus. et c'était bien ce que David voulait dire.

C'est comme accusés du meurtre de leur fils, de leur frère, qu'il les arrêtait, enveloppant dans le même soupçon, sans aucune preuve, la servante, Lavaysse et Cazeing. A l'égard de ce dernier, il y a même dans l'informe procès-verbal du Capitoul[2] un trait caractéristique : « *Nous avons fait conduire à l'hôtel de ville les Srs Calas père et fils, la D^{lle} Calas mère*[3], *la fille de service dudit Calas, le sieur Lavaise et un espèce d'abbé, qui se sont trouvés dans la maison.* » C'est Cazeing qu'il désigne comme *un espèce d'abbé.* Pourquoi? Cazeing était un fabricant d'étoffes dites *mignonnettes*, qui employait plusieurs centaines d'ouvriers ou d'ouvrières; ce n'était nullement un inconnu. On a prétendu plus tard[4] que David lui-même le connaissait bien, mais voulut le faire passer pour un ministre du Saint-Évangile, instigateur ou auteur du meurtre, et cette idée s'accorderait avec ce que pensaient et disaient alors, au sujet des pasteurs protestants, les catholiques exagérés de Toulouse[5]. Il nous semble cependant probable que David, ici comme en bien d'autres cas, a été coupable d'une précipitation insensée plutôt que de mauvaise foi; il a supposé réellement que Cazeing était un pasteur. Il fallait pousser bien loin la violence et la légèreté pour traîner un homme à travers les rues comme accusé d'un assassinat aussi horrible, sans même lui avoir demandé son nom, et pour désigner ensuite sur un acte légal un manufacturier par cette singulière épithète, *un espèce d'abbé.*

1. Décl. de P. C.
2. Voir le texte de ce procès-verbal, Pièces justif. II, à la fin du volume.
3. Rappelons une fois pour toutes que jusqu'à la Révolution le nom de madame était réservé légalement aux femmes nobles, et qu'une bourgeoise, même mariée, n'avait droit qu'au titre de demoiselle.
4. E. de **B**. 2.
5. Voir plus bas la lettre du Président du Puget à M. de Saint-Florentin (Pièces justificatives XXII), et dans notre chapitre xiv, les citations que le chevalier du Mège emprunte à l'abbé Magi.

En vain un collègue de David, le Capitoul Lisle Bribes, arrivé sur ces entrefaites, l'engageait à être plus calme et à procéder avec une rigueur moins impatiente : *Je prends tout sur moi*, répondit-il. — *C'est ici*, disait-il à tout moment, *la cause de la religion*. Il est évident qu'une crédulité passionnée et haineuse l'aveuglait.

Le funèbre cortége des magistrats et des accusés, entourés de quarante gardes, et précédés par le cadavre que l'on portait sur un brancard, traversa les rues pour se rendre à l'hôtel de ville.

On doit sentir combien une arrestation opérée avec tant d'éclat répandit au sein d'une population déjà hostile, le bruit du meurtre imputé aux Calas. La ville les crut non-seulement coupables, mais convaincus.

Nous citerons plus loin (ch. vii) la déposition d'une femme, Barthélemye Arnaud, qui donne une idée des propos tenus dans la foule sur le passage de ce cortége lugubre ; elle prouve l'effet que ce spectacle produisit sur les esprits.

On déposa le corps au Capitole, dans la chambre de la Gêne, c'est-à-dire de la torture. Les accusés furent enfermés et interrogés séparément, mais dans le même édifice[1]. Calas et son fils furent mis dans des cachots sans fenêtres, les deux femmes dans des prisons moins obscures ; on envoya Lavaysse dans le logement de l'enseigne du guet, nommé Poisson.

Ce fut alors seulement, et dans l'hôtel de ville, que David dressa son étrange procès-verbal, tandis qu'une loi formelle[2] et le simple bon sens lui ordonnaient d'é-

---

1. « Là existaient encore il y a trente ans (écrivait du Mège, en 1846) une prison affreuse, et les cachots que l'on avait si bien nommés l'Infernet. C'est là que le Capitoul Mandinelli, le Viguier Portal, le fameux avocat Teronde et une foule d'autres personnes impliquées à tort ou à raison dans la conspiration de 1562, attendirent l'heure du supplice. Ce fut là aussi que, dans le siècle dernier, Jean Calas fut jeté, accusé d'avoir fait donner la mort à son fils. » (*Histoire des Institutions de Toulouse*, t. IV, p. 296.)

2. Ordonnance de 1670, tit. 4, art. 1 :

« Les juges dresseront, sur-le-champ et sans déplacer, procès-verbal

crire sur place et sans désemparer. C'est là aussi que fut rédigé le procès-verbal du médecin Latour, et des chirurgiens Peyronnet et Lamarque qui, après avoir prêté serment entre les mains de David, examinèrent le corps de Marc-Antoine. Selon leur certificat, qui a été publié[1], le cadavre était « encore un peu chaud, sans aucune blessure, mais avec une marque livide au col, de l'étendue d'environ demi-pouce, en forme de cercle qui se perdait sur le derrière dans les cheveux, divisée en deux branches sur chaque côté du col.... ce qui nous a fait juger qu'il a été pendu encore vivant par lui-même ou par d'autres. »

Au premier moment, David ne laissa pas même de gardes sur les lieux, et ne songea pas à saisir les instruments de mort par lesquels Marc-Antoine avait péri[2]. Plus tard il y mit neuf soldats de garde, dont le nombre fut bientôt porté à vingt, et qui y furent entretenus pendant cinq mois aux frais des accusés.

Si les prévenus étaient innocents, on ne peut nier qu'ils tombaient entre les mains d'un magistrat peu éclairé; David en effet n'était pas un officier de police chargé de les arrêter; il était un de leurs juges[3].

de l'état auquel seront trouvées les personnes blessées ou le corps mort; ensemble du lieu où le délit aura été commis, et de tout ce qui peut servir pour la décharge ou la conviction. »

1. Voir ce rapport, Pièces justificatives IV.

2. L'article 2, titre 4 de l'Ordonnance de 1670, prescrivait aux juges de faire transporter au greffe « les armes, meubles et hardes, qui pourront servir à la preuve et feront ensuite partie du procès. » Malgré cette loi, la corde et la *bille*, qui avaient servi au suicide, ne furent portés au greffe que plus tard.

3. Voir la note 2 (sur le plan de ce livre).

CHAPITRE II.

DAVID DE BEAUDRIGUE ET LE CAPITOULAT.

« .... Hodie tamen ex aliis judicibus usurpatam, nescio quo-modo jurisdictionem præter jus exercent communi certe nos-trorum omnium, et quasi fatali malo. Nam qui fieri potest ut hi jus dicant, qui juris elementa nunquam cognoverunt? Creantur ad id munus quotannis octo viri ex quibus vix unum et alterum reperias, qui non imperitus, expers, rudis-que sit, nullam juris scientiam vel rerum experientiam habens.
CORAS. (Op. in-f°, 1603. t. II, p. 648 [1].)

Aujourd'hui ils (les Capitouls) exercent, je ne sais comment, une juridiction illégale, usurpée sur d'autres juges, au pré-judice commun et pour ainsi dire fatal de tous nos conci-toyens. Car comment peut-il se faire que ceux-là rendent la justice, qui n'en ont jamais connu les éléments? Tous les ans on crée Capitouls huit hommes parmi lesquels on en trouverait à peine un ou deux qui ne soient incapables, igno-rants, sans culture, n'ayant aucune science du droit ni même aucune expérience des choses.

Il nous semble nécessaire de faire connaître, avant tout, ce personnage et l'autorité qu'il exerçait à Tou-louse.

François-Raymond David de Beaudrigue n'était point un scélérat, quoiqu'on l'ait représenté comme tel sur bien des théâtres, en France, en Hollande et en Alle-magne [2]. C'était un homme naturellement violent, très-actif, ayant des talents réels, comme l'a dit Court de Gébelin [3], « pour exercer la basse police qui n'exige que

1. Voir la note 3.
2. Voir plus bas, dans la *Bibliographie*, l'indication de plusieurs drames ou tragédies en diverses langues, nᵒˢ 58-74, 109, 121, 122.
3. *Les Toulousaines.*

de l'autorité, » très-habile[1] à prendre sur le fait, avec
une rapidité et une précision irrésistibles, les maisons
de jeux clandestines. Mais ses qualités même et l'impétuosité de son caractère « qui l'embarquaient sans
réflexion dans les démarches les plus fausses » le rendaient incapable des fonctions calmes et sereines de
l'impassible justice. C'était un de ces hommes dangereux
qu'une police habile sait utiliser en les dominant, mais
à qui le sanctuaire des lois devrait être rigoureusement
interdit. Malheureusement, à cette époque, ce n'étaient
pas là deux domaines distincts, et le vague de ses at-
tributions offrait au fougueux Capitoul mille occasions
d'en dépasser les limites.

Il était gonflé de son importance au point de s'attirer
sans cesse des mortifications qu'il eût pu éviter en se tenant à sa place. En voici un exemple assez singulier. Il
trouva mauvais que les affiches de théâtre ne portas-
sent aucune mention des Capitouls, et fit ajouter, au-
dessous de l'autorisation d'usage, ces mots : *Et par permission de MM. les Capitouls*. Là-dessus, réclamation des
personnages qui jusqu'alors avaient seuls brillé en tête
des affiches toulousaines ; conflit de pouvoirs ; dénonciation au ministre secrétaire d'État ; et le tout finit par une
lettre de ce dernier où il blâme l'ambitieux David et met
fin à l'orgueilleuse innovation qu'il s'était permise[2].

Un autre esclandre, où il paraît avoir obtenu l'avantage, quoique évidemment il eût tort, précéda de peu l'affreuse histoire des Calas. La Beaumelle[3] que David avait
surpris et arrêté dans une maison où l'on jouait (celle

---

1. *Histoire du Languedoc.*
2. Archives impériales. — Dépêches du *Secrétariat*.
3. Bien connu par ses démêlés avec Voltaire, son édition des Lettres
de Mme de Maintenon et beaucoup d'autres écrits, dont le dernier, publié par sa famille en 1856, est une *Vie de Maupertuis*. Nous aurons à
raconter la part qu'il prit à l'affaire Calas et qui est à peu près ignorée :
mais nous ne considérerons point ses assertions comme des preuves suffisantes, sachant que son caractère ardent et ses écrits ne méritent pas
une confiance entière.

de la comtesse de Fontenille), le 9 janvier 1760, fut condamné par les Capitouls ; puis, en ayant appelé, il fut absous par le Parlement. Son acquittement et un mémoire qu'il avait publié pour sa défense irritèrent David qui se vengea par un affront impardonnable. Le 3 octobre 1761, dix jours avant la mort de Marc-Antoine Calas, il fit désarmer son ennemi en plein jour sur la place Royale, comme n'étant pas noble et n'ayant pas droit de porter l'épée. La Beaumelle prouva qu'il avait reçu des lettres de noblesse en Danemark, où il avait résidé quelques années. En tout cas, à cette époque où une multitude de roturiers portaient l'épée sans même avoir de prétexte à donner, l'acte brutal du Capitoul ne valait pas mieux dans le fond que dans la forme.

J'ai cité à dessein ces deux faits, parce qu'ils sont complétement étrangers aux Calas, et font connaître le plus acharné de leurs persécuteurs sans préjuger en rien leur procès.

Nous avons d'ailleurs, pour connaître David, deux sortes de témoignages, également irrécusables, ses propres lettres au comte de Saint-Florentin[1], que nous avons copiées sur les originaux aux Archives de l'État et celles que lui écrivit ce ministre[2]. Les premières décèlent en David un zèle aveugle pour le service du roi, non sans un vif désir d'en être récompensé, ce qu'il demande sans cesse. Son fanatisme catholique est celui d'un agent subalterne, aux yeux duquel désobéir au roi ou aux Capitouls, ne pas croire au pape ou blasphémer contre Dieu, c'est commettre un seul et même péché, le péché irrémissible de la rébellion. Un protestant, pour lui, est un ennemi de l'État, de l'Église, de Dieu même, et par conséquent un protestant est capable de tous les crimes.

1. Voir plus bas : Pièces justificatives, lettres III, XIII, XV, XXI, XXIV.
2. note 4, et Pièces justificatives, X.

Sa présomption, sa parfaite satisfaction de lui-même, éclatent dans une lettre où il rend compte de l'arrestation que nous venons de raconter. Il ne se contente pas de faire de belles promesses : « Je suis cette procédure avec vigueur et je ne perds pas un moment pour y donner toutes les suites qu'exige une affaire de pareille nature. » Il se vante d'avoir jusque-là bien rempli son devoir : « Quoique le chef du Consistoire soit absent et que je le représente par ma charge, néanmoins mon expérience ne m'a pas laissé douter de procéder ainsi que je l'ai fait. » Nous le verrons dans cette même correspondance se plaindre au ministre de ce que ses collègues *ne secondent pas son zèle*. On frémit en l'entendant promettre de *redoubler son zèle et son attention pour contenir le bon ordre*. On sait ce qu'il entend par là.

Quant aux lettres du ministre, elles sont plus significatives encore. Il écrit, le 25 octobre 1764, à l'intendant du Languedoc, M. de Saint-Priest :

« Il y a longtemps que je m'aperçois qu'en général le caractère trop entreprenant de ce Capitoul le porte à vouloir s'emparer de toute l'autorité au préjudice de ses confrères. Je lui écris pour lui en marquer tout mon mécontentement. »

Voici cette lettre, qui porte, dans la table d'un des volumes manuscrits des dépêches du *Secrétariat*, le titre très-exact de *semonse* (*sic*) :

A M. DAVID DE BEAUDRIGUE.

« Il me revient, M., depuis assez longtemps des plaintes contre vous. Je sais qu'elles sont fondées, que vous affectez en toute occasion sur les autres Capitouls une supériorité que vous n'avez point, et que vous cherchez à vous emparer seul d'une autorité qui vous est commune avec eux. Vous venez d'en donner de nouvelles preuves à l'occasion de la vacance de la place d'Enseigne du guet de la ville, et je ne peux différer plus longtemps à vous marquer mon mécontentement d'une pareille conduite. A l'égard de la nomination que vous avez faite du Sr Bonneau fils, le Roi l'a entièrement désapprouvée. S. M. a cassé la délibération qui la

contient, et s'est déterminée à nommer un autre sujet par une or·
donnance que j'envoye à M. de St-Priest qui vous fera connaître
les intentions de S. M. à ce sujet. »

Il s'agit ici non des Calas, mais d'une troisième affaire
où David laissa percer les défauts de son caractère. Il
nous suffira d'en indiquer une quatrième qui fut la dernière; le Capitoul fut révoqué à l'occasion d'une difficulté qui s'élève souvent encore dans tous les pays catholiques, la sépulture refusée à des protestants[1].

Voici, en tout cas, un exemple; sinon de sa mauvaise
foi, au moins de la tyrannie qu'il exerçait.

Les deux demoiselles Calas, leur frère Louis, quelques autres rares amis, se concertaient sur ce qu'on
pouvait tenter pour la défense des prisonniers. Ils eurent
lieu de croire que, pour cacher l'irrégularité de quelque acte légal, omis d'abord mais suppléé après coup,
David l'avait antidaté et peut-être même y avait ajouté
un mot important. Ils firent présenter par leur procureur une requête d'inscription en faux. Cette démarche, qui du reste ne nous paraît point justifiée par les
pièces, irrita profondément le Capitoul; il eut le crédit
de faire condamner le procureur Duroux, coupable

1. La lettre suivante du ministre à M. de Bonrepos, procureur-général
au Parlement, qui intercédait en faveur de David, achève de le faire connaître. Elle prouve bien que l'affaire des funérailles de deux Anglais
morts à Toulouse fut moins la cause que le prétexte de la destitution
de David. Cette lettre est datée du lendemain de la réhabilitation de
Calas, et M. de Saint-Florentin, très-peu satisfait de ce grand acte de
justice, laisse deviner, plutôt qu'il ne l'avoue, la véritable cause du châtiment infligé au Capitoul.

10 mars 1765.

« J'ai reçu, Monsieur, la lettre que vous avez pris la peine de m'écrire en
faveur du sieur David. Ce qui est arrivé en dernier lieu à cause de l'inhumation de deux Anglais décédés à Toulouse, n'est pas le seul motif
qui ait déterminé le Roi à ordonner sa destitution. Il était revenu à Sa
Majesté beaucoup d'autres plaintes très-graves contre ce Capitoul. Elles
ont été approfondies, et, comme ce n'est qu'en grande connaissance de
cause que Sa Majesté a prononcé contre lui, ce serait inutilement qu'on
lui proposerait de révoquer sa décision. »

D'autres torts plus graves encore ont été reprochés à David, mais sans
preuves suffisantes. (Voir la note 5 à la fin du volume.)

d'avoir instrumenté contre lui, à lui faire des excuses solennelles et à trois mois de suspension [1]. Cette vengeance épouvanta les gens de loi à tel point que nous verrons la famille Calas chercher en vain, dans le cours du procès, un procureur qui voulût agir pour elle.

Il nous reste à expliquer la nature des pouvoirs étendus que David exerçait à Toulouse.

Tandis qu'ailleurs les conseillers municipaux portaient le titre d'Échevins, Toulouse, qui se vantait de conserver les traditions romaines, nommait les siens Capitouls, et sa maison de ville porte encore le titre fastueux de Capitole. Il est dit, dans la légende du patron de la ville, saint Sernin ou Saturnin, qu'il fut jugé au Capitole de Toulouse par les magistrats romains ; et l'on tenait à conserver ce nom qui rappelait à la fois Rome païenne et la légende catholique. Les Capitouls n'étaient pas seulement chargés de l'administration et de la police municipales ; ils avaient « haute et basse justice dans la ville et son gardiage » ou territoire. Des documents d'époques très-diverses, telles que les paroles de Coras au seizième siècle, citées en tête de ce chapitre, et un *Discours* de Charles Lagane au dix-huitième, signalent les usurpations de pouvoir, l'outrecuidance et le peu de capacité judiciaire de ces étranges magistrats.

En effet, un des principaux acteurs dans le drame sanglant des Calas, le plus zélé complice de David, le procureur du roi Charles Lagane, avait écrit (avant de devenir Capitoul lui-même) un *Discours contenant l'histoire des jeux Floraux et celle de Dame Clémence* [2]. Il y prouvait que le titre légal et ancien des Capitouls était celui de *Consules Tolosæ*, et qu'on les appela *Capitulares* parce

---

1. Voir sa quatrième lettre au comte de Saint-Florentin. (Pièces just. XXI.)

2. Voir la note 6.

qu'ils formaient un *chapitre*, Capitulum. En langue romane, ils étaient appelés *Senhors de Capitols*, c'est-à-dire Messieurs du Chapitre. C'est ce terme de *Capitols* qui, généralement admis et mal traduit, donna lieu au changement de *Capitulum* en *Capitolium*. Ce dernier mot est encore inscrit au-dessous du fronton de l'hôtel de ville.

Dans ce même *Discours*, Charles Lagane accusait ses futurs collègues d'un orgueil ridicule ; à l'en croire, ils regardaient la magistrature, dont ils étaient revêtus « comme la plus éminente de l'Europe (p. 100). »

Les titres officiels qu'ils s'attribuaient étaient ceux-ci : « Capitouls, Gouverneurs de la ville de Toulouse, « chefs des nobles, juges des causes civiles, criminelles, « et de la police et voyerie, en ladite ville, et gardiage « d'icelle. »

« Rien n'était plus magnifique, dit M. de Bastard, que le costume des Capitouls. L'ancien manteau comtal, selon l'expression consacrée, recouvrait une robe mi-partie de noir et d'écarlate, doublée de satin blanc, avec manchettes, cravate ou rabat de dentelles ; sur l'épaule était l'ancien chaperon de chevalier, divisé en lames ou létices d'or et de fourrure d'hermine ; une toque à plumes blanches servait de coiffure, etc. [1]. »

Les Capitouls étaient au nombre de huit, et ce corps s'appelait *Consistoire ;* un d'entre eux était *Chef du Consistoire*. En 1761, ce chef était Jean-Pierre-Bertrand Faget, avocat, que nous verrons seconder David dans ses excès de zèle. Parmi les huit membres du Consistoire, il y avait ordinairement deux ou trois Capitouls *titulaires*, c'est-à-dire ayant acheté leurs charges. La ville leur payait 1200 livres pour l'intérêt annuel de leur argent. Sauf pour ces derniers, les fonctions de Capitoul étaient temporaires et électives.

---

1. *Les Parlements de France*, t. I, p. 65.

Tous les ans, les membres sortants présentaient chacun trois candidats à un collége électoral formé des anciens Capitouls et des représentants de tous les corps d'état, de l'Université et du Parlement. Sur les vingt-quatre noms présentés par le Consistoire sortant, cette assemblée en choisissait huit, qui étaient soumis à l'approbation royale. S'ils n'étaient nobles, ils le devenaient de droit, et recevaient du roi leurs armoiries en même temps que la confirmation de leur dignité.

David était Capitoul *titulaire*. Il resta en charge de 1748 à 1765; il avait même obtenu en 1752 un arrêt du Conseil qui l'autorisait à remplir les fonctions du Capitoulat en l'absence de ses collègues. Selon un Mémoire inédit de La Beaumelle, cette ordonnance excita de grandes jalousies et ne fut enregistrée ni *au Sénéchal* ni au Parlement.

On conçoit que ce privilége et l'inamovibilité augmentèrent de beaucoup son importance, son orgueil, et lui donnèrent le moyen de parler et d'agir en maître dans les rues de Toulouse.

Il ne nous reste plus, pour exposer cette organisation qui, comme on le voit, n'était pas seulement municipale, qu'à faire mention des *Assesseurs* des Capitouls, collègues qu'ils s'adjoignaient eux-mêmes comme officiers de justice et police, mais qu'ils pouvaient toujours destituer et tenaient entièrement dans leur dépendance. Nous en verrons un, Me Monyer, pour avoir témoigné de la pitié aux Calas, tomber dans la disgrâce de ses collègues ou plutôt de ses maîtres, et renoncer malgré lui à prendre part au procès.

Le Capitole de Toulouse possède encore ses annales, énormes volumes de parchemin où chaque Consistoire, avant de sortir de charge, rendait compte de sa gestion. C'est un fait extrêmement remarquable que dans le récit de 1762, il ne soit fait aucune mention du supplice de Jean Calas, et que cette année 1761, où les

Capitouls le firent arrêter avec sa famille et commirent, dans l'instruction de la cause, une multitude de fautes, par ignorance des lois, précipitation et parti pris, cette année 1761 est demeurée en blanc dans le volume où elle devait être racontée. Les feuillets de parchemin qui devaient porter ce déplorable récit existent, mais sont demeurés muets, et leur silence se joint à la voix de l'histoire pour accuser ce tribunal inepte et odieux[1]. Ces juges iniques semblent ainsi joindre leur propre suffrage à ceux de leurs adversaires et de la postérité pour se condamner eux-mêmes.

Tel fut le tribunal dont David était l'âme et qui allait prononcer sur la vie et l'honneur des cinq détenus de l'hôtel de ville.

Avant de raconter la procédure instruite contre eux, il est nécessaire de les faire mieux connaître eux-mêmes.

1. Voir la note 7 à la fin du volume.

CHAPITRE III.

LA FAMILLE CALAS.

In hoc tanto, tam atroci, tam singulari maleficio, quod ita raro extitit, ut si quando auditum sit, portenti ac prodigii simile numeretur, quibus tandem te argumentis accusatorem censes uti oportere? Nonne et audaciam ejus qui in crimen vocetur, singularem ostendere, et mores feros, immanemque naturam?

CICERO pro Rosc. Amer., n. 13.

Vous qui portez une accusation si énorme, si atroce, si hors de l'ordinaire, qui s'est présentée si rarement qu'on dut la compter au nombre des événements prodigieux et hors nature, si jamais on en ouït parler, quels sont enfin les arguments dont vous pensez devoir vous servir? Ne faudra-t-il pas nous montrer en celui que vous accusez d'un tel crime, et une singulière audace, et des mœurs sauvages, et une âme dénaturée?

Le 14 octobre au matin, maître Faget assembla les Capitouls et rendit en consistoire l'ordonnance d'écrou. Jean Calas, sa femme et son fils Pierre, le jeune Lavaysse et même la servante, quoiqu'elle fût catholique, étaient accusés d'avoir étranglé Marc-Antoine par fanatisme protestant, et pour prévenir par le meurtre sa conversion au catholicisme. Cazeing fut renvoyé.

Il existe toujours une forte présomption, contre une imputation aussi abominable, si l'on prouve que le prévenu a un passé sans reproche, des habitudes douces et pures. Mais cette preuve devient bien plus certaine encore lorsqu'il s'agit de plusieurs accusés. Il n'est pas impossible, sans doute, qu'on découvre un scélérat en un homme qui s'était acquis une estime imméritée. Mais cela est peu croyable pour cinq personnes à la fois, surtout quand elles diffèrent d'âge et de position, quand deux d'entre elles ne sont pas du même sang, quand une autre appartient à une Église rivale, et quand toutes sont inattaquables dans leur vie antérieure. Nous montrerons qu'on s'est épuisé en efforts pour leur inventer des crimes ou au moins leur prêter des menaces coupables, sans avoir pu donner le moindre fondement à ces calomnies. Leur conduite et leur caractère à tous sont demeurés sans tache.

Né en 1698 à La Cabarède, près de Castres, il y avait quarante ans que Jean Calas était venu s'établir à Toulouse, comme marchand d'indiennes. C'était un de ces hommes simples, laborieux et intègres, qui se créent lentement une fortune bornée mais irréprochable, et dont la religieuse droiture, la vertu sans éclat, étaient l'honneur des vieilles familles de bourgeois protestants. Si plus tard, en face de l'épreuve, au jour du martyre, il se trouva à la hauteur de sa cruelle destinée, c'est qu'une piété virile et un sentiment inflexible du devoir l'avaient préparé à tout.

Son caractère était aussi doux que grave. Un jeune homme qui avait été élevé chez lui attesta plus tard qu'en quatre années, il ne l'avait pas vu une seule fois en colère[1].

L'avocat Sudre, dans son premier Mémoire, demanda l'autorisation de prouver que peu d'heures avant la

[1]. « J'atteste devant Dieu que j'ai demeuré pendant quatre ans à Toulouse, chez les sieur et dame Calas; que je n'ai jamais vu une famille plus unie, ni un père plus tendre, et que, dans l'espace de quatre années, il ne s'est pas mis une seule fois en colère; que si j'ai quelques sentiments d'honneur, de droiture et de modération, je les dois à l'éducation que j'ai reçue chez lui. — A Genève, 6 juillet 1762. — *Signé* : J. CALVET, caissier des postes de Suisse, d'Allemagne et d'Italie. » (L'original de cette pièce est aux Archives impériales.

mort de Marc-Antoine, à six heures du soir, une demoiselle étant venue pour acheter une étoffe, Calas père envoya, *en lui parlant très-tendrement*, ce même Marc-Antoine chercher à l'étage supérieur la pièce d'étoffe que l'on demandait. La demoiselle ne fut pas interrogée et M⁰ Sudre ne fut point admis à prouver le fait.

Après avoir lu avec soin les interrogatoires et les confrontations de Jean Calas, on reste convaincu que son esprit était solide sans être brillant, sa volonté consciencieuse et bien arrêtée. La conduite et les prétentions de deux de ses fils, Marc-Antoine et Louis, lui donnèrent souvent des soucis. Dans ses rapports quelquefois pénibles avec eux, on le voit toujours doux et paternel, mais inflexible dans sa résolution de rester seul maître de ses affaires, où le pain et l'honneur de la famille étaient engagés. On le voit aussi s'opposer invariablement, soit aux dépenses exagérées, soit aux entreprises commerciales où ces jeunes gens voulaient se lancer imprudemment. Honneur et fermeté, mais sans aucune rudesse, voilà en deux mots le caractère de Calas.

Il est nécessaire de remarquer que ce père, accusé d'avoir étranglé par fanatisme son propre fils, était au contraire, dans ses relations avec les catholiques, d'une facilité de mœurs et d'une tolérance assez rares alors. A cet égard les preuves abondent; il était si bien connu sous ce rapport, qu'en 1735, un catholique nommé Bonafous, juge de Ferrières et d'Espérausses, voulant placer ses deux filles dans le couvent des Religieuses de Notre-Dame à Toulouse, les confia à Calas, chez qui elles logèrent d'abord. Plus tard, des maladies fréquentes obligèrent l'aînée à sortir de ce couvent. Ce fut encore chez les époux Calas qu'elle passa plusieurs mois, à diverses reprises. Devenue la femme de J. Boulade, maire de Castelnau-de-Brassac, elle attesta ces faits, ainsi que sa sœur, dans deux certificats authentiques[1], et Mme Boulade y déclare que. « tandis qu'elle demeurait chez les sieur et dame Calas, elle y a rempli ses devoirs de catholicité, et fait ses pâques, en l'année 1757; que ledit Calas la faisait accompagner dans toutes les églises par des personnes de confiance. »

Nous retrouverons la même modération dans sa conduite avec Louis, celui de ses fils qui devint catholique, et plus encore envers la servante, qui l'avait aidé dans cet acte si pénible à ses parents.

Il n'est pas étonnant qu'une telle conduite eût valu à Calas le respect et même l'affection des catholiques sensés. Aussi n'était-il pas seulement en relations d'amitié avec ses coreligionnaires. Les papiers de famille, les dépositions du procès nous le montrent en rapports habituels avec des personnes des deux cultes et quelquefois même avec des prêtres.

Parmi les protestants, le marchand de Toulouse était plus considéré encore, et quoiqu'il ne jouît que d'une fortune très-limitée, nous le voyons, dans les châteaux du Languedoc, admis à la table des seigneurs[2], dont quelques-uns le traitaient en ami et dont plusieurs étaient ses alliés par son mariage.

Il avait épousé à Paris, en 1731, une femme qui lui était supérieure par l'étendue de l'esprit, et qui était digne de lui par sa force d'âme et l'élévation de son caractère. Anne-Rose Cabibel était Anglaise de naissance, mais Française de race. Elle appartenait à ces familles de huguenots que Louis XIV contraignit à l'exil, après les avoir ruinées. Sa mère se nommait Rose de Roux, et sa grand'mère était une La Garde-Montesquieu. Le

1. Arch. imp. — Le juge Bonafous a donné lui-même une attestation toute conforme. D'autres témoins nombreux, notamment Houlès-Lagarrigue et son fils, ont déposé dans le même sens. Ces certificats, qui existent encore aux Archives, ne furent produits, comme toutes les pièces ou dépositions à décharge, que plus tard, devant le grand Conseil et les maîtres des Requêtes.

2. Arch. imp.

marquis de Montesquieu, ainsi que les Polastron-La-
hillère, étaient ses cousins issus de germains et elle
était parente de quelques autres familles nobles du
Languedoc et de plusieurs officiers supérieurs, chevaliers de Saint-Louis[1]. Ses amis s'en souvinrent pour
elle, lorsqu'il fallut intéresser à elle le public et le gouvernement, lorsqu'elle portait en prison le deuil de son
fils suicidé et de son mari exécuté à mort, étant elle-
même, ainsi qu'un autre de ses fils, sous le poids d'une
accusation capitale. Mais dans sa boutique de la rue des
Filatiers, elle ne songeait guère à ses ancêtres, et si
elle eut tout le courage des nobles d'autrefois, elle
n'eut rien de leur vanité. Quand Voltaire la connut, elle
lui inspira de l'étonnement et du respect, par son énergie calme, par la dignité de son caractère et une vigueur d'intelligence que rien n'avait pu abattre. Deux
ans après la réhabilitation de Jean Calas, Voltaire écrivait encore à l'avocat Élie de Beaumont, au sujet de Sirven : « Je vous avertis que vous ne trouverez peut-être
pas dans ce malheureux père de famille la même présence d'esprit, la même force, les mêmes ressources
qu'on admirait dans Mme Calas[2]. »

Un homme qui avait été témoin de ses souffrances
dans les moments les plus cruels, le jeune Lavaysse,
lui écrivit à elle-même, le 22 février 1763 : « Je n'ai
point été surpris de votre fermeté. Je l'avais vue dans
votre âme; et la manière dont je vous ai vue supporter
les chagrins les plus cuisants me fit bientôt apercevoir
que les grands maux pourraient vous affliger, mais
jamais vous abattre[3]. »

1. M. l'abbé Salvan cite les familles de Marsillac, de Saint-Amans, de
Riols-Desmazier, d'Escalibert.
2. Lettre du 20 mars 1767. — Les adversaires des Calas ne peuvent
prétendre qu'ici Voltaire veut tromper l'opinion publique. Il écrit, deux
ans après la réhabilitation de Jean Calas, une lettre toute confidentielle
à un avocat qui connaissait encore mieux que lui celle dont il parlait.
3. Collection de M. Fournier.

Voici sur Mme Calas l'opinion du plus récent accusateur de son mari, opinion qu'il s'est formée en lisant les interrogatoires et en consultant des traditions locales :

« Quoiqu'il régnât dans cette maison beaucoup d'ordre et d'économie, on y menait cependant une vie aisée et commode, telle que le demandait une bonne et honnête bourgeoise. M. et Mme Calas exerçaient une grande autorité sur leurs enfants ; Mme Calas, en particulier, veillait beaucoup sur ses filles, dont elle ne se séparait que très-rarement ; elle avait de très-bonnes manières, et quoique femme d'un simple marchand, elle gardait assez le haut ton. »

(SALVAN, p. 7.)

Devant les juges, ses réponses et ses confrontations sont plus remarquables encore que celles de son mari, parce qu'elle discerne avec plus de pénétration et de présence d'esprit les piéges qu'on lui tend, proteste avec plus de résolution contre les témoignages faux ou mal intentionnés, et trouve, dans son cœur de mère, un degré de fermeté que rien n'égale. On leur répète sans cesse à tous deux que leur fils Marc-Antoine allait abjurer, qu'on en est sûr, que cela est prouvé. Jean Calas ne cesse de répondre qu'il n'en a jamais entendu parler que de la bouche de ses juges et qu'après la mort de son fils. Mme Calas déclare hardiment que cela ne peut être, que son fils était dans des sentiments tout contraires, qu'elle était sûre de lui : *Il n'aurait pas usé de dissimulation avec moi*, dit-elle[1]. On sent dans toutes ses paroles le cœur ému de la mère qui a trop connu, trop aimé ce fils si malheureux et si coupable, pour le laisser accuser après sa mort de ce qui serait à ses yeux un tort de plus.

Était-ce donc une fanatique huguenote que cette simple et noble mère de famille ? Loin de là. Elle eut part à tout ce que fit son mari pour les demoiselles Bonafous, pour la servante, coupable d'avoir entraîné son fils Louis à abjurer, pour ce fils lui-même. Tout ce qui lui est particulier à l'égard de ce fils, c'est ce qu'écrit un ami de la fa-

---

1. Arch. imp. — Confrontations de la demoiselle Calas.

mille nommé Griolet : qu'il « a vu plus d'une fois les
yeux de Mme Calas se remplir de larmes, toutes les fois
qu'elle le voyait passer devant la maison où il n'entrait
plus[1]. » Elle en a donné elle-même le motif dans les
termes les plus touchants[2] : « L'accusée répond qu'il est
vrai que sa sensibilité se réveillait toutes les fois qu'elle
voyait passer Louis Calas, son fils, *attendu que depuis
quelque temps, il ne la reconnaissait plus pour sa mère.* »

Mme Calas, plus jeune que son mari, avait quarante-
cinq à cinquante ans lors de la mort de son fils aîné[3].

Leur famille se composait de six enfants, Marc-Antoine, Jean-*Pierre*, Donat-*Louis*, Anne-*Rose*, Anne (Nanette) et Jean-Louis-*Donat*, et d'une servante catholique,
âgée de quarante-cinq ans environ, Jeanne Viguier[4].
C'est à dessein que je rapproche ainsi de ses maîtres
cette fille dévouée, à qui vingt-quatre ans de services et
une estime méritée avaient donné des priviléges, dont
elle ne crut pas abuser en convertissant un des enfants
de la maison[5].

Il est inconcevable qu'on ait cru fanatiques jusqu'au

1. Arch. imp. — Lettre de Griolet.
2. *Ib.* — Confr. de la demoiselle Calas.
3. On la disait plus jeune de dix-huit ans que Calas, né en 1698. Elle
se serait donc mariée à quinze ans (en 1731), ce qui alors était assez
fréquent. D'un autre côté, comme, dans l'acte de sa sépulture, en 1792,
on la dit âgée non de soixante-seize ans, mais de *quatre-vingt-deux ans*
(voir Pièces just. XXXVIII), il est probable qu'il y avait moins de distance entre son âge et celui de son mari.
4. On l'appelait *Viguière*, suivant l'usage romain, qui s'est perpétué
dans le patois languedocien, de donner à une fille le nom de son père
avec une désinence féminine. Dans le midi de la France, on nomme *Viguière* la fille de Viguier, comme autrefois, à Rome, la fille de Marcus
Tullius était Tullia.
5. On lui demande, dans le cours du procès, *comment elle a pu rester vingt-quatre ans chez des personnes d'une religion opposée à la
sienne.* Il fallait donc que les protestants n'eussent point de domestiques, puisqu'une déclaration du roi leur ordonnait de n'en avoir que de
catholiques, sous peine d'amende pour les maîtres et des galères pour
les domestiques. (Déclaration du roi du 11 janvier 1686.) Viguière répond
simplement que, *n'ayant jamais été gênée en rien, elle s'est bien trouvée
de la condition.*

parricide, des gens qui gardaient chez eux et ne cessaient de traiter presque à l'égal d'un membre de leur
propre famille, la servante qui, à leur insu et contre
leur volonté expresse, avait travaillé et réussi à faire
abjurer leur fils. Ce qui, peut-être, est plus étrange encore, c'est de voir cette même servante paraître devant
quatre juridictions successives, sous l'absurde accusation d'avoir assassiné le frère aîné pour empêcher ou
punir chez lui le même acte qu'elle avait fait accomplir par le cadet. Elle partagea tous les périls de sa
maîtresse, lui resta inviolablement attachée jusqu'à son
dernier jour et rendit encore un témoignage légal à la
vérité en 1767. Par cette conduite réciproque de la domestique envers ses maîtres et de ses maîtres envers
elle, par son dévouement à toute épreuve, par la
liberté extrême que lui avaient valu ses excellents services, Viguière appartient à une classe de serviteurs
dont on retrouve encore, et surtout dans nos provinces méridionales, quelques rares exemples.

« Il me semble, dit Voltaire, que ces célèbres avocats n'ont pas
assez pesé sur le caractère de la servante. Cette fille est dans l'u-
sage de se confesser deux fois la semaine ; elle a, par conséquent,
la foi la plus parfaite pour la confession. Sans doute qu'elle a confessé et communié plusieurs fois depuis sa sortie de prison ; sans
doute aussi que le confesseur lui a parlé de cette affaire. Si elle
lui eût dit que Calas père eût pendu son fils, ce confesseur lui eût
refusé l'absolution jusqu'à ce qu'elle en eût fait la déclaration aux
juges. De là on peut conclure qu'elle a dit vrai dans ses réponses ;
et le témoignage de cette fille, toutes les circonstances pesées, a
autant de force, à mon avis, que jamais en eût eu celui de
Caton. »

(Voir Lettres de Voltaire, notre Recueil, p. 187.)

C'était, en effet, une catholique très-fervente. Des
certificats de ses confesseurs sont au procès[1] et prouvent qu'elle se confessait et communiait fréquemment.
Au dire de Louis Calas[2], elle entendait la messe tous les

1. Arch. imp. — 2. Décl. de L.-C.

jours et recevait la communion deux fois par semaine.
Elle a persévéré toute sa vie dans ces habitudes de
piété et elle est morte après avoir reçu tous les sacrements
de son Église à l'âge d'environ quatre-vingt-dix ans. On
a remarqué avec raison que si elle s'était obstinée, par
un faux point d'honneur, à se parjurer sans cesse en déclarant ses maîtres innocents, elle n'eût pas manqué de
l'avouer tôt ou tard au confessionnal; et sans aucun
doute la communion lui aurait été refusée. Il n'en fut
jamais rien. Supposera-t-on que ses divers confesseurs,
à Toulouse et à Paris, aient commis de perpétuels sa-
crilèges dans l'intérêt des Calas et du protestantisme,
en laissant communier toutes les semaines une fille
qui se serait parjurée plus de cinquante fois par dévouement pour des hérétiques[1]?

Pour revenir de ces chimères à la réalité, disons
simplement, à l'honneur de Viguière, que l'horreur
du cachot, la menace sans cesse réitérée de la torture
et de la mort, les souffrances qu'elle endura pendant
quatre mois qu'elle eut les fers aux pieds, les promesses
de pardon et de récompense, rien ne put la décider à
accuser ses maîtres, pour se sauver elle-même. Elle
était digne d'eux.

Nous ne pouvons en dire autant de tous leurs fils.
Marc-Antoine, l'aîné, dont le corps mort fut porté à
l'hôtel de ville le 13 octobre 1761, était né le 5 novembre 1732, et par conséquent mourut âgé de vingt-huit à
vingt-neuf ans. Par ambition, par goût pour les études
et les professions lettrées, il voulut embrasser une
autre carrière que celle du commerce. Il se croyait, non
sans raison, quelque talent oratoire. Il avait étudié en

---

1. A chaque interrogatoire, recolement et confrontation, les accusés
comme les témoins prêtaient serment de dire la vérité. On peut se figurer combien ce serment fut répété dans ce procès quatre fois jugé. Un
écrivain contemporain qui ne s'est pas nommé, mais qui se montra fort
éclairé, a trouvé comme Voltaire, que, dans leurs factums, les défenseurs
n'insistèrent pas assez sur la haute valeur du témoignage de Viguière.

droit et fut reçu bachelier par bénéfice d'âge le 18 mai 1759. Un sieur Vidal le prépara pour soutenir les actes nécessaires à la licence. Mais, au moment de prendre le titre d'avocat, il se vit arrêté par un obstacle invincible qui le força malgré lui à se renfermer dans la boutique de son père et à l'aider dans ses occupations. Pour être reçu avocat, un certificat de catholicité était indispensable. Quelquefois les pièces de ce genre étaient données par complaisance et sans examen. Dix-huit mois avant son suicide, Marc-Antoine était allé demander un certificat de catholicité à l'abbé Boyer, curé de la cathédrale et de la paroisse qu'habitaient les Calas. Au moment où le curé allait donner à Marc-Antoine l'acte qu'il sollicitait, son domestique[1] le prévint que ce jeune homme était protestant. Le curé, ainsi averti, refusa le certificat, et exigea pour condition une attestation signée d'un prêtre auquel Marc-Antoine se serait confessé et qui répondît de sa bonne foi[2]. Ce refus jeta le jeune homme dans un amer chagrin. Tous ses rêves s'écroulaient devant la nécessité d'un acte qu'il ne voulait pas accomplir.

Un jour qu'il était debout devant la boutique, il vit passer M⁰ Beaux, son condisciple, qui revenait du palais où il avait été reçu, à l'instant même, avocat au Parlement. Beaux lui demanda : « Quand veux-tu en faire autant ? » Il répondit que c'était impossible « parce qu'il ne voulait faire aucun acte de catholicité[3]. » Profondément affligé de se voir ainsi fermer la carrière qu'il avait rêvée, Marc-Antoine chercha en vain quelle

1. Sudre, I. — 2. Déclaration du curé de Saint-Étienne.
3. Arch. — Dép. de M⁰ Beaux, interpellé par huissier à la requête des Calas.
Il est probable que l'avocat Beaux, ami de Marc-Antoine, est le même que nous trouvons nommé dans les papiers de La Beaumelle et qui était très-lié avec ce dernier et avec son frère. Il était né à Saint-Jean-du-Gard, et périt à Nîmes, sur l'échafaud, en 1794.
Selon M. l'abbé Salvan, la promesse que fit le curé à Marc-Antoine

autre profession il pourrait adopter. Toutes lui étaient interdites par quelque *Déclaration du Roi*[1].

Il essaya alors, non sans une vive répugnance, de se tourner vers le commerce qu'il avait le tort de dédaigner, mais qui était sa seule ressource. Il allait s'associer avec un marchand d'Alais, lorsque l'impossibilité de fournir à temps un cautionnement de 6000 livres lui en fit manquer l'occasion. Il voulut devenir l'associé en titre de son père, qui n'y consentit point, quoique depuis quatre ans il l'eût initié à toutes ses affaires et se fît partout représenter par lui, le regardant, dit-il, comme un second lui-même. L'intérêt de toute sa famille lui interdisait absolument de donner des pouvoirs trop étendus à un fils qui n'avait aucune aptitude pour le négoce et chez qui des goûts dangereux de jeu et d'oisiveté se développaient toujours davantage. En effet, irrité contre le présent et sans espérance pour l'avenir, ce malheureux jeune homme devint joueur; les témoins nous le dépeignent passant au jeu de paume ou de billard tous les moments dont il pouvait disposer. Non-seulement il y était presque toujours l'après-midi des dimanches et fêtes, mais il y retournait chaque jour après le souper de famille. Il y jouait, pour un homme de sa condition, assez gros jeu, jusqu'à perdre quelquefois, dit un témoin, 6 fr., 12 fr. et même un louis. Le jour de sa mort s'était passé presque entièrement au billard et au jeu de paume. Un autre témoin[2] l'avait vu jusque vers sept heures dans l'établissement des Quatre-Billards. Il est certain que, dans cette même journée, son père l'avait chargé de changer des écus contre des louis, qu'il n'en rendit pas compte, et que cet argent n'a point été retrouvé.

de lui donner un acte de catholicité dès qu'il aurait un billet de confession, dut être un *puissant appât* pour Marc-Antoine. Mais c'était lui promettre simplement ce qu'on n'aurait pu lui refuser. Il n'y avait rien là qui fût nouveau ou inattendu.

1. Voir la note 8.
2. Mathey. — Arch. imp.

Nous avons dit qu'il portait dans ses poches, au moment de sa mort[1], des vers et des chansons obscènes.

Cette mauvaise conduite ne l'empêchait nullement d'être, seul de sa famille, intolérant et enclin au fanatisme. Sa religion était sombre comme son caractère. Un prêtre a déclaré l'avoir entendu soutenir qu'on ne pouvait être sauvé dans l'Église romaine, et que tout catholique était éternellement damné[2]. Aussi montrait-il souvent une irritation amère au sujet de la conversion de son frère Louis. Nous en citerons un exemple attesté par le chanoine Azimond, et il serait facile d'en indiquer bien d'autres. « Je l'ai entendu, écrivit plus tard à Nanette Calas le négociant Griolet[3], se fâcher du changement de religion de monsieur votre frère Louis. » Louis lui-même rapporte que lorsqu'il interrogea son frère, le 12 octobre, sur le payement de son trimestre de pension, Marc-Antoine lui répondit brusquement : « *Ce ne sont pas mes affaires; vous n'avez qu'à faire comme vous pourrez.* » Le 8 janvier 1761, il écrivit à Cazeing, à propos de Donat pour lequel on demandait de l'argent : « Je parlerai à mon père pour lui, quoique nous soyons dans une circonstance critique, puisque nous ressentons beaucoup la misère du temps ; et de l'autre côté, notre déserteur nous tracasse. Il veut nous faire contribuer et il agit par la force ; ceci soit entre nous[4]. »

« Le père, très-bon, dit le témoin Alquier[5], faisait souvent la guerre à Marc-Antoine sur son caractère sombre et mélancolique qui le rendait triste et taciturne, et l'empêchait de prendre part aux amusements innocents que l'on faisait dans la maison. Il paraissait toujours rempli de tout autre objet que de ceux qui faisaient la matière de la conversation, étant la plupart du temps assis seul à l'écart pendant que les autres s'amusaient. » Le chagrin violent de voir la carrière se

1. Procès-verbal de David, etc. — 2. Arch. imp. — 3. *Ib.*
4. E. de B., 1. — 5. Arch. imp.

fermer pour lui au moment d'y entrer, le dégoût conti-
nuel des occupations auxquelles il se voyait contraint,
son amour-propre blessé et son humeur morose lui
donnèrent l'idée du suicide. Il était fort adonné à la
lecture, et relisait souvent dans Plutarque et dans
Montaigne ce qu'ils ont dit pour excuser ou louer le
suicide[1]. Il aimait les belles poésies, les déclamait
avec plaisir, et avait eu du succès comme acteur dans
la représentation de quelques tragédies que les jeunes
gens de Toulouse organisèrent alors. C'était le temps
où l'exemple de Voltaire mettait partout en vogue les
théâtres de société. Mais on ne remarqua que plus tard
quels étaient les rôles où Marc-Antoine avait brillé, les
vers qu'il aimait à redire. Un témoin hostile aux Calas,
P.-J. Mirepoix, dépose qu'il montrait beaucoup de ferveur en jouant le rôle de Polyeucte, surtout dans la
scène IIIe du Ve acte. Ce témoin, qui paraît peu intelli-
gent, s'imagine voir dans cette ferveur la preuve d'un
certain penchant pour le catholicisme, parce que cette
scène contient une allusion à la messe ; il serait facile
de répliquer en montrant dans ce rôle d'iconoclaste bien
des traits qui pouvaient plaire à un huguenot passionné ;
tout ce qu'on y dit des persécutions de l'empereur Décie
pouvait, aussi bien que l'*Esther* de Racine, donner lieu
à mainte allusion au sort des réformés de France. Il
faut remarquer enfin que la scène où l'on admirait
Marc-Antoine est celle où Polyeucte s'obstine à demander la mort malgré les instances de Pauline et de Félix. — Un autre témoin, Jean Capoulac, l'a entendu
répétant une scène de *Polyeucte* avec le sieur Juvenel,
son ami (catholique). Marc-Antoine était Polyeucte, et
Juvenel, « l'idolâtre, son beau-père. Ledit Calas avait
le cœur si navré du rôle qu'il récitait, qu'il paraissait
en verser des larmes. » Antoine Delpech rapporte qu'il

1. Confrontations de Mme Calas.

avait réellement les larmes aux yeux en déclamant.
D'autres témoins ont observé l'effet qu'il produisait en
récitant les stances de Polyeucte. On sait que l'idée qui
y domine est aussi celle de la mort, au-devant de laquelle le héros va courir, et qu'il invoque de tous ses
vœux en la nommant *l'heureux trépas que j'attends.*

C'est dans le même esprit que Marc-Antoine débitait
souvent avec emphase une mauvaise traduction du
monologue de Hamlet sur la mort et quelques fragments du *Sidney* de Gresset, qui sont la glorification du
suicide :

« Qu'auriez-vous fait vous-même ? Aux ennuis condamné,
Accablé du fardeau d'une tristesse extrême,
Réduit au sort affreux d'être à charge à moi-même,
J'épargne aux yeux d'autrui l'objet fastidieux
D'homme ennuyé partout et partout ennuyeux...
J'étais lassé de vivre et je brise ma chaîne...
Ma funeste existence est un poids qui m'accable...
Ce n'est point seulement insensibilité,
Dégoût de l'univers à qui le sort me lie ;
C'est ennui de moi-même, et haine de ma vie ;
C'est un brûlant désir d'anéantissement.
Je les ai combattus, mais inutilement ;
Cette haine, attachée aux restes de mon être,
A pris un ascendant dont je ne suis plus maître ;
Mon cœur, mes sens flétris, ma funeste raison,
Tout me dit d'abréger le temps de ma prison.
Faut-il donc sans honneur attendre la vieillesse,
Traînant pour tout destin les regrets, la faiblesse ;
Pour objet éternel l'affreuse vérité,
Et pour tout sentiment l'ennui d'avoir été ?
C'est au stupide, au lâche, à plier sous la peine,
A ramper, à vieillir sous le poids de sa chaîne ;
Mais vous en conviendrez, quand on sait réfléchir,
Malheureux sans remède, on doit savoir finir.
D'ailleurs, que suis-je au monde ? Une faible partie
Peut bien, sans nuire au tout, en être désunie :
A la société je ne fais aucun tort ;
Tout ira comme avant ma naissance et ma mort.
          (Act. I. Sc. 2. — Act. II, Sc. 6. Voir aussi Act. III. Sc. 1.)

Ces vers, que Marc-Antoine se plaisait à répéter [1], lui

1. Lav. 2, etc.

offraient bien des points de comparaison avec la situation où il languissait. Peut-être, ce mot alors fameux, *un brûlant désir d'anéantissement*, était présent à sa pensée, lorsqu'un instant avant son suicide, il répondit à Jeanne Viguier, qui l'engageait à venir se chauffer : « Je brûle. » Mais quelle fatale erreur il a commise, s'il s'est appliqué ce vers mensonger : *Tout ira comme avant ma naissance et ma mort!* Sans doute, il ne se serait pas tué s'il avait prévu à quelle fin horrible il condamnait son père, et quels longs malheurs il attirait sur tous les siens ; tant il est impossible de n'être coupable qu'envers soi-même !

Le temps n'était pas encore venu où le suicide devint une mode littéraire et où les malheurs, imaginaires ou coupables, d'un Werther et d'un René bouleversèrent les esprits faibles. Mais les maladies du cœur humain changent de nom plutôt que de nature ; elles se trouvent, au fond, les mêmes à toutes les époques, et il ne faut pas trop s'étonner « qu'un jeune homme sans état et sans espérance, végétant plein d'ambition à côté du comptoir paternel[1], » tombât de l'orgueil froissé dans le désespoir. Un écrivain moderne, M. Huc, prétend sérieusement que la mélancolie de Marc-Antoine est une invention de Voltaire. Il n'a donc pas lu l'art. 7 du *Monitoire*, où les accusateurs des Calas disent eux-mêmes officiellement qu'il était *triste et mélancolique* et où ils attribuent cette mélancolie à la peur qu'il aurait eue d'être tué par ses parents? Cette humeur noire, constatée ainsi par l'accusation elle-même dans un des premiers actes du procès et dans le plus hostile de tous, a été confirmée en outre par une foule de témoignages. Pierre, interrogé si son frère était rêveur, pendant le souper qui précéda sa mort, répondit naïvement : « *Pas plus que de coutume.* » Il aurait eu un intérêt évident à ré-

---

1. Ch. Coquerel, *Églises du Désert.*

pondre tout le contraire, mais le mot est d'autant plus significatif.

M. Salvan, dans sa réfutation du présent ouvrage, convient, en plus d'un endroit, de la tristesse habituelle de Marc-Antoine; mais il se contredit; tantôt il le représente (p. 65) « passant doucement sa vie et préparant son avenir; » tantôt il demande naïvement : « D'où venaient les souffrances de ce malheureux enfant, si ce n'est des menaces de son père (p. 42)? » Et c'est ainsi qu'on écrit l'histoire !

Peu de jours avant sa déplorable fin, Marc-Antoine dit à un de ses amis nommé Challier, avocat au parlement, qu'il avait un nouveau projet : aller à Genève, étudier pour le saint ministère et revenir se consacrer au service des Églises réformées de France. Mais Challier répondit « que tout métier qui faisait pendre son homme ne valait rien [1]. » En effet, dans le moment même où il parlait, le pasteur François Rochette était en prison et attendait le supplice. Marc-Antoine appartenait à cette sorte de caractères, sans énergie mais non sans violence, qui aiment mieux en finir par le suicide que lutter et souffrir patiemment, et il est permis de n'ajouter aucune foi à sa vocation pour le saint ministère. A ce mot de son ami, il se leva et sortit, en disant : « Eh bien ! je pense à une autre chose, que j'exécuterai. » Il tint parole.

Son frère, Jean-*Pierre*, nous occupera peu, quoiqu'il ait eu sa large part des souffrances de la famille. C'est lui surtout que David regardait comme l'assassin; il était évident, en effet, qu'un homme de vingt-huit ans ne pouvait avoir été étranglé par un vieillard : « *C'est toi*, » lui répétait le Capitoul, » *c'est toi qui as tué ton frère.* » Nous verrons que, par suite de ces soupçons, il eut matériellement à souffrir, plus que sa mère, ses

---

1. Voir plus loin le texte complet de cette déposition de Me Challier, au ch. VII : *Les Calas devant le Parlement.*

frères et ses sœurs. Mais c'est une grande et commune
erreur de croire qu'à elle seule la souffrance est ce qui
intéresse le plus ; par elle-même, elle ne peut exciter que
la pitié ; ce qui attendrit, ce qui émeut, ce qui est digne
d'attendrir et d'émouvoir, c'est la souffrance héroïquement supportée. Ce fils de martyr n'était pas d'une forte
nature. Médiocre d'intelligence et nul de caractère, il
n'a rien de grand, ni le cœur ni l'esprit. Il en convenait,
au moins devant sa mère, avec une franchise qui dé-
sarme : « Vous connaissez mon petit génie qui ne me
permet pas de mettre au jour par des traits énergiques
ce que mon cœur et ma reconnaissance me dictent ; ce
qui fait, le plus souvent, que je reste bouche close.
Mais soyez assurée que cela ne provient pas, faute de
sentiment, mais bien faute d'esprit [1]. » A peine lui re-
procherons-nous d'avoir abjuré par peur dans le couvent où il fut enfermé ; il n'y gagna rien, s'enfuit dès
qu'il le put et se hâta de rétracter sa prétendue conversion. Dans toute sa conduite et dans ses réponses
devant les tribunaux, s'il y a peu à blâmer, il n'y a rien
à louer.

Le troisième fils des Calas, Donat-*Louis*, né le 11 octobre 1739, doit nous arrêter plus longtemps : son rôle
dans toute cette histoire est peu honorable. Il prit souvent la défense de ses parents, mais sans suite et sans
courage. Un juge qui ne peut être suspect à personne,
la religieuse Anne-Julie Fraisse, qui montra tant d'estime à la famille Calas, n'avait mauvaise opinion que
d'un seul de ses membres, celui qui, étant devenu catholique, avait le plus de titres à son intérêt. Il venait
souvent voir sa sœur au couvent et il était bien connu
de la vénérable Visitandine. Elle parle de lui avec une
défiance et un dédain qui sans doute seraient plus
marqués encore, si elle ne s'adressait à sa propre

1. 14 mars 1763, collection de M. Fournier.

sœur[1]. Voltaire ne l'aimait pas plus que la religieuse :
« Ce malheureux Louis Calas fait soulever le cœur, »
écrivait-il à Debrus [2]. Sa cupidité précoce n'est que trop
avouée et malheureusement tout paraît suspect dans sa
carrière, depuis les étranges circonstances de sa conversion au catholicisme en 1759, jusqu'au certificat
d'excellent jacobin que Barrère lui décerna du haut de
la tribune de la Convention en 1792. La longue série des
pièces imprimées qui parurent dans cette affaire s'ouvre par une *Déclaration du sieur Louis Calas*[3], datée du
2 décembre 1761, qu'il fit suivre quelques semaines plus
tard d'un *Mémoire justificatif pour le sieur Louis Calas, de
Toulouse*[4]. Lui-même, dans ces pièces, ne se peint nullement en beau. Elles sont une sorte de confession qui
aurait plus de prix si, sous l'humiliation des aveux, on
sentait se relever la dignité morale et le repentir. Son
histoire commence par des contestations d'argent avec
son père.

Tout nous démontre que Jean Calas, par la juste considération dont il jouissait, et sa femme, par ses relations
de parenté, occupaient un rang fort modeste sans doute,
mais fort au-dessus de leur très-faible fortune et de la
situation qu'avaient des marchands en boutique. Seize
ans avant les faits qui nous occupent, leurs affaires s'é-
taient trouvées fort embarrassées, mais Calas avait obtenu

1. Voir la cinquième lettre de la sœur Fraisse : « Je profite du départ
de M. votre frère, qui dit devoir partir demain par la Mesagerie. Je dis
qui dit; la confiance ne dépend point de soy, vous savés que je n'en ay
pas de reste, et vous avés bien voulu avoir la bonté de me le passer. »
Dans la lettre suivante, elle dit de lui : *M. votre frère, en qui, vous savés, ie n'ay jamais eu confiance*, etc., etc.
Court de Gébelin (dans les *Toulousaines*) accuse Louis d'avoir paru en
habit vert dans les rues de Toulouse après la mort de son père ; si le fait
est vrai, ce n'est pas que Louis fût insensible à un si terrible malheur ;
c'est que le fils du condamné n'aura pas osé porté son deuil. Mais une
présomption très-plausible contre cette anecdote, c'est qu'avant la mort
de son père, il portait déjà le deuil de Marc-Antoine.
2. *Lettres*, notre recueil, p. 52. — 3. Bibliogr. n° 1. — 4. Bibliogr.
n° 8.

du Parlement[1] un arrêt qui obligeait ses créanciers à s'entendre avec lui, et rendait valables les conditions d'arrangement qu'il leur offrait. Ses enfants avaient reçu une éducation supérieure à celle des jeunes gens de la même classe et n'étaient pas demeurés fidèles aux goûts austères de leurs parents. Une sœur de l'avocat Carrière avait été en pension avec les demoiselles Calas, et a souvent raconté depuis, que « les compagnes de ces jeunes filles leur reprochaient d'être trop élégantes, trop *fignolées*, et de faire venir à la pension le perruquier pour se faire coiffer à la mode[2]. »

On a vu que Marc-Antoine avait étudié pour devenir avocat et dédaignait le commerce ; il est évident que ce dernier et Louis avaient de hautes prétentions que leur père eut raison de ne pas satisfaire. Tantôt tous deux lui demandaient quelques milliers de francs pour s'établir, et c'était plus qu'il ne pouvait leur donner ; tantôt ils voulaient, l'un ou l'autre, un habit de couleur claire. Comme l'a remarqué Arthur Young, dans son *Voyage en France*, à cette époque où la noblesse perdait chaque jour de son prestige et où le luxe des vêtements devenait la distinction suprême, les habits noirs ou gris étaient le signe d'une position inférieure, et quiconque avait de l'argent à *mettre sur soi*, comme on disait alors, portait l'habit ou tout au moins la veste et la culotte de couleurs vives et tranchées. Aussi voyons-nous sans cesse reparaître dans les exigences de Louis ou de Marc-Antoine la demande d'un habit plus éclatant. Leur père leur en promit de tout pareils, en drap bleu, avec des boutons de métal ; ils en portaient alors de drap gris, avec des boutons de pinchebeck, entièrement semblables du reste ; circonstance qui a, comme on le verra, son importance au

---

1. J'ai vu cet arrêt dans la collection de M. Fournier.
2. Renseignements donnés par les descendants de Carrière.

procès. Ces puérils griefs, ces vanités et ces impatiences de jeune homme donnèrent lieu plus d'une fois à des discussions entre les fils et le père.

Depuis la Révocation de l'Édit de Nantes, les enfants d'un protestant étaient armés contre lui, par les édits royaux, d'incroyables priviléges, pourvu qu'ils se fissent catholiques, et ils le pouvaient légalement dès l'âge de sept ans. Lorsqu'ils réclamaient une pension alimentaire, le taux en était arbitrairement établi par les autorités catholiques [1]. On répondra que des enfants ignoraient tous ces avantages. Mais trop souvent, presque toujours, il se trouvait auprès d'eux des gens très-disposés à agir pour eux. La loi, nous l'avons vu, interdisait aux protestants d'avoir chez eux des domestiques de leur culte, et il arrivait sans cesse que des serviteurs catholiques, dirigés par leur confesseurs, venaient à bout de séduire les enfants confiés à leur soins. Ce fut le cas de Louis Calas, que Viguière avait vu naître; ni lui ni elle ne l'ont nié; mais ce qu'ils ne disent pas, ce que le père et surtout la mère ont déclaré devant la justice maintes fois avec une grande chaleur [2], c'est qu'en toute cette affaire Louis, très-jeune alors, fut dirigé par leurs plus proches voisins, autrefois leurs amis, le perruquier Durand, sa femme et l'abbé Durand, leur fils, que Jean Calas appelle *son mortel ennemi*, et enfin l'abbé Benaben, ami de ce dernier [3]. Ce sont eux, dit-il, qui ont fait faire par Louis ses placets au ministre; ce sont eux qui l'empêchèrent

1. La déclaration du roi du 17 juin 1681 donnait aux enfants de parents protestants, dès l'âge de sept ans, le triple droit d'abjurer, de quitter la maison paternelle et de réclamer de leurs parents une pension.
2. Interr. et confr. de J. Calas et de la Dlle Calas.
3. Je n'ai pu trouver la date précise de la conversion de Louis. Mais, comme l'archevêque François de Crussol-d'Uzès-d'Amboise mourut en 1758, cette affaire, où il intervint, datait de quatre ans au moins, à la fin de 1761, et Louis ne pouvait avoir, au plus, que vingt ans. D'après d'Aldéguier, il n'en avait pas encore dix-huit. Ailleurs, le même écrivain lui en donne environ dix-neuf.

d'accepter une place qu'on lui avait procurée à Nîmes. Il se plaint que les Durand lui ont fait tout le mal qu'ils ont pu, directement et indirectement. La femme Durand a pleinement avoué qu'elle dirigeait Louis, puisqu'elle a déposé elle-même que, « lors de sa conversion, elle fut obligée de le faire changer trois fois de suite de maison, crainte qu'on ne l'enlevât. » L'abbé se plaint dans sa déposition qu'à ce moment les sieurs Calas cessèrent de se faire raser par son père. Il est facile de s'apercevoir que Jean Calas ne fut très-irrité que contre cette famille et non contre Louis. Marc-Antoine lui-même, plus sévère à l'égard de son frère, a dit un jour *qu'il le plaignait parce qu'il savait qu'on le lui avait fait faire.* Enfin, le soin que prirent les Durand de cacher Louis à ses parents prouve combien ils craignaient leur influence sur le nouveau converti [1].

Il est impossible de nier que, sous cette impulsion étrangère, le jeune Louis n'ait mêlé aux tendances catholiques qu'il avait reçues de la vieille servante, des vues très-positives et très-intéressées. Sa conversion ne fut pas le premier ni le seul chagrin qu'il donna à ses parents. Il dit lui-même de son abjuration [2] : « Je la conduisis de concert avec d'autres projets sur mon établissement; mon père fut presque aussitôt instruit de l'un que de l'autre. » Et ailleurs (p. 7) : « C'est la dernière chose qu'il apprit, après tous les sujets de tracasserie que je lui donnai pour mes intérêts. » Voici comment il a raconté la découverte de son secret et la part qu'y prit Marc-Antoine : '

---

1. L'abbé Durand mourut, au mois d'octobre 1763, d'une fièvre maligne qui l'emporta en sept jours. La sœur A.-J. Fraisse, en racontant à Mlle Calas, pour qu'elle en fît part à son frère Louis, la mort de cet ennemi de sa famille, ajouta ces mots bien certainement ironiques : *Il est mort en saint comme il avait vécu.* La religieuse se repentit aussitôt de cette ironie malséante et l'effaça. Mais il est très-facile de lire dans l'original les mots qu'elle a barrés.

2. Mém. justif., p. 4.

Pénétré des sentiments de ma nouvelle religion, mon zèle trop ardent me porta à méditer un projet dont mon père eut très lieu d'être fâché : j'osai adresser un placet, sans l'en avertir, à Mr l'Intendant, dans lequel je lui demandais sans sujet, de m'obtenir du Roi des ordres pour me séquestrer, ensemble avec mes sœurs et mon frère Jean-Louis-Donat. Je laissai imprudemment tomber de ma poche cet écrit téméraire. Marc-Antoine mon frère s'en saisit. C'était un jour que j'étais dans le magasin de mon père; j'essuyai de la part de mon malheureux frère, sur cette entreprise, des reproches amers, et surtout contre mon inexpérience et mon ingratitude envers un père qui ne me refusait rien pour mon avancement.

Honteux de ces reproches mérités, il n'osa pas affronter la douleur de sa mère et la juste indignation d'un père si vivement offensé. Il s'enfuit chez ses amis Durand, et se ménagea des intelligences avec Viguière, qui lui donnait des nouvelles de sa famille et même lui porta de l'argent[1]. Il se tint caché pendant quelque temps chez les dames Peyre et Larroque. De là il négociait avec son père. La conversion d'un protestant était encore à cette époque un mérite dont chacun se faisait gloire et qui pouvait devenir avantageux. Un conseiller au Parlement, M. Delamote, à qui l'on fit honneur de cette abjuration, se chargea d'aller l'annoncer à sa famille[2]. Jean Calas, éclairé par la découverte du placet, ne pouvait que s'y attendre et ne devait pas trop regretter la présence dangereuse d'un fils qui avait tenté de se venger de ses refus, en lui faisant enlever ses quatre enfants mineurs; de pareilles demandes avaient toujours grande chance d'être écoutées. Le père répondit froidement au conseiller Delamote, par ces paroles aussi simples que dignes : « J'approuve la conversion de mon fils, si elle est sincère. « Prétendre de gêner les consciences ne sert jamais « qu'à faire de parfaits hypocrites qui finissent par « n'avoir aucune religion[3]. »

1. Confrontation de Jeanne Viguier.
2. Voir, sur ce personnage, la note 9 à la fin du volume.
3. Déclaration de Louis Calas.

Il est remarquable que les Calas, lorsqu'on les accusa plus tard d'avoir persécuté Louis, qui ne rentra jamais chez eux, demandèrent toujours en vain qu'on fît citer M. Delamote, pour rendre compte de ce qu'il avait vu et entendu. Ce témoignage, trop favorable, fut systématiquement écarté; c'eût été un scandale aux yeux des juges qu'un membre du Parlement parût, dans cette cause, comme témoin à décharge.

La négociation entre Louis et son père, toujours par intermédiaires, se prolongea. Calas lui envoya tous ses effets, et lui fit faire l'habit qu'il demandait, pareil à celui de son frère aîné. Mais il voulait avec raison éloigner son fils des Durand, et il lui avait trouvé une place à Nîmes chez un catholique, fabricant de bas. Louis, soutenu par ses conseillers[1], refusa obstinément de quitter Toulouse, probablement parce qu'il voulait la victoire entière. Il l'eut. Il attendit patiemment le retour de l'archevêque, absent. M. de Crussol, alors archevêque de Toulouse, manda chez lui Calas et *arrangea l'affaire.* Il va sans dire que ce fut en obligeant le père huguenot à céder au fils converti. Louis fut placé à Toulouse. Son père paya 400 livres pour son apprentissage et 600 pour des dettes contractées sans son consentement. Cette dernière libéralité prévint un ordre du ministre qui l'exigeait. Mais le jeune homme ne se tint pas pour content. Après le conseiller et l'archevêque, il lui restait le ministre à exploiter contre son père.

Malgré sa bonne volonté, dit-il dans ses tristes aveux, je ne

---

1. Le prétexte qu'il en donna lui fut sans doute suggéré; en tout cas, il est caractéristique. « Ne me croyant pas encore assez affermi dans la nouvelle foi que je venais d'embrasser, je craignis le danger, pour ma persévérance, d'aller dans une ville que personne n'ignore être malheureusement infectée, pour la plus grande partie, de l'erreur que je venais de quitter. » Je suis convaincu que cette phrase n'est pas de Louis, et ce style me semble trahir, même en ce moment où il défend sa famille, quelqu'un de ses conseillers ecclésiastiques.

cessai de lui faire de nouvelles demandes. J'eus même la témé-
rité de lui écrire une lettre pleine de menaces, que s'il ne me faisait pas une pension suffisante et relative à mes besoins, je m'a-
dresserais aux puissances pour l'y contraindre. L'effet le plus
prompt suivit de près cette menace : je présentai un placet au
ministre, au sujet de ma pension ; demande que mon père im-
prouvait moins que la route que ma trop grande précaution m'a-
vait fait prendre, et, nonobstant ma précipitation, il consentit à
régler cette pension avec un négociant, ancien Capitoul de cette
ville. Mon père n'insistait que sur la dureté des temps et la médiocrité de sa fortune. Il fut enfin conclu que la somme annuelle de
100 livres me serait adjugée pour mon entretien.

M. de Saint-Priest, en date du 12 novembre 1760, ordonna à M. Amblard, son subdélégué à Toulouse, de
prendre des renseignements sur la situation de Calas.
Il lui renvoyait le placet de Louis qui expose que « c'est
en haine de sa conversion à la religion catholique que
son père lui refuse » de l'argent. Amblard se trompe
doublement en répondant, le 24 janvier 1761, que « le
sieur Calas père est un homme fort riche[1] *et fort dur* à
l'égard de son fils. Il accuse le père de n'avoir donné
à Louis, depuis cinq ans, que 50 *francs à diverses reprises,* » sans dire combien de fois, ce qui est pourtant
l'essentiel. Remarquons, d'après cette correspondance ;
que dès ce moment M. Amblard, M. de Saint-Priest, le
ministre Saint-Florentin, le Roi même étaient officiellement intervenus entre le fils et le père, et prétendaient décider ce que Calas pouvait donner et devait
donner à Louis.

Nous verrons plus tard que le placet de ce fils avide
et ingrat laissa des traces funestes dans l'esprit du
tout-puissant ministre. Sans doute, ces diverses sommes
paraîtraient fort insignifiantes aujourd'hui ; mais, à
cette époque et surtout dans les provinces les plus éloignées de Paris, l'argent était rare. Nous verrons d'ail-

1. Voir plus bas (p. 267), une lettre du 28 avril 1762, où le même
subdélégué, mieux informé, déclare, tout le contraire. Voir aussi p. 165.

leurs des preuves trop positives de la gêne où se trouvait Calas[1], gêne qu'un négociant comme lui avait intérêt à ne pas divulguer inutilement. Il déclara (dans
ses confrontations) que, depuis cette époque, il avait
envoyé à Louis de l'argent à diverses reprises, en sus
des sommes convenues, par l'intermédiaire de M. Delamote.

Ces arrangements amenèrent le père et le fils à se
revoir. L'entrevue se passa chez un négociant, l'ancien
Capitoul Borel, et en sa présence. Calas embrassa tendrement son fils et lui dit : « Pourvu que tu continues
de te bien conduire et d'être sage, je ferai pour toi
plus que tu ne penses[2]. »

Dès lors, toute relation directe cessa entre Louis et
sa famille, à l'exception des réclamations qu'il trouvait
moyen de faire parvenir, dès qu'un des quartiers de sa
pension était en retard, non à son père seulement, mais
à l'intendant de la province[3]. Il en avait parlé encore à
Marc-Antoine, le 12 octobre, veille de sa mort.

Afin de rendre moins invraisemblable le meurtre du
fils aîné, on a accusé les Calas de cruauté envers Louis;
il importe par conséquent de se rendre un compte exact
de leur conduite envers ce fils devenu catholique; nous
citerons à ce sujet la déposition très-positive d'un chanoine, ami de la maison, l'abbé Azimond, que Louis avait
envoyé à son père en décembre 1760, pour lui demander des fonds, afin d'établir un magasin en s'associant
avec un sieur Bordes. Le père répondit qu'il n'avait
pas assez d'argent comptant, mais qu'il consentirait à

1. M. Calas, d'après le témoin Alexandre Fabre, n'a pu payer 50 livres
échues de la pension de son fils Louis, « malgré menace de lui envoyer
la garnison. » Ce témoin ayant chargé Marc-Antoine de menacer son
père d'une dragonnade s'il ne payait pas Louis, Marc-Antoine lui répondit
« que Louis était fort heureux; qu'il n'en était pas de même de lui :
au contraire. » C'est-à-dire, que Louis, le déserteur du toit paternel,
était le plus abondamment doté entre tous les fils, etc.

2. Décl., p. 5; Mém. just., p. 6.

3. Salvan, p. 13 (août 1761).

donner 3000 fr. en argent, 10 000 fr. en marchandises ; que, du reste, il ne lui conseillait pas de s'établir encore, comme étant trop jeune. Il ajouta « qu'il
désirait fort son avancement et qu'il ne l'aimait pas
moins, quoiqu'il eût changé sa religion[1]. » Et comme
Marc-Antoine, qui était présent, s'opposait à ce que son
père fît un don aussi considérable à Louis, en lui rappelant avec emportement les torts de son frère et son
abjuration, « le sieur Jean Calas, dit l'abbé Azimond, fut
obligé de lui imposer silence. » Cette violente opposition
n'empêcha pas le père de persévérer dans son offre en
faveur de Louis. « Il m'en parla, ajoute le chanoine,
avec tout l'amour qu'un père peut avoir pour ses enfants, et de toute sa famille qu'il aimait tendrement. Je
n'ai connu en lui que des sentiments d'honneur et de
probité. »

Loin d'être des fanatiques implacables et dénaturés,
ses parents n'avaient donc pas cessé un seul instant de
le chérir, et un prêtre impartial nous les montre encore
prêts à venir en aide à leur fils, selon la mesure de
leurs moyens, dans une entreprise qu'ils ne lui conseillent point, et malgré la colère et les efforts de son
frère aîné.

Il est absolument faux qu'ils aient renié ou chassé
Louis, pour le punir d'avoir abjuré ; ce furent au contraire ses conseillers catholiques qui le tinrent soigneusement éloigné d'une maison où ils craignaient qu'on
n'agît sur sa conscience et sur son cœur, pour le ramener à la foi protestante. Nous aurions pu supposer, et
même conclure de divers indices, qu'il en fut ainsi ;
mais un autre prêtre qui devait le savoir mieux que
personne, l'abbé de Contezat, le déclare formellement,
dans sa violente brochure contre Paul Rabaut[2] ; il est

---

1. Arch. imp. ; voir aussi Mém. justif., *ibid.*
2. *Observations*, etc., p. 7 ; voir Bibliogr., n° 12.

certain que la séparation de Louis et de ses parents avait été ordonnée par ses protecteurs.

Il résulte de la déclaration du roi, citée plus haut, que c'était une règle établie, un usage généralement pratiqué, de ne jamais laisser retourner chez leurs parents un fils ou une fille qui avaient abjuré, de peur qu'ils ne fussent tentés de revenir au protestantisme.

Plus tard, dans tout le cours de cette malheureuse histoire, nous verrons Louis Calas agissant tantôt pour ses parents, dont il prit hautement le parti, tantôt aux dépens de sa famille et en faveur de l'Église à laquelle il s'était uni, mais, toujours et partout, cherchant à se procurer de l'argent par des moyens plus hardis que délicats.

Donat, le plus jeune des quatre frères et le dernier enfant de la famille, était apprenti dans une maison de commerce à Nîmes, lors du malheur qui frappa tous les siens. On lui donna le conseil de fuir à l'étranger, de peur d'être enveloppé dans des périls qu'il était trop jeune pour affronter utilement. Cette disparition parut suspecte et l'on ne manqua pas d'y chercher un nouveau crime. « A la démence de ces calomnies, écrivit plus tard le jeune Donat, on ajouta celle de dire que mon père m'avait assassiné. J'étais alors très-loin de ma famille et je fus obligé d'envoyer un certificat de vie[1]. » Agé alors de quinze ans et fort joli de figure, ce fut cet enfant que Voltaire fit venir pour l'interroger et dont les réponses naïves et les larmes gagnèrent à sa famille le protecteur puissant qui leur fit rendre justice.

Nous n'avons rien que d'honorable à dire des deux demoiselles Calas. Le 13 octobre, elles étaient à Séchabois; c'était la maison de campagne d'un négociant,

---

1. Lettre à l'archevêque de Toulouse, p. 23; voir Bibliographie, n° 20.

intime ami de leur famille, Teissier. L'accusation a
voulu voir dans leur absence une preuve de la résolution prise par les parents d'assassiner leur fils
aîné. Il serait naturel en effet que, voulant commettre
un crime aussi épouvantable, ils eussent éloigné leurs
filles, ne fût-ce que par prudence. Interrogée à ce sujet[1], Mme Calas répondit simplement que ce séjour de
ses filles au sein de la famille Teissier avait lieu tous
les ans. Comme l'année précédente, leur frère Pierre[2]
les avait conduites à Séchabois; comme l'année précédente aussi, leur père et leur mère devaient aller plus
tard y passer quelque temps avec elles et les en ramener[3].

Ces deux jeunes filles se ressemblaient, ou plutôt ressemblaient à leur mère, comme du reste tous ses enfants. Mais rien, sauf le cœur, n'était également réparti
entre elles : beauté, grâce, esprit, la cadette avait tout
en partage.

L'aînée des sœurs, nommée, comme sa mère, Anne-
Rose, était une personne fort ordinaire en apparence, et
dont tout le mérite consistait à se sacrifier à autrui sans
jamais s'en plaindre ni s'en vanter. Elle mourut sans
avoir été mariée[4].

Dans un testament qui est sous nos yeux, Mme Calas,
en lui donnant quelques avantages, les justifiait en ces
termes : « C'est principalement parce que je crus reconnaître les soins qu'elle a eus pour moi et l'extrême ami-

---

1. Collection de M. Fournier.
2. Voir aussi Mém. justif. de Louis, p. 10.
3. Me Sudre demanda, dans son deuxième Mémoire, l'autorisation de
prouver que Calas avait invité un bourgeois de ses amis à aller avec lui,
sa femme et *sa jeunesse*, passer le dimanche chez Teissier. Ce fait justificatif ne fut pas plus examiné que les autres.
4. Ce serait à tort qu'on la confondrait avec *Anne Calas*, mariée à
Nicolas-Joseph Mario, sculpteur, laquelle décéda rue du Temple et fut
enterrée à Saint-Nicolas des Champs (*Annonces et affiches de Paris*;
17 août 1774).
Cette homonyme des trois dames Calas nous est inconnue.

tié dont elle m'a constamment donné des preuves en
refusant les établissements qui se sont présentés parce
qu'ils l'éloignaient de moi[1]. » La vie de Rose Calas fut
consacrée tout entière à une œuvre de dévouement aussi
infatigable que modeste ; elle fut l'appui toujours présent et toujours obscur de sa malheureuse mère. Assurément, il y a de plus beaux rôles devant le monde ;
mais en est-il beaucoup de meilleurs devant Dieu ?

Il en est autrement d'Anne, la plus jeune, qu'on appelait familièrement Nanette[2], et qui devint plus tard
la femme du pasteur Duvoisin. Grimm décrit avec enthousiasme ses traits charmants, sa grâce touchante et
naïve. Un juge beaucoup plus sévère rendit souvent
l'hommage le plus chaleureux et le plus impartial à son
caractère élevé, à sa conduite dirigée par le tact le plus
délicat. La sœur Anne-Julie Fraisse, dont elle fut l'élève,
en vertu d'une lettre de cachet, au couvent des Visitandines, devint son amie, tout en se désolant sans cesse
de n'avoir pu réussir à la convertir. Nous publions
plus loin la correspondance spirituelle et touchante de
cette religieuse, déjà avancée en âge, avec la fille du
martyr protestant, la femme du pasteur. Cette correspondance dura douze ans, et la mort seule l'inter-
rompit. On y verra à quel point Nanette avait gagné le
cœur des religieuses et surtout de sa directrice, personne aussi remarquable par sa vive intelligence que
par sa pieuse charité, et qui devint un champion courageux et zélé des Calas, défendant, par sentiment de
justice et de bonté, ces protestants dont elle déplorait
la perdition éternelle, et travaillant ainsi à une même
œuvre avec Voltaire, dont le nom lui était en abomination.

1. Arch. imp. — Interr. de la Dlle Calas.
2. Nous ferons de même, pour éviter toute confusion avec sa mère, sa
sœur et la religieuse de la Visitation qui portaient toutes le prénom
d'Anne.

C'est un honneur pour la cause des Calas que d'avoir ainsi enrôlé dans un même combat, en faveur d'une famille protestante persécutée, les encyclopédistes à Paris et les Visitandines à Toulouse. Nous verrons agir à la fois pour la veuve et les orphelins de Calas, Voltaire, du fond de son château de Ferney, la sœur Anne-Julie, de son monastère de la Visitation, et le pasteur proscrit Paul Rabaut, du Désert.

CHAPITRE IV.

LES FAITS.

Arrivée de Lavaysse. — Récit de Mme Calas. — Mensonge des accusés. — Lettres de Me Carrière.

> *Pessimum namque et periculosum est quemquam de suspicione judicare.*
>
> C'est chose détestable et périlleuse que de condamner quelqu'un sur des présomptions.
> *(Capitulaires de Charlemagne.)*

Un seul des personnages de ce drame lugubre, une seule des victimes nous reste à faire connaître, c'est l'homme à l'habit gris, c'est le *porte épée*, comme l'appelaient les marchandes de la rue des Filatiers, François-Alexandre-Gaubert (ou Galbert) Lavaysse. Né à Toulouse le 24 octobre 1741, il n'avait pas vingt ans accomplis.

Sa famille avait été anoblie et occupait une position considérable. Il était le troisième fils de M. David Lavaysse, alors un des avocats les plus connus du Midi. « Il existe encore, dit au sujet du père l'historien du Languedoc[1], un grand nombre de Mémoires de sa main, et l'on y remarque une connaissance parfaite de l'un et de l'autre droit, une dialectique entraînante, et quelquefois

---

1. Dom Vayssette, ou plutôt son continuateur. — Voy. sur la famille Lavaysse la note 10.

une éloquence peu commune. » Le même auteur ajoute
que souvent ses amis l'avaient engagé à acheter une
charge de conseiller au Parlement; il avait préféré persévérer dans sa profession. Ajoutons, cependant, que cet
homme de talent manqua complétement d'énergie dans
le malheur et s'attira les vives réprimandes de Voltaire
pour s'être laissé abattre par le coup qui atteignit son
fils, et n'avoir osé d'abord le défendre qu'en secret. Il
était protestant, ainsi que tous ses enfants, quoiqu'il eût
été élevé par les jésuites, auxquels il ne craignit pas de
confier ses fils. Ils étaient tous en règle avec l'autorité,
ayant fait, pour la forme, tous les actes de catholicité
qu'on avait exigés d'eux. M. et Mme Lavaysse habitaient
en été le domaine du Pujolet, près de Caraman, où le
chef de la famille était né en 1695. Ils avaient eu un
grand nombre d'enfants, dont six leur restaient. Leur
fille aînée, Mme Sénovert, femme d'un avocat, était mère
d'une nombreuse famille qui se trouvait également à
Caraman. Après avoir travaillé deux ans chez un négociant de Toulouse, qui au bout de ce temps ferma sa
maison, le jeune Gaubert avait désiré entrer dans la
marine commerciale, et son père l'avait envoyé à Bordeaux pour y recevoir des leçons de *pilotage* et d'anglais, et pour passer quelque temps chez un armateur. Vers la fin de ces études spéciales, David Lavaysse
apprit que son beau-frère, le sieur Faure, établi au
cap Français (Saint-Domingue), venait d'être chargé
par testament de gérer les affaires d'un des plus riches négociants de la colonie, nommé Magnon, et pouvait créer dans ce pays à son neveu une carrière
lucrative et honorable. Il résolut d'envoyer Gaubert auprès de son oncle, dès qu'il aurait terminé son cours
de pilotage. Tous ces détails sont prouvés, et l'on peut
voir aux Archives Impériales les certificats originaux,
1° du père Lagorrée, préfet du collége des Jésuites, où
Gaubert avait étudié depuis l'âge de huit ans jusqu'à

seize [1] ; 2° des chefs de la maison Duclos, de Toulouse,
chez lesquels il avait été placé ; 3° de six de leurs employés ; 4° et 5° de ses professeurs d'anglais et d'hydro-
graphie à Bordeaux ; 6° de l'armateur Fesquet, chez lequel il avait travaillé seize mois ; 7°, 8°, 9° de deux
prêtres de Bordeaux, et du curé de la paroisse où il
avait vécu. Dans cette longue série de témoignages qui
le prend tout enfant et se termine à quelques jours de
la date fatale, tout le présente comme fort doux de
caractère, droit et honnête. Il était naturel qu'avant de
l'envoyer à Saint-Domingue pour plusieurs années, ses
parents voulussent le revoir. Ce fut le seul motif de
son funeste voyage.

Son départ de Bordeaux avait été retardé, faute d'argent, pendant quelques jours. Il en avait passé trois à
Montauban ; on ne l'attendait point à jour fixe, ce qui
d'ailleurs n'était guère possible, à la façon dont on
voyageait alors. Il arriva à Toulouse dans la soirée du
12 octobre 1761, et trouva fermée la maison de ville de
son père, rue Saint-Rémézy ; on était à la campagne. Il
se rendit alors chez Cazeing, auquel il portait des lettres et qui était aussi lié avec ses parents qu'avec les
Calas. Cet ami de sa famille lui offrit un souper et une
chambre. Le lendemain, une forte pluie l'empêcha de
sortir jusqu'à midi. Dès qu'elle cessa, il se mit en quête
d'un cheval de louage pour se rendre à Caraman et
n'en trouva point, à cause des vendanges, qui à ce moment de l'année sont l'occupation générale de tout le
pays [2].

1. Lav. 1.
2. Nous ne perdrons pas le temps à discuter avec M. l'abbé Salvan
les minutieuses chicanes qu'il élève contre ces déclarations fort naturelles de Lavaysse. Ce qu'il a de plus grave à lui opposer c'est « qu'on
trouvait le 13 octobre des chevaux à louer à Toulouse, » puisque Louis Calas
et son ami Teissier en louèrent un, pour ce dernier qui allait à Balma.
Mieux vaudrait prouver qu'ils ne louèrent pas ce cheval, et le laissèrent
disponible. Lavaysse ne dit point qu'il n'existait pas de chevaux à Tou-

Vers quatre heures, en passant devant la boutique
des Calas, il y vit des femmes de Caraman. Il entra
aussitôt dans cette maison dont il connaissait les maîtres, demanda à ces paysannes des nouvelles de sa famille, et conta son embarras. Pierre Calas s'offrit à l'aider dans ses recherches et le père l'invita à souper. Il
accepta cette politesse que plus tard ce même Calas, sur
la roue où il mourut, regretta amèrement de lui avoir
faite, parce qu'elle l'enveloppa dans les malheurs de
ses hôtes. Toutes les circonstances qui précèdent ont
été démontrées au procès. Il reste à expliquer pourquoi une famille qui aurait formé l'horrible résolution
de se défaire d'un de ses membres, inviterait un étranger à prendre une part dans ce meurtre qu'il n'aurait
aucun motif de commettre.

Gaubert et Pierre Calas coururent la ville ensemble,
cherchant un cheval sans en trouver; vers sept heures,
ils accompagnèrent les étrangères venues de Caraman
jusqu'à l'auberge d'où elles devaient partir pour retourner chez elles le même soir; Lavaysse alla ensuite
prévenir Cazeing, son hôte, qu'il soupait chez les Calas,
et revint partager ce repas, qui fut pour longtemps son
dernier moment de liberté et de sécurité.

On est saisi d'horreur en songeant que ce doux et
bon jeune homme devint, dans l'imagination atroce des
accusateurs, un bourreau mandé de Bordeaux par les
protestants de Toulouse, pour l'exécution de Marc-Antoine. « On le dit le *sacrificateur* de sa religion, c'est-à-
dire honoré de l'emploi horrible d'étrangler ceux qui
font mine de se convertir [1]. » Quelques-uns ajoutaient
cette circonstance aggravante, qu'il devait être ministre

louse, mais qu'ils étaient loués; prouvez qu'il y en avait à l'écurie, ou
vous ne prouvez rien. Teissier ne partit qu'à dix heures du matin, mais
il avait loué sa monture de bonne heure; donc Lavaysse ne pouvait en
disposer. (Jean Granier, témoin. *Salvan*, p. 34.)

1. Lettre de Couder. Voir Bibliogr., n° 22.

du saint Évangile, le tout fondé sur ces deux motifs qu'il était inconnu et qu'on le vit sortir le premier, en courant, de la maison des Calas, pour aller chercher le chirurgien Camoire. On le prit pour un assassin qui s'enfuit, et quand on le vit rentrer trois fois de suite[1], quand enfin il força la consigne des soldats du guet pour pénétrer dans cette demeure d'où il ne devait sortir que prisonnier, on ne daigna pas remarquer que ce n'est pas ainsi qu'un meurtrier se cache ou s'échappe.

Que s'était-il donc passé dans l'intervalle? Quelle était la scène de mort qui s'était accomplie dans cette maison et dont le cadavre muet du fils aîné était l'unique mais irréfragable preuve? Il est temps de le dire; mais au lieu de le raconter, nous reproduirons le récit qu'en fit Mme Calas elle-même. C'est une lettre adressée soit au négociant Debrus, soit à l'avocat de Végobre, qui tous deux avaient connu les Calas à Toulouse, et reçu chez eux l'hospitalité. Il est impossible de douter de l'authenticité de cette lettre; Voltaire, dans le temps où il cherchait à s'assurer de la vérité sur cette affaire, demanda un récit des faits écrit par la mère de Marc-Antoine, par la veuve du supplicié. Quand cette lettre lui fut communiquée, il fut frappé de cette narration naïve, exempte de toute déclamation, et la publia aussitôt. Il crut avec raison que la parfaite sincérité de l'écrivain, cette douleur de mère maîtrisée et contenue avec effort, ne perdraient rien de leur éloquence à la familiarité des détails, à l'incorrection de quelques idiotismes de province[2], à l'étrangeté de quelques phrases pensées en patois du Languedoc avant d'être écrites en français, comme il arrive en-

---

1. La première, après être allé chez Camoire, qui était sorti; la seconde, après avoir trouvé Cazeing; la troisième, en ramenant Monyer et Savanier.
2. *Fenassiers* pour loueurs de chevaux, *faire lumière, avoir resté*, etc.

core, dans le midi de la France, à certaines personnes.

« Voici exactement le détail de notre malheureuse affaire, tout comme elle s'est passée au vrai :

« Le 13 octobre 1761, jour infortuné pour nous, M. Gobert La Vaisse, arrivé de Bordeaux où il avait resté quelque temps, pour voir ses parents, qui étaient pour lors à leur campagne, et cherchant un cheval de louage pour les y aller joindre, sur les quatre à cinq heures du soir, vint à la maison ; et mon mari lui dit que puisqu'il ne partait pas, s'il voulait souper avec nous, il nous ferait plaisir ; à quoi le jeune homme consentit ; et il monta me voir dans ma chambre, d'où, contre mon ordinaire, je n'étais pas sortie. Le premier compliment fait, il me dit : « Je soupe avec vous, votre mari m'en a prié. » Je lui en témoignai ma satisfaction, et le quittai quelques moments pour aller donner des ordres à ma servante. En conséquence, je fus aussi trouver mon fils aîné que je trouvai assis tout seul dans la boutique, et fort rêveur, pour le prier d'aller acheter du fromage de Roquefort ; il était ordinairement le pourvoyeur pour cela, parce qu'il s'y connaissait mieux que les autres. Je lui dis donc : « Tiens, va acheter du fromage
« de Roquefort ; voilà de l'argent pour cela et tu rendras le reste
« à ton père [1] ; » et je retourne dans ma chambre joindre le jeune homme que j'y avais laissé. Mais peu d'instants après, il me quitta, disant qu'il voulait retourner chez les fenassiers voir s'il y avait quelque cheval d'arrivé, voulant absolument partir le lendemain pour la campagne de son père, et il sortit.

« Lorsque mon fils aîné eut fait l'emplette du fromage, l'heure du souper arrivée [2], tout le monde se rendit pour se mettre à table, et nous nous y plaçâmes. Durant le souper qui ne fut pas fort long, on s'entretint de choses indifférentes, et entre autres des antiquités de l'Hôtel-de-Ville, et mon cadet (Pierre) voulut en citer quelques-unes, et son frère le reprit, parce qu'il ne le racontait pas bien, ni juste.

« Lorsque nous fûmes au dessert, ce malheureux enfant, je veux dire mon fils aîné, se leva de table, comme c'était sa coutume, et passa à la cuisine [3]. La servante lui dit : « Avez-vous
« froid, Monsieur l'aîné ? Chauffez-vous. » Il lui répondit : « Bien
« au contraire, je brûle ; » et sortit.

« Nous restâmes encore quelques moments à table, après quoi

1. On remarquera combien cette recommandation et ce rapide portrait de Marc-Antoine s'accordent avec tout ce que nous avons dit de lui.
2. Sur les sept heures.
3. La cuisine était auprès de la salle à manger, au premier étage.

nous passâmes dans cette chambre que vous connaissez, et où vous avez couché, M. La Vaisse, mon mari, mon fils et moi; les deux premiers se mirent sur le sopha, mon cadet sur un fauteuil, et moi sur une chaise, et là nous fîmes la conversation tous ensemble. Mon fils cadet s'endormit, et environ sur les neuf heures trois quarts à dix heures M. La Vaisse prit congé de nous, et nous réveillâmes mon cadet pour aller accompagner ledit La Vaisse, lui remettant le flambeau à la main pour aller lui faire lumière, et ils descendirent ensemble.

« Mais lorsqu'ils furent en bas, l'instant d'après, nous entendîmes des cris d'alarme, sans distinguer ce que l'on disait, auxquels mon mari accourut, et moi je demeurai tremblante sur la galerie, n'osant descendre et ne sachant ce que ce pouvait être.

« Cependant, ne voyant personne venir. je me déterminai de descendre, ce que je fis; mais je trouvai au bas de l'escalier M. La Vaisse, à qui je demandai avec précipitation qu'est-ce qu'il y avait? Il me répondit qu'il me suppliait de remonter, que je le saurais; et il me fit tant d'instances que je remontai avec lui dans ma chambre. Sans doute que c'était pour m'épargner la douleur de voir mon fils dans cet état; et il redescendit. Mais l'incertitude où j'étais était un état trop violent pour pouvoir y rester longtemps; j'appelle donc ma servante, et lui dis : « Jean- « nette, allez voir ce qu'il y a là-bas; je ne sais pas ce que c'est, « je suis toute tremblante; » et je lui mis la chandelle à la main, et elle descendit; mais ne la voyant point remonter pour me rendre compte, je descendis moi-même. Mais, grand Dieu! quelle fu ma douleur et ma surprise, lorsque je vis ce cher fils étendu à terre! Cependant je ne le crus pas mort, et je courus chercher de l'eau de la Reine d'Hongrie, croyant qu'il se trouvait mal; et comme l'espérance est ce qui vous quitte le dernier, je lui donnai tous les secours qu'il m'était possible pour le rappeler à la vie, ne pouvant me persuader qu'il fût mort.

« Nous nous en flattions tous, puisque l'on avait été chercher le chirurgien, et qu'il était auprès de moi, sans que je l'eusse vu ni aperçu, que lorsqu'il me dit qu'il était inutile de lui rien faire de plus, qu'il était mort. Je lui soutins alors que cela ne se pouvait pas, et je le priai de redoubler ses attentions, et de l'exami ner plus exactement, ce qu'il fit inutilement; cela n'était que trop vrai. Et pendant tout ce temps-là mon mari était appuyé sur un comptoir à se désespérer; de sorte que mon cœur était déchiré entre le déplorable spectacle de mon fils mort, et la crainte de perdre ce cher mari, de sa douleur à laquelle il se livrait tout entier sans entendre aucune consolation; et ce fut dans cet état que la justice nous trouva, lorsqu'elle nous arrêta dans notre chambre où on nous avait fait remonter.

« Voilà l'affaire tout comme elle s'est passée mot à mot ; et
je prie Dieu, qui connaît notre innocence, de me punir éternellement, si j'ai augmenté ni diminué d'un iota, et si je n'ai dit la
pure vérité en toutes ces circonstances ; je suis prête à sceller de
mon sang cette vérité [1]. »

*Votre tres humble et tres
obeissante servante
anne Roje la bibel Calas*

Comment ne pas être ému de ce langage aussi ferme
que touchant ? Comment ne pas y reconnaître une mère
en qui la douleur, que son récit renouvelle, est domi-
née par le désir de réhabiliter le mari qu'elle pleure et
de sauver du déshonneur les tristes restes de sa famille ? N'est-ce pas un trait de vérité frappant que ce
mot, à propos du chirurgien : « Il était auprès de moi,
sans que je l'eusse vu ni aperçu, que lorsqu'il me dit
qu'il était inutile de lui rien faire de plus ; qu'il était
mort. » Et après ce mot fatal, quelle vérité dans cette
naïve réponse : « Je lui soutins alors que cela ne se
pouvait pas ! » Dans un autre endroit, c'est bien une
mère de famille qui se peint elle-même, le cœur déchiré entre son fils mort et l'inquiétude que lui causait
le désespoir de son mari ; le père ne voyait plus que
le fils qu'il venait de perdre ; elle songeait à tous
deux, même dans l'horreur du premier moment ;
elle le dit, sans s'apercevoir qu'elle prouve sa force
d'âme.

Aussi sommes-nous entièrement, sur cette lettre, de

1. Nous empruntons cette signature à la lettre de Mme Calas à La Beaumelle que nous donnons plus loin (Pièces just. XXXIV, à la fin du volume). L'original nous a été communiqué par feu M. Maurice Angliviel.

l'opinion qu'exprimait Voltaire avec tant de chaleur lorsqu'il écrivait au marquis d'Argence de Dirac (à propos de Fréron qui avait réfuté ses arguments en faveur des Calas) :

« Si cet homme avait lu la lettre que Mme Calas écrivit, de la retraite où elle était mourante et dont on la tira avec tant de peine ; s'il avait vu la candeur, la douleur, la résignation qu'elle mettait dans le récit du meurtre de son fils et de son mari, et cette vérité irrésistible avec laquelle elle prenait Dieu à témoin de son innocence..., etc. [1] »

A ce récit, où l'énergie du caractère de Mme Calas se laisse entrevoir à travers ses larmes et les contient, ajoutons quelques faits que nous fournissent les interrogatoires et nos documents.

Quand Lavaysse était rentré pour le souper, avec Pierre Calas, qui l'avait aidé dans ses recherches, ce dernier avait tiré après lui la porte de la maison et elle s'était fermée par son propre poids. Cette circonstance, où l'on a vu la préméditation d'un crime, était fort simple; il était d'usage chez les Calas, comme en général chez les marchands de la ville, de fermer la maison pendant les repas.

Les deux jeunes gens montèrent dans la chambre de Mme Calas; elle y était avec son mari et son fils aîné, que Lavaysse décrit, enfoncé dans son fauteuil, la tête appuyée sur une main, et ne faisant aucune attention à eux. A table, Marc-Antoine mangea peu, but plusieurs verres de vin, et au dessert se leva et sortit, suivant son habitude.

Deux heures environ s'écoulèrent; Mme Calas, qui avait pris un ouvrage de broderie, travaillait en causant avec son mari et avec Lavaysse. Quand ce dernier voulut se retirer, il se trouva que Pierre s'était endormi; on fut obligé de le réveiller, mais il en eut honte et ne

1. Voir Bibliographie, n° 45.

voulut pas en convenir; tous le plaisantèrent; on rit
aux éclats et l'on se sépara gaiement; dernier éclair
de joie! Déjà la mort était dans la maison. On allait le
savoir.

Il était entre neuf heures et demie et dix heures. Lavaysse descendit, accompagné de Pierre, et fit le premier une remarque très-naturelle qui amena la découverte du cadavre : la porte qui faisait communiquer le
corridor avec la boutique était ouverte. Était-ce une
négligence de la servante, ou quelqu'un s'était-il introduit dans le magasin? Pierre y entra pour s'en assurer.
Son ami le suivit, et tous deux, saisis d'horreur, poussèrent des cris d'effroi, en trouvant Marc-Antoine pendu
à la porte intérieure qui faisait communiquer la boutique avec une arrière-boutique qu'on appelait le magasin. Sur les deux battants de cette porte ouverte,
Marc-Antoine avait posé en travers un de ces *billots* ou
billes, gros bâtons ronds, aplatis à un bout, avec lesquels on serrait les ballots d'étoffes. C'est à ce billot
qu'il s'était pendu avec une corde à double nœud coulant. Il était en manches de chemise. On remarqua
plus tard que ses cheveux n'étaient point en désordre,
ni ses vêtements froissés. Les agents de la justice trouvèrent son habit de drap gris et sa veste de nankin
posés sur le comptoir et pliés avec soin, étrange détail
qui prouve bien, non-seulement une mort volontaire,
mais cette froide et lente détermination avec laquelle on
exécute un suicide auquel on a longtemps songé. Pierre
prit la main de son frère; ce mouvement fit balancer le
cadavre; aussitôt les deux jeunes gens épouvantés coururent appeler au secours.

A ces cris, le malheureux père descendit précipitamment en robe de chambre; ni l'un ni l'autre des deux
amis n'avait eu le temps ou la présence d'esprit de
couper la corde. Calas court au cadavre et le saisit dans
ses bras; le corps étant soulevé ainsi, le billot roula à

terre. Aussitôt le père coucha son fils sur le plancher,
et ôta la corde en élargissant le nœud coulant; en
même temps il criait à Pierre : « Au nom de Dieu, cours
chez Camoire (un chirurgien voisin); peut-être mon
pauvre fils n'est pas tout à fait mort. »

A cet ordre Pierre et Lavaysse sortirent en courant.
Le premier revint presque immédiatement avec Gorsse,
élève du chirurgien Camoire. Il trouva sa mère penchée sur Marc-Antoine, lui frottant les tempes et s'ef-
forçant en vain de lui faire avaler un spiritueux. La
bouche se refermait d'elle-même comme par un ressort.
Gorsse s'aperçut immédiatement qu'il était trop tard;
il ôta la cravate, vit la marque de la corde autour du
cou, et déclara que Marc-Antoine était mort étranglé
ou pendu.

Pierre en ce moment perdit la tête. Il sortit éperdu
pour *aller*, dit-il plus tard, *demander conseil partout*[1].
Il ne savait ce qu'il faisait, et son père le rappela en
lui disant : « Ne va pas répandre le bruit que ton frère
s'est défait lui-même; sauve au moins l'honneur de ta
misérable famille. »

Ce conseil de dissimulation eut des suites funestes,
mais il n'était pas sans excuse; la législation du temps
sur le suicide était barbare et hideuse. Elle avait pour
point de départ la loi romaine : *Homicida suî insepultus
abjiciatur*, loi qui emportait la confiscation de tous les
biens au profit de l'empereur. Le temps avait ajouté
aux rigueurs de cette ordonnance; on faisait le procès
au cadavre comme on l'aurait fait à un vivant. En cas
de condamnation, le corps, absolument nu, était traîné à travers les rues sur une claie, le visage contre
terre, aux huées de la populace, qui souvent le souillait
de boue ou le meurtrissait à coups de pierres. Puis, ce

1. « Il alla aux *Quatre-Billards* (cet établissement était dans la petite
rue qui porte encore ce nom) demander en pleurant au billardier si
Marc-Antoine avait eu querelle avec quelqu'un. » (Arch. Imp.)

corps était suspendu au gibet, et les biens du mort, s'il en laissait, confisqués au profit du roi.

Cette épouvantable idée devait faire frémir un père ; d'ailleurs l'infamie publique de cette exécution déshonorait toute une famille ; elle aurait couvert d'ignominie l'avenir des frères et des sœurs du suicidé. Jean Calas voulut épargner ces horreurs à tous ses enfants, et ces hideux outrages à la dépouille de son malheureux fils. Il ne pouvait prévoir que ce mauvais conseil, donné par lui à Pierre, était son propre arrêt de mort et devait exposer tous les siens au dernier supplice. Terrible exemple du mal que peut faire le mensonge, même le plus innocent ! Il n'est personne peut-être qui n'eût commis, en toute sûreté de conscience, une faute si naturelle. On ne se persuade pas assez que dire la vérité c'est tout remettre à Dieu, tandis que mentir par précaution c'est s'ériger soi-même en Providence ; Providence d'autant plus impuissante qu'elle s'appuie sur ce qui n'est pas. Un seul mot de mensonge, plus excusable que tout autre, dicté par les intentions les plus excellentes et les plus cruelles circonstances, a suffi pour précipiter toute cette famille et Lavaysse dans un abîme de maux.

Pierre promit d'obéir, courut chez Cazeing, y retrouva Lavaysse et lui demanda instamment de nier le suicide de son frère ; ce jeune homme eut le malheur d'y consentir. « Je croyais alors, a-t-il dit, pouvoir et devoir le promettre. » Aussi déclarèrent-ils tous qu'ils avaient trouvé Marc-Antoine sans vie, sur le plancher du magasin, comme le virent les Capitouls et les témoins. C'était la vérité, quant aux deux femmes. C'était faux, quant au père, quant à son fils Pierre et à Lavaysse, qui tous trois l'avaient vu pendu.

Cette dissimulation est d'autant plus coupable, qu'interrogés suivant l'usage sous la foi du serment, dès leur arrivée à l'hôtel de ville, ils persistèrent dans leur

assertion qui devenait ainsi un parjure. Jamais, au
reste, imposture ne fut plus maladroite : elle n'expli-
quait rien, et il fut facile aux Capitouls de s'assurer
non-seulement que Marc-Antoine était mort étranglé ou
pendu, mais que ses parents devaient en savoir plus
qu'ils n'en disaient.

« D'un autre côté ce mensonge, comme le remarque l'avocat
de Calas [1], était sans gravité devant la loi, sinon aux yeux de la
morale religieuse. Il ne se produisit que dans un interrogatoire
qui est nul de plein droit : 1° parce qu'il ne fut requis par personne ; 2° parce qu'il n'y avait encore ni accusés ni procès. N'é-
tant ni prévenus ni accusés et ne prévoyant pas qu'ils dussent
l'être, ils durent tourner, s'il était possible, toutes leurs pensées
à sauver l'honneur du défunt [2] . »

Voltaire essaye avec plus de chaleur encore de justifier la dissimulation des Calas ; il rappelle la déclaration de Pierre (p. 13) :

« Mon père, dans l'excès de sa douleur, me dit : «Ne va pas répandre le bruit que ton frère s'est défait lui-même ; sauve au
moins l'honneur de ta misérable famille. » Il est essentiel, ajoute
Voltaire, de rapporter ces paroles ; il l'est de faire voir que le
mensonge en ce cas est une piété paternelle ; que nul homme
n'est obligé de s'accuser soi-même, ni d'accuser son fils ; que l'on
n'est point censé faire un faux serment quand, après avoir prêté
serment en justice, on n'avoue pas d'abord ce qu'on avoue ensuite ; que jamais on n'a fait un crime à un accusé de ne pas faire
au premier moment les aveux nécessaires ; qu'enfin les Calas
n'ont fait que ce qu'ils ont dû faire. Ils ont commencé par vouloir
défendre la mémoire du mort et ils ont fini par se défendre eux-
mêmes. Il n'y a dans ce procédé rien que de naturel et d'équi-
table [3]. »

Dès qu'ils se virent accusés, tous dirent la vérité, et
l'on aurait dû comprendre que cette fois ils étaient sincères, parce qu'ils répondaient de même, quoiqu'ils
fussent enfermés séparément, sans aucune communication entre eux. Leur première assertion avait pu être
concertée, puisqu'alors ils étaient libres ; leur aveu ne

1. Sudre, 1 et 2. — 2. Sudre, 2. — 3. A Damilaville, octobre.

pouvait être que vrai, puisqu'il était identique[1] de la
part des trois hommes, sans possibilité de s'entendre
ou de connaître même les réponses de leurs coaccusés.
Malgré cette preuve sans réplique, on ne voulut voir
dans leur déclaration qu'un deuxième système de défense, aussi faux que le premier, ou plutôt un pas vers
l'aveu du crime. Ils reconnaissaient maintenant que
Marc-Antoine était mort pendu; on espéra qu'ils finiraient par convenir qu'ils l'avaient pendu eux-mêmes.

Nous savons par Lavaysse[2] qu'à l'hôtel de ville, après
les interrogatoires, le greffier Savanier dit devant lui
à David : « Il est aussi vrai que c'est son frère qui l'a
tué, comme il l'est que je tiens une plume à la main. »
David répondit : « Je vois qu'il leur en coûtera quelques tours de question qui, à coup sûr, feront ruis-
seler le sang. » C'était là une menace destinée à effrayer
les accusés pour obtenir un aveu. Il est évident que s'ils
avaient persisté dans leur dissimulation première, ils se
perdaient.

C'est ici que se place un incident dont on a abusé
récemment contre les Calas et sur lequel il importe de
ne laisser planer aucune incertitude. On prétend qu'ils
étaient coupables, que le suicide de Marc-Antoine fut

---

1. Ils différèrent en un seul point. On demanda à Calas par qui la
corde avait été coupée. Il répondit qu'il ne le savait pas; il croyait que
Pierre ou Lavaysse l'avaient coupée au moment où il soulevait le cadavre. Il le pensait d'autant plus qu'on lui parlait de cette corde comme
si c'eût été un fait acquis qu'elle avait été coupée. Pierre affirmait au
contraire que le billot, posé en travers sur les battants de la porte, était
tombé dès que son père avait soulevé le cadavre, et que la corde devait
se retrouver entière. On la chercha en effet, et on la trouva par terre,
avec le billot; elle portait encore quelques cheveux du mort; elle n'était
pas coupée. Lorsque Calas fut confronté avec son fils, il répéta la même
réponse; mais Pierre rectifia aussitôt le fait. Calas alors expliqua que,
n'éprouvant aucune résistance, il avait cru la corde coupée par Pierre
ou par Lavaysse. N'est-il pas facile de comprendre que ce détail minutieux, où deux accusés se contredisent, et qui se rapporte à l'instant où
le malheureux père fit à son tour l'horrible découverte du suicide, a pu
être mieux observé par son fils, moins bouleversé que lui-même?

2. Lav., 3.

une invention trouvée après coup par des amis inconnus et qu'elle fut communiquée aux prisonniers par des lettres mystérieuses. Pour comprendre toute cette affaire il faut connaître les différences énormes qui existaient entre la procédure d'alors et celle qui depuis la Révolution est pratiquée chez nous. Les Calas ne virent jamais leur avocat, et n'eurent avec lui aucun genre de communication; ils ne connurent pas même ce qu'il écrivit pour leur défense. Il n'y avait alors ni plaidoirie, ni jugement public. L'inquisition ou information secrète consistait uniquement en *interrogatoires*, en *récolements* ou lecture du procès-verbal de chaque interrogatoire donnée au répondant qui était ensuite obligé de signer ce procès-verbal, et en *confrontations* de chaque accusé avec chaque témoin.

Lavaysse rapporte[1] que le 14, à dix heures du matin (c'est-à-dire après l'ordonnance d'écrou que rendit le chef du Consistoire), on le fit sortir de chez l'enseigne du guet et on le mit dans un cachot sans lumière où il ne trouva pour s'asseoir que de la paille, et qui était déjà occupé par un autre prisonnier. De là, pendant une partie de chaque journée, on le faisait passer dans une grande chambre, dite *la Miséricorde*, où l'on rassemblait les détenus pour affaires criminelles. Le premier jour, il y reçut plusieurs visites d'amis de sa famille, entre autres, celle de Louis Calas, qui accourut pour savoir de lui ce qui s'était passé[2], et qui n'osa demander à voir ses parents. Peut-être, ce jour-là, l'aurait-il obtenu; plus tard, on n'y consentit pas; il ne revit jamais son père. Un autre visiteur de Gaubert fut Mᵉ Carrière, avocat bien connu de la famille Lavaysse[3]. Le jeune homme lui raconta comment les choses s'étaient passées. Seulement Lavaysse n'avait pas distingué, à la lueur de la chandelle que tenait Pierre, à quoi Marc-

1. Lav., 3. — 2. Mém. justif., p. 9. — 3. Voir la note 11.

Antoine s'était pendu, et il avait cru que c'était au cintre de la porte; ce fut ce qu'il dit à l'avocat. Celui-ci alla voir les lieux, ne trouva ni clou ni crochet au-dessus de la porte et revint dire à Lavaysse : « Vous m'avez trompé; je viens de chez M. Calas; j'ai visité la porte, j'ai tout examiné et je n'ai rien trouvé à quoi son fils puisse s'être pendu. — Cela est pourtant certain, répondit le jeune homme, j'en suis sûr, je l'ai vu; il est vrai que je ne sais à quoi la corde était attachée, mais ne doutez pas de ce que je vous ai dit. » Me Carrière alla voir alors séparément Calas et son fils, qui tous deux lui apprirent comment avait eu lieu le suicide, sans crochet ni clou. Il les exhorta à dire toute la vérité, sans prétendre épargner l'honneur du défunt. Dès ce même jour, ils furent tous mis au secret[1].

Si nous rapprochons de ce récit de Lavaysse et de Carrière les dires des témoins, tout s'accorde et s'explique. Le premier, fort hostile du reste, est l'abbé Benaben, l'ami du prêtre Durand et de Louis Calas. Il dit que le 14, il accompagna Louis Calas chez Me Carrière, et l'on ne peut voir sans quelque inquiétude cet étranger malveillant initié ainsi à tout ce que tentaient Louis et l'avocat pour la défense de la famille.

Selon Benaben, pendant qu'ils étaient ensemble, un soldat entra, portant une lettre du sieur Calas, dans laquelle il demandait ce qu'il devait répondre. Me Carrière s'écria qu'il fallait qu'il eût perdu l'esprit : « Je lui ai dit hier qu'il devait déclarer la vérité et ne pas ménager l'honneur du défunt. » Me Carrière dicta alors trois lettres[2].

---

1. Voir plus bas une lettre du président de Senaux à M. de Saint-Florentin. (Pièces just. v.)

2. On nous excusera d'entrer ici dans de minutieux détails. Ces lettres sont devenues un prétexte à des accusations très-graves et mal fondées. Nous reproduisons, dans la note 11, celle qui fut adressée à Lavaysse. On ne s'étonnera pas de ce que Carrière, au milieu de la terreur produite

Il est impossible que cette déposition soit tout à fait exacte. Ce n'est pas le 14 que ceci eut lieu ; car on a encore ces lettres et elles sont datées du 15 octobre au soir. Celle adressée à Pierre finit par ces mots : « Il est inutile que je signe cette lettre, parce que vous vous rappellerez que je vous parlai hier soir à votre souper. » En effet si c'eût été le 14 que ces lettres eussent été écrites, Carrière n'aurait pu ni s'exprimer ainsi, ni s'écrier : « Je le lui ai dit hier ; » car les accusés n'arrivèrent à l'hôtel de ville qu'après minuit, subirent immédiatement les interrogatoires d'office, et n'ont pu voir Carrière que dans la soirée du 14 ou au plus tôt dans l'après-midi. Il est permis aussi de douter de l'impartialité avec laquelle l'abbé rend compte de la lettre de Calas qu'il ne dit pas même avoir lue, et qui, apportée par un soldat, sans aucun mystère, avait certainement passé sous les yeux des autorités ou de leurs agents.

Voici qui est beaucoup plus précis : le témoin Delibes, greffier de la geôle, dépose que deux ou trois jours après l'arrestation [1], Louis Calas vint tout en larmes le trouver, demandant à voir son père dans la prison pour se réconcilier avec lui, ce qui ne put lui être accordé. Alors il lui remit les trois lettres de Mᵉ Carrière. Le greffier n'hésita pas à donner à Calas celle qui lui était adressée, probablement parce qu'il avait été autorisé à laisser sortir celle de Calas dont la réponse arrivait en ce moment. Ce dernier, quand il apprit que Louis avait apporté cette lettre en exprimant le désir de se réconcilier avec lui, « répondit au déposant, en versant des larmes, qu'il était très-sensible aux soins que se donnait son fils Louis. » Le greffier se retira ; mais

par l'arrestation et les rumeurs qui se répandaient, n'osa signer ses trois lettres.

1. D'après ce qui précède, ce dut être, en effet, le troisième jour, ou en d'autres termes, deux jours après l'arrestation, c'est à-dire le 15.

au moment de remettre à Pierre Calas et à Lavaysse
les deux lettres qui leur étaient adressées, il hésita,
craignit de se compromettre et les garda.

Le même soir, Louis revint lui demander s'il avait
remis les trois missives. Delibes lui avoua sa crainte.
Louis répondit en l'autorisant à les décacheter et à les
lire. Il le fit, mais n'en persista pas moins à garder les
lettres. Plus tard, apprenant que le *monitoire* allait
être *fulminé, il craignit pour sa conscience* et alla déposer
ces deux pièces chez le procureur général, qui les fit
joindre au procès. Elles y sont encore ; nous les avons
lues, et tout s'y accorde parfaitement avec ce que viennent de nous apprendre le mémoire de l'un des accusés
et les témoignages d'un prêtre et d'un geôlier. Elles ne
sont pas signées ; il est évident que Carrière, comme
Delibes, craignit de se compromettre dans cette terrible
affaire ; il se contenta d'en appeler à ce qu'il avait conseillé la veille aux accusés dans leur prison et les engagea très-vivement à tout dire.

C'est pour n'avoir pas lu ces lettres et n'avoir pas
connu toutes les circonstances que nous venons de rapprocher, qu'on a cru trouver dans ce fait un argument
très-puissant contre les Calas. Tantôt c'est dom Vayssette ou plutôt du Mége [1], son continuateur, qui publie
que le témoin Barnabou (il veut dire l'abbé Benaben)
a déposé qu'on avait écrit à Calas pour lui dicter ses
réponses ; tantôt c'est un autre écrivain, M. Huc [2], qui
n'a lu évidemment ni ces lettres, ni le troisième mémoire de Lavaysse, ni le premier mémoire de Sudre, ni
les dépositions que nous avons citées, et qui suppose que
Me Monyer pourrait bien être l'auteur des lettres. Il rêve
que les protestants de Toulouse s'entendaient avec Monyer, assesseur des Capitouls, pour diriger les réponses
des accusés ; il imagine gratuitement d'autres lettres,

---

1. Hist. du Languedoc, voir *Bibliographie*, n° 80.
2. *Procès*, etc., voir *Bibliographie*, n° 81.

des visites mystérieuses dans la prison, et il en conclut que le suicide de Marc-Antoine fut un système de défense inventé après coup par d'autres que les Calas, et qu'on leur conseilla de soutenir.

Il y a une difficulté ou plutôt une impossibilité absolue à admettre ceci. Nous savons par la lettre du président de Senaux au ministre que les prisonniers ne reçurent plus ni lettres ni visites [1], et l'on vient de lire les déclarations du greffier de la geôle. Cependant Pierre et Lavaysse, qui n'ont jamais reçu les lettres que leur avait adressées Carrière, dirent exactement les mêmes choses que Calas, à qui la sienne était parvenue. Ceci ne prouve-t-il pas qu'ils prirent tous le parti de dire la vérité tout entière? Ces lettres, en effet, ne leur conseillaient pas autre chose.

Ce n'est pas tout. Calas lui-même n'a pu recevoir avant le 15 la lettre de l'avocat écrite ce même jour; or c'est le 14, dans l'interrogatoire, sur l'écrou, son premier interrogatoire légal, c'est en se voyant accusé, qu'il déclara le suicide de son fils. Carrière avait donc été obéi d'avance.

Bien loin de rien prouver contre l'innocence des Calas, cet épisode dont on a fait grand bruit de nos jours, prouve jusqu'à l'évidence [2] que le seul motif de leur dissimulation antérieure avait été le désir bien naturel d'éviter que le procès fût fait au cadavre.

---

1. Voir Pièces just. v. On les sépara, on fit garder chacun d'eux par un soldat du guet, et l'on défendit toute communication, tant entre eux qu'avec qui que ce fût. Le 7 mars, M. de Saint-Priest, écrivant à Amblard, approuve « l'exemple qu'ont fait les Capitouls sur le soldat du guet qui contre les défenses qu'on lui avait faites, de laisser parler entre eux les prisonniers, leur a laissé cette liberté. » Nous ne savons ni quel fut le châtiment du coupable, ni quelle liberté, fort restreinte évidemment, il avait laissé prendre aux captifs.

2. Sudre, 2.

CHAPITRE V.

INTERVENTION ECCLÉSIASTIQUE.

Le Monitoire. — Funérailles de Marc-Antoine.
Les pénitents blancs.

> Il y a différents ordres de lois; et la sublimité de
> la raison humaine consiste à savoir bien auquel de ces
> ordres se rapportent principalement les choses sur
> lesquelles on doit statuer, et à ne point mettre de
> confusion dans les principes qui doivent gouverner les
> hommes.
>
> MONTESQUIEU.
> (*Esprit des Lois*, I, 26, c. 1.)

Déjà trente témoins avaient été interrogés et l'on ne
trouvait aucune preuve qui permît de condamner les
Calas.

La justice du temps employait, pour se procurer des
informations, un moyen qui paraîtrait aujourd'hui fort
étrange, mais dont l'effet, en bien ou en mal, serait encore très-considérable dans certaines localités et l'était
bien plus alors. Le procureur du roi dressait une liste
des faits, certains ou présumés, qu'il avait besoin de voir
attester par des témoins, et s'adressait à l'autorité ecclésiastique afin qu'un avertissement ou *monitoire* fût lu
au prône et affiché dans les rues, pour prévenir tous ceux
qui *sauraient par ouï-dire ou autrement* les faits en question, que s'ils ne venaient les déclarer soit à la justice,

soit à leurs curés, ils encourraient la peine de l'excommunication[1]. Si la publication de cet avertissement ne produisait pas l'effet qu'on en attendait, le même monitoire était *fulminé*, c'est-à-dire que dans les églises, avec un cérémonial effrayant, on prononçait l'excommunication contre tous ceux qui s'abstenaient de déposer. Dès ce moment, ils étaient damnés s'ils venaient à mourir sans s'être réconciliés avec l'Église et surtout s'ils s'approchaient des sacrements. Dans une ville aussi catholique que l'était Toulouse, on se figure à peine l'impression produite par ces actes étranges, où les terreurs de l'enfer devenaient des moyens de procédure[2].

Des règles sévères étaient prescrites au rédacteur de ce formidable document. Avant tout, il devait être conçu à décharge aussi bien qu'à charge, c'est-à-dire qu'on devait menacer également ceux qui n'auraient pas le courage de déposer pour les accusés et ceux qui négligeraient de témoigner contre eux. Cette impartialité du monitoire était d'autant plus indispensable que les prévenus à cette époque ne pouvaient faire citer aucun témoin et qu'en outre on pratiquait rigoureusement la règle d'après laquelle aucun témoin n'était admissible, s'il se présentait de son propre mouvement[3], ou s'il parlait de faits qui n'étaient point mis en question. C'étaient ce qu'on appelait des faits *extra articulos*, en de-

1. Voir sur les monitoires : Ordonnance de 1670, titre 7. — Édit d'avril 1675, art. 26, 28, etc. — *Traité du Monitoire* de Bouault. — *Traités des Crimes*, de Soulage, II, 122. — Faustin Hélie, *Histoire et Théorie de la Procédure criminelle*, p. 622.
2. Voici une déclaration, entre bien d'autres, qui montre que les menaces d'un Monitoire n'étaient pas sans effet (Arch. Imp.) :

A Toulouse, ce 1er novembre 1761.

On prétend que je suis dans le cas de l'excommunication par le chef du monitoire parce que j'avois ouy dire par une personne que M. Laplaigne avait instruit, avec le Père Latour, le petit Calas, mort. Si je suis dans le cas, je rendray mon audition quand j'en serai requis.

DARLES, maître en chirurgie, signé.

3. Testis se offerens repellitur a testimonio.

hors des articles. Il était admis en principe qu'un témoin ne prouve que pour les questions pour lesquelles il a été reçu à serment ; en effet, le serment ne s'appliquait alors qu'à une série de questions posées à l'avance et l'on disait d'un témoin qui sortait de ces limites : *Non juratus eo casu deponit*, il dépose en ce cas sans avoir juré.

Si donc le monitoire n'était pas conçu à décharge comme à charge, ceux qui avaient du bien à dire des accusés étaient contraints de se taire ; ils n'avaient aucun droit, aucun moyen de faire entendre ce qu'on ne leur demandait pas, ce qu'on ne cherchait pas à savoir. Il suffisait ainsi de la rédaction partiale d'un monitoire pour annuler ou rendre impossible d'avance et d'un seul coup toute déposition favorable. C'est précisément ce qui est arrivé dans l'affaire qui nous occupe. Lavaysse père écrit[1] que le procureur du roi et les Capitouls dédaignèrent de faire assigner plusieurs témoins qui s'étaient présentés à leur curé pour révéler des faits à décharge. Il ne faut pas s'en étonner. Ces témoins avaient tort; le monitoire ne les avait nullement autorisés. Lorsque le procès fut révisé, c'est-à-dire après le supplice de Calas, un témoin nouveau que nous avons cité déjà, le chanoine Azimond, termina en ces termes sa déposition, très-importante pour les accusés :

« Au surplus, je déclare que j'aurois déposé le contenu de la « présente déclaration dans le cours de l'instruction criminelle « intentée contre le sieur Jean Calas, si j'en eusse été requis ou « si le Monitoire m'y eut autorisé. C'est ce que je certifie comme « véritable.

« *Signé* : AZIMOND,
« Prêtre, chanoine de Montpezat. »

Un négociant de Nîmes nommé Griolet, qui avait fréquenté trois ans la famille Calas, répondit le 13 fé-

---

1. Lav., 2.

vrier 1762 à Nanette qui l'avait prié de rendre témoignage en faveur de ses parents : il refusait d'aller déposer en leur faveur parce que « celui qui va faire une révélation en justice sans être assigné à cet effet, rend son témoignage suspect et rejetable[1]. » Ce n'était que trop vrai.

On a reproché encore de nos jours aux Calas[2] de n'avoir eu qu'un témoin à produire (dans la première et la seconde instruction du procès), pour prouver que Marc-Antoine était resté protestant, tandis qu'une foule de témoins déclaraient le contraire. Il est vrai, mais ce n'est pas tout; ce témoin unique et courageux, M° Challier, dut user de ruse pour se faire admettre, déclarant à son curé qu'il avait à faire une déposition très-grave et lui laissant croire que c'était en faveur de l'accusation.

On remarquera à ce sujet que la publication d'un monitoire érigeait en juges d'instruction tous les curés, tous les vicaires, tous les prêtres en exercice; aussi existe-t-il au dossier une foule de dépositions écrites qui souvent commencent par les mots : *Par-devant nous*, et qui sont signées d'un prêtre de paroisse, quelquefois même d'un religieux attaché à une église. Ce fait, dans un procès où le protestantisme lui-même se trouva incriminé à chaque instant, mettait donc l'instruction de l'affaire entre les mains, non d'un magistrat, mais du clergé, de tout le clergé à la fois. Disons cependant que le monitoire devait au moins émaner d'un tribunal ecclésiastique et non de l'archevêque, bien moins encore d'un vicaire général[3]. On ne sait pourquoi Lagane

---

1. La lettre est en original aux Archives Impériales.
2. M. Huc, *Procès*, etc. — Nous trouvons parmi les papiers de Mme Calas une liste de plus de trente témoins à décharge, qui tous auraient dû être cités par les Capitouls et dont plusieurs furent entendus lors du procès de révision. (Collection de M. Fournier.)
3. Mariette (1ᵉʳ Mém.) cite à ce sujet le texte suivant :

« C'est au seul Official ou autre juge de la juridiction Ecclésiastique conten-

et David violèrent cette loi; fut-ce par ignorance des
formes? Il est difficille d'en soupçonner Lagane. Ou
bien pensèrent-ils faire accepter plus facilement leur
monitoire, entaché partout de partialité et d'illégalité,
en s'adressant au vicaire de l'archevêque [1] absent, et
non à un tribunal, plus jaloux peut-être de l'observation des règles?

La loi apportait, il est vrai, un tempérament nécessaire à l'immense puissance des auteurs d'un monitoire ; elle leur interdisait, non-seulement de nommer,
mais aussi de désigner les personnes incriminées [2].

Ces préliminaires nous paraissent indispensables pour
que le lecteur puisse juger, comme il le mérite, le monitoire suivant. Une affiche de ce Monitoire se trouve aux
Archives [3]. Elle contient, outre le document lui-même,
les demandes d'autorisation adressées par M⁰ Pimbert,
avocat du roi, aux Capitouls et à l'archevêque, avec la
réponse des premiers, et celle de l'abbé de Cambon, vicaire général, pour le ˉsecond. Dans ces pièces, on leur
demande de « *faire publier monitoires sur des cas très-gra-*
ves, intéressants pour la religion. » C'était supposer à l'a-
vance, dans une affiche légale apposée sur tous les murs,
que Marc-Antoine Calas était mort pour la religion,
c'est-à-dire tué par ses parents pour s'être fait catholique. En ce seul mot tout le procès était jugé d'avance.

tieuse à accorder les Monitoires, non à l'Évêque ou à ses Grands Vicaires ; sinon
il y aurait abus dans cette obtention. »
(LACOMBE, Dict. canoniq., p. 418.)

1. C'était Arthur-Richard Dillon. Il eut pour successeur en 1763
Étienne-Charles de Loménie de Brienne, qui devint archevêque de Sens,
cardinal et premier ministre.

2. Ordonn., t. 7, art. 4. « Les personnes ne pourront être ni nommées
ni désignées par les monitoires, à peine de cent livres d'amende contre
la partie, et de plus grande s'il y échet. »

« C'eût été, dit avec raison M. Faustin Hélie, livrer leurs noms à la
publicité, lorsque leur innocence pouvait être démontrée plus tard. » Ce
qui eût été contraire à l'esprit de la procédure *par inquisition*, c'est-à-
dire secrète.

3. Arch. imp. Section historique, K, 848. Dans les Archives du parle-

MONITOIRE.

1° Contre tous ceux qui sauront, par ouï dire ou autrement, que le sieur Marc-Antoine Calas aîné avoit renoncé à la religion prétendue Réformée dans laquelle il avoit reçu l'éducation ; qu'il assistoit aux cérémonies de l'Église catholique et romaine ; qu'il se présentoit au sacrement de pénitence, et qu'il devoit faire abjuration publique après le 13 du présent mois d'octobre, et contre tous ceux auxquels Marc-Antoine Calas avoit découvert sa résolution.

2° Contre tous ceux qui sauront, par ouï dire ou autrement, qu'à cause de ce changement de croyance, le Sr Marc-Antoine Calas étoit menacé, maltraité, et regardé de mauvais œil dans sa maison ; que la personne qui le menaçoit, lui a dit que s'il faisoit abjuration publique, il n'auroit d'autre bourreau que lui.

3° Contre tous ceux qui savent, par ouï dire ou autrement, qu'une femme qui passe pour attachée à l'hérésie, excitoit son mari à de pareilles menaces, et menaçoit elle-même Marc-Antoine Calas.

4° Contre tous ceux qui savent, par ouï dire ou autrement, que le 13 du mois courant au matin, il se tint une délibération dans une maison de la paroisse de la Daurade, où la mort de Marc-Antoine Calas fut résolue ou conseillée, et qui auront le même matin, vu entrer ou sortir de ladite maison un certain nombre desdites personnes.

5 Contre tous ceux qui savent, par ouï dire ou autrement, que le même jour, 13 du mois d'octobre, depuis l'entrée de la nuit jusques vers les dix heures, cette exécrable délibération fut exécutée, en faisant mettre Marc-Antoine Calas à genoux, qui, par surprise ou par force, fut étranglé ou pendu avec une corde à deux nœuds coulants ou baguelles, l'un pour étrangler, et l'autre pour être arrêté au billot, servant à serrer les balles, au moien desquels Marc-Antoine Calas fut étranglé et mis à mort par suspension ou par torsion.

6° Contre tous ceux qui ont entendu une voix criant à l'assassin, et de suite, Ah ! mon Dieu, que vous ai-je fait ? faites-moi grâce : la même voix étant devenue plaignante et disant : Ah ! mon Dieu, ah ! mon Dieu !

7° Contre tous ceux auxquels Marc-Antoine Calas auroit communiqué les inquiétudes qu'il essuioit dans sa maison, ce qui le rendoit triste et mélancolique.

ment de Toulouse, il en existe autant d'exemplaires qu'il y eut de publications faites dans chaque paroisse, chaque curé ayant renvoyé le monitoire avec l'indication manuscrite des jours et heures où il a été lu au peuple.

8° Contre tous ceux qui savent qu'il arriva de Bordeaux, la veille du 13, un jeune homme de cette ville, qui n'aiant pas trouvé des chevaux pour aller joindre ses parents qui étoient à leur campagne, aiant été arrêté à souper dans une maison, fût présent, consent ou participant à l'action.

9° Contre tous ceux qui savent, par ouï dire ou autrement, qui sont les auteurs, complices, fauteurs, adhérans de ce crime, qui est des plus détestables.

Enfin contre tous sachans et non révélans les faits ci-dessus, circonstances et dépendances.

Ce monitoire, accordé le 17 octobre à la requète du procureur du roi Lagane qui en est l'auteur, fut signé par l'abbé de Cambon[1], vicaire général, affiché et lu au prône trois dimanches de suite, les 18 et 25 octobre et 8 novembre, dans toutes les paroisses.

Nous verrons que, le 11 décembre, une nouvelle publication du même monitoire fut ordonnée pour le dimanche 13, avec menace de *fulmination* pour le dimanche 20. Le résultat de cette dernière publication n'étant pas encore satisfaisant, le 18 décembre, le procureur général requit en effet la *fulmination* du monitoire :

« Et comme le Procureur général du Roi a lieu de présumer qu'il y a nombre de personnes instruites des faits énoncés audit Monitoire, qui n'ont point donné leurs révélations, leur résistance à satisfaire aux injonctions, etc., oblige à requérir fulmination dudit Monitoire, en la manière accoutumée, dans les paroisses où il aura été publié en vertu de nos ordonnances du 17 oct. au 11 déc.; et excommunions les coupables et participans et ceux qui ont connaissance des faits contenus audit Monitoire et ne les révèleront pas, et vous ordonnons qu'ayés à les dénoncer publiquement au peuple, comme excommuniés par nous. »

Signé : l'abbé DE CAMBON, vicaire général.

Dès lors ceux qui auraient omis de déposer étaient excommuniés aussi bien que les meurtriers de Marc-Antoine et leurs complices.

Il y a quelques remarques essentielles à faire sur cet étrange document. La première se présente d'elle-même:

1. Tristan de Cambon, plus tard évêque de Mirepoix.

c'est que dans les articles de ce monitoire il n'y a pas un mot à décharge; rien qui ne soit contre les accusés. Ils avaient déclaré un suicide, et le monitoire même qualifie Marc-Antoine de *triste et mélancolique*; il aurait donc fallu, d'après la loi, poser tout autant de chefs ou questions d'après la supposition du suicide que d'après l'hypothèse du meurtre; rechercher les causes de cette mélancolie, tenir, en un mot, la balance égale entre les deux systèmes. Il n'est pas même fait mention de celui des prévenus, et dans un acte qui devrait être impartial pour demeurer légitime, l'accusation parle seule.

Et comment parle-t-elle? est-ce en se conformant à la loi qui défend de désigner les accusés? Selon l'art. 2, Marc Antoine était « menacé, maltraité et regardé de mauvais œil *dans sa maison*. » Ce mot, deux fois répété, désigne, et ne peut désigner que les accusés, père, mère, frère, et leur unique servante. On ajoute, immédiatement après, que : « la personne qui le menaçait « lui a dit qu'il n'aurait d'autre bourreau que *lui*. » Cette personne était donc un homme de cette maison. Mais lequel? le père ou le frère? Ceci même va être indiqué « Article 3 — Une femme qui passe pour être attachée à « l'hérésie incitait *son mari* à de pareilles menaces et « menaçait elle-même M.-A. Calas. » Est-il nécessaire de rappeler qu'il n'y avait *dans la maison* d'autres époux que M. et Mme Calas? Ils étaient donc désignés de manière à ce qu'on ne pût s'y méprendre.

Il faut remarquer encore cette expression puérilement partiale : *Ce crime qui est des plus détestables*, lorsque toute la question était précisément de savoir s'il y avait crime, et quel crime.

Ce n'est pas là cependant ce que le monitoire contient de plus monstrueux. Si ses rédacteurs étaient bien informés, il y aurait eu, le 13 au matin, dans une maison de la paroisse de la Daurade, une délibération où le sup-

plice de Marc-Antoine avait été discuté et résolu. A
voir cette affreuse accusation si bien détaillée, on s'attend à la trouver attestée par une foule de témoins ; on
croit en entendre au moins quelques-uns déclarer qu'ils
ont vu « entrer et sortir de la maison » en question,
les membres du tribunal secret ? Quelqu'un avait donc
des renseignements sur la réalité de cette assemblée
sanguinaire, sur le lieu, le jour et l'heure où elle
fut tenue ? On s'attend à ce que tous ceux qui ont dénoncé aux auteurs du monitoire ces détails si précis
de lieu et de temps iront reproduire en personne devant la justice leurs accablantes révélations, et que
s'ils ne l'ont fait avant la fulmination du monitoire,
par négligence ou par commisération, la certitude de
l'anathème et des peines éternelles va les décider
aussitôt après le monitoire fulminé. Il n'en fut rien.
D'Aldeguier s'étonne avec raison de voir dans le monitoire ces suppositions qui ne ressortent nullement du
commencement d'information déjà accompli ; en effet, il
n'y a rien qui y ressemble, de près ni de loin, dans les
dépositions des témoins entendus jusque-là ! Et c'est
précisément parce que ces faits, auxquels David et Lagane croyaient et voulaient croire, ne se trouvaient
nullement constatés, qu'ils essayèrent d'en obtenir par
leur monitoire la démonstration. Ce qui est plus significatif encore, c'est que cette tentative n'eut aucun succès.
Dans cette procédure où figurent plus de cent cinquante
témoins, on ne trouve aucune trace de ces grossières
faussetés, à l'exception de quelques ouï-dire, tous
plus vagues que le monitoire lui-même. Comment
tout le monde ne saurait-il pas « par ouï-dire *ou
autrement* » ce qui a été lu au prône quatre dimanches,
affiché partout, *fulminé* en cérémonie, ce dont la ville
entière s'est entretenue avec passion pendant cinq
mois ? Au lieu de devenir plus précis, plus circonstanciés, ces abominables détails s'effacent à mesure

7

que la procédure avance, et finissent par disparaître[1].

Il n'est rien qu'on n'ait tenté pour avoir des preuves sur ce point capital. Voici à ce sujet un des interrogatoires de Mme Calas. On remarquera que la première question est un piége que lui tend le juge [2]. Si elle avait paru approuver ce que l'interrogateur feignait de penser lui-même, on y aurait vu un argument contre elle et un aveu de l'affreuse doctrine qu'on prêtait à son Église. La réponse est excellente.

« *Interrogée* si elle ne sait qu'un père est le juge souverain de la religion de son fils.

Répond que c'est la conscience et les lumières qui doivent nous faire décider et non l'autorité d'un père.

Interrogée si son mary ou son fils ne luy communiquèrent la résolution ou le conseil de la secte au sujet de l'abjuration qu'on croyoit projetée de la part de M.-A. Calas son fils, et quelle étoit cette résolution ou conseil.

Répond et dénie l'interrogatoire en tous ses chefs.

Interrogée si elle et son mari ne dirent qu'il falloit se soumettre à la résolution prise par le conseil de la dite secte.

Répond et dénie l'interrogatoire, ne luy ayant jamais été parlé de rien, ny entendu parler[3]. »

Nous verrons ailleurs dans ce procès que les soldats de garde étaient l'*ultima ratio* de l'accusation aux abois, non sans doute que les juges leur dictassent de faux témoignages, mais apparemment, parce que les gardes voyaient le dépit où l'on était de ne pas trouver les preuves que l'on avait espérées. C'est encore contre Lavaysse, en sa prétendue qualité de bourreau en titre

---

1. Voir Pièces justif. VIII à la fin du vol.

2. « Les anciens légistes, dit M. Faustin Hélie (op. c.), ont essayé de poser une limite où devaient s'arrêter les questions captieuses, les artifices de l'interrogateur; ils ne voyaient pas que, dans une procédure qui n'admettait pas la discussion contradictoire des charges, il y avait une sorte de nécessité d'arracher à l'accusé son aveu soit par l'adresse, soit par la torture. Le juge avait besoin de cet aveu pour la propre tranquillité de sa conscience; la loi le faisait artificieux et inhumain par cela même qu'il était honnête. »

3. Interr. du 20 octobre. (Arch. Imp.)

d'office,   qu'est dirigée l'inepte calomnie qu'on va lire.
Pierre Vergès, soldat, dépose :

> Qu'étant un jour de garde dans la chambre du Sʳ Lavaysse et
> se promenant dans ladite chambre, ledit Lavaysse lui dit « qu'il
> avait trouvé dans un livre qu'il n'était pas dommage d'étrangler
> une personne, que nous venions de terre, et qu'il y (*sic*) fallait y
> retourner la même chose. Le déposant lui répliqua que notre re-
> ligion ne permettoit pas pareille chose, sur quoy ledit Lavaysse
> se retourna vers le feu sans plus mot dire. »

Évidemment Pierre Vergès a mal compris sa leçon ou
mal inventé son conte. Dans quel livre Lavaysse aurait-
il lu qu'il n'y a pas de mal à étrangler les gens ? Il ne
s'agit pas même ici d'un livre protestant et d'une justification fanatique de l'assassinat des apostats, il s'agit
d'une apologie générale du meurtre. Le soldat de garde
prête à Lavaysse le même propos qu'il prêterait à un
assassin de profession, ou un meurtrier à gages. Il ne
se rend pas compte de l'accusation à laquelle il vient
en aide. Et quelle apparence que ce jeune homme en
danger d'être mis à mort comme assassin, aille professer la théorie du meurtre au soldat qui le garde ? Était-
ce pour se faire condamner ?

Nous avons cherché longtemps en vain quelle pouvait être la pensée du procureur du Roi, en nommant
la paroisse de la Daurade, qui n'était point celle des
Calas, comme celle où se serait tenue l'assemblée des
protestants. Il n'existe de renseignement à cet égard
que dans un Mémoire inédit de la Beaumelle [1], Il
nous apprend, et il devait le savoir, lui qui avait habité Toulouse, que Cazeing demeurait dans la paroisse désignée , et que l'accusation lui attribuait
ce rôle dans le meurtre, apparemment parce qu'il
était impossible de lui en supposer aucun autre [2]. On

---

1. Voir plus bas, pages 259, 260.
2. Cette conjecture est confirmée par l'interrogatoire que subit Jean
Calas au moment de la torture, et d'où il résulte que Cazeing demeurait

l'avait relâché, à la suite des interrogatoires d'office, quand on se fut assuré qu'il n'avait point passé la soirée chez les Calas et n'y était entré qu'amené par Lavaysse et Pierre, après que tout était fini. Mais on le mit en liberté *sans ordonnance*, et aucun acte légal ne constata son innocence.

Dès qu'il vit que rien de pareil à cette délibération meurtrière ne pouvait être prouvé, Lagane qui, s'il n'avait inventé cette calomnie, la tenait de quelqu'un, aurait dû remonter à la source de ce bruit odieux, interroger, poursuivre même celui ou ceux qui l'avaient trompé. On n'en sut jamais rien ; un silence aussi suspect a toujours désapointé ceux qui ont prétendu ou prétendent encore accuser de la mort de Calas aîné les protestants de Toulouse en général ; et l'on a publié, à ce sujet, il y a quelques années, une historiette de couvent [1] qui ne soutient pas un instant d'examen pour disculper le monitoire et pour accuser les protestants.

Le monitoire ne prétend pas seulement savoir quand et où la sentence de Marc-Antoine avait été rendue, mais encore comment elle avait été exécutée ; on avait fait mettre Marc-Antoine *à genoux* pour l'étrangler plus facilement. Qui avait dit cela ? qui l'avait vu ? et si nul ne l'avait vu, lequel des coupables l'avait avoué ? où avait-on pris cette mise en scène d'un crime que rien ne démontrait ?

Ce monument prodigieux d'illégalité et de prévention absurde, ce roman créé de toutes pièces par l'imagination des magistrats, ne satisfit pas complétement la haine populaire. Quoique l'on eût d'abord fixé au 13 la sentence imaginaire des protestants contre le défunt, on

sur la place de la Bourse qui est, en effet, dans la paroisse de la Daurade.

1. Voir plus bas, au chapitre XIV, le conte du chevalier de Cazals rapporté par M. du Mége.

en supposa une autre antérieure, à la suite de laquelle ils auraient mandé de Bordeaux Lavaysse, le *porte-épée*, considéré comme l'exécuteur attitré des assassinats de famille au sein de l'Église réformée, et qui serait venu à Toulouse uniquement pour étrangler Marc-Antoine, sur l'ordre des anciens et des ministres du saint Évangile. Ce système, plus ridicule, s'il est possible, que révoltant, a été remis en lumière de nos jours[1].

. Selon l'opinion des Toulousains, l'usage, bien plus, la loi religieuse parmi les protestants, les obligeait à punir de mort ceux qui se convertissaient à l'Église romaine; leurs propres parents étaient tenus de les dénoncer, et même d'aider, s'il le fallait, à l'exécution de la sentence prononcée par les chefs de l'Église et exécutée par des bourreaux spéciaux. Plus cette calomnie inouïe rendait les protestants exécrables, plus elle fut avidement accueillie par les esprits prévenus contre eux; après avoir été jetée en avant par quelque fanatique de la rue, au milieu du trouble que causa la découverte du cadavre, cette atroce imputation fut développée, systématisée dans le monitoire et y parut revêtue du double sceau de la justice et de la religion. signée et paraphée par un avocat du Roi et un grand-vicaire de l'archevêque.

Parmi les protestants de Toulouse, du Languedoc, de toute la France et plus tard de toute l'Europe, la surprise et l'horreur furent au comble. Pour trouver une calomnie à comparer à celle-là, il fallait remonter jusqu'aux premiers chrétiens accusés par les païens de manger et de boire dans la sainte Cène le corps et le sang d'un enfant égorgé au milieu des plus infâmes débauches.

Par cette accusation, on enveloppait dans l'opprobre des Calas tous leurs coreligionnaires et on rendait sus-

---

1. Voir plus bas, ch. xiv.

pecte à l'avance, comme l'a très-bien remarqué un magis-
rat éclairé[1], toute déposition qui pourrait être faite en
leur faveur par leurs frères en la foi. Aucun protestant
ne pouvait déposer pour eux, sans se faire accuser immédiatement de parler pour se défendre lui-même et
pour justifier son Église; aussi n'y eut-il pas un protestant parmi les témoins; ils n'auraient pu que nuire
aux accusés, et ceux-ci ne durent attendre aucun secours que des membres de l'Église romaine, persécu-
trice de leur culte.

Si personne ne vint démontrer la réalité du tribunal
secret des protestants, il ne manqua pas de témoins
pour les déclarer coutumiers du fait, pour affirmer que
plusieurs prosélytes avaient péri récemment par le
même supplice que Marc-Antoine, c'est-à-dire étranglés,
à Lavaur, à Castres, etc. En voici un exemple choisi
entre plusieurs, où l'on verra en même temps un de
ces ouï-dire dont l'origine est insaisissable et qui sont,
dans ce procès, la ressource habituelle de l'accusation.

Pierre Lagrèze[2], maître tailleur, 61e témoin, déclare
*tenir du nommé Bonnemaison qu'on lui avait dit qu'un
paysan de Caraman*, ayant entendu parler de la mort
dudit Calas, *avait dit* que cela n'était pas surprenant, et
qu'on en avait étranglé cinq ou six à Caraman de la
même façon.

Comme la famille Lavaysse était de Caraman et y habitait, cette accusation de quatrième main, tout en in-
criminant les protestants en général, tendait en outre
à faire soupçonner cette famille d'habitudes meurtrières
invétérées; en tous cas, il devenait presque naturel que
Lavaysse se chargeât d'une fonction si fréquemment
exercée dans un lieu où résidaient tous les siens et où
il avait résidé lui-même.

1. La Salle, *Observations*, etc., voir *Bibliographie*, n° 5.
2. Arch. Imp.

Qu'une assemblée religieuse de huguenots eût voté un assassinat, en eût chargé un jeune homme de vingt ans, et eût obligé, on ne sait pourquoi, à participer au meurtre le frère de la victime, son propre père, sa mère elle-même, et enfin, pour comble de démence, une catholique dévote, cela était trop révoltant pour ne pas être cru avec empressement et soutenu avec fureur. Cela est encore aujourd'hui cru et soutenu. Pourquoi ? parce que plus une imputation est démesurée, effroyable, inouïe, et moins les âmes prévenues et passionnées renoncent à en accabler leurs adversaires ; on a réponse à tout quand on peut répéter avec conviction le mot de Tertullien : *Credo quia ineptum* (c'est parce que cela est absurde que je le crois). « Ces gens-là, se disait-on, étant les ennemis de l'Église, sont capables de tout ; nous le savions bien, mais en voilà la preuve et elle est d'autant meilleure qu'elle est plus incroyable [1]. »

Dans un Mémoire anonyme où respire le bon sens calme et réfléchi qui est une des premières qualités d'un juge [2], M. de La Salle, le seul membre du parlement de Toulouse qui ait défendu l'innocence des Calas, expose ce qu'auraient dû faire les Capitouls et le procureur du Roi, d'après les lois de l'époque, au lieu de lancer ce monitoire qui enflamma les esprits et envenime tout dans le procès.

« Il fallait, pour se conformer aux règles de l'ordre judiciaire, ordonner en termes vagues qu'il serait enquis touchant la mort de M.-A. Calas et pourvoir de curateur au cadavre, pour, le cas échéant, défendre sa mémoire du crime de suicide. »

On était entré dans une voie bien différente et on ne

1. La haine est crédule ; rien pour elle n'est ni trop horrible, ni trop ridicule ; c'est ainsi qu'on accuse quelquefois encore les juifs de commettre en Orient, à la fête de Pâques, le même crime dont les païens accusaient les premiers chrétiens ; c'est ainsi encore que le bas peuple en Angleterre, pendant les guerres de la République et de l'Empire, était persuadé que les Français vivaient de grenouilles.

2. Voir *Bibliogr.*, n° 5.

ne s'arrêta pas là. Si Marc-Antoine n'était pas un suicidé dont le corps devait être traîné sur la claie et ac-
croché au gibet, il était un martyr, étranglé pour la
cause de l'Église, qui lui devait les honneurs funèbres
les plus solennels et les plus retentissants. Il fut décidé
entre Lagane, David et l'un de ses collègnes, le Capitoul
Jean-Baptiste Chirac, que le corps serait inhumé sans
délai. C'était une mesure hardie et inutile : inutile, car
il était entouré de chaux et rien ne rendait l'ensevelis-
sement nécessaire ; hardie, car on risquait de commettre un double sacrilége en ensevelissant au milieu de
toutes les pompes de l'Église romaine, et en terre sainte,
un protestant et un suicidé, que toute sa famille et la
servante catholique déclaraient tel.

Enfin, c'était juger le procès avant le tribunal ; car
tout le procès se réduisait à cette seule question : Marc-
Antoine Calas est-il un suicidé ou un martyr ? Après
avoir tranché d'avance et publiquement ce dilemme, des
juges consciencieux auraient dû, d'après la loi, se récuser eux-mêmes.

Aucune de ces considérations si sages ne fut écoutée.
Ce fut une sorte de complot entre le Procureur du Roi
et ces deux Capitouls. Le 7 novembre, Lagane requit
pour le Roi les Capitouls d'ordonner l'inhumation, « attendu que ce cadavre est déposé dans la chambre de la
gêne depuis plus de trois semaines et qu'une foule de
motifs en rendent l'enterrement nécessaire. » Il eût été
difficile d'indiquer cette foule de motifs, puisqu'on avait
pris les précautions nécessaires pour éviter la décom-
position. David et Chirac, pour éviter les objections
qu'auraient pu élever leurs collègues, commandèrent les
obsèques, sans convoquer régulièrement le *Consistoire*,
dans un moment où ils se trouvaient seuls avec deux assesseurs dont ils étaient sûrs. Le Parlement était en
vacances, mais la Chambre des vacations aurait pu in-
tervenir. David s'assura le consentement verbal de deux

présidents, presque aussi prévenus que lui[1]. Tout étant
ainsi préparé, les deux Capitouls (dit M. d'Aldeguier
dans son *Histoire de Toulouse*) invitèrent le curé de Saint-
Étienne, dans la paroisse duquel les Calas avaient leur
domicile, à rendre catholiquement les honneurs funèbres au corps de Marc-Antoine Calas et à l'enterrer
dans sa paroisse. Le curé ne refusa pas d'obtempérer à
l'invitation des Capitouls, comme l'écrit Voltaire mal
instruit ; le zèle était si grand, au contraire, parmi les
membres du clergé, dans cette dernière occasion, que
le curé du Taur (Cazalès, oncle du député de ce nom
aux états généraux) fit signifier aux Capitouls un acte
pour qu'ils eussent à lui livrer le corps de Marc-Antoine
Calas, déposé à l'hôtel de ville dépendant de sa paroisse, afin de lui rendre les honneurs funèbres dans
son église, les déclarant passibles de dommages et intérêts en cas de refus[2].

Rien ne fut négligé pour donner à la cérémonie le
plus grand retentissement. L'inhumation eut lieu avec
tout l'éclat possible. On fit tout pour persuader que
Marc-Antoine était un martyr. On choisit pour ses funérailles un dimanche à trois heures de l'après-midi,
afin que la population fût plus libre d'y prendre part
ou d'en être témoin. Un cortége immense, conduit par
plus de quarante prêtres, alla faire la levée du corps à
l'Hôtel-de-Ville. Les Pénitents blancs y figuraient portant cierges et bannière, parce qu'on prétendait que
Marc-Antoine avait eu l'intention de se joindre à eux.
Une foule énorme assista au service dans la cathédrale
de Saint-Étienne et grossit le convoi. Le corps fut inhumé dans le bas côté de l'église Saint-Jacques ou
Sainte-Anne qui dépend de la métropolitaine.

Cette fastueuse démonstration ne fut que le prélude

1. Voir, dans les Pièces justif., la lettre V, adressée au ministre par
M. de Senaux, qui présidait les vacations.
2. Tous ces détails sont prouvés par des documents authentiques.

d'autres cérémonies plus regrettables encore. Quelques jours après l'inhumation, les Pénitents blancs firent célébrer dans leur chapelle un service magnifique pour l'âme du martyr. Tous les ordres religieux y furent invités et y assistèrent par leurs députations. L'église entière était tendue de blanc; et pour frapper plus violemment les esprits, on avait érigé au centre de l'édifice un catafalque magnifique, au sommet duquel était debout un squelette (loué à un chirurgien). On lisait le nom du défunt aux pieds de cette hideuse représentation, qui tenait de la main droite une palme, emblème du martyre, et de l'autre, cette inscription en gros caractères :

ABJURATION DE L'HÉRÉSIE.

Ce service ne fut pas le seul. Il y en eut un second chez MM. les Cordeliers de la Grande Observance.

On comprend l'effet de toutes ces cérémonies lugubres, frappant coup sur coup des imaginations déjà excitées. Le peuple de Toulouse, et nous entendons par ce mot la ville presque entière, demeura convaincu que Calas le suicidé était mort catholique, pénitent blanc et martyr, que les autorités ecclésiastiques et judiciaires en avaient trouvé la preuve dans la procédure secrète, que les accusés étaient les derniers des scélérats et la religion des protestants une peste publique, l'école du parricide, l'horreur et le fléau du monde. C'était précisément ce qu'on avait voulu.

Le prétexte de cette prise de possession d'un mort par une Église et une confrérie auxquelles il n'appartint jamais, fut, à ce qu'il paraît, la honteuse faiblesse, les perpétuelles inconséquences de Louis Calas. Il était lui-même pénitent blanc et n'osa s'opposer dès le premier moment à l'acte qu'on voulait célébrer. Il y assista même, mais ce fut pour protester. Il s'y trouva mal ou fit semblant; on l'emmena dans la sacristie, puis dans la chambre du trésorier, le véritable chef de la confrérie. Là, il fit appeler un huissier, et après s'être réconforté avec un peu de pain et de vin, il tira un papier de sa poche et le présenta, sans dire un mot, à l'huissier Antoine Rougian, qu'on lui avait amené. C'était un acte sur papier timbré par lequel Louis, comme procureur légal de son père détenu, interpellait les pénitents blancs de dire de quel droit et sur quelles preuves ils avaient considéré Marc-Antoine comme un des leurs, et les sommait d'exhiber leurs registres, si son nom y était inscrit[1]. Le sous-prieur des pénitents, qui était un procureur nommé Arbanère, lui répondit qu'il avait dit lui-même que Marc-Antoine serait bientôt des leurs. Un autre pénitent, le tapissier Diaque, dépose qu'il en convint. Mais l'huissier et le sous-prieur déclarent tous deux qu'il se tut[2]. Il est clair que ces gens, et surtout l'abbé Durand, faisaient dire à ce malheureux tout ce qu'ils voulaient; il n'osait les démentir[3], et à peine avait-il fait un pas pour sauver ses parents, il semblait s'effrayer de sa propre hardiesse. Le trésorier répondit à cet acte « que c'était uniquement le zèle de la Compagnie qui l'avait porté à faire ce service pour l'âme du défunt et pour le plus grand souvenir et la gloire de Dieu, que d'ailleurs il tenait de Louis Calas que le défunt son frère devait incessamment se faire recevoir dans la susdite Archiconfrérie. »

---

1. Il n'avait pu voir ni consulter ses parents; mais ceux-ci, interrogés sur cet acte, déclarèrent plus tard qu'ils l'approuvaient et le prenaient sous leur responsabilité, quoiqu'ils n'en eussent point eu connaissance.

2. Tout ce qui précède est extrait des dépositions de ces trois hommes.

3. Ainsi, ce même sous-prieur Arbanère rapporte que Louis Calas, le lendemain de la mort de son frère, vint lui faire une visite avec les abbés Durand et Benaben. Ils trouvèrent plusieurs personnes chez lui. Durand aurait raconté alors que Marc-Antoine était devenu un très-dévot catholique et allait faire sa première communion. Louis, non-seulement n'aurait pas nié le fait, mais l'aurait confirmé.

Il n'est pas absolument impossible que Louis se fût
vanté auprès de ses amis, prêtres ou pénitents, que tel
ou tel de ses frères et sœurs se convertiraient; c'est
du moins ce qu'ont déclaré quelques témoins à propos
de Marc-Antoine, d'Anne-Rose, de Pierre. Il devait désirer vivement que son exemple fût suivi par eux; et
comme il connaissait le mécontentement de son frère
aîné et la cause de son désappointement il pouvait, à le
juger d'après lui-même, espérer de le voir abjurer.
Au reste, comme l'a déclaré sa mère [1], s'il l'a dit, il
n'en pouvait rien savoir, car il ne voyait jamais les
siens. Il ne leur parlait pas même, à moins qu'il ne ren-
contrât l'un d'eux quand sa pension était en retard.

Il ne paraît pas que la protestation si timidement remise à l'huissier Rougian ait eu aucune suite. Mais
bien plus tard, et après le supplice de Jean Calas, sa
veuve usa de la liberté qui lui était rendue pour som-
mer par huissier M. Laffitau, trésorier des pénitents
blancs, de dire en quoi Marc-Antoine Calas avait appartenu à sa Confrérie.

Nous donnons textuellement sa réponse [2], dont on ap-
préciera la nullité honteuse et embarrassée; on y verra
ce personnage chercher en vain à s'appuyer de prétendus cas analogues qui ne le sont nullement, et s'abri-
ter le plus possible sous l'autorité du curé de Saint-
Étienne.

Du 13 décembre 1762, Mᵉ Lafittau, trésorier de MM. les Péni-
tents blancs de cette ville, répond :
« Que lorsqu'il eut appris qu'on devait enterrer M.-A. Calas
et que M. le curé de Saint-Étienne devoit faire les cérémonies,
le Répondant envoya un confrere Penitent Blanc, chés le Sʳ Louis
Calas, aussi confrere, et frere du defunt, pour savoir si ledit
Louis Calas auroit pour agreable que la Compagnie des Penitents
Blancs assistat à l'enterrement de sondit frere, a quoi le dit
Louis Calas fit repondre que la douleur dont il étoit pénétré ne

1. Confr. de la Dˡˡᵉ Calas.
2. Arch. Imp.

lui permettoit pas de répondre comme il le désiroit à la politesse
des penitents, qu'ils n'avoient qu'à faire comme ils jugeroient à
propos; sur quoi, et par l'attachement que la Compagnie a toujours eu pour Louis Calas son confrere, le répondant envoya ladite Compagnie pour assister au dit enterrement et que, quoique
la Compagnie des Pénitents Blancs ne soit obligée que d'assister
à l'inhumation de ses confreres, cependant elle repond souvent
a la prière des parents et assiste aux enterrements de plusieurs
particuliers lorsqu'elle en est priée par les parents et pour leur
faire honneur ; et dans ce dernier cas, elle ne peut exiger aucun
droit de chapelle. Le repondant ajoute qu'il fit faire dans la chapelle des Pénitents Blancs, un service pour le repos de l'âme de
Marc-Antoine Calas, où les religieux de divers ordres vinrent
assister, et dire des messes, qu'il a fait faire dresser un cattha-
phalque (sic), tendre l'Eglise en noir et qu'on lisoit au bas d'un
squelette ces mots : *Marc-Antoine Calas*, service et cérémonie
qui furent faits solennellement pour faire honneur à Louis Calas,
Penitent Blanc, et pour servir pour ledit Marc-Antoine, enterré
par le curé de Saint-Etienne avec les cérémonies de l'Eglise. Requis le repondant de signer, a dit n'être nécessaire. »

Dans une des confrontations de Mme Calas, elle se
souvient qu'un témoin qu'on lui oppose est pénitent
blanc. Il s'agit précisément de savoir si Marc-Antoine
a songé à se faire catholique. Elle repousse avec
une remarquable énergie et avec un bon sens imperturbable le témoignage du pénitent et lui arrache
un important aveu. Mme Calas vient de demander si
le témoin (le tailleur Lacour) n'est pas pénitent blanc :

« Le témoin répondant a dit qu'il est vray qu'il est confrère
pénitent blanc, et que ce qu'il a déposé, il ne l'a déposé que par
l'ordre de son directeur.

« Et l'accusée a dit qu'elle n'est pas étonnée que le témoin ait
déposé ainsi, étant pénitent blanc, et pour mettre à couvert cette
compagnie d'avoir outrepassé l'acte qu'ils lui firent faire, de ne
pas faire le service pour M.-A. Calas son fils; persistant toujours
à dire que la déposition du témoin est fausse.

« Il répond qu'il va très-rarement aux pénitents blancs, et qu'il
n'a assisté ni à l'enterrement, ni au service de M.-A. Calas. Et
l'acuzée a dit que quoiqu'il n'y assistât pas, il n'est pas moins
intéressé à soutenir cette compagnie. »

Voltaire, nous l'avons demandé ailleurs, exagérait-il

beaucoup quand il écrivait à la duchesse de Saxe
Gotha : « S'il n'y avait point eu de pénitents blancs à
Toulouse, cette catastrophe affreuse (le supplice de
Jean Calas) ne serait point arrivée? » (Voir *Voltaire a
Ferney*, p. 250.)

Il n'était que trop vrai. Des quatre confréries toulousaines, la blanche était la première et la plus in-
fluente[1]; elle avait des affiliés dans tous les rangs. Et
depuis le service funèbre de Marc-Antoine, les accusés
eurent à lutter, presque sans défense, non-seulement
contre les Capitouls, le Parlement et le Clergé, mais
contre cette confrérie puissante qui, deux fois, avait
pris parti contre eux, le jour de l'inhumation et le jour
du service célébré par elle-même; c'étaient des affronts
pour la confrérie, que des sommations comme celle de
Louis Calas, ce même jour, et de sa mère un an plus
tard.

Il est curieux de voir comment aujourd'hui les accusateurs de Calas jugent les démonstrations si passionnées du clergé d'alors. Écoutons notre contradicteur
M. Salvan, chanoine honoraire de Toulouse (Op. c.
p. 97) : « La pompe catholique que l'on déploya à ces
obsèques, les services mortuaires qui furent célébrés
dans deux églises de la ville, doivent être regardés
comme une *concession faite à l'opinion publique*, à la *conscience* de la *plupart* des citoyens. Il est *possible* qu'on ait
été *un peu* trop loin dans les honneurs rendus à la dépouille mortelle de Marc-Antoine; mais ces incidents ne
méritent pas l'importance que les partisans de Calas
ont voulu leur donner. » Entre les Calas et cette confrérie, il ne devait plus y avoir de trêve; leur nom devint funeste aux pénitents, sans qu'ils y fussent pour
rien et l'on peut voir au *Moniteur* du samedi 8 avril 1792,
jour où furent supprimées par décrets les Congrégations

---

1. On disait à Toulouse : Antiquité des blancs, Noblesse des bleus,
Richesse des noirs, Pauvreté des gris.

et les Confréries, que le député Ducos évoqua contre
ces corporations le souvenir du rôle joué par les pénitents blancs de Toulouse « dans la procédure ourdie
contre l'infortuné Calas. »

Il est certain que bien des gens à Toulouse crurent
faire un acte agréable à Dieu, à la Vierge et aux saints,
en venant accabler de leurs accusations les bourreaux
dénaturés d'un pénitent blanc. A l'ouïe de certaines
dépositions, on est tenté de répéter ce mot, un peu
déclamatoire, mais vrai, d'Élie de Beaumont [1] : « Ces
malheureux viennent de forger leur témoignage sur les
degrés du mausolée où ils invoquaient un martyr. »

Nous en citerons des exemples; on verra, dans quelques-uns, les faux témoignages les plus nettement ca-
ractérisés, et, dans les autres, les rêves d'une population méridionale dont on a surexcité coup sur coup
l'imagination, et de véritables *visions populaires enfan-
tées par le fanatisme,* comme l'a dit un historien [2].

L'enthousiasme de la foule se jette toujours dans les
extrêmes. On prétendait que Louis Calas, entendant la
messe à la chapelle des Chevaliers de Saint-Jean, était
tombé en extase au moment de l'*élévation*, et s'était
écrié tout haut : « Mon Dieu, pardonnez mes parents
qui ont fait mourir mon frère! » Le bruit courut que
trois ou quatre miracles avaient eu lieu sur la tombe de
Marc-Antoine; on prétendait que le clergé avait écrit
au Pape pour qu'il lui plût de canoniser ce martyr. On
disait qu'un jour lui avait été consacré dans le calendrier, et l'on commençait dans le peuple à débattre le
choix de celle des églises de Toulouse qui serait placée
sous l'invocation du nouveau saint [3].

1. E. de B., 3.
2. Ch. Coquerel, *Égl. du Dés.*, t. II.
3. Voir surtout, à propos de ces bruits absurdes, le Mémoire écrit à
Toulouse par le conseiller de La Salle, p. 66.

CHAPITRE VI.

PROCÉDURE ET ARRÊT DES CAPITOULS.

Information secrète. — Briefs intendits. — Faits justificatifs. — Autopsie du cadavre. — Piéges tendus à Lavaysse. — Affaire de Mᵉ Monyer. — Affaire d'Espaillac. — Sentence des Capitouls. — Double appel des condamnés et du ministère public.

> Il ne faut que jeter un coup d'œil sur la procédure pour reconnaitre l'esprit de vertige et de rumeur populaire qui en a été le principe. Tout y est sans fondement et hors de la plus légère vraisemblance.
> Le comte de ROCHECHOUART.
> (*Lettre à Saint-Florentin*, Parme, 5 déc. 1761.)

L'instruction criminelle se poursuivait pendant ce temps par les soins du procureur du Roi et des Capitouls. Rien de plus informe que cette procédure ; aucun des accusateurs modernes de Calas n'a osé la justifier. L'impétueux David y commit faute sur faute. Mais il faut convenir que la législation du temps prêtait à l'arbitraire. Il faut se rappeler qu'il n'y avait, en matière criminelle, ni audience publique, ni débat, ni plaidoirie, que l'accusé n'avait pas même de conseil ou d'avocat[1], et que la procédure secrète, ou *par inquisi-*

---

1. L'accusé devait répondre *sans délai, par sa bouche, et sans le ministère de conseil*. L'Ordonnance de 1670 était, sur ce point, très positive.

8

tion, comme on l'appelait, d'abord établie par le droit canonique et pratiquée dans les tribunaux ecclésiastiques, était devenue la seule employée par les autres magistrats[1].

L'interrogatoire de l'accusé et l'audition des témoins avaient toujours lieu *secrètement* et *séparément* devant le juge seul, assisté de son greffier, et étaient toujours précédés du serment prêté par l'interrogé, qu'il fût témoin ou accusé. Ensuite avait lieu le *recolement*, qui consistait à lire (non sans un nouveau serment) au témoin ses propres réponses, et à lui demander s'il y persistait. Il y avait encore serment à chaque *confrontation* de l'accusé avec un des témoins. « L'information et les interrogatoires formaient l'instruction préparatoire; ils étaient destinés à faire reconnaître le caractère du fait et à éclairer la marche de la procédure. Les recolements et les confrontations formaient l'instruction définitive ; ils avaient pour but d'établir l'existence du crime et la culpabilité de l'accusé. Ces actes remplaçaient le débat contradictoire de l'audience, la discussion et les plaidoiries ; ils portaient en eux toutes les garanties du jugement[2]. »

Quand on mettait en présence le prévenu et un témoin, on demandait aussitôt au prévenu s'il *reprochait* le témoin, en l'avertissant que s'il attendait de l'avoir ouï, il ne serait plus temps. Si l'accusé, ne connaissant pas le témoin ou se fiant à lui, ne le reprochait pas, il était à la merci de ce que le témoin pouvait dire ; il était censé l'avoir approuvé d'avance[3]. Dès que Mme Calas eut compris cela à ses dépens, elle prit résolûment le parti de *reprocher* tous les témoins qu'on lui présentait, disant, quand elle ne les connaissait pas, qu'ils pouvaient avoir des motifs de lui nuire, à elle inconnus.

1. Voir la note 12.
2. *Faustin Hélie*, op. c., p. 634. — 3. Voir la note 13.

Une absurdité légale qu'on a peine à s'expliquer est
celle de l'interrogatoire sur *la sellette*, que subirent les
cinq accusés dans le procès Calas. Cette façon solennelle d'interroger un homme pour la dernière fois en
présence de tous ses juges réunis, afin de savoir s'il
était coupable ou innocent, était considérée comme dés-
honorante [1].

Nous avons déjà signalé l'impossibilité où se trouvait
l'accusé de dire ou de faire dire par les témoins ce
qu'on ne lui demandait pas ; il n'avait aucun droit d'appeler ou présenter des témoins à décharge [2] : c'était
au juge à le faire. Il y a bien plus ; quand il existait
des faits qui pouvaient justifier le prévenu, il fallait
qu'il demandât et obtînt de ses juges la permission d'en
faire la preuve [3]. Cette permission ne fut accordée aux
Calas pour aucun des faits justificatifs, nombreux et
concluants, que leur avocat demandait à démontrer.
L'avocat Sudre en présenta onze dans son premier Mémoire, et d'autres encore dans les deux Mémoires suivants. On ne daigna point y faire droit [4].

De tous ces obstacles laborieusement accumulés sur
le chemin de la justice, le plus singulier, peut-être, est
ce qu'on appelait *brief intendit*. Toutes les questions
auxquelles un accusé ou un témoin devait répondre
étaient écrites à l'avance. Il pouvait arriver que la réponse faite à la première question rendît toutes les

---

1. Par contre, la torture n'était pas infamante et les jurisconsultes
discutaient gravement entre eux pour savoir si elle devait être considérée
comme une peine. M. Faustin Hélie répond que oui et cite des autorités,
mais nous avons vu le contraire affirmé par plusieurs 'auteurs de
l'époque.

2. Ordonnance criminelle. — Faustin Hélie. Op. c., p. 620.

3. En tous cas cette permission ne pouvait se donner qu'après instruction terminée. Souvent alors il n'était plus temps. Voir la note 14.

4. Les juges devaient *faire droit* sur les faits justificatifs, soit en
ordonnant la preuve de ces faits par témoins, soit, s'ils n'y avaient
égard, en le disant expressément dans l'arrêt (Ordonn. crim. titre 15,
art. 19. Ordonn., titre des faits justif., art. 2, 3, 4. Ord. d'août 1586,
art. 20. Ord. de 1639, art. 58.)

autres inutiles ; il arrivait sans cesse que le juge lui-
même s'apercevait que l'interrogatoire aurait dû être
dirigé autrement. Il ne devait pas moins se renfermer
dans les termes prévus et écrits, sauf à recommencer
plus tard en préparant un autre *intendit*. On a pu voir
déjà, dans un fragment d'interrogatoire de Mme Calas,
cité plus haut, que les questions ne suivent en rien les
réponses et n'en tiennent aucun compte. On conçoit facilement quelle confusion cette étrange méthode devait
souvent produire dans l'esprit des accusés [1].

Il y a tel interrogatoire dans le procès Calas, où l'interrogateur et l'interrogé semblent jouer à ce que
les enfants appellent *le jeu des propos interrompus*. Le
principal défaut de cet usage, c'est que rien n'est plus
propre, comme le remarquait Grimm, à faire dire à
un témoin tout ce qu'on veut. Cette méthode, expressément abolie, quant aux témoins, par l'*Ordonnance
de* 1670, était restée en vigueur à Toulouse, malgré
cette Ordonnance qui était alors la loi organique de la
Procédure criminelle.

Ces formes, si absolues, étaient de nouvelles armes
entre les mains de l'accusation. On a remarqué que les
briefs intendits, soit pour les accusés, soit pour les témoins, sont tous rédigés comme le Monitoire, c'est-à-
dire en vue de prouver le martyre de Marc-Antoine, et
ne posent jamais la question du suicide. En tout ceci
David, Chirac et leur greffier Savanier, Lagane, Pimbert qui, à ce qu'il paraît, rédigea les intendits, n'ont
pas cessé un seul instant de chercher la vérité à la façon de certains théologiens. Ils étaient déterminés à
trouver la vérité telle qu'ils l'avaient conçue à l'avance
et ne se détournaient jamais, ni à droite ni à gauche,

---

1. Nous citons (Pièces justif. XII, à la fin du volume) un *brief intendit*
qui donnera une idée de ce genre de pièces ; qu'on le lise en se rappelant
ce que Lavaysse pouvait répondre à toutes ces questions répétées et com-
pliquées de tant de manières différentes.

de cette voie étroite et dangereuse. Aussi, Elie de Beaumont a-t-il raison de dire que les témoins furent plutôt interrogés qu'entendus ; en d'autres termes, à une seule exception près, on ne leur donna moyen de dire que ce qu'on voulait entendre.

Une autre injustice et illégalité fut commise à l'égard des Calas : on ne les confronta point avec les experts qui examinèrent le cadavre [1]. Ce genre de confrontation était cependant nécessaire pour éclaircir et déterminer les parties conjecturales de leurs rapports. Ainsi le chirurgien Lamarque, chargé de l'autopsie le 15 octobre, trouva dans l'estomac « quelques pos de rézins avec « quelque peau de volaille, quelque morceau d'autre « viande qui nous a paru estre du buf. Ces espèces « de viande que nous avons lavé dans de l'eau claire « nous a paru être fort dure et tout corriasse (sic). » Ces peaux de volaille et ces raisins correspondent parfaitement avec ce que les accusés rapportèrent au sujet du souper. Il est certain que ce qu'il prit pour du bœuf était de la chair de pigeon. Le fait même que « ces aliments n'avaient pu être entièrement broyés, divisés et atténués » s'accorde encore avec le dire des accusés. Confrontés avec lui, ils auraient pu le lui faire remarquer et sans doute il en serait convenu, car il ne se montra nullement hostile. Il en est de même de son opinion sur le moment où *le cadavre avait mangé* ; ce devait être, selon lui, plusieurs heures auparavant, parce que la digestion était *quasi-faite,* au lieu que Marc-Antoine avait soupé à sept heures et demie et avait dû se tuer assez peu de temps après.

Du reste, on se plaignit avec raison de ce qu'un examen si délicat et si important avait été confié à un chirurgien et non à un docteur en médecine. On sait qu'a-

---

1. Pièces justif. IV. Le rapport de Lamarque, qui fit seul l'autopsie, est un curieux exemple d'ignorance pédantesque.

lors les chirurgiens, surtout dans le Midi, n'étaient souvent que des barbiers à peine élevés par quelques études au-dessus de leur classe et méritaient encore en grande partie les reproches et les railleries dont, à Paris, Guy Patin les avait accablés au siècle précédent. Mᶜ Lamarque fut très-choqué de ce qu'on le croyait insuffisant ; mais le ton et le style de ses réclamations[1] nous semblent plutôt affaiblir sa déclaration que la confirmer.

Il est très-remarquable du reste, au sujet de ce souper, que l'on n'ait jamais pu faire varier les accusés, ni sur les mets servis, ni sur les places qu'ils occupaient à table. Les accusateurs prétendaient que ce souper n'avait pas eu lieu, et ce n'était pas sans raison ; il serait peu croyable, quoi qu'en ait dit l'Hebdomadier de Saint-Étienne, que cinq personnes en eussent étranglé une sixième, et eussent soupé ensemble aussitôt après.

On était fort embarrassé de la présence de Lavaysse à ce repas, de l'invitation qu'il disait en avoir reçue, de son retour volontaire sur le théâtre du crime et enfin de l'insistance qu'il avait mise à rentrer dans la maison. Toutes ces circonstances s'accordaient mal avec la culpabilité d'un jeune homme de vingt ans, arrivé de la veille, qui n'avait aucun intérêt quelconque à empêcher l'abjuration de son ami, et aucun motif de le tuer.

Il est évident que, ne trouvant aucune charge contre lui, on aurait dû l'absoudre et relâcher également cette servante qu'il était trop absurde de représenter aidant à étrangler son jeune maître, pour l'empêcher de faire ce qu'elle lui aurait conseillé de toutes ses forces. Mais si l'on avait absous Lavaysse et Viguière, on n'eût pas pu leur refuser le droit de redire, en qualité de té-

---

1. Voir *Bibliographie*, n° 29.

moins, qu'ils n'avaient pas quitté un instant les Calas,
lui à table avec eux, elle servant le souper, venant
sans cesse d'une cuisine attenante dont la porte était
restée ouverte; et les Calas se seraient trouvés innocents [1].

Il n'est pas de ruse qu'on n'ait employée à l'égard de
Lavaysse. Il raconte lui-même une perfidie de David à
son égard pendant une des confrontations.

« *Se penchant sur moi, il me dit à l'oreille que si j'avais
quelque lettre ou billet à faire tenir à mes parents, il se ferait
un plaisir de s'en charger.* » Le confiant jeune homme
lui en remit plusieurs qui n'arrivèrent jamais à leur
destination. Quand Lavaysse le sut, il s'étonna beaucoup que David, qui retenait ses lettres à ses parents,
persistât à croire au crime des Calas, malgré les démonstrations de leur innocence qu'il avait dû y trouver [2].

Une fois seulement on lui avait permis de voir sa famille en présence d'un Capitoul. On imagina un autre
moyen d'en finir. On persuada à son père que les Calas
étaient coupables, qu'on en avait des preuves tout à
fait suffisantes, et on lui permit de voir son fils en présence de M. de Senaux, président à mortier. David Lavaysse déclara à son fils que les Calas étaient perdus,
qu'il se perdait avec eux en niant leur crime, et le supplia de se sauver de la torture et de la mort en
avouant qu'ils avaient étranglé Marc-Antoine. Nous
aimons à croire qu'en tout ceci le père était sincère et
véritablement trompé. Le fils lui répéta avec une imperturbable franchise ce qu'il avait toujours dit.

Si ce jeune homme ou Viguière eussent un seul

---

1. « Que n'aurait pas à craindre l'innocence la plus pure, demande à
bon droit le conseiller La Salle, si l'accusateur pouvait, en impliquant
dans l'accusation les témoins qui auraient pu déposer en faveur de
l'accusé, rendre une justification impossible? »

2. Lav., 3. — E. de B., 3.

instant menti, par peur de la torture ou du supplice, les trois Calas périssaient et leur nom restait à jamais flétri.

Le moment approchait où les Capitouls allaient prononcer leur sanguinaire sentence. Jean Calas aurait eu le droit de récuser trois de ses juges, dit-on, mais très-certainement deux d'entre eux au moins, David et Chirac, pour avoir pris parti, avant tout jugement, en faisant enterrer comme un catholique celui que la défense disait protestant, comme un martyr celui en qui elle montrait un suicidé. Il est hors de doute qu'ils auraient dû se récuser eux-mêmes. Comme ils n'en faisaient rien, on dressa une *Requête* pour les y obliger, mais cette requête ne put être présentée, et cela par deux raisons péremptoires qui montrent à quelle situation en étaient réduits les accusés. La première fut qu'aucun huissier ne consentit à s'en charger, tant le châtiment de leur collègue Duroux avait produit l'effet d'intimidation qu'on s'en était promis. Le second obstacle ne fut pas moins invincible ; pareille requête exigeait, pour qu'on pût la présenter, *un pouvoir spécial* de la part des accusés au nom desquels elle était formulée ; il fut impossible de pénétrer jusqu'à eux et de les consulter.

Si l'on demande, en voyant la défense ainsi paralysée, en quoi consistait l'office des avocats, il ne sera que trop facile de répondre : à publier des consultations et des mémoires. Il est incontestable que depuis son entrevue, le lendemain de son arrestation, avec Mᵉ Carrière, plutôt encore comme ami que comme conseil, et depuis la lettre de ce même avocat envoyée par Louis, Calas ne put communiquer avec personne, ne vit aucun avocat et en particulier n'eut aucun rapport avec Mᵉ Sudre, que ses enfants chargèrent de la défense.

Il est vrai qu'un assesseur des Capitouls, ce même Mᵉ Monyer que Lavaysse alla chercher le 13 octobre et amena sur les lieux, fut nommé plus tard rapporteur de l'affaire, eut pitié des Calas, fit valoir dans l'occasion quelques-uns des arguments qu'il y avait à donner en leur faveur, et résista, selon ses forces, à tout ce déchaînement de passion et d'illégalité auquel il était forcé d'assister. Mais cette conduite humaine et loyale lui acquit la défaveur de ses redoutables collègues et une haute impopularité. Un *frère* Joseph Fabre prétendit que tous les soirs le jeune homme nommé Espaillac se rendait à dix heures avec Louis chez Me Monyer, et que le lendemain matin tous deux allaient rapporter aux demoiselles Calas ce qu'ils avaient appris chez l'assesseur. Ce dernier porta plainte contre ces accusations calomnieuses. Cependant, sur les conclusions du Procureur général, il fut ajourné à comparaître en personne devant le Parlement pour rendre compte de sa conduite. Un magistrat supérieur arrangea l'affaire. L'accusateur de Monyer lui fit des excuses, et l'assesseur « par honneur pour lui-même » continua ses fonctions de rapporteur à la séance suivante. Puis il crut devoir « se départir du rapport et même du jugement. » Plus tard un arrêt en forme constata la fausseté de l'imputation [1].

Les fonctions très-importantes de rapporteur du procès furent dévolues alors à un autre assesseur, Carbonnel, et il est très-remarquable que ce magistrat qui, ainsi que son prédécesseur, était mieux en état, par ses fonctions mêmes, d'approfondir l'affaire que tous les autres juges, fut comme lui convaincu de l'innocence des Calas.

Ce fut pourtant un malheur pour eux de perdre Me Monyer, non quant à la procédure elle-même, mais parce que le système d'intimidation dont Duroux avait été la première victime, continuait à se développer. En même temps qu'on excitait l'enthousiasme du peuple

---

1. 30 août 1762. J'ai vu cet arrêt, ainsi que les trois autres prononcés contre Duroux, aux Archives du Parlement de Toulouse.

pour le prétendu martyr, on sévissait contre tous ceux qui s'intéressaient à ses parents ou entravaient le moins du monde la marche triomphale de l'accusation. Il nous reste à en citer un nouvel exemple. Ce même Espaillac et ce frère Joseph Fabre, que nous venons de nommer, nous le fourniront.

Claude Espaillac était garçon perruquier chez Durand. Le frère Joseph appartenait à une communauté de Frères-Tailleurs. Il déclara, ainsi que les frères Cailar et Barthélemy Pradet, ce qui suit. Espaillac étant occupé à raser les frères, un matin, frère Joseph lui demanda si lui, proche voisin des Calas, ne savait rien de cette affaire dont toute la ville parlait. Le jeune barbier ne résista pas à la tentation de se donner de l'importance devant ses pratiques et prétendit avoir entendu une voix, qu'il avait reconnue pour celle de Marc-Antoine Calas, crier : *Ah! mon Dieu! on m'étrangle! — Ah! mon Dieu! on m'assassine!* Selon frère Barthélemy, Espaillac aurait dit, de plus, que cette même voix avait crié : *Ah! mon père, vous m'étranglez!*

Il va sans dire que ce propos arriva à la justice. Espaillac fut appelé en témoignage. Tout ce qu'il déclara c'est qu'à dix heures il avait vu de la lumière dans la boutique des Calas, avait entendu pleurer et frapper du pied et qu'à ce moment il vit sortir Lavaysse.

Frère Joseph voulut être sûr qu'Espaillac avait répété devant la justice tout ce qu'il avait dit chez les Frères; il le pressa de questions, et l'étourdi lui répondit « qu'il n'en avait pas dit la moitié. » Deux fois depuis, frère Joseph l'engagea devant trois membres de sa société, à aller révéler cette autre moitié de son récit; il s'y refusa obstinément[1].

Qui ne comprend que le garçon perruquier avait fait un conte aux trois frères-tailleurs, et qu'il recula de-

---

1. C'est d'après le texte même des quatre dépositions que nous rapportons ces faits.

vant l'infamie de persister dans ce conte en présence
d'un juge d'instruction, après avoir prêté serment, et
quand il y allait de la vie de cinq personnes innocentes?
Quoi de plus simple, de plus vulgaire qu'un tel fait?
On aima mieux supposer qu'Espaillac était un témoin
infidèle, qui refusait de dire ce qu'il savait. Il fut décrété de prise de corps le 5 novembre; l'alerte barbier
avait prévu où aboutiraient les charitables semonces
de frère Joseph et ne se laissa pas prendre. Il disparut
et ne revint plus, mais le décret subsista; cet incident
eut sa large place dans les conversations des Toulousains, et tout le monde sut à quoi l'on s'exposait en ré-
tractant un propos hostile aux Calas[1]. L'intimidation,
on le voit, était au comble.

Tant que les Capitouls restèrent saisis du procès, il
ne parut aucun Mémoire d'avocat en faveur des accusés. Il est probable que ce n'était pas l'usage devant
cette juridiction inférieure à laquelle aucun *ordre* d'a-
vocats n'était attaché. Il ne parut en faveur des Calas
que les quatre ou cinq pages de la *Déclaration* de Louis.
Cependant David Lavaysse, sans perdre de temps, avait
tenté de sauver son fils. Il écrivit un Mémoire secret,
qui est encore inédit et qu'il envoya au comte de Saint-
Florentin. Il en fit passer une copie au comte de Rochechouart, son ami, envoyé de France auprès du duc de
Parme, et probablement à d'autres personnes. Ce travail a dû être fait immédiatement, en octobre et novembre, puisque M. de Rochechouart, dans une lettre
du 5 décembre, écrite au Ministre pour lui recommander le jeune Lavaysse et les Calas, s'appuie sur ce Mémoire qu'il venait de lire et y renvoie Saint-Florentin.
Nous avons trouvé ce manuscrit aux Archives, à Paris

---

1. Il a suffi qu'Espaillac eût refusé de faire, d'un conte en l'air débité
à ses pratiques, une dénonciation meurtrière et parjure, pour qu'on
ait vu en lui un partisan des Calas et qu'on lui ait prêté, comme nous
l'avons dit, un rôle dans de prétendus conciliabules avec Monyer et
Louis.

(section historique, l. c.). Comme cette pièce est tout
à fait inconnue, nous en donnerons un extrait.

Nous retrouvons dans ce document, qui date des premières semaines du procès, des circonstances qu'on accuse[1] Voltaire d'avoir inventées l'année suivante. Marc-
Antoine y est appelé *un garçon très-mélancolique, et, ce
jour-là, encore plus rêveur que de coutume.* L'écrivain décrit bien l'exaltation de la foule et les doutes d'un petit
nombre d'hommes de sang-froid :

> Le lendemain, le peuple saisit cette imposture avec avidité;
> plus on eut de zèle pour sa religion, moins on eut de doute sur
> le crime, sur les auteurs et sur le motif. On crut par piété que
> le fanatisme avait commis un forfait inouï jusqu'à ce jour. Il n'y
> eut que quelques sages qui gémirent de l'erreur où la ville étoit
> jetée par ses magistrats. Ils jugèrent qu'il y avoit impossibilité
> morale que cinq monstres, qu'on auroit peine à trouver dans un
> royaume, se fussent trouvés rassemblés dans une seule maison,
> qu'un père, une mère, un frère, un ami, une servante catholique,
> se fussent réunis à tremper leurs mains dans le sang d'un fils,
> d'un frère, d'un ami, d'un maître, et eussent soupé tranquille-
> ment après une pareille énormité.

David Lavaysse montra l'absurdité qu'il y avait à accuser cinq personnes de choisir pour un assassinat prémédité une boutique de la rue la plus commerçante et
la plus peuplée de la ville et le moment de la journée
où cette rue était pleine de monde.

Il insiste sur l'intérêt qu'avaient les Capitouls, une
fois l'affaire entamée comme elle l'était, à faire condamner les cinq prévenus qui pouvaient. s'ils étaient
absous, les *prendre à partie,* c'est-à-dire les poursuivre
eux-mêmes pour abus de pouvoir, emprisonnement
sans décret, illégalité, etc.

Tous ces arguments si justes n'eurent aucun effet. Le
10 novembre, Lagane, le procureur du Roi, requit une
sentence cruelle; nous reproduisons ses propres paroles :

---

1. Voir M. Huc, *Le Procès des Calas.*

« .... Requiert que, jugeant définitivement, vu ce qui résulte des charges, des verbaux et interrogatoires, et des aveux consignés en iceux ; rejetant les qualifications, et sans avoir égard aux reproches proposés par la dame Calas mère contre la dame Durand et le sieur Durand son fils, Jean Calas père, Jean-Pierre Calas et Anne-Rose Cabibel soient condamnés à être pendus jusqu'à ce que mort naturelle s'ensuive, ensuite leurs corps brûlés sur un bûcher à ce préparé et les cendres jetées au vent ; ce faisant, que leurs biens soient déclarés confisqués à qui de droit, le tiers réservé en la forme ordinaire ; et qu'à cet effet le scellé soit apposé sur tous les effets et marchandises des condamnés ; et quant à Alexandre-Gaubert Lavaysse et Jeanne Viguière, requiert qu'ils soient condamnés à assister à l'exécution ; de plus ledit Lavaysse condamné aux galères perpétuelles, avec défense d'en sortir sous peine de la vie ; et ladite Viguière à être renfermée pendant cinq ans dans le quartier de force de l'hôpital de la Grave en cette ville. »

Voici le texte de la délibération des Capitouls, en date du 18 novembre, d'après l'acte conservé aux Archives de l'État.

Par Devant Messieurs Roques de Rechon avocat Capitoul, David de Beaudrigue, Chirac, Boyer, Capitouls, Ferlup, Labat et Carbonnel assesseurs,

Me Carbonnel, assesseur, Rapporteur, ayant fait le Rapport sur le Bureau et la Procédure faitte D'authorité des Capitouls à la Requette du Procureur du Roy, Pour Crime de Parricide, Contre Calas Pere et fils Cadet, l'épouze du dit Calas, le Sr Gaubert Lavaisse et Jeanne Viguiere, servante dudit Calas, accusés, a Eté D'avis de Relaxer les dits accusés, et de faire le Procès à la mémoire du Cadavre de·Marc Antoine Calas, Dépens Compensés.

M. Labat assesseur a Eté Davis au Contraire, vû ce qu'il Resulte de l'entierre Procédure, Prenant Droit D'icelle, et des aveux Consignés dans les Interrogatoires des accusés, Rejettant Les qualifications, sans avoir Egard aux objets et Reproches Proposés par la dite Calas mere Contre la Demoiselle Durand, et son fils abbe, temoins, et les rejettant, Condamner Les dit Calas Pere et fils Cadet, Et l'epouze du dit Calas Pere a Etre Pendus, et ensuitte leur Corps Brullés Et Condemner aussi Lavaysse aux galleres Perpétuelles et de mettre La dite Viguiere Servante hors Cours et de Procès, de Condamner Les dits Calas Pere et fils Cadet, Demoiselle Calas mere et Lavaisse aux dépens, ceux entre Le dit Procureur du Roy de (sic) La dite Viguiere Demeurant Compensés.

Me Forlup assesseur a Eté D'avis au Contraire qu'avant Dire

Droit Deffinitivement aux Parties, Ledit Calas Pere Sera appliqué a la question ordinaire Ft Extraordinaire, et Surcis au Jugement des autres accusés, jusqu'après Le Rapport fait du verbal de torture, Depens Reserves.

M. Boyer Capitoul a Été Davis au Contraire Dappliquer a la question ordinaire et extraordinaire le dit Calas Pere, et fils Cadet, et la Demoiselle Calas mere, et que le dit Lavaisse et Janne Viguiere Seront Presentes à La dite question, Depens Reservés.

M. Chirac Capitoul a Eté du même avis de M. Boyer.

M. David Capitoul, a Eté Davis au Contraire et (*sic*) de celuy de M⁰ Labat assesseur, a la difference seulement qu'il a Eté Davis au contraire de Condamner la dite Jeanne viguiere Servante, a cinq ans D'hopital.

M. Roques de Rechon Capitoul a Eté Davis au Contraire de Condamner les Cinq accusés a la question ordinaire et Extraordinaire.

Et M. Roques de Rechon Président du Burreau Etant Revenû sur les avis,

M. Carbonnel assesseur Rapporteur a persisté.

M. Labat sest Rangé de Lavis de M. Boyer Capitoul [1], de meme que M. Forlup assesseur, et M. David Capitoul Et M. Roques, auquel avis au nombre de six la Sentence a tenû et Passé : ainsy le Certifie le greffier Criminel Soussigné Michel DieuLaFoy greffier, ainssy Signé a Loriginal, Collationné, Michel DieuLaFoy greff. Signé.

Collationné
Barrau
gref.

Par cet arrêt, la torture la plus rigoureuse (question ordinaire et extraordinaire) fut prononcée contre Calas, Mme Calas et leur fils Pierre, et il fut décidé que Lavaysse et Viguière seraient présentés à la question sans y être appliqués. Dépens réservés.

C'est-à-dire que les Capitouls, ne parvenant pas à s'entendre sur la peine, crurent obtenir par la torture les aveux et les preuves qu'ils avaient cherchés en vain,

---

1. M. le chanoine Salvan nous apprend dans son livre (Voir *Bibl.* n° 89, pag. 3), que *M. Boyer, Capitoul, dont l'avis prévalut dans l'affaire Calas*, était son grand-oncle maternel, et père de M. Boyer, mort président à la Cour de Cassation et pair de France.

et n'hésitèrent pas à y soumettre à la fois trois membres de la même famille, parmi lesquels se trouvaient un vieillard et une femme irréprochable, déjà d'un certain âge et mère de six enfants.

On a prétendu[1] que, pour sortir d'embarras, les Capitouls donnèrent à dessein ce qu'on appelait une sentence *baroque*, c'est-à-dire illégale. En effet, ils avaient outrepassé leurs droits, non pas en envoyant à la torture père, mère et fils, mais en prononçant que les deux autres accusés y seraient seulement *présentés*. Cette présentation consistait à effrayer les accusés pour leur arracher des aveux; on les attachait sur l'instrument de la question, et après tous les préparatifs d'usage on les interrogeait; mais, au dernier moment, on les déliait sans les faire souffrir physiquement. L'Ordonnance défendait expressément à tous juges, hors les cours souveraines, de permettre cet adoucissement; un tribunal de première instance ne pouvait torturer qu'en réalité et jusqu'au bout, ou devait se priver de ce moyen d'enquête. On a dit que les juges avaient inséré à dessein cette clause pour faire casser leur sentence et renvoyer les accusés devant de plus hautes autorités; nous sommes convaincus que c'est là un faux bruit; tout ce qu'a de *baroque* l'arrêt du 18 novembre doit, selon nous, être imputé à l'ignorance et à l'esprit d'empiétement que nous trouvons à chaque pas chez ces étranges magistrats. Plût au ciel qu'ils ne se fussent jamais arrogé de droits plus exorbitants que celui de ne mettre les gens à la question que pour la forme[2]!

1. Lettre de Couder. Voir *Bibliographie*, nº 22.
2. En rendant compte dans la *Gazette des Tribunaux* le 2 janvier 1859, de la première édition de cet ouvrage, M. Duverdy faisait sur la sentence des Capitouls une remarque qui mérite d'être conservée :

« En lisant la sentence, nous avons été frappé de voir que le rapporteur avait été d'avis de l'acquittement et qu'il avait persisté dans cet avis contre tous ses collègues qui voulaient infliger la question aux accusés. Dans l'ancienne procédure criminelle, suivant l'ordonnance de

L'arrêt fut communiqué le même jour aux accusés. Ils en appelèrent au Parlement. Le Procureur du Roi Lagane en appela devant la même cour, *à minimâ*, c'est-à-dire comme d'une sentence trop indulgente.

« Au surplus, il a requis que l'extrait de la procédure, de la sentence et du *dictum*, ensemble les cinq accusés, fussent envoyés au Palais; et pour pourvoir à la sûreté desdits accusés à laquelle il est très-important de veiller, ledit sieur Procureur du Roy a procuré qu'ils ayent été mis aux fers et a signé. — Au parquet de la ville.

« LAGANE, *Procureur du Roy.* »

Le 18 novembre 1761.

Les condamnés furent aussitôt transférés de la prison de l'Hôtel-de-Ville à celle du Palais, et là on leur mit les fers aux pieds, petite torture en attendant la grande, mais humiliante et douloureuse, surtout à la longue. Jean Calas ne quitta les fers que le 10 mars pour être mis à la question et roué. Les autres les gardèrent quelques jours de plus, quatre mois environ. Ce fut en vain que David Lavaysse tenta de soustraire son fils à cette gêne; ce fut en vain qu'il offrit de payer autant de soldats qu'on voudrait pour le garder à vue, ce qui mettait à néant le prétendu motif de sûreté. Lagane fut inflexible. Il voulait des aveux et croyait les obtenir par la rigueur.

Ce fut le 5 décembre que le Parlement de Toulouse jugea l'appel, par un arrêt dit *interlocutoire*, cassa celui

1670, les témoins ne comparaissaient pas à l'audience. Ils étaient interrogés en secret par le rapporteur seul qui faisait dresser par son greffier procès-verbal des interrogatoires. Les juges ne prononçaient donc que sur la procédure écrite. Or, il y a à remarquer que le seul des juges qui eût vu les accusés et les témoins, celui qui avait pu dans ce contact former ses impressions en observant la physionomie, l'accent tant des uns que des autres, celui dont la conviction reposait sur quelque chose de plus que la procédure écrite, celui-là fut d'avis de l'acquittement et y persista. Il avait opiné le premier, de sorte que l'on peut dire que le premier mot de la justice dans l'affaire Calas fut pour l'innocence des accusés, de même que le dernier mot de la justice proclama encore cette innocence par l'arrêt de réhabilitation dont nous parlerons plus bas. »

des Capitouls, leur fit « défense de, à l'avenir, ordonner
« que les prévenus seront seulement présentés à la tor-
« ture sans y être appliqués, » retint la cause quant au
fond et maintint le commencement d'information comme
valable. Le conseiller Pierre-Étienne de Boissy fut dé-
légué *pour continuer l'inquisition commencée*[1].

Élie de Beaumont fit remarquer plus tard[2] qu'en tout
ceci le Parlement, à son tour, agit avec une précipitation extrême.

On mit sur le bureau, dès le 5 décembre, le procès à juger
pour le fond, lorsqu'il n'y avait pas même assez de juges de Tournelle à Toulouse, pour faire arrêt, et lorsque l'appel même du
Monitoire était pendant à la Grand'Chambre. On fut obligé d'aller
au bureau de la Grand'Chambre, où se trouva seul (n'y ayant
alors aucun travail) un conseiller, qu'on amena à la Tournelle et
qui n'opina certainement pas pour les accusés.

Ainsi qu'on vient de le voir, les prévenus avaient in-
terjeté appel comme d'abus contre le Monitoire. Nous
avons prouvé que cet acte scandaleux était rempli d'illégalités et de nullités évidentes; on a pu lire ici même
quelques textes de loi d'une précision irréfragable à cet
égard. Mais ce fut alors que parut dans tout son jour
l'abandon où se trouvaient les Calas, et la crainte qu'on
avait d'attaquer, dans le Monitoire, l'œuvre commune de
la magistrature et de l'Église, l'objet de la confiance sans
réserve de toute la ville. Personne n'osa soutenir l'appel[3] et la Grand'Chambre rendit un nouvel arrêt portant

1. Voici quelle était la valeur exacte de cette formule, d'après une
lettre d'Amblard à Saint-Priest : « Le *plus amplement acquis* suppose
qu'il n'y a pas de preuves, au lieu que l'*inquisition commencée ou
continuée* ne suppose pas l'insuffisance absolue de preuves pour condamner. Tout cela paraît un jeu de mots ; mais c'est le *style* de ce
parlement. » (Salvan, p. 102.)
2. E. de B., 3.
3. En présence d'un pareil fait, il est au moins étrange d'entendre
les modernes adversaires des Calas prétendre, sans aucune preuve,
comme le continuateur de Dom Vayssette, que plus de deux cent
soixante familles du commerce, les nombreux alliés de Mme Calas (tous
bons gentilshommes), beaucoup de membres du Parlement et de famille

« qu'il n'y a abus dans l'obtention dudit Monitoire. » Enfin, un troisième arrêt ordonna la quatrième publication de ce même Monitoire pour le 13 décembre, comme nous avons dû le dire par anticipation ; la fulmination eut lieu le dimanche suivant. Seulement, pour couvrir l'illégalité patente qui résultait de ce que cette pièce émanait du Grand-Vicaire et non de l'Official, on y fit joindre la sanction de ce tribunal ; ce ne fut qu'une simple formalité, un hommage tardif à un pouvoir dont on avait eu le tort de se passer jusque-là.

nobles alliées à David Lavaysse s'intéressèrent très-activement pour Calas, pour sa femme, pour le jeune Gaubert. C'est le contraire de la vérité. Tout était dans la consternation, et à peine quelques intimes amis conseillaient les deux jeunes filles restées seules, et Louis Calas, le déserteur du toit paternel.

CHAPITRE VII.

LES CALAS DEVANT LE PARLEMENT.

Excès de pouvoir de cette cour. — Mémoires de Sudre, de la Salle, de
Gaubert et de David Lavaysse. — Discussion des témoignages. —
Les cris entendus le 13 octobre. — Marc-Antoine a-t-il pu se tuer?
— Est-il mort assassiné? — Etait-il devenu catholique? — Témoi-
gnages sur ouï-dire, ou absurdes, ou volontairement faux.

> Je suis persuadé plus que jamais de l'innocence
> des Calas et de la cruelle bonne foi du Parlement de
> Toulouse.
>   VOLTAIRE.
> (Au comte d'Argental, 21 juin 1762.)

Le Parlement de Toulouse s'était signalé maintes fois
par sa violence et ses empiétements de pouvoir [1].

A l'époque qui nous occupe il n'avait pas changé [2]. Ce

---

1. On peut lire dans la Vie de Dolet, par M. Joseph Boulmié (Paris,
1857, p. 30-34), le discours trop violent qu'il prononça en 1532 contre
cette cour tracassière et despotique, qui ne voulait pas souffrir à Toulouse les associations d'étudiants, usitées alors en tous pays..... Il vient
de déclarer que les Turcs sont moins intolérants; puis il s'écrie : « Dans
quel pays sommes-nous? Chez quelles gens vivons-nous? La grossièreté
des Scythes, la monstrueuse barbarie des Gètes, ont-elles fait irruption
dans cette ville, pour que les pestes humaines qui l'habitent, haïssent,
persécutent et proscrivent ainsi la sainte pensée? Ne reconnaissez-vous
pas, à cette marque, la grossièreté manifeste, la méchanceté scandaleuse de ces gens-là? »

2. Voir la note 15.

fut un scandale éclatant que l'acte par lequel cette cour le 11 décembre 1763, décréta de prise de corps le gouverneur du Languedoc, M. de Fitz-James qui, en sa qualité de duc et pair, n'était pas justiciable d'un parlement de province. Celui de Paris, dont les pairs de France étaient membres, cassa l'arrêt[1].

Le Parlement de Toulouse ayant évoqué l'affaire des Calas, M. de Cassan-Clairac, conseiller. fut nommé rapporteur. Où pense-t-on qu'il alla élaborer son rapport? Au couvent des Chartreux. On lui en fait un mérite encore de nos jours, et l'on imagine qu'il s'y réfugia pour éviter les obsessions d'une foule de solliciteurs qui venaient l'implorer pour les accusés[2]. Nous répéterons que *personne* à ce moment terrible, où se dressait lentement l'échafaud de Calas, personne, entre l'arrêt du 18 novembre et celui du 9 mars, n'osait élever la voix en faveur des prévenus. Il est pénible de penser que le rapport qui envoya un père de famille innocent à la torture et à la roue, soit parti d'un couvent.

En tout cas, il est évident que M. de Clairac ne songeait pas même à se donner l'apparence de l'impartialité dans un jugement si *intéressant pour la religion*. On répondra peut-être qu'il suffit à la justice d'être impartiale sans le paraître, et l'on aura tort. Aussi, dans la tragédie de Chénier, le public accueillait avec un murmure ce vers du rôle de *Clérac* :

Je quitte de Bruno le cloître solitaire.

Sans doute Chénier n'aurait pas dû mettre sur la scène une histoire dont les personnages étaient vivants ; mais l'effet de ce vers était une juste protestation contre le

1. Henri Martin, *Histoire de France*, t. XVI, p. 219.
2. *Histoire du Languedoc*.

manque de tact et de bon goût qu'avait montré le rapporteur [1].

Nous nous trompons en disant que nul n'agit pour les accusés. Il y eut au Parlement de Toulouse un seul homme d'assez de sens et de courage pour prendre la défense des opprimés. Ce fut M. de La Salle. Il soutint leur innocence dans le monde, devant cette autre *multitude* des salons, qui, pour avoir plus de culture, n'est que plus coupable lorsqu'elle s'aveugle au point d'épouser les passions et les erreurs de celle de la rue. *Ah ! Monsieur*, dit-on un jour à La Salle, en l'interrompant avec dédain, *vous êtes tout Calas.* — *Ah ! Monsieur*, répliqua-t-il aussitôt, *vous êtes tout peuple.* La Salle avait raison ; il n'est pas permis d'être peuple par l'ignorance et par l'emportement. Au moment du jugement, M. de La Salle se récusa, comme s'étant déjà prononcé. En effet, il avait eu la gloire de soutenir seul son opinion contre toute une ville en fureur, peuple, juges et prêtres. On a eu tort de lui reprocher cette abstention ; la loi l'exigeait de lui. Il y a tout lieu de croire, et pour notre part il nous semble indubitable, qu'il est l'auteur du Mémoire que nous avons cité sous son nom, et qui parut avec la signature du procureur Duroux fils, sous le titre d'*Observations pour le sieur J. Calas, la dame de Cobibel son épouse, et le sieur P. Calas, leur fils* [2].

1. Le sentiment d'horreur qu'on avait éprouvé, en voyant sortir d'un monastère ce cruel réquisitoire, s'exprima encore dans l'épigramme suivante, vulgaire de ton et de style, mais dont le dernier vers est une ironie assez vive :

Cassan, voyant l'arrêt des Maistres des Requêtes,
Tout est perdu, dit-il. Voyez comme ils sont bêtes :
Si Calas n'avait pas assassiné son fils,
Il faudrait que je fusse un fieffé fanatique,
  Moi, qui pour juger l'hérétique,
Minutai mon brevet aux pieds du crucifix.

2. Voir *Bibliographie*, n° 5.
Voltaire parle de lui avec une haute estime. Un voyage à Paris projeté par M. de La Salle, à l'époque où l'on sollicitait la révision du procès, le

Ce Mémoire fut communiqué avant l'impression à
M⁰ Sudre, l'avocat des Calas; nous y avons partout
reconnu une dignité calme, une raison ferme qui sont
très-rares dans un *factum* du dix-huitième siècle. Il
est évident qu'après avoir écrit et publié ce Mémoire
anonyme, La Salle ne pouvait que se récuser. Nous
avons blâmé David de Beaudrigue et Chirac d'avoir
persisté à juger ce procès après avoir fait connaître
leur opinion par une manifestation publique. Louons
M. de La Salle d'avoir obéi à la loi dont il était le représentant, mais déplorons le malheur des Calas qui,
après avoir perdu M⁰ Monyer en première instance, per-
dirent La Salle en appel. Il semble que tout conspirât
contre eux, même le bien qu'on avait voulu leur faire.

Je viens de nommer le premier avocat qui ait eu
l'honneur de plaider la cause des Calas, et qui s'est
créé par cet acte de courage, et par la manière dont
il s'en acquitta, des titres impérissables à la reconnaissance et au respect[1]. Sudre, en prenant en main cette
cause périlleuse, en la soutenant dans trois Mémoires
successifs, n'avait pas, comme ses continuateurs Élie de
Beaumont, Loyseau de Mauléon et Mariette, un Voltaire
pour client et l'Europe pour auditoire. Sudre avait à
lutter contre le Parlement, le Clergé et les pénitents
blancs, contre un David de Beaudrigue et un Lagane,
contre ceux qui avaient suspendu le procureur Duroux,
cité devant leur justice l'assesseur Monyer et décrété

comblait *d'espérance et de joie* (*Lettres*, voir notre recueil, p. 152). Nous
ne savons si ce voyage eut lieu. Dans la plupart des drames et des tragédies qu'on écrivit plus tard, La Salle, qui vivait encore, a toujours le rôle
du *sage*, du moraliste, comme les Ariste de Molière ou le Cléante du
Tartuffe, mais avec beaucoup moins de vrai bon sens, et beaucoup plus
de déclamation. Dans le Calas de *Chénier*, le rôle de La Salle, comme
le plus beau de tous, fut joué par Talma.

Dans ces drames, La Salle et David sont opposés l'un à l'autre comme
la sagesse bienveillante à la tyrannie la plus insensée et la plus criminelle.

1. Voir sur M⁰ Sudre la note 16 à la fin du vol.

de prise de corps le témoin Espaillac. Le peuple de Toulouse, les dévots, les couvents, la magistrature, si puissante alors dans une ville parlementaire, il fallait tout
braver de front. Sudre l'osa, mais il paya chèrement son
courage; plusieurs années se passèrent sans qu'il se trouvât d'assez hardis plaideurs pour confier leurs intérêts
à un avocat aussi dangereusement compromis[1], et lorsque plus tard son élection au Capitoulat échoua, ce fut
parce que Toulouse ne put se résoudre à revêtir d'une
autorité municipale celui qui avait osé se faire le défenseur des Calas.

La date précise des divers *Mémoires* publiés dans le
procès serait souvent assez difficile à déterminer;
mais par quelques mots[2] du premier factum de Sudre,
nous savons qu'il parut moins de trois mois après la
mort de Marc-Antoine, dans les derniers jours de 1761
ou les premiers de l'année suivante; en d'autres termes, dès que l'affaire eut été évoquée par le Parlement, Sudre s'en chargea. Coup sur coup, en deux mois,
il publia trois écrits : 1° *Mémoire justificatif pour le sieur
Jean Calas, négociant de cette ville, dame Anne-Rose Cabibel,
son épouse, et le sieur Jean-Pierre Calas, un de leurs enfants;* 2° *Suite pour les sieurs et demoiselle Calas;* 3° *Réflexions pour les sieurs et demoiselle Calas*[3]. Ces Mémoires,
les premiers qui parurent, sont, à notre avis, les meilleurs de tous; fort au-dessus de ceux que Voltaire et
l'Europe firent profession d'admirer plus tard[4], ils sont
à peu près exempts de l'enflure qui règne dans tous les
autres; seuls, les écrits de Voltaire lui-même nous paraissent supérieurs, et celui de La Salle égal aux travaux de Me Sudre. La science du droit, l'érudition clas-

1. Voltaire à Argental, 10 décembre 1767. — Le fait est confirmé par
d'autres renseignements positifs.
2. Sudre, I, p. 4.
3. *Bibliographie,* nᵒˢ 4, 6, 7.
4. « Moins habiles, moins éloquents que Sudre, et plus souvent emphatiques, » dit avec raison l'historien du Languedoc.

sique, s'y retrouvent à chaque pas, mais avec mesure et sans étalage. Le sens pratique, l'exposition simple et probante des faits, la force des raisonnements, s'y font d'autant plus sentir qu'on n'y retrouve point cette déclamation ampoulée, théâtrale, à grandes prétentions, qui était alors de mode à Paris. Il est à regretter que Voltaire n'ait pas connu ces Mémoires à temps pour en faire usage, et ne les ait pas fait réimprimer. Ils sont devenus rares.

A la même époque parut le premier Mémoire de Lavaysse, intitulé : *Mémoire du sieur Gaubert Lavaysse*[1]. Il ressemble aux précédents par sa simplicité, mais diffère des écrits de Sudre en ce qu'on n'y trouve aucune trace de science juridique ni d'habitudes littéraires. Il nous paraît probable que cette pièce eut réellement le prisonnier pour auteur, et fut revue par son père.

Ce dernier publia, quelque temps après, un écrit intitulé : *Mémoire de Me David Lavaysse, avocat en la Cour, pour le sieur François-Alexandre-Gaubert Lavaysse, son troisième fils*[2]. Il n'acheva pas ce travail. Au milieu d'une phrase à propos de la fréquence des suicides en Angleterre, il s'interrompt, et on lit en caractères italiques :

« *Qu'entends-je, juste ciel!... on juge mon fils : je n'ai pas la force de continuer... je succombe... Lavaysse, mon cher fils, arme-toi de courage. Achève la défense d'un frère innocent.* — J'obéis à mon père, écrit aussitôt Etienne Lavaysse, le deuxième fils[3]. Avec aussi peu d'expérience, le disciple remplira-t-il le plan formé par le maître ? Que je te plains, mon cher frère, d'avoir ta défense en des mains si faibles! le zèle suppléera t-il aux talents ? »

Et la phrase commencée sur les suicides anglais, est reprise.

1. *Bibliographie*, n° 9. — 2. *Ibid.*, n° 10.
3. Voir, dans la note 10 l'histoire touchante d'Étienne Lavaysse et de sa femme, petite-nièce de *Bayle*.

J'avoue que ce coup de théâtre ne me fait éprouver qu'une médiocre émotion. Il y a là une scène de drame bourgeois à la façon de Diderot, ou, si l'on veut, le sujet d'un tableau de famille pour Greuze. Mais ce n'est point ainsi que devrait parler la nature. Il est bien qu'un père, âgé de soixante-sept ans, se fasse aider par un fils, avocat comme lui, pour la défense d'un autre de ses enfants exposé au plus horrible danger. Mais est-ce ainsi qu'il faudrait le dire? Cette manière de se pâmer devant le public, de donner en spectacle ses douleurs paternelles, et de succomber devant le lecteur en lettres italiques, me paraît d'assez mauvais goût. Sudre et La Salle avaient été bien plus pathétiques en cherchant beaucoup moins à l'être.

Ces divers Mémoires, avec plus ou moins de logique et d'éloquence, discutaient des questions que nous avons à dessein laissées de côté jusqu'à ce moment, parce qu'il aurait fallu y revenir; l'*inquisition* commencée par les Capitouls ayant été acceptée par le Parlement, les mêmes dépositions figurent dans les deux procès.

Le premier point à établir semble être celui-ci : quels étaient les cris qu'on avait entendus dans la rue des Filatiers pendant la soirée du 13 ? Nous croyons avoir parfaitement prouvé que ces cris, entendus par quatorze témoins à neuf heures et demie, au plus tôt, ne pouvaient être ceux de Marc-Antoine puisque le chirurgien Gorsse, Delpuech, Brun, arrivés immédiatement après, le trouvèrent déjà froid, et les médecins chargés de l'examiner avec plus de précision, *un peu chaud* seulement. Il était donc mort depuis quelques heures, quand ces cris éclatèrent.

Il est bien certain que ces cris n'étaient pas les siens, mais ceux de Lavaysse et de Pierre, puis surtout ceux de Calas père et enfin de toute la famille. Si l'on se trouvait à Toulouse ou dans tout autre endroit du

Midi au moment d'un accident mortel, on entendrait aujourd'hui encore, non des sanglots et des pleurs, mais des cris aigus et déchirants. Les hommes du Nord, moins violents dans leurs démonstrations extérieures, s'en font difficilement une idée [1].

S'il en est ainsi lorsque meurt un malade dont on attendait le dernier soupir, il n'est pas étonnant qu'un bruit affreux éclate dans une maison où l'on découvre le cadavre d'un parent que l'on croyait plein de vie. Tous les habitants du quartier entendirent ce bruit; mais ils distinguèrent mal; les paroles ne pouvaient arriver que confusément à leur oreille, du fond de cette boutique fermée, surtout quand plus d'une voix s'élevait à la fois.

Cazalus, garçon passementier, qui n'a entendu autre chose que *Ah! mon Dieu! ah! mon Dieu!* dans la boutique d'abord, puis dans le corridor, dit certainement toute la vérité. Quant à Popis, son camarade, qui croit avoir entendu *au voleur* et *à l'assassin*, il se trompe. Plusieurs autres personnes crurent entendre *au voleur;* évidemment celles-là entendirent mal; mais, en tout cas, ce n'est pas le cri d'un fils étranglé par ses propres parents.

N'est-il pas tout simple que des paroles que l'on crie du fond d'une maison fermée, ne soient entendues de la rue que d'une manière indistincte, et diversement interprétées par chacun?

---

1. En 1843, j'étais depuis quelques jours à Nîmes où je venais d'être appelé comme pasteur suffragant, lorsqu'on vint me prier de visiter un vieillard mourant dans la maison en face de celle que j'habitais. J'y courus à l'instant, mais déjà il était trop tard; en traversant la rue j'entendis un épouvantable tumulte. Le malade venait d'expirer, et à l'instant même, quatre ou cinq femmes se mirent à courir par la chambre en poussant les cris les plus aigus, mêlés d'exclamations de — Ah! mon Dieu! — Ah! mon pauvre père! — Ah! mon pauvre mari! J'étais tout stupéfait de cette scène nouvelle pour moi, que j'ai vue depuis se répéter bien des fois, même dans des cas de mort naturelle, lente et prévue. J'eus grand'peine à obtenir un peu de silence et de calme.

On a vu Espaillac se donner devant trois frères-tailleurs un air important, en déclarant qu'il avait reconnu la voix de Marc-Antoine [1] se plaignant qu'on l'étranglait; les trois frères insistent sur l'importance de ces assertions qu'ils croient vraies, les répètent devant la justice et il se trouve qu'elles sont fausses, qu'Espaillac ne dit rien de pareil et aime mieux fuir que les attester. Il ne faut donc pas s'étonner si divers témoins ont ouï dire que ces cris fabuleux avaient été entendus par d'autres. Déjà un des frères-tailleurs au lieu de : *Ah! mon Dieu! on m'étrangle*, faisait dire au mourant : *Ah! mon père, vous m'étranglez*. La demoiselle Pouchelon qui, disait-on, avait entendu crier : *On m'assassine*, l'a nié [2]. Tel autre prétend qu'on criait : *Pourquoi m'étranglez-vous?* ou encore : *Ah! mon Dieu! mon père, vous me faites tuer; vous n'avez pas pitié de moi*, ou encore : *Mon père, laissez-moi faire un acte de contrition*. On voit que ces prétendus cris d'un homme qu'on étrangle finissent par devenir des phrases entières, ou pathétiques ou édifiantes. Aussi toutes ces dernières versions sont-elles des ouï-dire et non des témoignages auriculaires; chacune de ces paroles est rapportée sur ouï-dire et toujours par un seul témoin; il n'en est pas une que deux personnes déclarent avoir entendue, excepté le cri : *Ah! mon Dieu!* évidemment le seul réel, mais qui ne prouve rien contre les Calas.

Une multitude de déclarations insignifiantes, et dont ceux même qui les faisaient ignoraient l'origine, furent apportées par divers témoins. Nous en citerons

1. Quand cette déposition n'eût pas été rétractée de fait, on pourrait encore remarquer que la voix de Pierre Calas, au moment où il trouva le cadavre et où sa mère accourut à ses cris, a pu être facilement confondue, du dehors, avec celle de Marc-Antoine, celui de ses frères dont l'âge approchait le plus du sien. Les plus grandes ressemblances de timbre, de prononciation, de ton sont très-communes entre frères.

2. Sudre, 1.

une qui est un modèle du genre, et qui est plus étrange
que d'autres, uniquement en ce qu'elle a été déposée
par un homme sérieux, un prêtre, membre de la savante société de l'Oratoire, entre les mains d'un de
ses propres collègues. On ne s'étonnera plus en lisant
les vagues déclarations de personnages si graves, des
inepties que venaient raconter au tribunal les commè-
res du quartier.

Quelqu'un que je ne puis me rappeler m'a assuré tenir du perruquier (Durand), qui demeure dans la grande rue près de la
maison du sieur Calas, que son garçon (Jean Pérès) étant sorti
sur la rue avait entendu, ou à peu près, les cris et les plaintes
rapportés dans le Monitoire, et je crois qu'il avait vu paraître à
la porte dudit sieur Calas un jeune homme ayant l'épée à la main
et regardant à droite et à gauche.
    Signé : MICAULT DE SOULEVILLE, prêtre de l'Oratoire.
    Je soussigné déclare avoir reçu la susdite déposition à Tou-
louze ce 3 novembre 1761.
        Signé : EYSSAUTIER, prêtre de l'Oratoire.
            Collationné, BARRAU, *gref.*

On aura remarqué le trait nouveau de *l'épée à la
main* qui ne se trouve qu'ici. Nous avions entendu les
voisins de Calas raconter qu'ils avaient vu sortir de la
maison un *porte-épée*, c'est-à-dire, dans le langage populaire de la contrée, un gentilhomme ayant l'épée au
côté; et, en effet, Lavaysse, comme tous les hommes
d'une condition un peu relevée, la portait constamment.
Il en avait le droit, étant d'une famille légalement anoblie. Mais voici que, de bouche en bouche, cette épée
de toilette devient une épée nue; et elle figure, apparemment comme l'insigne de sa profession de bourreau
dans la main de ce jeune homme, qui cependant n'avait
pu s'en servir pour étrangler le martyr.
    Voilà la déposition du père de Souleville, d'un collè-
gue des Massillon et des Malebranche.
    Cette prétendue preuve, tirée des cris entendus dans la
rue des Filatiers, ne serait pas encore réduite à toute sa

nullité, si nous ne disions que la servante d'un voisin qui habitait de l'autre côté de la rue, affirmait qu'elle avait entendu crier : *On m'assassine !* Me Sudre répondit qu'il était impossible à cette distance d'entendre des paroles prononcées, même en criant, dans l'intérieur de la maison Calas, fermée comme elle l'était. Il supplia vainement qu'on en fît l'essai; on ne daigna tenir aucun compte de sa demande.

Un autre fait qu'on allégua contre les accusés, c'est la prétendue impossibilité qu'il y avait à ce que Marc-Antoine se fût pendu à la bille de bois, ou billot, posé en travers de la porte. Il fallut bien reconnaître pourtant que ce billot avait été l'instrument de sa mort, car on le retrouva avec la corde à double nœud coulant, et même quelques cheveux du mort y étaient encore attachés. On prétendit alors que ce billot avait dû servir à lui tordre la corde autour du cou pour l'étrangler. Dans un des *briefs intendits* du procureur du roi, on prétendit établir que la victime avait été couchée ou assise sur deux chaises. Encore une de ces suppositions gratuites que Lagane donnait hardiment pour des réalités. Le contraire fut prouvé par la marque livide que la corde avait laissée sur le cou. Elle eût été à peu près horizontale, s'il y avait eu étranglement, comme on le disait. Au lieu de cela, en arrière des oreilles, elle remontait et se perdait dans les cheveux, comme il devait arriver chez un homme suspendu.

On soutint que la porte était trop basse. Il se trouva, vérification faite, qu'elle était bien plus haute qu'il n'était nécessaire. On prétendit alors qu'elle l'était trop, et que Marc-Antoine n'avait pu se pendre qu'en montant sur une chaise ou sur un escabeau; et l'on opposa aux accusés qu'ils n'avaient point dit qu'il y eût près de là ni escabeau ni chaise. Calas répondit « que dans son trouble, il s'occupa peu d'examiner s'il y en avait près de la porte ; que d'ailleurs il y en avait nombre, de l'un et de l'autre, dans la boutique et dans le magasin, et que Marc-Antoine avait dû le repousser du pied s'il s'en était servi. »

On imagina alors de dire que le billot étant placé sur les deux battants ouverts de la porte, le poids d'un homme les aurait ébranlés, ils se seraient rapprochés et la porte se serait refermée, de sorte que le billot serait tombé à terre ; on objecta aussi que, les deux battants étant un peu inclinés, le billot aurait roulé. On l'y replaça, il ne roula nullement, et ne le pouvait, parce qu'il était aplati par un bout. Bien plus, le 14 octobre, devant les soldats de garde, la maison étant ouverte, et quelques curieux y allant et venant, des jeunes gens replacèrent le billot sur les battants et se pendirent à la corde avec les mains ; les battants restèrent fermes, et treize longs bouts de ficelle jetés sur l'une des portes, d'où on les prenait quand on en avait besoin, ne furent pas dérangés, tant la porte demeurait immobile. Les soldats racontèrent que déjà ils avaient fait la même expérience, qui d'ailleurs se présentait d'elle-même à l'esprit[1].

Il paraît que ces preuves ébranlèrent un instant la conviction de David. Il mena de nuit un homme que sa profession et le mépris public rendaient indigne de confiance, le bourreau, dans la maison de Calas, et lui demanda s'il était possible de se pendre ainsi. Cet odieux expert répondit que non, soit qu'il voulût complaire à ce puissant personnage qui daignait lui parler et le consulter comme une autorité, soit qu'il ne comprît rien à une pendaison qui n'était nullement conforme aux règles de son métier. Malgré cette sentence, David n'osa se prévaloir ouvertement d'un pareil témoignage, et

---

1. Tous ces détails sont très-bien racontés et discutés par Sudre (1, p. 45).

les avocats des Calas lui reprochèrent d'y avoir recouru.

Il reste incontestable que Marc-Antoine a pu monter sur un escabeau entre les deux battants ouverts de la porte, se passer autour du cou en la croisant, la corde, longue de deux pans (seize pouces), faire entrer le billot dans les deux nœuds coulants qui la terminaient, poser les deux bouts de ce billot à droite et à gauche sur les deux battants, puis écarter du pied l'escabeau. Sans doute il a fallu pour cela une résolution froide et très-arrêtée; mais combien de suicides en offrent des exemples beaucoup plus singuliers! Son habit, plié avec soin sur le comptoir, l'ordre parfait de ses vêtements et de sa chevelure mettent d'ailleurs hors de contestation ce calme affreux du parti pris.

On répond que cette corde qui, en effet, correspondait parfaitement à la raie livide du cou, ce billot où adhéraient quelques cheveux, ont pu être employés par ses parents à le tuer. Mais pourquoi auraient-ils pris ce moyen étrange, compliqué, inexplicable si ce sont cinq assassins qui tuent un seul homme [1]? Ce moyen est étrange même pour un suicide, mais s'explique, dans cette seule hypothèse, par la difficulté de se pendre soi-même, en un lieu où rien ne favorisait ce dessein, et par la complication des moyens qu'emploient souvent ceux qui se tuent, pour être sûrs de ne pas se manquer et de ne pas souffrir longtemps. Et l'on ne peut répondre que tout cela a été disposé pour faire croire à un suicide : en ce cas on eût trouvé l'escabeau renversé aux pieds du cadavre et les coupables n'auraient pas manqué de le faire remarquer. Pas un n'y songea, et quand l'idée en vint aux magistrats, tant de gens étaient allés dans la boutique et dans le magasin, et avec tant

1. Voir, dans la note 17, l'opinion du fameux chirurgien Louis et d'un autre médecin qui avait étudié les rapports de Lamarque et de ses collègues au point de vue de la science.

de trouble, qu'il fut impossible de dire si un meuble aussi insignifiant s'était trouvé là, renversé ou écarté par le pied du suicidé.

Si les Calas ont tué Marc-Antoine, il faudra croire qu'il y a consenti, non-seulement parce qu'on n'entendit aucun cri jusqu'au moment où on le trouva déjà refroidi, mais aussi parce que ni ses habits, ni ses cheveux, ni son corps, ni les leurs, ne laissaient apercevoir aucun désordre, rien qui indiquât la moindre lutte, le moindre effort. Ce dernier fait est très-digne de remarque. Pour peu qu'un homme se débatte contre ses meurtriers, il reçoit ou se fait à lui-même des contusions, des ecchymoses. On ne constata rien de pareil. Quand le corps eut été déposé à l'hôtel de ville, il se trouva une légère égratignure au nez, par suite de quelque inadvertance dans le transport; mais un grand nombre de témoins pouvaient attester qu'elle était survenue depuis la découverte du cadavre.

Dès qu'apparurent les premiers indices de corruption, très-prompts sous ce climat, on voulut en faire des preuves contre les accusés. Ici nous laisserons parler le chirurgien Lamarque, celui même qui concluait de l'autopsie que Marc-Antoine n'avait pas soupé; on retrouvera, dans le fait qu'il raconte, toute l'obstination des Capitouls :

Le même jour je fus appelé vers les onze heures à la maison de Ville, où MM. Faget, chef du Consistoire, et David, Capitoul, me dirent en propres termes : Comment ! Monsieur, vous ne vous êtes pas aperçu que le cadavre avait des meurtrissures sur le corps? On nous a dit qu'il en était tout plein et cependant vous n'en faites pas mention dans votre Relation. — Je répondis que nous n'en avions point trouvé. Je me transportai de suite à la chambre de torture où on avait transporté Calas; je l'examine, je reviens au Consistoire et je rapporte à ces messieurs que ce qu'on voyait actuellement sur le corps de Calas n'étaient pas des meurtrissures, qu'à la vérité le cadavre avait actuellement en partie les épaules, les jambes, etc., de couleur violette, mais que cela ne venait que de la situation du cadavre [1].

1. Lettre de Lamarque (*Bibliographie*, n° 30).

Après cette première tentative, si complétement avortée, il y en eut d'autres. Les témoins Pagès et Lambrigot, ce dernier, soldat de garde [1], (l'éternelle ressource de l'accusation), vinrent encore affirmer qu'ils avaient vu sur le cadavre une tache noire. Il est vrai qu'interrogés à part, le soldat dit qu'elle était grande comme une pièce de vingt-quatre sous; Pagès, comme la main. On fit venir cette fois un autre chirurgien nommé Faure (chirurgien *facultiste*), qui expliqua la marque noire « par l'application du cadavre sur une planche raboteuse en cet endroit [2]. » Ce témoignage réduisit à rien les deux autres.

Ces exemples montrent ce que valent quelques-unes des dépositions entendues. Il est facile de comprendre que, toute une ville s'entretenant de cette affaire avec passion depuis le 13 octobre jusqu'au milieu de mars, une foule de commérages tout-à-fait vagues finirent par devenir des récits très-circonstanciés, qui gagnaient de bouche en bouche ce qui leur avait manqué d'abord.

Il était rarement possible de remonter à la source de ces bruits; il se trouvait presque toujours, soit en dernière analyse, soit à un point quelconque de la chaîne, une ou deux apparitions de ce pronom impersonnel *on*, aussi commode à citer qu'impossible à convaincre de mensonge. Quelquefois cependant, l'instruction remonte jusqu'à l'origine de la rumeur, et découvre qu'elle n'est rien. Ainsi, Catherine Amblard, femme Audouy, déclare « ne rien savoir et n'avoir pas dit ce qu'on lui a fait dire [3]. » Ainsi réclamèrent la demoiselle Pouchelon et sa servante, qui demeuraient vis-à-vis des Calas [4]. Ainsi, à en croire un témoin, le nommé Bruyère a raconté que le 12 octobre, Marc-Antoine vint lui dire : « Tu n'auras plus de peine à me fréquenter, parce que je

1. Lettre de Lamarque, *Bibliographie*, n° 30.
2. Arch. Imp. — 3. Arch. Imp. — 4. Sudre, 2.

me fais catholique ; je dois faire demain ma première communion. » On appelle Bruyère en témoignage. Il dit seulement que *quelques personnes lui avaient dit qu'il courait un bruit sourd* que Marc-Antoine Calas devait changer de religion. Ces paroles de Marc-Antoine étaient donc controuvées.

Ainsi enfin trois femmes de procureurs[1] racontent, en grand détail, une conversation où un M. G.-A. Roux, droguiste, assis avec elles dans le *courroir* de la maison d'une d'entre elles, leur avait appris que Marc-Antoine était catholique, qu'il devait abjurer dans deux ou trois jours, qu'il allait tous les matins à la messe dans des églises éloignées de la demeure de ses parents, et que lui, Roux, était allé avec Marc-Antoine entendre une messe le matin même de sa mort. Que, du reste, il le connaissait si soumis à son père et à sa mère, que si l'un ou l'autre avait voulu lui couper la tête, il l'aurait présentée sans résistance. Ces trois dépositions qui s'accordent, paraissent accablantes. Heureusement, on fait venir le sieur Roux, qui nie le tout et déclare n'avoir eu aucun rapport avec Marc-Antoine Calas depuis environ trois ans. « Que s'il a parlé sur la mort et sur plusieurs circonstances qui pouvaient regarder M.-A. Calas, il n'en parlait que sur le bruit public, et sans savoir d'où il le tenait. »

Ainsi enfin, deux autres femmes (soixante-sixième et soixante-septième témoins) déposent qu'un étranger se faisant raser un jour chez le sieur Saint-Martin, chirurgien, raconta en ces termes l'exécution de Calas aîné:

« Il y avait là un clou ; on y attacha une corde pour lui faire peur ; on lui dit par deux fois : *Veux-tu te rendre?* et ledit Calas décédé ayant dit non, on l'exécuta. »

Voilà un martyre bien caractérisé, avec toutes ses cir-

---

1. Les demoiselles Mercadier, de Pruet et de Gottis. (Arch. Imp.)

constances. On mande cet étranger (Simon Saladin, soixante-huitième témoin). Il dépose :

Qu'à l'égard de ce qu'il a dit chez le sieur Saint-Martin, chirurgien, en se faisant raser, ce n'était qu'un raisonnement qu'il fit en l'air, de son propre mouvement. (*Arch. Imp.*)

Nous ne poursuivrons pas plus longtemps ce catalogue d'assertions en l'air, démenties par ceux mêmes qui les ont prononcées. Il nous suffira de renvoyer à Élie de Beaumont qui a dressé[1] une liste de quinze témoins démentis par d'autres. Souvent, comme dans ce dernier cas, il y a eu bavardage plutôt que mauvais vouloir, mais il n'en est pas toujours ainsi. Un témoin commence par déclarer qu'il ne peut pas souffrir les protestants[2]. La nommée Gastonne raconte dans sa déposition[3] un dialogue de voisines au moment où le bruit d'un crime attirait tout le quartier dans la rue. « On a battu Calas, dit l'une. — Il n'en est pas mort, répond une autre. — Tant pis! » dit une troisième.

Cette haine contre des protestants inoffensifs se traduisit par une multitude de calomnies plus affreuses les unes que les autres, mais toutes sans aucune solidité. On savait que Louis Calas s'était tenu caché après son abjuration. On prétendit (entre autres la femme du perruquier Durand) qu'il craignait d'être tué par ses parents. Mme Calas, confrontée avec cette femme, déclara faux tout ce qu'elle avait dit et ajouta :

« Que Louis Calas son fils ne se tenoit caché que pour ne pas faire la volonté de son père et de sa mère, quoique cela lui fût ordonné par M. le procureur général. »

Il s'agissait de son refus d'aller vivre à Nîmes. On

---

1. E. de B. 3. Tous les exemples que nous venons de citer ont été relevés par nous-même sur les manuscrits aux Archives Impériales.
2. Arch. Imp.
3. Devant Eyssautier, Père de l'Oratoire.

affirma que ses parents l'avaient sequestré dans la cave,
l'y laissaient nu-pieds et privé de tout ; qu'il y serait
mort de faim si Viguière ne lui eût apporté à manger.
Confrontée avec l'auteur de cette calomnie, Jeannette
répliqua :

> « Qu'il n'y a rien de si faux que les faits rapportés par le té-
> moin, que ledit Louis n'a jamais été mis dans la cave, ni menacé,
> l'accusée étant la seule dans la maison instruite de la conversion
> dudit Louis Calas. »

Enfin, on prétendit que Calas père avait tiré un coup
de pistolet en plein visage à son fils, ce que l'on prouvait par de nombreuses marques que le jeune homme
avait sur la figure. Il fallut produire le certificat du
chirurgien Camoire, qui l'avait longtemps soigné pour
cet accident ; et qui certifia qu'un pétard avec lequel
il jouait lui avait éclaté dans les mains[1].

Un autre témoin prétendit que, lors de la conversion
pe Louis, Mme Calas s'était écriée que, si elle l'avait
prévue, elle aurait étranglé son fils pendant la longue
maladie qui fut la suite de son accident, et où elle le
soigna nuit et jour avec toute la tendresse d'une
mère.

Un clerc tonsuré, Me Jean-Pierre Debru, vint raconter
à la justice un ridicule et affreux roman qu'il tenait,
disait-il, de son frère l'avocat, qui ne se rappelait pas
de qui il le tenait lui-même. Une mère protestante qui
habitait hors de Toulouse, s'aperçoit que sa fille veut
se faire catholique. Elle l'envoie aussitôt à Toulouse
avec une lettre pour M. Calas, qu'elle prie de lui rendre
le service de tuer sa fille. Celle-ci, ne trouvant que
Marc-Antoine dans la boutique, lui remet la lettre ; il la
lit, avertit l'innocente victime et la met en sûreté, la
louant fort de vouloir se convertir. — Il est très-re-

---

1. Ce certificat est au procès.

grettable que le frère de l'abbé n'ait pu se souvenir de qui il avait appris cette infâme calomnie.

N'était-ce point par hasard de celui même qui inventa l'histoire, non moins abominable, de Jeanneton Petit? Cette pauvre fille aurait été au service de Mme Lavaysse ; *la témoin* veut dire Mme Calas ; mais, auprès du reste, cette légère inexactitude ne mérite pas d'être relevée. Jeanneton Petit voulut se faire catholique. Sa maîtresse lui donna sur les doigts un si furieux coup de tranchelard que... les doigts tombèrent? non ; le coutelas resta dans la plaie.

Nous demanderions pardon au lecteur de faire passer sous ses yeux d'aussi indignes sottises, si nous n'étions obligé de montrer le procès tel qu'il est, et s'il n'était indispensable de faire bien apprécier les nombreuses dépositions qui firent condamner Jean Calas.

Voici d'ailleurs une série de quatre faux témoins parfaitement reconnaissables, et qu'il importe de démasquer.

Le premier est Jean Pérès, garçon perruquier (chez les Durand). Selon sa déposition, au moment où les cris poussés dans la maison avaient effrayé le quartier, il vit par les fentes de la boutique Jean Calas « se promener, une lumière à la main, sans aucun signe d'affliction ni de tristesse. » Ce n'était donc pas lui dont les cris avaient été entendus ; il avait tout le calme d'un scélérat endurci, et cela au moment où il venait d'étrangler son propre fils. On confronta l'accusé avec le témoin. Calas et lui commencèrent par de mutuels démentis, et il ne semblait pas qu'entre leurs deux assertions aucune preuve pût se produire, quand l'accusé s'avisa de demander comment Pérès l'avait vu habillé. Le faux témoin hésita et répondit: «A peu près comme vous voilà. » Or, en ce moment, il était en habit, tandis que David lui-même et ceux qui l'arrêtèrent, l'avaient trouvé en robe de chambre verte et en bonnet de nuit.

« Et le témoin a dit qu'attendu qu'il ne pouvait voir que d'un seul œil à travers les fentes, il n'examina pas la façon dont il était habillé.

« Et l'accusé a dit que la différence d'un habit à une robe de chambre est sensible. »

La défense demanda à prouver que les fentes à travers lesquelles Pérès disait avoir regardé n'existaient pas. On ne fit aucun examen de ce point de fait.

Autre calomnie : Toinette Lezat, veuve d'un cuisinier et blanchisseuse, avait été, pendant un mois et demi, la nourrice de Marc-Antoine Calas, et depuis était restée sans aucune relation avec la famille qui lui avait retiré cet enfant. Elle inventa fort maladroitement tout un dialogue entre elle et son ancien nourrisson, dialogue très-grave, s'il avait été réel, parce qu'il aurait parfaitement prouvé que Marc-Antoine allait se faire catholique. Mme Calas *reprocha* ce témoin dès qu'elle le vit, disant que lorsqu'elle lui avait retiré son fils, Toinette leur souhaita à elle et à son enfant *toute sorte de malédictions*. Le dialogue était un conte fait à plaisir, et *la témoin* s'animant par degrés se discrédita tout à fait, dès son premier interrogatoire, par la stupide impudence avec laquelle elle affirma avoir déjà été interrogée et avoir certifié les mêmes choses devant un autre Capitoul, au petit consistoire. Le fait était faux. Elle n'avait pas compris que cet embellissement de l'édifice le faisait crouler tout entier.

Catherine Daumière ou plutôt Dolmier, couturière, née à Béziers, logée au faubourg de Saint-Étienne, chez la Delaliasse et se disant *nouvelle convertie*, rapporta une longue conversation qu'elle aurait eue avec Marc-Antoine. Il l'aborda, dit-elle, en lui disant qu'il savait qu'on lui avait offert une boutique à Montauban, mais qu'il l'avertissait que c'était un piége pour la faire retomber dans le protestantisme. Il lui promit de lui prêter le *Chrétien en Solitude* et un livre tiré de *saint Fran-*

çois de Sales par la dame de Chantal. Il lui dit qu'il était
entre les mains d'un bon confesseur, qu'il devait se
confesser le mardi suivant ; mais que si on le savait
chez lui, il serait... (perdu).

Pas un de ces détails si précis et si complets ne se
trouva vrai ; la prétendue nouvelle-convertie était catholique de naissance et de profession, comme on le
prouva par des actes authentiques et par des informations prises dans sa famille [1]. Inutile d'ajouter que jamais Marc-Antoine n'avait possédé les livres qu'il aurait
offert de lui prêter.

Il nous reste à citer la Domenge-Lavigne, ou plutôt
sa mère, Cécile Gaffié. La Domenge était une misérable
créature qui venait de subir la peine du fouet et qui
était encore détenue dans les prisons de l'hôtel de ville.
On fit coucher la servante des Calas dans le même cachot que cette malheureuse. Elle prétendit, le lendemain, que Jeanne lui avait avoué, dans la nuit, l'assassinat de son jeune maître par le père et par Lavaysse,
et elle en faisait le récit à sa façon. On ne pouvait,
d'après la loi, faire comparaître comme témoin la Domenge. Sa mère, à qui elle avait débité ce mensonge,
se chargea de son rôle. On n'eut pas honte de consentir
à l'entendre. Voici comment Jeanne Viguier repoussa
un si odieux mensonge, dans sa confrontation avec Cécile Gaffié :

« L'accusée a dit, que ce que la témoin a rapporté dans sa déposition lui avoir été dit par sa fille est très-faux, et que personne
ne peut lui prouver que cela soit vrai, et voudrait être confrontée avec la fille de la témoin, qui ne le lui soutiendrait pas. »

Nous finirons cette longue énumération de calomnies
par un point moins grave, mais qui peut n'être pas

---

1. Voir aux *Archives Imp.*, le certificat délivré par le curé de Sainte-
Madeleine de Béziers. Il n'y avait à cette époque aucun protestant à
Béziers.

absolument imaginaire, sans que les prévenus aient pour cela aucun blâme à encourir. Il s'agit de menaces violentes de Calas à l'égard de Marc-Antoine. Il est fort possible que son père lui ait vivement reproché sa passion désordonnée pour le jeu de paume, le billard et l'escrime. Il se peut que, prononcés dans une boutique ouverte, quelques mots sévères aient été entendus de la rue et qu'ils aient donné lieu aux exagérations mensongères que nous allons rapporter. Nous devons le dire cependant, Calas a déclaré que, pour ne pas nuire à Marc-Antoine, *il cachait la passion de son fils pour le billard*[1], et les scènes presque publiques qu'on a rapportées sont certainement controuvées. Voici d'abord une déposition parfaitement ridicule par ses incertitudes et les on-dit sur lesquels elle est fondée. Voltaire s'en est plus d'une fois moqué.

Mathey, peintre, dépose :

« Avoir ouï dire à sa femme qu'elle tenoit de la nommée Mandril, que ladite Mandril étant allée le jour de la mort de M.-A. Calas dans la boutique du Sr Calas père, pour acheter de la mousseline, ledit Calas père ou la Dlle Calas mère (le déposant ne se rappelant pas lequel des deux c'étoit) étoient en dispute avec ledit M.-A. Calas leur fils, et le père ou la mère dudit Marc-Antoine dirent à son fils : Tu n'auras pas d'autre bourreau que moy. »

Calas répond :

« Qu'il n'y a rien de plus faux que cette déposition et qu'il y a plus de 10 ans qu'il n'auroit pas donné une chiquenaude à Marc-Antoine ni à aucun autre de ses enfants de cet âge-là; que les plus fortes menaces qu'il leur ait faites sont *de luy passer la porte*[2] s'ils n'étaient pas plus assidus à ses affaires. »

Deux revendeuses de hardes, auxquelles Calas déclare avoir refusé des étoffes à crédit, la nommée Danduze et Marion Couderc son associée, prétendent que la

---

1. Confr. de J. Calas.
2. Locution vulgaire du pays pour *les mettre à la porte*.

dernière a vu Calas tenant son fils par le collet de l'habit et lui disant : *Coquin, il ne t'en coûtera que la vie.*

Enfin, un sieur Bergeret, en passant devant la boutique, au milieu de la semaine qui précéda la mort de Marc-Antoine, y aperçut, dit-il, l'homme habillé de gris, portant un chapeau bordé, et entendit Calas père lui dire : *S'il change* ou *s'il ne change, je lui servirai de bourreau.* Voilà encore une déposition qui nous paraît mensongère, qui est tout au moins très-suspecte. On y retrouve la description du costume de Gaubert Lavaysse. Le fait est faux quant à Lavaysse, puisqu'il n'arriva que le 12 à Toulouse ; s'il s'agit de tout autre, ce détail n'a plus de valeur. Il en est de même de la menace qui peut signifier également : s'il change de religion ou s'il ne change de conduite ; mais le propos dans aucun cas ne nous paraît vraisemblable.

A tous ces témoignages qui représentent Calas comme maltraitant son fils aîné, il faut opposer celui de son plus proche voisin et de son ennemi, le perruquier Durand, qui du reste se montra dans ses déclarations beaucoup plus juste et plus impartial que sa femme et son fils l'abbé :

« Il dépose qu'il est le plus proche voisin de la maison du Sr Calas, qui n'est séparée que par le mur mitoyen, et qu'il n'a jamais entendu les père et mère de Calas fils ayné le maltraiter. »

Nous avons achevé maintenant la discussion des témoignages, à l'exception de ceux qui concernent une seule question, mais décisive : Marc-Antoine avait-il abjuré le protestantisme ? Si le contraire est démontré, il n'y a plus de martyre, plus de parricide, plus de procès. Viguière[1], qui devait le savoir mieux que personne et avant tout autre, nie énergiquement tout penchant de Marc-Antoine pour le catholicisme.

1. Interr. et Confr.

Il faut remarquer que c'est là un fait qui ne serait pas difficile à constater. On cite quelques cas de convertis au catholicisme qui ont feint longtemps d'être protestants et qui même en auraient obtenu la permission de l'autorité ecclésiastique, chose honteuse pour elle encore plus que pour eux. Il n'est pas nécessaire de faire remarquer que pas un seul n'a été étranglé et n'a risqué de l'être. Ce qui les a trahis, c'est qu'on a retrouvé soit chez eux, soit plutôt sur leurs personnes, quelque objet de dévotion, livres d'heures, de messe, ou autres, images, croix, crucifix, reliques, médailles, chapelets. Chez Marc-Antoine, rien de pareil. Le premier procès-verbal de descente (c'est-à-dire d'état des lieux) étant trop manifestement incomplet, on fit une seconde descente; on visita l'armoire de Marc-Antoine, et tout ce qu'elle contenait fut porté au nouveau domicile des demoiselles Calas. On n'y trouva rien, absolument rien, qui indiquât la moindre pensée de catholicisme. Et sur le corps même, au lieu de croix ou de chapelets, on ne découvrit que les *vers et chansons obscènes* que David se hâta de détruire comme peu convenables à la poche d'un martyr. Ne les conçoit-on pas mieux chez un jeune homme joueur et désordonné qui finit par se tuer, que chez un nouveau converti qui meurt martyr la veille de sa première communion?

Mais une abjuration, une première communion, une confession même, sont choses qu'on ne peut faire seul. Il y faut au moins l'assistance d'un prêtre, et voilà un second fait, qui, plus d'une fois, a trahi des projets d'abjuration qu'on n'osait avouer soi-même. Marc-Antoine a-t-il eu des relations avec des prêtres? Il devait abjurer; entre les mains de qui? communier; dans quelle église? La justice a dû retrouver le prêtre qui l'avait instruit (car on n'abjure, on ne communie pas du jour au lendemain, sans instruction préalable); elle a dû connaître le confesseur qui a reçu ses aveux. Il

ne manque pas de prêtres ni de moines au procès, soit
recevant les dépositions, curés, vicaires ou pères de
l'Oratoire, soit témoins à décharge comme le chanoine
Azimond, soit témoins à charge comme les abbés Durand et Benaben, comme cet hebdomadier de Saint-
Étienne et ce clerc tonsuré dont nous avons cité les
étranges aberrations; soit une foule d'autres que nous
allons indiquer encore. Pas un n'a pu dire avoir une
seule fois ouï Marc-Antoine, ni en confession ni autrement. Ce n'est pas seulement la justice, c'est l'official,
c'est leur archevêque qui leur commande de venir dire
ce qu'ils savent, et cela dans une cause qu'on a proclamée *très-intéressante pour la religion;* c'est sous la menace
de l'excommunication que cet ordre leur est donné par
leurs supérieurs ecclésiastiques; l'excommunication enfin n'est plus seulement annoncée, elle est promulguée,
fulminée, avec un sombre appareil; et, après tout cela,
pas un prêtre ne peut redire un seul mot que lui ait dit
Marc-Antoine en vue de se convertir! Comment ne voit-
on pas tout ce que cette preuve négative a de décisif?

On eut peine à s'y résigner. Des voix populaires faisaient honneur tantôt à tel curé, tantôt à tel jésuite, de
la conversion de Marc-Antoine. Le bruit ne manquait pas
d'en venir bientôt à David, à Lagane, à Bonrepos; et
quand l'ecclésiastique désigné comparaissait, quand on
croyait tenir enfin cet introuvable confesseur, qu'obte-
nait-on? Rien, ou de simples ouï-dire. On fit défiler
ainsi un à un devant la justice le supérieur de la maison professe des RR. PP. jésuites, le supérieur du sémi-
naire, le P. Latour, les PP. Dupuy, de Chottel, Dulhe,
Delmas, By et Jeard, le P. Pochat, franciscain, le sous-
prieur des trinitaires.

Survient la veuve Massaleng, née Jeanne Paignon, qui
dit que la demoiselle sa fille lui a dit que le sieur Pagès lui a dit que M. Soulié lui a dit que la demoiselle

Guichardet lui a dit que la demoiselle Journu lui a dit
quelque chose d'où elle a conclu que le père Serrant,
jésuite, pourrait bien avoir été le confesseur de Calas
aîné [1].

Aussitôt on mande le père Serrant (ou Serrane) et
tout ce laborieux échafaudage se réduit à rien en un
instant.

Enfin, la nouvelle se répand que le confesseur est
connu : c'est l'abbé Laplaigne. Ce fut d'abord un bruit
vague, et si l'on veut savoir comment de pareilles inventions se propageaient, il suffit de lire la déposition
par écrit de la demoiselle *Françoise-Agathe Planet* : « Étant
avec M. Olivier, vicaire de Saint-Étienne, la conversation
tomba sur le confesseur de Marc-Antoine Calas, dont je
souhaitais de savoir le nom; et, pour engager M. Olivier
à me le déclarer, je dis à M. Olivier que c'était M. Laplaigne. » Il se trouva que M. Olivier savait le contraire
et le dit à Mlle Planet; sans quoi elle lui aurait fait
croire ce qu'elle aurait voulu.

Un valet de M. d'Aldéguier poussa le zèle plus loin
encore; il affirma avoir vu un jeune homme sortant, le
mouchoir sur la bouche, du confessionnal, et quittant
l'abbé Laplaigne; on lui apprit plus tard que ce jeune
homme n'était autre que Marc-Antoine. Malheureusement pour lui il eut la maladresse de placer cette scène
à l'église de la Dalbade, dont le curé déclara par écrit [2]
que jamais M Laplaigne n'y avait confessé.

Le procureur du roi Lagane lança un *brief intendit* en
cinq questions auxquelles l'abbé Laplaigne fut tenu de
répondre. De plus, comme on crut que l'abbé craignait
de violer le secret de la confession, s'il avouait le fait,
Lagane consulta un professeur en théologie de l'ordre
de Saint-Dominique, le père Bourges ou Bourgis [3].

---

1. La déposition que nous venons de résumer existe aux Arch. Imp.
2. Arch. Imp.
3. On sait que cet ordre fut chargé par les papes de l'office de l'inqui-

La réponse portait non-seulement que l'abbé Laplaigne pouvait, sans manquer au secret de la confession, révéler le fait, mais qu'il le devait, pour obéir au monitoire[1].

L'hésitation de l'abbé avait une autre cause. Un jeune protestant de vingt-deux ans, qui montrait quelque intention d'abjurer, s'était confessé à lui trois fois ; l'abbé Terrade[2], son ami, avait vu chez lui ce jeune homme qui n'avait pas dit son nom, et aucun indice ne faisait croire aux deux prêtres que ce fût Marc-Antoine. Cependant l'identité n'était pas absolument impossible, quoique Marc-Antoine eût vingt-huit ans et non vingt-deux. Ils demandèrent ensemble à voir le cadavre, mais il était trop tard et tous deux déclarent « qu'ils n'ont rien vu, sur ce visage défiguré, qui pût décider leurs doutes. »

On finit par découvrir que le jeune inconnu ne pouvait être Marc-Antoine, et voici comment : tout ce que l'abbé Laplaigne se rappela positivement, c'est qu'il avait confessé ce jeune homme le jour de Noël 1760 ; et l'on produisit plus tard au procès une attestation, signée du curé et de quatorze habitants de Brassac, prouvant que Marc-Antoine était arrivé à Brassac la veille de Noël et n'en était parti que le surlendemain.

Ne trouvant aucun indice d'abjuration ni même de confession, on chercha un acte quelconque de catho-

sition, et l'est encore. On a pu voir dans l'Introduction que, jusque dans le dix-huitième siècle, un théologien de cet ordre porta à Toulouse le titre d'*inquisiteur*. Lagane était donc fidèle à la tradition en s'adressant à un dominicain.

1. La consultation du procureur du roi et la réponse du moine ne furent point jointes au procès, mais ces deux pièces ont été conservées, et les archives du parlement de Toulouse en possèdent actuellement des copies certifiées, d'après les originaux prêtés par M. d'Aldéguier, l'historien, qui les tenait de M. le marquis de Catelan, ancien avocat général au parlement de Toulouse. Ces deux pièces sont reproduites aux pages 610 et 612 du recueil qui provient de M. Gastambide. (Voir la préface en tête de ce volume.)

2. Et non Lenade comme on l'a écrit ailleurs.

licité dans la vie de Marc-Antoine et surtout dans ses derniers jours ; on chercha tant, que l'on trouva. L'histoire est fort ingénieusement arrangée, si elle n'est pas bien racontée :

« Le père J.-B. Coq, religieux de la Grande Observance, compagnon du confesseur des religieuses de la Porte, résidant dans le couvent desdites religieuses, âgé d'environ 51 ans, a entendu dire aux dames qui sont portières de ladite maison, que le 15 octobre un inconnu porta aux dites dames religieuses 12 livres pour se recommander à leurs prières, disant qu'il devoit faire sa première communion le lendemain et refusant de se nommer. »

Elles ne le virent pas, parce qu'elles ne parlaient aux visiteurs qu'à travers un tour, sans les voir jamais.

Le nom du donateur manque dans ce récit. En voici un autre pour le compléter, où nous verrons en même temps ce qui se disait dans la foule qui regarda passer les accusés, le 18 novembre, lorsqu'on les conduisit des prisons de l'hôtel de ville à celles du palais.

L'an mil sept cent soixante-un, et le 14e du mois de décembre, par devant nous, prêtre et vicaire de l'église paroissiale Saint-Michel, annexe de Saint-Étienne de cette ville, soussigné, a comparu demoiselle Barthelemye Cinges, épouse d'Arnaud Baptiste, habitante de notre paroisse dans la rue de l'Observatoire, âgée de soixante-deux ans, qui, en conséquence du chef du monitoire, nous a révélé que se trouvant au Salin[1] lorsqu'on conduisait les Calas au palais, la femme du nommé Castelnau, cordonnier, qui loge dans le palais, lui dit que M.-A. Calas décédé avait été avant sa mort aux religieuses de la Porte, leur porter 12 livres afin de prier pour luy, qu'il devoit faire son bonjour le lendemain, que de là, dit-elle, il fut au billard avant de rentrer chez luy et de là s'étant rendu à la maison de son père, quelque temps après, ledit M.-A. Calas disait à son père et à sa mère : « Quoi, mon père, ma mère, vous voulez m'étrangler ! » à quoy l'un et l'autre répondirent qu'ils n'avaient plus de fils. Et la révélante ayant demandé à ladite Castelnau d'où elle tenait cela, elle luy répondit qu'elle le savait de sa nièce qui sert depuis longtemps le Sr Durand, perruquier, qui loge auprès dudit Calas, en qualité de servante, ou bien lui faisant service dans la maison[2].

_____

1. C'est une des places de Toulouse. — 2. Encore les Durand !

.... Requise de signer a dit ne savoir. En foi de quoi, etc.
CHAUBET, prêtre et vicaire, signé.

D'après un grand nombre de témoignages que nous allons relever avec précision, mais très-sommairement, on aurait vu souvent Calas aîné dans les églises. Alquier, témoin à décharge, qui déposa dans le dernier procès, déclare :

Que jamais il n'a paru vouloir changer ; tout au contraire ; « quoique souvent ils ont été ensemble dans les églises pour voir les curiosités qui y sont, examiner les châsses et autres ornements précieux qui se trouvent en abondance dans la ville de Toulouse. »

Il n'y a rien d'étonnant dans les dépositions de Delpech, qui l'a vu au sermon de Saint-Germain, ni de François Bordes qui l'a accompagné au sermon dans trois églises différentes, mais *jamais à la messe*. On sait d'autre part que Marc-Antoine, qui se piquait d'éloquence et de littérature, alla plus d'une fois entendre le prédicateur en vogue, un *doctrinaire* nommé le père Torné ; ce que tout autre protestant aurait pu faire à sa place. On ne peut s'étonner non plus de ce que dit Montesqueu qu'il alla à vêpres, ou à la bénédiction, mais *jamais à la messe*. Il se peut aussi que Jean Capoulac l'ait entendu, dans l'église du Taur, dire d'un crucifix qu'on admirait : *Voilà un beau christ !* quoique en général les protestants ne désignent guère par le nom de christ l'effigie du Crucifié.

Ajoutons que des protestants, surtout s'ils sont absolument privés de leur propre culte, comme on l'était à Toulouse, peuvent parfaitement chercher quelque édification dans les sermons catholiques sans songer pour cela à entrer dans l'Église romaine.

Mais il s'est produit des assertions plus graves. Une jeune fille de seize ans (Dlle Mendouze) a entendu la messe à côté de M. A. Calas. Le nommé Latour l'avait vu

prier dans une église. Ce même Bergeret, que nous
avons déjà soupçonné de faux témoignage, tenait
de sa couturière qu'un garçon marchand qu'elle connaissait, avait été plus de *cent* fois à la messe avec
Marc-Antoine. La femme du perruquier Durand l'a vu
deux fois dans des églises, très-près des confessionnaux;
elle n'est pas même très-sûre qu'il ne fût pas dedans.
Platte, maître d'escrime, chargé de quêter dans l'église
de Saint-Sernin pour l'entretien des quarante châsses
qu'on y conserve, y a vu Marc-Antoine à genoux, prier
successivement dans chaque chapelle souterraine et a
reçu de lui une fois deux sous et une fois six livres
pour sa quête.

D'autres protestants ont peut-être visité les églises
le jeudi saint, même trois ans de suite, pour y entendre
les chants et y voir les pompes de ce jour; mais l'ar-
chitecte Arnal ajoute qu'il *y priait fort dévotement*. Le
même Arnal l'a vu suivre deux processions et s'agenouiller sur le passage du saint viatique, *quoiqu'on voulût l'en empêcher*. Montesqueu et Jean Capoulac disent
aussi qu'il s'agenouillait devant le saint-sacrement et
ajoutent qu'il priait, ainsi prosterné. La déposition d'Arnal nous semble fort suspecte; si quelqu'un avait voulu
empêcher qu'il s'agenouillât devant l'hostie, les premiers venus lui auraient fait un mauvais parti ou au
moins l'auraient livré ou dénoncé à la police. Pour
croire de pareilles dépositions, il faut ignorer combien,
dans le Midi, le peuple catholique est jaloux du respect
qu'il exige pour ses processions.

Claude Caperan prétend avoir vu un fait parfaitement
incroyable : Marc-Antoine suivant, le chapeau sous le
bras, la procession du 17 mai, qui était la commé-
moration du massacre de quatre mille huguenots.
Claude Caperan a été trop sot pour comprendre qu'il
n'aurait pas été seul à l'y voir, ni à le déclarer, et que
toute la ville aurait remarqué ce protestant fêtant le

meurtre de ses pères. Claude Caperan était le marchand chez lequel l'archevêque avait placé Louis Calas ; il déclara aussi que Louis lui avait dit que sa mère avait dit à Viguière, qui le lui avait répété à lui-même, que ses maux ne finiraient que lorsqu'elle verrait son fils pendu. Mot atroce, inventé pour donner quelque apparence au meurtre de l'aîné. Peut-on douter que Caperan ne soit un faux témoin ? Est-il croyable que Mme Calas ait prononcé ce vœu parricide, et que la servante ait été redire à Marc-Antoine que sa mère lui avait souhaité une mort affreuse ? Il faut convenir que Mgr de Crussol avait mal placé sa confiance.

Baron, marchand apothicaire, dépose « que le 12 octobre, étant à cheval, il prit en croupe le défunt qui lui dit qu'il ferait sa première communion le lendemain, qui fut le jour de sa mort. » Nous avons prouvé que cette première communion fixée au lendemain est une fable. Ceux qui la répètent par ouï-dire peuvent être sincères ; telle est, par exemple, Marie-Anne Serres qui y revient par trois fois, en indiquant même que la cérémonie devait se faire à l'église de la Trinité ; tel est Bros, dit Coudom, qui

« A entendu dire par un nombre infini de personnes qui ont passé successivement dans le quartier, que ledit sieur Calas ayné avoit changé de croyance et qu'il devoit faire aujourd'hui (15 octobre) sa première communion. »

Mais Baron, qui dit tenir le fait du prétendu martyr lui-même, a menti.

La veuve Habert a poussé plus loin le talent de l'invention. Elle fait hardiment remonter à quatre années le catholicisme de Marc-Antoine, et raconte que le jour de Noël, quatre ans auparavant, elle l'avait vu à Saint-Sernin, à genoux par terre et les deux mains croisées sur la poitrine, pendant qu'on chantait le cantique de la Nativité. Elle prétend lui avoir dit familièrement :

Ah! Calasou! mais il lui fit signe de se taire. Auprès de lui, un jeune homme protestant, qui était pensionnaire des Calas, gardait le chapeau sur la tête, au moment où passait la procession du saint-sacrement. Marc-Antoine Calas se tourna, « lui ôta le chapeau de la tête, le jeta à terre et lui dit d'un ton impérieux et absolu : « A genoux, notre Maître passe [1]! » Encore une histoire absolument incroyable; on ne pourrait pas, le voulût-on, garder son chapeau, dans une église, en présence d'une procession et du *saint-sacrement*. C'est encore un fait que bien d'autres auraient attesté s'il s'était passé ailleurs que dans l'imagination de cette femme. Elle donna d'ailleurs une étrange idée d'elle en allant, sous prétexte d'intérêt affectueux, s'établir et coucher chez les demoiselles Calas, probablement pour espionner ou exploiter ces deux jeunes filles qui se trouvaient sans famille et sans servante. Elle refusa de quitter la maison quand ces demoiselles le lui commandèrent, et il fallut qu'elles priassent un voisin de la chasser.

Nous sommes très-certains que la veuve Hubert Baron, Claude Caperan, Arnal, ont menti par fraude pieuse ou par excès de zèle; mais il y a, dans les dépositions précédentes, des faits trop nombreux pour qu'on puisse les rejeter tous. Calas lui-même nous fournira à cet égard une explication très-plausible. Il réplique, dans ses confrontations, à l'un des déposants que nous venons d'indiquer : que ce témoin comme bien d'autres, peut avoir confondu Marc-Antoine avec Louis, attendu qu'ils portaient des habits presque uniformes avec des boutons de pinchebec. Il aurait pu ajouter que tous ses enfants se ressemblaient beaucoup. Il n'y a rien d'étonnant à ce qu'on ait attribué au mort quelques-uns des actes de dévotion de son frère catho-

---

1. Arch. Imp.

lique. Quand une famille est nombreuse, les étrangers confondent sans cesse les prénoms des enfants ; il y avait là trois jeunes hommes, dont les âges se suivaient ; et les témoins ont pu prendre l'un pour l'autre.

On a pensé aussi que peut-être Calas aîné avait fréquenté à dessein les églises catholiques pour obtenir le certificat sans lequel il ne pouvait être reçu avocat. On rappelle à ce sujet que la fiction légale de la catholicité de toute la France régnait encore, à tel point que les protestants étaient officiellement désignés sous le nom de *nouveaux convertis*. On ajoute qu'ils ne pouvaient subsister qu'en faisant de faux actes de religion ; on rappelle que David Lavaysse et son fils Étienne n'avaient pu être reçus avocats que de cette manière ; que lui et ses enfants avaient été élevés par les jésuites, ce qui ne se pouvait sans beaucoup d'actes semblables[1] ; que tous les enfants de M. et Mme Calas avaient été baptisés dans l'Église romaine, et enfin que se découvrir et même s'agenouiller devant le viatique ou devant une procession était un hommage obligatoire, imposé par la force pour peu qu'on hésitât à l'accomplir. Tous ces arguments peuvent avoir quelque valeur, mais ils ne nous semblent guères s'accorder avec le caractère et les idées de Marc-Antoine. Nous demeurons convaincu que, dans les dépositions précédentes, ce qui n'est pas rêverie, mensonge ou rencontre insigniliante et fortuite doit s'appliquer, non à lui, mais à son frère Louis.

Quoi qu'il en soit de ces détails, il est de fait que Marc-Antoine n'avait nullement l'intention d'entrer dans la communion de Rome, et nous allons achever de le prouver.

1. Ceci prouve le peu que valent les arguments de M. Jal dans son *Dictionnaire historique* et ceux d'autres écrivains modernes, qui nient qu'Ambroise Paré, par exemple, fût protestant, et cela sur la foi d'actes de baptême ou de sépulture. Toutes les familles protestantes ont subi, plus ou moins, de pareilles contraintes pendant plus de deux cents ans.

Rappelons d'abord sa réponse à Me Beaux[1] qu'il ne serait jamais reçu avocat, parce qu'il ne voulait faire *aucun* acte de catholicité. Il ne manque pas de témoignages qui s'accordent avec cette déclaration formelle. Le chanoine Azimond déposa qu'il avait souvent vu à Toulouse Jean Calas et ses enfants; que Marc-Antoine était *très-éloigné* de se faire catholique. Nous avons déjà cité[2] ce que rapporta ce même témoin sur la colère de Calas aîné au sujet de la conversion de son frère Louis.

Pierre Tenery vint rapporter à la justice une foule de *on dit*; ainsi, il a entendu la demoiselle Latour raconter que Marc-Antoine Calas lui a présenté l'eau bénite à l'église des Carmes; il tient aussi d'un sieur Bienaize qu'un nommé Nouganol se trouvant un jour avec Marc-Antoine, Louis Calas vint à passer et Nouganol demanda à l'aîné s'il ne voulait pas changer comme son frère, à quoi Marc-Antoine répondit « qu'il en était bien éloigné, et que si l'on eût su que son frère eût dû abjurer. on l'en eût bien empêché. » Cette déposition est d'autant plus importante que Ténery est un témoin tout à fait hostile; selon lui, ce mot de Marc-Antoine signifie qu'on aurait étranglé son frère. Il est au moins aussi naturel de croire qu'il voulait dire simplement que les raisonnements et l'influence de sa famille auraient détourné Louis de se faire catholique, si l'on avait connu son dessein avant le jour où il disparut. Cela est même probable, d'après la faiblesse bien démontrée du personnage.

Voici une autre déclaration indirecte, mais qui a sa valeur :

La Dlle Guyonnet, marchande à Toulouse, déclare n'avoir jamais entendu dire que Marc-Antoine Calas dût changer de religion. « Au contraire, deux messieurs étant venus, quelques jours

1. Voir plus haut, p. 47. — 2. P. 49.

avant sa mort, dans ma boutique pour m'acheter des marchandises, s'entretenaient ensemble, se disant que Marc Antoine Calas voulait passer à Genève pour se faire ministre de la Religion protestante. »

La signature est attestée par Jean de Moulon,
Lieutenant principal au Sénéchal.

Ces témoignages sont clairs. Mais le plus important de tous est celui de Me Chalier, cet avocat dont nous avons déjà parlé et qui seul eut le courage de déposer en faveur des Calas devant les Capitouls, après être allé dire à son curé qu'il avait des renseignements importants à donner. Ils le sont en effet, mais dans un tout autre sens qu'on ne l'espérait.

Me Jean-François Chalier, docteur et avocat au Parlement, 60e témoin, raconta en grand détail une conversation du 28 ou 29 septembre 1761, où Marc-Antoine Calas parlait avec envie des jeunes négociants qui passaient par Toulouse, allant à la foire de Bordeaux, et se plaignait de ce que son père ne voulait ni lui donner des appointements, ni l'associer avec lui, ni le mettre à même de s'associer avec quelque autre[1].

Là dessus, le déposant lui dit que s'il étoit à sa place, il sauroit bien forcer son père à lui donner satisfaction d'une façon ou d'autre.

« Le dit Calas dit alors au déposant; quel expédient il prendrait?

« Le déposant lui dit : Je me ferais catholique ou je ferais menacer mon père de m'en faire.

« Ledit Calas répondit au déposant qu'il ne prendrait pas ce parti, mais qu'il en prendrait un autre qu'il mettrait à exécution.

« Le même témoin dépose, de plus, que dans le mois de juin

---

1. Était-ce dureté de la part de Calas? Loin de là. L'état précaire de son commerce le mettait dans l'impossibilité d'agir autrement. Quand, par son arrestation, le crédit et le travail cessèrent tout à coup chez lui, il n'y resta que la pauvreté. Deux mois après le supplice (le 22 mai 1762), M. de Saint-Florentin écrivait à M. de Saint-Priest : « Au reste, M. le Procureur Général du Parlement m'avait déjà informé du désordre où sont les affaires de Calas et de l'insuffisance de ses biens pour le paiement de ses créanciers. » (*Arch. de Montpellier.*)

dernier, ledit Calas étant allé voir le déposant qui étoit avec son frère le prêtre, on vint à parler de religion ; que le frère du déposant eut beau lui parler de la religion catholique, ledit Calas ne voulut jamais convenir de rien. »

Ici Mᵉ Chalier raconte le projet d'association de Marc-Antoine avec un sieur Roux, projet qui échoua parce que Calas père ne put cautionner son fils pour 6000 livres ; cette affaire, dont le peu de succès dut contribuer à décourager le jeune homme, est de la fin de juillet ou du commencement d'août, six semaines avant le suicide.

Voici les derniers mots de la déposition de Mᵉ Chalier :

« Que maintes fois le déposant a eu parlé de religion avec ledit Calas décédé et entre autres choses de la fin tragique des ministres de cette religion. Ledit Calas répondit au déposant que ces personnes étoient bien heureuses de mourir pour leur religion et qu'il envioit leur sort. Le déposant lui dit alors, pour le dissuader, que tout mettier qui faisoit pendre son homme ne valait rien. »

« A ajouté que lorsque le déposant lui dit que tout mettier qui faisoit pendre son homme ne valoit rien, ledit Calas venait de lui dire que souvent il avoit eu dessein d'aller à Genève pour se faire ministre. »

Mᵉ Chalier indiqua un témoin, qui pouvait attester les mêmes faits ; mais c'était un protestant. Il ne fut point cité. On voit par cette déposition, et il était naturel de présumer, qu'au milieu de ses hésitations sur sa carrière, Marc-Antoine dût être mis en demeure de se convertir, et sinon tenté par l'évidence de son intérêt matériel, au moins sollicité par autrui. Il le fut non-seulement par les avocats Beaux et Chalier, mais par un personnage plus haut placé, ce même M. Delamote, conseiller au Parlement et secrétaire de l'Université, qui s'était occupé de l'abjuration de Louis. Voici en quels termes Mᵉ Sudre raconta le fait, d'après M. Delamote lui-même :

« Un magistrat grave fait un récit qui offre un dénouement plus honorable à la mémoire de Marc-Antoine Calas : l'honneur et la vertu de ce magistrat sont connus, sa parole doit être donc bien efficace. Il a eu part, dit-il, à la conversion de Louis Calas ; il souhaita de remporter la même victoire sur Marc-Antoine Calas ; il l'entretint sur ce sujet, il lui fit naître des doutes.

Marc-Antoine Calas demanda du temps pour délibérer, puis s'examiner et se résoudre : ce fut une affaire de plus d'un jour. Il revient et déclare qu'il s'était affermi dans la foi dans laquelle il avait été élevé. Si ce que ces témoins disent qu'ils ont vu Marc-Antoine à l'église, qu'ils l'ont vu assister à nos saintes cérémonies ; si cela est vrai, il faut le rapporter au temps que Marc-Antoine Calas était ébranlé, qu'il se sentoit des mouvements pour l'Église catholique ; mais, comme le rapporte ce magistrat, il eut le malheur de résister à la grâce et de se raffermir dans l'erreur. Il est vrai que ce magistrat n'est pas témoin dans la procédure, mais la cour peut faire aisément qu'il le soit ; il est assis tous les jours à ses côtés ; qu'elle daigne l'appeler et recevoir son serment ; les droits de l'innocence lui sont trop connus pour qu'il se fasse une peine de ce ministère. »

M. Delamote ne répondit jamais à cet appel ; il ne donna point sa déposition. Mais peut-on douter un seul instant que le Procureur général ne l'y aurait contraint, comme cela arriva à l'abbé Laplaigne, si son témoignage eût pu être utile à l'accusation ? Cependant il n'a jamais démenti ce que Me Sudre avait eu le courage de publier ainsi, à Toulouse même, au mois de décembre 1761 ou janvier 1762.

Confronté avec Arbanère, le sous-prieur des Pénitents blancs, sur la question de la conversion de Marc-Antoine, Jean Calas déclara « qu'au contraire il avait lieu de croire son fils très-zélé. »

Nous le voyons, en effet, persévérer jusqu'à sa fin dans la profession publique du protestantisme. Il avait fait sa première communion à Nîmes en 1755, au retour de la foire de Beaucaire, au milieu d'une assemblée présidée par un ministre du Saint-Évangile dans une maison particulière. En septembre 1759, il fut parrain d'un enfant baptisé dans une assemblée à Mazamet. A Noël 1760, il prit part à une autre assemblée qui se tint à Vabres. L'année

même de sa mort, il assista le 6 mai à l'enterrement de
Jean Lacapelle, qui eut lieu, par ordonnance de l'Hôtel-
de-Ville, dans le jardin du sieur Glacié, hors des portes
de Toulouse ; il fut présent en juillet à une autre inhumation protestante dans le même lieu, et on l'entendit
à cette occasion parler « de l'excellence de sa religion.»
Le premier dimanche de septembre 1761 il jeûna suivant l'usage pratiqué alors dans toutes les Églises réformées de France. Il mangea de la viande les vendredis
et samedis jusqu'à sa fin. C'était lui qui faisait en famille la prière matin et soir, et, tous les dimanches la
lecture d'un sermon, des psaumes et de quelques chapitres de la Bible, « ce qu'il continua jusqu'à la veille
de sa mort[1]. »

Nous voici donc arrivés, par une série de faits aussi
publics que possible, du jour de sa première communion à la veille même de sa mort, et tous ces faits ne
sont pas de simples allégations, mais ont été prouvés
officiellement autant que le permettait la législation de
l'époque, d'après laquelle tout acte du culte proscrit
était un crime.

Il se trouve donc que le prétendu martyr n'avait
cessé ni de témoigner qu'il était *fort éloigné* de se faire
catholique, ni de professer extérieurement le culte de
l'Église réformée. Si la vraie piété avait été en lui aussi
puissante que son zèle extérieur était soutenu, jamais
il ne se serait laissé entraîner jusqu'au désespoir et au
suicide, et il n'aurait pas précipité sa famille dans les
longs malheurs que nous avons à peine commencé à
faire connaître.

Pour résumer tout ce qui précède, il suffira de remarquer que sur cent cinquante témoins, tous à charge
sauf un seul, il n'en est pas un qui dise avoir vu le
crime ni aucune circonstance ou indice du crime.

1. Interr. et Confr. de M. et de Mme Calas, de Jeanne Viguier, etc.

Quelques-uns disent avoir entendu des cris, des paroles qui constateraient ce crime, mais ils ne s'accordent pas; il n'y en a pas deux qui rapportent de la même manière les prétendues paroles de Marc-Antoine assassiné. En cela, comme dans tout le reste du procès, chaque point de quelque importance est rapporté différemment par chaque témoin. Or, d'après la loi, tout témoin *singulier*, c'est-à-dire unique, était insuffisant pour prouver quoi que ce fût contre les accusés. En dernière analyse, on se trouve au milieu d'une multitude confuse de rumeurs populaires, incohérentes, souvent vagues, ou dès qu'elles sont plus précises, manifestement partiales et mensongères. L'origine de ces faux bruits est surabondamment expliquée par les dispositions hostiles du peuple à l'égard des protestants, par les antécédents et la faiblesse de Louis Calas, par l'effet que produisirent sur les esprits la pompe funèbre et le double service célébrés en l'honneur du suicidé, et surtout par le *Monitoire*, quatre fois lu à tous les prônes, affiché partout, fulminé enfin dans toutes les paroisses, informant la ville entière des soupçons de l'autorité et enjoignant à chacun, sous les peines les plus redoutées, de venir déclarer à la justice ce dont la justice elle même avait informé tout le monde.

On prétendait cependant compenser l'absence de preuves par le nombre de ces dépositions insuffisantes. Voltaire s'est souvent moqué avec justice de cette dangereuse doctrine. Nous citerons une de ses critiques à ce sujet, et ce n'est pas la plus vive. Il écrit à Damilaville, le 22 mars 1763 :

J'ai appris une des raisons du jugement de Toulouse qui va bien étonner votre raison :

Ces Visigoths ont pour maxime que quatre quarts de preuve, et huit huitièmes font deux preuves complettes ; et ils donnent à des oui-dire le nom de quarts de preuves et de huitièmes. Que dites-vous de cette manière de raisonner et de juger? Est-il possible que la vie des hommes dépende de gens aussi absurdes? Les têtes des Hurons et des Topinambous sont mieux faites[1].

Tout autre était l'esprit de l'ancienne législation qui avait établi en principe qu'une accusation dont la vérité n'est pas pleinement démontrée doit être tenue pour complétement fausse et que la preuve, si elle n'est entière, est nulle.

Probatio quæ non est plena veritas, est plena falsitas; sic quod non est plena probatio, planè nulla est probatio.

D'après ce texte, la condamnation des Calas eût été impossible.

1. On peut répondre à Voltaire qu'il ne s'agit pas plus ici de Visigoths que de Topinambous, mais des règles de la procédure sous le régime de l'Ordonnance de 1670. « Le législateur, dit M. Faustin Hélie, pour donner peut-être un contre-poids à la procédure secrète, avait lié les juges étroitement, par une foule de petites règles qu'il avait semées devant leurs pas et qui enchaînaient complétement leur volonté. Ces règles précisaient à l'avance la valeur légale de chaque fait, de chaque circonstance du procès, matérialisaient les éléments du jugement et dictaient au juge sa décision, indépendamment de sa propre conviction.... Dès que la cause constatait telle preuve, telle présomption, tel indice, il devait attacher à cet indice, à cette présomption, à cette preuve, l'effet que la loi avait voulu lui assigner. » Plus loin l'auteur indique la classification des preuves en *pleines et demi-pleines, manifestes, considérables et imparfaites, concluantes et démonstratives, réelles ou présomptives, affirmatives ou négatives.* Chaque preuve, ensuite, était assujettie à des règles spéciales suivant qu'elle était *vocale, littérale, testimoniale ou conjecturale.* Cette dernière, qui se tirait des *indices, signes, adminicules et présomptions,* était la plus difficile et la plus périlleuse. On distinguait les indices *indubitables* ou *violents, graves et légers.* « Plusieurs indices légers joints ensemble formaient un indice grave ; un indice grave valait un peu moins qu'une semi-preuve; deux indices graves formaient un indice violent; un indice violent suffisait pour condamner à la question; plusieurs indices violents devaient entraîner la condamnation définitive, surtout en matière de grands crimes (p. 657.) » Qu'on applique cette méthode à l'affaire qui nous occupe et à cette multitude de témoignages hostiles, on comprendra le danger où étaient les accusés, entre les mains de juges passionnés.

CHAPITRE VIII.

PAUL RABAUT ET LES PROTESTANTS DE FRANCE

Le protestantisme, religion de parricides. — Déclaration de Genève.
— La *Calomnie confondue*. — La Beaumelle et Paul Rabaut. — Réponse de l'abbé de Contezat. — Luther et Calvin cités comme
ordonnant le parricide. — Noble réplique de Rabaut. — Son écrit
brûlé par le bourreau.

Vox clamantis in deserto.

« Je ne doute pas, Monsieur, écrivait le comte de
Saint-Florentin au marquis de Gudane, gouverneur du
pays de Foix, de la sensation que la procédure instruite
contre les Calas a faite parmi les Religionnaires du païs
de Foix. Vous avez très-bien fait d'éclairer leurs démarches durant le cours de cette affaire[1]. »

Ce qui agita et consterna les Églises réformées de
France, plus encore que le supplice du pasteur Rochette
et de ses trois amis, plus même que le danger des Calas
et l'horrible exécution du père de famille, ce fut la calomnie inouïe du Monitoire, accusant, au nom de la justice et par la voie du clergé catholique, les protestants
d'enseigner et de mettre en pratique un système d'assassinat à l'égard de leurs propres enfants. « Chaque

1. Dépêche du 10 juin 1762, Arch. Imp.

protestant, écrivait au duc de Fitz-James son agent
Alison, regardait cette affaire comme personnelle, parce
qu'ils *prétendaient* qu'on avait répandu que la doctrine
de Calvin permettait aux parents de tuer leurs enfants
qui changeaient de religion[1]. Leurs ennemis allaient
jusqu'à expliquer par cette loi imaginaire la durée de
leur Église en France ; on ne s'étonnait plus de voir les
enfants de ceux qui portaient le titre légal de *Nouveaux-
Convertis* persévérer dans l'ancienne foi de leurs pères,
puisqu'ils n'auraient pu la quitter qu'au péril de leur vie ;
et l'on se disait que la Saint-Barthélemy et la Révocation de l'Édit n'étaient pas des mesures trop cruelles
contre une secte si dénaturée et si sanguinaire. On déclamait contre l'horreur d'une religion de parricides ; et
les protestants étaient justement indignés d'une calomnie si criante, si inattendue, après deux siècles et demi
de martyres, dans un pays autrefois à moitié réformé,
où des milliers de pères avaient vu leurs enfants abjurer
de gré ou de force, sans qu'un seul les en eût punis
par le meurtre.

Les nations protestantes s'étonnèrent que la France,
au dix-huitième siècle, eût des populations entières si
peu instruites de ce qui se passait au milieu d'elles, et
des juges même, si étrangement ignorants. Quand on
apprit en Suisse, en Angleterre, en Allemagne, en Hollande, dans les royaumes du Nord, l'incroyable accusation qui pesait sur le protestantisme en France, on en
fut stupéfait.

Cette surprise générale aurait été plus profonde encore si l'on avait pu lire ces paroles de M. le président
du Puget au principal Ministre :

« Mon zèle pour le service du Roy m'engage de vous représenter, Monseigneur, qu'il seroit essentiel de trouver des moyens
pour empêcher l'entrée des Ministres de la Religion prétendue

1. *Égl. du Désert*, t. II, p. 331.

réformée dans le royaume, et empêcher leur commerce avec ceux de la même Religion qui sont dans les pays étrangers, où ils enseignent des maximes sanguinaires qu'ils viennent répandre dans nos contrées, en procurant par là des crimes affreux[1]. »

Ces derniers mots concernaient surtout la Suisse et plus particulièrement encore Genève et Lausanne, où allaient étudier les futurs pasteurs de nos Églises, depuis la réorganisation par Antoine Court d'un ministère régulier. Le bruit courait d'ailleurs, et nous verrons bientôt que ce n'était nullement au hasard, que Calvin avait formellement commandé aux parents de tuer leurs enfants apostats; on citait l'endroit de l'*Institution chrétienne* où devait se trouver cet infâme précepte.

L'avocat Sudre se vit obligé, pour réfuter cette calomnie, d'appeler en témoignage les autorités soit ecclésiastiques, soit civiles de Genève, et publia dans son Mémoire la déclaration suivante, dont la nécessité bien constatée nous semble humiliante, non pour ceux qui la donnèrent, mais pour ceux qui avaient besoin de l'entendre. Rien ne prouve mieux, selon nous, la sincérité, mais aussi le honteux aveuglement du fanatisme toulousain. De crainte que cette *Déclaration* ne fût encore suspectée comme venant de ministres, on la fit certifier par les Syndics (signé : Lullin) et par le Résident de France, Baron de Montpeyroux. Elle fut suivie d'une déclaration de la République de Genève (c'est-à-dire des Syndics et Conseil) portant qu'à Genève ni la différence de culte ni le changement de religion ne rendaient qui que ce fût incapable de succéder.

DÉCLARATION

*de la Vénérable Compagnie des Pasteurs et Professeurs
de l'Église et de l'Académie de Genève.*

Spectacle Delorme, avocat en cette ville, requis au nom d'un avocat étranger, de l'informer, s'il est vrai que ce soit un prin-

---

1. Voir : Pièces justificatives, XXII.

cipe admis dans notre Église, ou approuvé par un Synode tenu à Genève, qu'un père puisse faire mourir ses enfants, quand ils veulent changer de religion, s'est adressé à cette Compagnie, et l'a priée de donner à cet égard une Déclaration authentique des faits, disant que notre Église est ouvertement accusée d'avoir un tel principe, et qu'il est essentiel, pour un cas très-grave, que la vérité sur ce point soit parfaitement connue.

Sur quoi opiné, chaque Membre de la Compagnie a témoigné l'horreur dont il avait été saisi, à l'ouïe d'une pareille imputation, et son étonnement de ce qu'il se trouve des Chrétiens capables de soupçonner d'autres Chrétiens d'avoir des sentiments si exécrables.

Cependant, puisque l'on croit nécessaire que la Compagnie s'explique sur une opinion si étrange, elle dit et déclare :

Qu'il n'y a jamais eu parmi nous, ni Synode, ni aucune assemblée qui ait approuvé cette doctrine abominable, qu'un père puisse ôter la vie à ses enfants, pour prévenir leur changement de Religion, ou pour les en punir ; que même jamais pareille question n'a été agitée, d'autant que de telles horreurs ne se présument point : que ni Calvin, ni aucun de nos Docteurs n'a jamais rien enseigné de semblable, ni même d'approchant, et que bien loin que ce soit la doctrine de notre Église, nous la détestons unanimement et l'abhorrons, comme également contraire à la nature, à la Religion chrétienne, et aux principes des Églises protestantes. *A Genève, le 29 janvier* 1762.

Expédié par ordre de la Compagnie des Pasteurs et Professeurs de l'Église et de l'Académie de Genève, au nom desquels et pour tous, ont signé

MAURICE, *Modérateur.*
LE COINTE, *Secrétaire.*

Mais ce n'était pas assez que les protestants étrangers répondissent à l'outrage d'un si affreux mensonge. Il fallut que ceux de France à leur tour se défendissent. L'entreprise n'était pas sans dangers. « Il est fâcheux, écrivait plus tard Audibert à Voltaire, que ceux des sujets du roy, qui par leur religion auraient un intérêt pressant et personnel de lever la voix... soient forcés par ménagement de rester dans le silence pour ne pas compromettre leur état. » Une voix hardie et vénérée osa parler pour eux.

Leur représentant le plus accrédité à cette époque était Paul Rabaut, l'illustre pasteur du désert, le père de

Rabaut Saint-Étienne. Il vivait à Nîmes et dans les environs, depuis vingt-quatre ans, toujours exposé à la mort, et se dévouant sans ombre d'ostentation à son œuvre évangélique. Il publia *La Calomnie confondue ou Mémoire dans lequel on réfute une nouvelle accusation intentée aux protestants de la province du Languedoc, à l'occasion de l'affaire du sieur Calas détenu dans les prisons de Toulouse;* avec cette épigraphe : *S'ils ont appelé le père de Famille Béelzébuth, combien plus traiteront-ils ainsi ses domestiques?* Matth. 10. 25. — *Au Désert 1762* [1].

Ce mémoire est remarquable ; il y règne une grande force et par moments une éloquence véritable. Mais déjà, il y a plusieurs années, en le lisant pour la première fois, j'avais été surpris d'y retrouver quelques traces de la déclamation à la mode ; tandis que le style de Paul Rabaut, qui m'est bien connu par ses manuscrits dont j'ai le dépôt, est toujours empreint d'un mérite très-éminent, devenu tout à fait habituel à cet homme admirable qui fut proscrit toute sa vie : je veux dire le calme, le bon sens pratique, ou plutôt un imperturbable sang-froid. L'historien des *Églises du Désert* avait partagé cette impression :

« Cet écrit, dit-il, *le seul de tous ceux de Paul Rabaut où la conscience indignée s'exprime avec quelque colère,* renferme des passages d'une haute éloquence [2]. »

L'explication de cette différence de ton et de style m'a été fournie par un document fort curieux que possède M. Maurice Angliviel, neveu d'Angliviel de la Beaumelle. C'est une *Lettre pastorale* écrite de la main de ce dernier, mais au nom d'un pasteur qui n'est pas désigné, en vingt-huit pages in-12, dont deux sont demeurées en blanc et avec la date du 1er dé-

1. Voir Bibliographie, n° 11. — 2. Tome II, p. 317.

cembre 1761, au Désert. Il est hors de doute que Rabaut a adopté, en l'abrégeant, ce travail deux fois plus long que sa brochure, y a joint un préambule beaucoup plus simple, et a développé davantage ce qui concerne un Synode qu'on prétendait avoir eu lieu récemment à Nîmes et où aurait été décidée la mise à exécution du règlement homicide qu'on prêtait à Calvin.

Parmi les améliorations que Rabaut fit subir au projet de la Beaumelle, deux surtout sont à noter, la réduction de l'écrit à la moitié de sa longueur et le changement d'une *Lettre pastorale*, nécessairement adressée aux seuls protestants, en un *Mémoire* adressé à tous et plus particulièrement à la justice.

Telle qu'elle existe, *la Calomnie confondue* est certainement supérieure à ce qu'elle aurait été si l'un ou l'autre de ses auteurs eût été seul à la rédiger. La Beaumelle est habitué à écrire pour le public, mais diffus et déclamateur, comme maint homme de lettres du dix-huitième siècle ; Rabaut est simple et calme, mais un peu lourd, comme un homme d'action, plus accoutumé à braver les dangers qu'à cultiver l'art d'écrire, et qui enregistrait stoïquement [1] sur son carnet de poche, sans se permettre un mot d'attendrissement ou d'horreur, la date du martyre de ses collègues [2].

1. *Egl. du Dés.*, t. II, p. 170.
2. On sait que La Beaumelle avait l'habitude de publier ses nombreux ouvrages sous des noms supposés et n'en a signé qu'un seul. L'année suivante, parut à Avignon, sous la fausse indication de Paris, son *Préservatif contre le déisme ou instruction pastorale de M. Dumont, ministre du Saint-Évangile, à son troupeau, sur le livre de M. J. Jacques Rousseau intitulé : Émile ou de l'éducation. A Paris*, 1763 (204 p. in-12). Ce livre fut dédié plus tard à Mme Nicol, une des sœurs de Gaubert Lavaysse, qui épousa La Beaumelle en secondes noces. L'ouvrage avait d'abord la forme d'une *Lettre pastorale* de Rabaut, mais il subit de grandes modifications que l'auteur, nous dit-on, regretta, et fut imprimé sur une copie écrite par le jeune Rabaut Saint-Étienne.
Je dois à M. Angliviel ces détails curieux, qu'il n'est pas inutile de mettre en regard de la collaboration de La Beaumelle au Mémoire de Paul Rabaut, fait jusqu'ici entièrement ignoré.

Le fragment suivant fera connaître l'esprit et l'accent de cette noble protestation :

« Ce qui nous a pénétré de la plus vive douleur, c'est qu'en lisant ce Monitoire, nous y avons vu qu'on suppose, comme un fait prouvé ou du moins probable, que l'assassinat du défunt avait été délibéré dans une assemblée de Religion et que ses Parents avaient été chargés de l'exécuter. Voilà donc nos Assemblées religieuses accusées, par un tribunal de justice, avec approbation de l'Official et sous les yeux d'une Cour souveraine, d'être une espèce de cabale où l'on délibère le parricide.

« On ne s'en est pas tenu là : on a publié que Calvin, dans son Institution, avait fait de cette Doctrine un point de Morale et de Foi. Enfin on a poussé les choses jusqu'à dire que nous avions tenu un Synode à Nîmes ou dans les environs, lequel avait décidé que les pères et mères sont obligés en conscience, et conséquemment doivent être exhortés, à ôter la vie à leurs enfants, plutôt que de leur permettre de quitter leur religion.

« Que de pareilles atrocités se répandissent parmi un peuple ignorant, et à l'égard d'une Société peu connue, on pourrait n'en être pas étonné : mais que, dans un siècle aussi éclairé que le nôtre, on charge de telles accusations une Eglise dont la créance est celle de la moitié de l'Europe ; que le magistrat y donne lieu par un Monitoire qui tend à nous rendre odieux : que les supérieurs ne répriment pas un si cruel attentat contre des citoyens que la loi ne distingue pas du reste des sujets, c'est presque nous livrer à la fureur d'une populace crédule.

« Nous ne le dissimulons point, c'est nous attaquer par l'endroit le plus sensible que de nous imputer de semblables horreurs. Que l'on confisque nos biens, qu'on nous envoie aux galères, qu'on attache nos ministres au gibet, qu'on nous rassasie d'opprobres et de supplices ; mais du moins qu'on respecte les maximes d'une morale qui n'a d'autre auteur que Jésus-Christ même. Qu'on nous punisse comme de mauvais raisonneurs, ou comme infracteurs de ces lois pénales que nous ne pouvons observer sans violer de plus augustes lois ; mais qu'on ne nous accuse pas d'être des pères dénaturés et de l'être en vertu des principes d'une religion toute sainte...

« On peut dire hardiment que ceux qui ont imaginé cette assemblée ne l'ont pas crue. S'ils l'avaient crue, l'auraient-ils énoncée dans un Monitoire? En l'énonçant ne donnoient-ils pas avis aux coupables de prendre la fuite? Aucun pourtant ne l'a prise. S'ils l'avoient seulement soupçonnée, n'auroient-ils pas fait des recherches secrètes? n'auroient-ils pas craint d'éventer un mystère si important? Quel a donc été leur but? Il est difficile de leur en attribuer d'autre que celui de nous rendre odieux. L'accusation imputée contre Calvin est une impudence qui ne mérite pas de réponse. Les écrits de ce docteur ont fait l'admiration d'une partie du monde et le désespoir de l'autre : qu'on les lise et l'on verra que sa morale n'est autre que celle de l'Evangile. »

Rabaut envoya cette apologie des protestants de France au magistrat chargé de poursuivre les Calas, au procureur général Riquet de Bonrepos, avec une lettre qu'on trouvera plus loin.

On lit dans l'*Histoire des Églises du Désert* que la vivacité bien motivée de ces paroles, où l'auteur se départait de l'extrême modération ordinaire aux requêtes des protestants, fut blâmée par eux. Le pasteur Pierre Encontre trouvait les expressions « un peu fortes. » De la Broue, chapelain de l'ambassade de Hollande à Paris, écrivit à Rabaut avec plus de justesse, sous son pseudonyme d'*Euorbald* :

« Je trouve le mémoire bon, mais j'eusse improuvé, si j'avais été consulté, l'épigraphe [1]. On peut répondre avec vigueur, mais que l'esprit de douceur soit notre guide ; éloignons tout ce qui sent la récrimination et l'aigreur [2]. »

1. Nous devons dire que dans le manuscrit de La Beaumelle cette épigraphe ne se trouve pas ; mais ce manuscrit n'est qu'une ébauche évidemment destinée à être remaniée et complétée.
2. Une Revue anglaise très-connue, la *Westminster Review*, en rendant du présent ouvrage un compte bienveillant (octobre 1858), blâme très-vigoureusement les protestants de France, pour avoir désapprouvé la vivacité de leur défenseur en cette occasion, et pour l'avoir trouvé *trop sévère contre les meurtriers de Calas*, comme dit l'auteur. Puis s'armant contre les réformés français, des rudes censures de Saurin « à l'égard de ces *Nicodémites*, qui en ne s'expatriant point, avaient sacrifié leur conscience à leur intérêt, trahissaient leur Dieu et leurs frères, » l'écrivain anglais ajoute : « Je dirais plus tôt qu'ils étaient infidèles à eux-mêmes. » C'est là une critique au moins exagérée. On peut reprocher sans doute à un grand nombre de protestants, depuis François Ier jusqu'à Louis XVI, d'avoir manqué souvent d'héroïsme ; quelques-uns furent trop timides, sans doute, mais où vit-on jamais tout un peuple de héros, une multitude composée uniquement de martyrs intrépides et de victimes prêtes à tous les sacrifices? Le martyrologe du protestantisme français depuis Jacques Pauvant, brûlé à Paris en 1524 jusqu'à Jean Calas, les glorieux écrous de nos milliers de *Forçats pour la foi*, depuis le règne de Louis XIII jusqu'en 1775, les listes de prisonnières comme celles qui souffrirent sans faiblir dans l'hôpital général de Valence ou la Tour de Constance à

La colère des ennemis du protestantisme fut extrême. On s'offensa de voir paraître au grand jour la réclamation d'un pasteur proscrit, qui n'avait pas même d'existence légale, puisqu'il vivait sous la menace perpétuelle du supplice ; et ce supplice avait été subi récemment par plusieurs de ses collègues ; un autre, Rochette, devait le subir quelques semaines plus tard. On s'irrita d'une audace qui parut une énormité. On jugea nécessaire de réfuter publiquement l'écrit du pasteur par des *Observations sur un Mémoire qui paraît sous le nom de Paul Rabaut, intitulé la Calomnie confondue.* — 1762. L'auteur anonyme était l'abbé de Contezat. Il avait pris pour épigraphe cette phrase de saint Cyprien : *Nedum tacemus, non verecundiæ sed diffidentiæ causâ tacere videamur* : « De peur que, si nous nous taisions, notre silence ne fût attribué non à l'humilité mais à la confusion[1]. »

L'abbé de Contezat nous est inconnu. On a dit qu'il avait été appelé à Toulouse pour essayer de convertir le pasteur-martyr François Rochette et les trois gentilshommes exécutés avec lui le 19 février. On ajoutait que ses mœurs étaient très-mauvaises. Nous ne savons si ces allégations sont exactes ; mais ce qui est incontestable c'est l'excès de violence et de noirceur qui d'un bout à l'autre anime cet écrit. Il ne s'agit plus ici de l'*esprit de douceur* qu'exigeait De la Broue, ni même des *récriminations* et de l'*aigreur* qu'il blâmait. Il s'agit de lancer contre des prisonniers et des proscrits les accusa-

Aiguesmortes, le nombre des pasteurs brûlés vifs ou pendus jusqu'en 1762, prouvent surabondamment que pour ne s'être point exilés, les fils des huguenots ne furent infidèles ni à Dieu, ni à leurs frères, ni à eux-mêmes. Et d'ailleurs, ignore-t-on que s'exiler était souvent une impossibilité absolue, que toutes les frontières étaient gardées, et qu'un des crimes pour lesquels on était condamné l'homme aux galères, la femme à la Tour de Constance, les enfants au couvent *où on les faisait catholiques*, était précisément d'avoir tenté en vain de sortir du royaume ? Beaucoup crurent que leur conscience même les obligeait à rester ; et si tous s'étaient exilés, n'est-il pas évident que la liberté religieuse et le protestantisme eussent été anéantis en France pour longtemps ?

1. Bibliographie, n° 12.

tions les plus perfides, qui devaient, si elles étaient ac-
cueillies, les mener tous à l'échafaud.

Ainsi, l'auteur trouve naturel que les pasteurs soient
soupçonnés (sans ombre de preuves) d'avoir ordonné
l'assassinat de Marc-Antoine :

> « On a pu légitimement supposer que le zèle cruel d'un père
> protestant était enflammé par les suggestions de ceux qui sont
> les oracles et le soutien de la Religion prétendue Réformée. »

Voici le portrait de fantaisie qu'il trace de ces pasteurs ; voici comment il explique qu'il peut y avoir des
protestants qui eux-mêmes ne connaissent pas les maximes de sang pratiquées dans leur secte :

> « Leur mauvaise foi leur fournit assez de moyens pour faire
> glisser le poison de leur fureur dans le cœur de certains de leurs
> disciples, disposés à le recevoir par caractère, par tempérament
> ou même par intérêt; mais ces fanatiques se garderont bien de
> laisser apercevoir leur système de sang à ces Religionnaires dont
> la naissance a formé les sentiments, dont l'éducation a poli les
> mœurs, et qui ne sont attachés au Calvinisme que par indifférence
> et parce que cette religion n'impose aucune gêne. »

L'acharnement de l'abbé de Contezat contre les Calas
est plus grand encore que celui avec lequel il attaque
les pasteurs. Voici un exemple où l'on verra à quel
point une partialité éhontée peut tout défigurer :

> « Si les sentiments de tristesse et d'effroi sur le sort d'un père,
> qui remplira peut-être toute sa maison de sang, ne nous impo-
> saient silence, nous rappellerions ici tant de propos prononcés
> avec fureur, d'un air menaçant, les yeux égarés, le visage en feu:
> combien de fois a-t-on entendu ces parents furieux rendre le Ciel
> complice de leur colère pour former des vœux homicides, dévouer
> leurs enfans catholiques à l'exécration la plus affreuse, et regar-
> der leur retour à la vraie foi comme une défection déshonorante?
> N'a-t-on pas vu des Prélats et des Magistrats se réunir pour es-
> suyer les larmes du fils, réprimer la douleur cruelle du père, et
> par des ménagements de prudence, ordonner une séparation aussi
> utile à la sûreté de l'un que nécessaire à la violence de l'autre ? »

Ce qu'il y a de plus curieux dans cet odieux libelle,

c'est qu'il cite les passages de Calvin et de Luther sur lesquels on fondait l'accusation inouïe qui venait de surgir au bout de deux siècles contre leur mémoire et contre leurs Églises.

Voici d'abord le texte de Calvin. Nous n'avons pas besoin de faire observer qu'il n'y est pas question le moins du monde d'empêcher ou de punir le changement de religion, bien moins encore d'autoriser le meurtre des enfants par leurs pères. Il s'agit de commenter le commandement : *Tu honoreras ton père et ta mère*, dont la violation dans certaines circonstances était punie de la peine capitale chez les Juifs (Exode 21, 7. Lév. 20, 9. Prov. 20, 20. Deut. 21, 18) comme, au reste, chez les Romains et d'autres peuples anciens.

« Tous ceux qui violent l'authorité paternelle, ou par mespris ou par rébellion, sont mons res et non pas hommes. Pourtant (c'est pourquoi) nostre Seigneur commande de mettre à mort tous ceux qui sont désobéissants à père et à mère : et ce à bonne cause. Car puisqu'ils ne recognoissent point ceux, par les moyens desquels ils sont venus en ceste vie, ils sont certes indignes de vivre. Or il appert par plusieurs passages de la loy ce que nous avons dict estre vray : asçavoir que l'honneur dont il est ici parlé ha trois parties : Reuerence, obeïssance et amour, procedant de la recognoissance des bienfaicts. La première est commandée de Dieu, quand il commande de mettre à mort celuy qui aura détracté de père et de mère, car en celà il punit tout contemnement et mespris. La seconde en ce qu'il a ordonné que l'enfant rebelle et désobeïssant fust aussi mis à mort... (Inst. L. 2. ch. 8. sect. 36.) »

On a le droit de trouver très-sévère cette législation de l'Ancien Testament qui punissait de mort les fils rebelles ; mais il est trop évident qu'il n'y a aucune espèce de rapport entre la peine capitale prononcée dans ce cas, et l'ordre donné à des pères de tuer leurs enfants s'ils voulaient se faire catholiques. Court de Gébelin a parfaitement prouvé d'ailleurs[1] qu'il n'existe aucune diffé-

---

1. *Toulousaines.*

rence entre les commentaires des protestants sur ce texte et ceux des catholiques. Il a choisi pour cette démonstration les *Institutions* de Mgr de la Poype de Vertrieu, évêque de Poitiers, publiées en 1732 dans sa ville épiscopale en 5 volumes in-12. On y trouve (t. 2, p. 209-215) les mêmes textes de l'Ancien Testament cités et commentés de la même manière. Il serait très-facile d'ajouter à cet exemple une multitude de citations analogues et de prouver que si la doctrine du parricide est dans Calvin, elle n'est pas moins chez une foule de théologiens catholiques, qui disent identiquement ce qu'il a dit. Catholiques et protestants ont eu longtemps le tort de ne pas comprendre que les lois des Juifs ne sont nullement applicables à la chrétienté, ni aux temps modernes.

Quant au passage très-violent tiré d'une lettre de Luther, on peut y voir à bon droit le souhait coupable d'une sorte de croisade ou expédition à main armée contre ceux qu'il appelle : *Hos magistros perditionis, hos Cardinales, hos Papas et totam istam Romanæ Sodomæ colliviem, quæ Ecclesiam Dei sine fine corrumpit*[1]. Mais rien, en

---

1. *Si on pend les larrons au gibet, si on châtie les brigands avec le glaive et les hérétiques par le feu, pourquoi n'attaquons-nous pas de toutes nos forces ces maîtres de perdition, ces cardinaux, ces papes et toute cette racaille de la Sodome romaine qui ne cesse de corrompre l'Église de Dieu? Pourquoi ne lavons-nous pas nos mains dans leur sang?* »

Ces paroles affreuses, inexcusables, écrites dans un moment de colère, et conformes à la doctrine catholique sur le prétendu devoir imposé à la vraie Église de détruire l'hérésie, ne peuvent être plus dignement réfutées que par d'autres, tout opposées, écrites par le même Luther.

On se souvient qu'en 1562 il s'agissait entre princes et États protestants de s'engager dans une alliance pour la défense de la Religion et de prendre les armes. Voici la réponse du Réformateur à cette proposition : « Nous ne pouvons en bonne conscience, ni conseiller, ni ap-
» prouver une semblable alliance, vu que si l'on venait à répandre du
« sang ou s'il en résultait du mal, nous aimerions mieux dix fois être
« morts que de nous exposer au reproche d'avoir occasionné des désor-
« dres et du carnage par notre Évangile. Notre devoir est de souffrir et
« nous devons selon le prophète (Ps. 44-93) nous estimer comme des

tout ceci, ne ressemble à l'ordre d'étrangler les apostats par les mains de leurs·pères. Il ne s'agit nullement de protestants convertis au catholicisme ; et l'abbé, pour faire cadrer, tant bien que mal, sa citation avec son sujet, a perfidement omis dans sa traduction *les Maîtres de perdition, les Cardinaux et les Papes*, et s'est borné à traduire *cette racaille de la Sodome Romaine*. Sans cette omission, nul n'aurait pu songer à reconnaître Marc-Antoine Calas ou ses pareils, dans une énumération injurieuse des princes de l'Église de Rome ; tandis que la phrase, ainsi abrégée, pouvait, à toute rigueur, paraître applicable aux prosélytes du catholicisme.

Ce n'est pas volontairement que l'abbé se contenta de citer Calvin et Luther d'une façon si peu probante. On dit que pendant quelques jours les livres protestants furent en grande réquisition à Toulouse ; magistrats, prêtres, moines surtout (à cause de certaines bibliothèques de couvent, qui ont le privilége de posséder les livres hérétiques), cherchaient à l'envi dans ces livres les préceptes de sang qu'on espérait y trouver mais qu'on n'y trouva pas. Faute de mieux, il fallut se contenter de ces deux passages, absolument étrangers à la question.

L'indigne diatribe de l'abbé fut distribuée aux membres du Parlement, juges des Calas, par les soins du Procureur général [1].

Quant au mémoire de Rabaut, ce magistrat le dénon-

« brebis envoyées à la boucherie.... » Plus loin on lit: « Nous ferons
« plus par nos prières et par nos supplications, que nos adversaires par
« leur fierté et leur vanterie ; mais gardons-nous de souiller nos mains
« de sang et de violence. (Ed. Walch, t. IV, p. 564.) »

1. Il existe dans la collection de pièces réunies par Mme de la Beaumelle, née Lavaysse, une *Copie d'une lettre de M.... à M. Paul Rabaut.* C'est un projet de réponse à l'abbé de Contezat. Déjà un jeune licencié en théologie lui avait répliqué ; mais il paraît que ces réfutations n'ont vu le jour ni l'une ni l'autre. Le neveu de la Beaumelle, M. Angliviel, pensait que *la lettre de M.... à M. P. Rabaut* était de son oncle. Il possédait aussi, en manuscrit, la réponse du licencié.

ça à la fois au Ministre par une lettre particulière et au
Parlement par un réquisitoire en forme. La réponse du
Ministre est extrêmement curieuse et les lettres échangées à ce même sujet par le chancelier de Lamoignon,
et M. de Saint-Priest, intendant du Languedoc, ne le
sont pas moins[1]. M. de Saint-Florentin craint quelque
secousse si Paul Rabaut était arrêté (parce qu'il aurait
fallu le rouer ou le pendre comme les autres ministres
protestants). Le respect et le dévouement que s'était
attirés le pasteur du Désert rendaient son arrestation
et son supplice dangereux. D'ailleurs, il avait pacifié la
contrée (comme le dit l'abbé de Contezat lui-même), et
après tout, l'on aimait encore mieux à Versailles profiter de son dévouement pour calmer et contenir ses coreligionnaires que les exaspérer par sa mort. Aussi le
Ministre ordonne-t-il au Procureur général de présenter
au Parlement un des exemplaires de la *Calomnie confondue* où le nom de Rabaut ne se trouvait point[2], et d'éviter
soigneusement que ce nom fût prononcé. A vrai dire,
ce que M. de Saint-Florentin aurait préféré, c'était que
Rabaut quittât le pays; c'est dans l'espoir de l'y résoudre
par la terreur qu'il consent aux poursuites projetées
contre son Mémoire, autorisant même le Procureur général à le faire arrêter, *s'il a encore l'audace de se montrer* après ce décret, mais *en prenant de bonnes mesures
pour prévenir toute secousse*.

Soit excès de zèle, soit qu'un des membres de la Cour
eût prononcé le nom interdit, soit plutôt que la lettre
du Ministre, qui est du 2 mars, ne lui fût point parvenue
le 6, M. de Bonrepos nomma (jusqu'à six fois) Paul Rabaut dans ses réquisitoires, mais non dans le texte
même de l'arrêt qui fut rendu à sa requête.

---

1. Voir : Pièces justif. XVII, XVIII, XIX.
2. Nous ne pensons pas qu'il en existe où son nom se trouve; au
moins en avons-nous eu plusieurs entre les mains, tous anonymes, et
Rabaut le dit lui-même dans le *Mémoire* qu'on lira plus loin.

Il se plaint de ce que Paul Rabaut prend le titre de Ministre du Saint-Évangile, de ce qu'il a osé dater son ouvrage du *Désert*, de ce qu'il prétend tous les protestants enveloppés dans l'accusation de quelques particuliers. — Le lecteur a pu juger si Rabaut avait tort de le prétendre.

Le Procureur général se plaint enfin de ce que l'auteur du Mémoire *insulte à la religion en rapprochant la conduite des premiers chrétiens de celle des nouveaux prosélytes de la R. P. R.* [1]. *Ce que veut cet auteur séditieux, en bravant à la fois l'autorité séculière et l'autorité ecclésiastique, c'est préparer ceux dont il a surpris la confiance par ses déclamations, à redouter et cependant à mépriser toute autorité. On passe aisément du mépris à la révolte, et c'est le point de vue de cette foule de ministres obscurs qui n'attendent leur considération et leur fortune que du trouble et du désordre.*

Tout ceci aboutit à une théorie complète du despotisme le plus illimité, au point de reléguer dans l'autre monde l'autorité de Dieu même pour tout laisser ici-bas à celle du roi, et cela sous prétexte d'une parole de Jésus-Christ :

Le royaume de Dieu n'est pas de ce monde ; il ne veut régner que sur les cœurs et les consciences ; il laisse aux rois de la terre un empire absolu sur les actes extérieurs de leurs sujets.

En conséquence, si F. Rochette vient d'être condamné à mort, ce n'est point *comme mauvais raisonneur*, mais *comme séditieux et réfractaire aux ordres du roi.*

Paul Rabaut écrivit immédiatement un nouveau Mémoire fort court, qu'il envoya au Procureur général et au Ministre, et qui n'a jamais été publié. Nous l'insérons tout entier, d'après l'exemplaire adressé à M. de

---

1. Rabaut avait dit avec raison que pour trouver un exemple d'une calomnie aussi inique, il fallait remonter jusqu'aux crimes fabuleux dont les chrétiens des premiers siècles étaient accusés par leurs persécuteurs.

Saint-Florentin et qui est de l'écriture de Rabaut Saint-
Étienne (Arch. Imp.) Cette humble réclamation noûs
paraît un modèle de dignité, de simplicité et de modération. Jamais un innocent calomnié ne s'est plus no-
blement souvenu « qu'il était personne proscrite et qu'il
fallait respecter les lois. »

MÉMOIRE POUR PAUL RABAUT.
(Sans indication de lieu ou de date, ni signature).

C'est avec la plus vive douleur que le Sʳ Paul Rabaut apprend
de toutes parts qu'il a eu le malheur d'indisposer contre lui pre-
mièrement Monsieur le Procureur général du Parlement de Toulouse, par la lettre qu'il a pris la liberté de lui écrire le 5ᵉ du mois
de janvier, et par la qualité de ministre qu'il ajouta à sa signature ; et en second lieu le gouvernement, qui est informé de ces
choses.

Si P. Rabaut avait pu prévoir que sa lettre et la manière dont
il l'a signée pussent produire un pareil effet, assurément il n'y
aurait eu de sa part ni lettre, ni signature. Jamais il n'eut intention de provoquer ni les Magistrats ni le Gouvernement ; ceux
qui le connaissent savent que c'est un sujet paisible, dont l'unique
ambition est d'être utile à sa patrie, et qui, en plus d'une occasion, a donné les plus fortes preuves de son zèle pour le bien de
l'État, de son attachement respectueux pour le Roi et de sa profonde vénération pour tous ceux à qui Sa Majesté confie une portion de son autorité. Il supplie très humblement qu'on lui permette
d'exposer avec simplicité comment les choses se sont passées afin
qu'on soit instruit des raisons de sa conduite. Si nonobstant ces
raisons on persévère à le trouver coupable, gémissant de son
malheur, il n'aura plus qu'à demander grâce pour une faute tout
à fait involontaire.

On sait quelle horrible accusation a été intentée aux protestants du Bas-Languedoc ; on a voulu que, dans un synode, ils
aient délibéré le parricide pour cause de religion. Ne point réfuter une calomnie aussi atroce, c'était l'accréditer. On fut donc
obligé d'en montrer la fausseté, et c'est ce qui produisit le Mémoire qui a pour titre : *La Calomnie confondue*, etc.

Si P. Rabaut avait voulu faire ostentation de son titre, il l'auroit mis avec sa signature dans le Mémoire imprimé ; il n'en fit
pourtant rien, se souvenant qu'il était personne proscrite et qu'il
fallait respecter les lois.

Mais réfléchissant, d'un autre côté, qu'un Mémoire sans nom
d'auteur n'aurait ni authenticité, ni force par conséquent, et que
pour détruire la calomnie, il était nécessaire qu'on sût d'où par-

tait le Mémoire dont il s'agit et qu'il avait pour auteur un membre de ce Synode qu'on accusait d'une si grande énormité, P. Rabaut prit la liberté d'écrire à M. le Procureur général la lettre suivante dont il a gardé soigneusement copie :

« Monsieur,

« L'accusation qu'on a osé nous intenter est trop grave, elle tire à de trop dangereuses conséquences, pour ne pas en montrer la fausseté et même le ridicule. Nous l'avons fait dans le Mémoire que je prens la liberté de vous adresser. Nous espérons, Monsieur, de vos lumières et de votre équité, que vous voudrez bien en faire usage pour démasquer l'imposture et faire rendre justice à des hommes, à de bons citoyens, à de fidèles sujets. Je suis avec un profond respect, Monsieur, etc. »

Si cette lettre a, dans sa forme ou dans ses termes, quelque chose de peu respectueux pour le Magistrat auquel elle était adressée, P. Rabaut supplie de n'en chercher la cause que dans son ignorance des usages et du style qui doit être employé lorsqu'on s'adresse aux grands. Vivant dans les déserts, il a pu ignorer les formules usitées dans le monde; mais, pénétré du plus profond respect pour toutes les personnes constituées en dignité et particulièrement pour les ministres des lois, il proteste que son cœur n'a point eu de part à l'offense. S'il ajoute à sa signature la qualité de Ministre, c'est, d'un côté, qu'il ne savait point être connu de M. le Procureur général et que, de l'autre, ayant trouvé dans un calendrier de Toulouse le nom d'un avocat parfaitement conforme au sien, il crut nécessaire de ne point compromettre cet avocat qu'il ne connaît point, et de prendre sur lui tous les risques, s'il y en avait à courir.

On le réitère : si cette courte apologie ne suffit pas pour disculper P. Rabaut, il gémira sur une faute involontaire et sur son état de proscription qui s'oppose au désir qu'il a de l'expier, en donnant les preuves les plus authentiques de sa douleur sincère; il suppliera le gouvernement de lui faire grâce et de ne pas douter de la pureté de ses intentions et du désir qu'il a d'être utile à sa patrie.

Malgré cette humble et ferme défense, la Cour condamna « ledit écrit à être lacéré et brûlé au bas du perron du palais, par l'exécuteur de la Haute Justice. » Elle ordonna de plus, mais sans désigner Rabaut, qu'il serait informé « contre tous ceux qui ont composé, écrit, imprimé, distribué ou débité ledit libelle. »

Le 8 mars, en effet, à l'issue de l'audience, en présence de Joseph-Guillaume Gravier, greffier garde-sacs de la Cour, le bourreau brûla l'écrit de Rabaut dans la cour du palais de justice.

Loyseau de Mauléon a écrit, page 36 de son *Factum*[1], que Jean Calas, en traversant la cour du Palais pour subir un interrogatoire, aperçut le bourreau et le bûcher, crut voir les apprêts de son supplice et se troubla. Il ajoute que ses réponses se ressentirent de ce trouble et peut-être contribuèrent à le faire condamner. Toute cette anecdote, répétée par Voltaire et d'autres, nous paraît fausse; ni à Paris, ni à Toulouse, nous n'avons pu découvrir aucune trace d'interrogatoire, confrontation ni recolement à la date du 8 mars. D'ailleurs Loyseau de Mauléon ne parle que d'un écrit calviniste, sans signaler celui de Rabaut; il est vrai que rappeler plus exactement cet écrit condamné, eût été peut-être une maladresse.

Cette condamnation et l'ordre donné d'informer contre les auteurs, distributeurs, etc., firent naître, parmi les protestants de France, les plus vives craintes pour un homme qui était leur véritable chef, aimé et vénéré de tous[2]. On s'en émut aussi à l'étranger, et de divers côtés on s'empressa d'offrir au pasteur du Désert un asile et des moyens d'existence. Il reçut à cette occasion des propositions honorables de Genève, de Lausanne, de Copenhague, d'Altona; il refusa tout et continua, en redoublant de précautions, son existence de proscrit.

1. Voir: Bibliographie.
2. « Chacun craignait pour Paul. » (Rapport d'Alison au duc de Fitz-James, déjà cité, en date du 2 avril.) — On sait que les pasteurs proscrits cachaient leur nom; Rabaut vit encore dans la mémoire du peuple protestant du Languedoc, sous son prénom de *Monsieur Paul*. Le nom vulgaire de la rue de Nîmes, qu'il habita pendant ses dernières années, est encore aujourd'hui celui de *Rue de Monsieur Paul*; il est regrettable qu'une administration timide ait changé à dessein cette désignation historique en celle de rue *Grétry*, sous prétexte du voisinage du Théâtre.

CHAPITRE X.

TORTURE ET SUPPLICE DE JEAN CALAS.

« On lui jette (au bourreau) un empoisonneur, un parricide, un sacrilége; il le saisit, il l'étend, il le lie sur
une croix horizontale, il lève le bras : alors il se fait un
silence horrible, et l'on n'entend plus que le cri des os
qui éclatent sous la barre, et les hurlements de la victime. Il la détache; il la porte sur une roue, les membres fracassés s'enlacent dans les rayons; la tête pend;
les cheveux se hérissent, et la bouche, entrouverte
comme une fournaise, n'envoie plus, par intervalle,
qu'un petit nombre de paroles sanglantes qui appellent
la mort. »

Le comte Joseph de MAISTRE,
Soirées de St. Pétersbourg, 1er E.

.Élie de Beaumont[1] rapporte qu'au moment où les juges allaient prononcer leur sentence, on fit courir le
bruit d'un projet d'évasion des accusés; aussitôt leurs
gardes furent doublées; pendant la nuit, des lanternes
allumées furent placées sur le toit des prisons; une
cloche qui répondait au logis du geôlier fut suspendue
au corps de garde. D'autres rumeurs plus étranges encore se répandirent; on prétendit que les accusés
avaient voulu se tuer; la servante Viguière s'étant
trouvée mal un jour, jusqu'à demeurer sans connaissance, on la crut morte et empoisonnée; la nouvelle

---

1. E. de B., 3.

en fut portée à la Chambre de la Tournelle qui siégeait en ce moment et qui envoya immédiatement un des conseillers s'assurer du fait.

Je rapporte ces derniers bruits sous toutes réserves, n'ayant aucun moyen d'en vérifier l'exactitude. Ils ne prouveraient que l'angoisse croissante des prévenus et le zèle ardent des juges.

Il fut décidé que Calas père serait jugé seul avant tous les autres; on espérait obtenir de lui, soit par la torture, soit sur l'échafaud, des aveux qui permettraient de condamner ses complices.

L'arrêt ne fut prononcé qu'au bout de *dix grandes séances*[1]. Des treize juges, sept opinèrent immédiatement pour la mort, trois pour la torture seulement (se réservant ainsi de voter la mort plus tard, s'il y avait lieu); deux furent d'avis qu'on vérifiât avant tout s'il était possible ou non que Marc-Antoine se fût pendu entre les deux battants de la porte, avec le billot et la corde qui étaient au greffe. Un seul se déclara pour l'acquittement.

Ne semble-t-il pas prodigieux qu'on ait refusé l'examen de fait, demandé par deux juges? Conçoit-on de nos jours un tribunal passant outre à une condamnation capitale, quand deux ou trois de ses membres demandent une vérification qui n'eût pas exigé une demiheure? Le parti pris et la légèreté furent-ils jamais plus évidents?

Malgré la majorité de 7 voix sur 13, Calas n'était pas condamné encore; cette majorité, d'après la loi, était insuffisante pour une sentence capitale. Après un débat prolongé, ce fut, dit-on, le doyen des conseillers, M. de Bojal, qui, en se joignant aux 7 voix déjà obtenues, rendit l'arrêt de mort exécutoire. On l'avait cru favorable aux Calas.

---

1. Lettre du président de Senaux. (Pièces justif: xx.)

L'arrêt portait 1° que Calas subirait la question ordinaire et extraordinaire « pour tirer de lui l'aveu de son crime, complices et circonstances; » « 2° qu'étant en chemise, tête et pieds nus, il serait conduit dans un chariot, des prisons du palais à la cathédrale, et que là devant la porte principale, étant à genoux, « tenant en ses mains une torche de cire jaune allumée du poids de deux livres, » l'exécuteur de la haute justice « lui fera faire amende honorable et demander pardon à Dieu, au roi et à la justice de ses méfaits; » 3° l'ayant remonté sur ledit chariot, l'exécuteur le conduira à la place Saint-Georges [1] où, sur un échafaud, « il lui rompra et brisera bras, jambes, cuisses et reins; » 4° il le portera sur une roue et l'y couchera le visage tourné vers le ciel, « pour y vivre en peine et repentance de ses dits crimes et méfaits et servir d'exemple et donner de la terreur aux méchants, tout autant qu'il plaira à Dieu de lui donner de vie [2]. »

Cette sentence, qui serait très-cruelle, quand il s'agirait d'un véritable assassin, fut prononcée contre Jean Calas le 9 mars et exécutée dans tous ses affreux détails le lendemain.

Nous croyons devoir insérer ici le procès-verbal de cette hideuse boucherie, tel que le signa un homme que nous devions nous attendre à retrouver sur l'échafaud de sa victime, David de Beaudrigue. Ce procès-verbal est un monument historique d'une haute valeur, parce que l'innocence du condamné y éclate à chaque instant, à travers les ruses de ses interrogateurs et l'atrocité de ses tourments [3].

1. Note 18 à la fin du volume. — 2. Note 19, *ibid.*
3. Ce procès-verbal, abrégé de moitié, a été publié par M. Frédéric Thomas, avocat à la Cour impériale, dans les *Petites Causes célèbres du jour*, n° 7, en juillet 1855, et inséré dans le journal *la Presse* le 2 août suivant. Nous avons collationné ce document sur l'acte authentique conservé aux *Archives*, et nous avons non-seulement rétabli ce qui manquait dans l'abrégé imprimé, mais reproduit le style et jusqu'à l'orthographe

PROCÈS-VERBAL D'EXÉCUTION DE JEAN CALAS PÈRE.

« L'AN mil sept cent soixante-deux et le dixième jour du mois de mars après-midy, par devant nous, noble François-Raymond David de Beaudrigue et M. Leonard Daignan de Sendal, capitouls, dans le grand consistoire les plaids tenant, a été emmené par l'exécuteur de la haute justice le nommé Jean Calas père, accusé du crime d'homicide par luy commis sur la personne de Marc-Antoine Calas, son fils aîné, lequel, tête, pieds nuds, en chemise, ayant la hard au col, et étant à genoux, M. de Pijon, avocat du roy, a dit que le procès ayant été fait, tant de notre autorité que celle de la souveraine cour de parlement, à sa re- quête et à celle de M. le procureur général, pour cas de crime d'homicide contre ledit Jean Calas père et autres, ladite souve- raine cour de parlement, par son arrêt, rendu le neuvième du courant en la chambre Tournelle, a condamné ledit Calas père à faire amende honorable devant la porte principale de l'église Saint-Etienne de Toulouse, et à être conduit ensuite à la place Saint-Georges, et sur un échafaud qui à cet effet y sera dressé, ledit Calas père y sera rompu vif et ensuite expiré sur une roue qui sera dressée tout auprès dudit échafaud, la face tournée vers le ciel, pour y vivre en peine et repentance de ses dits crime et méfaits, tout autant qu'il plaira à Dieu de lui donner la vie, et son corps mort jeté ensuite dans un bûcher ardent préparé à cet effet sur ladite place, pour y être consommé et ensuite les cen- dres jetées au vent ; préalablement, ledit Calas père avoir été appliqué à la question ordinaire et extraordinaire ; le condamne en outre à cent sols d'amende envers le Roy, déclare ses biens confisqués et acquis à qui de droit, distrait la troisième partie d'iceux pour sa femme et ses enfans, s'il en a, et aux dépens en- vers ceux qui les ont exposés. Et pour faire mettre ledit arrêt à exécution contre ledit Calas père, ladite cour renvoie devant nous, nous commettant quant à ce. Et attendu que ledit Calas père est présent, requiert qu'il soit tout présentement fait lec- ture par notre greffier du susdit arrêt ; et a signé, de Pijon, avo- cat du Roy.

« SUR QUOY, nous dits capitouls, faisant droit sur les réquisi- tions du procureur du Roy, ordonnons qu'il sera tout présente- ment fait lecture par notre greffier du susdit arrêt.

« APRÈS QUOY, ledit procureur du Roy a de nouveau requis que, demeurant la lecture qui vient d'être faite du susdit arrêt, icelui soit exécuté contre ledit Calas père, suivant la forme et teneur, ce qui a été par nous ainsi ordonné.

de l'original. Il nous a paru important de lui laisser toute la froideur technique et barbare du langage officiel.

« Et tout incontinent ledit Calas père ayant été conduit de notre ordre par l'exécuteur de la haute justice dans la chambre de la question, Pardevant nous susdits capitouls, accompagnés de Mᵉ Labat, notre assesseur, commissaire en cette partie, et de notre greffier, ledit Calas père ayant été mis sur le bouton de la question ordinaire, nous lui avons représenté que, par la lecture de l'arrêt qu'il vient d'entendre, il est condamné à mort, préalablement avoir été appliqué à la question ordinaire et extraordinaire, qu'il voit qu'il n'a que très-peu de temps à vivre, et des tourmens à souffrir ; ce qui doit l'obliger, pour la décharge de sa conscience, de nous répondre et dire vérité, en nous déclarant ses crimes et méfaits, ensemble ses complices ; et à l'instant, de notre mandement, ledit Calas père, la main levée à la passion figurée de Notre-Seigneur Jésus-Christ, a promis et juré de dire vérité.

« Et de suite avons enjoint, tant à l'exécuteur de haute justice qu'à ses gardes et valets, de sortir de la dite chambre ; et, iceux retirés, avons encore représenté audit Calas père qu'il ne peut, sans violer le serment qu'il vient de prêter, se dispenser de répondre ingénuement, sans détour et sans équivoque, aux interrogats que nous allons lui faire ; qu'en déguisant la vérité, ses peines et tourmens seront redoublés.

Interrogé de son nom, surnom, âge, qualité, demeure et de sa profession,

Répond s'appeler Jean Calas père, marchand, âgé de soixante-quatre ans, être marié et avoir des enfants.

Interrogé avec qui il étoit en relation avec son commerce et quelles sont les maisons qu'il fréquentoit dans cette ville, comment s'appellent les personnes qu'il connoît et avec qui il commerçoit,

Répond qu'il étoit en relation avec les sieurs Tissié, Cazeing, Francés et autres marchands.

Interrogé s'il n'est vray que luy et sa femme ont vécu jusques icy dans la religion prétendue réformée et ont élevé leurs enfants dans la religion prétendue réformée,

Répond et avoue l'Interrogatoire.

Interrogé s'il n'est vray qu'il fréquentoit souvent le sieur Cazeing, logé à la place de la Bourse, s'il ne se rendoit souvent chez luy, en compagnie de qui il sy rendoit,

Répond et dit qu'il se rendoit quelquefois chez ledit Cazeing en visite et avec le sieur Tissié et quelquefois avec le sieur de Serres, marchand.

Interrogé s'il n'est vray que le treize du mois d'octobre dernier Lavaysse soupa chez luy,

Répond et avoue l'Interrogatoire.

Interrogé s'il n'est vray qu'ils soupèrent tous ensemble, avec sa famille composée de Jean Pierre Calas, son fils, Marc Antoine Calas, son autre fils, Lavaisse, et la femme du répondant,

RÉPOND et avoue l'Interrogatoire.

INTERROGÉ s'il n'est vray que Lavaisse l'avoit été voir l'après midy et qu'ils sortirent ensemble, en attendant l'heure du souper, où est-ce qu'ils furent, ou si Lavaisse sortit avec Jean Pierre Calas, son fils cadet et à quelle (heure) est-ce qu'ils rentrèrent?

RÉPOND qu'il ne sortit point avec ledit Lavaisse, mais que Jean Pierre Calas, son fils cadet, sortit avec ledit Lavaisse et qu'ils rentrèrent de sept à sept heures un quart.

INTERROGÉ s'il n'est vray que dès que Lavaisse, son fils Jean Pierre, et luy qui répond furent rentrés, il ne fit fermer à verrouil la porte de la rue, et que personne plus n'entra chez luy jusqu'à l'heure du souper,

RÉPOND et dit qu'il étoit dans son appartement lorsque son fils se retira avec Lavaisse et qu'ils fermèrent la porte, sans savoir (sans qu'il sache) si c'étoit à verrouil ou comment, et qu'il n'étoit dans l'usage de la fermer a verrouil que lorsqu'ils allaient se coucher.

INTERROGÉ s'il n'est vray qu'il fût averty l'après-midy[1] que son fils Marc Antoine devoit changer de religion,

RÉPOND et dénie l'Interrogatoire, et personne ne luy en a jamais parlé.

INTERROGÉ s'il n'est vray qu'à raison de ce, il forma le dessein de l'étrangler de concert avec Lavaisse, son fils Jean Pierre, la femme de luy qui repond et sa servante,

RÉPOND et dénie l'Interrogatoire, et dit qu'ils n'ont jamais formé des projets aussi exécrables.

INTERROGÉ s'il n'est vray qu'il a toujours vexé ses enfants à raison de ce, et notamment celuy qui s'est rendu à la religion catholique, qu'il l'avoit enfermé dans la cave et d'où M. Barbenegre, curé de Saint-Etienne, alla le retirer,

RÉPOND qu'il n'a jamais vexé aucun de ses enfants a raison de la religion catholique et que M⁺ Barbenegre n'a jamais été chez luy[2].

INTERROGÉ s'il n'est vray que, continuant ses vexations et ayant été instruit le treize dans l'après midy que son fils Marc Antoine devoit changer et embrasser la religion catholique, il ne forma le dessein de l'étrangler,

RÉPOND et dénie l'Interrogatoire dans tout son entier.

INTERROGÉ s'il n'est vray que le même soir qu'il donna à souper

1. On avait donc renoncé à prétendre que Marc-Antoine était déjà condamné depuis plusieurs jours et que Lavaysse avait été mandé de Bordeaux pour l'exécution.
2. Le fait eût été facile à vérifier.

à Gaubert Lavaisse fils, du moment qu'ils furent rentrés ches luy avec Jean Pierre Calas son fils, Lavaisse et luy qui repond et sa femme ne se quitterent pas, de même que la servante,

RÉPOND et accorde l'Interrogatoire et dit que la servante passa seulement a la cuisine et qu'ils se mirent a table en entrant et qu'ils ne se quitterent pas du tout, ni avant ni apres le souper.

INTERROGÉ s'il n'est vray qu'ils conçurent dès ce moment tous ensemble le projet d'etrangler ledit Marc Antoine Calas, ou si c'est luy seul qui repond qui commit le crime dont il s'agit,

RÉPOND et dit qu'il n'a point eu ce dessein ni en famille ni en seul.

INTERROGÉ s'il n'est vray qu'ils ont exécuté tous ensemble ce projet, ou luy seul ce noir attentat, si c'est avant ou après le souper que Marc-Antoine Calas a été étranglé ?

RÉPOND et dit qu'ils ne l'ont pas fait, ni luy qui repond, et qu'ils l'ont trouvé pendu après souper, quand Lavaisse descendit pour se retirer.

INTERROGÉ s'il n'est vray que Marc Antoine Calas soupa avec eux,

RÉPOND et avoue l'Interrogatoire.

INTERROGÉ s'il n'est vray que le cadavre de Marc Antoine Calas son fils fut trouvé étendu à terre dans la boutique en chemise, son habit plié sur le comptoir avec son chapeau,

RÉPOND qu'ils le trouverent pendu sur les deux battants de la porte du magazin, déniant le surplus de l'Interrogatoire.

LUY avons représenté qu'il ne dit pas la vérité, nous ayant dit dans son precedent[1] Interrogatoire qu'on l'avoit trouvé étendu mort a terre au même endroit ou nous le trouvâmes lors de notre transport,

RÉPOND et dit que lors de son audition d'office, il est vray qu'il dit qu'on avoit trouvé ledit Marc Antoine Calas son fils, étendu mort entre la boutique et le magasin ; et dans son second inter- rogatoire, voulant dire la vérité, il dit qu'ils le trouvèrent sus- pendu sur les deux battants de la porte du magasin et qu'à l'é- gard de l'habit et du chapeau, il ne s'aperçut pas ou il etoit, dans le grand trouble ou il etoit.

INTERROGÉ s'il n'est vray que c'est dans la chambre ou ils sou- perent qu'ils étranglerent ledit Marc Antoine, ou si c'est dans la boutique avec le billot dont s'agit, qui fut trouvé derrière la porte et la corde qui fut trouvée derrière le comptoir et le tout reconnu par luy qui repond,

RÉPOND et dit que ni les uns ni les autres ne l'ont point etran- glé en aucun endroit, ayant reconnu dans ses précédents Inter- rogatoires ledit billot et ladite corde.

1. Ceci est de mauvaise foi ; ce n'était pas dans le précédent interro- gatoire; c'était dans le premier de tous, et avant l'écrou.

INTERROGÉ s'il n'est vray que luy qui repond a avoué dans ses précédents Interrogatoires que Marc Antoine Calas fils avoit resté encore demy heure après le souper dans le salon de compagnie,

RÉPOND qu'il avoit dit par erreur que Marc Antoine avoit resté demy heure dans la chambre, ayant pris Jean Pierre pour Marc Antoine.

LUY avons representé qu'il paroit impossible que ledit Marc Antoine eût resté demy heure dans ladite chambre, comme il l'avoit avoué cy devant, puisque son cadavre fut trouvé à onze heures et demy entre la boutique et le magazin et à terre, froid;

RÉPOND et dit avoir suffisamment repondu dans son précédent Interrogatoire.

INTERROGÉ s'il a d'autres complices que ceux qui sont dénommés dans la procedure,

RÉPOND qu'etant innocent il n'a point des complices.

MIEUX exhorté a dire la verité, a dit l'avoir ditte.

LECTURE à luy faite de son présent Interrogatoire, il y a persisté; requis de signer, a dit ne pouvoir.

APRÈS QUOY nous susdits capitouls, ayant fait rentrer dans ladite chambre de la question ledit exécuteur de la haute justice, ses gardes et valets, et après leur avoir fait prêter le serment, leurs mains levées a la passion figurée de Notre-Seigneur Jésus-Christ, ont promis et juré de bien et fidèlement remplir les fonctions de leur employ, conformement audit arret et de ne pas révéler le secret, et ledit Calas père ayant été remis entre les mains dudit exécuteur de la haute justice, nous l'avons fait appliquer, en conformité dudit arrêt, et en la forme ordinaire, au premier bouton de la question, les gardes menant le tour, les valets tenant les cordes et l'exécuteur ayant ses pieds sur le bouton attaché au fer des pieds dudit Calas [1].

Et ayant été élevé,

INTERROGÉ s'il a commis ce crime seul et si son fils, Lavaisse et sa femme y ont contribué,

RÉPOND que ni luy qui repond ni personne n'a commis ce crime.

Et ayant fait descendre ledit Calas, et luy ayant réytéré les mêmes interrogatoires cy dessus,

RÉPOND et dit avoir dit la vérité.

Et ayant remonté au second bouton,

INTERROGÉ de nouveau s'il a commis ce crime seul, (ou si) son fils, Lavaisse, sa femme y ont contribué,

RÉPOND que personne ne l'a commis.

ET DE SUITTE avons de nouveau représenté audit Calas que les tourments qu'il doit souffrir encore sont bien plus grands que

---

1. Voir, sur la torture, la note 19 à la fin du volume.

ceux qu'il a déjà soufferts, qu'il ne vient d'être dettaché que pour tout de suitte être attaché sur le banc de la question extraordinaire, qu'il peut cependant en diminuer la rigueur en disant la vérité en ses réponses aux interrogats que nous allons continuer de luy faire.

INTERROGÉ s'il n'est vray que lui qui répond a commis le crime seul; si son fils, Lavaisse, sa femme y ont contribué, et si les susnommés et la servante le savoient,

RÉPOND et persiste que personne n'a commis ce crime et qu'ils sont innocens.

APRÈS QUOY avons remis ledit Calas entre les mains des révérends pères Bourges[1], docteur royal de l'Université, et Caldaigués, professeur en théologie, des frères prêcheurs, pour l'exhorter.

Et ensuite, et demy heure après, nous avons fait attacher ledit Calas sur le banc, pour être appliqué à la question extraordinaire.

Et ledit Calas ayant été de nouveau par nous interrogé s'il n'a commis ce crime pour fait de Religion, s'il n'étoit instruit ou soubçonnoit le changement de son fils, s'il l'a fait avant ou après souper, et s'il a billotté ou pendu Marc Antoine Calas,

RÉPOND et dénie l'Interrogatoire, et qu'il n'a point des complices.

Et de suite cinq cruchets d'eau ayant été versés en la forme ordinaire, et après avoir fait découvrir le visage dudit Calas,

INTERROGÉ s'il persiste dans ses réponses,

RÉPOND qu'il y persiste.

Et ayant fait verser cinq autres cruchets d'eau et ayant fait découvrir le visage dudit Calas,

INTERROGÉ s'il persiste dans ses réponses au dernier interrogatoire à luy fait,

RÉPOND qu'il y persiste, et qu'il est innocent, de même que les autres accusés.

INTERROGÉ encore en quel endroit il a commis le crime, et s'il ne descendit après Marc Antoine Calas dans la boutique, et si cette mort n'avoit pas été décidée, et où on l'a délibérée,

RÉPOND qu'il persiste a soutenir qu'il est innocent.

APRÈS QUOY, ledit Calas ayant été détaché du banc et remis entre les mains des Révérends Pères pour l'entendre en confession et l'exhorter a bien mourir;

Et Monsieur Gouazé, capitoul second de justice, étant survenu dans le temps qu'on finissoit la torture de la question, Mon-

---

1. Il paraît que ce P. Bourges, dont il sera question encore plus d'une fois, est le même qui a été désigné plus haut sous le nom de P. Bourgis. Prononcés avec l'accent languedocien, ces noms sont moins différents qu'en français.

sieur Daignan du Sendal, capitoul, s'étant retiré; le présent verbal a été signé par Monsʳ du Sendal avant que Monsʳ de Gouazé
ne continuât les opérations qui restent à faire. David de Beaudrigue, capitoul; Daignan du Sendal, capitoul; Labat, assesseur;
de Pijon, avocat du Roy, signés.

Et quelque temps après, nous ayant été dit que ledit Calas père
étoit disposé à mourir, il auroit été monté sur le chariot à ce destiné, et ensuite conduit, par le cours accoutumé, au devant la porte
principalle de l'église Saint-Etienne, où l'ayant fait descendre dudit chariot, il y a fait l'amende honorable portée par ledit arrêt.

Et, ce fait, a été conduit à la place Saint-Georges, lieu destiné
pour ladite exécution; l'avons fait descendre dudit chariot et asseoir au bas de l'échelle dressée à l'échafaud, où nous luy avons
fait lecture desdits interrogatoires et réponses cy-dessus, et l'a-
vons ensuitte interpellé de nous déclarer s'il y a dit la vérité, et
s'il y persiste ou s'il a quelque chose à déclarer à la justice pour
la décharge de sa conscience,

Lequel dit Calas a répondu qu'il persiste dans ses précédentes
réponses, et qu'il mourait innocent.

Luy avons de suitte représenté que, quoyque innocent, il pouvoit du moins savoir quels étoient les autheurs du meurtre commis sur la personne de Marc Antoine Calas;

Répond qu'il n'en connoît point.

Et de suite l'exécuteur l'ayant monté sur ledit échafaud[1], et
après qu'il l'a eu couché et attaché sur la forme de croix, ledit
Calas a été rompu vif, en conformité du susdit arrêt, et ce fait,
ledit exécuteur de la haute justice l'a exposé sur la roue qui étoit
dressée à côté dudit échafaud, la face tournée vers le ciel, où
ledit Calas a resté en vie pendant deux heures précises; et ensuitte, de notre ordre et en conformité du retentum[2], ledit Calas
a été étranglé jusqu'à ce que mort naturelle s'en est ensuivie, et
son corps mort a été jetté dans le bûcher ardent, en conformité
du susdit arrêt, et icelluy été exécuté suivant sa forme et teneur.

« Et en autres actes n'a été par nous procédé, et nous sommes
retirés, et en conséquence avons de tout ce (que) dessus dressé le
présent verbal, que nous avons signé avec ledit Mᵉ Labat, commissaire, ledit Mᵉ de Pijon, avocat du Roy, requérant, et notre

---

1. « Il monta sur l'échafaud d'un air tranquille, regardant avec la
même tranquillité le public innombrable qui y était présent. » Extrait
d'une lettre écrite le 13, par M. Poirson à M. Freidier, et qui nous a été
communiquée par M. E. Barre.

2. On appelait ainsi un article secret de la sentence. Le texte de l'arrêt porte qu'il « vivra en peine et repentance tout autant qu'il plaira à
Dieu de lui donner la vie; » le *retentum*, « qu'après avoir resté deux
heures sur la roue, il sera étranglé jusqu'à ce que mort naturelle s'en
suive. »

greffier : Gouazé, capitoul; David de Beaudrigue, capitoul; Labat, assesseur; de Pijon, avocat du Roy; Michel DieuLafoy, greffier, signés.

Collationné   *Signé :* BARRAU, *gref.*

Voici encore un récit de cette mort par un personnage hostile et officiel :

« Calas a souffert son supplice avec une fermeté inconcevable. Il ne jeta qu'un seul cri à chaque coup que l'exécuteur lui donna sur l'échafaud. Pendant deux heures qu'il resta sur la roue, il s'entretint avec le confesseur de choses étrangères à la religion, après avoir déclaré que tout ce qu'il pourrait lui dire à ce sujet était inutile ; qu'il voulait mourir protestant. Une des jambes qu'on lui avait cassées n'ayant pu être repliée sur la roue, il pria le confesseur d'avertir l'exécuteur de remonter sur l'échafaud parce qu'il sentait des tiraillements qui lui causaient de vives douleurs ; et le confesseur, qui était le professeur de théologie des Jacobins, lui procura ce soulagement. »

(AMBLARD, subdélégué, à M. de St-Priest. *Arch. de Montpellier.*)

Nous savons par la lettre de M. Poirson à M. Freidier quels sont les objets étrangers à la religion dont Calas parla au Père Bourges ; il demanda à ce moine s'il n'avait pas froid, et ajouta que, pour lui, il éprouvait une impression de froid très-vive. Il le supplia ensuite de recommander qu'on ne le jetât pas, vivant encore, dans les flammes, ce que le Père Bourges lui promit.

Est-il nécessaire d'insister sur tout ce qu'il y a de touchant et d'admirable dans les derniers moments de ce martyr? On a pu remarquer à quel degré d'épuisement l'âge, les souffrances morales et l'approche de la torture avaient réduit les forces physiques de ce vieillard si ferme encore d'intelligence et de cœur. Il répondit avec une présence d'esprit, une force d'âme que rien ne put abattre; mais, au moment d'être appliqué à la torture, il déclara ne pouvoir signer. A l'amende honorable, il dit qu'il faisait de grand cœur le sacrifice de sa vie, mais qu'il mourait innocent du crime qu'on lui imputait.

Dans l'affreux dialogue entre le patient et ses juges, il est facile de reconnaître, d'un côté, une erreur qui cherche en vain à se légitimer et à laquelle aucune tentative ne réussit; de l'autre, la vérité sans cesse reproduite, et jusqu'au sein des plus effroyables douleurs, par une conscience droite et sans reproche.

Au pied de l'échafaud, le Père Bourges le pressant d'avouer, il s'écria d'un ton de reproche : « Quoi donc, mon père, vous aussi, vous croyez qu'on peut tuer son fils? »

En traversant les rues sur la fatale charrette, la vue de ce vieillard brisé par la torture, sa simplicité, son courage, sa tranquillité d'âme, émurent la foule. Il disait au peuple : *Je suis innocent.*

Un seul cri lui échappa aux onze coups de barre de fer dont chacun brisa un de ses os. Enfin commença la dernière partie de son supplice; on a vu qu'après la double torture et après qu'il eut été rompu vif, son corps tout brisé fut attaché sur la roue, où il vécut eucore deux heures, la face tournée vers le ciel. Pendant cette longue agonie il ne proféra pas un murmure, pas une parole de colère ou de vengeance. Il pria Dieu de ne point imputer sa mort à ses juges. « Sans doute, disait-il, ils ont été trompés par de faux témoins. » Exhorté encore à nommer ses complices, il dit avec la douleur d'un être droit et vrai à qui sans cesse on oppose la même calomnie : « Hélas! où il n'y a pas de crime, peut-il y avoir des complices? » Peu d'instants avant sa fin, le Père Bourges lui dit : « Mon cher frère, vous n'avez plus qu'un instant à vivre : par ce Dieu que vous invoquez, en qui vous espérez et qui est mort pour vous, je vous conjure de rendre gloire à la vérité. » Il répondit : « Je l'ai dite. Je meurs innocent; « mais pourquoi me plaindrais-je? Jésus-Christ, qui « était l'innocence même, a bien voulu mourir pour « moi par un supplice plus cruel encore. Je n'ai point

« de regret à une vie dont la fin va, j'espère, me
« conduire à un bonheur éternel. Je plains mon épouse
« et mon fils; mais cet étranger, ce fils de M. La-
« vaysse, à qui je croyais faire politesse en l'invitant à
« souper, ah! c'est lui qui augmente encore mes re-
« grets! »

Que ce sentiment est naturel et noble! Le malheur
dans sa famille ne semble plus l'étonner; il n'y a plus
de bonheur possible pour eux, depuis le suicide de son
fils aîné et tout ce qui en est résulté. Mais qu'un étranger. un ami, un jeune homme de vingt ans à peine, ne
soit venu sous son toit que pour être enveloppé dans
leur infortune, c'est une pensée qui le désole à son dernier moment.

Tant de foi, ce calme, cet oubli de soi-même, offrent
un contraste terrible avec l'état d'esprit du Capitoul
David. On l'a souvent et violemment blâmé d'avoir assisté à la torture et au supplice de sa victime; il est
certain que rien ne l'y obligeait; ses fonctions ne l'y
appelaient nullement; on a prétendu qu'il avait voulu
repaître ses yeux des tourments et de la mort de Jean
Calas. Nous ne croyons pas ce reproche fondé. Il faut
être juste, même à l'égard de David, et même sur l'é-
chafaud de Calas. Le sentiment qui poussa le fougueux
magistrat à manquer ainsi à toutes les convenances
nous paraît tout autre; nous n'y voyons que l'ardent
désir de ne s'être pas trompé, de ne s'en rapporter à
personne pour surprendre un aveu, ne fût-ce que dans
un mot ou dans un regard. David n'était pas un monstre; c'était un fanatique plein de précipitation et d'emportement. Il avait besoin de croire que les Calas étaient
coupables, et à mesure que le dernier moment approchait, il renfermait avec effort au dedans de lui les
premières angoisses du doute épouvantable qui finit par
le rendre fou. De ces deux hommes, l'un n'est en ce
moment qu'un débris informe de la torture et de la

mort, et il sait que sa femme, son fils, sont menacés
de l'horrible supplice qu'il endure; l'autre est dans
toute la force de la vie et du pouvoir qu'il a passionné-
ment ambitionné. Mais le supplicié touche à la fin de
ses maux; il va mourir dans la paix et l'espérance, pour
s'éveiller loin des atteintes cruelles de l'homme, dans
le sein de Dieu. Ce Capitoul va vivre au contraire, le
remords dans l'âme, bientôt exécré du genre humain,
mis au pilori de l'opinion par les plumes vengeresses
des premiers écrivains de l'époque, joué, sur tous les
théâtres et en toutes langues, comme le type d'un juge
inique et sanguinaire; il finira par se tuer dans un accès de folie [1].

Le dernier instant de cette scène hideuse étant arrivé, les deux heures étant expirées, David s'élança
vers Calas, furieux d'être déçu dans son attente; il
montra de la main au mourant le bûcher dressé à côté
de la roue, en lui criant : « Malheureux! voici le bûcher qui va réduire ton corps en cendre; dis la vérité! » Calas, épuisé, ne répondit qu'en détournant la
tête, comme signe de dénégation, et le bourreau lui fit
enfin la grâce de l'étrangler.

Les deux moines dominicains, les pères Bourges et
Caldaigues, qui assistèrent à la question et ensuite à
l'exécution, dirent hautement que le supplicié avait persévéré à se déclarer innocent, lui et tous les siens. Ils
firent plus, ils rendirent pleine justice à l'héroïsme de
sa mort. On prétend même qu'ils dirent tous deux :
« C'est ainsi que mouraient nos martyrs. » Mais nous
doutons que ce rapprochement qui dut, en effet, se
présenter à leur esprit, ait pu sortir de leur bouche.

Le Père Bourges crut devoir aller lui-même chez tous
les juges leur rendre le compte le plus précis de ce
qu'il avait vu et entendu. De si loin que le procureur

---

1. Voir plus bas, ch. xii.

général Riquet de Bonrepos vit arriver le dominicain, il lui cria : «ʼEh bien ! père, eh bien ! notre homme a-t-il avoué? » Le père lui dit la vérité [1].

Cette loyale conduite fait honneur aux deux dominicains et prouve l'impression puissante produite sur les assistants par la constance et la piété du mourant [2]. Il est triste d'ajouter que nous reverrons bientôt ce même père Bourges jouant un tout autre rôle.

Nous savons qu'on fit tout, auprès des autres accusés, pour exploiter la terreur où dut les jeter cette extrême rigueur de leurs juges. On leur fit croire que le même sort les attendait. Des prisons du palais on les ramena dans celles de l'hôtel de ville où les condamnés attendaient leur exécution. On doubla leurs gardes. Enfin on leur ôta leurs couteaux, leurs fourchettes, tout ce qui pouvait servir à un suicide, comme on a coutume de faire à l'égard de ceux dont la mort est une satisfaction que la loi se réserve [3].

On écrivit plus tard de Montauban, quand Mme Calas s'y fut réfugiée [4] : « La pauvre veuve n'a jamais vu son mari depuis son arrestation. Elle a été très-maltraitée dans la prison. Le concierge lui disait à tout moment

1. Il existe aux Archives impériales une déclaration écrite de l'abbé Rachou, qui tient du père Bourges lui-même que « Calas, jusqu'à son dernier moment, n'a cessé de se déclarer innocent et en a pris Dieu pour témoin. »
2. Il est impossible de ne pas être révolté de l'absurdité de ce système judiciaire. Supposons que ce vieillard eût perdu ses forces morales comme celles du corps et qu'à un moment quelconque de son long martyre, pendant l'une ou l'autre des deux tortures, ordinaire et extraordinaire, ou sous la massue de fer du bourreau, ou sur les rayons ensanglantés de la roue, il eût manqué soit de présence d'esprit, soit de force de volonté un seul instant ; un mot d'aveu, qui lui eût échappé, suffisait pour donner à ses accusateurs un épouvantable triomphe, et pour envoyer au même supplice sa femme, son fils, Lavaysse et Viguière.
3. Lav., 3 ; E. de B., 3.
4. Nous ne connaissons pas l'auteur des trois lettres datées de Montauban, publiées par nous à la suite des Lettres inédites de Voltaire ; le ton de cette correspondance est passionné ; nous ne pouvons en garantir la parfaite exactitude ; et cependant rien ne nous autorise à la nier.

les indignités les plus atroces ; elle y fut malade dans un cachot dont les murailles dégouttaient toujours de l'humidité locale ; on lui volait tout ce qu'on pouvait, et cinq à six prêtres ou moines se relevaient alternativement pour la tenter, soit par l'impression des maux qu'ils lui annonçaient le plus cruellement du monde, soit par toute autre sorte de voies ordinaires à ces gens-là ; et ces tourments n'ont cessé qu'au moment où elle en est sortie. »

On dit aussi que pendant quatre jours elle ignora le supplice de son mari. Peut-être voulait-on lui cacher qu'il avait tout souffert sans se démentir en rien ; on espéra jusqu'au bout obtenir d'elle soit un aveu soit au moins une abjuration. Après lui avoir annoncé l'atroce et sainte mort de Calas, on continua pendant onze jours à essayer de l'intimider[1].

Un des soldats de garde raconta à Lavaysse qu'ils étaient tous condamnés. Pierre Calas a écrit plus tard :

« Un *Jacobin*[2] vint dans mon cachot et me menaça du même genre de mort si je n'abjurais pas ; c'est ce que j'atteste devant Dieu. »

Ce genre de torture morale porta ses fruits. Les deux jeunes gens terrifiés abjurèrent dans la prison. On en profita pour continuer à l'égard de Mme Calas un système odieux de persécution. On obligea le confesseur de Pierre à le mener auprès d'elle, pour lui annoncer sa conversion. Ainsi, la malheureuse mère ne revit un de ses enfants que pour recevoir de lui-même, et devant un prêtre, cette nouvelle blessure. On espérait que, surprise par cet aveu, elle éclaterait contre son fils en reproches fanatiques, qui serviraient de preuves contre

1. Lettres de Voltaire. — Notre recueil, p. 108.
2. On sait que c'était un des noms populaires des frères prêcheurs ou dominicains.

elle; car, si elle s'emportait contre lui, elle avait dû s'irriter aussi contre Marc-Antoine. Elle sentit le piége comme l'affront et les déjoua sans effort. La veuve du martyr écouta, immobile, la honteuse déclaration de son fils renégat, puis détourna la tête sans daigner lui répondre un mot[1]. Ce noble et touchant silence fut tout ce qu'on obtint d'elle par cette lâche épreuve.

L'inébranlable fermeté de Calas avait sauvé son fils, sa veuve et leurs deux compagnons de captivité. Rien n'était avoué. Le but de ce supplice horrible était manqué. Ce qui devait confondre les accusés était devenu une preuve énorme en leur faveur. L'opinion populaire, d'abord unanime contre eux, commençait à se partager. Jean Calas n'était mort ni comme les parricides, ni comme les fanatiques. S'il était innocent, tous l'étaient comme lui; et si même ils étaient coupables, on n'avait plus aucun espoir de le démontrer.

Le procureur général Riquet de Bonrepos eut cependant l'implacable courage de requérir, le lendemain du martyre de Jean Calas, que sa veuve, son fils et Lavaysse fussent pendus, après avoir fait amende honorable, et Jeanne Viguier condamnée à assister à leur exécution, et à être enfermée ensuite « pour sa vie, au quartier de force de l'hôpital. »

Le conseiller-rapporteur fut moins sévère. Il ne parla plus de peine capitale, mais il proposa celle des galères contre Pierre Calas. Voici sur quel fondement. On n'avait jamais cru sérieusement qu'un vieillard plus que sexagénaire, atteint, depuis deux ans, de douleurs qui rendaient ses jambes chancelantes, eût pu

1. J'ai souvent pensé que pour un grand peintre, habile à représenter les émotions contenues, il y aurait dans le contraste des trois personnages de cette scène muette, une donnée féconde : la veuve, majestueuse dans sa douleur et sa sévérité mêlée de pitié, le fils, atterré d'un tel accueil, saisi de honte en se comparant à sa mère, et sur le second plan un dominicain, en robe blanche, à la figure intelligente et grave, tout étonné, admirant malgré lui l'héroïsme huguenot de Mme Calas.

seul assassiner un grand et vigoureux jeune homme de vingt-huit ans. On avait toujours supposé que Pierre Calas avait été le principal bourreau de son frère et l'on avait compté sur les aveux de son père pour le convaincre. A défaut de cette preuve décisive, il ne put être condamné à mort. Mais on invoquait contre lui un témoignage contradictoire et absurde comme nous en avons tant vu dans la procédure.

Au rez-de-chaussée de la maison des Calas se trouvaient deux boutiques, la leur et celle d'un tailleur nommé Bou. Pendant l'instruction du procès, on fit venir de Montpellier un nommé Cazères, ancien garçon de magasin chez ce tailleur. Il prétendait qu'un jour du mois d'août précédent, la demoiselle Bou, femme du tailleur, entendant *sonner la bénédiction*, avait donné ordre aux trois garçons de boutique d'aller y assister. Sur quoi Pierre Calas, qui venait d'entrer, lui aurait dit :

« Vous ne pensez qu'à vos bénédictions : on peut se sauver dans les deux religions ; deux de mes frères pensent comme moi ; si je savois qu'ils voulussent changer, je serois en état de les poignarder, et si j'avois été à la place de mon père, quand Louis se fit catholique, je ne l'aurois pas épargné. »

On vit dans ce témoignage une très-forte présomption contre Pierre Calas, quoiqu'il niât ces propos, et que la femme Bou, ainsi que les deux autres garçons de boutique, Capdeville et Guillaumet, déclarassent tout le récit de Cazères absolument controuvé. Tous les trois offrirent d'en témoigner ; l'avocat Sudre, dans son premier Mémoire, publia leurs offres de venir déposer ; elles ne furent point acceptées. Les paroles prêtées à Pierre Calas étaient d'ailleurs contradictoires ; s'il pensait que l'on peut se sauver dans les deux religions, il n'était pas de ces fanatiques qui punissent une abjuration à coups de couteau. Pourquoi donc eût-il été tenté de poignarder son frère ? Pourquoi avait-il lui-même épargné Louis, s'il blâmait son père de ne pas l'avoir frappé ? Et pourquoi vouloir assassiner Marc-Antoine en épargnant Louis ?

Cet amas de contradictions, affirmées par un seul témoin et démenties par trois autres, n'en parut pas moins un grave indice. Il est vrai que M. de Cassan-Clairac, qui demanda pour Pierre les galères à perpétuité, fut seul de son avis. Plusieurs opinèrent à l'acquittement ; d'autres votèrent le bannissement à vie, et le rapporteur s'étant rendu à cette proposition, ce fut celle qui prévalut. Il fut condamné au bannissement perpétuel hors du royaume, à peine de la vie, condamné, non pour tel ou tel crime déterminé, mais *pour les cas résultant du procès*, formule trop commode qui motivait une sentence sans dire comment.

Le même rapporteur conclut au bannissement de la veuve Calas et de Lavaysse ; les autres juges les mirent hors de cour et de procès. Viguière seule avait trouvé grâce devant le rapporteur, parce qu'elle était bonne catholique ; son acquittement fut unanime. Tous trois furent déclarés hors de cour, dépens compensés.

Rien de plus informe et de plus déraisonnable que ce jugement prononcé le 18 mars. On ne se serait pas contenté de bannir Pierre Calas, si l'on avait pu le considérer comme un des assassins de son frère. L'innocence de tous les autres était reconnue. Il restait donc désormais acquis que le père, âgé de soixante-quatre ans, avait seul étranglé son fils, sans que la mère, le frère, ni Lavaysse, ni la servante, qui se trouvaient dans la maison, en eussent connaissance. Évidemment la plupart des juges avaient reconnu leur erreur [1].

1. Aussi fit-on circuler l'épigramme suivante :

Nos seigneurs de la cour, par leur second arrêt,
    Ceci soit dit sans ironie,
    Ont *confondu la calomnie*
Bien mieux que Paul Rabaut n'a fait.

Ce fut le sentiment général. Le désappointement de ceux des Tou-

Le public le comprit et l'on dit très-généralement
que si la Cour avait jugé Calas le dernier au lieu de le
juger avant tous les autres, il n'aurait pas été condamné.

Les magistrats sentirent eux-mêmes que cet arrêt du
18 mars était la censure de celui du 9. Aussi les plus
obstinés s'y opposèrent de toutes leurs forces. Nous li-
sons dans une lettre de Toulouse fort hostile aux Calas[1]
que l'arrêt avait été rendu par une majorité de 10 contre 3 ; que ces 3 étaient le président, le rapporteur et
M. de Lasbordes. « Le rapporteur et le président ont
été plusieurs jours sans vouloir signer cet arrêt et ils
ont même montré assez publiquement leur indignation. »

La sentence prononcée contre Pierre ne fut exécutée
que pour la forme, et d'une manière dérisoire ; mais il
en subit une autre plus dure à laquelle aucun tribunal ne
l'avait condamné. Son arrêt d'exil reçut un simulacre
d'exécution. Le bourreau conduisit le banni hors de la
porte Saint-Michel ; mais un prêtre l'accompagnait et
le ramena immédiatement en ville par une autre porte,
jusqu'au couvent des Jacobins. Le père Bourges, celui
même qui avait reçu les dernières paroles du martyr,
attendait le fils sur le seuil du couvent et l'y fit entrer
en lui disant que s'il pratiquait le culte catholique, sa
sentence d'exil resterait comme non avenue. Le faible
jeune homme donna dans le piége, se trouva prisonnier, gardé à vue, et ne réussit à s'échapper que le
4 juillet, après quatre mois de captivité.

lousains qui espéraient quatre autres supplices après ceux de Rochette,
des trois frères Grenier et de Calas, qu'ils avaient vus en un mois, fut
très-vif. Amblard en rendit compte en ces termes à l'intendant de Languedoc : « Toute la ville crie contre les six juges qui ont formé cet arrêt.
Ils prétendent qu'ils se sont déterminés à modifier la peine, parce que
le sieur Lavaysse et Calas fils se sont convertis et ont fait leur abjuration
(20 mars). » Amblard ajoute que sept juges contre six, majorité insuffisante, avaient voté la mort de Mme Calas, de Pierre et de Lavaysse.
(Salvan, p. 115.)

1. Lettre de Couder, *Bibliogr.*, n° 21.

Il laissa, pour le père Bourges, cette lettre remarquable :

« Je vous remercie de toutes vos bontés. Je vous ai souvent dit mes doutes et mes peines. Mais je ne vous en ai communiqué qu'une partie. Vous en jugerez par mon évasion. J'ai vécu chez vous dans de si grandes perplexités, que si la grâce de Dieu ne m'eût soutenu, je me serais pendu tout comme mon malheureux frère. »

Il alla rejoindre son frère Donat à Genève. On affirme qu'il avait presque perdu la vue en neuf mois de prison[1]; le fait n'est pas inexact, mais exagéré. Quant à sa conversion au catholicisme, elle ne dura pas plus que son séjour forcé au couvent.

Nous regrettons de n'avoir aucun détail sur le moment où la malheureuse veuve de Calas sortit seule, avec sa vieille domestique, de cette prison où elle était entrée avec son mari et son fils. Nous trouvons dans des papiers de famille le récit de l'élargissement de Lavaysse, écrit par une de ses nièces.

« Le 20 mars 1762, le dixième jour après l'exécution de l'infortuné Calas, et le surlendemain de celui où, contre toute logique, le Parlement avait ordonné la mise en liberté de ceux qu'il avait déclarés être les complices nécessaires de sa victime, un ami de la famille Lavaysse vint l'engager à couvrir du plus grand mystère l'élargissement du jeune Alexandre Gaubert, de crainte que la populace déjà prévenue ne se p târoχc ontre lui aux plus violents excès. Mᵉ Jouve, avocat plein d'énergie et de dévoûment répondit, dans le patois alors fort usité : « *Non, il faut qu'il sorte au grand jour, sans crainte comme sans jactance, et ce sera moi qui l'accompagnerai avec Sénovert* (beau-frère de Lavaysse). » Lorsque tous deux entrèrent dans la fatale geôle où le prisonnier était retenu dans le plus rigide secret, il s'évanouit en embrassant son beau-frère. Ce ne fut qu'avec les plus grands ménagements que celui-ci, après lui avoir fait enlever ses fers, le prépara au bonheur de revoir sa famille. L'opération avait été cruelle : mon oncle avait les jambes entièrement gorgées. Il entra dans une chaise à porteurs, y resta, les mains sur ses genoux, une glace étant ouverte; c'était celle que gardait M. Jouve; M. de Sénovert était à l'autre portière. De l'Hôtel-de-Ville jusqu'à la

1. Salvan, p. 116, etc.

rue St-Remesy, une foule immense encombrait le passage ; mais les dispositions étaient changées, soit que l'effusion du sang eût assouvi la soif du fanatisme, soit que, repentant, le fanatisme lui-même se fût converti en pitié ; chacun félicitait M. de Séno-vert, et disait en répandant des larmes : *Oh ! non, ce jeune homme si beau, si doux, fils d'un homme de bien, n'a pu assassiner son ami.* »

Le supplice de Jean Calas, trois semaines après celui de Rochette et des frères De Grenier, le jugement inique des quatre autres accusés, et bientôt après, l'enlèvement des demoiselles Calas, qui furent enfermées dans des couvents par lettres de cachet, jetèrent coup sur coup l'effroi parmi les coreligionnaires de cette famille si cruellement persécutée.

« Il y a un feu terrible à la Tournelle et plusieurs personnes ont été décrétées, disait-on à Toulouse le 13 mars[1]. »

« La terreur des protestants de Toulouse, écrit un de leurs descendants, était telle que le jour de l'exécution de Calas par une famille protestante n'osa sortir de sa demeure, ni ouvrir les volets de son appartement. On cita à la fois comme un exemple unique de fermeté et d'influence, la conduite que tint le docteur Sol, qui sortit et visita ses malades comme il le faisait tous les jours[2]. »

Ces craintes trop justifiées produisirent leurs inévitables effets. Non-seulement maintes familles quittèrent Toulouse dès qu'elles purent disposer de leurs biens non-seulement les Clausade[3], les Cazeing[4] s'établirent à Nîmes ; mais Voltaire parle de deux négociants fort riches dont le départ fut pour l'intolérante cité une perte et un châtiment considérable. (Voir *Lettres*; notre recueil p. LVI). L'émigration des protestants recommença dans le Languedoc[5]; des familles entières quittèrent la France pour aller chercher dans les pays protestants

1. Lettre de M. Poirson, citée plus haut.
2. Voy., sur le docteur Sol, les Lettres de la Sœur Fraisse, et note 20 à la fin du volume.
3. Lettre du 19 mars 1763 à Mme Calas. — Coll. de M. Fournier.
4. Lettre à la même du 4 février 1764. (*Ib.*)
5. Voy. Court de Gébelin, *Toulousaines*.

une sécurité que leur patrie ne leur offrait plus. Un
mois après le supplice de Calas, Voltaire voyait encore
arriver à Genève des fugitifs avec leurs enfants et leurs
femmes, et il fit présenter au comte de Choiseul, alors
ministre, ces réflexions d'un bon sens incontestable :

« En vérité, si le roi connaissait les conséquences funestes de
cette horrible extravagance, il prendrait l'affaire des Calas plus à
cœur que moi. Voilà déjà sept familles sorties de France! Avons-
nous donc trop de manufacturiers et de cultivateurs ?

« Je soumets ce petit article à la considération de M. le comte de
Choiseul. »

Le moment est venu de raconter les infatigables et
généreux efforts de Voltaire pour réhabiliter la mémoire du supplicié et pour relever sa veuve et sa famille de l'ignominie et de la misère où on les avait
plongées[1].

1. Nous avons pensé que nos lecteurs verraient ici avec intérêt la signature de Jean Calas ; nous l'empruntons à une simple lettre d'affaires
et de commerce.

Celui qui reçut cette signature et celui même qui l'écrivit étaient loin
d'imaginer quel intérêt tragique et de l'ordre le plus élevé s'y attache-
rait un jour.

CHAPITRE X.

VOLTAIRE.

« Cette tragédie me fait oublier toutes les autres,
jusqu'aux miennes. »
(Lettre à d'Argental, 5 juillet 1776.)

Avant la fin de mars 1762, un négociant marseillais,
Dominique Audibert[1], qui se rendait de Toulouse à Genève, alla voir Voltaire et lui raconta le procès et l'affreuse exécution qui occupaient tous les esprits dans la
ville qu'il venait de quitter. Il affirmait énergiquement
que les Calas étaient innocents[2]. A ce récit, Voltaire fut
saisi d'horreur, et résolut immédiatement de savoir avec
pleine certitude de quel côté était la vérité. Il voyait,

1. Il fut secrétaire de l'Académie de Marseille et mourut à Saint-Ger-
main-en-Laye, le 10 août 1821.
2. « Je me souviendrai toute ma vie que vous fûtes le premier qui me
parlâtes des Calas. Vous avez été la première origine de la justice qu'on
leur a rendue et de celle qu'on va leur rendre encore. » La date de cette
lettre à Audibert diffère dans les éditions. Selon Beuchot, elle serait du
13 décembre 1763.
C'est donc par erreur que M. Sayous (*Dix-huitième siècle à l'étranger*,
t. I, p. 344), si bien informé d'ordinaire, attribue à Moultou, MM. Haag
et Gaberel à l'avocat de Végobre, l'honneur d'avoir éveillé en l'âme de
Voltaire la première étincelle d'une feu si durable et si pur. Il a pu le
faire croire lui-même à ses collaborateurs pour les stimuler, mais nous
avons tout lieu de croire sincère et bien fondée la déclaration si nette
adressée à Audibert.

d'une part ou de l'autre, le fanatisme, soit protestant
soit catholique, aboutir à un acte de cruauté effroyable.
Or, ce qu'il y avait peut-être de plus sincère et de plus
vif en lui, c'était l'indignation ardente que lui inspiraient les crimes commis au nom de la religion. Il avait
fort peu de religion sans doute ; il en avait assez cependant, lui qui ne cessa jamais de croire en Dieu,
pour que tout en lui se soulevât, à l'ouïe d'actes san-
glants commis au nom de Dieu. Avant de savoir qui
avait raison dans ce drame affreux, il résolut d'en avoir
le cœur net.

C'est dans ce sentiment qu'il écrivit le 29 mars 1762
à d'Alembert :

Pour l'amour de Dieu, rendez aussi exécrable que vous le pourrez le fanatisme qui a fait pendre un fils par son père ou qui a
fait rouer un innocent par huit conseillers du Roi.
— Cette horrible affaire, dit-il vers la même époque à son ami le
comte d'Argental, déshonore la nature humaine, soit que Calas
soit coupable, soit qu'il soit innocent. Il y a certainement, d'un
côté ou de l'autre, un fanatisme horrible [1] et il est utile d'approfondir la vérité.

Dès le 25 mars, il communiqua l'horreur où le jetait
cette histoire, à un singulier confident, cet étrange cardinal de Bernis, qui trouvait bon d'être appelé en vers
Babet la Bouquetière.

Pourrai-je supplier Votre Éminence de vouloir bien me dire ce
que je dois penser de l'aventure affreuse de ce Calas, roué à
Toulouse pour avoir pendu son fils? C'est qu'on prétend ici qu'il
est très-innocent, et qu'il en a pris Dieu à témoin en expirant. On
prétend que trois juges ont protesté contre l'arrêt. Cette aventure me tient au cœur ; elle m'attriste dans mes plaisirs ; elle les
corrompt. Il faut regarder le Parlement de Toulouse ou les protestants avec des yeux d'horreur.

La réponse de l'Éminence tarda jusqu'au 7 août et

1. Ces derniers mots se retrouvent presque textuellement dans une
lettre de Voltaire à Mme*** (du Deffand?) en date du 2 août (1762)
dont j'ai vu l'original au *British Museum*.

fut essentiellement équivoque ; c'est un chef-d'œuvre
du genre.

Il y a du louche des deux côtés ; le jugement est incompréhensible, mais le fait ne paraît pas éclairci. J'en vois assez pour être
fort mécontent et même fort scandalisé.

Scandalisé! Par qui? — Mécontent! De quoi? Il est impossible de mieux suivre le conseil du fabuliste et d'ê-
tre *enrhumé* plus à propos.

Il ne faut pas s'étonner de voir Voltaire consulter un
cardinal sur le procès des Calas. Aussitôt qu'il se fut
promis de voir le fond de cette affaire, il ne cessa de
s'informer, écrivant de tous côtés à la fois et consultant tout le monde. Les premières réponses qu'il reçut
étaient contradictoires. Ignorant les faits et trompés
par le Monitoire, bien des protestants crurent, dans le
premier moment, que le condamné avait commis quelque forfait.

Quel fut mon étonnement, dit-il plus tard, lorsqu'ayant écrit en
Languedoc sur cette étrange aventure, catholiques et protestants
me répondirent qu'il ne fallait pas douter du crime des Calas !
(A Damilaville, 1er mars 1765),

Il ne tarda pas à apprendre que le jeune Donat Calas
était à Genève, où il avait fui en apprenant, à Nîmes, les
tragiques malheurs de sa famille. Voltaire revint de
Ferney à sa maison des *Délices* pour l'avoir sous la main
et l'interroger plus à l'aise [1].

Je fis venir le jeune Calas chez moi ; je m'attendais à voir un
énergumène, tel que son pays en a produit quelquefois. Je vis un
enfant simple, ingénu, de la physionomie la plus douce et la plus
intéressante et qui, en me parlant, faisait des efforts inutiles pour
retenir ses larmes [2].

1. Lettre de Genève, 26 avril, à Paul Rabaut, par le Pasteur Théodore
(Chiron)., *Egl. du Dés.*, t. II, p. 324.
2. Voir sa *Lettre à M. d'Am....* Il y donne un récit très-bref, mais intéressant, de ses relations avec les Calas et de la part qu'il prit à leur histoire.

Déterminé à bien savoir ce qu'étaient les Calas, il garda chez lui cet apprenti de quinze ans assez longtemps pour le connaître parfaitement; de longs entretiens eurent lieu entre un enfant naïf et le vieillard le plus spirituel, l'esprit le plus pénétrant et le plus rusé, qu'il y eût au monde. Si, en faisant jaser cet adolescent bientôt apprivoisé et sans défiance, Voltaire avait rencontré en lui le fils d'une famille de fanatiques capables d'étrangler leurs enfants, il ne s'y serait point trompé, et dans ses interminables controverses avec Genève protestante, le crime des Calas eût été rappelé souvent. Il reconnut, au contraire, que la famille dont un enfant lui révélait, sans le savoir, l'intérieur, respirait tout entière non-seulement l'honneur et l'intégrité, mais la douceur des mœurs et une tolérance respectueuse pour le culte d'autrui. Il apprit la conduite du père et de la mère envers leur domestique dévote, envers les demoiselles Bonafous, envers Louis, converti au catholicisme, et dès lors sa conviction fut arrêtée. J'avoue que cette enquête, faite par Voltaire encore incertain, m'inspire une grande confiance. Il pouvait lui convenir d'attaquer le Parlement plutôt que les protestants, mais il lui importait bien plus de ne pas s'aventurer sans être absolument sûr de la vérité. Pour démêler le vrai du faux dans un procès contemporain, je ne sais s'il y eut jamais tribunal aussi habile que lui.

Il sut que deux négociants de Genève, hautement estimés, étaient depuis longtemps en rapports d'affaires avec Calas et avaient reçu dans leurs voyages l'hospitalité sous son toit[1]; aussitôt il s'empressa de les consulter.

1. Ce devaient être Philippe Debrus et Cathala, ou peut-être Jean des Arts et son frère Philippe ; nous savons que Debrus et les frères des Arts avaient logé chez Calas (Voir aux *Archives* leur témoignage écrit, envoyé plus tard à Paris).

Bientôt il forma secrètement à Genève une sorte de comité consultatif composé du négociant Debrus, du ministre Moultou, de l'avocat de Végobre et du banquier Cathala auxquels se joignit quelquefois le jurisconsulte Tronchin[1]. Tantôt ce comité se réunissait chez Voltaire; tantôt, soit avec son concours personnel, soit en son absence, chez l'un des membres établis à Genève.

Il imagina ensuite de se mettre en rapport avec Mme Calas elle-même et lui fit écrire.

> La veuve Calas à qui, pour comble de malheurs et d'outrages, on avait enlevé ses filles, était retirée dans une solitude... Je lui fis demander si elle signerait, au nom de Dieu, que son mari était mort innocent. Elle n'hésita pas; je n'hésitai pas non plus.

Ce fut à cette occasion qu'elle écrivit à Debrus ou à l'avocat de Végobre la lettre que nous avons reproduite plus haut (p. 74) et dont Voltaire fut si profondément touché.

Cependant il lui semblait qu'il n'aurait jamais assez de preuves et de renseignements en main, et il employait en même temps à lui en procurer, trois ou quatre personnes pour le moins, ne se faisant aucun scrupule de mettre en œuvre toutes sortes de ruses. Tantôt il fait croire à chacun que tout dépend de lui seul. Tantôt, quand il correspond avec quelque partisan zélé de la tolérance, ou de la Réforme, ou des Calas, il feint des doutes, et demande de nouveaux arguments. Il est impossible de nier que ces détours ne soient choquants et ne gâtent quelque peu le dévouement de Voltaire à la grande œuvre de justice qu'il entreprit.

Un de ses plus utiles et plus actifs conseillers fut l'a-

---

1. Le Recueil de lettres inédites de Voltaire que nous avons publié se compose surtout de ses missives à ses collaborateurs, soit d'après le Recueil Maunoir ou Dawson-Turner au *British Museum*, soit d'après les papiers de Moultou, appartenant à son descendant M. Streckeisen. (Bibliogr. n° 56).

vocat de Végobre[1]. Court de Gébelin dit qu'il fournit à
Voltaire « des pièces où l'on ne sait ce qui brille le
plus de l'érudition, de la solidité et du goût. » Les divers écrits de Voltaire sur l'affaire Calas ont été rédigés par lui sur les notes que lui remettait de Végobre.
C'était un de ces hommes désintéressés et véritablement dévoués qui mettent leur bonheur à se rendre
utiles sans en demander la récompense ni à l'intérêt ni
à la gloire.

Voltaire employa beaucoup aussi l'activité d'un négociant de Montauban, lettré comme Audibert, et de
plus, passionné pour les arts, Ribotte-Charon[2]. En le
voyant plein de chaleur pour la cause des malheureux
Calas, leur malicieux protecteur lui écrivit une lettre
qui dut exciter au plus haut degré son zèle. « On les
croit très-coupables; on tient que le Parlement a fait
justice et miséricorde. M. Ribotte devrait aller à Toulouse s'éclaircir de cette horrible aventure. Il faut qu'il
sache et dise la vérité : on se conduira en conséquence. »
(2 juin 1762.) Il y avait de quoi donner des ailes à l'ardent Montalbanais, dans ces doutes simulés et dans
cette idée que pour les Calas, auprès de Voltaire, tout
dépendait de ses seuls efforts.

A Montpellier, où résidait M. de Saint-Priest, intendant du Languedoc, Voltaire employa un nommé
Chazel, qui communiqua une lettre de lui à l'intendant
et à quelques autres puissants personnages. La réponse
de Chazel peint très-bien l'embarras où se trouvaient
ceux qui n'avaient point de parti pris :

Il n'est pas une seule personne sensée dans cette province
qui ose porter un jugement assuré. Les magistrats, qui devraient
mettre la vérité dans tout son jour, se taisent avec obstination.
Ce silence fait déraisonner et les partisans et les ennemis de
Calas[3].

1. Note 21 à la fin du volume.
2. Note 22 à la fin du volume.
3. Lettre inédite du 12 mai; Collection Lajariette de Nantes.

Un ministre de l'Évangile, Paul Moultou de Genève,
dont nous avons esquissé ailleurs[1] la figure originale,
le seul homme peut-être qui resta toute sa vie en relations affectueuses avec Voltaire et avec Rousseau à la fois,
fut souvent mis en réquisition par Voltaire, chargé
également par lui d'étudier la question et de lui fournir les pièces de jurisprudence nécessaires. « Voltaire,
dit, d'après les documents du temps un écrivain moderne, paraissait un peu effrayé du poids et de la responsabilité de cette entreprise. Moultou, avec M. et Mme
de la Rive qu'il affectionnait beaucoup, l'encouragèrent
de toutes leurs forces. »

L'entreprise était grave en effet. Il s'agissait de soulever l'opinion de la France et même de l'Europe contre
les arrêts du Parlement de Toulouse, et d'amener ce
corps à les révoquer de gré ou de force. Il fallait faire
casser la sentence de mort du supplicié, réhabiliter sa
mémoire et offrir à sa veuve, à ses enfants, toutes les
réparations possibles[2].

La lettre suivante à Damilaville (4 avril) est une sorte
de circulaire ou de mot d'ordre à tout le parti de l'Encyclopédie ; elle marque le moment où Voltaire ouvre
la campagne contre les juges de Calas :

Mes chers frères, il est avéré que les juges toulousains ont
roué le plus innocent des hommes. Presque tout le Languedoc en
gémit avec horreur. Les nations étrangères, qui nous haïssent et
qui nous battent, sont saisies d'indignation. Jamais, depuis le jour
de la Saint-Barthélemy, rien n'a tant déshonoré la nature humaine. Criez et qu'on crie[3].

1. *Lettres inédites.* Notre recueil. Introd., p. 51-64.
2. D'après les articles 8, 9, 10, 18 et 28 du titre XVI de l'*Ordonnance*
de 1670, on pouvait appeler au roi en son Conseil des arrêts d'un Parlement.
3. Il continue cette même lettre en faisant mention d'une brochure
qui, dit-il, n'est pas de lui et qu'il faut faire imprimer. J'avais cru d'a-
bord qu'il s'agissait d'un de ses écrits en faveur des Calas. C'était une
erreur. Il ne publia rien sur ce sujet avant le mois de juillet, ce qui est

Malgré sa conviction arrêtée, il feint de douter encore, surtout quand il écrit au cardinal de Bernis (15 mai):

> Si vous pouviez, sans vous compromettre, vous informer de la vérité, ma curiosité et mon humanité vous auraient une bien grande obligation. V. E. pourrait me faire parvenir le Mémoire qu'on lui aurait envoyé de Toulouse, et assurément je ne dirais pas qu'il m'est venu par vous.
>
> Toutes les lettres que j'ai du Languedoc se contredisent : c'est un chaos qu'il est impossible de débrouiller.

Il est vrai que le même jour (15 mai) il parlait à d'Argental sur un ton bien différent.

> M. le maréchal de Richelieu m'a écrit une grande lettre sur les Calas, mais il n'est pas plus au fait que moi. Le Parlement de Toulouse, qui voit qu'il a fait un horrible pas de clerc, empêche que la vérité ne soit connue.

On voit que déjà il avait intéressé à la famille de Calas celui qu'il appelait : *mon héros*, le spirituel et débauché maréchal. Ce ne fut pas sans peine[1].

Peut-être même eut-il encore des moments de doute sincère en voyant les rigueurs de l'autorité s'appesantir sur les restes malheureux de la famille Calas. C'est ainsi qu'à la nouvelle de l'arrestation des deux jeunes filles il écrivit au comte d'Argental, le 5 juin:

> J'apprends dans l'instant qu'on vient d'enfermer dans des couvents séparés la veuve Calas[2] et ses deux filles. La famille entière des Calas serait-elle coupable, comme on l'assure, d'un parricide horrible? M. de St-Florentin est entièrement au fait; je vous demande à genoux de vous en informer. Parlez-en à M. le comte de Choiseul : il est très-aisé de savoir de M. de St-Florentin la vérité; et à mon avis, cette vérité importe au genre humain.

prouvé, tantôt par les dates, tantôt par les faits mêmes qu'il raconte. Ses écrits sur les Calas ne purent paraître à Paris. Il les fit imprimer par Cramer à Genève.

1. Je me souviendrai toujours, écrivait-il longtemps après, que mon héros me prit pour un extravagant quand j'osai entreprendre l'affaire des Calas.
(Lettre à Mme de Saint-Julien, 25 novembre 1773.)
2. C'était une erreur, quant à la mère.

Le·surlendemain il renouvelle auprès d'Argental ses vives instances pour que l'on tâche de faire parler le comte de Saint-Florentin, mais il ajoute ce trait d'excellente satire :

Peut-être ne sait-il autre chose sinon qu'il a signé des lettres de cachet.

Au commencement de juillet, il avait déjà écrit ou fait écrire au comte de Saint-Florentin par la duchesse d'Anville, par Richelieu, par le duc de Villars; il avait écrit lui-même à M. Ménard, premier commis du Ministre ; il avait fait écrire à un M. de Chaban en qui ce même Ministre·avait grande confiance, et son médecin, le fameux Tronchin, avait employé, auprès de ce même personnage, le crédit de son parent le fermier général. Le chancelier[1] avait été attaqué de deux côtés différents, par son ami le Premier Président de Nicolaï et par son gendre M. d'Auriac, président au Grand Conseil, auquel écrivit de son côté, à l'insu de Voltaire, et plusieurs fois, sa cousine germaine, la sœur A.-J. Fraisse[2]. On trouve encore les noms de M. de Chazelles, de M. de La Marche, parmi ceux des personnes dont il enrôla l'influence au service de la cause qu'il avait embrassée avec tant d'ardeur[3]. On pouvait compter sur les dispositions bienveillantes du duc de Choiseul, ministre des affaires étrangères. Mme de Pompadour promit de parler au roi[4].

Rien ne pouvait se faire qu'au nom de la veuve et avec sa participation. Abîmée de douleur, privée de ses

1. Guillaume II de Lamoignon, né en 1683, chancelier en 1750, mort en 1772.

2. Voir plus bas les lettres de la religieuse, n⁰ˢ 1, 11 et 12.

3. Lettre du 15 avril à Mlle ***, du 8 juillet à Argental.

4. Nous ne savons et nous nous soucions peu de savoir si elle tint parole. Le recueil de ses lettres, où on la représente lisant à Louis XV quelques passages d'un écrit de Voltaire pour les Calas n'a rien d'authentique. Il fit agir tour à tour auprès d'elle le docteur Tronchin et le duc de la Vallière.

filles, séparée de tous ses fils, elle s'était retirée seule avec Jeanne Viguier à la campagne, dans les environs de Montauban, et ne songeait plus qu'à dérober à tous les yeux ses larmes et le deuil sanglant dont elle avait peine à supporter l'horreur. Quand on lui écrivit qu'elle devait sortir de sa retraite, se montrer au grand jour, aller à Paris, solliciter auprès des grands, elle eut peur, moins encore de l'effort cruel qu'on lui demandait que de l'inutilité et même du péril de ses démarches[1]. Elle craignit surtout pour ses filles et pour Pierre. Une sorte de lutte sourde s'établit entre elle et Voltaire; lui, ne voyant d'autre but à poursuivre que la cassation du jugement, elle, comme il était naturel de la part d'une mère, demandant avant tout qu'on lui rendît ses filles[2]. Trois de ses enfants étaient enfermés dans autant de couvents, comme de chers et précieux otages entre les mains des puissances fatales qui avaient mis à mort leur père. Si les efforts qu'elle tenterait pour le réhabiliter allaient déplaire au gouvernement, au clergé, à la magistrature? Et comment n'auraient-ils pas déplu, puisqu'il s'agissait de réclamer contre une sentence prononcée par un Parlement, préparée par l'archevêché et par les Capitouls? Était-ce à elle, trop heureuse encore d'avoir vu bannir son fils Pierre et relâcher les deux autres accusés, au lieu de les voir rouer ou pendre, était-ce à elle de s'attaquer à ces redoutables pouvoirs, dont les coups avaient brisé sa famille et son bonheur? Affronter, dénoncer un David, un Lagane, un Bonrepos! La seule idée d'une si étrange audace la faisait trembler. Au lieu de se hasarder sur cette mer inconnue et orageuse, au lieu d'aller remplir de ses plaintes bruyantes

1. Lettre de Voltaire au marquis de Chauvelin, 13 février 1763.
2. C'est ce qui explique les impatiences de Voltaire, qui par moments s'exprima sur son compte, avec une vivacité que démentait bientôt l'admiration sérieuse qu'il avait pour elle. Tantôt elle était une *huguenote imbécile,* tantôt le modèle de toutes les vertus.

Paris, Versailles, la cour, ne ferait-elle pas mieux d'attendre dans les pleurs que le Dieu de justice et de miséricorde la retirât de ce monde cruel, pour la réunir au martyr dont elle portait le deuil?

Il ne faudrait pas croire que ces craintes fussent chimériques. Voltaire lui-même tremble à son tour « que le parti fanatique qui accable cette famille infortunée et a eu le crédit de faire enfermer les deux sœurs, n'ait encore celui de faire enfermer la mère pour lui fermer toutes les avenues au Conseil du roi. » (7 juillet, à Argental.)

Il aurait suffi à ses ennemis de demander contre elle, comme on l'avait fait contre ses filles, une lettre de cachet; il en avait été question entre le ministre et le procureur-général Bonrepos[1].

Mais on parla à la veuve de devoirs à remplir envers la mémoire de la victime, envers ses enfants orphelins, envers Pierre, à la fois exilé et détenu, envers Donat, exilé de fait et qu'elle n'osait même désirer de revoir après tant de malheurs, envers ses filles, peut-être persécutées dans les couvents qui leur servaient de prison. On lui fit sentir qu'elle devait se dévouer à la réhabilitation du condamné, aspirer à réunir et à relever sa famille dispersée et ruinée.

Elle comprit et obéit aussitôt. Elle partit, de sa retraite ignorée, pour cette ville de Paris qui lui inspirait une terreur inexprimable. Elle y arriva, et y arriva seule, dans les premiers jours de juin. Il résulte d'une lettre de Voltaire à Thiroux de Crosne, que le 30 janvier 1763, Jeanne était encore en Languedoc. La raison n'en est que trop facile à deviner. Mme Calas était désormais trop pauvre pour avoir une servante, et Jeanne l'était trop, elle aussi, pour suivre à Paris sa maîtresse[2].

1. Voir Pièces justif., XXVII.
2. On prétend aussi que Mme Calas avait reçu des rapports inquié-

Audibert visita Mme Calas à Paris de la part de Voltaire et lui rendit compte, le 20 juillet, de ses impressions :

« J'ay voulu connoître et voir de près cette femme si digne de pitié ; je n'ay pu que gémir avec elle ; elle est continuellement accablée par les souvenirs cruels qui la déchirent. Son mary, à qui elle étoit unie depuis trente ans, expirant dans un affreux supplice ; son fils aîné se donnant une mort qui le couvre d'ignominie ; ses deux autres fils errants ; ses deux filles enfermées de force dans des couvents ; toute sa famille dispersée ; tous ses biens en sequestre ; son honneur attaqué ; les horreurs de la prison, enfin tous les malheurs possibles rassemblés sur elle, la plongent dans un abattement dont rien au monde ne peut la faire sortir. Elle demande la mort ou la réparation qui luy est düe. »

Dès lors commença pour elle cette cruelle vie de solliciteuse, forcée d'étaler partout sous les yeux des grands sa honte imméritée et son affreux veuvage. Ce nouveau supplice dura trois ans.

Quoique absent, Voltaire fut pour elle, pendant ces douloureux moments, un protecteur plein de délicatesse et d'égards, en même temps qu'infatigable dans son activité. Il annonça son arrivée à M. et Mme d'Argental (le 11 juin) dans l'admirable lettre qu'on va lire et qu'il m'est impossible d'abréger, malgré les répétitions éloquentes qu'on y trouvera :

Mes divins anges, je me jette réellement à vos pieds et à ceux de M. le comte de Choiseul. La veuve Calas est à Paris dans le dessein de demander justice ; l'oserait-elle si son mari eût été coupable ? Elle est de l'ancienne maison de Montesquieu par sa mère (ces Montesquieu sont de Languedoc) ; elle a des sentiments dignes de sa naissance et au-dessus de son terrible malheur. Elle

tants au sujet de l'influence que le clergé exerçait sur l'esprit de Viguière. Un moment, Voltaire eut l'idée de faire venir à Ferney la vieille servante pour la faire interroger, en vertu d'une commission rogatoire, par le juge de la comté de Tourney dont il était seigneur ; mais on lui fit comprendre qu'elle semblerait dès lors dirigée par lui dans ses réponses et ses actes ; il se rendit et renonça à son dessein. (Voir notre Recueil, p. LXIII et LXIV.)

Viguière ne partit de Toulouse que le 18 juin 1764 pour rejoindre Mme Calas, après l'arrêt du roi qui cassait les sentences du Parlement.

a vu son fils renoncer à la vie et se pendre de désespoir ; son mari, accusé d'avoir étranglé son fils, condamné à la roue et attestant Dieu de son innocence en expirant ; un second fils accusé d'être complice d'un parricide, banni, conduit à une porte de la ville et reconduit par une autre dans un couvent ; ses deux filles enlevées ; elle-même enfin, interrogée sur la sellette, accusée d'avoir tué son fils, élargie, déclarée innocente et cependant privée de sa dot. Les gens les plus instruits me jurent que cette famille est aussi innocente qu'infortunée. Enfin, si malgré toutes les preuves que j'ai, malgré les serments qu'on m'a faits, cette femme avait quelque chose à se reprocher, qu'on la punisse ; mais si c'est, comme je crois, la plus vertueuse et la plus malheureuse femme du monde, au nom du genre humain, protégez-la. Que M. le comte de Choiseul daigne l'écouter ! Je lui fais tenir un petit papier qui sera son passe-port pour être admise chez vous ; ce papier contient ces mots : « La personne en question vient se présenter chez M. d'Argental, conseiller d'honneur du Parlement, envoyé de Parme, rue de la Sourdière. »

Mes anges, cette bonne œuvre est digne de votre cœur.

Bientôt la pauvre veuve se trouva en proie aux protecteurs bénévoles, aux donneurs de conseils impossibles à suivre. Leurs importunités et leur inintelligence désolaient Voltaire qui de loin savait tout, réparait les maladresses des autres, et ne cessait de trouver des expédients, des ressources et des agents. Sa vigueur, sa netteté de vues et sa fécondité de ressources sont incomparables.

Que demandons-nous ? s'écrie-t-il le 14 juin en écrivant à d'Argental... Que demandons-nous ? rien autre chose sinon que la justice ne soit pas muette comme elle est aveugle, qu'elle parle, qu'elle dise pourquoi elle a condamné Calas. Quelle horreur qu'un jugement secret, une condamnation sans motifs ! Y a-t-il une plus exécrable tyrannie que celle de verser le sang à son gré, sans en rendre la moindre raison ? Ce n'est pas l'usage, disent les juges. — Eh ! monstres ! il faut que cela devienne l'usage : vous devez compte aux hommes du sang des hommes. Le chancelier serait-il assez... pour ne pas faire venir la procédure !

Pour moi, je persiste à ne vouloir autre chose que la production publique de cette procédure. On imagine qu'il faut préalablement que cette pauvre femme fasse venir des pièces de Toulouse. Où les trouvera-t-elle ? Qui lui ouvrira l'antre du greffe ? Où la renvoie-t-on, si elle est réduite à faire elle-même ce que

le chancelier ou le Conseil seul peut faire ? Je ne conçois pas
l'idée de ceux qui conseillent cette pauvre infortunée.

Cet avis semblait cependant motivé. Voltaire avait
adressé Mme Calas à d'Alembert pour qu'il dirigeât
ses démarches, ce qu'il fit activement[1] et ensuite à
Me Mariette, avocat au Conseil du roi. C'était devant ce
Conseil seulement qu'elle pouvait appeler de la sentence d'une cour souveraine. Il fallait intenter un procès devant ce corps, qui était censé représenter directement le monarque. Voltaire prit à sa charge tous les
frais. Mais dès le premier pas on se trouvait arrêté.

Me Mariette demande pour agir l'extrait de la procédure de
Toulouse. Le Parlement, qui paraît honteux de son jugement, a
défendu qu'on donnât communication des pièces et même de
l'arrêt[2]. (A Audibert, 9 juillet.)

Ces paroles sont extraites d'une lettre à Audibert qui
allait à Paris, et que Voltaire, comme nous l'avons vu,
chargea de voir M. Calas et Lavaysse, afin de savoir si
la veuve était dans le besoin. MM. Dufour, Mallet et
Le Royer, banquiers, rue Montmartre, avaient consenti
à ce qu'elle eût chez eux son domicile connu, et c'était
par leurs mains que passait tout ce qu'on lui envoyait.
Elle habitait sous le nom de *Mme Anne-Rose Dupuys, chez
M. Caron, quai des Morfondus.* Elle trouva un utile appui
au sein d'une famille Dumas, qui témoigna plus tard,
à ses filles comme à elle, la plus cordiale et la plus active sympathie.

1. Court de Gébelin, *Les Toulousaines.*
2. Ce fait qui, aujourd'hui, paraît à peine croyable, est vrai. On n'était
pas même obligé, en ce temps de jugements secrets, de dire au public
pourquoi on mettait un homme à mort. Amis et ennemis ignorèrent
longtemps la teneur de l'arrêt, ce qui favorisait toutes les calomnies ré-
pandues contre les Calas, et rendait leur défense illusoire. « Au surplus,
je ne puis avoir l'honneur de vous adresser d'exemplaire de l'arrêt rendu
contre Calas, puisqu'il n'a pas été imprimé; je n'ai pas même pu en
avoir de copie, parce qu'on ne veut pas absolument qu'il paraisse. »
(28 avril 1762.—Lettre d'Amblard, subdélégué de Toulouse, à l'intendant de Languedoc ou à son secrétaire. *Arch. de Montpellier.*)

Voltaire écrivit le 15 mars 1763 à la veuve :

Je félicite M. Dumas, je l'embrasse de tout mon cœur ; je n'ai point de terme pour lui marquer mon estime (Collection de M. Fournier).

Plus d'une fois Voltaire dut rendre le courage à ceux même pour lesquels il se donnait tant de mouvement et de peine, excepté Mme Calas qui, une fois résolue, ne faiblit jamais. Il pria *ses anges*, M. et Mme d'Argental, de faire venir, d'interroger et d'encourager Lavaysse, qui était arrivé depuis peu, sous un faux nom.

Il est caché à Paris. Son malheureux père, qui craint de se compromettre avec le Parlement de Toulouse, tremble que son fils n'éclate contre ce même Parlement.

Voici en quels termes mystérieux, mais à la fois flatteurs et sévères, il gourmandait l'inaction et la prudence exagérée de Lavaysse père :

Les personnes qui protègent à Paris la famille Calas sont très-étonnées que le sieur Gobert Lavaisse ne fasse pas cause commune avec elles. Non-seulement il a son honneur à soutenir, ses fers à venger, le rapporteur qui conclut au bannissement à confondre, mais il doit la vérité au public et son secours à l'innocence. Le père se couvrirait d'une gloire immortelle s'il quittait une ville superstitieuse et un tribunal ignorant et barbare.

Un avocat savant et estimé est certainement au-dessus de ceux qui ont acheté pour un peu d'argent le droit d'être injustes ; un tel avocat serait un excellent conseiller ; mais où est le conseiller qui serait un bon avocat?

M. Lavaisse peut être sûr que, s'il perd quelque chose à son déplacement, il le retrouvera au décuple. On répand que plusieurs princes d'Allemagne, plusieurs personnes de France, d'Angleterre et de Hollande vont faire un fonds très-considérable. Voilà de ces occasions où il serait bon de prendre un parti ferme. M. Lavaisse, en élevant la voix, n'a rien à craindre ; il fera rougir le Parlement de Toulouse, en quittant cette ville pour Paris ; et s'il veut aller ailleurs, il sera partout respecté.

Quoi qu'il arrive, son fils se rendrait très-suspect dans l'esprit des protecteurs des Calas, et ferait très-grand tort à la cause, s'il ne faisait pas son devoir, tandis que tant de personnes indifférentes font au-delà de leur devoir.

« *Je prie la personne qui peut faire rendre cette lettre à M. La-*
vaisse père de l'envoyer promptement par une voie sûre. »

Malgré tant d'efforts, tant d'esprit et d'éloquence, Voltaire ne réussissait pas toujours dans ses tentatives. Ce fut
en vain qu'il s'efforça d'obtenir de M. de Saint-Florentin
une audience pour Mme Calas. Il s'abusait entièrement
sur les dispositions de ce tyran de la France, obscur et dis-
simulé[1]; et nous pouvons en juger mieux que Voltaire;
nous qui avons lu trente à quarante de ses dépêches secrètes, où il parle, en mainte occasion, de l'affaire Calas.
Il fut jusqu'au bout, et nous le prouverons par ses
propres lettres, le protecteur actif et zélé des ennemis
de Calas et de sa veuve[2].

A son exemple, ces esprits étroits, si nombreux en
tous temps, qui sont invariablement convaincus qu'un
homme officiellement condamné le mérite ; ces gens,
qui peuvent être très-honnêtes, très-sincères, mais qui
sont, avant tout, partisans de tout ce qui gouverne,
étaient adversaires-nés de Mme Calas.

Ce déplorable esprit se trahit parfaitement dans une
lettre inédite du duc de Villars à Voltaire[3]. Le duc avait
été chargé par lui d'écrire au Ministre; il le pria seulement « de vouloir bien prendre connaissance des motifs
de l'arrêt. »

C'est à peu près[4] ce que j'ai cru devoir dire à M. de Saint-
Florentin ; je n'ai pu lui assurer que l'arrêt était injuste, parce

1. « Vous savez sans doute que M. de Saint-Florentin a écrit à Toulouse et est très-bien disposé. » (A Argental, 14 juillet.) L'astucieux despote n'avait garde de s'attirer le mauvais vouloir d'un homme aussi
redoutable que Voltaire l'était devenu par ses écrits et par ses hautes relations.

2. Voir quelques-unes de ces lettres à la fin du volume. *Pièces justif.*,
X, XI, XVI, XVIII, XXIII, XXVI, XXVII, XXIX, XXX, et XXXI.

3. De la collection Lajariette de Nantes. Communiquée par MM. Read
et Vaurigaud.

4. *A peu près....* Nous avons lu cette lettre de Villars au ministre en
date du 7 juillet. Elle est aussi peu favorable que possible aux Calas. C'est
une de ces recommandations qui ne peuvent que nuire au recommandé.

que je ne le crois pas. Les pièces que vous m'avez envoyées et dont je vous remercie ne me font point changer de sentiment..... Je souhaite de me tromper en croyant que le fanatisme peut faire commettre les crimes les plus horribles et que treize juges ne condamnent pas unanimement un homme aux plus affreux supplices sans être bien assurés qu'il est coupable.

Inutile de dire qu'une négociation entreprise par un homme si mal disposé n'aboutit à rien. C'était d'ailleurs une puérilité que d'engager Saint-Florentin à prendre connaissance d'un arrêt qu'il avait pour ainsi dire inspiré. Il répondit le 17 juillet aux froides observations du duc en faveur des Calas :

Les voyes de droit leur sont ouvertes et ils peuvent les prendre s'ils le jugent à propos. Mais cette affaire ne me regarde en au‑cune façon.

Voltaire fut mieux inspiré lorsqu'il envoya Mme Calas remettre les *Pièces originales* au chancelier Lamoignon et à quelques autres personnages en place. Il l'adressa ensuite au célèbre avocat Élie de Beaumont[1], avec une lettre où il lui disait :

Mandez moi, je vous prie, sur le champ les mesures qu'on peut prendre ; je me chargerai de la reconnaissance ; je serai heureux de l'exercer envers un talent aussi beau qu'est le vôtre. Ce procès, d'ailleurs si étrange et si capital, peut vous faire un honneur infini, et l'honneur dans votre noble profession amène tôt ou tard la fortune. Cette affaire, à laquelle je prends le plus vif intérêt est si extraordinaire qu'il faudra aussi des moyens extraordinaires. Soyez sûr que le Parlement de Toulouse ne donnera point des armes contre lui ; il a défendu que l'on communiquât les pièces à personne et même l'extrait de l'arrêt.

Bientôt l'arrivée d'un des accusés à Genève fournit au zèle de Voltaire des lumières nouvelles et l'aiguillonna encore. Pierre Calas, échappé le 4 juillet du couvent des dominicains de Toulouse, vint rejoindre son frère sur cette terre d'asile et de liberté que les protes-

1. Note 23, à la fin du volume.

tants persécutés en France considéraient depuis plus de deux cents ans comme leur refuge assuré et leur seconde patrie, quand la première les repoussait de son sein. Quelques jours après son arrivée, le 26 juillet, Voltaire écrivait à Audibert :

> Nous avons ici Pierre Calas ; je l'ai interrogé pendant quatre heures ; je frémis et je pleure, mais il faut agir.

L'émotion chez Voltaire, même quand elle était sincère et sentie, ne jetait aucun trouble dans les idées. Quoique Pierre Calas l'eût touché, il le mit à l'épreuve, comme il avait fait pour son jeune frère. Interrogatoires, espionnage même, rien ne lui fut épargné. Il en rendit compte plus tard à M. de Crosne (le 30 janvier 1763) :

> Pierre Calas, accusé d'un fratricide et qui en serait indubitablement coupable si son père l'eût été, demeure auprès de mes terres : je l'ai vu souvent. Je fus d'abord en défiance ; j'ai fait épier, pendant quatre mois, sa conduite et ses paroles ; elles sont de l'innocence la plus pure et de la douleur la plus vraie.

Vers la fin de juin, Voltaire avait commencé la publication des *Pièces Originales concernant la mort des sieurs Calas et le jugement rendu à Toulouse*[1]. Ce recueil ne contenait d'abord que deux documents, la simple et belle lettre de Mme Calas et une prétendue *lettre de Donat Calas fils à la dame veuve Calas, sa mère*, écrite bien certainement par Voltaire, mais peut-être sur les notes de M. de Végobre. La publication de ces pièces en France rencontra des obstacles. Il fallut l'intervention de l'abbé de Chauvelin, et ce ne fut pas sans peine qu'on obtint pour ces écrits une circulation à peu près libre[2].

Peu après, le recueil de *Pièces* s'enrichit d'un *Mémoire*, sous le nom de *Donat Calas*, daté du 22 juillet,

---

1. *Bibliogr.* n°s 14-25.
2. 18 juillet, à Damilaville ; 4 août, à d'Argental.

et d'une *Déclaration* de son frère *Pierre* sous la date
du 23.

La composition du Mémoire. plus important que la
Déclaration, avait été difficile pour Voltaire. Il fallait
faire parler un protestant, et le faire parler devant la
France catholique, telle que l'avait laissée Louis XIV.
La tâche était délicate, impossible peut-être à Voltaire;
en tout cas l'illustre incrédule y réussit fort mal; c'est
une étrange chose que la religion protestante réduite
par lui *à ce qu'elle peut avoir de plus raisonnable*, afin de
laisser *aux convertisseurs* catholiques *une espérance de
succès!* Ces singulières expressions sont de lui, dans une
lettre à son médecin Tronchin, qui a été publiée en
1856[1].

Voici, mon cher grand homme, le mémoire tel qu'il est fait pour
les catholiques; nous nous faisons tout à tous avec l'apôtre. Il
m'a paru qu'un protestant ne devait pas désavouer sa religion,
mais qu'il devait en parler avec modestie et commencer par désarmer, s'il est possible, les préjugés qu'on a en France contre le
calvinisme, et qui pourraient faire un très-grand tort à l'affaire
des Calas. Comptez qu'il y a des gens capables de dire : *qu'importe qu'on ait roué ou non un calviniste? c'est toujours un ennemi
de moins dans l'État.* Soyez très-sûr que c'est ainsi que pensent
plusieurs honnêtes ecclésiastiques. Il faut donc prévenir leurs cris
par une exposition modeste de ce que la religion protestante peut
avoir de plus raisonnable. Il faut que cette petite profession honnête et serrée laisse aux convertisseurs une espérance de succès.
La chute était délicate, mais je crois avoir observé les
nuances.
Nous avons une viande plus crue pour les étrangers. Ce mémoire est pour la France et est au bain-marie.

C'est dans le même temps que l'infatigable écrivain,
décidé à frapper sans relâche l'attention du public, fit
paraître l'*Histoire d'Élisabeth Canning et de Jean Calas*[2].
Il se souvint, à propos, d'une scandaleuse affaire qui
avait eu lieu pendant son séjour en Angleterre et où,

1. Dans un recueil que nous désignerons sous le nom de Recueil Cayrol. (2 vol. in-8. Voir *Bibliogr.* n° 53)
2. *Bibliogr.* n° 25.

sur des indices, on s'était vu sur le point de prononcer une sentence injuste. Il rapprocha cette histoire de celle des Calas, qu'il raconta une fois de plus, avec des ressources toujours nouvelles de style, d'esprit et de bon sens. Ce ne fut pas la dernière fois.

Les trois écrits publiés sous le nom de Pierre et de Donat étaient datés de Chatelaine, village des environs de Genève.

Quand Voltaire était aux Délices, qu'il n'avait pas encore abandonnées définitivement pour Ferney, il avait auprès de lui, à Chatelaine, les fils de Calas, et il en profita pour les présenter aux visiteurs célèbres ou puissants qui accouraient de tous côtés pour le combler de leurs hommages.

Il les fit connaître à « une dame dont la générosité égale la haute naissance, qui était à Genève pour faire inoculer ses filles et qui fut la première à soulager cette famille infortunée. » C'était la duchesse d'Anville[1]. Il pouvait d'autant mieux l'intéresser à ses protégés qu'il était son hôte. Elle habita les Délices avec ses enfants.

C'est de Mme d'Anville qu'il disait plus tard[2] :

Des Français retirés dans ce pays la secondèrent. ; des Anglais qui voyageaient se signalèrent, et comme le dit M. de Beaumont, il y eut combat de générosité entre les deux nations à qui secourrait le mieux la vertu si cruellement opprimée.

Ces secours étaient indispensables pour donner à Mme Calas les moyens de se rendre à Paris et d'y vivre ; chez elle, tout avait été saisi.

Plus tard, le maréchal de Richelieu et le duc de Villars virent les deux jeunes gens. Le pasteur Théodore (Chiron) rendit compte à Paul Rabaut de leur présentation à Richelieu (8 octobre).

M. de V. lui a présenté Pierre Calas en lui disant : Voici un

1. Note 24 à la fin du volume.
2. Lettre à M. d'Am....

débris de la triste famille. M. le duc lui dit : « Après M. de Voltaire, vous n'avez personne qui s'intéresse plus à vous que moi. »
Je sais ceci de source et même que ce seigneur a écrit fortement
à sa fille [1] pour l'engager à s'employer vivement à cette
affaire.

Peu à peu, Voltaire réussit à enrôler dans la cause
des Calas la duchesse de la Roche-Guyon, le duc d'Har-
court, bien d'autres encore, qui rapportèrent à Versailles quelque chose de l'enthousiasme du grand homme.
« Pendant le plus fort de l'affaire Calas, » le marquis
d'Argence de Dirac passa quatre mois chez Voltaire ;
nous le verrons plus tard payer à son hôte un double
tribut en publiant un écrit pour les Calas et contre
Fréron, et Voltaire l'en remercier dans son *Ode à la
Vérité*.

Ses ennemis ne s'endormaient pas et prenaient parti
contre ses protégés. Il paraît qu'on envoya à une feuille
anglaise, *the Saint-James Chronicle*, une lettre de lui
à d'Alembert où l'on inséra des paroles plus que com-
promettantes contre le roi, les ministres, etc. Nous
croyons que ces paroles n'étaient pas de lui, non parce
qu'il le nie fort spirituellement [2], ce qui lui arrive aussi
bien quand il ment que lorsqu'il dit la vérité, mais
parce qu'une pareille attaque eût nui gratuitement à la
cause qu'il soutenait de toutes ses forces et de toute
son habileté. C'eût été une maladresse, et il n'en faisait guère, à moins qu'il ne fût bien en colère, ce qui
n'était pas le cas. Le duc de Grafton lui montra cette
feuille. En même temps, M. de Choiseul à qui on l'avait
adressée pour perdre Voltaire, la lui envoya ; il y répondit avec succès et se fit disculper par le *Journal
Encyclopédique* dont on s'était servi contre lui [3]. Cette

---

1. Septimanie, comtesse d'Egmont.
2. « Si je vous avais écrit une pareille lettre, il faudrait me pendre à
la porte des Petites-Maisons. »
3. Lettres du 20 auguste à Pierre Rousseau, du 17 octobre à d'Alembert, etc., etc.

attaque perfidement calculée aurait pu être fatale à son crédit et aux Calas.

Enfin parurent les *Mémoires* des avocats[1]. Voltaire combla d'éloges Élie de Beaumont (22 septembre) :

> « J'ajoute aux trois impossibilités que vous mettez dans un si beau jour, une quatrième : c'est celle de résister à vos raisons. Je joins ma reconnaissance à celle que les Calas vous doivent. J'ose dire que les juges de Toulouse vous en doivent aussi; vous les avez éclairé sur leurs fautes. »

Mais bientôt son œil vigilant trouva dans ce Mémoire des erreurs qu'il fit corriger avec le plus grand soin. Il était l'âme de toute cette affaire; gouvernant tous ceux qu'il y employait, tantôt par les critiques les plus fines, les plus justes, les plus adroitement présentées, tantôt par des éloges comme ceux qu'on vient de lire et qui avaient tout l'éclat de la gloire, aux yeux de ce siècle dont il était l'oracle.

Ce Mémoire à la main, Mme Calas dut se présenter chez les grands du jour et aussi chez les arbitres de la publicité qui, dès cette époque, étaient comptés au rang des puissances de fait, sinon de droit.

Voltaire l'envoya chez Tronchin, chez Nicolaï, premier président de la chambre des comptes; chez Chaban, intendant des postes; chez Ménard, premier commis de Saint-Florentin; chez Héron, premier commis du Conseil; chez Quesnay, le physiocrate; chez le marquis de Gouvernet, qui était protestant; chez le duc de la Vallière; chez bien d'autres encore[2]. Il la recom-

---

1. Celui d'Élie de Beaumont parut signé de quinze avocats : Huart, l'Herminier, Gillot, Boys de Maisonneuve, Cellier, de Lambon, Boucher d'Argis, Duchasteau, Bigot de Sainte-Croix, Moreau, Dandasne, Reymond, Thevenot-Dessaule, Doillot et Mallard; ce dernier assista très-activement l'auteur de ce factum.

Le deuxième Mémoire d'Élie de Beaumont fut signé par MM. de Lambon, Mallard, d'Outremont, Mariette, Gerbier, Legouvé, Loyseau de Mauléon. Nous nous faisons un devoir de rappeler ces noms.

2. Mémoire de M. de V., du 14 juillet 1762, dans notre Recueil, p. 101 et passim.

manda à son neveu[1] qui, étant à la fois prêtre et magistrat, pouvait être très-utile aux accusés et le fut en
effet.

D'Alembert fut profondément ému de cette visite;
voici en quels termes le géomètre de l'Encyclopédie en
parlait à celui qui était leur maître à tous :

Vous devriez engager M. de Choiseul, puisqu'il vous écoute et
vous aime, à accorder quelque protection aux pauvres roués de
Toulouse. La veuve vint me voir il y a quelques jours et m'apporter son mémoire; ce spectacle me fit grande pitié. Il ne faut
pas se plaindre d'être malheureux quand on voit une famille qui
l'est à ce point là. Je parlerai et crierai même en leur faveur;
c'est tout ce que je puis faire.

Les Mémoires de Mariette, de Loyseau de Mauléon, parurent à leur tour. Voltaire y répondit par ses applaudissements, dont tout Paris se faisait l'écho; cependant
Diderot les trouvait trop faibles[2] et Voltaire lui-même
eut raison de regretter[3] que les premiers Mémoires de
Sudre et de la Salle n'eussent pas été connus à temps, et
mis en œuvre par les avocats de Paris, moins bien informés et plus diserts, mais non plus réellement éloquents.

Sans être sous l'influence directe de Voltaire, l'homme
qui après lui eut le plus d'empire sur son siècle,
Rousseau, avait rendu, lui aussi, un juste hommage à
Jean Calas. Dans sa lettre célèbre à Christophe de Beaumont, archevêque de Paris, qui parut huit mois après
la sanglante tragédie de Toulouse, on remarqua les
les lignes suivantes :

« Si la France eût professé la religion du vicaire Savoyard,
sous nos yeux l'innocent Calas, torturé par les bourreaux, n'eût
pas péri sous la roue. »

Chacune de ces publications gagnait dans le public
de nouvelles sympathies aux Calas; aussi leurs ennemis

1. A.-J. Mignot, abbé de Sellières, conseiller-clerc au Grand Conseil.
2. Note 25 à la fin du volume.
3. Notre Recueil. Lettre à Moultou, 9 janvier 1763.

tentèrent-ils un coup hardi contre leurs défenseurs. Le présidial de Montpellier fit saisir les Mémoires des trois avocats, non sans l'approbation empressée de M. de Saint-Florentin[1]. Voltaire en fut indigné, mais il vit dans ce fait un signe de l'effet produit par ces chaleureux plaidoyers.

... Si les avocats n'ont plus le droit de plaider il n'y aura donc plus de droit ni de loi en France. Je m'imagine que ces trois Messieurs ne souffriront point un tel outrage. Il n'appartient qu'aux juges devant qui l'on plaide de supprimer un factum en le déclarant injurieux et abusif... J'espère surtout que cette démarche du présidial de Montpellier, commandée par le parlement de Toulouse, sera une excellente pièce en faveur des Calas (1er fév. 1763).

Si elle était dictée en effet par le Parlement toulousain, cette mesure étrange prouvait la crainte que lui inspirait la parole populaire et admirée des meilleurs avocats de Paris, réunis contre lui; et si cette Cour n'avait pas ordonné l'acte de Montpellier, il indiquait dans la magistrature un esprit de corps, contraire aux intérêts de la justice et de la vérité. Cet esprit régnait même à Paris, et d'Alembert raconte à Voltaire un mot scandaleux à ce sujet:

Croiriez-vous qu'un conseiller en parlement disait, il y a quelques jours, à un des avocats de la veuve Calas, que sa requête ne serait point admise, parce qu'il y avait en France plus de magistrats que de Calas? (12 janv. 1763.)

La requête de Me Mariette au Conseil du Roi avait été présentée. La question était de savoir si elle serait admise. L'impatience dévorait Voltaire.

Eh bien! écrit-il à Argental le 27 février, a-t-on enfin rapporté l'affaire des Calas? Je vois qu'il est beaucoup plus aisé de rouer un homme que d'admettre une requête.

C'est à ce temps d'anxiété et d'irritation qu'il faut

1. Pièces justif. XXIX et XXX.

rapporter, si elle est vraie, une anecdote tout à fait caractéristique :

Il ne souffrait aucune contradiction sur ce sujet, et un visiteur en fut un jour la victime. C'était un gros seigneur allemand qui, sorti des solitudes d'une lointaine résidence, connaissait fort peu les événements du jour Il est introduit dans le salon de Ferney, et , immédiatement après les premières révérences : « Monsieur, lui dit Voltaire, que pensez-vous du pauvre Calas qui a été roué? — Il a été roué .. Ah! il faut que ce soit un grand coquin! » Voltaire se précipite sur la sonnette. — Le carrosse de Monsieur est-il dans la cour? — Oui, Monsieur. — Qu'on attelle à l'instant ses chevaux et qu'il parte ! Le pauvre allemand s'en fut, sans pouvoir s'expliquer cette boutade. Lorsqu'il la raconta à Genève, on lui fit comprendre le sujet de l'indignation de Voltaire, et il déclara qu'il avait pris Calas pour quelque brigand que le seigneur de Ferney avait fait rouer à bon escient [1].

En attendant, Voltaire ne négligeait rien.

Il refaisait au dernier moment le compte de ses alliés et de ses agents, comme un général passe ses troupes en revue, une dernière fois, avant de les mener à l'ennemi. Trois des ministres étaient pour les Calas.

« Je suis sûr que le contrôleur général [2], M. le duc de Praslin [3] M. le duc de Choiseul [4] ont de très-bonnes intentions; il faut assurément en profiter [5]. »

Il écrivait lettre sur lettre au rapporteur, M. de Crosne [6], à son beau-père, M. de la Michodière, à M. d'Aguesseau, ne se lassant jamais de raconter comment il a connu les Calas et formé lentement sa conviction : « J'ose, dit-il, être sûr de l'innocence de cette famille comme de mon existence. » Pour s'en convaincre da-

---

1. Gaberel : *Voltaire et les Genevois*, p. 57.

2. H. L. J. B. Bertin fut contrôleur général des finances depuis le 21 nov. 1759, jusqu'au 12 déc. 1763.

3. Ministre des affaires étrangères.

4. Ministre de la marine.

5. Lettre à Moultou du 26 février 1763.

6. Louis Thiroux de Crosne, maître des requêtes, devint intendant à Rouen, puis en 1789 lieutenant de police à Paris, et mourut sur l'échafaud en 1794.

vantage encore, ou peut-être pour calmer son impatience fiévreuse, il avait fait un travail singulier dont il rendit compte à Damilaville avec l'extrême vivacité que prenait son style dans ses moments d'agitation :

Je me suis avisé de mettre par écrit toutes les raisons qui pourraient justifier ces juges ; je me suis distillé la tête pour trouver de quoi les excuser, et je n'ai trouvé que de quoi les décimer [1].

Enfin parut, non pas encore le grand jour de la justice, mais la première lueur de l'aube.

Le mardi 1er mars, le bureau des Cassations, au Conseil, jugea la requête des Calas *admissible*. C'était le premier pas dans la voie de l'équité et de la réhabilitation.

1. Ce mot si dur est écrit *ab irato*. Moins courroucé, plus tard, il reconnut, en comparant l'affaire des Calas à celle des Sirven, « que les juges des Calas pouvaient au moins alléguer quelques faibles et malheureux prétextes (A M. Chardon, 2 février 1767). » Il écrivit le 25 janvier 1775 à Mme Du Deffand : « Les juges des Calas s'étaient trompés sur les apparences et avaient été coupables de bonne foi. » Il alla beaucoup plus loin encore en s'adressant à un prêtre Toulousain, suivant son habitude de *se faire tout à tous*, dans un bien autre sens que l'apôtre qu'il aimait citer à ce propos. (A M. l'abbé Audra, 4 septembre 1769. Voir sur cet abbé la note 26 à la fin du volume.)

« J'ai toujours été convaincu, lui écrit-il, qu'il y avait dans l'affaire des Calas de quoi excuser les juges. Les Calas étaient très-innocents ; cela est démontré. Mais ils s'étaient contredits. Ils avaient été assez imbéciles pour vouloir sauver d'abord le prétendu honneur de Marc-Antoine leur fils et pour dire qu'il est mort d'apoplexie lorsqu'il est évident qu'il s'est défait lui-même.

« C'est une aventure abominable ; mais on ne peut reprocher aux juges que d'avoir trop cru les apparences. »

CHAPITRE XI.

RÉVISION DU PROCÈS ET RÉHABILITATION DES CONDAMNÉS

> ...... *Longa est injuria, longæ*
> *Ambages....*
> (VIRG., *Æn.* I, 341.)

Trois jours avant l'anniversaire du supplice de Calas, le lundi 7 mars 1763, le Grand Conseil prononça sur la Requête de Mariette. C'était déjà un avantage considérable que ce corps nombreux et élevé jugeât la question de la révision ; cet avantage était dû à M. de Choiseul. La cause des Calas avait pris dans l'opinion publique une haute importance. On s'intéressait partout à leurs malheurs ; on sentait qu'une grande réparation leur était due. En outre, c'était un acte extrême et très-rare du pouvoir royal que de casser l'arrêt d'une Cour souveraine ; et cet acte, par égard pour ceux même dont il condamnait la sentence, ne pouvait s'accomplir avec trop d'éclat et de retentissement. Le Conseil siégeait d'ordinaire par semestres ; cette fois, les deux semestres furent réunis. Tous les ministres et ministres d'État firent partie de l'assemblée, et le chancelier de France la présida. Les conseillers d'État, de robe, d'épée et d'église, étaient présents, et parmi ces

derniers, plusieurs abbés et trois évêques[1]. Cependant
la sentence fut rendue à l'unanimité des quatre-vingt-
quatre membres présents, conformément aux conclusions de M. Thiroux de Crosne, maître des Requêtes,
rapporteur[2]. Pendant la séance, la galerie des Glaces à
Versailles était pleine d'une foule impatiente de recevoir la grande nouvelle.

Au lieu de raconter nous-même cette scène imposante
et pleine d'émotion, nous citerons ici le récit d'un témoin oculaire[3].

Le 8 mars 1763.

L'affaire de Mme Calas fut jugée hier au conseil; je fus avec
elle à Versailles, avec plusieurs autres messieurs, chez les ministres; l'accueil qu'ils lui firent fut des plus favorables; on ne la
fit attendre aucune part; aussitôt qu'elle se présentait, on ou-
vrait les deux battans; tout le monde la consolait de son mieux.
M. le chancelier lui dit : « Votre affaire est des plus intéressantes, madame; on prend beaucoup de part à votre situation; nous
souhaitons bien que vous trouviez parmi nous des consolations à
vos maux. » L'accueil de M. le duc de Praslin fut des plus gracieux. Elle se rendit à la galerie avec ses demoiselles, pour voir
passer le roi; elle fut accostée par plusieurs seigneurs; le duc
d'A .., le comte de Noailles, qui furent du nombre, lui promirent
de la faire remarquer au roi; ils lui fixèrent sa place, mais leur
bonne volonté n'eut point d'effet; comme le roi était à portée de
la voir, une personne de sa suite se laissa tomber, et attira par
sa chute les regards de la cour et du roi[4] : tout cela se passa le

1. Lettres VI et VII de Voltaire à Ribotte. (Bulletin de la Soc. d'Hist.
du Prot., t. IV, p. 253).
2. Selon Grimm, 20 conseillers d'État avaient proposé d'abord « d'ordonner seulement la révision du procès, par une sorte de ménagement
pour une cour souveraine, telle que le parlement de Toulouse. Tous les
autres ont opiné pour la cassation pure et simple, qui est la forme la
plus désobligeante. Aucun n'a douté un instant que l'arrêt ne fût de
toute nullité. »
3. Une copie de cette lettre s'est trouvée parmi quelques papiers rela-
tifs aux Calas, qui furent confiés au pasteur Marron par Nanette Calas,
alors Mme Duvoisin. Cette pièce, et quelques autres que j'indique-
rai, furent publiées en 1819 par mon oncle Charles Coquerel dans les
Annales Protestantes, dont il était rédacteur, recueil devenu assez rare
aujourd'hui. Cette lettre écrite par une main naïve et peu exercée, est
d'autant plus digne d'intérêt. Serait elle de Lavaysse?
4. Il est permis de douter que cette chute fût involontaire. Voltaire,

dimanche. Le lundi matin, Mme Calas fut, vers les neuf heures, se constituer prisonnière [1]. On avait tout préparé : l'écrou fut daté, signé et porté au rapporteur; les jeunes demoiselles allèrent à l'entrée du conseil se présenter à leurs juges; le nombre en fut prodigieux, et l'assistance des ministres rendit ce conseil encore plus brillant; la requête fut admise tout d'une voix. On a ordonné l'apport de la procédure, des informations et des motifs. L'avocat n'avait pas osé demander les originaux de la procédure, il eût été à craindre qu'on ne les refusât; je ne pense pas que c'eût tiré à conséquence. L'aînée des demoiselles Calas se trouva mal pendant le temps du conseil; elle eut une vapeur très-considérable et très-longue : elle durait encore, lorsque ces messieurs, étant sortis, vinrent lui annoncer la réussite de ses entreprises; une partie s'empressa de lui donner des secours; des eaux spiritueuses, des sels, des flacons de toute espèce furent prodigués : je reçus les plus grandes politesses de plusieurs de

dès qu'il fût question de cet essai de présentation au roi, n'en espéra rien. « Soyez persuadé, écrivait-il à Debrus, que Sa Majesté est l'homme du royaume qui influe le moins sur cette affaire ; il ne s'en mêle ni ne s'en mêlera ; il laissera agir la Commission du Conseil et dira seulement un mot comme les autres. » (Notre recueil, p. 124.) C'était encore trop attendre de Louis XV. Il n'alla ni au Conseil privé ni au grand Conseil, et ne dit pas même un mot comme les autres. Voltaire avait trop raison de s'écrier : « Le torrent des affaires publiques empêche que l'on ne fasse attention aux affaires des particuliers, et quand on rouerait cent pères de famille dans le Languedoc, Versailles n'y prendrait que très-peu de part (ib., p. 144). » Pour Louis XV, on sait que ce n'était pas même le torrent des affaires publiques qui le rendait profondément indifférent aux malheurs privés.

Du reste, cette journée parut excellente à Voltaire pour la cause à laquelle il se dévouait. « Ce qui augmente ma joie et mes espérances, mande-t-il à Debrus, c'est l'attendrissement universel dans la galerie de Versailles (ib., p. 210). » Rien ne prouve, d'ailleurs, que Louis XV ait pris personnellement aucun intérêt aux Calas. Il est certain que ce n'est pas lui (comme on le prétend) qui répondit à l'excuse banale qu'on invoquait au profit du parlement de Toulouse : « Il n'est si bon cheval qui ne bronche. — Un cheval, soit, mais toute une écurie! » — Grimm (Corr. litt., 15 juin 1764) cite le mot, mais en l'attribuant à une dame.

1. On pourrait conclure de ce récit que Mme Calas fut incarcérée à Versailles ; mais nous n'avons vu nulle part aucune trace de ce fait, tandis que dans ses papiers se trouve, à la suite de l'acte officiel constatant que son écrou et celui des autres accusés a été biffé à la Conciergerie du Palais, une pièce toute pareille d'après laquelle un écrou semblable, mais concernant Mme Calas seule et dont on ne donne pas la date, a été biffé au grand Châtelet. C'est donc là qu'elle attendit l'arrêt du Conseil. — Coll. de M. Fournier.

ces messieurs. L'intendant de Soissons, entre autres, et M. Astruc, m'en firent beaucoup. La charité de ces messieurs ne se borna pas à Mlle Calas; ils s'empressèrent beaucoup d'obtenir l'acte d'élargissement de Mme Calas. On remarqua dans leur façon d'agir combien ils étaient pénétrés du malheur de cette famille et indignés de l'injustice qu'on lui avait faite.

L'arrêt d'élargissement prononcé, nous fîmes sortir Mme Calas de la prison, où elle était dans une ample bergère, auprès d'un grand feu; le geôlier lui avait fait servir le matin du café au lait, du chocolat et un bouillon, c'étaient ses ordres; mais nous fûmes bien surpris de sa belle réponse lorsqu'on lui demanda combien il lui fallait : « Mme Calas, dit-il, est trop malheureuse, je serais bien fâché de prendre le moindre salaire; je souhaiterais avoir un ministère plus agréable pour lui offrir mes services; personne ne la respecte plus que moi. » Quel contraste avec le peuple de Toulouse! Les domestiques de tous ses juges, de tous ses protecteurs, la regardent avec admiration et respect : il n'en est aucun qui n'ait lu tous ses mémoires.

Ajoutons à ces détails que la reine se fit présenter Mme Calas et ses filles, et les reçut avec de gracieux témoignages d'estime et de sympathie[1].

Le récit qu'on vient de lire est inexact en un point. Le roi en son Conseil ordonnait au parlement de Toulouse de lui faire envoyer les charges et informations par le greffier en chef et les motifs de la sentence par le procureur général. C'est donc bien la procédure entière qui était demandée, et, de plus, les motifs du jugement, toujours secrets alors.

On dit que le parlement fit cette réponse insolente et brève :

La procédure est très-volumineuse; on (Mme Calas) n'a qu'à envoyer du papier et de l'argent pour les copistes, et on (le parlement) la donnera; quant aux motifs, le conseil les trouvera dans les charges.

La colère fut très-violente à Toulouse. On y soutenait qu'une Cour souveraine était irresponsable, repré-

---

1. Lettres de la sœur Fraisse, le 22 juin, et de Voltaire à Damilaville, le 27 mars.

sentait le roi et ne pouvait voir ses arrêts cassés, fût-ce
par lui-même. Il est certain que, dans un régime libre,
la justice doit être et demeurer absolument indépendante du souverain, et ses arrêts être respectés et subis
par lui comme par tout autre. Mais sous le despotisme,
cette nécessaire indépendance est impossible et n'exista
jamais, fût-elle écrite dans la lettre des lois. Or, elle
ne l'était point à cette époque ou ne l'était qu'avec des
exceptions, restrictions, et coutumes contraires, qui
justifiaient le Conseil.

Duroux, qui avait la procuration de Mme Calas, lui
écrivit que le greffier demandait vingt-cinq mains de
papier timbré et que les frais de la copie s'élèveraient à
40 pistoles au moins (20 avril 1763, coll. de M. Fournier). « Quoi, s'écria Voltaire à cette nouvelle, quoi,
dans le dix-huitième siècle, dans le temps que la philosophie et la morale instruisent les hommes, on roue
un innocent à la majorité de huit voix contre cinq, et
on exige 1500 livres pour transcrire le griffonnage
d'un abominable tribunal[1]. » — Le conseil de Mme Calas
jugera sans doute que l'ordre a été donné par le roi
au parlement de Toulouse d'envoyer au roi la copie
des procédures et non pas de les envoyer à la veuve;
donc ce n'est pas à elle de payer l'obéissance que le
parlement de Toulouse doit au roi.... Les juges de
Toulouse rouent et le greffier écorche; c'est donc ainsi
que la justice est faite »[2].

Messieurs du parlement trouvèrent une consolation
étrange auprès de l'archevêque de Toulouse[3] qui, apparemment pour rémunérer leur zèle et les consoler
de leurs humiliations, accorda à chacun d'eux le singulier privilège « de faire célébrer la messe dans leurs
maisons les jours de dimanche. » Après leur avoir oc-

1. Notre recueil, I. LXXXIII.
2. Id., l. LXXXIV.
3. Arthur-Richard Dillon.

troyé cette faveur insolite, le prélat craignit cependant
que son zèle ne parût intempestif au gouvernement. Il
rendit compte de ce qu'il avait fait à M. de Saint-Florentin et reçut de lui une réponse assez sèche qui évidemment blâmait, quoique avec une grande réserve, cet
acte fort impolitique, dans un pays où la population
protestante était nombreuse et n'avait que trop à se
plaindre de l'entente cordiale de ses juges avec le
clergé catholique.

« Sa Majesté m'a témoigné que, sur une pareille matière, elle
ne pouvait s'en rapporter qu'à votre prudence et à la connaissance que vous avez, tant des règles et des usages de l'Église,
que des différentes impressions que les esprits des peuples confiés à vos soins sont capables de recevoir[1]. »

Tandis que le parlement avait grand besoin, pour
se consoler, des faveurs de l'archevêché, Voltaire fut
comblé de joie par ce premier triomphe qui semblait
assurer tous les autres. Il faut l'entendre s'écrier
avec une noble satisfaction dans une lettre à Damilaville :

Mon cher frère, il y a donc de la justice sur la terre; il y a
donc de l'humanité! Les hommes ne sont pas tous de méchants
coquins comme on le dit.

Il semble que l'émotion le rende modeste, car il ajoute :
« C'est le jour de votre triomphe, mon cher frère; vous
avez servi les Calas mieux que personne. » Ses remercîments à Thiroux de Crosne sont enthousiastes et
flatteurs :

Monsieur, vous vous êtes couvert de gloire, et vous avez donné
de vous la plus haute idée.... Je vous respecte et je prends la liberté de vous aimer.

Il se croyait au bout de ses peines et Mme Calas au
terme de ses agitations :

1. Cette lettre, que nous avons lue dans les *Dépêches du Secrétariat*
(Arch. Imp.) et le fait très-curieux qui en fut l'occasion, n'avaient jamais
été publiés, à notre connaissance.

Il me semble, écrit-il à Élie de Beaumont le 14 mars, que le reste de ce procès ne consistera qu'en formalités. La falsification des pièces n'est point à craindre, parce qu'elles sont signées de Pierre Calas, qui ira à Paris quand il le faudra, et qui reconnaîtrait bien vite la fraude.

Il écrit à Mme Calas :

.... Observez, madame, que l'ordre donné au parlement de Toulouse, d'envoyer les motifs, est une espèce de flétrissure pour lui, et que cet article vous donne une victoire entière; aussi n'a-t-il pas passé d'une voix unanime, comme l'ordre d'envoyer les procédures. Regardez donc votre mari et votre famille comme entièrement justifiés aux yeux du roy, du Conseil et de toute l'Europe. Le reste ne sera qu'une discussion de procédures, et ne consistera que dans des formes juridiques; et, quelque chose qui arrive, soyez très-sûre que tout le public sera pour vous[1].

Mais les formalités pouvaient traîner en longueur. Le parlement pouvait se montrer récalcitrant, et l'envoi, très-coûteux, des pièces pouvait être entravé. C'est ce qui arriva.

Aussi Voltaire dut s'imposer encore de longues précautions, une réserve toujours calculée. Son *Traité sur la Tolérance à l'occasion de la mort de Jean Calas* était écrit, imprimé, et allait paraître; mais il craignit que le scandale de ce livre ne nuisît à la cause et il ne voulut pas exposer la veuve du martyr à expier ses hardiesses. Il se contenta d'en envoyer de rares exemplaires à deux ou trois ministres sur lesquels il comptait, à quelques conseillers d'État, à Mme de Pompadour, à Frédéric II, et à un petit nombre d'amis prudents, qui promettaient de ne pas les laisser tomber entre les mains avides des libraires, ou sous les regards dangereux de la censure[2]. Il imposait la même abnégation à tous ses alliés dans cette guerre aussi savante qu'humaine. Court de Gébelin avait écrit ses *Lettres Toulousaines* où il protestait contre les supplices de

1. Extrait d'une lettre inédite, en date du 15 mars 1763 (Collection de M. Fournier.)
2. A Moultou, mai 1762.

Rochette, des frères de Grenier, de Jean Calas, et racontait l'histoire de l'inquisition et des confréries de Pénitents à Toulouse; ouvrage curieux par les faits qu'il réunit, mais entaché de déclamation d'un bout à l'autre. Ce livre ne pouvait qu'irriter les Toulousains, leurs Capitouls, les membres de leur parlement; Voltaire y fit mettre plusieurs cartons et obtint de l'auteur qu'il en retardât la publication [1].

Ces habiles ménagements eurent un plein succès. N'ayant aucun prétexte pour désobéir, le parlement obéit. Enfin, écrit Voltaire au pasteur Vernes, le 24 mai 1763,

> Enfin, l'infâme procédure des infâmes juges de Toulouse est partie ou part cette semaine. Nous espérons que l'affaire sera jugée au grand Conseil où nous aurons bonne justice, après quoi je mourrai content.
>
> *N. B.* Le parlement de Toulouse ayant roué le père a écorché la mère. Il a fallu payer cher l'extradition des pièces; mais tout cela est fait par la justice. Ah! *Manigoldi* [2]!

C'était encore annoncer deux mois trop tôt l'envoi de la procédure, qui ne partit de Toulouse que vers la fin de juillet. Louis se rendit à Paris en même temps; peut-être fut-il chargé de remettre à sa mère les actes, qui avaient été transcrits sur la requête de Mme Calas et à ses frais [3].

Qui ne croirait, au moins, à cette date, que la pauvre veuve et son ardent défenseur touchent au but? Il fallut encore un an avant que les cruelles sentences

---

1. A Damilaville, 28 mars 1763. Il offrit à plusieurs reprises d'indemniser Gébelin de sa bourse, et par une souscription entre quelques amis peu nombreux. (Notre recueil, p. 89.)

2. Bourreaux!

3. Lettre de la sœur Fraïsse, du 3 août. Elle accuse Louis de ce retard; au moins en était-il complice. Il lui avait affirmé que depuis deux mois les pièces étaient à Paris. Les ennemis acharnés de sa famille avaient pu abuser encore de sa faiblesse, pour entraver l'action de la justice. Il était seul à Toulouse pour représenter les siens et agir dans leur intérêt.

de Toulouse fussent cassées et mises à néant. Pénibles pour ses amis, tous ces délais étaient cruels pour elle.

Ces longueurs inévitables, écrit-elle [1], me désséspere et sy je navez la douce satisfaction d'avoir mes filles aupres de moy, je croy que je succomberai sou le poix de mes peines.

Ce fut le 4 juin 1764 que l'arrêt de cassation fut prononcé par le Conseil privé du roi.

Le Roy en son conseil, après avoir cassé pour vices de forme, la sentence des Capitouls du 27 octobre 1761 [2], l'arrêt du parlement du 9 mars 1762 [3] et celui du 18 mars, même année [4], « a évoqué à soi et son Conseil le procès criminel jugé par lesdits arrêts, et icelui, circonstances et dépendances, a renvoyé et renvoie aux sieurs maîtres des requêtes de l'hôtel au Souverain. »

Tel était le nom technique et barbare d'un tribunal composé des maîtres des requêtes et qui avait été établi pour rendre compte au Souverain des requêtes de son hôtel, c'est-à-dire de celles qui provenaient des gens de sa maison et (par extension) toutes celles dont il lui plaisait de se réserver la connaissance [5]. Tout était à recommencer devant ces juges, derniers et définitifs; mais devant eux la nouvelle procédure ne devait pas languir; elle ne dura que neuf mois sous la direction laborieuse et intelligente de Dupleix de Bacquencourt, maître des requêtes.

Nous serons très-brefs sur ce dernier procès qui aboutit à un cinquième jugement. Les mêmes faits se repro-

---

1. Lettre inédite à Cazeing fils aîné (communiquée par M. L. Destremx).
2. C'était celle qui envoyait à la torture Calas, sa femme et son fils, et ordonnait que les deux autres accusés seraient seulement présentés à la question.
3. Arrêt de mort de Jean Calas.
4. Bannissement de Pierre et acquittement des autres prévenus.
5. Voy. François Blanchard. — Les Maîtres des requêtes de l'Hôtel du Roy, 1670, in-f°.

duisirent; mais, cette fois, les Calas et leurs défenseurs
pouvaient agir au grand jour ; ce furent leurs ennemis
qui se cachèrent. Les premiers tinrent chez le comte
d'Argental une assemblée à laquelle Mme Calas fut admise, où l'on délibéra sur les mesures à prendre, et qui
se renouvela chaque fois que les nécessités de la défense
l'exigèrent[1].

Pendant ce temps Voltaire recevait de Toulouse les
lettres anonymes les plus violentes. On y reprochait au
parlement de n'avoir pas fait rouer les cinq accusés au
lieu d'un seul[2].

> Je crois que, s'ils me tenaient, ils pourraient bien me faire
> payer pour les Calas. J'ai eu bon nez, de toutes façons, de choi-
> sir mon camp sur la frontière.

Disons-le cependant, sinon à la décharge de ces magistrats, au moins pour rendre intelligible leur monstrueux aveuglement, dans cette dernière information se
produisirent, pour la première fois, bien des témoignages favorables, que la rédaction inique de leur Monitoire
et de leurs Briefs Intendits avaient rendus impossibles,
ou que leurs nombreux actes d'intimidation avaient em-
pêchés. Ce fut seulement alors qu'on put produire les
dépositions écrites de huit négociants de Genève[3], qui
avaient connu depuis longtemps la famille Calas, celles
plus importantes encore d'Alquier et du chanoine Azimond[4]; ce fut alors, que les onze faits justificatifs
qu'on n'avait point permis à Sudre de prouver purent
être démontrés, ou du moins ceux d'entre eux dont
le temps n'avait pas emporté tout vestige. On put faire

1. Voltaire à Argental, 24 juin 1764.
2. A Damilaville et Argental, le 29 juin. A d'Alembert, le 16
juillet.
3. Debrus, Jean et Philippe des Arts, Cathala, Roger, Prades, Calvet,
Larguier. Ces signatures étaient certifiées par le secrétaire d'État,
J. de Chapeaurouge et le résident de France Montpeyroux.
4. Voir celle d'Alquier, p. 49, celle d'Azimond, p. 63.

connaître la lettre où Marc-Antoine se plaignait à Cazeing de son frère Louis et l'appelait *notre déserteur*.
On put prouver par un certificat du curé de Brassac
que Marc-Antoine était à Brassac dès la veille de Noël
et y resta jusqu'au lendemain de la fête, tandis que ce
jour même on disait l'avoir vu à Toulouse dans le confessionnal de l'abbé Laplaigne; et, par un certificat du
curé de Béziers, que Catherine Daumière était catholique de naissance et non *nouvelle convertie*, ce qui réduisait toute sa déposition à un impudent mensonge. Dire
que si le parlement de Toulouse avait eu ces preuves
sous les yeux il aurait jugé autrement, ce ne serait
point le disculper, car il n'avait tenu qu'à lui de les
avoir; on l'en avait supplié en vain et de mille manières, ne fût-ce que dans les quatre Mémoires de Sudre
et de La Salle.

Il fallut publier des Mémoires nouveaux. Élie de
Beaumont en donna un troisième, Mariette un quatrième, le jeune Lavaysse un second. Voltaire loua justement ce dernier dans une lettre à d'Argental :

Oui, sans doute, mon ange adorable, j'ai été infiniment touché du Mémoire du jeune Lavaysse, de sa simplicité attendrissante, de cette vérité sans ostentation qui n'appartient qu'à la
vertu.

Il écrivit avec grâce à Élie de Beaumont (le 27 février
1766) :

Mes yeux ne peuvent guère lire, Monsieur; mais ils peuvent
encore pleurer, et vous m'en avez fait bien apercevoir.

Dans ces Mémoires, il fallut combattre les calomnies
sans cesse renaissantes qui ne cessaient de surgir
de tous côtés et qui, à l'approche du moment décisif,
prirent, même à Paris, un nouveau degré d'acharnement.

On disait qu'une fosse avait été préparée dans la

cave de la maison des Calas[1] ; qu'un piton à la voûte de cette cave avait servi à pendre Marc-Antoine ; qu'on avait *vu monter* le cadavre de la cave au magasin. Il y avait à Paris, disait-on, *quelqu'un* qui avait *connaissance personnelle* de tel ou tel de ces *faits*. Élie de Beaumont demanda en vain que ce témoin insaisissable voulût bien se faire connaître ; rien ne parut.

Avant même de réhabiliter le martyr, le Ministre qui avait approuvé sa mort fut obligé de châtier le premier et le plus acharné de ses persécuteurs. David fut destitué en février 1765[2].

C'est à Paris que la cause fut jugée en dernier ressort. Les accusés (car ils l'étaient de nouveau) allèrent dès le 28 février[3], s'enfermer à la Conciergerie. Ils y reçurent, dit Grimm, nombre de personnes de la première distinction. Damilaville les y visita et en rendit compte à Voltaire dans une lettre qui n'a pas été publiée[4].

« J'ai passé, dit-il, deux heures aujourd'hui en prison avec Mme Calas et ses infortunés compagnons. Je les ai été consoler plusieurs fois depuis qu'ils y sont. Je ne suis pas le seul ; bien d'autres gens de bien en ont fait autant, et j'ai vu avec une grande satisfaction qu'il y avait encore de la vertu et de l'honnêteté dans le monde. Ils sortiront après-demain ; du moins je l'espère[5]. »

---

1. Ce mensonge n'était pas nouveau ; voici comment Calas en fit justice dans un de ses interrogatoires (Arch. Imp.) :

« INTERROGÉ s'il n'est vrai qu'ayant prémédité la mort de son fils, il avait fait faire dans la cave une fosse pour l'enterrer,
RÉPOND et dénie l'interrogatoire et dit qu'on n'a qu'à visiter la cave. »

2. Voir plus haut, p. 33.
3. Cette date se trouve dans une lettre inédite de Court de Gébelin à M. Polier de Bottens, 10 mars (communiquée par M. le Pasteur Ch. Frossard.
4. Et qui, sauf ce seul passage, ne mérite pas de l'être (Collection Lajarielle à Nantes). Elle est du 7 mars 1765.
5. Nous avons entre les mains la copie d'une lettre de félicitations emphatiques adressée à Mme Calas par le *Lieutenant général du guet* au moment où elle sortit de prison. Nous en citerons une seule phrase qui

Les maîtres des requêtes, qui jugèrent cette grande cause, étaient au nombre de quarante. On comptait parmi eux quatorze intendants de province. Ils examinèrent l'affaire dans le plus grand détail, en six séances de quatre heures chacune, sauf la dernière qui dura plus du double. L'arrêt fut rendu à l'unanimité le 9 mars 1765, trois ans, jour pour jour, après l'arrêt de mort de Jean Calas [1].

Le jugement fut immédiatement mis sous presse à l'Imprimerie Royale et publié en tous formats. Il réhabilitait les accusés et la mémoire de Jean Calas ; ordonnait que leurs noms fussent effacés des registres et des écrous, et le jugement actuel inscrit en marge ; les laissait libres, ainsi que tous les enfants de Calas, de réclamer des dommages-intérêts auprès de qui de droit et ordonnait la mise en liberté des prévenus reconnus innocents [2].

Les acquittés et tous les enfants de Jean Calas avaient demandé l'autorisation *de prendre à partie et dommages-intérêts* les magistrats qui avaient condamné à mort un innocent maintenant réhabilité. Sur ce point grave et très-délicat, les nouveaux juges « les ont renvoyés et renvoient à se pourvoir ainsi qu'ils aviseront. »

Un des maîtres des requêtes, M. Fargès, était d'avis de pousser beaucoup plus loin la rigueur contre les pre-

---

est un hommage à la piété et à la force de caractère de la pauvre veuve : « Le Dieu que nous adorons et qui pénètre les cœurs, vous a fourni des moyens de consolation, dans la fermeté de votre âme et la résignation à sa sainte volonté. » Cet officier offre ensuite à Mme Calas de lui envoyer un extrait qu'il a fait de la procédure.

1. Grimm (Corr. litt., 25 mars) juge sévèrement cette coïncidence toute factice... « L'arrêt des requêtes de l'Hôtel au Souverain a été rendu le même jour et à la même heure où Calas est mort dans les tourments du supplice, il y a trois ans. Rien ne m'a fait autant de peine que cette puérilité solennelle dans une cause de cette espèce ; elle m'a fait éprouver une horreur dont il serait difficile de rendre compte : il me semble voir des enfants qui jouent avec des poignards et les instruments du bourreau. »

2. On trouvera le texte de ce jugement plus bas. (Pièces justif. xxxii.)

miers juges. Quand vint son tour d'opiner, il dit qu'il
fallait « faire rendre compte au parlement de Toulouse
de sa conduite inique et barbare. » Il persista dans ses
dires, quoique d'Aguesseau l'engageât à retirer ce qu'il
y avait *de trop fort* dans son langage.

Enfin les Calas avaient obtenu justice, et une réparation bien tardive, mais aussi entière et aussi éclatante
que les hommes peuvent la rendre, quand ils ont ôté ce
que Dieu seul donne, la vie[1].

On devine avec quels transports Voltaire reçut la
grande nouvelle. Nous retrouvons, dans ce moment si
émouvant, le vieux philosophe attendant et bientôt dé-
vorant ses lettres avec Donat, celui des enfants Calas
qu'il aimait le plus. « Je vous avoue, écrit-il à Tronchin, que je n'ai de ma vie goûté une joie plus pure
qu'en embrassant le petit Calas, lorsque nous reçûmes
en même temps la nouvelle de la plus ample justice
qu'on ait encore faite en France à l'innocence opprimée; ce grand exemple rognera pour longtemps les
griffes affreuses du fanatisme et fera taire sa voix infernale (Recueil Cayrol I. 26 mars 1765). »

Il répond à son fidèle ami et collaborateur d'Argental :

Un petit Calas était avec moi quand je reçus votre lettre et
celle de Mme Calas, et celle d'Élie, et tant d'autres : nous versions des larmes d'attendrissement, le petit Calas et moi. Mes
vieux yeux en fournissaient autant que les siens; nous étouffions,
mes chers anges.

Après avoir cité ces touchantes paroles, M. l'abbé
Salvan, dans le livre où il nous répond, ne trouve
qu'un mot à dire sur Voltaire, et ce mot le voici : *Quel
pantin !* (page 125).

1. « Toute l'Europe en est instruite par ce courrier, » écrit Court de
Gébelin à M. Polier de Bottens, professeur à Lausanne. Il en fait part
en même temps à M. de Végobre, à Genève, à M. Bertrand, à Berne, à
M. Ostervald, à Neuchâtel, etc. (Lettres inédites communiquées par M. le
pasteur Ch. Frossard.)

Il se hâta d'écrire à Mme Calas :

« Vous devez, madame, être accablée de lettres et de visites. Genève est comme Paris, il bat des mains à vos juges. L'Europe attendrie bénit la justice qu'on vous a rendue. J'ai embrassé Donat Calas, en versant des larmes de joie. Vous avez suspendu tous les maux de M. de Brus et les miens. Nous n'avons senti que votre félicité au milieu de nos douleurs. » (*Extrait d'une lettre du 17 mars 1765; Collection de M. Fournier.*)

Comme il est facile de l'imaginer, la joie des protestants, qu'on avait si ridiculement accusés de mettre à mort leurs enfants en cas d'abjuration, fut immense. La condamnation de Calas avait été pour eux une insulte et un péril ; sa réhabilitation leur rendit la sécurité. Le pasteur J.-P. Roux d'Uzès écrivit à Mme Calas, la félicitant chaleureusement d'avoir « triomphé des méchancetés de ceux qui voulaient, en perdant votre famille, inspirer que nous avons des préceptes que nous abhorrons. Or, madame, les obligations que vous a une partie de la nation (l'Église protestante de France) ne peuvent se reconnaître qu'en publiant votre fermeté et ces sublimes vertus qui embellissent votre âme. » (20 mars 1765. *Coll. de M. Fournier*). En même temps que ce pasteur, un prêtre, l'abbé Régnier, loue le courage de Mme Calas dans une lettre de félicitation enthousiaste. Il désire que cet exemple apprenne à la postérité, que la vertu trouve dans elle-même une force héroïque qui la distingue du vice et n'appartient qu'à elle seule. Il assure Mme Calas de sa vénération. (Du château de St-Maurice, près d'Arpajon, 17 avril 1765. *Coll. Fournier.*)

Bientôt l'impatience reprit Voltaire ; il restait à accomplir un genre de réparation beaucoup moins glorieux, mais aussi nécessaire. Nous prouverons que Mme Calas était ruinée. Les sommes considérables souscrites pour elle en France, en Suisse, en Angleterre, et auxquelles des souverains avaient contribué, avaient à peine suffi aux frais énormes des cinq procès, aux voyages indispensables de tous les membres de la famille, et à faire vivre la pauvre veuve avec ses filles. Il ne fallait pas qu'il restât, des injustices qu'elles avaient subies, outre un deuil qui ne pouvait se réparer, une misère honteuse pour la nation, et qu'il était facile de prévenir. Voltaire s'alarma de ne pas voir aussitôt un don royal assurer l'existence de cette malheureuse victime des erreurs judiciaires. Il s'en plaignit à Damilaville avec sa verve ordinaire (27 mars 1765) :

« La reine a bu, dit-on, à sa santé, mais ne lui a point donné de quoi boire. »

Le mot est trivial; mais la plainte aurait été juste, si l'on eût tardé à y pourvoir.

Les nouveaux juges ne crurent pas avoir achevé leur tâche. Ils écrivirent en corps au vice-chancelier Maupeou[1] la lettre suivante[2] :

Monseigneur,

Nous avons rempli notre devoir comme juges en déchargeant la veuve de Jean Calas, son fils, Lavaysse, Jeanne Viguière, et la mémoire de Jean Calas, de l'accusation intentée contre eux; mais nous pensons que cette qualité nous impose encore l'obligation de vous prier de faire passer les vœux de la Compagnie jusqu'au pied du trône de Sa Majesté. Nous n'avons pu réparer qu'imparfaitement le malheur des accusés, et en rendant à Jean Calas son innocence, nous ne pouvons lui rendre la vie, ni un père à une famille nombreuse, ni un mari à une veuve désolée. Les suites de cet arrêt terrible, cassé par le Conseil sur la forme, et détruit aujourd'hui sur le fond, ont causé des pertes irréparables à sa femme et à ses enfants; leur fortune est entièrement détruite. Contraints d'abandonner une province qui ne leur retracerait que les plus cruelles idées, il leur reste peu d'espérance de ras-

1. René-Charles de Maupeou devint garde des sceaux et vice-chancelier en 1763, chancelier en 1768, et fut le père du fameux chancelier de Maupeou, qui lutta contre les parlements.
2. Communiquée par Mme Duvoisin née Nanette Calas à M. Charles Coquerel (*Annales protestantes*, p. 155 et suiv.)

sembler les faibles débris d'un patrimoine épuisé par une longue suite de revers. Nous vous supplions, Monseigneur, d'implorer pour eux les bontés du roi; son cœur paternel sera touché sans doute de leur situation. Sa Majesté n'a pas de sujets plus dignes d'exciter sa pitié, puisqu'elle n'en a pas de plus malheureux.

Nous osons espérer, Monseigneur, que cette démarche sera favorablement accueillie, et nous en regarderons le succès comme le témoignage le plus flatteur de la satisfaction de Sa Majesté.

Lors de l'examen de la procédure, tant des capitouls que du parlement de Toulouse, nous avons remarqué combien l'usage des *intendits*, dont on fait la lecture aux témoins, tandis que l'ordonnance ne le tolère que pour interroger les accusés, pourrait être dangereux et abusif. Nous avons l'honneur de vous adresser un mémoire particulier sur cet objet. Nous estimons qu'il peut mériter l'attention du Conseil et la vôtre; nous ne, pourrons que nous en rapporter avec confiance aux moyens que votre sagesse vous suggérera pour faire examiner cette question délicate, et qui peut intéresser l'ordre judiciaire, en matière criminelle.

RÉPONSE DU VICE-CHANCELIER.

Messieurs,

J'ai mis sous les yeux du roi la lettre que vous m'avez écrite en faveur de la dame et des enfants Calas; il était digne de votre sagesse et de votre humanité, de faire porter au pied du trône des vœux empressés pour cette malheureuse famille. Vous êtes les plus sûres garanties de son innocence, et vous connaissez leur désastre. A ce double titre, votre voix ne pouvait que produire la plus vive impression sur le cœur de Sa Majesté, qui a vu avec plaisir l'expression de votre zèle et de vos généreux efforts pour ces infortunés. Jouissez de la satisfaction que doit vous donner le succès de votre demande. Le roi, dont l'âme est sensible à la justice et au malheur, a bien voulu jeter sur eux un regard favorable; il a accordé à la veuve Calas une gratification de douze mille francs, six mille francs à chacune de ses filles, trois mille francs à ses fils, trois mille francs à la servante [1], et six mille francs pour les frais de voyage et de procédure.

Si la justice que vous avez rendue aux Calas n'excitait pas leur

---

1. Le testament de Viguière et d'autres pièces qui la concernent, dans la collection de M. Fournier, nous apprennent ce qu'elle fit de cette somme. Malgré des conseils pressants, elle la prêta tout entière à Louis, qui ne lui en rendit jamais rien. Elle légua sur cette mauvaise créance 1000 fr. à Rose, 500 à Mme Duvoisin, 500 à Pierre, 100 aux Petits-Pères de la place des Victoires, pour des messes destinées au repos de son âme, et le reste à Jean Floutard, matelot, son neveu.

reconnaissance, du moins les bienfaits que vous avez su leur procurer doivent opérer ce sentiment dans leur cœur d'une manière
ineffaçable [1].

D'après les Mémoires du temps (*Grimm*, 25 mars ; *Bachaumont*, t. II, p. 190), les maîtres des requêtes demandèrent également au roi d'interdire à Toulouse la
procession du 17 mai. Nous n'avons pas retrouvé la trace
officielle de cet acte, dont la hardiesse semblait intem-
pestive et exagérée aux protestants du Languedoc. On
écrivait à Paul Rabaut : « Vouloir, d'un seul coup, faire
réformer ce dernier arrêt et abolir une pratique qui,
quoique abusive et condamnable, est le fantôme chéri
d'un peuple superstitieux, c'est, ce me semble, trop entreprendre et risquer de ne rien obtenir. Il me semble
entendre les auteurs de l'apothéose de Marc-Antoine
Calas s'écrier dans les cabinets des juges et aux oreilles
de leurs pénitents : Tout est perdu pour la religion ; on
veut non-seulement nous ôter notre martyr pour le
traîner sur une honteuse claie, mais on veut encore
anéantir nos plus saintes cérémonies et rendre inutiles
les indulgences que le Saint-Père accorde à cette occasion. Je ne doute pas qu'on tienne ce langage à Toulouse [2]. »

Le vice-chancelier de Maupeou manda Mme Calas et
ses compagnons d'infortune ; il leur annonça lui-même
les dons du roi. Dans une lettre encore inédite [2], Élie
de Beaumont rendit compte à Voltaire de leur entrevue avec M. de Maupeou à cette occasion ; ils le con-
sultèrent sur une question difficile sur laquelle personne n'osait se prononcer : leur serait-il permis de
poursuivre à leur tour les juges de Toulouse ? On leur
avait dit que si le roi leur accordait une gratification,
c'était pour éviter qu'ils *prissent à partie* le parlement

1. Collection Lajariette, de Nantes.
2. *Egl. du Désert*, t. 2, p. 337.

qui les avait jetés dans l'indigence en même temps que dans le deuil :

Après les premiers remerciemens, ils lui demandèrent si Sa Majesté leur défendait par là la prise à partie. M. le vice-chancelier leur répondit : Vous avés de bons conseils; consultez les et faites ce qu'ils vous diront. Cette réponse a cela de bon qu'elle n'annonce nullement que la prise à partie déplaise au roi, comme les Toulousains d'ici l'avaient répandu d'abord [1]. On doute néanmoins qu'elle puisse avoir lieu si les esprits des magistrats du Conseil ne sont un peu ranimés, *tantæ molis est* de punir parmi nous des prévaricateurs dont les charges excèdent quarante mille livres. Le dernier résultat de l'assemblée tenue chés M. d'Argental, le mercredi 3 avril, a été que pour être conséquent et aisonnable il fallait aussi prendre à partie les treize juges de la Tournelle, plus coupables encore que les capitouls, puisqu'ils étaient préposés par la loi pour les rectifier. Pour cela, il faut la permission du conseil et l'on craint fort que ces petits rois plébéiens ne paraissent assez puissans pour que, par une faiblesse honorée du nom de politique, on refuse de la permettre; on dit même qu'ils font à Toulouse la bonne contenance de vouloir faire imprimer la procédure, et qu'ils ont rendu arrêt portant défense d'afficher notre jugement d'absolution. Mais ce dernier fait n'est pas confirmé. On pense qu'il n'y a que des défenses verbales, qui après tout produiront le même effet.

Cette remarque est exacte, car les dispositions de l'arrêt d'après lesquelles l'écrou des Calas et leurs sentences devaient être biffés, et le jugement définitif transcrit en marge, n'ont jamais été exécutées. La sœur A.-J. Fraisse raconte aussi à Mlle Calas que le parlement s'assemble en secret et que ces Messieurs ont cherché quelque moyen de protester contre le jugement des Requêtes, mais n'en ont pas trouvé. Elle rapporte également qu'ils annoncent qu'ils publieront la procédure; mais elle ajoute : *Je réponds qu'ils s'en garderont bien* [2].

Lavaysse père, à force de démarches, et en usant du

---

1. Il résulte cependant d'une note qui fait partie des papiers de Mme Calas, que « le chancelier Maupeou père a fait dire à la famille de ne point commencer aucune procédure à cet effet, parce qu'elle ne tendrait qu'à la ruine totale de la famille. »

2. Lettre XVIII.

crédit de ses nombreux amis, fit biffer l'écrou de son
fils pendant les vacances du parlement et sans que la
Chambre des vacations s'y opposât. Les Chambres assemblées en murmurèrent et prirent des mesures pour
empêcher celle des vacations d'agir de même à l'avenir.
Mme Calas donna en vain sa procuration à Mathieu
Serres pour faire exécuter l'ordre des maîtres des Requêtes; il ne put y parvenir. Ce fondé de pouvoir de
Mme Calas lui écrit[1] comme Élie de Beaumont, que le
parlement avait eu l'idée de faire imprimer la procédure, *pour justifier l'arrêt*, que même une commission,
prise dans toutes les Chambres, avait été chargée d'examiner dans ce but les pièces, mais avait, après cet
examen, renoncé à cette publication, sans assembler,
comme elle l'aurait dû, toutes les Chambres pour leur
faire son rapport. Si ces faits mystérieux, qui sont rapportés de tant de côtés différents, sont réels, le parlement
de Toulouse a virtuellement reconnu que la publication
de la procédure lui ferait plus de tort que de bien et
justifierait non pas les juges, mais les condamnés. Cependant ce corps eut le crédit et l'obstination de maintenir sur ces registres sa sentence et les écrous des
accusés, refusa d'y insérer l'arrêt souverain et de laisser afficher à Toulouse la sentence de réhabilitation, le
tout en désobéissance ouverte et flagrante aux ordres
d'un tribunal supérieur.

Il existe encore à Toulouse des personnes assez aveugles
pour louer cette conduite. M. Salvan s'écrie : « La conduite du second parlement de France, celui de Toulouse, fut en cette circonstance, pleine de grandeur et
de noblesse... il menaça de faire imprimer la procédure. Il aurait dû le faire. » Ce dernier mot est juste;
mais, comme le parlement s'est contenté de menacer, ce
fait répond suffisamment à tout ce qui précède.

1. Lettres des 22 novembre et 22 décembre 1765, collection de
M. Fournier.

Voltaire, toujours habile, ne cessa de recommander aux Calas une grande prudence quant à la question de la prise à partie[1]. Une démarche inconsidérée pouvait, non pas compromettre la victoire obtenue, mais donner dans l'opinion quelque avantage au Parlement. Il ne fallait, en tous cas, tenter ce dernier coup que si l'on était sûr d'y réussir[2].

Lavaysse père écrivit à Mme Calas pour la dissuader de prendre à partie, sinon les Capitouls, du moins le Parlement, et pour l'informer que Gaubert-Lavaysse en tout cas, ne la suivrait plus dans cette dernière démarche[3].

Nous pensons qu'il avait raison, que c'était juger la situation avec une sage modération et un tact très-sûr. Il fallait que Jean Calas fût réhabilité, mais non vengé, que tout le monde eût horreur de la funeste prévention de ses juges et que nul ne fût tenté de les plaindre. Ils s'étaient trompés par excès de prévention, mais en se croyant justes : leur seul châtiment devait être de se voir convaincus d'injustice et de cruauté au tribunal de l'opinion universelle[4].

Grimm s'indignait de ce que la poursuite contre les Capitouls et le parlement n'était pas faite aux frais de l'État et au nom du roi. Il prouvait clairement que Mme Calas ne pouvait s'en charger :

1. Lettres à Damilaville, 1er et 5 avril ; à d'Argental, 1er avril. Voir aussi une lettre de Voltaire à Debrus, lue à la Convention par le député Bézard (*Moniteur* du 23 pluviôse an II). Cette lettre a été insérée dans le Recueil Cayrol, n° 435. L'original se trouve dans la collection de M. Fournier.

2. D'autres les y poussèrent et La Beaumelle rédigea en ce sens un long Mémoire, destiné à la publicité, mais qui ne parut point. J'ai vu ce travail entre les mains de M. Angliviel, et un autre exemplaire moins complet, dans la collection de Mme de La Beaumelle. Ce Mémoire renferme des faits et des arguments qui ne sont pas sans valeur. Il en a existé une autre rédaction inachevée, sous le titre de « Lettre à M...., Maître des requêtes, un des juges de Calas. »

3. 16 avril 1765. Coll. de M. Fournier.

4. Ce sentiment a été exprimé avec énergie dans une épigramme po-

On permet bien à cette malheureuse famille de prendre ses
juges à partie; mais je ne vois pour elle dans cette permission
que des dépenses effrayantes, et peut être sa ruine entière. C'é-
tait au ministère public à poursuivre les assassins de Jean Calas:
la cause de cet infortuné est celle de tous les citoyens. Si la vengeance publique se fait en faveur de ces hommes abominables,
s'ils sont devenus inattaquables pour avoir acheté un office de
conseiller au Parlement, comment une famille infortunée, épuisée
de moyens et de courage, réussirait-elle à se procurer, à force de
poursuite et de dépense, une satisfaction qu'il serait de la plus
étroite obligation du gouvernement de lui faire donner de la manière la plus éclatante? Après l'assassinat juridique de ce père de
famille, le domaine s'est emparé de son bien, comme confisqué
au profit du roi et a dissipé le patrimoine de la veuve et de l'or-
phelin.... Les frais du procès seul, jusqu'au jour du jugement
souverain, ont monté à plus de cinquante mille livres, fournies
par la bienfaisance publique. Il en coûtera un argent immense à
cette famille déplorable pour faire signifier ce jugement à tous
les greffes; il lui en coûtera surtout pour le faire signifier au
parlement de Toulouse; l'huissier qui se chargera de cette
commission épineuse se fera payer à proportion des risques qu'il
court [1].

Le silence de ce corps, son opposition muette et obstinée, délibérée en assemblée secrète le 20 mars [2],
inspiraient à Voltaire de l'indignation et du mépris. Il
exprime ce sentiment dans une lettre au marquis d'Argence de Dirac où il se réjouit, à juste titre, des adou-
cissements que la sympathie publique pour les Calas

pulaire où l'on trouvera une allusion à un incident du procès que nous
avons rapporté, p. 154.

CONTRE MONSIEUR DE BONREPEAU
Procureur général du roi à Toulouse.

Faut-il donc que l'arrêt nouveau
Te fasse tomber en syncope?
Console-toi, cher Bonrepeau :
Les Calas ont pour eux et Louis et l'Europe,
Mais n'as-tu pas pour toi David et le bourreau?

1. Corr. litt., 25 mai.
2. Lettres de Voltaire à Debrus du 2 avril (Cayrol); à Argental, du 3;
à Damilaville, du 5.
D'après le Mémoire inédit de La Beaumelle, on chargea le président
de Niquet d'écrire au ministre pour sauver, s'il était possible, les briefs
intendits et la procession du 17 mai.

apporta peu à peu au sort des protestants français encore persécutés.

S'il croit (le Parlement) avoir bien jugé les Calas, il doit publier la procédure pour tâcher de se justifier; s'il sent qu'il s'est trompé, il doit réparer son injustice ou du moins son erreur; il n'a fait ni l'un ni l'autre et voilà le cas où c'est le plus infâme des partis de n'en prendre aucun.

On me mande de Languedoc que cette fatale aventure a fait beaucoup de bien à ces pauvres huguenots et que, depuis ce temps là, on n'a envoyé personne aux galères pour avoir prié Dieu en pleine campagne en vers français aussi mauvais que nos psaumes latins (12 oct. 1765).

Dès le début de l'affaire et pendant tout le temps qu'elle dura, Voltaire exprima souvent cette pensée, que la justice rendue aux Calas devait profiter à tous les protestants de France. C'est ainsi qu'il écrivait à Debrus :

Je vous dirai plus : cette affaire est très capable de faire obtenir à vous autres huguenots une tolérance que vous n'avez point eue depuis la révocation de l'édit de Nantes. Je sais bien que vous serez damnés dans l'autre monde; mais ce n'est pas une raison pour que vous soyez persécutés dans celui-ci [1].

Plus d'une fois Voltaire reçut l'expression de la reconnaissance de ces huguenots, qui depuis trois cents ans étaient en butte à tant de rigueurs et à tant de calomnies. Aussi, en voyant le roi lui-même reconnaître par ses dons l'injustice de la sentence prononcée contre Calas et la fausseté de l'abominable accusation portée contre tous leurs coreligionnaires, la joie fut très-vive parmi eux. Depuis un siècle et plus, ils n'avaient reçu du pouvoir royal que des lois de sang et de persécution. Aussi Voltaire exagère à peine quand il dit de Louis XV en ce moment :

Tous les protestants sont prêts à mourir pour son service. Il faut bien peu de chose aux grands de ce monde pour inspirer l'amour ou la haine [2].

1. Voir notre recueil, p. 150; et aussi pages 170, 202.
2. A Damilaville, 16 avril 1765.

Mais nous avons, de cette joie des Églises réformées, un témoin d'autant plus sûr qu'il est plus malveillant : le comte de Saint-Florentin. Persécuteur secret des Calas, il fut blessé du triomphe qu'ils remportèrent devant la justice du pays et plus encore peut-être du secours qu'ils reçurent du roi. Il écrivit à ce sujet une lettre caractéristique à son collègue dans le ministère, le contrôleur-général de Laverdy[1]. Nous y voyons que le malheureux Louis Calas, toujours cupide, n'avait pu se résigner à être seul excepté des munificences royales, auxquelles il n'avait aucun droit. Il n'avait souffert ni prison ni bannissement, et tout démontre qu'il avait contribué à attirer ce long déluge de maux sur sa famille, par son abjuration, intéressée ou non, par ses paroles inconsidérées au sujet de ses frères, par la faiblesse honteuse de ses premières réponses aux Pénitents blancs, quand ils lui proposèrent un service pour le repos de l'âme de Marc-Antoine, et par une foule d'inconséquences ou de lâchetés.

En voyant sa famille recevoir un don royal, il crut le moment favorable pour obtenir l'augmentation d'une pension de 100 livres que lui payait l'État[2]. Le comte de Saint-Florentin parlait avec irritation du partage qui avait été fait de la somme donnée par la cour et blâmait à cet égard la pauvre veuve, comme si la répartition des dons du roi entre les membres de sa famille eût dépendu d'elle. Un parent, un collègue de Saint-Florentin, M. de Maurepas, avertit la duchesse d'Anville, la protectrice zélée de Mme Calas. Cette dernière transmit aussitôt à M. de Maurepas la lettre du vice-chancelier qu'on a vue plus haut, et qui la justifiait en prouvant que cette répartition lui avait

---

1. Voir Pièces justificatives, XXXI.
2. Probablement pour remplacer celle que son père lui avait payée tant qu'il avait vécu.

été imposée et que son fils Louis n'y était point compris [1].

C'est là en effet ce que demande pour lui le puissant solliciteur; selon Saint-Florentin, il faut que Louis Calas ait une part des 36 000 fr., à moins que le roi ne lui accorde un don particulier, plus considérable que ne le serait cette part. Il ne convient pas que le seul catholique de la famille soit excepté de la munificence royale [2]; les protestants en triompheraient. Déjà ils répandent que le roi est décidé pour la tolérance. « L'inaction où nous sommes, dit Saint-Florentin, faute de troupes, en Languedoc et dans la plupart des provinces infectées de l'hérésie, ne le leur persuade déjà que trop. » Ainsi donc, à Versailles, en 1765, le principal ministre de Louis XV regrettait les dragonnades et l'écrivait de sa main, dans l'intimité d'une lettre de collègue à collègue.

Honneur et reconnaissance à Voltaire pour avoir lutté seul contre une si affreuse intolérance, si puissante encore, et pour l'avoir vaincue [3]. Honneur et reconnaissance à Jean Calas, dont le sang, héroïquement versé dans de lentes tortures, a lavé de la plus abominable calomnie, ses frères en la foi, et leur a assuré de nouveau le respect et les sympathies du monde.

1. Voir la lettre de M. de Maurepas. Pièces justificatives, XXXIII.
2. Il paraît que M. de Saint-Florentin réussit dans sa demande; il ne pouvait guère en être autrement. Grimm raconte dans sa Correspondance du 15 novembre 1765, que Louis vient d'obtenir une gratification de 1000 écus « pour l'empêcher de se repentir de sa conversion. » Il attribue cette faveur à l'influence du clergé. La sœur Fraisse en parle aussi à Mlle Calas dans sa lettre XX.
3. Le dernier acte de la pièce a fini heureusement, écrit-il à Cideville; c'est, à mon gré, le plus beau cinquième acte qui soit au théâtre.

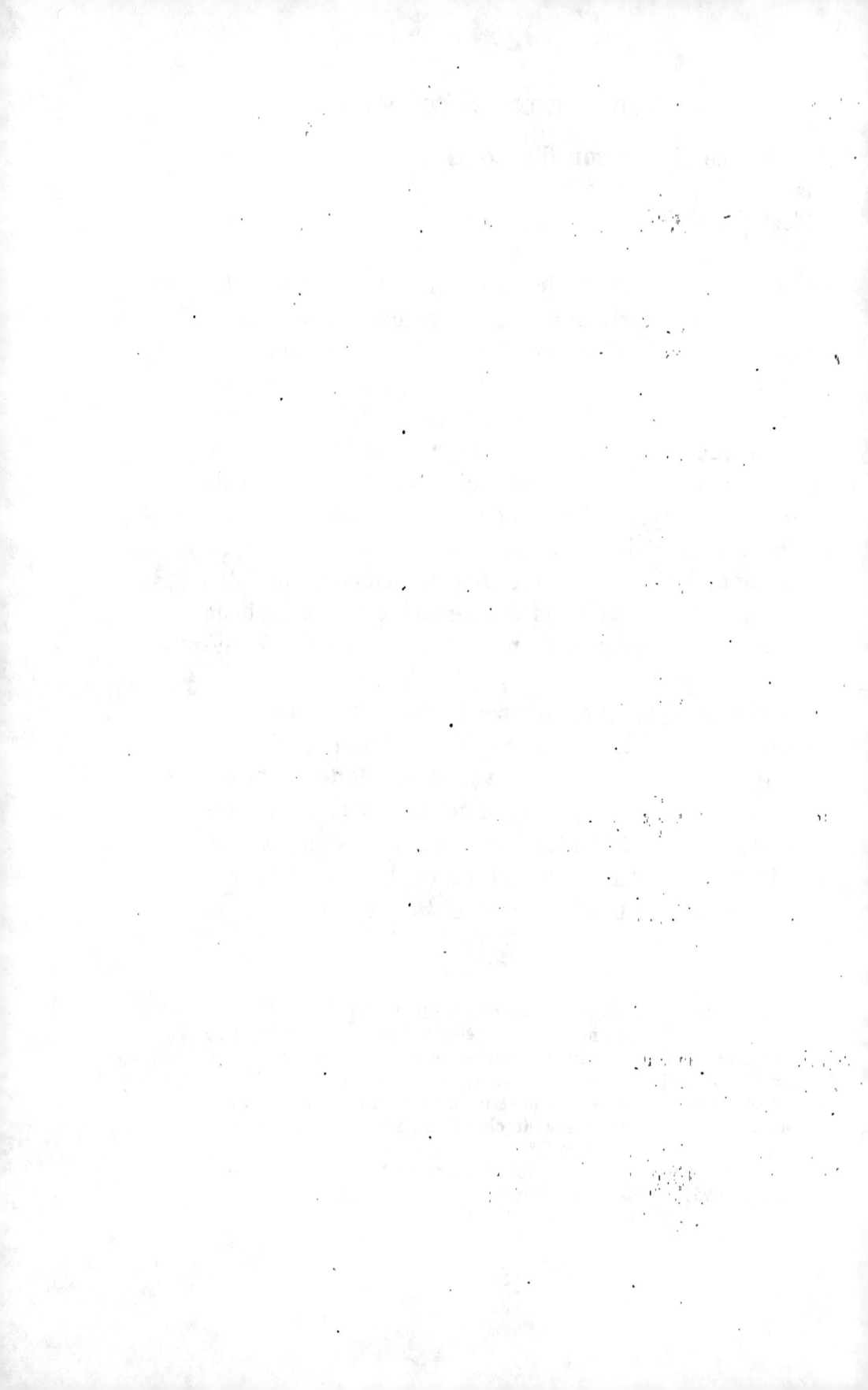

CHAPITRE XII.

DERNIERS ÉVÉNEMENTS.

Pauvreté de Mme Calas. — L'estampe. — Nouvelle calomnie et nou-
velle réponse de Viguière. — Mme Calas à Ferney. — Obsèques de
Voltaire au Panthéon.— Louis et ses sœurs devant la Convention.
— Fin de Mme Calas, de ses fils, de Lavaysse et de David.

> La vérité sort du nuage de la vraisemblance, mais
> elle en sort trop tard; le sang de l'innocent demande
> vengeance contre la prévention de son juge, et le magis-
> trat est réduit à pleurer toute sa vie un malheur que
> son repentir ne peut réparer.
>
> D'AGUESSEAU.
> (16ᵉ mercuriale.)

On lit dans un des journaux du temps que M. de
Bacquencourt, le rapporteur du procès, se rendit, peu
de jours après la sentence, chez Mme Calas, et lui remit
une somme considérable en or. Comme elle demandait
à qui elle en avait l'obligation :

« Je suis chargé, madame, lui a-t-il répondu, de vous demander comme une grâce de ne point prendre la peine de vous en
informer. »

Ce don, offert avec tant de respect et de tact, n'était
nullement superflu; il faudrait n'avoir aucune idée de
la justice d'alors pour croire que les 36 000 francs du
roi n'étaient pas épuisés, malgré tout ce que Voltaire

avait payé aux avocats, par cinq procès successifs et trois années de voyages ou de sollicitations de toute une famille.

La position des Calas était en effet déplorable. Voici ce qu'il était advenu de leur très-modeste fortune, déjà fort diminuée, si ce n'est compromise par l'état de gêne où se trouvait, à cette époque, le commerce dans le midi de la France [1].

Depuis le 13 octobre 1761 jusqu'au supplice de Calas, le 9 mars de l'année suivante, le mobilier, les marchandises, tout ce que contenait la maison, fut laissé, sans inventaire ni scellés, sous la garde de neuf et bientôt de vingt soldats, c'est-à-dire à peu près au pillage [2].

Mais à peine le martyr avait expiré, on se précipita de tous côtés sur ce qu'il laissait, comme sur une proie qu'on pouvait librement se disputer. Il y eut conflit entre les autorités et les créanciers. « Après la mort de Calas, la justice et les créanciers cherchèrent à partager les dépouilles. Il est certain que beaucoup de valeurs furent enlevées. » Qui parle ainsi? le dernier défenseur des juges de Calas, l'abbé Salvan (p. 129). Le jour même de l'exécution, pour assurer la confiscation des deux tiers prononcée dans l'arrêt de mort, outre

---

1. Les détails qui suivent sont tirés non-seulement des pièces qui se trouvent aux Archives du parlement à Toulouse, de la correspondance de l'intendant du Languedoc avec le ministre, avec son subdélégué à Toulouse et avec le directeur de la régie (Archives de Montpellier), et du rapport lu par le député Bézard à la Convention, mais surtout d'un dossier très-considérable qui fait partie de la collection de M. Fournier.

2. « Mᵐᵉ Calas, écrivait-on de Montauban, m'a dit que le sieur David, capitoul, qui arrêta Calas et fit la première procédure, a enlevé beaucoup d'effets qui ne sont point sur l'inventaire, notamment des carnets particuliers contenant les comptes de plusieurs débiteurs; lesquels débiteurs en sont sans doute instruits, puisqu'ils nient la dette. De ce nombre, est un tapissier de M. l'archevêque, pour 900 fr. On a encore des reconnaissances de main-privée, faites par feu M. Calas à sa femme pour 4000 fr., avec les lettres de naturalisation anglaise de feu son père » (Voir lettres de Voltaire. Notre recueil). Appendice.)

D'après Court de Gébelin, dès le lendemain de l'arrestation, Louis Calas fit des démarches pour obtenir que la continuation du commerce de son père lui fut légalement confiée. Il n'y réussit pas.

l'amende et les dépenses, le *receveur général des domaines et bois* à Toulouse, G. de Mellié, requit la pose des scellés sur les effets et marchandises du supplicié. En même temps, les fermiers de la régie demandèrent, par une requête en forme, d'être autorisés à saisir ces biens. Une déclaration de 1729 les y autorisait, seulement à l'égard des *religionnaires fugitifs*. Ce n'était pas le cas, et ils n'obtinrent point la saisie qu'ils demandaient. D'un autre côté, le 19 mars, les créanciers de Calas, c'est-à-dire les négociants avec lesquels il était en affaires, réclamèrent leurs droits. Aussitôt les capitouls intervinrent pour exiger le payement des frais de garde, à vingt hommes par jour, pendant cinq mois. Enfin Louis intervint de son côté, mais après la mort de son père, « suppliant humblement ses juges de lui accorder le privilége d'être payé avant tous autres créanciers. » Son père lui avait remis récemment un billet de 100 fr. sur un de ses débiteurs ; mais ce dernier, craignant d'avoir à payer deux fois, refusa de le faire avant la répartition de l'actif entre les créanciers. Louis ne manqua pas de redire que sa pension lui avait été allouée parce que feu son père « refusait de l'entretenir dans sa maison à cause de la religion catholique professée par le suppliant, » ce qui eût été odieusement hors de propos, quand même ce n'eût été, en outre, matériellement faux (voy. plus haut, p. 57-62).

Qu'était cependant cette fortune sur laquelle tant de prétentions se faisaient jour ? Voici ce qu'en dit à l'intendant Saint-Priest, le 28 avril 1762, le subdélégué Amblard, celui même qui lui avait écrit d'abord que Calas était *fort riche*, et qui s'était indigné, en conséquence, du peu que le père donnait à Louis (voir plus haut p. 89).

Les biens du Sr Calas ne consistent qu'en marchandises et en meubles.... Le négociant même qui a procédé à l'inventaire m'a assuré que leur valeur n'était que de 80 000 livres qui se trou-

vaient absorbées par les frais de justice, les dettes et par la dot
de la femme. Ce négociant m'a même ajouté que les créanciers
avaient formé opposition au scellé mis à la requête du fermier du
domaine, afin d'éviter, s'ils le peuvent, que les biens soient vendus
d'autorité de justice, ce qui augmenterait d'autant plus les frais
et rendrait leur perte plus considérable ; mais leurs vues sont, si
l'opposition est reçue, de les faire vendre amiablement et d'en
prendre chacun au prorata de leurs créances.

Il est certain que Mme Calas se trouva dans la position la plus difficile, malgré ce qu'elle recouvra des débris de son aisance passée. Dès qu'elle eut quelques
ressources, elle s'occupa avec activité, comme le montrent ses lettres à Cazeing, de payer tous ses créanciers
et entre autres, de rembourser à ce dernier, à son
neveu et aux sieurs Martignac et Borel, les avances
qu'ils lui avaient faites et les secours d'amis, dont ses
filles avaient subsisté, pendant les cinq mois d'emprisonnement de leurs parents [1].

Depuis longtemps les amis de Mme Calas à Paris
avaient été forcés de songer à lui créer des ressources
et s'étaient arrêtés à un plan qui, sans porter aucune
atteinte à la dignité de la veuve et de sa famille, fournissait un prétexte très-convenable à des souscriptions
devenues nécessaires. Il s'agissait de l'*estampe* que nous
avons reproduite en tête de ce volume ; publiée par
souscription, elle eut un grand succès d'abord ; mais
les ennemis de Calas, malgré le privilége du roi qui en
autorisait la vente, la firent interdire pendant huit
mois [2].

Deux ans plus tard, en 1767, l'innocence des Calas fut
mise de nouveau en question.

On débite en Languedoc (écrit encore Voltaire à Élie de Beaumont, le 26 mars 1767) que Jeanne Viguière est morte à Paris,
où elle est en pleine santé [3], qu'avant de mourir elle a déclaré

1. Voir la note 27, à la fin du volume.
2. On trouvera les détails de cette affaire étrange dans la note 28.
3. Ceci est exagéré ; elle avait fait une chute et s'était cassé la jambe,

par devant notaire qu'elle avait été une sacrilége toute sa vie,
qu'elle avait feint pendant quarante ans d'être catholique pour
être l'espion des huguenots, qu'elle avait aidé son maître et sa
maîtresse à pendre leur fils aîné, que les protestants de ce pays
avaient en effet un bourreau secret, élu à la pluralité des voix,
lequel venait aider les pères et mères à tuer leurs enfants quand
ils voulaient aller à la messe, et que cette charge était la première dignité de la communion protestante.

Mais cette calomnie absurde tourna contre ceux qui
se l'étaient permise et qui l'avaient répandue jusque
dans Paris, où Fréron est accusé[1] de l'avoir propagée.
Jeanne fit une *Déclaration juridique* devant des témoins
honorables et devant son confesseur, qui consentit à
sanctionner cet acte par sa présence. Par ce nouveau
témoignage, elle persévéra dans toutes ses assertions,
et nia tout ce qu'elle avait toujours nié[2]. Viguière vécut
jusqu'en 1780, et son confesseur délivra après sa mort à
Mme Calas l'acte suivant :

Je soussigné, confesseur approuvé par le très-illustre seigneur
Monseigneur de Beaumont, archevêque de Paris, certifie que, depuis seize à dix-sept ans, j'ai entendu en confession Jeanne Viguière, ancienne domestique de Mme Calas de Toulouse, décédée
le 7 décembre 1780 munie des sacrements de l'Église, âgée d'environ quatre-vingt dix ans, m'ayant donné des preuves qu'elle avait
toute sa raison, chaque fois que j'allais la voir dans le courant de
sa maladie ; et qu'elle a toujours persisté dans les mêmes sentiments dont elle a fait la déclaration le 3 mars 1767 au sieur Jean
François Hugues, conseiller du Roy, commissaire au Châtelet de
Paris, touchant les bruits calomnieux qui se sont répandus sur
son compte. En foy de quoy j'ai délivré le présent certificat à la
susdite dame Calas, pour lui servir ce que de raison. Fait à
Paris ce quinzième décembre 1780.
                    GARILLAUD IRÉNÉE
          Augustin près la place des Victoires.
          (Collection de M. Fournier.)

ce qui donna lieu au bruit de sa mort, effrontément exploité aussitôt
contre ses maîtres.
   1. Par Condorcet, note de la page 252, du tome II des *OEuvres de
Voltaire*, éd. de Kehl.
   2. Cette *Déclaration*, annotée par Voltaire, se trouve dans presque

Cette inébranlable persistance n'étonnera pas nos
lecteurs, mais elle devrait surprendre profondément
ceux qui s'obstinent encore à mettre les Calas au rang
des fanatiques et des assassins. Le fanatisme est un
fait moral bien connu; il s'est révélé au monde sous
toutes les formes; l'histoire en a rendu compte, et plus
d'une fois les philosophes, les moralistes l'ont discuté,
étudié, analysé. Où vit-on jamais quatre ou cinq énergumènes, après avoir commis le plus affreux des meur-
tres par fanatisme, s'en guérir tout à coup, tous à
la fois, si complétement que dès ce moment on n'en
trouve plus trace dans la vie d'un seul d'entre eux? Le
fanatisme ne se corrige guère, ou, s'il se repent, c'est
à sa manière, très-caractéristique et très-distincte de
tout autre repentir. Il est contraire à la nature humaine qu'une bande d'assassins par zèle religieux rede-
viennent tout à coup des gens aussi calmes, aussi dé-
bonnaires que tous les autres, sans que leur vie ou
leur mort les trahisse. Peut-être cela est-il possible
pour des criminels politiques, après que les hommes,
les institutions, les influences qui les avaient exaltés
ont complétement disparu. Mais comme la mort, l'éternité, Dieu, sont toujours devant nous, le crime commandé par un barbare fanatique laisse toujours après
lui ou le remords, ou l'inquiétude, ou une sauvage et
sombre satisfaction, et quelquefois ces divers sentiments tour à tour. Cela est surtout vrai quand il s'agit
d'un acte qui devait révolter un des instincts les plus
naturels et les plus vivaces de l'âme, tel que l'amour
maternel. En Pierre Calas, en Lavaysse, c'est à peine si
l'on trouve les indices de la piété même la plus vulgaire; tandis que, chez les plus croyants d'entre les

toutes les éditions de ses œuvres à la suite des pièces qui concernent
les Calas. Voir Bibliographie, nº 47. L'original, sur papier timbré, daté
du 29 mars 1767, rédigé et signé par J.-F. Hugues, commissaire au
Chatelet, est dans la collection de M. Fournier.

accusés, la foi est ferme et paisible, sans aucune apparence d'exaltation.

Leurs divers caractères ne cessent de se montrer
dans la suite de leur vie, avec le degré d'énergie qui
appartient à chacun. Il suffira ici de quelques traits
rapides. Mais leur défense et leur histoire seraient également incomplètes si nous ne montrions ce qu'ils furent jusqu'à la mort.

Mme Calas continua à vivre avec ses filles à Paris,
où elle avait trouvé accueil et respect, loin des
lieux, affreux pour elle, qu'avait ensanglantés le martyre de celui dont elle porta le deuil tant qu'elle vécut.
Lavaysse, qui avait trouvé de l'emploi dans une maison
de commerce ou de banque, remplaça auprès d'elle,
pendant les premières années, ses fils absents.

Le 22 novembre 1763, elle écrivait à Cazeing aîné ces
lignes où se retrouve toute sa tendresse pour celui de
ses enfants dont on l'accusait d'avoir souhaité la mort :

> J'ay des bonnes nouvelles de mes fils de Genève ; ils se porte
> bien et travaille beaucoup, il nan ait pas de meme de Louis ; sa
> santé est misérable et il na point trouvé encore a ce placer. Les
> fond lui manque et son etat est triste ; je ne puis vous cacher que
> jen suis touchée.

Ses fils de Genève étaient Donat, qui n'avait pas quitté
cette ville, et Pierre, qui y était retourné pour continuer les affaires de commerce qu'il y avait commen-
cées. Voltaire s'inquiéta d'abord de le voir sortir de
France. Il craignit que le gouvernement français ne
s'offensât de cet exil volontaire, qui était encore interdit
aux protestants ; mais personne n'en prit occasion ou
prétexte pour attaquer les Calas, et dès le 1er juin Voltaire lui-même écrivait à M. Ribotte :

> Les deux frères Calas commencent à faire une petite fortune
> dans ce pays[1].

---

1. Voir sur leurs affaires, la note 29.

L'année suivante, il recommanda à Colini Pierre Calas que ses affaires appelaient en Allemagne. Le 28 septembre 1770, les deux frères furent reçus bourgeois de Genève, sans frais, sur la recommandation du duc de Choiseul, transmise au *Petit Conseil* par M. Necker. Deux ans après (en juillet 1772), Pierre épousa Marthe Martin [1].

En 1770 Mme Calas vit Voltaire pour la première fois. Elle fit avec Gaubert Lavaysse le voyage de Ferney, attirée sans doute par le désir de revoir ses deux fils établis à Genève, Donat surtout dont elle avait été séparée avant tous ses malheurs, il y avait plus de neuf ans. L'entrevue de Voltaire et de Mme Calas fut, des deux parts, pleine de joie et d'émotion. Il en rendit compte à d'Alembert, en quelques mots :

> Cette bonne et vertueuse mère me vint voir ces jours passés; je pleurai comme un enfant [2].

Elle le revit à Paris en 1778, lorsqu'il vint y mourir au milieu d'un dernier triomphe, plus bruyant, mais moins réel que ceux dont les Calas lui avaient donné l'occasion.

> « Quand il revint à Paris en 1778, un jour que le public l'entourait sur le pont Royal, on demanda à une femme du peuple qui était cet homme qui traînait la foule après lui : « Ne savez-« vous pas, dit-elle, que c'est le sauveur des Calas? » « Il sut cette réponse, et au milieu de toutes les marques d'admiration qui lui furent prodiguées, ce fut ce qui le toucha le plus. »

D'un autre côté, l'acteur Fleury raconte dans ses *Mémoires* qu'après la fameuse représentation d'*Irène*, le 30 mars 1773, où le buste de Voltaire avait été couronné en sa présence au milieu d'applaudissements

---

1. Voir, sur sa postérité, la note 30.
2. On trouvera à la fin du volume deux lettres que Voltaire reçut de Mme Calas et de Lavaysse, après leur retour à Paris. Ces lettres proviennent de la collection Lajariette de Nantes. Le fragment de réponse que nous y avons joint s'est trouvé dans la collection de M. Fournier.

frénétiques, la voiture du poëte fut accompagnée par
la foule, et un rassemblement composé d'ouvriers l'attendit au coin de la rue du Bac pour le féliciter. Fleury
remarque qu'à cette époque il y avait, même chez le
peuple, une tendance à dénigrer le clergé. « Ces braves
gens, dit-il, allaient crier, je crois, vive le Philosophe !
quand, m'étant trouvé au milieu d'eux, je leur dis :
« Écoutez donc ce qu'ils crient ? Il y a bien autre chose
de mieux à dire : et Calas ! et la famille Sirven ! » Ce mot
suffit ; ils partent, se ruent sur la voiture, jettent en
l'air leurs bonnets et s'écrient, au milieu des autres
cris : « Vive le défenseur de Calas! Vive le défenseur de
Sirven ! » Voltaire distingua cet hommage, et ce fut alors
que se retournant vers le public, il dit : « Vous voulez
donc m'étouffer sous des roses ! » En effet, il avait eu son
apothéose avant sa mort, et sa mort devait suivre de
bien près. Le 30 mai suivant, il expira âgé de quatre-
vingt-quatre ans. »

Trois ans après la mort de Voltaire[1], on répandit le
bruit qu'il avait reconnu, vers la fin de sa vie, la culpabilité de Jean Calas. « Quatre personnes, disait-on,
s'étaient glissées derrière une tapisserie, d'où elles
avaient entendu ce monstre prononcer à son fils sa
sentence de mort. » On ajoutait que « M. de Voltaire
avait les plus vifs regrets de s'être si fort intéressé
pour cette famille de scélérats, auxquels il fit en conséquence fermer sa porte à Paris. » Fable inventée
après coup, mensonges ineptes encore plus qu'odieux.
Quant à ces quatre témoins venus exprès chez Calas
pour l'entendre annoncer le supplice de son fils, comment ne le dénoncèrent-ils pas, aimant mieux être excommuniés que de parler ? Il n'y a pas la moindre trace
de cette histoire dans le quintuple examen de l'affaire
fait et refait successivement par les Capitouls, le parle-

---

1. Nous empruntons ce fait et les preuves qui l'appuient à l'*Introduction* des *Lettres inédites de Voltaire*, publiées par nous.

ment, le Conseil privé, le Grand Conseil et les maîtres des requêtes.

M. d'Hornoy, fils du premier lit de Mme de Florian, nièce de Voltaire, Wagnière, son secrétaire, Mme de Saint-Julien qui ne quitta pas le vieillard pendant ses derniers jours[1], attestèrent l'absolue fausseté des rumeurs qu'on propageait. Voltaire est mort parfaitement convaincu de l'innocence des Calas et de l'entière justice de leur réhabilitation. Wagnière, qui fut renvoyé à Ferney un mois avant la mort de son maître, déclare avoir été « témoin de la manière attendrissante dont il reçut à Paris la veuve et ses filles. » Mais il parle d'une visite faite par elles à leur bienfaiteur dès son arrivée à Paris et nous pouvons affirmer[2] que peu de moments avant sa fin, il accueillit encore Mme Calas et ses enfants venus pour lui apporter une dernière fois le tribut de leur vive reconnaissance.

1. On peut voir ces divers témoignages dans les *Mémoires sur Voltaire*, par Longchamp et Wagnière, ses secrétaires, publiés en 1826 (par MM. L. P. Decroix et Beuchot), 2 vol. in-8, t. I, p. 57 et suiv.

2. La preuve en est la lettre suivante de M. d'Hornoy à M Beuchot. Je dois cette pièce à la gracieuse obligeance de M. Louis Barbier, bibliothécaire du Louvre.

« Paris, 2 avril 1826.

« Je n'ai pas eu l'honneur de vous répondre sur-le-champ, monsieur. parce que je voulais revoir la lettre que vous me citez ; le volume me revient, et je puis vous certifier que tout ce que dit Wagnière, de la page 57 à la page 59, est de la plus exacte vérité. Si j'ai eu des soupçons sur l'auteur de cet absurde mensonge, je me sais gré de ne pas les avoir exprimés dans le temps, et encore plus de les avoir oubliés depuis quarante-cinq années. Ce dont j'ai parfaitement conservé la mémoire, c'est que M. de Voltaire n'avait puisé son opinion sur la malheureuse famille des Calas que sur l'examen le plus approfondi et d'après les recherches les plus exactes ; que depuis le moment où son opinion a été fixée et jusqu'à sa mort, elle n'a pas varié un instant. J'ai été témoin de la manière dont il a reçu les restes de cette malheureuse famille peu de moments avant son décès. Une histoire aussi ridicule et aussi absurde que celle que réfute Wagnière tombe dans la classe de celles auxquelles, depuis feu Haroun-al-Raschid, toute célébrité est exposée. La célébrité est livrée encore plus aux faiseurs de contes qu'aux récits des historiens.

« Je suis aise, monsieur, que cette occasion me procure l'honneur de vous assur r de la considération distinguée avec laquelle je suis,

« Votre très-humble et très-obéissant serviteur,

« D'HORNOY. »

Ils eurent encore à lui rendre après sa mort un dernier hommage. On sait que, la nuit même où il mourut, son neveu, l'abbé Mignot, emporta le corps à son abbaye de Sellières où il le fit inhumer et où ses restes demeurèrent jusqu'à la Révolution. En 1791 l'abbaye et l'église furent détruites; Paris se montra jaloux de la gloire que s'acquit la petite ville de Romilly en donnant un asile à ces cendres glorieuses. L'enthousiasme était au comble pour celui qu'on proclamait le premier auteur de la Révolution. Des funérailles éclatantes lui furent votées par l'Assemblée et le corps fut porté de Romilly aux ruines de la Bastille où Voltaire avait été détenu pendant sa jeunesse, puis le lendemain (12 juillet), de la Bastille au Panthéon[1]. Nous n'avons pas à décrire ici cette pompe à la fois officielle et populaire. Disons seulement que le magnifique sarcophage portait cette inscription : *Il vengea Calas, la Barre, Sirven et Montbailly;* et qu'après s'être rendu par les boulevards, de la Bastille à la place Louis XV, l'immense cortége vint stationner sur le quai Voltaire, devant la maison où il mourut, celle du ci-devant marquis de Villette. Là, de jeunes citoyennes en robes blanches attendaient sur un amphithéâtre pour chanter une ode de Chénier mise en musique par Gossec. Mme de Villette, que Voltaire avait recueillie chez lui et mariée, et qu'il aimait à appeler *belle et bonne,* couronna sa statue ; puis elle prit rang dans le cortége auprès de Mme Calas et de ses enfants, qui représentaient avec elle les membres de la famille de leur commun bienfaiteur; cette idée fut peut-être ce qu'il y eut de plus simple et de plus touchant

---

1. On sait que ses os n'y sont plus. Au temps de la Terreur blanche quelques énergumènes violèrent de nuit sa tombe et celle de Rousseau, pour disperser leurs cendres, et montrèrent ainsi que le fanatisme dévot ne respecte pas plus les morts que le fanatisme jacobin ne les avait respectés à Saint-Denis.

dans tout l'étalage de l'enthousiasme et de la sensibilité publics. La part de Mme Calas dans cette fête, où elle ne devait pas refuser de paraître, fut donc à la fois modeste et digne[1].

Le soir de ce jour de deuil, le Théâtre-Français de la rue de Richelieu donna *Calas ou l'École des Juges*, par Marie-Joseph Chénier. Au Théâtre de la Nation (Odéon), on joua *Mahomet* et la *Bienfaisance de Voltaire*, autre pièce dont les Calas étaient après lui les héros[2].

Mme Calas survécut quelques mois à cette cérémonie. Elle mourut à Paris, rue Poissonnière, nº 3, le 29 avril 1792[3].

Ses deux fils établis à Genève l'avaient précédée. Donat mourut d'hydropisie, sans laisser de postérité, le 10 avril 1776. Pierre décéda le 20 septembre 1790. Les inventaires de leurs biens, qui existent encore à Genève[4], indiquent peu d'aisance à l'époque où mourut Donat; mais quatorze ans après, à la mort de Pierre, sa position de fortune était meilleure[5].

À deux reprises, les Assemblées nationales s'occupèrent des derniers membres de la famille Calas.

Ce fut d'abord, le 18 juin 1792, l'Assemblée législative, à laquelle Louis Calas, incorrigible dans sa cupidité, vint demander de l'argent. Il fut admis à la barre. Un

1. *Moniteur* du 13 juillet et du 30 juin précédent.

2. Voir sur les nombreuses pièces de théâtre dont les malheurs des Calas ont fourni le sujet, notre chapitre xv : *Histoire de l'opinion* et la *Bibliographie*, 5ᵉ partie.

3. En janvier 1763 elle habitait le quai des Orfèvres; elle s'était ensuite établie aussi près que possible de sa fille Mme Duvoisin et dans la même rue.

Voir l'acte de ses funérailles. Cet acte (trouvé par M. Read à l'Hôtel de Ville) est un exemple assez curieux de la manière dont avaient lieu à cette époque les inhumations de protestants à Paris.

4. *Registre des inventaires après décès.* (Hôtel-de-Ville de Genève).

5. D'après le registre de l'état civil de Genève, Donat aurait eu 37 ans et Pierre 58 quand ils moururent. Ce sont là des chiffres approximatifs et tous deux exagérés. La naissance de Pierre se trouverait antérieure à celle de son frère aîné, dont nous avons la date authentique.

Voir sur la descendance de P. Calas, la note 30.

défenseur officieux, que l'on ne nomme pas, prit la parole, à sa place, et le désigna comme le dernier rejeton de la famille.

Réduit par le désespoir à quitter sa patrie, l'Angleterre lui a donné un asile depuis vingt-cinq ans[1] : mais ce qui lui reste de sa malheureuse mère, loin de suffire au payement des engagements de son père, considérablement accrus par les intérêts, ne suffit même pas à sa subsistance et à celle de sa famille.

Le président (M. Français, de Nantes) témoigna au pétitionnaire la sensibilité de l'Assemblée envers une des victimes des intrigues sacerdotales et du despotisme parlementaire.

La demande fut renvoyée au Comité des secours publics et n'eut pas de suites.

A la Convention ce ne fut aucun des Calas qui vint appeler sur lui l'attention publique. Le 25 brumaire an II, on venait de réhabiliter la mémoire du chevalier de La Barre, autre victime dont Voltaire avait généreusement entrepris la défense. On décida en même temps qu'une colonne serait érigée en l'honneur de Calas sur le lieu de son supplice. Barrère dit à la tribune :

Vous devez réhabiliter aussi la mémoire de Calas, dont un rejeton se fait remarquer aux Jacobins par la pureté de son patriotisme.

On sait déjà que ce rejeton est encore Louis.

Il vint à la barre avec ses deux sœurs (l'une n'était point mariée et l'autre déjà veuve) exprimer à la Convention leur reconnaissance. La lettre qu'ils firent déposer sur le bureau, écrite dans le style du temps, exprime les sentiments que devait leur inspirer l'hommage rendu à leur père.

LES ENFANTS DE L'INFORTUNÉ CALAS AU CITOYEN PRÉSIDENT
DE LA CONVENTION NATIONALE.

Citoyen président,

Les enfans de l'infortuné Calas, vivement pénétrés de la justice que la Convention nationale vient de rendre à la mémoire de

1. Il y avait exercé la profession de *chirurgien*, à Londres, dans Denmark Street, paroisse de Saint-Gilles. — Là encore il avait exploité

leur malheureux père, viennent jeter à ses pieds le tribut de leur immortelle gratitude, et te prier, citoyen président, de vouloir être leur organe pour en faire passer l'expression à l'auguste assemblée. Nos âmes altérées par le malheur n'ont que la faculté de sentir ce bienfait, sans pouvoir dépeindre l'étendue de leur reconnaissance. Ah! daigne lire dans la nature tous les sentiments de l'amour filial, et tu seras le fidèle interprète de nos cœurs.

Il était réservé à des législateurs éclairés par la philosophie d'anéantir le fanatisme et d'élever un monument pour rétablir les droits de la nature si cruellement outragée. Pères de la patrie, restaurateurs des opprimés, agréez les vœux de vos enfans et particulièrement l'hommage d'une famille qui a reçu spécialement vos bienfaits.

Salut et fraternité.   Louis CALAS.
Anne-Rose CALAS.
Anne CALAS, veuve DUVOISIN.

La Convention ordonna la mention honorable et l'insertion au *Bulletin* de cette lettre, qui donna lieu, dit-on dans le procès-verbal de la séance du 29 brumaire, à une discussion digne des représentants d'un grand peuple.

Enfin, le 23 pluviôse, un long et solennel discours fut prononcé par le citoyen Bézard, faisant connaître, à l'aide de documents fournis par les trois derniers membres de la famille Calas, des faits ignorés jusqu'alors et que nous avons relatés plus haut. Il ne demanda rien pour Louis et ses sœurs, mais il conclut à ce que la nation prît à sa charge les dettes de Jean Calas, et achevât, en désintéressant tous ses créanciers, la réhabilitation de cette noble mémoire, hommage bien plus digne de lui que tout autre, double réparation due à l'intègre négociant ruiné par ses juges, et à ceux qui s'étaient confiés en lui[1].

A dater de ce moment, nous perdons la trace de Louis Calas. Mais il nous reste à raconter l'histoire de l'une de ses sœurs, que nous avons à peine indiquée

---

les malheurs de sa famille et le nom de Voltaire, comme le prouve une brochure qu'il fit imprimer en 1772 à Londres (Voir *Bibliogr.* n° 97), et qui eut une seconde édition en 1789.

1. « La quittance générale de ses créanciers est une inscription qui

jusqu'ici et où, après tant de récits pénibles ou tragiques, nous trouverons des souvenirs plus doux.

Nous devons rendre compte d'abord, en quelques mots rapides, de ce que devinrent deux des acteurs les plus importants de ce long drame, Gaubert Lavaysse et David de Beaudrigue.

Le premier, nous écrit une de ses petites-nièces, accomplit le projet qu'il avait formé avant ses malheurs. Il se voùa au commerce ; plus tard il résida quelque temps en Angleterre, pour étendre ses entreprises. Étant devenu correspondant de la Compagnie des Indes à Lorient, il vécut jusqu'en 1786, époque de sa mort, jouissant d'une considération due à sa probité, à l'aménité de son caractère, au bien que lui permettait de faire sa grande fortune. Il ne fut jamais marié.

La fin de David de Beaudrigue offre un contraste terrible avec celle de cet homme de bien qui avait été une de ses victimes. A mesure que la lumière se fit dans cette affaire si mal jugée, après la mort admirable de Calas, après la publicité immense donnée par Voltaire à ses malheurs et à son innocence, David se vit l'objet du blâme et de la réprobation à peu près universels [1].

Nous avons vu qu'il fut destitué le 25 février 1765.

Voici ce qu'on lit à son sujet, quelques mois après, dans un journal du temps (les *Affiches de Province*, n° 49, *du 9 octobre* 1765) [2] :

On écrit de Toulouse que le sieur *David*, Capitoul, qui, dans la malheureuse affaire des Calas, s'est conduit avec la plus coupable passion, est lui-même actuellement dans un fort déplorable état. Sa destitution, le jugement des requêtes de l'Hôtel, et la crainte d'une prise à partie lui ont totalement dérangé la tête.

manquerait à la colonne, » dit Bézard en finissant. Voici les termes du décret :

Les créanciers légitimes de Jean Calas, colloqués dans l'arrêt de distribution du ci-devant Parlement de Toulouse du 3 septembre 1763, seront payés par le trésor public des sommes qui leur restent dues.

1. Voir à la fin du vol. la note 31.
2. Recueil de Mme de la Beaumelle, I, 304.

En proie aux idées les plus sinistres, il ne voit que gibets et que bourreaux prêts à lui faire subir la juste peine du talion. On l'a fait conduire à Saint-Papoul [1] auprès de sa femme qu'il avait chas ée depuis longtemps de sa maison. A peine y est-il arrivé, qu'il s'est échappé pour courir les champs. Repris et ramené dans sa maison, il s'est précipité d'une fenêtre dans la rue, sans se tuer. Depuis ce trait de frénésie, on le garde à vue et quand le trouble et le désespoir viennent l'agiter, quatre hommes ont de la peine à le contenir [2].

D'après un autre document, il se jeta une seconde fois du haut de la maison et se tua. On ajoute même qu'il prononça le nom de Calas en mourant.

Cette hideuse fin est à la fois un châtiment et, en quelque mesure, une réhabilitation morale, si, comme nous voulons le croire, ses remords lui servirent de bourreau [3].

1. C'était sa ville natale.
2. Voir aussi Grimm. (Corr. litt. 15 avril 1763 et 15 nov. 1765.)
3. M. l'abbé Salvan nie le fait et publie une lettre qu'il s'est fait écrire de Saint-Papoul, dans laquelle on lui affirme que ce n'est pas David, mais sa grand'mère, qui en 1793 et non en 1765, périt ainsi. Est-il croyable qu'un homme déjà revêtu de la charge de Capitoul en 1747 eût encore sa grand'mère quarante ans après? Il devait être septuagénaire, et son aïeule devait avoir plus d'un siècle pour le moins. Aussi tout en publiant la lettre de son correspondant (qui nous réfute sans nous avoir lu, car il demande où nous avons pris nos renseignements), M. Salvan reconnaît qu'il y a erreur : suivant lui, troisième version, ce n'est ni David, ni son aïeule, mais sa femme, qui se tua ainsi en 1793 en apprenant que son petit-fils avait été décapité. Mais comment conciliera-t-il ou le deuxième ou le troisième récit avec les journaux d'octobre et novembre 1765, que nous avons cités plus haut et qui évidemment n'ont rien de commun avec 93?
En 1794, son petit-fils, Tristan David d'Escalonne, périt sur l'écha-faud, comme tant d'autres personnages que nous avons eu occasion de nommer. On a dit que la mémoire du Capitoul avait contribué à perdre son descendant, dans ce temps où une foule de victimes n'avaient d'autre crime à se reprocher, que leur nom. Il faut ajouter cependant qu'il s'était publiquement opposé à l'établissement du règne de la Terreur dans Toulouse, avec plus de fermeté qu'il n'en montra plus tard en face du supplice. Cette résistance honorable et hardie suffit pour expliquer sa condamnation. (Voir d'Aldéguier, *Histoire de Toulouse*, t. IV, p. 508, 517, et dans les notes, p. 46.)

CHAPITRE XIII.

NANETTE CALAS.

Elle a gagné l'amitié et l'estime de notre communauté
par ses excellentes qualités. Nous n'avons eu qu'à regretter que tant de vertus dont elle est remplie ne
puissent lui servir que pour cette vie.
Sʳ Anne-Julie FRAISSE, de la Visitation. (L. 1.)

A la nouvelle de la mort subite et mystérieuse de
leur frère aîné, les demoiselles Calas se firent ramener
de Séchabois, la propriété de M. Teissier, à Toulouse.
Rose avait alors vingt-deux ans, et Nanette vingt et un.

Toute leur famille, jusqu'à leur unique servante, était
en prison. Nous ne savons où elles trouvèrent un asile.
Ce ne put être, d'abord, dans la maison paternelle qui était
gardée, et fort mal, par des soldats. Nous avons vu que
tout le monde y entrait, et que dans les premiers jours,
où les scellés auraient dû être mis partout, les jeunes
gens de la ville et les soldats eux-mêmes s'amusaient à
essayer si l'on pouvait se pendre aux battants de la
porte avec le billot dont s'était servi Marc-Antoine.
Elles durent se pourvoir d'un gîte, et l'on a vu qu'après
l'examen des effets de Marc-Antoine, on les leur rendit,
pour être portés dans leur nouveau logement. La position des deux jeunes filles était affreuse. Elles se trou-

vaient sans autre appui que leur déplorable frère Louis qu'elles n'avaient pas vu depuis plusieurs années, et dont le caractère ne pouvait leur inspirer que peu de confiance. Quelques rares amis de leur famille leur restèrent fidèles; elles durent vivre de leurs secours, attendant avec angoisse le résultat de ce terrible procès.

Dans la mesure de leur savoir et de leurs ressources, elles agirent pour défendre leur père, leur mère et leur frère. Nanette, quoique la plus jeune, paraît s'être chargée d'écrire et de parler. Il existe au procès (devant les Maîtres des Requêtes) une réponse du négociant Griolet que nous avons déjà citée et où il explique à la jeune fille qu'il ne peut comparaître, puisque rien dans le Monitoire ne l'y autorise et qu'il n'a pas été cité. Elle l'avait sollicité de se montrer et de rendre témoignage en faveur de ses parents. Cette lettre, qui renferme des attestations très-honorables pour les Calas, ne put être produite que devant les derniers juges et leur donna quelque idée des vices de la première procédure. L'initiative prise par Nanette finit donc par être utile.

Toutes deux étaient encore à Toulouse au milieu de février. Il paraît que ce fut seulement la sentence de mort de Jean Calas qui les détermina à fuir. Elles quittèrent en secret cette ville, dont la mort sanglante de leur père faisait pour elles un lieu d'épouvante et d'horreur, et trouvèrent un abri chez un M. du Roi, à Montauban, ville où les protestants étaient nombreux et où leur mère avait des amis. Elle vint les y rejoindre après la tragédie du 10 mars et son propre acquittement, prononcé le 18. Mais ses filles ne purent l'entourer longtemps des consolations de leur tendresse. La malheureuse veuve avait encore à boire ce calice d'amertume. Le 27 mars 1762, M. le président du Puget daigna s'occuper d'elles et en occuper Monseigneur le comte de Saint-Florentin, demandant deux lettres de cachet pour

enfermer, dans des couvents séparés, les filles de *ce
malheureux père*. Il espère la conversion de Rose, surtout si elle est séparée de Nanette qui est *la plus obstinée* dans sa religion[1].

Demander des lettres de cachet contre les enfants
d'un protestant, c'était les obtenir ; à plus forte raison
quand le père avait été roué et quand c'étaient ses propres juges qui s'acharnaient à persécuter les débris de
sa famille. Nous ne savons s'il est exact que, chez M. du
Roi, les demoiselles Calas avaient reçu un grand nombre
de visites de sympathie des protestants de la contrée et
même d'autres personnes, et que l'évêque de Montauban sollicita contre elles des lettres de cachet pour
mettre fin à ce *scandale*, sous prétexte que ces jeunes
filles seraient mieux gardées dans des couvents qu'auprès de la famille parfaitement digne qui les avait
recueillies.

Les deux jeunes filles furent enlevées à leur mère le
28 mai, à trois heures du matin, par un exempt et huit
cavaliers. C'est ici que Louis commit la plus honteuse
de ses lâchetés, s'il est vrai, comme Court de Gébelin
l'affirme[2], qu'il consentit à servir de guide aux cavaliers
de la maréchaussée, et à faire le guet pendant la nuit,
devant la porte de ses sœurs. L'acte était digne du mauvais fils qui avait débuté par un placet où il demandait
que tous ses frères et sœurs mineurs fussent enlevés à
leurs parents et enfermés dans des couvents. L'auteur
des *Toulousaines* ajoute même qu'il avait promis à ses
sœurs de les avertir de tout danger. Il avait pu le leur
promettre sincèrement et les trahir ensuite par peur,
lui qui n'eut jamais d'énergie que pour une chose : demander de l'argent.

Rien n'était plus redouté des familles protestantes, et

1. M. du Puget confond les deux noms. Voir Pièces justificatives, XXV.
2. *Toulousaines*, p. 487.

redouté à plus juste titre, que la séquestration de leurs enfants entre les mains des moines ou des religieuses[1].

Dans l'intérieur de ces maisons cloîtrées, le prieur ou la supérieure étaient tout-puissants et pouvaient user de tous les moyens pour obtenir une conversion ; les rigueurs ou les cajoleries, la terreur, la calomnie contre les parents absents, tout pouvait être mis en œuvre sans contrôle et sans réclamation possible. Toute communication avec la famille était rigoureusement interdite[2]. Une multitude de mères, depuis 1685 jusqu'en 1789, ont pleuré comme morts leurs enfants encore vivants, mais dont on leur avait aliéné le cœur, et, si plus tard on les leur rendait, plusieurs ont fini par dire d'eux ce que Mme Calas fut obligée de dire de Louis : *Il ne me reconnaît plus pour sa mère.*

1. Une fête magnifique avait été célébrée chez les jésuites dans leur collège de Louis-le-Grand, pour glorifier la Révocation de l'Édit de Nantes. Ils félicitèrent le roi, par d'ingénieux emblèmes, de ce crime contre la famille et contre la nature. On lisait sur les murs, entre autres inscriptions, celle-ci :

A la gloire de Louis le Grand, pour avoir tiré les enfants d'entre les bras de l'hérésie et leur avoir procuré une éducation plus heureuse dans le sein de la véritable religion. Au-dessous se trouvaient deux devises : la première avait pour *corps* de jeunes sauvageons entés sur des arbres cultivés, et pour *âme*, ces mots de Virgile : *Illic venient feliciùs*, traduits par ce vers prosaïque :

Ils seront en ce lieu beaucoup mieux élevés.

La seconde représentait une branche de corail avec ces paroles :

Radicato nulla, sradicato tutto vale, avec cet équivalent en français :

De la main qui l'arrache il reçoit tout son prix.

Voir le *Triomphe de la religion sous Louis le Grand représenté par les inscriptions et des devises* (par le père Le Jay), 1687, 182 p. in-12.

2. Nous avons lu dans les Dépêches du Secrétariat, une lettre très-rude du ministre (1er juin 1762) où il réprimande vertement la supérieure des Ursulines de Toulouse pour avoir permis à une des protestantes dont elle était la geôlière, Mlle de Massip, de sortir du couvent pendant la journée. Nous citons le fait, à la honte du ministre et à l'honneur de la religieuse.

On peut voir, dans la note 3, un exemple de ce que les familles protestantes avaient de tyrannie à supporter au sujet de ce qui intéresse le plus directement la conscience et le bonheur des parents, l'éducation de leurs enfants.

Sa douleur a été vivement dépeinte dans une lettre écrite de Montauban à cette époque et dont l'auteur ne nous est pas connu :

Le 8 mars 1763.

.... Madame Calas, continuellement obsédée par des personnes qui la plongeaient dans la sécurité, s'était persuadée que ses ennemis avaient épuisé toute leur rage sur sa malheureuse famille. Mais elle a été cruellement détrompée lorsque ce matin, avant le jour, la maréchaussée de Toulouse lui a enlevé ses deux filles et les a conduites au couvent de Notre-Dame de Toulouse.

Dépeignez-vous, s'il est possible, la situation affreuse de cette pauvre mère, qui, outre la douleur de perdre ses chères filles, a à se reprocher d'avoir méprisé non-seulement mes avis, mais encore ceux du curé de la Dalbade qui, quatre ou cinq jours auparavant, lui avait écrit de fuir au plus vite avec ses filles, si elle voulait les conserver. Elle n'a montré la lettre de cet honnête homme qu'après son malheur : on ne doute pas que Louis Calas n'ait trempé dans ce noir complot.

Nous avons des avis certains que le pauvre Pierre est encore chez les Dominicains de Toulouse, très-mauvais catholique romain, et se plaignant de ce qu'on ne lui laisse pas la liberté de s'en aller pour subir son bannissement [1].

Nous avons heureusement à raconter, en finissant cette douloureuse histoire, des faits d'une autre nature. On ne sait que le nom du couvent de Toulouse où Rose Calas fut enfermée, c'était celui qu'on appelait Notre-Dame de la rue du Sac [2]. Mais il paraît qu'elle n'eut point à s'en louer [3]. Elle y éprouva beaucoup de dureté, dit Grimm [4]. Pour Nanette, il en fut tout autrement.

Elles durent frémir l'une et l'autre de rentrer, sous

---

1. Ce fragment et deux autres lettres de la même main ont paru pour la première fois dans l'appendice de notre recueil de *Lettres inédites de Voltaire*. Ils nous avaient été communiqués par M. Alfred Tachard, pasteur à Uchaud, dont la famille est originaire de Montauban.

2. Quittance de 102 livres pour sept mois, moins sept jours, de pension, en date du 22 décembre 1762.

Signé DE RESSÉGUIER, supérieure.
(Collection de M. Fournier.)

3. Lettre de la sœur Fraisse, 30.

4. *Corr. litt.*, 25 mars.

l'escorte de la maréchaussée, dans cette ville funeste
où leur père était mort sur la roue, où leur frère
Pierre était détenu malgré la loi dans un monastère, et
d'où le reste de leur famille avait dû fuir. Bientôt, cependant, Nanette commença à se réconcilier avec sa
prison. Elle était aux Visitandines[1], et on avait confié
sa conversion à une religieuse âgée, très-fervente catholique, mais douée d'un grand sens et d'un cœur tout
maternel. La sœur Anne-Julie Fraisse ne réussit nullement, malgré ses consciencieux efforts et ses ardentes
prières, à faire une catholique de la fille du martyr
protestant. Elle ne parvint pas même à ébranler ses
convictions. Mais elle sut la comprendre, estimer son
caractère élevé et charmant, l'aimer, et la rendre aussi
heureuse que pouvait l'être Anne Calas dans un couvent.

De son côté, la jeune huguenote fut profondément
émue et reconnaissante des bontés de mère que lui
témoigna la vénérable sœur. Il n'eût pas été fort
étonnant que la fille d'un protestant mis à mort pour
parricide se trouvât blessée des propos, des regards, de
l'accueil qu'elle rencontrerait parmi ces religieuses.
Elle-même s'y attendait; mais elle n'eut rien de pareil à
souffrir. La mère Anne d'Hunaud, supérieure du monastère, était une personne charitable et bonne, et Nanette par sa piété, sa douceur de caractère, sa réserve
sa grâce, eut bientôt gagné tous les cœurs chez les
dames de la Visitation.

Anne Julie devint pour elle une seconde mère, une
amie active et zélée, dont l'affection ne se démentit
jamais, et ne fut interrompue que par la mort. Entre
la vieille Visitandine et Nanette Calas eut lieu dans

1. Le couvent où elle fut placée avait donné son nom à la place de
la Visitation; il devint une prison en 1789 et n'a pas été rendu à
cet ordre qui en occupe aujourd'hui un autre dans un quartier différent.

le couvent de Toulouse le même entretien que Voltaire avait eu avec Donat. Elle écouta les douloureux récits des malheurs de la famille, mêla ses larmes à celles de la pauvre orpheline, l'interrogea sur ses parents, sur leur conduite envers son frère catholique ; et elle aussi, la droite et noble femme, jugea Calas et ses juges, reconnut l'innocence du condamné et la folie de ses persécuteurs. Admirable exemple de ce que valent la supériorité et l'entière sincérité de l'esprit! Mais il ne suffit pas à la sœur Fraisse de croire les Calas innocents :

> La foi qui n'agit point est-ce une foi sincère?

Elle agit, elle écrivit du fond de sa cellule. Elle était proche parente de M. Castanier d'Auriac, président au grand Conseil, et gendre du chancelier de Lamoignon. Ce fut auprès de lui qu'elle sollicita de son côté[1], pendant que Voltaire agissait du sien, Voltaire qu'elle avait en horreur pour son incrédulité et au sujet duquel Anne Calas fut bien grondée un jour par la bonne sœur. Nanette l'avait appelé illustre; illustre, un ennemi de l'Église et de Dieu[2]!

On se trompera du tout au tout si l'on prend la sœur Anne-Julie pour un esprit fort, si on lui suppose la moindre sympathie pour *les lumières du siècle;* elle les a en abomination profonde. Elle est très-sérieusement et très-véritablement dévote catholique. Elle n'a pas le plus léger doute sur la damnation éternelle de sa jeune amie, non pour ses péchés, elle la trouve pleine de vertus et lui reconnaît même de la piété, mais à cause de sa religion. Ce qui est caractéristique, c'est qu'elle ne peut s'empêcher de le dire, dans sa lettre même à

---

1. Voir Lettres de la sœur A.-J. Fraisse, n° 1, 24 déc. 1762. Elle lui écrivit encore à diverses reprises, surtout quand le Conseil fut saisi de l'affaire. (Lettres 11, 12, etc.)

2. Lettre 33.

son cousin le conseiller d'État. Cette lettre n'en est pas
moins. de la part d'une religieuse de Toulouse et dans
un pareil moment, un acte admirable de raison, de dévouement et de courage.

En décembre, c'est-à dire au bout de sept mois, les
demoiselles Calas furent mises en liberté, à condition
de vivre à Paris chez une dame Dumas et non avec leur
mère [1]. Nanette ne quitta pas sans émotion les Visitandines et surtout celle qui était devenue pour elle une
précieuse amie et une zélée protectrice. Voltaire salua
avec joie cet acte de justice comme un bon augure pour
une réparation plus complète[2]. Ce fut sans doute à l'influence très-favorable de ses lettres sur quelques-uns
des ministres qu'est due la libération des jeunes filles[3].
La sœur Fraisse remit à sa chère Nanette une lettre
pour son cousin, et la jeune fille, arrivée à Paris, la
porta au président d'Auriac qui la reçut avec quelque
froideur de manières, *suivant sa coutume*[4], mais non sans
intérêt. Une copie de cette lettre excita un grand enthousiasme parmi les amis des Calas. Elle y fut vivement admirée. Voltaire en était ravi.

J'envoie à mes frères la copie de la lettre d'une bonne religieuse. Je crois cette lettre bien essentielle à notre affaire. Il me
semble que la simplicité, la vertueuse indulgence de cette nonne

---

1. Lettres du 26 déc. à Damilaville et du 29 à Mme de Florian.
2. La collection de M. Fournier contient quatre pièces signées Louis et
contresignées *Phelyppeaux* (St-Florentin), par lesquelles le roi ordonne :
1° au sieur Gérard Guyonnet, marchand de Toulouse, de retirer la D^{lle} Nanette Calas du couvent de la Visitation de Toulouse, et de la faire conduire
à ses frais chez la dame Dumas, ancienne catholique, demeurant rue
Neuve et paroisse Saint-Eustache à Paris ; 2° au même, de remplir la
même mission à l'égard de Rose Calas ; 3° à la dame Dumas de recevoir
et garder les D^{lles} Calas jusqu'à nouvel ordre (8 déc. 1762), et 4° à la même,
de leur rendre leur liberté (19 mai 1765).
3. Nous ne devons pas oublier cependant de signaler aussi l'intervention d'un adversaire de Voltaire. On trouvera dans les Pièces justificatives à la fin du volume XXXIX, un *Placet* que La Beaumelle adressa
au comte de Saint-Florentin, au nom des D^{lles} Calas.
4. Lettre 3.

de la Visitation condamne terriblement le fanatisme des assassins
en robe de Toulouse [1].

Il dit à Élie de Beaumont le 21 janvier :

Vous avez vu sans doute la lettre de la religieuse de Toulouse.
Elle me paraît importante ; et je vois avec plaisir que les sœurs
de la Visitation n'ont pas le cœur si dur que *Messieurs*. J'espère
que le conseil pensera comme les dames de la Visitation.

La lettre de la sœur Anne-Julie fut considérée comme
si importante pour les Calas qu'on la fit imprimer sur
un feuillet volant, et qu'on l'ajouta au Recueil de pièces
et de Mémoires publiés sur cette affaire.

Dès qu'elles furent sorties du couvent, les deux jeunes filles écrivirent au grand protecteur de leur mère
pour le remercier. Il y répondit par la lettre suivante[2], écrite sur un papier dont chaque page est en-
cadrée dans une guirlande de fleurs avec des œillets
aux quatre coins, fantaisie qui serait d'assez mauvais
goût, s'il n'avait su d'un mot la relever et la rendre
gracieuse :

Je vous réponds, Mesdemoiselles, sur du papier orné de fleurs
parce que le temps des épines est passé, et qu'on rendra justice
à votre respectable mère et à vous. Je vous félicite d'être auprès
d'elle. Jé me flatte que votre présence a touché tous les juges, et
qu'on réparera l'abomination de Toulouze. Je vois avec un extrême
plaisir que le public s'intéresse à vous aussi vivement que moi.
Je fais mes plus sincères compliments à madame votre mère, et
suis avec beaucoup de zèle, Mesdemoiselles, votre très humble
et très-obéissant serviteur ,
VOLTAIRE, gentilhomme ordinaire du Roi.

1. A Damilaville (Cayrol 372). Voir aussi sa lettre à d'Argental le
20 janvier.
2. Cette lettre, et une autre à Mme Duvoisin que nous publions p. 293,
avaient été données par elle à M. Marron, successeur de son mari comme
chapelain de l'ambassade de Hollande ; elles sont à Leyde dans la riche
collection créée par M. L.-C. Luzac qui a acheté les nombreux autographes réunis par Marron. Ces deux lettres sont inédites, ainsi qu'une
troisième à M. de Saint-Florentin, que nous publions p. 363. Une autre
lettre de Voltaire à Mme Duvoisin se trouve dans les recueils de sa cor-

Mme Calas reçut de nombreuses lettres de félicitations au sujet de la mise en liberté de ses filles ; nous signalerons celles du duc de la Vallière, et, ce qui est plus remarquable à Toulouse même, de la marquise de Saint-Véran-Gozon, lettres remplies d'offres de service chaleureuse. (Collection de M. Fournier.)

Bientôt M. de Saint-Florentin fut vivement sollicité par la duchesse d'Anville et par le duc d'Estissac, son beau-frère, pour qu'il achevât de rendre les deux jeunes filles à leur mère. Le 30 juin 1763, il écrivit à la duchesse, se référant à la réponse qu'il adressait le même jour au duc, et qui est bâtonnée dans le volume des *Dépêches du secrétariat*, avec ces mots en marge : *n'a servi.* Nous sommes fort tenté de croire que c'est là une ruse d'administrateur, uniquement destinée à éviter un précédent et à sauver les apparences ; quoi qu'il en soit, nous sommes persuadé que les ordres donnés ont été conformes à cette lettre si singulièrement dissimulée.

La dame Calas, monsieur, dont les filles ont été mises par ordre du Roi chez la dame Dumas, à Paris, me fait solliciter pour qu'elles lui soient rendues. Madame la duchesse d'Anville a pris la peine de m'écrire. Je vous prie de lui témoigner qu'il ne me paraît pas possible de révoquer l'ordre qui retient ces filles chez la dame Dumas et que j'y trouve des inconvénients qu'il est à propos d'éviter. Mais comme je vois qu'elle s'intéresse très-vivement à cette affaire et que je désire très-sincèrement l'obliger, la dame Calas peut retirer ses filles auprès d'elle, et je consens à feindre de l'ignorer[1] pourvu que d'ailleurs la dame Calas se comporte avec circonspection et ne les produise pas dans le monde avec trop d'éclat.

Ces derniers mots prouvent à la fois l'accueil que recevaient partout Mme Calas et ses filles, et les craintes

respondance, sous la date du 15 juin 1772. Il lui annonce l'heureuse issue du procès des Sirven, semblable en tout à celui des Calas, moins le supplice du principal accusé.

1. Au-dessous de ces quatre mots on en lit un autre rayé, c'est le mot : *dissimuler.*

qu'inspirait au ministre la sympathie qu'on leur témoignait.

Nous ne répéterons pas ici ce qu'on a vu plus haut de la présence des demoiselles Calas dans la galerie de Versailles pendant qu'on y décidait la révision du procès. Ce fut Rose qui se trouva mal. Nanette paraît avoir supporté avec plus d'énergie toutes les angoisses qui remplirent ces cruels moments. On les a vues enfin accompagner toutes deux leur mère dans cette prison de la Conciergerie, où Carmontelle les a représentées à ses côtés.

Depuis la réhabilitation de leur famille, il n'est fait aucune mention d'elles¹ jusqu'au mariage de Nanette qui eut lieu le 25 février 1767.

Elle épousa Jean-Jacques Duvoisin, né à Yverdon (Suisse), chapelain de l'ambassade de Hollande², c'est-à-dire en réalité pasteur de l'Église réformée de Paris. C'est, en effet, aux ambassades des États du Nord que les protestants de Paris ont dû de ne pas rester complétement dépourvus des secours du saint ministère, et d'avoir toujours eu au milieu d'eux des pasteurs en exercice. La Hollande surtout leur rendit cet éminent service. Elle avait été, comme Genève, l'asile des proscrits de la France, même avant Bayle et Descartes, elle possédait, dans plusieurs villes importantes, des Églises *Wallonnes* ou de langue française, dès le temps des persécutions qui décimèrent les Pays-Bas espagnols. Aussi les sympathies de la Hollande pour la France protestante ne se démentirent jamais. Les États-Généraux entretin-

---

1. Sauf un *Brevet de permission* que nous avons trouvé dans les *Dépêches du Secrétariat*, sous la date du 21 novembre 1764, par lequel le comte de Saint-Florentin autorise Anne Calas « à vendre une métairie appelée le Colombier, située à Espérausses en Languedoc, qu'elle a héritée de Anne Pomier, à charge de placer le produit en rentes sur l'Hôtel-de-Ville de Paris. »

On se souvient que les protestants ne pouvaient aliéner leurs biensfonds qu'avec une permission spéciale du ministre.

2. Voir sur Duvoisin, la note 33.

rent deux chapelains d'ambassade à Paris pour main-
tenir l'Église persécutée ; et le dernier d'entre eux,
Paul-Henri Marron, devint le premier pasteur de cette
Église quand elle fut reconstituée en 1802.

Une lettre de Lavaysse père (collection de M. Fournier) nous apprend qu'à Toulouse la nouvelle de ce
mariage fit beaucoup de bruit, et causa une grande joie
aux protestants. Il paraît que les protecteurs des Calas
leur avaient procuré un brevet du roi qui donnait son
approbation expresse à l'union projetée. Ils firent bien.
A Toulouse on s'était vengé des succès de Mme Calas
par une infâme calomnie contre Nanette. Le mariage de
Nanette, le caractère de son mari, enfin le brevet du roi
réduisirent à néant ces abominables mensonges. « Rien
n'est plus honorable, Madame, écrit David Lavaysse à
Mme Calas en la félicitant sur ce mariage, que le brevet
par lequel le Roy y a donné son approbation ; le fanatisme de cette ville en a frémi. Mon fils Vidou a dû
vous informer de quelle manière ce fanatisme a cru se
consoler en faisant courir un bruit odieux et insensé,
et qui n'a pas laissé cependant de courir de bouche en
bouche et de trouver créance chez un très-grand nombre de gens qui ne cessent de clabauder là-dessus. Je
marquais ces derniers jours à mon fils ce que je croyais
et que je crois encore qu'il conviendrait de faire pour
confondre une si noire imposture. La lettre par laquelle
mon fils m'apprit le mariage de Mme Duvoisin a servi
utilement à déprévenir tout ce qu'il y a de gens sensés
qui l'ont vue, car j'en ai laissé prendre des copies à
tous ceux qui l'ont demandé et elles ont beaucoup
couru ; mais tout le monde ne l'a pas vue et le grand
nombre n'aurait pas voulu la voir, pour pouvoir persister dans sa calomnie. »

Ce mariage réjouit aussi Voltaire. En félicitant
Mme Calas, il lui écrivait : « Je voudrais que tous vos
enfants se mariassent et que votre nom se perpétuât à

jamais, pour servir d'un témoignage éternel à votre probité et à l'iniquité infâme des juges qui auraient dû avoir sur l'épaule les fleurs de lys sur lesquelles ils osent s'asseoir (2 février 1767. — Collection de M. Fournier). On voit que les années n'avaient en rien amorti la fougueuse verve du vieux défenseur des Calas.

Mme Duvoisin ne se montra point ingrate, continua à correspondre avec la sœur Fraisse, et aussi, quoique à de longs intervalles, avec le bienfaiteur de tous les siens. Voici une nouvelle lettre inédite de Voltaire qui n'a d'importance que par une allusion aux malheurs d'une autre famille protestante, victime d'un procès inique.

« Le vieux malade de Ferney fait mille compliments à madame Duvoisin, à madame sa mère et à toute sa famille. Il est fâché de laisser en mourant tant d'infortunés dans le monde, et surtout une dame aussi intéressante et aussi vertueuse que madame Bombelles.

Son très-humble et très-obéissant serviteur,

V. [1].

Au bout de treize ans, Mme Duvoisin devint veuve. Le pasteur Duvoisin, dont la santé avait été longtemps chancelante, mourut le 12 mai 1780, dans son logement de la rue Poissonnière. Il avait eu de son second mariage trois fils : le premier mourut au bout de quelques jours[2] ; le second vécut moins de trois ans ; le dernier seul arriva à l'âge d'homme[3].

1. Voir la note 34.
2. A l'occasion de la naissance de l'aîné, Voltaire écrivait à Mme Calas :
Je sais bien bon gré à Mme Duvoisin de vous avoir donné un petit-fils. Je souhaite qu'élevé par son père et sous vos yeux il devienne un ministre éloquent qui enseigne la tolérance aux hommes. Cette divine tolérance sera mieux reçue dans sa bouche que dans toute autre. Ce sera le fils de Caton qui prêchera la liberté. (Extrait d'une lettre de la collection Fournier.)
3. Voir sur Alexandre Duvoisin la note 35 à la fin du volume. J'ai donné, au bas des lettres de la sœur Fraisse qui se rapportent à leur naissance, les actes de baptême des enfants de Mme Duvoisin ; M. Ch. Read a bien voulu en prendre copie sur le registre des baptêmes de l'ambassade de Hollande, au dépôt de l'état civil. (Hôtel-de-Ville de Paris).

On trouvera avec intérêt dans les lettres de la religieuse la cordiale part qu'elle prit à tous les événements de la vie d'Anne Calas, à ses joies et à ses deuils de mère et même à ce mariage avec un pasteur, qui cependant renversait l'espoir qu'elle avait conçu de la marier à un catholique. On verra avec quelque surprise peut-être, lorsque la mauvaise santé et les couches de Mme Duvoisin inquiètent sa vénérable amie, des lettres adressées à un pasteur dans l'exercice de ses fonctions, partir du fond d'un monastère de Toulouse.

La sœur Anne-Julie mourut probablement en 1775 ou peu après, à moins que ses infirmités croissantes ne l'aient empêchée dès ce moment d'écrire à sa chère Nanette.

Restée veuve en 1780, avec un fils de sept ans, Mme Duvoisin vécut assez péniblement auprès de sa mère, à Paris, du peu qu'elle possédait et d'une pension de 200 florins (400 fr.) que lui accordèrent les États-Généraux en 1784.

Bientôt arrivèrent la révolution française et tous les changements qu'elle amena en Europe. Le *Corps législatif de la république batave* décida, le 8 octobre 1790, que la pension de Mme Duvoisin lui serait continuée. Malgré cette assurance, la veuve du chapelain eut souvent à réclamer des arrérages, et l'on trouve aux Archives de la Haye plusieurs pétitions appuyées par l'ambassadeur, où elle demande le payement des sommes qui lui étaient dues (1798, 1801). Mme Duvoisin vivait à Paris en 1819[1] dans une position d'autant plus gênée qu'elle s'imposa souvent, pour son fils Alexandre, des sacrifices trop considérables.

---

1. *Annales protestantes*, p. 151. J'ai cherché en vain ce qu'étaient devenues ses lettres à la sœur Fraisse. On pense à Toulouse que les papiers du couvent ont été brûlés le 10 août 1793 avec beaucoup d'autres écrits et une partie des Archives de l'Hôtel-de-Ville. Si les lettres de Mme Duvoisin avaient été conservées jusqu'alors, il est probable qu'elles ont péri dans cette scène de destruction.

Il existe dans la Collection de M. Fournier une note de sa main où elle explique l'opposition qu'elle met à la saisie du mobilier dont faisaient usage son fils et sa belle-fille, auxquels elle avait cédé une partie de son appartement rue de l'Échiquier, 24 ; elle prouve que ce mobilier est à elle. Malgré le langage digne et contenu de cette note, on y reconnaît les traces évidentes de bien des douleurs et d'un dévouement maternel qui avait accepté depuis longtemps bien des privations.

Une représentation du drame de Ducange fut donnée à son bénéfice vers la fin de cette année. Elle mourut en 1820. Elle avait perdu en avril 1800 sa sœur Rose qui vivait avec elle.

CHAPITRE XIV.

HISTOIRE DE L'OPINION EN FRANCE AU SUJET DES CALAS.

Divers écrits pour et contre. — Les Calas sur la scène en France, et à l'étranger. — Leurs nouveaux accusateurs : Joseph de Maistre, MM. Mary-Lafon, du Mège, Huc, de Bastard, l'abbé Salvan ; leurs défenseurs : MM. Plougoulm, Charles Coquerel, Prévost Paradol.

> Que pensez-vous de l'affaire des Calas et de l'affaire du chevalier Labarre? Êtes-vous, oui ou non, pour la révocation de l'Édit de Nantes? Voilà quelques-unes des conversations pleines d'*actualité* que l'on peut entendre.... dans le Paris du dix-neuvième siècle.
>
> Emile MONTÉGUT,
> *Revue des Deux Mondes* 1855, t. 10, p. 778.

I. 1775-1858.

S'il n'y avait dans ce procès que l'affaire elle-même, si les préventions ecclésiastiques, l'esprit de corps et l'amour-propre de localité n'y étaient intervenus, l'histoire des Calas s'arrêterait ici, leur innocence démontrée n'eût jamais été remise en question, et notre tâche serait terminée.

Il n'en est point ainsi, et nous devons raconter encore le revirement d'opinion qui a fait considérer de nos jours, par beaucoup de personnes, comme perdue ou du moins comme douteuse, une cause que Voltaire et le dix-huitième siècle croyaient avoir gagnée.

En général, il faut en convenir, le procédé suivi dans une foule de publications, pour ou contre, est le même. Un partisan des Calas. comme d'Aldéguier[1] dans son *Histoire de Toulouse*, Court de Gébelin dans les *Toulousaines*, M. de Pongerville dans l'article CALAS du *Dictionnaire de la Conversation*, répète ou résume avec une généreuse indignation et plus ou moins d'emphase ce qui a été dit de plus saillant pour la défense. Les adversaires font de même pour l'accusation. Mais personne n'avait entrepris encore d'examiner en détail, avec un esprit de critique impartiale, les dépositions des témoins, les mémoires des avocats, les récits des historiens. Nous avons été obligé d'écarter nombre d'anecdotes touchantes, favorables aux accusés, qui avaient été reproduites successivement par tous leurs champions et auxquelles il ne manquait que d'être réelles. Ce mélange de vrai et de faux, de déclamations hasardées et de faits démontrés n'a pu que nuire à la cause.

Au moment de la mort de Voltaire, partout excepté à Toulouse, toutes les sympathies étaient pour les Calas. On a vu qu'au moment où ses cendres firent leur entrée triomphale à Paris et furent portées au Panthéon, les théâtres se firent les échos de l'enthousiasme général. L'homme qui, presque adolescent, avait fait *Œdipe*, et qui écrivit *Irène* dans l'âge de la caducité, était en lui-même un personnage peu dramatique et difficile à mettre en scène, quoiqu'on l'y ait représenté souvent. Mais le meurtre juridique de Calas parut à plusieurs un beau sujet de tragédie, sujet très-nouveau, très-populaire, qui fournissait l'occasion de louer l'idole du jour et de continuer la guerre, juste et bonne cette fois, qu'il n'avait cessé de faire au fanatisme. On mit

---

1. Disons cependant que d'Aldéguier a publié dans les notes de son livre: 1° le rapport des chirurgiens; 2° la déposition de Gorsse; 3° le Monitoire; 4° un interrogatoire de Calas; 5° les arrêts du 18 novembre 1761 et du 20 mars 1762.

sous le nom de Calas des déclamations ampoulées, et souvent sceptiques, qui n'étaient nullement conformes à ses convictions ni à son caractère.

Marie-Joseph Chénier fut le premier qui s'en avisa. Tandis qu'il travaillait à aligner ses hexamètres philosophiques, fort beaux quelquefois, mais souvent prosaïques et surtout déclamatoires, deux autres écrivains le gagnèrent de vitesse. Avant qu'il eût fini son œuvre, parurent à la fois au Théâtre-Français (Odéon) *Jean Calas*, tragédie en cinq actes et en vers, par J.-L. Laya, et au théâtre du Palais-Royal, *Calas ou le fanatisme*, drame en quatre actes et en prose, par Lemierre d'Argy. Enfin, le Théâtre de la République donna la pièce de Chénier, *Jean Calas ou l'École des Juges*. Monvel jouait Calas, et Talma la Salle. Depuis, bien d'autres mirent sur la scène quelque épisode de ce pathétique sujet; ce fut tantôt *la Bienfaisance de Voltaire*, par Villemain d'Abancourt, tantôt *la Veuve Calas à Paris*, par Pujoulx[1].

Nous citons ces titres pour prouver qu'à cette époque le public ne se lassait pas d'applaudir l'acte généreux qui coûta à Voltaire tant d'efforts et lui valut sa gloire la plus belle et la plus pure. Du reste, aucune de ces pièces n'a de valeur littéraire, et celle de Chénier, malgré quelques beaux vers, est déparée par l'abus de la maxime et de la tirade philosophique. Cette faute dont Voltaire ne fut jamais exempt, et que dans sa vieillesse il porta jusqu'à l'excès, fut poussée si loin par ses disciples qu'elle rend leurs œuvres insupportables. On exagère à peine en affirmant que, dans le *Calas* de Chénier, tout le monde est voltairien, depuis le martyr huguenot jusqu'à son confesseur, moine de Saint-Dominique ! Ce qui est plus révoltant encore, la malheureuse et pieuse mère de Marc-Antoine y parle

1. Pour ces pièces et plusieurs autres, voyez Bibliographie, V⁰ section.

longuement de se tuer à son tour et discute la question
du suicide avec un flegme sentencieux.

Ces défauts, si choquants aujourd'hui, étaient alors
invisibles pour la foule, comme l'air que tout le monde
respirait; c'était la seule langue qu'il fût permis de parler, et le public n'en applaudissait que plus chaleureusement les vers du futur conventionnel.

Un autre tort de toutes ces tentatives théâtrales, moins
essentiel en morale et inévitable en littérature, fut de
contribuer à changer très-vite l'histoire des Calas en
une véritable légende surchargée d'éléments imaginaires. En 1819 le *Calas* de Victor Ducange, drame en trois
actes[1], conservait à peine quelques traces de l'histoire
réelle. Marc-Antoine y est amoureux ; on exige de lui
qu'il abjure pour épouser Hortense. De désespoir il se
pend, après avoir écrit la lettre qu'écrivent tous les
suicidés de théâtre, lettre qui s'égare et qu'on retrouve
précisément au moment où Jean Calas, qu'elle devait
sauver, expire sur l'échafaud. Lavaysse épouse Mlle Calas ; il n'y a pas jusqu'à la vieille Jeannette qui n'y soit
rajeunie de quarante ans et fiancée au jardinier. Nombre
de gens qui se croient fort instruits de l'affaire des Calas ont appris à l'école de Ducange tout ce qu'ils pensent en savoir.

Pour notre part, il nous est impossible de ne pas dé-
sapprouver ces représentations scéniques d'événements
contemporains. Il y a quelque chose d'odieux à faire
apparaître ainsi devant les fils, les erreurs et les crimes
de leurs propres pères. Nous blâmons tous ces drames
joués à Paris, en province, en Hollande, en Allemagne,
où les Calas, David, Cassan Clairac, et tous les membres
de Tournelle de Toulouse figuraient, soit de leur vivant, soit peu d'années après leur mort. Nous sommes
heureux de trouver dans une lettre du fils de Na-

1. Ce drame est souvent repris à Paris et ailleurs, même de nos jours.

nette Duvoisin l'expression honnête et vive de ce sentiment[1].

Il est beaucoup plus étrange de trouver dans une
brochure intitulée *Jean Calas* ou *l'innocent condamné*, par
A. S. (vers 1820) un récit de quelques pages, où sont
enchevêtrés d'une façon inextricable le romanesque et
le réel, l'histoire et la légende. On y lit tout un dialogue
de Marc-Antoine avec le père d'Eugénie (l'amante imaginaire s'appelle Eugénie cette fois); le jeune homme
refuse d'abjurer. Tout égaré au sortir de cet entretien,
il erre à l'aventure ; un ami le rencontre et, pour le
calmer, n'imagine rien de mieux que de le mener dans
une maison de jeu, etc. Ce qu'il y a de plus curieux
dans cette rapsodie, c'est un prétendu interrogatoire de
Jean Calas, qu'il me semblait reconnaître en le lisant
et que j'étais certain d'avoir vu quelque part ; mais à
coup sûr ce n'était pas aux *Archives*, parmi les pièces du procès. Je cherche, je relis, je crois trouver des
traces d'hémistiches, d'hexamètres à peine estropiés.
C'était une scène de Chénier, qu'on avait traduite
en prose, sans trop de peine, il faut l'avouer, et qu'on

---

1. « Le *Journal des Débats* étant probablement répandu à Toulouse,
c'est là que j'ai dû consigner que la famille Calas était de tout temps
demeurée étrangère aux motifs politiques qui avaient inspiré à quelques auteurs de reproduire sur la scène ses infortunes. Il s'en lie déjà
trop à un nom devenu si tristement célèbre, pour le faire poursuivre de
nouveau par des animosités mal à propos réveillées.

« Et Calas et ses juges et son illustre avocat, dorment du sommeil
éternel. Leur part de renommée est faite sans retour. La famille de Calas ne demandait que l'oubli. Son petit-fils espère avoir fait son devoir
en protestant avec la modestie qui lui convient contre toute participation à une autre règle de conduite. »

Cette lettre (sans date) d'Alexandre Duvoisin, que je dois à la bienveillance de M. Henri Lutteroth, est signée *le petit-fils de Calas* et
adressée *à Monsieur le rédacteur de l'article Spectacles de la feuille la
Renommée*. Ce journaliste avait blâmé une première réclamation d'A-
lexandre adressée au *Journal des Débats*, au sujet du *mélodrame des
Calas*; ce doit être celui de Ducange. Plus j'approuve le sentiment exprimé dans cette lettre, plus je dois m'étonner que ce même Alexandre
Duvoisin ait écrit plus tard sur l'histoire de sa famille une pièce de
théâtre et l'ait jouée lui-même. *Malesuada fames!*

donnait au public pour un interrogatoire authentique.
Ce n'est pas la seule fois que pareille fraude a dû être
commise et sans êtresoupçonnée.

Voilà le roman et le drame littéraires, frivoles, parisiens, sans autre but que d'intéresser. Nous retrouverons plus loin la légende toulousaine, sérieuse et partiale, tantôt pathétique et enthousiaste, s'élevant jusqu'à
l'éloquence, tantôt hostile et haineuse, lentement éla-
borée, de génération en génération, dans les salons et
dans les couvents, par un parti qui se sentait vaincu
sans vouloir s'y résigner.

Le premier qui releva le gant jeté par Voltaire, et
qui osa contredire l'opinion de l'Europe, ne fut autre que
le comte Joseph de Maistre. Il dit dans ses *Soirées de
Saint-Pétersbourg* et dès le *premier Entretien :*

« Rien de moins prouvé, Messieurs, je vous l'assure, que l'innocence de Calas. Il y a mille raisons d'en douter, et même en
croire le contraire. »

Puis il s'indigne de ce que Voltaire a plaisanté dans
une de ses lettres au sujet des Calas, et il rapporte lui-
même inexactement une lettre du poëte à Tronchin, où
il est question d'un Mémoire qu'on a trouvé trop chaud,
et d'un autre qui sera au *bain-marie*[1]. Ce reproche
de légèreté adressé à Voltaire est juste ; c'est l'incura-
ble maladie de ce grand esprit ; c'est un des côtés par
où il est petit, faible comme historien et nul comme
critique, dans tout ce qui n'est pas de son propre
temps. Mais Joseph de Maistre est tout aussi faible, tout
aussi mauvais critique, lorsqu'il conclut de ce que
Voltaire badine sans cesse et sur toutes choses, qu'il
n'a pas des idées très-sérieuses et une volonté très-
arrêtée. Il est vrai que quand il rencontre dans l'histoire des Calas leur faux serment à l'hôtel de ville[2],

1. Nous avons cité ce passage plus haut, p. 231.
2. Voir plus haut, p. 80.

il s'impatiente et les appelle crûment des *imbéciles*, ce
qui ne l'empêchera pas de leur consacrer pendant
quatre ans son temps qu'il prisait fort, sa plume toujours occupée et son argent qu'il n'aimait nullement
dissiper au hasard. Il faut le dire d'ailleurs, malgré le
bain-marie, cette plaisanterie d'assez mauvais goût à
l'adresse des lecteurs catholiques, qui révolte l'auteur
du livre *du Pape*, Voltaire a été profondément sérieux,
au moins une fois en sa vie; il a été saisi d'une émotion sincère, d'une indignation honnête et ardente; il
n'est pas permis de le nier. On peut en citer d'autres
exemples, mais aucun qui lui fasse autant d'honneur.
Pardonnons-lui donc ces quelques railleries, fussent-
elles peu à leur place; et plût au ciel qu'il n'eût pas à se
reprocher mille autres légéretés infiniment plus condam-
nables aux yeux du goût, de la morale et de la religion !

Le mot du comte de Maistre resta longtemps sans
écho, et l'arrêt de l'opinion publique en faveur des
Calas demeurait sans appel. Cependant, on avait peine,
dans la ville même où Calas avait été condamné, à accepter sa réhabilitation. C'est encore de là que viennent
sans cesse aujourd'hui les réclamations contre ce grand
acte de justice.

Nous nous arrêterons peu à réfuter M. Mary-Lafon,
qui, en 1845, dans son *Histoire du midi de la France*,
Bibliogr. n° 79), se déclara contre les Calas, tout en
disant qu'il *ne voulait pas casser la réhabilitation de cette
malheureuse famille parce qu'il tremblerait d'outrager la mémoire d'un innocent.*

Toute sa discussion est très-superficielle; il paraît
n'avoir vu qu'en partie, et beaucoup trop vite, les deux
procédures toulousaines; il ignore celles bien plus complètes de Versailles et de Paris. Il accepte, sans aucune
critique, tout ce qu'il trouve dans telle ou telle déposition et se fait même un argument du fameux passage
de Calvin qu'il comprend mal, comme tous ceux qui ne

se sont pas donnés la peine de le chercher dans l'original
pour voir de quoi il est question. Il a raison de trouver
ridicule la déposition du peintre Mathey; mais la faute
n'en est nullement à Voltaire qu'il ne faudrait pas accuser *d'indécente bouffonnerie* pour avoir cité un témoignage authentique. C'est encore une étrange inexactitude
que d'accuser Voltaire d'avoir inventé les humeurs
noires de Marc-Antoine lorsqu'un an avant lui, le monitoire même en faisait mention et quand plusieurs témoignages très-précis en font foi. Il ne suffit pas non
plus de citer les règlements des pénitents blancs, d'a-
près lesquels on plaçait au milieu de l'église, dans les
services funèbres, « la représentation ou simulacre du
mort. » C'est confirmer ce qui a été dit et ce que le
trésorier des pénitents a avoué lui-même à ce sujet;
mais rien ne prouve que cette représentation de Marc-
Antoine ne fut pas un squelette et que ce squelette
n'eut pas à la main une palme et un écriteau. Nous ne
relèverons point un grand nombre d'autres erreurs
que notre récit, rédigé d'après les documents, a réfutées d'avance [1].

1. Mais nous insisterons sur une contradiction qu'on reproche à Viguière et qui inspire les plus graves soupçons à M. Mary-Lafon, dont
M. Huc reproduit les arguments plus tard. Le juge instructeur crut
que la cravate noire trouvée au cou de Marc-Antoine y avait été mise
après la mort et *pour cacher le sillon sanglant* (sic) laissé par la corde.
Quand même cela serait vrai, on n'y trouverait que la preuve d'un
fait avoué : c'est que les Calas voulurent cacher le suicide, et feignirent
qu'ils avaient trouvé le corps mort à terre, comme si la cause du *décès*
avait été, par exemple, une attaque d'apoplexie. Ce serait un moyen de
dissimulation de plus, et non une preuve de meurtre. Mais cela même
est-il prouvé? D'après Jean Calas, sa femme et son fils Pierre, Marc-
Antoine portait des cravates noires habituellement, surtout dans les vacations, dit le père, et n'en mettait de blanches que pour s'habiller. (Interr. du 9 nov.) D'après Jeanne au contraire, il portait des tours de col
blancs en été et noirs en hiver. Elle ne sait pas quelle cravate avait M.-
A. Calas au souper, ne lui en ayant pas encore vu porter de noire. (Interr.
du 20 oct.) Qu'y aurait-il d'étonnant à ce que le 15 octobre (c'est-à-dire
pendant les vacations et en automne) Marc-Antoine eût quitté ses *tours
de col* blancs de l'été et mis une cravate noire sans que Viguière eût songé
à le remarquer? En tout cas, les juges auraient dû faire examiner, dans

Nous devons rendre compte avec plus de détails du système entièrement nouveau, par lequel M. du Mége, appuyé sur un assez grand appareil de discussion et d'arguments, a expliqué l'affaire des Calas.

Le chevalier du Mége en 1846 donnait à entendre dans son *Histoire des institutions politiques, judiciaires et littéraires de la ville de Toulouse* (t. III, p. 250, Bibliogr., n° 80), que Calas avait été justement mis à mort, et il avait annoncé l'intention de revenir sur ce point. En effet, dans l'*Histoire générale du Languedoc*, qu'avaient laissée inachevée dom Vayssette et dom Claude de Vic et qu'il a terminée, il a pris à tâche de prouver, avec de grands détails et par des faits nouveaux, le crime des Calas. Comme cet écrivain se donne pour impartial, il est bon de s'assurer de son impartialité avant d'étudier le réquisitoire qu'il a imaginé.

Après avoir remarqué que « partout où les doctrines de Luther et de Calvin étaient entrées, elles avaient fait couler le sang, » M. du Mége énumère plus loin les pertes immenses que la France fit sous Louis XV, dans ses colonies et accuse les protestants de s'en être réjouis.

Il résulte des correspondances saisies alors en Languedoc qu'ils espéraient, qu'ils désiraient qu'humiliée et vaincue, la France ne pût refuser à l'étranger, qui l'imposerait comme une condition de paix, le rétablissement des protestants dans toutes les immunités, dans toutes les libertés que l'édit de Nantes leur avait concédées.

C'est l'éternelle accusation des Églises de majorité contre celles de minorité; on les représente toujours comme hostiles à la patrie, comme faisant des vœux pour l'ennemi; au moins faudrait-il produire les cor-

cette armoire de Marc-Antoine dont il est question au procès, s'il s'y trouvait des cravates noires ou blanches. Quoi qu'il en soit, la contradiction est sans aucune importance et il faut qu'on se sente bien faible pour faire grand état d'indices si peu précis et si peu significatifs.

respondances qu'on incrimine. Jusque-là, nous nierons le fait. Et d'ailleurs où a-t-on vu les ennemis de la France stipuler quoi que ce soit, dans un traité, en faveur des protestants français?

Ces paroles peuvent faire juger de l'impartialité de l'auteur au point de vue religieux. Voici qui montrera sa façon de penser comme Toulousain. Il dit de l'arrêt de réhabilitation :

> Ce fut dans Paris une joie universelle. Des sentiments bien opposés se manifestèrent en Languedoc. Toulouse, calomniée dans son passé, insultée dans le présent, menacée dans son avenir, montra une grande irritation.

Que sera la justice toujours faillible des hommes, si c'est l'insulter que réparer, autant qu'on le peut, ses erreurs? n'est-ce pas l'honorer au contraire? Il nous est impossible de comprendre en quoi une sentence qui réhabilitait des innocents condamnés par le Parlement de Toulouse, insultait la ville dans le présent et la menaçait pour l'avenir. Ce langage est celui de la passion. Ni la justice ni l'histoire ne parlent ainsi.

Du Mége entre en matière par une phrase caractéristique et qui peut nous dispenser d'en signaler bien d'autres analogues. Il s'agit de la mort de Marc-Antoine et l'on veut faire croire qu'il a été étranglé :

> Dans la nuit du 13 au 14, « à l'heure même où l'arrestation du ministre Rochette à Caussade allait devenir le signal de l'insurrection des paysans calvinistes.... »

L'auteur nous permettra trois questions sur ce début :

1° Qu'est-ce que l'*heure* où un événement *va devenir le signal* d'un autre événement?

2° Veut-on dire que le pasteur Rochette, pendu à Toulouse quelques mois après, a choisi le moment de son arrestation et s'est laissé saisir à dessein à l'heure même où mourut Marc-Antoine?

3° A qui fera-t-on prendre pour une *insurrection des paysans calvinistes* le mouvement avorté que tentèrent quelques personnes pour délivrer, dans le trajet, le ministre arrêté, mouvement que trois gentilshommes payèrent de leur tête sur l'échafaud de Toulouse le 19 février?

Voici maintenant la nouvelle explication des faits. Elle consiste à innocenter les accusés et Calas lui-même, en ce sens qu'il ne serait plus le bourreau, mais seulement le dénonciateur de son fils. L'auteur admet pleinement l'absurde calomnie dont Paul Rabaut fit justice et qui indigna l'Europe protestante. Calas a dénoncé son fils aux anciens :

Ceux-ci n'étaient autres, on le sait [1], que les ministres dits du Saint-Evangile; et les chefs de la secte auraient pu ordonner, suivant les doctrines de l'ancienne loi, le supplice de cet infortuné.

L'ancienne loi, c'est l'Ancien Testament où les fils qui se révoltent contre l'autorité paternelle sont condamnés à mort, mais où, quoi qu'en semble dire l'auteur, il n'est nullement question d'étrangler ceux qui se font catholiques

En parlant de la déclaration des pasteurs de Genève à propos de l'accusation ridicule portée contre Calvin, M. du Mége s'écrie encore : « On voit (c'est son expression habituelle quand il affirme le contraire de ce qu'on voit), on voit que la compagnie des pasteurs de Genève dissimulait ou semblait ignorer » ce que dit, dans son *Institution chrétienne,* cet *hérésiarque.*

Les Calas demeurent donc absous, sauf le père, coupable de dénonciation ; ce sont les protestants en général, qu'on accuse, au milieu du dix-neuvième siècle, non dans un pamphlet jeté au hasard, mais dans un ouvrage en dix énormes volumes à deux colonnes, d'a-

1. On sait, au contraire, que les anciens sont toujours des laïques.

voir pour principe et pour habitude d'étrangler leurs
fils en cas d'abjuration.

Cette opinion paraîtrait un peu hardie, sur le seul
témoignage de M. du Mége, si l'auteur n'avait deux ga-
rants à citer, tous deux contemporains de Jean Calas et
tous deux curieux à connaître. Le premier est M. l'abbé
Magi[1], de l'Académie des sciences de Toulouse et de
celle des Jeux Floraux, « l'un des hommes les plus
attachés à la philosophie du dix-huitième siècle, » qui
aurait laissé, selon M. du Mége, une *Réponse* inédite *à
une lettre écrite de Paris sur l'affaire des Calas*. Voici un
passage de cette réponse, cité par M. du Mége avec
pleine confiance :

> Je lus à cette occasion, dans un livre fait par un auteur de
> cette secte, que leur Église a droit de vie et de mort sur les en-
> fants qui veulent changer de religion malgré leurs pères.

D'où vient que M. l'abbé Magi soit le seul homme au
monde qui ait jamais vu ce livre, et d'où vient qu'il ne
le nomme pas, qu'il n'indique en aucune manière sous
quel titre, par qui, en quel lieu, en quel temps, en
quelle langue ce livre a été écrit? Nous ne pouvons
qu'opposer à son assertion un démenti.

Ce même abbé suppose que Marc-Antoine sortit
après le souper, ce que rien n'indique ; on sait seulement qu'il descendit au rez-de-chaussée.

> Comment rentra-t-il? qui le sait?... On le trouva pendu entre
> les deux vantaux de la porte, etc. Qui vous a dit qu'il ne fut
> pas surpris au passage par deux ou trois estafiers aux ordres du
> ministre du Saint-Evangile, et qu'après avoir fait le coup, ils ne
> disparurent pas dans les ténèbres?... Je le répète (ajoute l'abbé
> incrédule), toutes les sectes ont leur fiel et leurs crimes :
> *Relligio peperit scelerosa atque impia facta*.
> (La religion a enfanté des actes criminels et impies.)

Tout ceci prouverait seulement que l'abbé Magi était

---

1. Auteur de l'*Histoire et Mémoires de l'Académie des sciences de
Toulouse*.

un très-mauvais catholique, qui se plaisait à attaquer toute religion, même celles dont il n'était pas ministre[1].

On voit que le premier garant de M. du Mége est peu digne de foi. Le second, s'il a jamais existé, s'appelait le chevalier de Cazals. Nous copions le récit sans y rien changer :

Ce gentilhomme habitait une maison dans la rue des Filatiers (cette maison porte aujourd'hui le nᵒ 45), vis-à-vis celle de Calas (c'est la maison marquée du nᵒ 50): cette dernière, transformée presque en entier depuis peu d'années, conserve cependant sa porte en ogive mauresque qui annonce que sa construction remonte au quinzième siècle. Les demoiselles Calas occupaient une chambre dont les fenêtres s'ouvraient presque en face des fenêtres de M. de Cazals. J. Calas restait constamment, sauf à l'heure des repas, dans sa boutique ou dans le magasin situé en arrière. Quelques jeunes personnes du quartier se rassemblaient chez ses filles. M. de C... avait demandé et obtenu la faveur d'être admis dans cette société et peut-être même à l'insu de Calas. Un soir du mois d'octobre, la servante catholique vint avertir ses maîtresses, que leur père voulant recevoir quelques amis dans leur chambre, il les engageait à passer dans l'appartement de leur mère. On entendait les pas de ces personnes qui s'approchaient. M. de C... dut se blottir sous le lit[2], tandis que les demoiselles Calas et leurs amies tremblantes furent dans l'appartement de madame Calas. C'est dans cette position que M. de C... aurait vaguement[3] entendu Calas parler de la prochaine conversion de son fils, et les résolutions fatales des personnes réunies dans cette chambre. Il aurait sans doute dû aussitôt prévenir M.-A. Calas. Mais comment croire à la persistance d'une aussi atroce résolution[4]? Lorsque le monitoire fut publié, il ne révéla point

1. M. Salvan (p. 5) nous apprend que Magi, quoiqu'on le qualifiât toujours du nom d'abbé, n'avait pris que le petit collet, n'était pas prêtre et finit par se marier. Il mourut en 1802 âgé de quatre-vingts ans, après avoir sauvé, pendant la Terreur, l'église de son village. Aussi M. Salvan doute-t-il de l'authenticité des paroles que du Mége lui attribue; nous ne demandons pas mieux. Mais alors quelle confiance mérite du Mége? Ou plutôt quelle apparence de valeur ont ces propos calomnieux dont on n'arrive jamais à saisir l'auteur responsable.

2. Pourquoi se cachait-il? Pourquoi tremblaient ces jeunes filles? Parce que, sans ces invraisemblances suspectes il n'y aurait pas d'histoire.

3. Vaguement! Qu'est-ce à dire? L'entendit-il, oui ou non?

4. Comment n'y pas croire, puisqu'il avait tout entendu? Voilà M. de Cazals complice d'un projet de meurtre qu'il n'a révélé ni à la justice ni à la victime.

d'une manière légale ce qu'il savait sur cette affaire [1]. Il en dit quelque chose à des amis intimes. Plus tard, ayant obtenu d'être relevé de l'excommunication qu'il avait encourue par son silence, il raconta ce qu'il avait entendu [2], et dans Toulouse une partie de la haute société a toujours cru à la culpabilité de Calas. Madame de Montbel, qui ferme la liste des supérieures de Saint-Pantaléon, a raconté le fait relatif à M. de Cazals à plusieurs personnes et entre autres à M. l'abbé Barré, encore vivant. Cet ecclésiastique éclairé, qui a exercé les fonctions sacrées à l'Ile de Bourbon, nous a même remis à ce sujet un écrit signé de lui, et qui a servi à la rédaction de ces lignes. »

Fut-il jamais un conte plus mal inventé? Oui, sans doute une partie de la haute société de Toulouse, y compris Mme de Montbel, supérieure de Saint-Pantaléon, n'a jamais admis l'innocence de Calas et a regretté sans cesse qu'il eût été impossible de trouver aucun vestige de l'assemblée secrète de protestants, dont il était question dans le monitoire. Ne voulant pas croire que Lagane et David de Beaudrigue se fussent permis d'insérer de pures suppositions parmi les chefs d'un monitoire, on ne s'est pas fait faute de se communiquer des conjectures également sans fondement, soit dans les conversations de la haute société toulousaine, soit dans celles de la communauté de Saint-Pantaléon, tant et si bien que, sous la dernière supérieure de cette maison, l'histoire s'est trouvée à point, avec tous ses détails incroyables, pour être confiée à M. l'abbé Barré dès son retour de l'île Bourbon. Ainsi appuyé, d'un côté sur un chevalier qui laissait étrangler les gens sans les prévenir, et de l'autre sur un abbé qui médisait de toute religion et lisait des livres que personne n'a écrits, du Mége conclut, « d'après plusieurs Mémoires inédits [3] et une tradition con-

---

1. Pourquoi se laisser excommunier lui-même après avoir laissé étrangler Marc-Antoine? Parce que toutes ces absurdités sont nécessaires au roman.

2. A qui? Personne n'en a jamais rien écrit avant M. du Mége.

3. Apparemment ceux des abbés Magi et Barré.

stante. » Sa conclusion, c'est que les motifs réels (de l'arrêt du Parlement) furent la conviction où était une notable portion des juges qu'un complot avait été tramé contre les jours de M.-A. Calas, que des assassins apostés l'avaient saisi au moment où il allait sortir, et cela par suite de la dénonciation du père, qu'on fit périr comme « ayant ordonné le crime et l'ayant laissé exécuter. »

Il ne faut pas raconter de pareils rêves à ceux qui ont lu les procédures et qui savent que, dans toute la double information, soit devant les Capitouls, soit au Parlement, dans le monitoire, dans les *briefs intendits*, dans les interrogatoires, dans les confrontations, l'hypothèse d'assassins venus du dehors est aussi absolument écartée que celle du suicide, tandis que tout, jusqu'à la fin, y tend à établir que Marc-Antoine fut étranglé par les cinq prévenus.

Il n'est pas étonnant, au point de vue où se place le continuateur de dom Vayssette, qu'il veuille bien reconnaître dans la procédure des erreurs ou des illégalités, ni qu'il admette l'innocence de quatre accusés sur cinq. Il arrive ainsi à ce double résultat, de prouver la justice irréprochable du Parlement (ce qui était à démontrer)[1], et de faire peser le crime, non plus sur les Calas morts depuis longtemps (ce qui ne servirait pas à grand'chose), mais sur le protestantisme encore vivant (ce qui est beaucoup plus utile).

Du reste, s'il était besoin d'opposer une autre réfutation à de pareilles inepties, nous ajouterions que l'abbé Salvan, chanoine de Toulouse, ardent accusateur de Calas, *regarde ce récit comme une fable qui n'a aucun fondement*, et déclare avoir connu l'abbé Barré, mort de-

---

1. Il pense cependant que le Parlement a eu tort de juger sur des indices, puisqu'il y en avait pour et contre. On aurait dû renvoyer les accusés non absous, jusqu'à *plus ample informé*. Il approuve du reste la résistance de cette Cour souveraine à l'arrêt des maîtres des requêtes.

puis peu d'années et qui était un homme d'assez *peu de portée*. Ce jugement est significatif, même si l'on suppose qu'il n'est pas encore assez sévère.

Le nom de Voltaire, il faut l'avouer, a fini par nuire à la cause qu'il avait sauvée; et depuis la Révolution bien des esprits étroits auraient craint de passer pour complices de ses impiétés et de ses indécences, s'ils n'avaient pris parti pour le clergé et le Parlement contre les Calas. En veut-on la preuve? L'abbé Salvan s'exprime ainsi, p. 125 du livre qu'il a écrit en réponse au nôtre : « Ce philosophe a fait beaucoup de mal à Calas, et bien des gens ont cru à la culpabilité du protestant de Toulouse, *uniquement* parce que Voltaire l'avait défendu, jusqu'à payer les frais du dernier procès. » M. Salvan est mieux placé que personne pour être bien informé à cet égard; mais quelles aberrations du bon sens et du sens moral trahit un pareil état des esprits! Les journaux le *Correspondant* et *l'Univers* se sont empressés de donner l'hospitalité de leurs colonnes à un discours de rentrée de la conférence des avocats stagiaires, prononcé par un jeune avocat et docteur en droit, M. Huc, nommé, depuis, professeur suppléant à la Faculté de Toulouse. (Bibliographie nº 81.)

« Je veux, dit-il, essayer de réhabiliter le parlement de Toulouse et de le laver d'une injure qu'il ne mérita jamais... Il faut savoir s'il s'est rencontré un tribunal assez ini ue, pour envoyer *sciemment* un innocent à la mort, et plonger dans l'opprobre une famille entière. »

C'est, dès l'entrée, poser la question inexactement. Il faut n'avoir pas lu ce qu'écrivit Voltaire contre le Parlement pour ignorer qu'il reconnut la bonne foi des juges et ne les accusa point d'avoir commis *sciemment* l'horrible injustice qu'il leur reprochait (voir p. 238, note 1). D'ailleurs, ce n'est pas au point de vue de *l'injure*, méritée ou non, du Parlement qu'il convient de se placer; ce n'est pas ainsi que doit être traitée une

question judiciaire. Le discours de M. Huc n'est guère
que le chapitre de M. Mary-Lafon réduit en plaidoyer.
M. Huc plaide en avocat qui n'a pas eu le temps de lire
son dossier. Non-seulement il ne sait rien des faits qui
ont été prouvés dans l'enquête parisienne, et donne
par exemple comme digne de foi le faux témoin Catherine Daumier; mais ce qui est prodigieux, il ignore la
défense et ne paraît pas avoir lu un seul des six Mémoires publiés par l'avocat Sudre, le conseiller La Salle,
l'accusé Lavaysse et son père. De plus, il connaît très-
imparfaitement la procédure elle-même[1]; sauf quelques points en général secondaires, il n'a bien étudié
que les briefs intendits du 7 novembre contre Calas père
et fils. Il répète que Voltaire a inventé la mélancolie de
Marc-Antoine. Il affirme du ton le plus tranchant que
« Marc-Antoine n'avait aucun motif, même frivole, pour
se détruire. » Quand cela serait vrai, les suicides inex-
plicables et qui ont pour origine une mélancolie moins
morale que physique ne sont pas rares. Mais n'est-ce
pas un motif de chagrin, est-ce même un motif frivole,
que d'avoir dû renoncer pour toute sa vie à la profession pour laquelle il avait étudié, où il croyait réussir, et de se voir dans l'impossibilité d'en embrasser
aucune autre?

« Lavaysse ne dit pas être remonté auprès de Mme Calas. »

Il le dit positivement.

« Jamais Lavaysse ne s'expliqua sur cette sortie mystérieuse,
suivie d'une rentrée presque immédiate. »

---

1. « Il ne reste rien, dit-il, de celle du Parlement, qui devait être
plus concluante que l'autre, puisqu'elle fut la principale cause de la
condamnation. » Ceci est complétement inexact. Cette procédure existe
à Paris et à Toulouse même. M. Huc oublie que le Parlement maintint
et fit continuer l'*inquisition* commencée. M. Huc lui-même l'a parcourue,
discutée, citée en double exemplaire sans se rendre bien compte de ce
qu'il avait sous les yeux. Et la condamnation n'a été motivée par rien de
plus concluant.

Ceci est tellement inexact que M. Huc reproduit lui-même plus loin cette explication, qui est très-simple.

« On comprend pourquoi Lavaysse venu à Toulouse, le lundi sans qu'il puisse donner un motif à son voyage, était tellement pressé de repartir. »

Si jamais il y eut un voyage clairement et amplement motivé, ce fut celui de Lavaysse; et il est très-naturel qu'il fût pressé, non de *repartir*, mais de continuer ce voyage jusque chez ses parents qu'il allait voir avant de quitter l'Europe.

Nous avons entendu les accusés répondre qu'il y avait nombre d'escabeaux et de chaises, dans la boutique et dans le magasin (ce qu'il était facile de vérifier) : M. Huc n'a pas lu leur déclaration ou l'a oubliée.

Impossible, selon lui, que Marc-Antoine se soit pendu sans lumière. Pourquoi? Et qui lui prouve que dans ce magasin si mal examiné il n'y avait pas une chandelle éteinte ou renversée? Est-il certain que la fenêtre ou la porte *ouverte* de l'arrière-boutique ne donnât pas assez de jour à huit heures, le 13 octobre?

Nous avons raconté l'épisode des lettres de Carrière sur lesquelles le jeune écrivain bâtit tout un échafaudage de suppositions, parce qu'il ignore que ces lettres sont de l'avocat.

Du reste, il n'adopte point et ne paraît pas connaître le système de du Mége. Avec lui comme avec M. Mary-Lafon, l'on en revient simplement aux dires de l'accusation. Mais nous sommes heureux de constater qu'un jurisconsulte a étudié ce dossier avec le parti pris de *laver le parlement* de Toulouse et n'y a pas trouvé un argument solide. Nous n'avons plus, pour faire justice de son travail, qu'à montrer où il aboutit, prouvant une fois de plus que de fausses prémisses et une logique impitoyable peuvent mener bien loin :

On est seulement surpris d'une chose, c'est de l'hésitation des juges qui, ayant condamné Calas père à la roue, relaxent les autres accusés.

C'est cependant en s'appuyant sur l'argumentation si imparfaite de M. Huc que le journal de l'ultra-catholicisme se laisse emporter aux plus virulentes invectives contre le martyr protestant et contre le philosophe qui fit rendre à sa sainte mémoire une justice aussi éclatante, hélas! que tardive.

« La France entière et toute l'Europe se passionnèrent pour ce scélérat, et Voltaire triompha de la justice humaine... » Et plus loin : « C'est là le vrai triomphe de Voltaire, en effet, plus sérieux que l'apothéose ridicule de Paris. En réhabilitant Calas, Voltaire foule sous ses pieds la magistrature, la justice, la vérité et la religion. Il connaissait toute la portée de ce triomphe, et rien ne lui fût plus sensible. » (*Univers* du 19 novembre 1857.)

Nous croirions fort inutile de citer ici le *Guide dans Toulouse*, Bibliogr., n° 84, publié en 1858 par M. Le Blanc du Vernet [1], si nous n'y trouvions indiquée une série alors nouvelle de documents, dont nous avons fait usage et que l'on annonce comme dangereux pour les Calas.

Selon ce *Guide*, la correspondance de M. de Saint-Priest avec le subdélégué Amblard *met en lumière, entre autres choses, deux faits qui sembleraient bien prouver la culpabilité des Calas :* 1° les rigueurs du père envers Louis ; 2° *l'arrivée à Toulouse, le jour même et le lendemain de la mort de Marc-Antoine, d'un grand nombre de protestants.* Encore cette accusation, si complétement ridicule, qu'un écrivain qui ne serait pas aveuglé par de petites passions de localité et de secte se garderait de la signer de son nom! Il est évident que M. Le Blanc n'a pas lu

---

1. Cet écrivain s'est fait connaître par d'autres publications. Il a fait paraître, sous le nom de Frédéric Le Blanc et de concert avec M. Henri Imbert, une brochure, dédiée au Pape régnant, en faveur de *la Peine de mort dans les sociétés modernes*; Paris, 172 p. in-8°. — Sous un troisième nom, celui de Fréd. Le Blanc d'Hackluya, le même auteur a inséré nombre d'articles dans le *Corsaire* et a écrit, en un volume in-12, l'*Histoire de l'Islamisme et des sectes qui s'y rattachent*.

les lettres ; il en parle, on le voit, d'après ce qu'on
en dit à Toulouse.

Nous avons déjà examiné ce qu'il y a de vrai dans la
première de ces deux accusations [1]. Il suffit d'ajouter
que dans les lettres en question il n'y a *rien, absolument
rien*, qui incrimine la conduite de Calas à l'égard de
Louis. Nous publions cinq de ces lettres en entier, et
les copies des autres sont dans nos mains [2] ; nous déclarons qu'elles ne contiennent *ni un renseignement quelconque, ni même une allusion* à Louis Calas et à la conduite de ses parents envers lui.

Quant à la seconde imputation, M. de Saint-Priest lui-
même en doutait [3] : *On prétend*, dit-il, *mais on n'assure
pas*....

Admettons cependant le fait : nous demanderons à
M. Le Blanc si le lendemain d'un meurtre on voit les
conseillers ou les auteurs du crime, non pas fuir, mais
au contraire se réunir *en grand nombre* et sans aucun
intérêt, au lieu où ils l'ont fait commettre. Il n'est nullement impossible que les protestants des environs de
Toulouse y soient venus le 13 ou le 14 *en grand nombre*
pour célébrer le service divin dans quelque endroit
convenu, en dehors de la ville, comme cela avait lieu
alors, les jours de semaine aussi bien que le dimanche, quand on le pouvait. Mais s'ils eussent prévu le
moins du monde les ridicules et affreux soupçons dont
ils allaient être les victimes, ils se seraient gardés de
se montrer. Quel sens, quel but, peut avoir cette arrivée des protestants, non la veille, mais le lendemain

1. P. 60 et suiv.
2. Pièces justif., I, VII, VIII, XVII, XIX.
3. Voir Pièces justif. VI. Il en doutait, malgré l'assertion d'Amblard
à laquelle M. Le Blanc peut joindre la déposition de la demoiselle Rey
épouse de Dubarry : « Ce témoin a *entendu* dire au sieur Delpech
fils cadet, que le jour de la mort de Marc-Antoine on avait vu entrer
chez le sieur Calas beaucoup de huguenots, ce qui avait fait présumer
qu'il y avait eu espèce d'assemblée. »

de la mort de Marc-Antoine? Est-il permis de dire que de pareilles choses *semblent bien* prouver la culpabilité des Calas?

Après M. Huc, et dans le même sens, la question a été reprise par M. le vicomte de Bastard d'Estang, conseiller à la cour impériale de Paris, dans un ouvrage intitulé : *Les Parlements de France*[1]. L'auteur descend d'une famille qui a donné au parlement de Toulouse plusieurs présidents, et quoique ses ancêtres n'aient point eu à se prononcer dans l'affaire des Calas, il épouse les passions de leurs adversaires. Il n'a fait du procès qu'une étude très-superficielle. Comme M. Huc, il nie l'humeur sombre de Marc-Antoine, attestée par le monitoire même et par des témoignages très-précis ; il ne sait pas quel motif Marc-Antoine a pu avoir de détester la vie. Il affirme, sans en donner l'ombre d'une preuve, que Marc-Antoine voulait se faire catholique, et que le public, tout le clergé, Jean Calas enfin, le savaient. Il accuse sans aucun motif l'abbé Laplaigne de tromper les juges en niant d'avoir confessé Marc-Antoine. Il imagine que Voltaire, en soulevant l'opinion, n'avait d'autre source d'informations que le *Mémoire* de Donat Calas *établi à Nismes*. Or Donat était à Genève, n'était point un homme établi, car il avait quinze ans, et les deux pièces publiées sous son nom, loin d'avoir pu servir de base à tous les écrits de Voltaire, ont pour auteur Voltaire lui-même. Partial contre les Calas et leurs défenseurs, M. de Bastard ne l'est pas moins pour leurs adversaires. Il dit du président de Senaux dont on peut lire ici même (Pièces justif. XX), une lettre : *ce grand magistrat* (*id.*, p. 461). Il déclare que « la Tournelle était alors composée des magistrats les plus recommandables du Parlement (p. 403). » Qu'étaient donc les autres? —

---

1. *Bibliogr*, nº 85. Quoique daté de 1857, cet ouvrage, annoncé dans la première édition du nôtre, n'a été mis en vente qu'après celui-ci, qui, suivant l'usage, a paru en novembre 1857 avec la date de 1858.

Il rêve que leurs arrêts furent rendus à l'unanimité
(*id.*, p. 406) contre Jean Calas, et ensuite à l'égard des
autres accusés, ce qui est doublement inexact; et que,
sauf Loyseau de Mauléon, « nul avocat des Calas, nul
écrivain philosophe, pas même Voltaire, » ne révèlent
cette circonstance que les avis des juges furent parta-
gés. Preuve surabondante, que M. de Bastard n'a pas
lu ce dont il parle. Il prend pour sérieuses et valables
les plus folles rêveries de M. du Mége; l'historiette ridicule du chevalier de Cazals, l'assertion que le jugement définitif fut prononcé par une *commission* et sans
voir la procédure, tous faits dont la fausseté est démontrée[1]. Pour prouver que le monitoire n'a pu pas-
sionner les témoins ou les égarer, M. de Bastard se
permet une remarque « qu'il n'a trouvée nulle part,
dit-il, et qui répond victorieusement au reproche de
fanatisme, etc.; c'est que la principale instruction, la
plus considérable, celle qui contient presque toutes
les charges contre les accusés, est du 14 octobre, tandis que le monitoire ne fut lu que le 17. » Cette remarque est absolument contraire à la vérité. Les Capitouls entendirent quatre-vingt-sept témoins, dont
douze seulement le 14, dix le 16, et tous les autres
après le Monitoire publié: à ces soixante-cinq témoignages nouveaux, il faut joindre trente *révélations sur
monitoire*, une multitude de confrontations avec les accusés, et enfin toute l'instruction faite par le Parlement. Or on sait qu'aucun témoin dans cette affaire
n'ayant rien vu, l'accusation s'appuya sur le nombre
de ceux qui savaient quelque chose « par ouï-dire ou
autrement. » L'influence du monitoire sur les déposants
est d'une éclatante évidence, et nul, avant M. de Bastard, n'avait songé à un argument si manifestement
faux.

---

1. Quant à la procédure qui passa sous les yeux des derniers juges,
elle se composait de 247 pièces.

Nous ne pousserons pas plus loin cet examen inutile.
M. de Bastard, qui sur la foi de du Mége accuse inexactement les maîtres des requêtes d'avoir jugé l'affaire
sans étudier la procédure, a eu précisément le tort qu'il
leur prête.

Si nous laissions croire que tous les habitants de
Toulouse, même catholiques, admettent de si absurdes préjugés, nous leur ferions grand tort; et comme
nous n'avons pas le moindre désir de jeter aucune
défaveur dans l'opinion, sur une ville qui a brillé
d'un si grand éclat dans l'histoire, nous nous em-
pressons d'enregistrer en faveur des Calas, et à Toulouse même, des jugements tout opposés. Ces jugements sont d'autant plus honorables que l'on y possède
uniquement les pièces de la double instruction, enta-
chée de tant de partialité, commencée par les Capitouls et achevée par le Parlement, sans une seule
des pièces nouvelles et toutes favorables qui furent pro-
duites devant les maîtres des requêtes. Quelques esprits
équitables en ont vu assez pour conclure à l'entière
innocence des Calas. Ce fut le cas de M. d'Aldéguier[1],
archiviste et historien de la ville de Toulouse, mais qui
malheureusement ne s'est pas acquis le renom d'une
science assez précise et d'un jugement assez calme. Ce
fut aussi le résultat des recherches d'un éminent magistrat, M. Plougoulm, qui fut procureur général dans
la même ville et qui fit l'examen le plus consciencieux de la procédure qu'il y trouva. Il a rendu à l'innocence des Calas un magnifique témoignage[2] :

« J'ai tenu dans mes mains, j'ai lu de mes yeux, depuis la première jusqu'à la dernière ligne, cette triste et douloureuse procédure, et comprimant l'émotion qui me gagnait à chaque moment, quand j'entendais ce père, cette mère s'écrier pour toute

1. *Bibliographie*, n° 76.
2. Discours de rentrée à la Cour impériale de Rennes, 3 novembre 1843
(Sur les progrès de la législation pénale en France).

défense devant leur impitoyable juge : « Croyez-vous donc qu'on puisse tuer son enfant ! » j'ai tout examiné, tout pesé comme si j'eusse eu à parler moi-même. Que je serais heureux, si ce que je vais dire pouvait ajouter encore un rayon d'évidence à une vérité, à une innocence depuis si longtemps reconnues ! Oui, Messieurs, j'aime à le proclamer, dans toutes ces pièces, dans tous ces témoignages, ces monitoires, je n'ai rien découvert, pas un fait, pas un mot, pas l'ombre d'une preuve, d'un indice, qui explique cette épouvantable erreur ; reste le fanatisme qui explique tout, il est vrai ; mais admirez ici comme la vérité se fait jour, et saisissons le moment où l'humanité se réveille. Tandis que la justice humaine, égarée comme la foule qui se presse autour d'elle, conduit sa victime au supplice, le malheureux vieillard passant devant la maison où il avait vécu tant d'heureuses années au sein de sa famille, demande à s'agenouiller et à bénir sa demeure ! Simple et déchirante action, qui renfermait à elle seule une si grande lumière d'innocence qu'elle émut profondément la multitude. Dès ce moment, m'a-t-on affirmé dans le pays qui a produit cet horrible drame, les yeux se dessillèrent. Hélas ! Messieurs, il était trop tard ; le vieillard continua sa route, et à quelques pas de là, il expirait sur la roue, répétant à celui qui le pressait d'avouer son crime : « Et vous aussi, vous croyez qu'on peut tuer son enfant ! »

C'est un fait considérable que cette déclaration éloquente d'un successeur de Bonrepos, reprenant de sang-froid l'examen juridique dont son prédécesseur s'était si mal acquitté, sous le violent empire de la passion. Seulement, en notre qualité de narrateur scrupuleux, nous sommes forcé de révoquer en doute l'anecdote touchante de Jean Calas bénissant sa maison, à genoux dans la charrette du bourreau. Nous n'en avons trouvé aucune trace contemporaine. Il nous semble difficile que ce vieillard, brisé par la question ordinaire et extraordinaire, ait eu encore la force de s'agenouiller seul, ou se soit fait agenouiller par l'exécuteur comme il dut le faire quelques moments plus tard pour l'amende honorable. Nous ne croyons pas non plus que David, qui dirigeait tout, lui eût montré cette complaisance. Enfin, soit que le condamné partît des prisons du palais, ou, ce qui est plus probable, qu'il sortît de

celle de l'hôtel de ville, où les condamnés à mort
devaient attendre leur supplice, la rue des Filatiers ne
se trouve ni dans la direction de la cathédrale de Saint-
Etienne où se fit l'amende honorable, ni dans celle de
la place Saint-Georges, lieu de l'exécution. D'autres
rues, bien plus directes et plus larges, ont dû être sui-
vies par le cortége funèbre[1]. Reconnaissons la légende,
non plus hostile et dictée par la haine, mais inspirée au
contraire par la vénération et la pitié, devenue une tradition locale, et mise en œuvre par un orateur ému et
puissant, qui l'a crue vraie.

Il doit m'être permis, enfin, de citer au nombre des
écrits où l'affaire des Calas a été traitée d'une façon
nouvelle, l'*Histoire des Églises du Désert*, sur laquelle un
jugement remarquable a été porté par un des savants
de l'Allemagne qui connaissent le mieux l'histoire des
protestants de France. M. de Polenz déclare le récit que
Charles Coquerel a donné de l'affaire Calas supérieur à
tous les récits antérieurs[2]. Il est de fait que l'auteur,
ayant sous les yeux la correspondance de Paul Rabaut
et d'autres pasteurs du Désert, ayant de plus des documents qui provenaient de Mme Duvoisin, a jeté un jour
nouveau sur plusieurs points du procès.

Ces mêmes documents ont dû servir de point de départ à nos recherches, aucun autre écrivain n'ayant fait
avant nous un examen approfondi de l'affaire, examen
devenu évidemment indispensable depuis les attaques
de MM. Mary-Lafon, du Mége et Huc, qui étaient demeurées sans réponse.

1. On lit d'ailleurs, dans le procès-verbal de l'exécution, que Jean
Calas a été *conduit par le cours accoutumé* (Voir plus haut, p. 198).
2 Unter den Bearbeitungen steht Coquerels *Histoire des Églises du
Désert* (t. 2, p. 304-341) unbedingt obenan. (Article CALAS dans la *Real-
Encyklopœdie de Herzog*.) M. de Polenz publie une *Histoire du Calvinisme français jusqu'à l'Assemblée nationale* de 1789, dont cinq volumes in-8° ont paru.

II. 1858-1869.

L'ouvrage qu'on vient de lire parut à la fin de 1857. Bientôt le bruit se répandit à Toulouse qu'il allait être réfuté ; qu'un chanoine de la métropole, descendant d'un des juges de Calas, et aidé d'un magistrat savant, allait prendre en main la cause de ses ancêtres, de sa ville natale, du clergé et du Parlement. M. l'abbé Salvan lui-même annonça le travail qu'il préparait (*Histoire de l'église de Toulouse*), t. IV, p. 444 et 445[1].

Nous attendions avec quelque impatience cette réponse. Si les divers titres de l'auteur ne garantissaient guère une étude très-impartiale, au moins pouvait-on être sûr qu'il serait bien placé pour ne rien laisser échapper de tout ce qu'il était possible de dire en faveur de ses clients et contre les nôtres.

Ce fut seulement après plusieurs années, en 1863, que parut l'*Histoire du procès de Jean Calas à Toulouse, d'après la procédure authentique et la correspondance administrative*, par M. l'abbé Salvan, chanoine honoraire de Toulouse. (Voir la Biographie, n° 89.)

Dans sa préface, l'auteur déclare que la lecture attentive de notre ouvrage l'a déterminé à composer le sien, et que dans ce but, il a dû s'aider *de tous les secours possibles* (p. iii).

On remarquera dès l'abord ce titre significatif : *Procès de Jean Calas à Toulouse*. Il indique que l'auteur se contente de l'information faite par les Capitouls et le Par-

---

1. Il indique dans cet ouvrage les résultats de ses recherches et déclare que si, comme il le pense, Calas a étranglé Marc-Antoine, *la religion est étrangère à cette mort. La dureté, la ténacité et l'avarice de cet homme n'expliqueraient que trop l'excès auquel il a pu se livrer.* Ceci est-il sérieux ? Assassiner son propre fils, est-ce donc se livrer à un simple excès ? Suffit-il qu'un homme soit dur, tenace et avare pour être un meurtrier, et le meurtrier de son enfant ? Ces défauts imaginaires de Calas, loin *d'expliquer trop*, n'expliqueraient nullement un si grand crime.

lement (laquelle, après audition de plus de quatre-vingts témoins à charge et d'un seul à décharge, aboutit à la condamnation) et n'a pas cru devoir étudier ou faire étudier à Paris la nouvelle procédure qui a complété et rectifié la première sur une foule de points et abouti à la cassation du premier arrêt. M. Salvan est donc un juge qui n'a vu que la moitié du dossier, ou qui n'a entendu que le réquisitoire du ministère public, sans écouter la défense.

Ce livre est remarquable en ceci, que l'accusation s'y trouve réduite à renoncer à la plupart de ses vieilles armes. M. Salvan jette par-dessus le bord : 1° l'abbé de Contezat avec *la calomnie* aussi niaise qu'atroce qu'il osa publier contre tous les protestants, depuis Luther et Calvin ; 2° le chevalier de Cazals et son roman indécent, répété par Mme la supérieure de Saint-Pantaléon et par l'abbé Barré ; 3° l'abbé Magi ou du moins les assertions inadmissibles qu'on lui a prêtées. Il admet comme réels des faits qu'on avait niés à tort, tels que la mélancolie de Marc-Antoine, le souper du 13 octobre, etc.

On voit que l'accusation vaincue cède peu à peu le terrain, se renferme dans des limites toujours plus étroites et défend pied à pied, avec une obstination infatigable, ses derniers et très-faibles retranchements.

Les erreurs que nous reproche le chanoine sont sévèrement qualifiées par lui ; nous en avons compté jusqu'à trois :

Nous avons dit qu'une place publique était voisine de la maison des Calas ; il se trouve que cette place a été ouverte plus récemment ; *erreur grave* (p. 88). Nous avons dit que quand on ramassa la *bille* et la corde, quelques cheveux de Marc-Antoine adhéraient encore à la bille ; M. Salvan déclare que c'était à la corde ; peut-être, mais la corde et la bille furent trouvées ensemble ; c'est une autre *erreur grave* (p. 89). Enfin, nous avons dit que l'abbé Magi fut un mauvais prêtre, tandis que

M. Magi, quoiqu'*on le qualifiât toujours du nom d'abbé*, n'était pas prêtre; *bien grave erreur* (p. v).

Les sources auxquelles notre adversaire a puisé sont de celles qui nous ont servi. Nous avions compulsé avant lui la procédure conservée à Toulouse et un de nos amis, M. le professeur Benoît, avait fait pour nous des extraits de la correspondance de M. de Saint-Priest avec Amblard. Nous pourrions même engager M. Salvan à copier moins négligemment des documents semblables et à ne pas imprimer, comme il l'a fait page 12: *pour la maison*, tandis que l'original porte *pour le moins*[1]. Ce qui résulte de cette correspondance c'est surtout que, selon Amblard, Calas était *fort riche* et *fort dur* à l'égard de Louis. Nous croyons avoir prouvé (p. 66 et 89) que la seconde assertion est injuste, et quant à la première on a vu (p. 65 et 289) Amblard lui-même, mieux instruit, la démentir entièrement dans la suite de cette même correspondance (p. 165 et 267).

La méthode de l'abbé consiste à écrire de petits chapitres courts où il énumère, sous divers chefs, les assertions des témoins favorables à sa cause. Ces chapitres ont parfois des titres où la partialité éclate, comme ch. XIII: *Terrible présomption contre Jean Calas*. Or, ce titre est tout ce qu'il y a de terrible dans le chapitre. D'autres fois les chapitres finissent par des conclusions péremptoires qui ne ressortent nullement des faibles arguments qui les ont précédées. En voici un exemple: Après avoir cité les témoins au sujet des discussions entre Louis et sa famille, M. Salvan les résume ainsi:

« Il résulte de ces dépositions diverses que le projet d'abjuration de Louis Calas lui suscita des vexations dans sa famille; qu'il reçut plusieurs menaces, et qu'infailliblement, s'il fût demeuré dans la maison paternelle, on lui eût fait un mauvais parti (p. 19). »

---

1. Hâtons-nous d'expliquer que cette erreur de copiste est involontaire et nuit, plutôt qu'elle ne sert, à la cause que M. Salvan veut soutenir.

Infailliblement n'est-il pas merveilleux? Voilà donc les Calas accusés en 1863, non-seulement d'avoir étranglé un de leurs fils, mais d'avoir été tout prêts à en étrangler un second!

Autre fin de chapitre, d'un genre différent :

« Si on ne peut rigoureusement conclure de tous ces faits l'existence d'un vrai complot contre la vie de Marc-Antoine est-il (pour *il est*) du moins certain qu'ils font naître des soupçons difficiles à détruire et projettent sur l'événement une ombre que l'on a peine à dissiper (p. 40). »

Ces paroles trahissent tout le procédé de M. Salvan. Il s'évertue sans cesse à épiloguer sur des apparences presque imperceptibles de désaccord entre les réponses des cinq accusés, dans leurs longs et interminables interrogatoires. A la moindre erreur de mémoire, bien excusable au sein de la douleur paternelle la plus poignante et la plus imprévue : « Calas a menti encore une fois, s'écrie son nouvel accusateur, et ces contradictions et ces mensonges rendent jusqu'ici très-probable sa culpabilité (p. 61). » Encore si l'on appliquait la même mesure aux dépositions des témoins hostiles! Mais il n'en est rien ; M. Salvan ne voit pas chez eux les contradictions les plus palpables, des impossibilités évidentes, tandis qu'il s'acharne à surprendre chez les accusés quelque trace de trouble ou d'hésitation. M. le chanoine ressemble au Jupiter d'Homère : c'est un assembleur de nuages. Mais qui croit-il convaincre avec de si pauvres vétilles, quand il s'agit de montrer un vieillard parfaitement honorable étranglant son fils avec l'aide de la mère, d'un frère, d'un ami et d'une dévote catholique, le tout en haine du catholicisme?

M. Salvan ne recule pas devant l'absurdité tant signalée de la complicité d'une dévote catholique dans ce prétendu crime protestant. Viguière a été accusée d'avoir prévenu Marc-Antoine, avant le souper « de ne pas monter, et que s'il montait, il lui arriverait malheur. » M. Salvan ajoute : *elle a nié ces propos, mais sa négation n'en infirme pas la vérité* (p. 44). Ceci n'est-il pas du plus pur arbitraire? Voilà donc, suivant l'abbé, cette exacte catholique, qui n'a cessé de se confesser et de communier jusqu'à quatre-vingt-dix ans, qui avait converti Louis, qui a fait dire cent francs de messes pour le repos de son âme, accusée d'avoir su qu'on voulait assassiner Marc-Antoine pour l'empêcher de devenir catholique, et après un avertissement inutile, d'avoir tranquillement laissé commettre ce forfait ou même d'y avoir participé ! Tout cela parce que, dans un de ses interrogatoires, le juge lui a reproché une parole qu'on lui a prêtée, qu'elle n'a jamais cessé de déclarer fausse et qui est d'ailleurs absolument incroyable. En effet, si elle l'a averti, pourquoi l'a-t-elle étranglé ou laissé étrangler; et si elle consentait à son supplice, pourquoi l'a-t-elle prévenu?

M. Salvan annonce que la procédure dévoile *un fait bien plus extraordinaire encore* (p. 36); ce fait c'est que « Cazeing avait passé le 13 par Auterive à crève-cheval » et avait dit « qu'il se rendait à Toulouse pour finir une affaire à laquelle il ne serait peut-être pas à temps. » Voilà tout; ce fait, attesté par le témoin Darquier père prouve une seule chose: que le fabricant Cazeing avait, très-probablement pour son commerce, une affaire à terminer le 13 à Toulouse. Mais il convient à M. l'abbé Salvan 1° de *penser qu'il y a erreur de date*, et que c'est le 12 qu'a eu lieu le retour de Cazeing; 2° de supposer que Cazeing venait de Saverdun : or, « personne n'ignore que Saverdun était à cette époque le boulevard du protestantisme dans le midi. » Pardon; nous l'ignorons si bien que nous nommerions Nîmes, Castres, et beaucoup d'autres lieux comme boulevards du protestantisme méridional de cette époque, bien avant Saverdun. Mais quand Saverdun eût été ce *boulevard*, quand il serait prouvé que Cazeing en venait, non pas le 13 où on l'a vu passer, mais le 12, date supposée par M. Salvan; que pourrait-on conclure de tout cela? M. Salvan en tire cette conséquence que Cazeing revenait avec l'ordre de faire mourir Marc-Antoine, ordre donné on ne dit pas par qui. Il ajoute :

« Nous voulons bien accorder à messieurs de la religion prétendue réformée[1] qu'il n'existe ni dans la doctrine des chefs de la réforme, ni dans aucun concile ou synode protestant, un article qui permette ou prescrive directement le meurtre et l'assassinat pour empêcher le changement de religion. (C'est grand honneur, monsieur le chanoine, que vous daignez nous faire; ni l'Europe, ni l'Amérique protestantes ne sauraient vous être trop reconnaissantes!) Mais il faut qu'ils nous accordent que le fanatisme religieux est capable de produire les plus horribles excès (p. 37.) » — Accordé, non-seulement à M. Salvan, mais au parlement de Toulouse, à ses capitouls et à tous leurs défenseurs. Seulement, nous sera-t-il permis de demander comment cette banale généralité, à propos d'un négociant pressé qui court à ses affaires, prouve qu'il avait reçu dans Saverdun, prétendu boulevard du protestantisme, l'ordre d'étrangler Marc-Antoine Calas?

Après cette puissante démonstration, M. l'abbé rappelle que Jésus-Christ a dit : « Le temps viendra où quiconque vous tuera croira se rendre agréable à Dieu. » Puis, persuadé que ce *vous* s'applique clairement à Marc-Antoine, et que Cazeing ou Jean Calas peuvent seuls être désignés par *quiconque*, l'abbé triomphant, s'écrie : *poursuivons!* et il passe à une autre argumentation tout aussi concluante.

En effet, Lavaysse ayant déclaré que l'invitation à

---

1. Pardon, monsieur l'abbé ; votre langage n'est pas de notre siècle; vous vous croyez au bon temps de Louis XIV. Il n'y a plus de religion *prétendue* réformée; il y a, d'après les lois de l'État, depuis 1802, une *église réformée de France* ; soyez poli, quoique parlant à des protestants.

souper lui fut faite non-seulement par Calas père,
mais par ses fils, M. Salvan trouve dans ce détail la
preuve que Marc-Antoine a été assassiné. « Voilà, s'é-
crie-t-il, Marc-Antoine qui doit se suicider le soir
même et qui, pour régaler son hôte, l'invite à être le
témoin de son suicide! A qui persuadera-t-on de semblables choses? Et c'est cependant ce qu'il faut admettre si Marc-Antoine s'est donné la mort (p. 38). »

Il ne faut rien admettre de pareil. Le fils aîné de M. Calas ne pouvait guère se dispenser de cette simple politesse; il a dû très-naturellement, presque machinalement
peut-être, joindre ses instances à celles de son père et de
son frère, sans être résolu pour cela à *régaler* son ami
d'un *suicide*. Nous ferons remarquer à M. le chanoine que
Marc-Antoine ne *doit* pas absolument se tuer ce soir-
là, que rien ne l'y oblige, qu'il le fait librement; nous
ajouterons que si le dégoût de la vie pousse un homme à commettre ce crime, et un fils à plonger ses parents dans un deuil si douloureux, on n'a pas le droit
d'affirmer qu'il en sera empêché par l'inconvenance
d'affliger un visiteur de sa famille.

L'accusation a changé de front : M. Salvan ne fait
plus de Calas un fanatique, mais un mauvais père et
un spéculateur d'une espèce étrange. Selon lui (p. 42)
« ce que redoutait Jean Calas n'était pas précisément le
changement de religion de Marc-Antoine, mais les conséquences de ce changement qui devait rendre plus ac-
tives les exigences du fils. » En d'autres termes, selon
notre auteur, ce qui a déterminé le père à assassiner
son fils, c'est la peur d'avoir à lui payer une pension
comme à Louis. Les protestants ne commettent plus de
parricides par fanatisme, mais par économie. Voilà à
quelles pitoyables inventions en sont réduits les modernes défenseurs du parlement de Toulouse!

Voici encore un échantillon des *nouveaux* arguments
qu'on veut mettre en lumière aujourd'hui. C'est une

déposition que M. Salvan déclare *écrasante :* « Sans-Estellé dépose que le 13, se trouvant avec Pierre Calas dans le magasin, non loin du cadavre de son frère, Pierre lui dit que Marc-Antoine, avant de descendre, avait pris la clef du magasin (p. 50). » Qu'y a-t-il d'étonnant à ce que Marc-Antoine, qu'on trouva dans le magasin, en eût pris la clef pour y entrer? — Pourquoi y allait-il? s'écrie M. Salvan. — Apparemment pour s'y pendre, puisqu'on l'y a trouvé pendu. — Mais là-dessus la vive imagination de notre auteur se plaît à supposer, sans ombre de fondement, que le père, sous quelque prétexte de règlement des comptes de la journée, avait envoyé son fils l'attendre au magasin, afin de l'y étrangler. En vérité, on ne sait plus comment réfuter de pareilles folies.

A supposer que *Sans-Estellé* ait dit vrai et que Pierre, près du cadavre de son frère, ait songé à communiquer au témoin un si mince détail, qu'y aurait-il eu d'étonnant à ce que le fils aîné d'un commerçant prît la clef d'un magasin où il était employé? Cela devait arriver souvent. Il pouvait avoir quelque objet à y prendre, quelque arrangement à y terminer, mille raisons insignifiantes et journalières d'y entrer. Voilà cependant ce que M. le chanoine de Toulouse dit *écrasant* pour les Calas.

Autre argument nouveau, que nous éprouvons quelque embarras à reproduire. Les accusés ont toujours dit qu'ils ne s'étaient pas séparés, le jour du suicide, depuis le commencement du repas jusqu'au départ de Lavaysse, vers dix heures. Pressé de questions minutieuses à ce sujet, Calas déclara un jour, dans un interrogatoire, qu'il avait été obligé dans la soirée de descendre, pour un instant seulement, à un endroit qu'il désigna et qu'on devine aisément. M. Salvan croit avoir découvert, dans une circonstance si insignifiante, la trace du crime; et cela, par cette étrange raison que, selon lui, Calas fut absent, d'après sa propre déclaration, trop peu de temps « pour satisfaire aux besoins « de la nature qui en réclament même le moins (p. 74).» Qu'en savez-vous, monsieur l'abbé? et pourquoi aimez-vous mieux penser qu'il était allé étrangler son fils; opération évidemment plus longue, plus exceptionnelle, plus difficile à exécuter et à nous faire admettre?

Quant aux contradictions flagrantes contenues dans ce livre, elles abondent. Tantôt M. Salvan, qui ne veut point passer pour un ignorant fanatique, daigne convenir que le protestantisme ne prescrit pas l'assassinat des convertis au catholicisme; tantôt il fait revenir Cazeing à bride abattue de Saverdun, boulevard du protestantisme, où l'assassinat du converti vient d'être décidé on ne sait par qui.

M. Salvan termine son chapitre v, par ces mots : « Nous concluons, après avoir pesé sérieusement la valeur de ces témoignages, que l'abjuration de Marc-Antoine était tout au moins en état de projet et qu'elle était pressentie par sa famille. » Cependant il conclut d'une façon tout opposée, dans l'avant-dernière page de son livre : «Nous n'avons jamais cru au projet qu'aurait eu Marc-Antoine d'abjurer sa religion. »

Il aurait mieux fait de ne publier son ouvrage qu'après s'être mis d'accord avec lui-même[1].

En dernière analyse, que ressort-il de la tentative impuissante des derniers accusateurs de Calas? Que l'accusation n'a plus de sens.

Le système de David et du Parlement est insensé, odieux, mais on comprend au moins en quoi il consiste. Les protestants sont capables de tous les crimes; or on trouve dans une famille de ces maudits un cadavre;

---

1. On prétend expliquer ces évidentes contradictions, en attribuant la brochure en question à deux auteurs, l'un chanoine, l'autre magistrat à Toulouse; mais en ce cas, il serait à regretter que l'Église et la magistrature toulousaines ne se fussent pas mieux entendues cette fois.

tous les membres de cette famille détestable mentent
évidemment au premier moment en disant qu'ils ont
trouvé mort. sur le plancher du magasin, ce corps encore chaud, qui porte les marques de la mort des pendus.
Donc, ce sont eux qui l'ont tué. Et pourquoi? les protestants. ne s'assassinent pas entre eux; apparemment
ce jeune homme était un catholique. Voilà le système
du monitoire de Lagane et de l'arrêt du Parlement.

Aujourd'hui, qu'on se rendrait ridicule en prêtant
niaisement au protestantisme des horreurs pareilles,
le système tombe et, si l'on était impartial, l'accusation
tomberait avec elle; mais on est de Toulouse, et chanoine, et petit-neveu du capitoul Boyer; on croit plaider *pro domo suâ* et l'on écrit un livre d'une rare faiblesse, utile en ce qu'il prouve surabondamment que la
cause à laquelle on se dévoue est mauvaise, est insou-
tenable.

Nous craignons un peu d'avoir donné, dans les pages
précédentes, à notre contradicteur plus d'importance
que son livre n'en mérite. Mais il nous a semblé que
notre devoir nous obligeait à montrer tout le néant
de la réponse qu'on a faite à la défense des Calas.

Il ne nous reste en finissant qu'à enregistrer l'opinion
favorable à notre cause de divers auteurs dont l'autorité est considérable.

La première édition de ce livre a fourni à plusieurs
écrivains, dans la plupart des pays d'Europe, l'occasion
de se prononcer en faveur des Calas. Nous n'en citerons qu'un seul[1].

---

1. Nous croyons cependant qu'il est intéressant pour notre cause d'é-
numérer les suffrages pour les Calas qui sont parvenus jusqu'à nous; ce
sont, à Paris :
Dans la *Gazette des Tribunaux*, M. Duverdy, le 2 janvier 1859 (voir
plus haut, p. 127 et Pièces justificatives XXXII);
Dans le *Journal des Débats*, M. Laboulaye, en février 1858 et M. Prévost-Paradol, cité plus loin;
Dans la *Revue de Paris*, M. Maxime Ducamp, le 1er janvier 1858;

M. Prévost-Paradol, à l'occasion du présent ouvrage, a inséré dans ses *Essais de politique et de littérature*[1] un éloquent article qui avait paru dans le *Journal des Débats*, le 14 septembre 1859.

En voici quelques courts extraits :

Il y a bientôt cent ans que les membres de Jean Calas ont été rompus par la main du bourreau, qu'il a expiré sur la roue la face tournée vers le ciel comme s'il demandait justice, que son cadavre a été brûlé et ses cendres jetées au vent, et cependant l'intérêt de ce drame est aussi profond, les acteurs en sont aussi

Dans la *Correspondance littéraire*, M. Ludovic Lalanne, 5 janvier 1858 ;
Dans la *Vie Humaine*, M. Riche-Gardon, nov. à déc. 1857, p. 157 ;
Dans le *Petit Journal*, 14 octobre 1863 ;
Dans le *Disciple de Jésus-Christ*, M. Emile de Bonnechose, janv. 1858 ;
Dans la *Revue Chrétienne*, M. Sandoz, 15 mai 1858 ;
Dans l'*Espérance*, M. Bastie, 30 avril 1858 ;

Parmi les feuilles des départements :

Dans l'*Industriel de Mazamet*, M. Camille Maffre, les 13 et 20 décembre 1857, et M. Nouguiès, le 27 décembre ;
Dans le *Courrier du Gard*, K. V. O., 2 février 1858.

A l'étranger :

The Westminster Review (Londres), octobre 1858 ;
The Inquirer (Londres), 9 janvier 1858, p. 19 ;
Die Allgemeine Zeitung (Augsbourg), 23 novembre 1857 ;
L'Avenir (Anvers), 23 novembre 1857 ;
La Revue critique des livres nouveaux (Genève), janvier 1858, p 12 et 27 ;
La Bibliothèque universelle (Genève), 20 janvier 1858 ;
La Revue Suisse (Neuchâtel), octobre 1859 ;
L'Ami de l'Évangile (Villeneuve, canton de Vaud), 15 août 1858 ;
L'Opinione (Turin), 26 mai 1858 ;
La Themis (Hollande), M. de Pinto, 1859 (D. VI. 4de St) ;
Le Maandschrift voor den beschaafden stand, etc. (Amsterdam) M. H. J., Spijker, 1858, p. 34 à 38

On nous a informé en Hollande que M. de Bosch Kemper, professeur de droit à Amsterdam, s'est servi de notre travail et s'est appuyé de l'exemple des Calas, dans son écrit sur l'*Appel dans les causes criminelles*, 1858.

Nous ne manquerions pas, après ces avis favorables, d'en faire connaître d'opposés s'ils nous étaient connus. Tout ce que nous pouvons dire, c'est que la rédaction de l'*Univers*, qui avait traité, peu de temps auparavant, Calas de *scélérat*, a fait prendre, le 6 mars 1858, chez notre éditeur, un exemplaire de l'ouvrage en nous offrant, par écrit, d'en rendre compte, et, si nous sommes bien informés, n'a jamais tenu parole.

1. Troisième série, in-8°, 1863.

vivants que le premier jour; on dirait volontiers que ce sang injustement versé n'a pas encore eu le temps de refroidir. C'est que les grands exemples d'iniquité ont du moins ce triste avantage de tenir la conscience humaine en éveil; c'est que tout le monde se sent atteint ou indirectement menacé quand l'erreur ou la passion trouble avec éclat le cours de la justice.

La vie sauvage, avec tous ses périls, mais avec son droit de libre défense, ne devient-elle point préférable à la plus brillante des sociétés polies, si celle-ci n'est plus qu'un piége pour l'innocent qu'a désarmé d'avance sa foi dans la justice? Le tribunal du juge n'est donc rien moins que le sanctuaire de la paix publique, et un jugement injuste, qu'il ait échappé à la passion ou qu'il soit accordé par la bassesse, est le plus direct et le plus dangereux des attentats contre l'ordre social.

Bien des iniquités passent en silence dans le monde; la terre recouvre bien des victimes qui sont tombées sans vengeance et presque sans bruit, accablées par la sottise ou par la méchanceté de leurs semblables; mais parfois le sang injustement versé crie si haut et si longtemps qu'on l'entend d'un bout du monde à l'autre et à travers les siècles. La mort de Calas est devenue un des arguments de l'éternel plaidoyer de la tolérance contre le fanatisme, et son nom seul est un impérissable reproche contre les formes d'une législation aveugle et barbare.

Depuis, un historien illustre, toujours jeune de cœur quand il s'agit de défendre des opprimés, M. Michelet, dans le volume XVII qui, sous le titre de *Louis XV et Louis XVI*, complète son *Histoire de France*, a pris en main la cause des Calas, avec la chaleureuse énergie qui lui appartient et a bien voulu accorder à notre travail un suffrage trop favorable pour que nous osions le reproduire.

Il nous reproche seulement une sorte de froideur ou d'impassibilité que nous nous sommes imposée comme un devoir. Le poëte qui a écrit: *Si tu veux que je pleure, commence par verser, toi-même, de véritables larmes*, n'a pas dit que pour convaincre et pour soulever l'indignation, il faille se laisser entraîner par la passion. Si notre lecteur a frémi souvent, d'une juste colère, en présence des conséquences horribles de l'iniquité et du fanatisme que nous avons mises sous ses

yeux, notre but est atteint. Ce sont, nous l'espérons,
les faits eux-mêmes, impartialement reproduits, et
non notre sentiment personnel, qui auront fait naître,
dans les esprits non prévenus, un sentiment invincible
de réprobation pour les juges passionnés, pour les mau-
vaises lois, pour l'intolérance, et une sympathique vénération pour les Calas, dont la mémoire, au bout d'un
siècle, est toujours attaquée par les mêmes ennemis.

PIÈCES JUSTIFICATIVES

PIÈCES JUSTIFICATIVES.

———

I

(Pages 20, 316.)

DOMERC, SECRÉTAIRE DU SUBDÉLÉGUÉ AMBLARD,
A M. DE SAINT-PRIEST, INTENDANT DU LANGUEDOC.

Monseigneur,

Comme M. Amblard est à sa jardin (*sic*) et que je n'aurais pas le temps de lui faire signer cette lettre parceque le courrier presse, j'ai l'honneur de vous rendre conte moi-même d'un événement extraordinaire arrivé dans cette ville.

Le fils ayné du sieur Calas négociant fut trouvé hier au soir vers les neuf heures et demy étranglé dans la maison de son père, les portes de la rue fermées. Le père qui était dans sa chambre étant descendu en bas trouva son fils étendu sur la porte du magasin qui est dans l'intérieur de la maison, il appela du

———

1. Les pièces I, VII, IX, XVII, XIX, sont tirées des Archives de Montpellier, les lettres II-VI, VIII, X-XVI, XVIII, XX-XXVIII, XXX-XXXII, des Archives impériales de Paris, où les minutes de celles de M. de Saint-Florentin se trouvent dans les *Dépêches du Secrétariat*, et les dépêches qui lui sont adressées dans la section historique ; le n° XXIX, d'un recueil manuscrit de la bibliothèque du Louvre, les lettres XXXIII à XXXV, la XXXVI° et la XXXVII° de la collection de M. Fournier ; la pièce XXVIII° des Archives de l'Hôtel-de-Ville de Paris, et la dernière, des papiers de la Beaumelle, appartenant à sa famille.

22

secours en criant qu'on avait assassiné son fils. Plusieurs personnes qui se trouvèrent dans la rue accoururent au bruit, firent ouvrir les portes et virent le cadavre qui était déjà froid, sans qu'il parut sur lui aucune marque d'assassinat sinon qu'il était sans habits. Il y eût un chirurgien du nombre, qui vérifia ce cadavre et après lui avoir ôté une cravate noire qu'il avait au col, il reconnut qu'il avait été étranglé avec une corde, par l'empreinte qu'elle avait fait. L'on fut avertir MM. les capitouls de cet événement. M. David s'y transporta vers les dix heures et demy avec l'escouade du guet, il fit conduire en prison le père, la mère, leur fils cadet, la fille de service et deux étrangers qui avaient soupé chez eux : on a procédé pendant la nuit à leur audition. Ce meurtre a fait une grande sensation dans cette ville. Tout le monde est dans une consternation étonnante dans le quartier du sieur Calas père, que l'on soupçonne de concert avec la famille être l'autheur, parceque le jeune homme donnait depuis quelques tems des marques de catholicité contre le gré de ses parens et qu'il était même à la veille d'abjurer leur religion.

M. Amblard vous informera exactement des suites de cette affaire. J'ay l'honneur d'être avec le plus profond respect, monseigneur, votre très-obéissant serviteur,

DOMERC, *secrétaire de M. Amblard* [1].

II

(Pages 26, 49, etc.)

VERBAL DE DAVID DE BEAUDRIGUE [2].

L'an mil sept cent soixante un et le treizième jour du mois d'octobre, nous François Raymond David de Beaudrigue, Écuyer, Capitoul, étant dans notre maison d'habitation vers les onze heures et demy du soir, sont survenus les sieurs Borrel, ancien

1. Cette lettre, écrite avec une hâte extrême, dès la matinée du 14, est doublement remarquable, parce qu'elle peint naïvement l'émotion violente que produisit la découverte du cadavre et parce qu'elle confirme pleinement ce que nous avons dit des cris que poussa Calas père, en trouvant son fils mort, et qui donnèrent l'éveil à tout le quartier. On n'avait pas encore imaginé que ce fussent les cris d'un homme que l'on étrangle.
2. Copié par moi sur l'original à Toulouse.

Capitoul, et Trubelle, négociant de cette ville, qui nous ont dit que, passant dans la Grand'Rue, accompagnant un Monsieur qui avait soupé avec eux, ils ont trouvés vis à vis de la maison du S. Calas un nombre infini de personnes et ayant demandé le sujet de cet attroupement, il leur a été dit qu'on avait trouvé dans la maison dudit S. Calas, un homme assassiné et mort ; et sur cet avis nous nous sommes rendus à l'hôtel de ville pour prendre notre main forte et après avoir fait avertir maître Monyer notre assesseur nous nous sommes rendus avec notre dit assesseur et la main forte, chez le S Ca'as, après avoir fait avertir Messieurs les gens du Roy qui se sont trouvés absents ; et ayant trouvé la porte d'entrée de la ditte maison fermée avons frappé à la d. porte qu'une fille de service nous a ouvert, et étant entré dans l'alée il s'est présenté à nous un jeune homme et l'ayant inter-pellé de nous dire s'il n'y avait pas dans la ditte maison un ca-davre, mort depuis peu de mort violente, il nous a dit que le fait était vray, et ayant pris de sa poche une clef il nous a ouvert la porte de la boutique qui donne dans la ditte allée et nous a con-duit auprès la porte d'un magasin qui est à suitte de ladite boutique auprès de laquelle avons trouvé le cadavre d'un jeune homme couché sur le dos, nue tête, en chemise, n'ayant que ses culottes, ses bas et ses souliers ; et ayant demandé au dit jeune homme qui étoit le dit cadavre il nous a répondu que c'étoit son frère fils du S Calas marchand, et ayant examiné ledit cadavre il nous a paru qu'il n'était pas mort de mort naturelle, ce qui nous a obligé de mander venir Me Latour, médecin et les sieurs Pey-ronnel et Lamarque, chirurgiens jurés de cette ville ; lesquels s'étant rendus, après avoir exigé d'eux le serment en tel cas re-quis, nous leur avons enjoint de procéder à la veriffication du cadavre et de dresser la relation de son état et de la cause de sa mort et de la remettre incessamment devers le greffe ; et de suite après que lesdits sieurs Latour, Peyronnel et Lamarque ont eu procédé, nous avons fait transporter ledit cadavre dans l'hôtel de ville, à la chambre de la gêne, de même que son habit qui s'est trouvé sur le contoir du même magasin où ledit cadavre étoit étendu. Et ayant fouillé les poches de sa veste et de son habit il si est trouvé son mouchoir dindienne dans une des poches du d. habit et dans les deux poches de la veste il si est trouvé plusieurs lettres et papiers inutiles et dans les poches de la cu-lotte un canif et un couteau à pliant. Ledit habit étant en drap bleu melange avec une veste danquin. Ledit cadavre portant des

culottes aussi danquin, bas de soye noirs et des boucles de fer à
ses souliers et celles des jarrettères étant de laiton de même que
les boutons des manches. Et en nous retirant affin de prendre des
éclaircissements et découvrir la preuve de la cause de la mort
dud. cadavre, nous avons fait conduire dans l'hôtel de ville les
Srs Calas père et fils, la D^lle Calas mère, la fille de service dud.
Calas, le S Lavaisse et un espèce d'abé qui se sont trouvés dans
la maison et dans la chambre du Sr Calas père, et de ce dessus
avons fait et dressé le présent verbal que nous avons signé avec
ledit Me Monyer notre assesseur et notre greffier pour être statué
ce qu'il appartiendra

DAVID DE BEAUDRIGUE
Capitoul

MONYER, *assesseur.*
Michel DIEULAFOY,
greffier

III

(Page 31.)

LE CAPITOUL DAVID DE BEAUDRIGUE
A M. DE SAINT-FLORENTIN.

Toulouse, 18 octobre 1761.

Monseigneur,

J'ay l'honneur de vous envoyer cy joint une coppie du verbal
que j'ay dressé dans la faire du sieur Calas, ensemble une coppie
de la relation de l'état du cadavre de Marc Antoine Calas son fils.
Quoyque vous puissiés être instruit par la lecture du procès-verbal, néanmoins je vay avoir l'honneur de vous faire un petit détail de cette affaire.

Je feus averty mardy soir vers les onze heures et demy du soir
qu'on avoit assassiné le fils ayné du sieur Calas; je m'y trans-
porte de suite avec ma main forte, et entré dans le magazin de la
boutique du sieur Calas, je trouvay sur la porte d'entrée le cadavre de Marc-Antoine Calas fils ayné étendu à terre; je fis de suite
garder les portes et je m'assuray de toutes les personnes qu'y
composoient ladite maison. Je fis procéder de suite à l'état du cadavre, et cela fait, je fis arretter le père, la mère, le fils, la servante du sieur Calas et le sieur Lavaysse fils quy avait soupé

avec eux et les fis conduire avec le cadavre a l'hotel de ville, ou
je reçus de suite leur audition d'office. Apres quoy je les fis mettre en prison et les fis separer pour qu'ils n'eussent aucune com-
muniquation. Je suis cette procédure avec vigueur et je ne perds
pas un moment, pour y donner toutes les suites qu'exige une affaire de pareille nature. J'ay crû, monseigneur, qu'une affaire de
cette importance devoit vous etre communiquée; elle intéresse,
ce me semble, l'État et la religion. Je serois bien flatté, Monseigneur, sy dans ces circonstances, vous approuviés ce que jay fait
jusqu'a present et me mander vos ordres la dessus pour que je
les exécute de point en point; quoyque le chef du consistoire soit
absent et que je le représente par ma place, néanmoins mon expérience ne m'a pas laissé douter de procéder ainsy que je l'ay
fait.

J'ay l'honneur de vous envoyer encore une exemplaire du monitoire. Il ne se passera rien dans cette affaire que je n'aye l'honneur de vous en informer. Soyés persuadé, Monseigneur, dé mon
zélle et de toute mon affection dans cette affaire, et que je ne
negligerai rien pour parvenir à découvrir la vérité.

J'ay l'honneur d'être avec un très-profond respect, Monseigneur,

Votre très-humble et obéissant serviteur

DAVID DE BEAUDRIGUE,
*Capitoul, chef du Consistoire en l'absence
de M. Faget.*

IV

(Pages 28, 117.)

RAPPORTS DES MÉDECIN ET CHIRURGIENS.

I. RELATION DE L'ÉTAT DU SIEUR MARC-ANTOINE CALAS, FILS AINÉ.
(DU 14 OCTOBRE 1761.)

Nous, JEAN-PIERRE LATOUR, professeur royal en médecine,
ordinaire de l'Hôtel-Dieu St-Jacques de cette ville et Nous JEAN-
ANTOINE PEYRONNEL et JEAN-PIERRE LAMARQUE, maîtres en chirurgie de la même ville, certifions qu'ayant été requis ce matin,
14 octobre à minuit et demi ou environ, de nous transporter en
la maison du sieur Calas, marchand à la Grand-Rue, pour visi-

ter un corps mort, et qu'ayant prêté serment dans ladite maison entre les mains de M. DAVID, Capitoul, pour procéder à cette visite, nous avons soigneusement examiné ce corps qui était encore un peu chaud, que nous avons trouvé sans aucune blessure, mais avec une marque livide au col, de l'étendue d'environ demi-pouce, en forme de cercle, qui se perdoit sur le derrière dans les cheveux, divisé en deux branches sur le haut de chaque côté du col; rendant de la morve et de la bave par le nez et par la bouche, et ayant la face livide : ce qui nous a fait juger qu'il a été pendu encore vivant, par lui-même ou par d'autres, avec une corde double qui s'est divisée sur les parties latérales du col, et y a formé les deux branches livides que nous avons dit y avoir observées. Ce que nous certifions véritable. An foi de quoi nous avons signé le présent rapport.

II. PROCÈS-VERBAL D'AUTOPSIE.
RELATION FAITTE PAR LE SIEUR LAMARQUE, CHIRURGIEN.
(15 OCTOBRE 1761.)

Nous Jean Pierre Lamarque, maître en chirurgie, a la réquisition de M. de Peimber avocat du Roy, nous nous somes randus au petit consistoire de la maison de ville, en présence de M. David, Capitoul, des MM. Monyer, Labat asseceurs; a la réquisition sus-dite nous a esté fait lecture d'un ordre en ce qui nous commit (concerne?) en exécution d'une précédente ordonnance, pour faire l'ouverture du cadavre de Marc-Antoine Calas, pour nous si donnant (ci devant?) signifiée à l'efest de le metre dans la chau, dans rapporter l'état, les sirconstances et conjectures, et s'il si trouve des allimens ressans. En conséquence de laquelle ordonnance du mandement du dit M. David, l'avons prêté le serment en tel cas recquis, et la dite ordonnance ayant été remise dans nos mains, sommes passés à la chambre appellée de la torture, et avons trouvé le cadavre ci-devant vérifié, de Marc-Antoine Calas. Avant de faire aucune ouverture, havons commencé par faire un examen général de tout son corps, et n'avons trouvé rien de plus, que ce que nous avons suffisament détaillé dans la relation precedante; havons commencé par faire l'ouverture de la teste et ensuite du cervueau, dans lesquels nous n'havons trouvé que des vaisseaux extrêmement gorgés qui sont les suite ordinaire des mors de cette espèce ; havons passé à l'ouverture de la poitrine, où nous n'avons trouvé rien de particulier et de là havons commencé par l'examen de l'estomac, qui dabord nous a paru nestre chargé que de très-peu dalimens. Cependant comme il estait naiscessaire de faire un rapport exact, nous nous sommes determiné à louvrir et havons commancé l'ouverture, tout près de lorifice supérieur du côté de la grande courbure, et l'havons ouvert dans les deux tiers de son estandue ; là, aidé par mes deux elleves havons fait soutenir les deux portions de l'estomac tout près des divisions, et havons trouvé une humeur grisâtre qui estait en assés grande quantité, parmi laquelle nous havons trouvés quelque pos de resins avec quelque peau de volaille, quelque petit morceau de autre viande, qui nous a paru être du buf. Ces espèces de viande que nous avons lavé dans de l'eau claire nous a pareu estre fort dure, et fort coriasse. Par l'exposé que nous venons de faire il paroit : 1° que le cadavre avait mangé trois ou quatre heures avant sa mort, car la digestion des alliments était faite ; 2° nous regardons ces morceaux de viande coriasces avoir esté pris au dîner, ou dans l'appres midi, alliments qui n'avait pas peu être entièrement broyés, divisés et absorvés tant par le suc gastricque, que par laxions de l'estomac luy meme, et autres mouvements qui d'un commun accort divisent les alliments qui nont pas de visces principaux opposés aux effets de la digestion ; car la loy générale de la digestion, est que les alimens ayant esté broyés dans la bouche ou ils souffrent la première préparation, tant par les dens que par la salive qui les pénètre de toute pars, ces alliments sont ensuite passés dans lésophage et tombent dans l'estomac ; là ils sont broyés et divisés par les agens dont jeai déjà parlé et approportion que ces allimens sont décomposés ils prennent la couleur grisatre ; le temps que l'on observe selon nos lois pour ceste oppération de la nature, est fixé a trois ou quatre heures. Avons passé dessuite aux intestins grêles ou se perfectionne la digesion, ou nous avons trouvé très peu des veines tachées ; le mésataire estoit extrêmement gorgé par les artères et vènes mesantéricques. Havons examiné le reservoir de pecquiet, ou reservuoir du chille, où nous en avons trouvé en asses grande quantité, en foy de quoy nous donnons la présente rellation pour servir tant que de besoin.

V

(Pages 84, 87.)

LE PRÉSIDENT DE SENAUX A M. DE SAINT-FLORENTIN [1].

Toulouse, 20 octobre 1761.

Monsieur,

Il est arrivé mardi dernier un meurtre dans cette ville, qui par sa nature semble intéresser l'État.

.... Ce même jour treizième du courant, le peuple accourut en foule vers les onze heures du soir pour avertir et requérir les Capitouls de se transporter chez le nommé Calas marchand en draperie qui, disoit-on, venoit d'étrangler son fils âgé de 28 ans, avec le secours de sa mère, d'un autre fils et du nommé La-vaysse. Et cela par la raison que cet infortuné garçon travaillait à abjurer la religion protestante ou il était né et dont son pere et sa famille font profession.

(Averti par les Capitouls, M. de Senaux est allé lui-même aux prisons s'assurer de leur sureté, a donné une sentinelle du guet à chacun d'eux et a défendu toute communication tant *entr'eux qu'avec qui que ce fût sans exception*.)

.... La procédure est commencée à la requette du ministère public, et jusqu'a present les depositions des temoins ne fournissent que de violents soupçons contre ces accusés, et j'espère que les preuves deviendront complettes par les révélations que produiront un chef de monitoire qui fut publié hyer matin à cet effet. D'ailleurs les variations et les contradictions ou sont tombés ces accusés entr'eux fortifieront les preuves.

.... Voilà, Monsieur, à peu près le détail de cette affaire qui comme vous voyez est de nature a interesser l'Etat, surtout arrivant après l'émeute des huguenots de Caussade dont j'ay eu l'honneur de vous rendre compte [2].

J'ai celuy, etc.

DE SENAUX.

1. Nous ne donnons que par fragments cette lettre et celles qui portent les nos XX et XXX, parce qu'elles contiennent, ou des répétitions sans intérêt, ou des faits entièrement étrangers au procès des Calas.

2. Il s'agit du projet qu'avaient formé, disait-on, quelques protestants de sauver le pasteur Rochette qui avait été arrêté. Une panique, sans motifs réels, eut lieu à cette occasion. (Voir à ce sujet l'*Histoire des Églises du Désert*, t. II, p. 269 et suiv.)

VI

(Page 318.)

M. DE SAINT-PRIEST, INTENDANT DE LANGUEDOC[1],

AU MÊME.

Montpellier, 23 oct. 1761.

Je fus informé par le précédent courrier d'un meurtre commis en la personne du sieur Calas fils; mais comme on ne me marquoit aucun détail et que cette affaire est d'une si grande importance, j'ai cru devoir attendre que je fus mieux instruit pour vous rendre compte des faits.

Le sieur Calas, négociant a Toulouse, est un des plus zélés protestants du royaume. Il avoit trois fils. L'un s'est converti, il y a quelques années, et en conséquence de vos ordres le père lui fait une petite pension qui est très-mal payée.

L'ainé a été trouvé mort et étranglé dans le magasin ou arrière-boutique de la maison de son père le 13 de ce mois. Les soupçons sur les autheurs de cet assassinat ont varié pendant quelques jours : les uns prétendirent que ce jeune homme s'étoit tué lui-même, et c'est le sistème de deffense de son père et de ses coaccusés; les autres que c'étoient son père et son frère qui l'avoient étranglé.

Les Capitouls s'étant transportés sur les lieux, ont fait arrêter le père, la mère, le fils, la servante et un jeune homme fils du sieur Lavaysse, célèbre avocat, qui avait soupé ce soir-là chez le sieur Calas. Ils ont fait sur-le-champ la procédure, et le cadavre ayant été emporté à l'hôtel de ville, son état a été constaté par un rapport de chirurgien.

.... On prétend qu'il résulte des interrogatoires des accusés, des faits et des contradictions qui fortifient les soupçons du public, et on pense que c'est Calas père et son autre fils qui ont étranglé ce jeune homme. La procédure fournit jusqu'à présent, à ce qu'on m'assure, des indices très-violens contre eux; vous pourrez en juger, Monsieur, par les chefs du monitoire dont la

---

1. Jean-Emmanuel de Guignard, vicomte de Saint-Priest, conseiller, puis maître des requêtes, et enfin conseiller d'État, resta jusqu'à sa mort intendant de Languedoc; il fut le père du ministre de Louis XVI mort en 1821, lequel fut le grand-père du comte Alexis de Saint-Priest, auteur de l'*Histoire de la suppression de l'Ordre des jésuites,* membre de l'Académie française, de l'Assemblée nationale, etc.

publication a été ordonnée; j'en joins icy une copie. On prétend, mais on n'assure pas le fait, que depuis cet événement, il est arrivé beaucoup de huguenôts à Toulouse. Les Capitouls ont pris les précautions convenables. J'aurai attention de vous instruire des suites de cette procédure.

J'ai l'honneur, etc. DE SAINT-PRIEST.

VII

(Page 316.)

AMBLARD, SUBDÉLÉGUÉ A TOULOUSE,
A M. DE SAINT-PRIEST.

Toulouse, le 24 octobre 1761.

Monseigneur,

Les Capitouls ont ordonné un monitoire sur l'affaire du sieur Calas. Les témoins vont révéler, pour ainsi dire, en foule; et quoique la procédure soit extrémement secrète, on croit qu'il y a des preuves suffisantes pour établir que ce jeune homme a été victime et martir de la religion catholique. Les délais pour la publication du monitoire retardent le jugement de cette procédure. Les huguenots qui étaient venus à Toulouse, ainsi que j'ai eu l'honneur de vous le marquer, en très-grand nombre, repartirent le lendemain, parce qu'ils furent instruits que les Capitouls commençoient à se donner des mouvements pour les rechercher et s'informer du motif qui les attiroit à Toulouse. Ils s'étoient vraisemblablement donné rendez-vous à peu près à la même heure, car ils arrivèrent presque tous à la fois et en plusieurs bandes, et ce fut précisément ce qui les découvrit, parce que les portiers voyant entrer des cavaliers en petites troupes de dix ou douze qui se succédaient d'assez près, crurent devoir en donner avis à MM. les Capitouls.

J'ay l'honneur d'être avec un très-profond respect, Monseigneur, votre très-humble et très-obéissant serviteur,

AMBLARD.

VIII

(Pages 98, 316.)

DÉPOSITION DE L'ABBÉ DUGUÉ, HEBLOMADIER
DE SAINT-ÉTIENNE.

Voici sur la prétendue assemblée des protestants où Marc-Antoine aurait été condamné à mort et sa famille chargée de le tuer, la seule déposition qui ait quelque apparence de précision; par celle-là on pourra juger des autres.

« Pierre Dugué, prêtre hebdomadier de l'église de Saint-Étienne, dépose qu'étant dans la boutique de la demoiselle Bordeneuve, avec elle et cinq filles qui travaillaient, un homme de trente à quarante ans vint et dit : qu'il avait été dans la maison de Calas le jour de la mort dudit Marc-Antoine et que là il apprit les circonstances suivantes : que le jour de la mort dudit Marc-Antoine, il y eut une délibération tenue chez les Calas par sept personnes, du nombre desquelles étaient les sieurs Calas et Lavaysse et autres, et qu'ils délibérèrent s'ils tueraient ledit Marc-Antoine avant ou après le souper; qu'ils délibérèrent de prendre une corde pour étrangler ledit Marc-Antoine en haine de ce qu'il devait faire sa première communion le lendemain; qu'ils délibérèrent s'ils ne l'enterreraient pas après, dans la cave dudit Calas, pour qu'il ne fût plus question dudit Marc-Antoine. Le déposant, ayant entendu ces faits si circonstanciés, fut curieux de savoir le nom de l'homme de qui il les avait entendus comme il l'a dit ci-dessus, chez la demoiselle Bordeneuve, et à cet effet il est retourné depuis chez lesdites demoiselles Bordeneuve pour leur demander le nom de cet homme; elles n'ont jamais voulu le lui dire. » (*Arch. Imp.*)

D'où vient que la justice ne les y contraignit pas? Comment et de qui l'inconnu avait-il appris, dans la maison même de Calas, le fait et tous les détails du conseil secret? Voilà donc ce conseil discutant, non s'il fallait tuer ce jeune homme (il n'y avait pas à délibérer là-dessus, puisque chez les protestants, c'était la règle); non s'il était vrai que ce même jeune homme eut voulu se faire catholique (dans la pensée de l'abbé Dugué, cela n'était douteux pour personne), mais s'il fallait l'étrangler *avant ou après le souper*. Quel pauvre esprit que cet *hebdomadier* de Saint-Etienne! Et il

ne s'avise que le lendemain de demander quel est cet inconnu!
Voilà cependant sur quels témoignages Jean Calas a été roué.

IX

(Page 316.)

LE SUBDÉLÉGUÉ AMBLARD
A M. DE SAINT PRIEST.

Toulouse, le 28 octobre 1761.

Monseigneur,

Le monitoire produit, à ce que l'on prétend, des preuves complètes du meurtre du sieur Calas avec des circonstances qui font
horreur. Les Capitouls doivent ordonner aujourd'hui la procédure
extraordinaire. Les accusés sont gardés à vue et personne absolument ne peut leur parler ni les voir. On tient en même temps
dans les prisons du palais le ministre avec plusieurs protestants
qui se sont révoltés et qui ont fait sédition dans la généralité de
Montauban. Ils sont tous gardés à vue, chargés de fers, et il y a
quatre sentinelles depuis la porte de la prison jusques au corps
de garde de la place du Salin qui, en cas de besoin, seroit assemblé d'un coup de sifflet, et cette garde a été doublée. Ces
deux événemens, presque dans la même époque, ne peuvent que
nuire aux accusés respectifs. J'ay l'honneur d'être avec un très-
profond respect , Monseigneur, votre très-humble et très-obéissant serviteur,   AMBLARD.

X

(Pages 31, 228.)

M. DE SAINT-FLORENTIN
AU CAPITOUL DAVID DE BEAUDRIGUE.

31 octobre 1761.

J'ai reçu, Monsieur, la lettre et les pièces que vous m'avez
adressés concernant le meurtre qui paraît avoir été commis en la
personne du sieur Calas fils. Je ne peux que louer l'activité avec

laquelle vous avez travaillé à constater ce délit et à faire arrêter les parents de ce jeune homme qui semblent en être coupables. Vous me ferez plaisir de m'informer des suites de cette affaire qui mérite une attention singulière de votre part[1].

XI

(Page 228)

M. DE SAINT-FLORENTIN
AU PRÉSIDENT DE SENAUX.

31 octobre.

Je vous suis très-obligé, Monsieur, de la peine que vous avez prise de m'informer du meurtre arrivé en la personne du sieur Calas fils. Cette affaire, comme vous me l'observez, est d'une grande importance et mérite une attention particulière. Il est fort à désirer que la vérité soit éclaircie et qu'il survienne des preuves suffisantes. Les précautions que vous avez prises pour mettre en sureté les prisonniers sont très-sages et très-nécessaires. Je ne doute pas que vous ne vouliez bien veiller à la suite de cette affaire dont l'instruction ne sauroit être trop rigoureuse[2] ni trop prompte.

XII

(Page 116)

Extrait d'un Brief intendit.

MÉMOIRE DU BRIEF INTENDIT POUR RÉITÉRER L'INTERROGATOIRE, QUE BAILLE DEVANT VOUS, MESSIEURS LES CAPITOULS, LE PROCUREUR DU ROI CONTRE LES NOMMÉS, *etc.*, ACCUSÉS ET DÉCRÉTÉS.

. . . .

16° Interroger le sieur Lavaisse s'il étoit logé chez le sieur Ca-

---

1. Il avait dicté d'abord : *d'une affaire aussi grave* et *l'attention la plus particulière;* ces mots ont été remplacés comme on vient de le voir.

Nous avons reproduit ces dépêches d'après les minutes actuellement existantes aux *Archives impériales.*

2. *Rigoureuse* est une correction du ministre. Il y avait *exacte.*

zeing, et pour quoy il passa presque toute la journée avec Calas cadet et s'ils ne proposèrent pas (*sic*) a l'ayné de promener avec luy.

17° Interroger le dit sieur Lavaisse s'il n'a conseillé luy meme que dans la crainte de l'abjuration publique, il ne faloit plus différer de se defaire de Marc-Antoine Calas, sy le sieur Cazeing et Clausade ou autres n'ont été de même sentiment.

18° Sy aucun de ceux de la religion pretendue reformée avec lesquels avoit (*sic*) conféré depuis son arrivée de Bordeaux na dit que la religion exigeroit la perte de Marc-Antoine Calas, et s'il ne la dit luy même, et s'il n'a enfin asisté à aucune assemblée ou Conférance ou cette resolution aye été prise, principalement le matin treize du courant.

19° Sy étant logé chez le sieur Cazaing il a là vu dans l'intervalle du quatorze au treize (*sic*) pleusieurs personnes de leur secte avoir des Conferences secrettes avec le sieur Cazeing et les sieurs Calas père et fils, et en quel nombre, s'ils ne parressoient serieux comme des gens qui ont une affaire importante.

20° S'il ne vit pas les sieur Calas pere et fils se rendre chez Cazeing au matin, s'ils y demeurèrent longtemps, s'ils confererent en présence de luy qui repond.

(*sic*) Les interroger, s'ils n'executerent eux memes l'action le soir a l'entrée de la nuit, en faisant mettre a genoux ou assoir sur deux chaises M. A. Calas.

21° Si ne l'ayant pas fait eux mêmes, ils ont loué ou fait louer des gens a prix d'argent, qu'ils ont introduit ou souffert qu'ils furent introduits dans la maison pour détruire M. A. Calas, qui etoient ces gens la, d'ou ils étoient et quand ils s'en retournerent.

22° S'il n'est vray que leurs confédérés de la R. pr. ref. se chargèrent du soin de trouver des zélés ou des serviteurs pour l'action et de les introduire.

23° Les interroger enfin si ce ne fut eux même qui étranglèrent Marc-Antoine Calas, quel est celuy d'entr'eux qui le fit mettre a genoux ou assoir, ou le coucha par terre, et qui est celuy qui tordit la corde et s'il ne le suspendirent après qu'il eut perdu ses forces.

XIII

(Page 31)

LE CAPITOUL DAVID DE BEAUDRIGUE
A M. DE SAINT-FLORENTIN.

Toulouse, 19 novembre 1761.

Monseigneur,

L'affaire dont j'avois eu l'honneur de vous envoyer le verbal contre les nommés Calas a été jugée hier a l'hotel de ville et y a passé immissiorem[1] a ce que les accuzés seront appliqués à la question ordinaire et extraordinaire ; l'accuzation d'un crime de cette espèce exigeoit un jugement plus rigoureux ; tant par ce qu'il rézulte des preuves de cette procédeure que par l'intérêt public quy demandoit un exemple ; mon avis n'a pas été suivy ; mais il me reste l'espérance, que le parlement quy va les juger de suite, corrigéra cette sentence, et par la le public se trouvera satisfait et le crime ne restera pas impuny ; jay crû, Monseigneur, que vous ne désapprouveriés que j'aye l'honneur de vous informer de cette affaire. J'en feray de même lorsque l'arrêt sera rendu ; quoyque mes confreres n'ayent pas secondé mon zelle dans cette affaire, néanmoins j'oze vous assurer, Monseigneur, que cela ne diminuera en rien mon activité à contenir le bon ordre ; et a mériter s'il est possible par tous mes soins votre puissante protection.

J'ai l'honneur d'être avec un tres profond respect, Monseigneur,

Votre tres humble et tres
obéissant serviteur,
DAVID DE BEAUDRIGUE,
Capitoul.

1. Pour *in mitiorem,* c'est-à-dire la peine la moins forte.

XIV

(Page 123)

LE COMTE DE ROCHECHOUART
A M. DE SAINT-FLORENTIN.

A Parme, le 5 décembre 1761.

Monsieur,

Les bontés que vous m'avez témoignées en tant d'occasions m'authorisent a y recourir en faveur d'une personne a qui je dois beaucoup d'égards. C'est le sieur Lavaysse, avocat au parlement de Toulouse, dont le fils a été impliqué dans une affaire malheureuse qui ne laisse aucun soupçon sur son innocence. Ce pere affligé me mande, Monsieur, qu'il a eu l'honneur de vous adresser un mémoire contenant le détail du fait qui a donné lieu à cette accusation. Comme il m'en a envoyé en même temps une copie, j'ai été en état de m'en instruire. Il ne faut que jeter un coup d'œuil sur la procédure, pour reconnoître l'esprit de vertige et de rumeur populaire qui en a été le principe. Tout y est sans fondement et hors de la plus légère vraisemblance.

Je ne compte donc, Monsieur, que réclamer votre justice contre des calomnies odieuses, et vous faire connoître l'intérêt que je prends à un homme de probité, qui depuis nombre d'années a bien mérité de toute la province du Languedoc par ses longs travaux et une conduite irréprochable.

Je suis avec respect

Monsieur

Votre très-humble et très-obeissant serviteur,
ROCHECHOUART.

XV

(Page 31)

LE CAPITCUL DAVID DE BEAUDRIGUE
A M. DE SAINT-FLORENTIN.

Toulouse, 9 décembre 1761.

Monseigneur,

J'avois eu l'honneur de vous marquer dans ma dernière lettre que je vous instruirois de l'arret que le parlement rendroit au sujet de l'affaire des Calas, qui interesse toutes les provinces. Il fut rendu samedy dernier sixieme du courant; le public attendoit avec impatience l'exemple que merite un crime de cette espece. Voicy l'arret, il passa immissiorem, que l'inquisition commencée seroit continuée d'authorité de la Cour ; cependant j'auray l'honneur de vous observer, Monseigneur, que quoy qu'il passat immissiorem, il y eut cinq voix a les rompre vifs ; nous attendons a present les nouvelles decouvertes que faira M. le procureur general pour donner plus de force a cette inquisition. J'auray l'honneur, Monseigneur, de vous informer de tout ce qui se faira a ce sujét, même du second arret quy sera rendu. Je redoubleray mon zelle et mon attention pour contenir le bon ordre et meriter par mes soins votre puissante protection.

J'ai l'honneur d'être avec un très-profond respect,

Monseigneur,

Votre très-humble et très-obéissant serviteur,

DAVID DE BEAUDRIGUE,
Capitoul.

XVI

(Page 228)

M. DE SAINT-FLORENTIN A M. DE ROCHECHOUART.

20 décembre.

J'aurais été fort aise, M., de faire plaisir au sieur La Vaysse dont je connais les talents et la probité, et j'aurais surtout été charmé de luy faire ressentir combien votre recommandation a de poids auprès de moi. Mais l'affaire dans laquelle son fils se trouve malheureusement impliqué est sous les yeux de la justice. Le Parlement en est saisi, et il est d'autant plus impossible d'en arrêter ni même d'en suspendre le cours que le titre de l'accusation est des plus graves, qu'il a du rapport à la religion et qu'il fixe l'attention de toute la province. Le S. Lavaysse m'avait écrit dans les commencements pour obtenir un sursis, mais le Roi à qui je rendis compte de sa demande et des motifs sur lesquels il la fondait ne jugea pas à propos d'y avoir égard.

XVII

(Pages 184, 316)

M. DE LAMOIGNON, CHANCELIER DE FRANCE, A M. DE SAINT-PRIEST, INTENDANT DE LANGUEDOC.

A Versailles, le 25 février 1762.

Monsieur,

Vous n'ignorés pas sans doute que le parlement de Toulouse instruit un procès criminel contre le nommé Calas et sa femme, accusés d'avoir étranglé leur fils qui était sur le point d'abjurer la religion protestante, dont on dit qu'ils font profession. Pendant le cours de cette procédure il a été distribué de la part des protestants (car ils ne déguisent point leur qualité) différens mémoires, pour justifier les accusés. Ce procès sera décidé suivant la qualité des preuves : comme elles ne me sont pas parvenues, je n'en porte aucun jugement. Mais il vient d'être répandu dans la ville de Toulouse un écrit fort injurieux au parlement, dont il ne tardera pas, si fait n'a été, de demander la suppression et même la condamnation à être brûlé. La suite de ce jugement doit être une information contre les auteurs et distributeurs de l'écrit. Or on ne peut douter que le distributeur de l'écrit ne soit le nommé Paul Rabaul (*sic*), demeurant à Nismes, qu'on dit être protestant, puisqu'il a signé lui-même une partie des exemplaires de l'écrit en question qui sont parvenus aux magistrats de Toulouse. Si le parlement se porte à le décréter, comme il y a tout lieu de le croire, les suites de cette accusation peuvent être considérables. Peut-être serait-il convenable que le décret qui serait rendu par le Parlement ne fût pas exécuté. Prenez la peine de me mander ce que vous en pensez et s'il n'y aurait pas de mesures à prendre pour prévenir les suites d'un arrêt que le Parlement ne peut s'empêcher de rendre et dont on ne peut le blâmer. Le Roy est instruit de cette affaire et c'est en conséquence du compte que je lui en ai rendu que je vous écris la présente.

Je suis, Monsieur, votre affiné serviteur.

DE LAMOIGNON.

XVIII

(Pages 184, 228)

M. DE SAINT-FLORENTIN A M. DE BONREPOS,
PROCUREUR GÉNÉRAL.

2 mars 1762.

J'ai, M., rendu compte au Roi des observations que vous avez pris la peine de me faire au sujet du libelle imprimé qui s'est répandu en Languedoc à l'occasion de l'affaire du S. Calas. S. M. approuve que vous donniez votre réquisitoire pour faire proscrire ce libelle. Mais elle croit à propos que l'exemplaire que vous représenterez soit du nombre de ceux que Paul Rabaud n'a pas souscrits, en sorte qu'en requérant contre l'ouvrage, vous puissiez vous dispenser de requérir contre l'auteur ou du moins contre celui qui l'avoue. Il pourra arriver que quelque membre de la Comp. le dénonce et représente quelque exemplaire signé de lui. En ce cas là, vous pourrez prendre contre lui telles conclusions que vous aviserez et qui, à ce que je vois, tendront au décret de prise de corps, et suivant toutes les apparences, le Parlement l'ordonnera. Ce que S. M. désire de vous, dans cette conjoncture, c'est que vous ne précipitiez rien ; il y a tout lieu de croire que Rabaud informé de ce décret disparaîtra et peut être se retirera en païs étranger. Si cependant il a l'audace de continuer à se montrer, vous pourrez le faire arrêter en vertu du décret. Mais alors il faudra que vous preniez de bonnes mesures pour prévenir toute secousse et pour que l'autorité du Roi et du Parlement ne souffre aucune atteinte. Je connais votre prudence et je suis bien persuadé que vous ne négligerez aucune des dispositions qu'une pareille circonstance exige.

XIX

(Pages 184, 316)

M. DE SAINT-PRIEST AU CHANCELIER DE LAMOIGNON.

Montpellier, 5 mars 1762.

Monsieur, j'ai reçu la lettre dont vous m'avez honoré au sujet d'un écrit injurieux au parlement de Toulouse distribué de la part des protestants à l'occasion du procès des Calas et dont quelques exemplaires sont signés par le nommé Paul Rabaût qu'on vous a dit être un protestant demeurant à Nismes. Vous pensez M. que le parlement de Toulouse va informer contre les auteurs et distributeurs de cet écrit, et que s'il vient à décréter le nommé Rabaût, il serait peut-être convenable d'empêcher l'exécution de l'arrêt.

Le nommé Paul Rabaût est un fameux ministre de la religion P. R. ; il est regardé comme le chef des ministres et prédicants qui sont répandus dans le Languedoc et particulièrement de ceux qui sont dans les Cévennes et dans le Lavonage (sic). Sa résidence ordinaire est à Nismes. C'est lui qui étant à la tête d'un nombre assez considérable de protestants, remit à M. de Paulmy un placet sur le grand chemin de Montpellier à Nismes [1]. Il n'y a pas longtemps qu'il publia une lettre pastorale dont j'adressai un exemplaire à M. le Cte de St-Florentin. Enfin cet homme est en très-grande vénération parmi ceux qui professent sa religion ; conséquemment l'exécution du décret ne seroit rien moins que facile, parce que les protestants avertis du danger dont le ministre seroit menacé, ne négligeraient rien pour le soustraire aux poursuite du Parlement Cette cour sentira bien sans doute jusqu'où elle doit pousser l'exécution de son arrêt, si elle en rend un ; car si ce ministre venoit à être arrêté dans la circonstance présente, où il y a très-peu de troupes en Languedoc, je ne garantirais point que son arrestation ne causât une fermentation dangereuse. Au surplus le nommé Paul Rabaût n'est point d'un caractère séditieux, on le dit au contraire assez doux ; il est âgé d'environ cinquante ans.

Je pense donc M., que si le Parlement décrète cet homme de prise de corps, il est à propos d'empêcher l'exécution de l'arrêt. Je suis, etc...

1. Erreur ; quand il s'exposa ainsi, il était absolument seul, il se nomma, et le ministre de Louis XV, ému de son courage, se découvrit, en recevant le placet de ses mains, devant ce proscrit qu'il aurait dû légalement faire pendre ou rouer.

XX

(Page 448)

LE PRÉSIDENT DE SENAUX A M. DE SAINT-FLORENTIN.

Toulouse, 10 mars 1762.

(Il annonce au Ministre que Calas est condamné).

. . . a être rompu vif, a être expiré deux heures sur une roue, après quoy il sera étranglé et sera jeté sur un bucher ardent pour y être brulé et consommé. Cette dernière peine est une réparation due à la Religion dont l'heureux changement qu'en avoit fait son fils a été vràisemblablement la cause de sa mort.

Je m'empresse, Monsieur, de vous instruire de cet arret en conséquence des ordres réitérés que vous m'avez donnés à ce sujet, par lesquels en approuvant ma conduite et mon zèle pour l'éclaircissement des preuves de cette affaire d'État vous me chargeates expressément de vous instruire sans délay du jugement qui interviendroit. Je le fajs avec d'autant plus de plaisir que j'unis dans cette occasion mon inclination à mon devoir, heureux si mes travaux assidus et mon application exacte au service du Roy et du Public me conservent la continuité de vos bontés.

XXI

(Pages 31, 34)

LE CAPITOUL DAVID DE BEAUDRIGUE
AU MÊME.

Toulouse, ce 10 mars 1762.

Monseigneur,

Comme je me suis fait un devoir de vous informer de tous les evenements qui se passeront en cette ville, et nottamment concernant l'affaire des Calas, j'ay l'honneur de vous asseurer qu'ils feurent jugés hier, et que par l'arret qui est intervenu Calas le pere est condamné a etre rompu vif et a expirer deux heures sur la roüe, préalablement appliqué à la question ordinaire et extraordinaire, après quoy jetté dans un bucher ou son corps réduit en cendres seront jettées au vent (sic). On a sursis au jugement des autres jusqu'après l'exécution. J'auray la même intention de vous informer du Jugement des autres.

> J'ay l'honneur d'être avec un très profond respect
> Votre tres humble et
> tres obéissant serviteur
> DAVID DE BEAUDRIGUE
> *Capitoul*

XXII

(Pages 26, 172)

LE PRÉSIDENT DU PUGET
AU MÊME.

Toulouse le 10 mars 1762.

Monseigneur,

Je croirois manquér a mon devoir si je n'avois l'honneur de vous informer de l'arret que la Chambre Tournelle a rendu le jour d'hier et auquel j'ay presidé, contre la famille Calas, protestants, accusés de l'assassinat d'un de leur fils et frère qui étoit en même (*sic*) de se convertir. Comme je sçay, Monseigneur, que vous etes instruit des circonstances de cette affaire, je me contenteray seulement de vous informér que l'arrest condamne Calas pere a etre appliqué à la question ordinaire et extraordinaire, de suite rompû vif et son corps ensuite brullé, et surceoit au jugement des autres prevenus jusquaprès le testament de mort de Calas père. L'action est des plus noires et les motifs affreux, et d'une tres dangereuse consequence pour l'Etat ; mon zelle pour le service du Roy m'engage de vous représenter, Monseigneur, qu'il seroit essentiel de trouver des moyens pour empêcher l'entrée des Ministres de la Religion prétendue Refformée dans le Royaume, et empêcher leur commerce avec ceux de la même Religion qui sont dans les pays étrangers, où ils enseignent des maximes sanguinaires qu'ils viennent répandre dans nos contrées en procurant par là des crimes affreux. Je suis avec respect,

Monseigneur

> Votre tres humble et tres
> obeissant serviteur
> DU PUGET.

XXIII

(Page 228)

M. DE SAINT-FLORENTIN A M. LE PRÉSIDENT DU PUGET.

20 mars 1762.

Je vous suis très obligé, M. d'avoir bien voulu m'instruire de l'arrêt qui vient d'être rendu contre Calas père. Je vous le serai également de me faire part des révélations qu'il aura faites dans son testament de mort, et des suites qu'elles auront eu par rapport aux autres accusés. Vous pensez avec raison qu'il seroit fort intéressant d'empêcher les prédicants d'entrer dans le Royaume et d'avoir aucun commerce avec ceux des pays étrangers. Mais les ménagements que la guerre rend nécessaires ne permettent guère de s'en occuper actuellement. Lorsque la paix sera revenue je suis persuadé que S. M. prendra les mesures qu'elle croira les plus efficaces pour réprimer ce désordre.

XXIV.

(Page 31)

LE CAPITOUL DAVID DE BEAUDRIGUE A M. DE SAINT-FLORENTIN.

Toulouse le 27 mars 1762.

Monseigneur,

Jay l'honneur de vous informer de l'arrêt quy a ete rendu contre les autres accuzés de Calas. Le Fils a été condamné au Bannissement hors du Royaume et a perpetuité, la femme de Calas, Lavaysse et la servante ont été mis hors de Cour. Cet arrêt n'a pas laissé que de surprendre tout le monde, quy s'attendoit à quelque chose de plus rigoureux.

Le procureur de Calas Pere donna une requette pendant qu'on examinoit le procés dans laquelle il demandoit de s'inscrire en faux contre la procédeure, et disoit que l'extrait etoit infidelle en ce qu'on avoit ajouté un mot décizif; cette requette fut rejettée parce qu'elle n'étoit pas suivie d'une procuration de la partie; cependant M. le Rapporteur vint vérifier le fait qu'il trouva bien en regle, et comme cette calomnie retomboit sur

moi qui avés visé l'extrait de la procédeure, et que l'original
avoit été toujours en mon pouvoir, je crus qu'il convenoit d'en
porter plainte à la chambre Tournelle et en consequence trois
de mes confreres et moy fumes à la chambre Tournelle porter
notre plainte verballe, sur laquelle il est intervenu arret qui
condamne ce procureur en trois mois d'interdiction et ordonne
qu'il se rendra devers le greffe criminel du parlement, où en
présence d'un commissaire a ce député, il déclarera que mâli-
cieusement et inconsidérément il s'est porté à présenter une
pareille requête contre la juridiction de Messieurs les Capitouls,
dont il se repend et demande pardon et en consequence que la
requette sera biffée et lacérée. Ce procureur nommé Durroux
doit se pourvoir au conseil en Cassation dud. arrêt. Sy cela ar-
rivoit, permettés moy, Monseigneur, de vous demander votre
puissante protection. Je tacherai de la meriter par mon zelle et
mon attention a exécuter dans toutes les occazions vos ordres.

J'ai l'honneur d'être avec un très-profond respect, Monseigneur

> Votre tres humble et
> tres obeissant serviteur
> DAVID DE BEAUDRIGUE
> *Capitoul.*

XXV

(Page 283)

LE PRÉSIDENT DU PUGET AU MÊME.

Toulouse, 27 mars 1762.

Monseigneur,

J'ai prévenu vos dezirs en ayant eu l'honneur de vous informer
de l'arrest que le parlement a rendu contre les complices de
Calas. Cette procedure ayant commancé devant les Capitouls
avec Monyer assesseur de cette juridiction, on a vu que Monyer
avoit prévariqué dans ses fonctions, ce qui a donné lieu à la
chambre Tournelle, sur les conclusions de M. le procureur général de décréter ledit Monyer d'ajournement et d'ordonner l'enquis contre luy, et la procédure se fait.

Dans le temps, Monseigneur, que nous etions occupés au jugement de Calas père, Duroux fils, procureur en la Cour, pré-

senta une Requette au nom du dit Calas, de sa femme et de son
fils, qui tendoit a accuzer tout le Tribunal des Capitouls et notamment un d'eux de faux et de prevarication, sur laquelle Requette
nous rendîmes un arrêt de néant. Cependant les Capitouls ayant
été instruits de cette Requette vinrent en porter plainte au parlement qui leur en octroya acte. Duroux fils, mandé venir et ouy,
après avoir avoué la ditte Requette a été condemné à se transporter au greffe pour, en présence d'un Commissaire, déclarer
qu'inconsidérément et témérairement il a fait, présenté et fait
signer cette Requette, laquelle sera lacérée par le greffier, dont
il sera dressé procès verbal, et au surplus, l'interdit pour trois
mois de ses fonctions.

Agréés, Monseigneur, que je profitte de cette occasion pour
vous prier d'obtenir du Roy des lettres de cachet pour faire enfermer dans un couvent Anne et Anne-Rose Calas filles de ce
malheureux père. L'aînée est la plus obstinée dans sa Religion
et la cadette a des dispositions pour se convertir. Il y a lieu de
craindre que cette cadette ne persiste pas dans cette bonne résolution étant revenue avec sa mère qui est fort entêtée et avec
sa sœur. Et si Sa Majesté se détermine à les faire enfermer je
crois qu'elles doivent l'être dans des couvents différents. D'ailleurs elles sont très jeunes; Anne Calas n'a que vingt-un ans, et
Anne Roze Calas 20[1]. Celle cy a un patrimoine particulier de
18 a vingt mil francs qui peut fournir à son entretien. Et Anne
Calas aura sa portion des biens que la loy luy donne sur ceux de
son père. J'espère que vous voudrés bien avoir egard a la re-
presentation que la Religion m'inspire de vous faire. Je suis
avec respect, Monseigneur

Votre tres humble et
tres obeissant serviteur
Du Puget.

---

1. Anne (ou Nanette) que le président du Puget appelle l'aînée était
la cadette ; c'est elle qui avait quelque bien.

XXVI.

(Page 228)

M. DE SAINT-FLORENTIN À M. DE BONREPOS, PROCUREUR GÉNÉRAL.

4 avril.

J'ai reçu M. les lettres par lesq. vous avez pris la peine de m'informer des jugements rendus par le Parl[t] dans l'affaire des Calas. Je ne doute pas qu'ils n'ayent été rendus conformément à ce qui a résulté des informations et procédures. Mais j'aurais fort désiré que Calas eût, par son aveu, confirmé la justice de la condamnation intervenue contre lui. Cela aurait pu empêcher les mauvais propos des ministres et les impressions fâcheuses qu'ils donnent à cette occasion à leurs adhérents. Le Roi a approuvé le dessein où vous êtes de faire chercher les deux jeunes filles de Calas et de les faire arrêter et mettre dans un couvent. Je vous envoye les ordres que vous demandez à cet effet. J'ai fait laisser le nom du couvent en blanc; vous voudrez bien le faire insérer dans les ordres lorsque cela deviendra nécessaire[1]. Je verrai par quels moyens il sera possible de procurer à Calas fils une pension qui le mette en état de subsister. Cependant il me paraît qu'il est d'âge à remplir quelque état et à se procurer de quoi se soutenir par lui-même.

XXVII

(Pages 223, 228)

LE MÊME AU MÊME.

22 mai.

Je vous suis obligé M. du détail dans lequel vous avez bien voulu entrer avec moi sur les motifs qui ont déterminé le jugement du Parlement dans l'affaire de Calas. Je ne peux qu'approuver les arrangements que vous avez pris pour placer les deux filles dans deux couvents différents. Les ordres du Roi que

---

1. *Mots biffés* : Je parlerai à M. l'évêq. d'Orléans pour voir s'il est possible de procurer à Calas fils une pension sur les...(*La phrase est inachevée.*) C'est de Louis qu'il s'agit.

je vous ai adressés me paraissent comme à vous suffisants pour remplir vos vues. Si cependant il s'y rencontrait quelque difficulté, sur l'avis que vous prendrez la peine de m'en donner, j'en expédierai sur le champ de nouveaux et je vous les enverrai.

Ce que vous me marquez de la Vve Calas me semble mériter attention : s'il est vrai qu'elle fasse la prédicante aux environs de Montauban, je me ferais d'autant moins de scrupule de proposer au Roi de la faire enfermer qu'il y a toute apparence qu'elle était complice du crime de son mari, et que ce n'est que par le défaut de preuves juridiques qu'elle a échappé à la punition. Je vous prie donc de vous faire informer plus particulièrement de la conduite de cette femme, et de me marquer ce que vous en aurez appris et ce que vous en penserez.

XXVIII

(Page 228)

VOLTAIRE A M. DE SAINT-FLORENTIN.

Aux Délices 2 juillet 1762.

Monseigneur,

On me conjure de prendre la liberté de vous adresser ces pieces, et je la prends Je vous supplie d'excuser l'attendrissement qui me force à vous importuner. Je crois l'innocence des Calas démontrée. Et j'ose vous dire que plus d'une nation vous bénira si vous daignez protéger une famille malheureuse et la plus vertueuse mère réduite à l'état le plus horrible.

J'ay l'honneur d'etre avec le plus profond respect
Monseigneur
Votre tres humble, tres obéissant
et tres obligé serviteur
VOLTAIRE.

XXIX

(Page 228)

M. DE SAINT-FLORENTIN A M. LE DUC DE FITZ-JAMES[1].

Versailles, 27 janvier 1763.

Vous avez pensé, Monsieur, avec raison que la réimpression
faite à Montpellier du Mémoire des Calas, ne pouvait que produire de mauvais effets, et l'imprimeur Rochard se trouvant
d'ailleurs en contravention aux règlements de la librairie, vous
avez très bien fait de faire saisir les exemplaires imprimés et de
faire rompre la planche.

Le Roy à qui j'en ai rendu compte a fort approuvé la conduite
que vous avez tenue en cette occasion.

J'ai l'honneur d'être, avec un très-parfait attachement, Monsieur, etc.

XXX

(Page 228)

LE MÊME A M. DE SAINT-PRIEST.

3 mars 1764.

(Le ministre l'approuve d'avoir défendu la vente d'un *Traité
sur la tolérance*[1] qui s'est débité à Montpellier; il aurait même
pu en faire saisir les exemplaires.)

Bien loin qu'il se vende publiquement à Paris, comme le libraire a voulu vous le faire entendre, j'ai au contraire donné les
ordres les plus précis pour faire saisir tous les exemplaires qui
pourraient y arriver.

P. S. Ce livre n'ayant pas paru ici et ne m'étant pas connu, je
vous prie de m'en envoyer une couple d'exemplaires.

1. Extrait d'un recueil manuscrit in-folio de la Bibliothèque du Louvre, portant au dos : *R. P. R. Copies de pièces*, 1772. (Série E, n° 1469).
2. Par Voltaire.

XXXI

(Pages 228, 262)

M. DE SAINT-FLORENTIN A M. LE CONTROLEUR GÉNÉRAL [1].

17 avril 1765.

J'ai l'honneur, M. de vous envoyer un mémoire de Louis Calas. C'est un fils de celui qui a été condamné par le Parlement de Toulouse. Il y a quelques années qu'il s'est converti. Sa famillé l'avait abandonné en haine de sa conversion et il a fallu employer l'autorité du Roi pour obliger son père à lui payer une pension. Il parait par son mémoire que le don qui vient d'être fait par S. M. à sa famille se distribue entre sa mère, son frère aîné et ses deux sœurs, qu'il en est exclu et qu'il ne demande pas à y partager. Il se borne à demander qu'une pension de 100 fr. qu'il a sur les économats soit augmentée. J'approuve le désintéressement qu'il marque en faveur de sa mère, de son frère et de ses sœurs. Mais il me parait essentiel qu'il partage avec eux la gratification accordée par S. M., à moins qu'il ne lui soit accordé quelque grâce particulière, du moins aussi marquée et qui même emporte quelque distinction. Tous les protestants du Royaume ont eu et ont encore les yeux ouverts sur le sort des Calas. Ils ne tarderont pas d'être informés de la faveur que cette famille vient d'obtenir du Roi. Et que pourrontils penser lorsqu'ils verront que le seul catholique de cette même famille n'y a aucune part? Ce sera pour eux un motif de triomphé, et ce qu'il y a de plus fâcheux, un nouveau motif propre à entretenir et à fortifier la persuasion où ils sont déjà, par l'artifice de leurs ministres, que le Roi est décidé pour la tolérance. L'inaction où nous restons, faute de troupes, en Languedoc et dans la plupart des Provinces infectées de l'hérésie ne le leur persuade déjà que trop. Aussi, suivant les dernières nouvelles que j'ai reçues de Languedoc, les Protestants y deviennent de jour en jour plus audacieux. Dans le mois dernier il y a eu des assemblées de 6,000 hommes dans le diocèse du Puy. Le jour de Pasques il s'en est tenu une très-nombreuse presque aux portes de Montpellier, où résident le Commandant et l'Intendant de la province. Depuis peu on a tenté jusqu'à deux fois de bâtir un

1. De Laverdy succéda à Bertin le 12 décembre 1763 et resta contrôleur général jusqu'en 1769. Il périt sur l'échafaud en 1794.

temple dans une paroisse de cette même Province. Si l'on ne peut actuellement remédier à tous ces désordres, il est du moins important de ne pas laisser croire que S. M. les approuve. Il est important que l'on sache qu'elle persiste dans l'intention où elle a toujours été de protéger la R. C. et de n'en pas souffrir d'autre dans son Royaume. Des circonstances singulières l'ont déterminée à accorder une gratification à une famille protestante et publiquement reconnue telle. Mais il ne faut pas que l'on puisse en rien conclure en faveur de la Religion que cette famille professe. C'est néanmoins ce qui arriverait si un catholique de cette famille, à qui le malheur commun donne le même droit aux bontés de S. M. s'en trouvait privé. Les Protestants ne manqueraient pas de s'en prévaloir et en même temps ce serait un véritable sujet d'affliction pour les Catholiques et pour les nouveaux convertis et une raison d'éloignement pour ceux des Religionnaires qui auraient quelque disposition à rentrer dans le sein de l'Eglise.

XXXII

(Page 251)

EXTRAIT DU REGISTRE DES REQUÊTES ORDINAIRES DE L'HOTEL DU ROI AU SOUVERAIN.

Entre le procureur général du roi, demandeur, d'une part, et Anne Rose Cabibel, etc. (suivent les noms et qualités des quatre accusés) tous défendeurs et accusés, détenus ès prisons de la Conciergerie du palais, d'autre part.

Vu par les maîtres des requêtes ordinaires de l'hôtel du roi, juges souverains en cette partie, tous les quartiers assemblés, le procès-verbal dressé par le sieur François-Raymond David de Beaudrigue,.... (Suivent l'énumération des pièces du quadruple procès et l'analyse des plus importantes, en 34 pages in-8°.) APRÈS que lesdits Anne-Rose Cabibel, veuve dudit Jean Calas, Jean-Pierre Calas, Alexandre-François Gualbert Lavaysse et Jeanne Viguière ont été interrogés derrière le barreau, chacun séparément, pour ce mandés et amenés des prisons de la Conciergerie du Palais où ils ont ensuite été reconduits. Ouï le rapport de sieur Dupleix de Bacquencourt, chevalier, conseiller du Roi en ses conseils, maître des requêtes ordinaires de son hôtel, commissaire à ce député ; tout vu et considéré :

LES MAITRES DES REQUÊTES ORDINAIRES DE L'HOTEL DU ROI, juges souverains en cette partie, tous les quartiers assemblés, faisant droit sur le procès, ensemble sur les requêtes et demandes desdits Anne-Rose Cabibel, Jean-Pierre Calas, Alexandre-François Gualbert Lavaysse, Jeanne Viguière, accusés, et desdits Louis, Jean-Donat, Anne-Rose et Anne Calas, ont déchargé et déchargent Anne-Rose Cabibel, Jean-Pierre Calas, Alexandre-François Gualbert Lavaysse et Jeanne Viguière de l'accusation intentée contre eux ; ORDONNENT que leurs écrous seront rayés et biffés de tous registres où ils se trouveront inscrits ; à quoi faire, comme aussi à les mettre hors des prisons de la Conciergerie où ils sont détenus, tous greffiers, concierges et geôliers seront contraints, même par corps, en vertu du présent jugement, lequel sera transcrit en marge desdits écrous ; quoi faisant ils en demeureront bien et valablement déchargés ; DÉCHARGENT pareillement la mémoire de Jean Calas de l'accusation contre lui intentée ; ordonnent que son écrou sera rayé et biffé de tous registres ; à quoi faire, tous greffiers, concierges et geôliers seront contraints, même par corps ; comme aussi à inscrire le présent jugement en marge desdits écrous, quoi faisant ils en demeureront bien et valablement déchargés ; SUR la demande desdits Anne-Rose Cabibel, Jean-Pierre Calas, Alexandre-François Gualbert Lavaysse, Jeanne Viguière, Louis, Jean-Donat, Anne-Rose et Anne Calas, en prise à partie et dommages-intérêts, les ont renvoyés et renvoient à se pourvoir ainsi qu'ils aviseront. ORDONNENT qu'à la diligence du procureur général de Sa Majesté, le présent jugement sera imprimé et affiché partout où besoin sera. DONNÉ à Paris, aux requêtes de l'hôtel, le neuf mars mil sept cent soixante-cinq. Collationné. *Signé* DEFORGE.

A PARIS, DE L'IMPRIMERIE ROYALE, 1765.

———

Voici sur cet arrêt les remarques de M. Ch. Duverdy dans la *Gazette des Tribunaux* (2 janvier 1859).

« Cette décision fut prise à l'unanimité, et l'on peut y remarquer que la commission a eu soin de viser toutes les pièces de la procédure, et qu'elle a même analysé les plus importantes. Elle connaissait donc la procédure, elle l'avait étudiée avec une attention scrupuleuse, et c'est de cette étude qu'était résultée pour elle la conviction unanime que le parlement de Toulouse avait commis une erreur en condamnant Calas père.

« Aujourd'hui où les débats des procès criminels doivent se faire oralement, on ne pourrait réviser un verdict du jury, parce qu'il est impossible de savoir ce qui a déterminé la conviction des jurés. Sous l'empire de l'ordonnance de 1670, il n'en était pas de même : les procès criminels, comme nous l'avons déjà indiqué, se jugeaient sur pièces écrites; de sorte que les juges chargés de la révision avaient exactement sous les yeux les mêmes éléments de conviction que les premiers juges. Il était possible, par conséquent, de faire contrôler un arrêt criminel. On comprend alors toute l'autorité qui doit s'attacher à l'arrêt rendu par les maîtres des requêtes de l'hôtel dans le procès de Calas. Par la réhabilitation de sa mémoire, le dernier mot de la justice a été la reconnaissance de son innocence. »

XXXIII

(Page 263)

M. DE MAUREPAS A MADAME CALAS.

Pontchartrain, 6 juin 1765.

J'avais, Madame, prévenu Mme la duchesse d'Enville des reproches que vous faisait M. de Saint-Florentin, afin que, quand vous le verriez, vous puissiez les prévenir et vous justifier comme il me paraît que vous étiez en état de le faire. La lettre de M. le Vice Chancelier dont vous m'envoyez la copie [1] me paraît très-suffisante pour cet effet. Je la garde pour la faire voir à M. de Saint-Florentin et lui prouver que vous n'avez fait que vous conformer aux ordres que vous aviez reçus. Je serai toujours très-aise de pouvoir contribuer à adoucir vos malheurs et vous prouver, Madame, les sentiments avec lesquels j'ai l'honneur d'être votre très-humble et très-obéissant serviteur,

MAUREPAS.

1. Voir plus haut, p. 255.

XXXIV

(Page 76)

MADAME CALAS A M. DE LA BEAUMELLE, A MAZÈRES.

Paris, ce 30 mars 1766.

Monsieur

je nay point ignoré les obligations que je vous ay et tous les servisses que vous mavez rendue en tout occasions, M. de la Vaysse de Vidou ma fait part en dernier lieu Monsieur d'un tres beau et tres exelant memoire que vous avez pris la peine de faire pour moy; je nay point dexprestion pour vous en marquer ma reconnaissance. jen suis pénétré, n'an douté pas Monsieur, recevez an, mes plus sinceres remerciements, et soyez assuré de toute l'Etandue de ma gratitude, je voudres trouver des occasions a vous convincre de la verité de mes sentimens, que je ne puis que trop foiblement vous exprimer, ils sont les memes je vous assure pour Madame de la baumelle votre chere épouse a qui je presante mes obéissances

jay adressé a M. de la vaysse pere à toulouse une de nos estampe pour vous faire passer, je vous prie lun et lautre de l'acsepter. je souhaite quelle vous fasse plaisir, vous y trouveray vne parfaite ressemblance avec le cher beau frere; nous le sommes aussi mais non pas dans la meme perfection; cet à dire mes filles, le tout ensemble est cependant aprouvee a paris, je dezir que vous le trouvies de meme.   M. vigué[1] a qui je vous prie dire bien des chose pour moy reserva ausi de ma part par la meme voy une de mes estampe que je le prie dacsepter. je nay peu me procurer la colection de nos memoires comme il le souhaite il son devenue rare au point quon nen trouve plus a paris que dinparfait. ma famille vous assure et a Madame de la baumelle de leur respect et moy je suis avec la plus parfaite considération

Monsieur

Votre tres humble et tres
obeissante servante
anne Rose CABIBEL CALAS

1. Ce nom paraît désigner M. Vignes, de Mazères.

XXXV

(Page 272)

MADAME CALAS A VOLTAIRE.

Paris, le 27 décembre 1770.

Monsieur,

Si je ne me feusse pas trouvé incommodé des le landemain de mon arrivée a paris, mon premier soin aurait certainement été de vous remercier de l'accueil que vous avez daigné me faire a ferne; je m'acquite aujourd'hui de ce devoir et quoyque ce soit bien tard, mon cœur n'an est pas je vous assure moin penétrée de reconnaissance pour les bontes infinie que vous m'avés témoigne.

Je vous prie Monsieur d'agreer Mes vœux pour la conservation de vos jours et de votre santé, personne ne peut en faire de plus sincere ny de plus étandue, ils sont proportioné aux obligations que je vous ay, Ceux de ma famille sont les même elle me charge de vous en assurer et de leurs profond respect. Ozeraige Monsieur vous prier de faire agréer nos obéissance a Mme Denis nous faisons les vœux les plus sinceres pour sa conservation.

Jay l'honneur d'etre avec un très profond respect
Monsieur

Votre tres humble et tres
obéissante servante
Veuve CALAS.

XXXVI

(Page 272)

LAVAYSSE A VOLTAIRE.

Trouvés bon, Monsieur, que je me joigne a notre respectable veuve pour vous assurer de mon respect et des vœux que je fais pour votre santé, pour la conservation de vos jours et la satisfaction de vos desirs. Mme Calas, toute sa famille et moi n'aurons jamais qu'un cœur et qu'une voix pour sentir vos bienfaits et les celebrer. .

Vous aurez appris depuis peu la cruelle disgrace de M. le duc de Choiseul. Nous en sommes aussi pénétrés que vous, la consternation parait générale.

Agreez encore, Monsieur, de nouvelles assurances des sentiments d'estime, d'admiration et de respect avec lesquels j'ai l'honneur d'être

      Monsieur

           Votre tres humble et tres obéissant

              Serviteur

                LAVAYSSE.

XXXVII

(Page 272)

VOLTAIRE A MADAME CALAS.

Nous avons trouvé, dans la Collection de M. Fournier, la réponse de Voltaire aux deux lettres qui précèdent, adressée, le 19 janvier 1771 de Ferney, à Mme Calas. En voici un fragment :

« C'était à moi, madame, de vous remercier de l'honneur et du plaisir infini que vous m'avez fait. La chose du monde que je désirais le plus, c'était de vous voir. J'étais comme les premiers chrétiens, qui auraient fait cent lieues pour aller baiser les mains de la veuve d'un martyr. J'ai été enchanté de me trouver entre vous et vos filles et votre gendre : je me croyais de la famille. Il me manquait M. de Lavaysse, que je joins ici à vous, et à qui je fais mes très-tendres compliments. »

XXXVIII

(Page 44)

ACTE DE SÉPULTURE DE MADAME CALAS.

Ce jourd'hui 30 avril 1792 à huit heures du soir a été inhumée au Cimetière des Étrangers à Paris demoiselle Anne Rose Cabibel, veuve de Jean Calas, négociant à Toulouse, native de Londres, âgée d'environ quatre vingt deux ans, décédée le jour d'hier en sa demeure, sise rue Poissonnière nº 9, de suite d'un catard et de son grand âge, dans les sentimens de la religion protestante, ladite inhumation faite en présence de nous Pierre François Simonneau, commissaire en cette partie et commissaire de police de la station du Ponceau, et celle de M. Antoine Vincent Formentin, juge de paix de la section de Bonne-Nouvelle, demeurant à Paris rue Beauregard nº 54, de Srˢ Etienne Fabre, citoyen, demᵗ à Paris rue des deux Boules, de Gabriel Julien Dangirard, citoyen, demᵗ à Paris rue Beauregard, de Louis Daniel Tassin, banquier, demᵗ à Paris rue neuve des Petits Champs nº 6, de Henry Dumas, citoyen, demᵗ à Paris rue Poissonnière nº 169, et Jean Lazard De La Planche, ministre du Saint Évangile, demᵗ à Paris rue des Geuneurs nº 7, qui ont signé avec nous

Lᵗ D Tassin   Formentin   Dumas

G Dangirard   J. L. De la Planche

Fabre   Simonneau.

(Extr. du Reg. du Cimetière des Protestants étrangers [1] *établi à Paris par arrêt du Conseil d'État du 20 juillet 1720.*

Dépôt de l'Etat civil à l'Hôtel de Ville de Paris, coté nº 89 in-fol.

XXXIX

(Page 288)

PLACET DES DEMOISELLES CALAS AU COMTE DE SAINT-FLORENTIN PAR LA BEAUMELLE [2].

Monseigneur,

Deux infortunées se présentent à vous. Elles osent à peine se nommer : leur nom est devenu un opprobre. Cependant elles espèrent beaucoup de leur infortune même et encore plus de votre justice.

---

1. Ce cimetière était sis rue de l'Hôpital Saint-Louis.
2. Tout n'est pas exact dans ce placet, quant à la situation de l'une des deux sœurs, Nanette Calas, chez les Visitandines. Quant à Rose, au contraire, le tableau que trace La Beaumelle n'est que trop vrai. C'était le sort des protestantes enfermées au couvent par lettre de cachet ; bien des familles avaient pu en instruire l'écrivain.

Après un arrêt dont l'Europe a retenti, nous nous hâtâmes de quitter la ville injuste où il avait été prononcé. Nous vivions dans la retraite auprès d'une mère à qui nous avions à faire oublier nos malheurs et les siens, lorsqu'un ordre du roi, surpris à votre équité, vint nous arracher de ses bras, nous ramena dans cette même ville où tout nous retrace les plus affreux objets et ne nous laissa pas même la consolation de pleurer ensemble. Nous fûmes mises dans des prisons différentes, car quel autre nom donner à ces couvents où nous languissons depuis quatre mois, gardées à vue, privées de tout commerce, et traitées en criminelles ?

Jusqu'ici, Monseigneur, nous n'avons pu vous faire entendre nos voix ; c'est par une espèce de miracle qu'une âme charitable est enfin parvenue à réunir nos prières, nos plaintes et nos larmes. Elles vous seront présentées ; l'espérance renaît dans nos cœurs. Vous ne permettrez pas, Monseigneur, que nous finissions dans le désespoir notre déplorable vie. Vous nous rendrez à cette mère qui ne peut vivre sans nous, sans laquelle nous ne pouvons vivre. Le peu de bien qu'a l'une de nous suffirait presque à nous nourrir toutes les trois réunies. Notre dispersion retranche des aliments à celle à qui nous devons le jour ! — Tous nos parents sont-ils donc destinés à périr par les malheurs de leurs enfants ?

On vous a fait entendre, Monseigneur, que nous avions du penchant pour la religion Catholique. Hélas ! après qu'on nous eût tout ravi, nous osions espérer que du moins on nous laisserait nos consciences. Nous nous flattons encore, Monseigneur, que vous n'avez pas voulu les gêner, mais les interroger seulement. Daignez donc entendre ce qu'elles vous répondent aujourd'hui. Rien n'est plus faux que cette imputation. Nous sommes nées, nous avons été élevées, nous avons vécu et nous mourrons, s'il plaît à Dieu, Protestantes. Nous le déclarons avec d'autant plus de confiance, que nous parlons à un ministre trop juste pour nous punir de ne pas penser comme luy.

De plus, rien n'est plus mal imaginé. Si nous avions témoigné quelque inclination pour la religion du royaume, il y en auroit eu quelque vestige dans cette procédure où tant de témoins déposèrent d'après leurs desirs. Et s'il y en avoit eu, le zele du parlement n'auroit laissé rien à faire à l'autorité. Plusieurs des juges qui au lieu d'écouter nos sollicitations pour notre père, nous exhortoient à croire comme eux, pourroient attester qu'ils entrevirent que notre religion nous étoit d'autant plus chère qu'elle nous étoit plus funeste. Il nous seroit sans doute avantageux de penser comme on nous l'ordonne. Mais, Monseigneur, depend-il de nous de croire ? et la dissimulation, en nous faisant paroitre catholiques, ne nous rendroit elle pas indignes de l'être ?

D'ailleurs, le moyen qu'on prend pour nous ebranler, suffiroit pour nous affermir. On dit communement qu'en souffrant pour certaines opinions on s'y affectionne. Nous pouvons bien, Monseigneur, vous assurer qu'on dit vrai.

Si nous avions eu pour la religion du royaume cette inclination qu'on nous prête, tout ce qui s'est passé, tout ce qui se passe nous l'auroit ôtée. Le supplice ou à vrai dire le martyre d'un père immolé à la haine de l'hérésie, les vexations que nous essuyons tous les jours, le mépris qu'on temoigne ici pour des mysteres respectables en nous invitant à les profaner, tout cela n'est pas propre à nous faire adopter une religion qu'on nous fait si peu aimer. On veut que nous embrassions les dogmes Catholiques et l'on commence par leur fermer toutes les avenues de nos cœurs.

Ces religieuses nous disent sans cesse que nous ne serons libres qu'après avoir abjuré nos erreurs, c'est à dire après que nous aurons mérité de ne l'être pas. C'est là tyranniser et corrompre nos âmes : et vous voulez seulement, Monseigneur, qu'on les éclaire. Mais quelles instructions attendre de Théologiennes qui tentent d'arracher à notre faiblesse ce qu'elles désespèrent d'obtenir de notre persuasion ? Elles nous présentent des docteurs. Mais quelle impression peuvent faire des raisonnements qu'on entend malgré soi ? Il faut être libre et tranquille pour goûter des entretiens si sérieux et nous sommes dans les fers et dans la désolation.

D'ailleurs on n'efface pas des esprits les idées que l'éducation prit soin d'y graver. L'une de nous a vingt-deux ans ; l'autre en a vingt et un ; à cet age on a choisi et sans doute ce n'est pas un crime à nous d'avoir choisi comme la moitié de l'Europe.

Notre persévérance à nous éloigner de toutes les cérémonies catholiques ajoute à l'horreur qu'on a pour nous. Mais cet acte continu de protestantisme peut à la fin inspirer quelques doutes aux jeunes pensionnaires. De sorte que tous les refroidissemens de la dévotion vont nous être imputés. Traitées aujourd'hui comme des hérétiques nous sommes à la veille de l'être comme des scandaleuses.

Qu'il vous plaise donc, Monseigneur, nous conserver la vie que d'aussi accablantes vexations vont nous ôter, révoquer cet ordre qui nous rend plus malheureuses, mais qui ne nous rendra jamais catholiques, et nous permettre d'aller rejoindre notre mère à Paris, afin que par la réunion de nos interets et de nos efforts nous puissions faire réhabiliter la mémoire d'un père qu'un arrêt declara coupable et que huit jours après un second arrêt reconnut innocent.

LETTRES DE LA SŒUR ANNE-JULIE FRAISSE.

> « Je pense actuëllement qu'un quelqu'un qui ne nous
> connoitroit pas et qui verroit nos lettres; vous, jeune et
> jolie demoiselle protestante, et moy, vielle et laide reli-
> gieuse, en seroit bien surpris. »
> (Lettre XVI.)

AVERTISSEMENT.

La sœur Anne-Julie Fraisse ou de Fraisse était née à
Carcassonne, avec le dix-huitième siècle, le 6 janvier 1700. Élevée sous le règne de Louis XIV, elle entra très-jeune au couvent. L'influence qu'elle sut exercer au dehors en faveur des Calas, le mariage de sa
sœur avec M. de Berthier, d'une famille qui a donné
deux premiers présidents au parlement de Toulouse, sa
parenté très-proche avec M. d'Auriac, président au
grand conseil et gendre du chancelier de Lamoignon,
tout indique que les parents d'Anne-Julie occupaient
une position élevée; mais je n'ai pu trouver ni à Toulouse, ni ailleurs, aucun renseignement à leur sujet [1].
Elle mourut le 11 mars 1777, soixante ans après avoir
été reçue visitandine.

Peu nous importe sa famille. C'est par son caractère
personnel que la sœur Anne-Julie nous intéresse.

Voici comment l'historien des *Églises du Désert* appré-

---

1. M. Salvan nous apprend cependant que sa vie a été imprimée et se
trouve dans les archives du monastère actuel de la Visitation à Toulouse.

ciait cette correspondance qu'il m'a confiée et que je publie aujourd'hui, selon son désir.

« Ces lettres sont charmantes de pensée et souvent
de style. Loin de se brouiller avec la jeune Calas, qui
n'avait point voulu se convertir dans leur maison, ces
respectables sœurs et surtout la sœur Julie devinrent
ses amies pour la vie. Il y eut un commerce du plus
tendre intérêt entre elle et toute la communauté. C'é-
tait un cœur bien aimant et une bien respectable personne que la sœur Fraisse. Nous n'avons jamais mieux
senti, qu'en lisant cette correspondance touchante,
combien les plus doux sentiments de l'âme ont eu quelquefois la vertu d'éteindre les haines dévotes[1]. »

Le caractère général de ces lettres me paraît être la
sensibilité la plus vraie, la plus chaleureuse, exprimée
avec beaucoup de naturel, de grâce et d'esprit.

Le langage est souvent incorrect. Quelquefois, il est
facile de reconnaître que la Religieuse a pensé en patois
du Languedoc la phrase qu'elle traduit négligemment
en français. Plus souvent elle commet des archaïsmes,
et parlé, sans y songer, sous le règne détesté de Voltaire, la langue vieillie de Louis XIV, qui s'est conservée plus vivante entre les murs du couvent que sur le
théâtre du monde et dans la littérature du jour. Souvent
aussi elle se permet, comme le duc de Saint-Simon, ces
inversions brèves et hardies, ces constructions bizarres
et rapides qui ne tiennent compte ni des lois de la syn-
taxe, ni du génie de la langue, mais qui permettent
d'exprimer énergiquement autant de sentiments et d'i-
dées que de mots. C'est ainsi que, dans la lettre xxv,
elle s'arrête et se reprend au moment où son vœu le
plus cher, celui de la conversion de Nanette Calas,
vient de lui échapper encore une fois : « Je me tais et
mets le doigt sur la bouche, et non sur le cœur, *qui*

---

1. Ch. Coquerel, *Histoire des Églises du Désert*, t. II, p. 316.

sera toujours le même, en désirs des plus vifs. » Ce même style se retrouve dans sa lettre à M. d'Auriac, où en parlant de Nanette, placée dans son couvent par lettre de cachet, elle ajoute : *La religion en était l'objet, que nous n'avons pu remplir; c'est à Dieu seul qu'il appartient.*

Sur ce sujet qui lui tenait plus à cœur que tout autre, elle ne tarit point; et comme elle sait cependant que ses prières et ses exhortations restent stériles, comme elle se sent obligée, sur ce point délicat, à une réserve que lui commandent également la discrétion et la charité, il est curieux et touchant de la voir varier à l'infini ce thème toujours bref, mais toujours plein d'émotion et d'ardeur. Ailleurs, elle s'élève sans effort à une véritable éloquence, qui part du plus profond de son cœur; il en est ainsi de sa belle lettre (xxxiv) sur la mort du fils aîné de Nanette; elle a ces accents émus, ce ton convaincu et plein de sympathie, cette élévation chrétienne, qui seuls consolent. Habituellement, rien n'est plus aimable et même plus gai que le ton des lettres de la religieuse septuagénaire. Elle avait en effet soixante-dix ans accomplis lorsqu'elle écrivait joyeusement à sa jeune amie : *Le noir de la vieillesse est encore loin de moy, je n'iray pas le chercher.* (L. xxxii.)

Dans l'abandon charmant de ces causeries intimes, elle a par moments le tort de parler le jargon puéril du couvent; et sa parole, d'ordinaire si vive, si nette, prend alors une afféterie qui choque nos habitudes, mais qui est toute dans le mot, jamais dans la phrase. On aimerait mieux qu'elle écrivît *un fils et une fille* au lieu d'un *poupon et d'une toutoune;* une jeune dame et non une *damote;* mais j'ai scrupuleusement respecté le style, même dans ces mignardises qui, après tout, sont ici le goût du terroir.

Elle ne cherche pas un instant le mot le plus convenable quand elle en a trouvé un, énergique et précis,

qui dit bien ce qu'elle veut dire ; son langage n'est pas
celui d'une prude, et il y a dans ses lettres telle expression que nous aurions hésité à reproduire, si nous ne
nous étions imposé la règle invariable de n'y rien
changer, et d'en maintenir jusqu'à l'orthographe tantôt
fautive et tantôt vieillie. Nous le devions par un double motif : cette correspondance est pour nous un appendice au procès des Calas, ou du moins un témoignage rendu à cette famille tant calomniée, témoignage
contemporain et très-désintéressé ; c'est en même temps
une œuvre littéraire trop naïve, trop originale, pour ne
pas être conservée dans sa pleine intégrité.

La sœur Fraisse mérite une place à la suite de ces
quelques femmes d'élite, auteurs sans le vouloir, dont
les lettres vives et naturelles sont un des ornements de
notre littérature et comptent parmi les créations les plus
attrayantes de l'esprit français[1].

1. Nous devons faire remarquer qu'outre la lettre à M. d'Auriac, qui
a été reproduite plus d'une fois, celle adressée à Cazeing a paru en 1819
dans les *Annales protestantes*, p. 152. C'est la seule dont l'original ne
soit pas en notre possession. Grimm a publié, dans sa *Correspondance
littéraire*, la lettre XX. La Ve et la XIe lettre ne sont pas de la sœur Fraisse,
mais de la supérieure de son couvent, la mère d'Hunaud ; nous avons cru
devoir ne pas les séparer de celles d'Anne-Julie : le même esprit de charité et de justice y règne. A ce titre, elles méritaient d'être publiées.

Le cachet dont ces lettres portent l'empreinte nous paraît être celui du
couvent ; il porte un cœur surmonté d'une croix et entouré d'une couronne d'épines.

La publication que nous avons faite de cette correspondance déplaît
à M. l'abbé Salvan. « Il y a dans ses lettres, dit-il, une infinité de détails
que peut expliquer son *excessive* tendresse pour Nanette, mais que sa
piété aurait désavoués, si elle eût pu prévoir que ces lettres confiden-
tielles dussent voir le jour, grâce à l'indiscrète complaisance d'un ministre du saint Évangile. » (P. 142.)

LETTRES DE LA SŒUR ANNE-JULIE FRAISSE

I

A Monsieur
Monsieur Castanier d'Auriac
Conseiller d'État, rue neuve des Capucines
à Paris.

VIVE JÉSUS

†

De notre Monastère de Toulouse, le 24 décembre 1762.

Je ne pretends pas, Monsieur, vous instruire et vous raconter la tragique histoire de l'infortunée famille de Calas, mais vous temoigner le plaisir sensible que j'auray si vous leur etes favorable et que vous contribuiez par votre suffrage à les rehabiliter. Nous avons eû sept mois dans notre maison une de ces demoiselles par lettre de cachet. La Religion en étoit l'objet, que nous n'avons peu remplir : c'est à Dieu seul qu'il appartient. A cela près, elle a gagné l'amitié et l'estime de notre Communauté par ses excellentes qualités. Nous n'avons eû qu'à regretter que tant de vertus dont elle est remplie ne puissent lui servir que pour cette vie. On m'avoit chargée d'elle ; j'y étois tous les jours et je n'ai eu jamais le plus leger mecontentement ; elle ne merite que des éloges. Nous avons eû occasion de connoître ce qui reste de cette famille; leur bon caractère nous assure de leur innocence. Il est bien dezirable qu'elle soit reconnue et justifiée. Permetez-moi de vous assurer de touts les souhaits heureux que je forme pour vous dans la nouvelle année que nous allons commencer. Je prie le Seigneur qu'il remplisse tous les désirs de votre cœur. Je suis, avec l'attachement le plus sincère, Monsieur, votre tres-humble obéissante servante.

Sr Anne Julie Fraisse
De la V. Ste M. D. S. B. [1].

————

II

A MONSIEUR CAZEING

VIVE JÉSUS

✝

De notre Monastère de Toulouse ce 24 janv. 1763.

Vous m'avez bien devinée, Monsieur, lorsque vous n'avez point douté du plaisir que j'ai eu de la délivrance de mademoiselle Nanete ; je n'aurois cédé à personne de lui en donner la nouvelle ; vous jugez combien elle en fut transportée. Je ne désavoue pas un contraste en moi-même : ce qui le causoit ne seroit pas de votre goût ; là-dessus nous ne saurions être d'accord. Elle s'est conduite dans notre maison tout au mieux, polie, sage, modeste, discrète et prudente. Je l'ai connue remplie de mérite et des qualités les plus désirables. Je n'ai rien négligé pour lui adoucir la captivité ; point de tracasserie ni de gêne. Il nous paraît, par tous les discours depuis sa sortie, qu'elle est aussi contente de nous que nous l'avons été d'elle. Ses affaires vont au mieux. Je lui ai donné une lettre pour M. Dauriac, mon cousin germain, président au grand conseil. Elle m'apprendra sans doute l'usage qu'elle en a fait. A l'égard des commissions que notre sœur économe a pris la liberté de vous donner, etc.

————

III

POUR MADEMOISELLE NANETE CALAS.

✝ VIVE JÉSUS

De notre monastère de Toulouse ce 2 février 1763.

Je n'avois pas atendu, ma chère Nanete, au moment de recevoir votre letre, à m'informer de vos nouvelles. Je savois votre

1. *De la Visitation Sainte-Marie : Dieu soit béni !*

voyage heureux, mais j'étois impatiante de tout le reste. Ie suis
en colere contre votre raporteur ; c'est bien mal prandre son
temps. Il faut esperer qu'il faira mieux les choses lors qu'il sera
question de vos interets. Vous ne me dites rien de votre entrevüe
avec la chère mère ; ie ne doute point qu'elle n'ait été tendre et
douloureuse. Votre cœur rempli de sentiments en a sans doute
eprouvé dans ce moment tout ce que ie vous en connois capable,
et c'est tout dire ; ie vous prie m'y réserver quelque part. Vous
en avez beaucoup dans le mien. L'espace des lieux, les diférances
entre nous et l'absance ne sauroient efacer les impressions que
vos aimables qualités du cœur et de l'esprit ont fait dans le cœur
de celle qui vous est toute dévouée. Si nous pouvions vous faire
plaisir et que vous ayés besoin de quelques solicitations, nous
somes toutes a votre service. Nous parlons souvant de vous et
toujours avec les éloges que vous méritez, et nous avouons le desir de vous revoir. Plut au ciel que ce fut parmi nous ! Vous y
seriez recue avec des transports, et vous nous avés asés apercues
pour savoir que ces sentimens vous sont uniquement consacrés.

J'avais oublié de vous prévenir sur l'abor glacé de M. d'Auriac,
afin d'eviter que vous le prissiés pour vous. Je suis tres contente
qu'il vous ait recue avec la bonté que vous meritez et que merite
votre triste situation. Son air froid et serieux est dans son caractère ; si vous avés a le revoir, n'en soyés point etonnée ; c'est dans
luy et non pour vous.

Notre sœur Vialet vous embrasse tendrement, de même que
notre sœur de Ponsan ; elles vous aiment de tout leur cœur. Vos
deux lettres ont été lues a toutes ; chaqu'une, a la récréation, les
vouloit entendre. Enfin, ma chère Nanete, vous avés gagné le
cœur et l'estime de nous toutes. Je vous prie d'assurer Madame
votre mère et votre chère sœur de tous nos sentiments d'estime
et d'afection. Ne nous laisés pas ignorer la décision de vos afaires. N'oubliés rien à m'instruire de ce qui vous interesse. Si ie ne
vous connoisois ie vous soubsonerois de ne vouloir point de nos
letres : vous ne me dites rien de l'adresse. Monsieur Francés[1] aura la bonté de les envoyer ; nous en serions bien en peine. Le
cérémonial de la votre me déplait ; moins de facons et plus de
detail de ce qui vous regarde. Adieu, ma chère Nanete ; ie vous
aimerai toujours fort tendrement. C'est dans ces sentiments que
je suis votre tres-humble obéissante servante, sœur Anne Julie

FRAISSE de la v. ste.

M. D. s. b.

1. Un négociant de Toulouse avec lequel Jean Calas avait eu depuis
longtemps des relations d'affaires et d'amitié.

IV

A Mademoiselle
Mademoiselle anne calas
chés monsieur dumas rue neuve
Saint eustache. A paris[1].

✝ VIVE JÉSUS

De notre monastere de Toulouse ce 5 avril 1763.

Me soubsoneriés vous d'indiférance, ma chère Nanete, par le retard de repondre a votre charmante letre du 13e mars? Peut etre avés vous deviné que nous n'écrivons dans le careme, que pour l'absolu nécessaire. Voyez mon exactitude : au premier courrier ie n'ay qu'à suivre mon cœur pour m'entretenir avec vous et vous feliciter de l'heureux commencement de votre cruële afaire. Je repasse dans mon esprit tout ce qu'il faut pour la conclusion ; il y a bien des choses encore : l'apport des charges, information, raison de l'arrêt; nos gens ne se preseront pas; puis l'examen et le jugement. Ie suis impatiante, comme Nanete l'étoit quelquefoix, en elle meme, a basse et douce voix. Je voudrois tout savoir à la foix; ie suis pourtant bien tranquille, persuadée que vous aurés du bon.

Et puis, tout jugé, ou habiterés vous ? N'y aura-t-il point quelque reste d'afaires qui vous ramènera au moins en passant dans cette ville? J'ay peine à consentir de ne plus vous revoir; ma tendresse soufre des aparances, peut-etre trop certaines, de cette privation.

Je souaitte bien que M. Dauriac soit au jugement, suposé qu'il vous soit favorable, comme je l'espere. Il a reputation de bonne tête; son avis est écouté.

M. Francés est tres exact a nous donner les assurances de votre souvenir, ie ne lui pardonnerois pas de nous les laisser ignorer. Qu'ay-ie tant fait pour vous, qui puisse si fort exiter votre reconnoissance? Vous contés sans doute la bonne volonté pour les efets; rien n'est perdu dans vn cœur si bien placé que celuy de ma chère Nanete, que j'aimeray toujours tendrement. Le bon Dieu le sait et tout ce que je luy dis pour elle. Ha, si jamais j'aprans qu'en m'écoutant il m'a exaucée, ie diray comme Simeon : Sei-

---

1. Cette adresse est aussi celle des lettres suivantes.

gneur, laisés aler mon ame en paix, puisque ie vois ce que j'ay tant desiré.

Nos cheres sœurs vous en disent de meme et vous font mille amitiés. Des qu'elles me savent une de vos letres, elles en veulont savoir quelque chose, et ie veux avoir toujours ce qui vous interesse. Aprenés moi tout ce qui surviendra de nouveau. Mes tendres compliments, ie vous prie, à Madame votre Mère. Je la remercie de son souvenir. Il me semble que si ie la voyais, nous serions bonnes amies. Vne embrassade à la chere sœur. Votre frère Louis n'est plus venu depuis votre sortie. La sœur Vialet vous salue.

Mademoiselle Nautonnier est d'accort avec nous, qu'elle n'est pas faite pour etre religieuse, elle attent une autre lettre de cachet pour un couvant de Castres ; Vous la connoissés [1]. Je finis, ma chere petite amie, pour faire place a notre mere. Je suis et seray toujours toute a vous.

Sœur Anne Julie D. s. b.

V

LA MÈRE D'HUNAUD A MADEMOISELLE ANNE CALAS.

(Sur la même feuille).

Je ne saurai pas vous aussi bien dire que notre Sœur De Fraisse tout ce que je pense et que je sens pour vous, Mademoiselle. Si vous pouviés voir dans mon cœur, vous y trouveriés des sentiments tendres et de vifs desirs pour tout ce qui vous interesse. Je me rejouïs du bon commencement de vos tristes affaires, mais j'ai peine à prendre patience de la lenteur de vos juges. Je me flatte que ce n'est que pour mieux faire ; je le desire de tout mon cœur.

Donnez nous en des nouvelles, et de votre santé, que la multitude (et la qualité[2]) de vos occupations peuvent altérer ; il faut la ménager.

Toutes nos sœurs, qui vous aiment toujours, pensent souvent

---

1. Voir sur Mlle de Nautonnier la note 32 à la fin du volume.

2. La mère Anne d'Hunaud a effacé les mots *et la qualité* ; elle a craint sans doute que cette vague allusion à tout ce qu'avaient de pénible les sollicitations dont s'occupaient à Paris Mme Calas et ses filles, ne leur fût point agréable. Cette attention délicate à éviter, en un sujet si douloureux, la moindre rudesse de langage, fait honneur à la supérieure.

25

a vous et prient beaucoup Dieu qu'il vous accorde toutes les grâces qui vous sont nécessaires pour être véritablement heureuse dans le tems et dans l'éternité. Je vous demande toujours quelque part dans votre amitié ; vous la devez à celle que j'ai pour vous. Je serai toute ma vie bien tendrement, Mademoiselle, votre tres humble et tres obeissante servante.

> Sœur Marie Anne D'HUNAUD
> de la visitation de Ste Marie D. s. b.

———

VI

† VIVE JESUS

De ntre monastère de Toulouse ce 13e juin 1763.

Faut-il donc, ma chere Nanete, faire le sacrifice de vos nouvelles ? Depuis le commencement du careme ie vous ignore. Votre santé, vos affaires, vos contentemens ou vos deplaisirs, tout m'interesse. Je voudrois tout savoir, pouvoir lire dans votre cœur touts vos mouvements, sans oublier ceux de l'esprit. Vous etes bien dans le mien, ie vous assure.

Ie profite du départ de Monsieur votre frere qui dit devoir partir demain par la messagerie. Ie dis *qui dit ;* la confiance ne dépend point de soy, vous savés que je n'en ay pas de reste et vous avés bien voulu avoir la bonté de me le passer.

Toutes nos religieuses vous embrassent et vous font mille amitiés. Nous parlons souvant de vous sur le ton qui vous est deu. Mademoiselle Nautonier est à Castres. On dit qu'elle va se marier, si elle ne l'est déjà. Pauvres enfants, que ie vous plains ! qu'en pense Nanette ? seront-ils bien rangés, bien peignés ? quelle maison luisante !

Votre frere [1] me presse si fort que malgré moy il me faut finir. Notre Supérieure me charge de vous assurer de son souvenir, de son amitié. Vous ne doutés pas sans doute de celle que ie vous ay vouée. Adieu, ma chere petite amie, je suis toute a vous

> de tout le cœur Sœur Anne Julie
> FRAISSE de la V. Sainte M. D. s. b.

———

1. Louis Calas.

VII

† VIVE JESUS

De ntre monastère de toulouse ce 3ᵉ août 1763.

Nous sommes toutes les deux coupables, ma chère Nanete, de jugements contre le prochain. Malheureusement les miens ne sont que trop vrais; mais les votres sont faux. Ie ne dis pas injustes; les aparances vous trompent. Vous croyés sans doute que ie ne vous ai point écrit; mais voicy mon histoire. Monsieur votre frere [1], en qui vous savés, ie n'ay jamais eu confiance, vint il y a prés de deux mois nous avertir qu'il partoit le lendemain pour Paris. Sans vouloir jurer du vray, je ne voulus pas perdre l'occasion de vous écrire sans vous faire des fraix. Ie vous écrivis, fort pressée, seulement pour vous assurer de toute ma tendresse. Mais la supérieure fit bien plus; elle luy remit des letres de conséquence pour Monsieur son frère qui est à Paris et pour nos religieuses afin de les avertir du départ d'un quelqu'un qui devoit se charger pour nous de bien des paquets. Vendredi dernier mademoiselle Gardelle vint me voir; je luy fis vos complimens et que vous me demandiés de ses nouvelles, que votre letre s'étant croisée avec celle que j'avois donnée à Monsieur votre frère, j'avois conté qu'il vous en donneroit et que j'attendois pour vous répondre, d'être sure de sertaines petites nouvelles que ie voulois vous donner. Elle me repondit que ie contois bien faux, qu'il n'etoit parti que depuis quelques jours et la procédure aussi, quoy qu'il nous eut assuré depuis deux mois qu'elle etoit à Paris. J'attendois avec toutes les impatiences imaginables d'en aprandre quelque chose. Je vous avoüe que si je m'etais trouvée dans ce moment vis à vis de luy, ie luy aurois dit son fait. Il dévoit nous randre les letres, puisque son depart etoit si fort retardé.

Ainsi, ma chère Nanete, ne croyés point que ie vous ay oubliée. Vous m'etes toujours presente, mon cœur vous rapele toujours à l'esprit. Il est vray, ie vous l'avoüe, vous etes toujours tout ce qui m'est le plus cher. Dans quelle situation etes vous! Comment vont les choses? Qu'esperés vous? que craignés vous? que projetés vous? tout m'interesse. Parlés moy bien de vous quand vous m'écrirés. Ne pensés point au cout; c'est a moy d'y penser pour vous, sans quoy ie vous ecrirois tres souvant.

Comme ie reste persuadée que votre frère n'arrivera point à Paris, vous vouliez des nouvelles de Gardelle; elle a accouché d'un enfant mort, et mort depuis trois mois. C'est inimaginable.

1. Louis;

Elle etoit groce de quatre mois; etant a Montauban, elle se trou
bla de voir vn cabriolet ou son mari, sa sœur etoient et qui fu
renverse par le cheval qui prit la fougue. Depuis elle ne senti
plus son enfant se remuer ; elle ne grocit plus et trois mois aprè
elle en a accouché, de la taille de quatre mois. Elle se porte
bien. Mlle de Grave est mariée, depuis vn mois avec M. de Treville, à Castelnaudary, homme de condition, huit mil livres de
rente ; on luy a donné quarante mil livres. Elle vint nous voi
dimanche. Ie la croy groce. Elle est toujours aimable et nous es
fort attaché. La charmante Nautonier ne nous a jamais écrit
mais elle a fait l'effort de prier sa tante de nous communique
son mariage avec M. Villeneuve. Ie n'ay pu savoir ou il habite
ni si elle a encore epousé. Dans ma derniere lettre, que vous n
recevrés pas sans doute [1], ie vous faisois mes lamentations su
ses pauvres enfants.

Dans notre parlement tout commence d'aler au mieux en faveu
de M. le premier présidant. Après un train afreux contre luy, le
esprits s'apaisent ; on prand d'autres idées. Ie say que vous vou
y intéresés. Ie ne say plus nouvelles à vous donner, mais bien
vous demander des votres. Notre mere vous fait mille amitiés
notre sœur de Ponsan, Vialet et toute la communauté.

Adieu ma chere petite amie. Aimés bien le bon Dieu, priés l
de vous éclairer de la vraye lumiere. Soyés toute à luy. Il n'y
que luy seul qui puisse nous rendre heureux. Je suis et sera
toujours toute à vous.

    Sr Anne-Julie FRAISSE de la V. Ste M. D. s. b.
mes tendres compliments, ie vous prie, à Mme votre mere e
sœur.

———

VIII

† VIVE JESUS

De notre monastère de Toulouse, ce 26 oct. 1763.

Voicy bien du temps, ma chere Nanète, que je n'ay eu de vo
nouvelles, ni vous dès mienes. Ie voudrais bien pouvoir me fla
ter de ce dont ie puis vous assurer à votre égard, que l'oubli n
l'indiferance, n'y a nulle part. Vous êtes toujours dans mon cœu
et jusqu'à mon dernier soupir, ie ne cesseray de demander
Dieu votre salut, avec autant d'ardeur que le mien. Luy seul sa
mes desirs et mes soupirs. Il faut briser a tout ce que je pour
rais vous en dire. C'est un article qui m'atendrit jusqu'au
larmes.

_____
1. C'est la précédente.

J'ay vu ces jours cy M. Gardels, sa fame et madame Guay. Ils m'ont dit que madame votre mere avait obtenu 700 fr. de pansion. Je vous prie de luy temoigner combien j'en ay du plaisir; et vous 2000 livres. J'esperais qu'il vous en serait reconnû davantage, persuadée que les ventes de vos efets allaient bien plus loin. Cependant vous ayant été accordé, ce que vous autres avés demendé, c'est vn préjugé favorable pour tout le reste. J'espere qu'on vous rendra bonne justice.

Des que vous aurés besoin d'une letre pour M. Dauriac dont vous me parliés dans votre derniere, ecrivés moy tout ce que vous voulés que ie dise. Vous la recevrés courier par courier, et dites moy si ie dois vous l'adresser, ou a luy directement. Ie ne say si la disgrâce de son beau pere le chancelier, peut porter sur luy. Vous etes en lieu de le savoir. Je crains ausi que dans cette saison sa goute ne luy permete pas d'exercer, mais en tout cas, vous me trouverés toujours disposée à tout ce que vous voudrés. Ie ne puis avoir de plus grand plaisir que de vous en faire.

Ha! si ie pouvois vous revoir sous ma patte qui n'est pas assomante, ie ne perdrois aucune occasion de vous prouver ma tendresse. Si vous voyés M. votre frère, donnés luy la nouvelle de la mort de l'abbé Durand, vne fievre maligne l'a emporté dans ses sept jours. (Il est mort en saint comme il avait vecu [1].)

J'ay encore des nouveaux mariages à vous aprandre, dans le même gout dés derniers. Nous avons eu dans la maison un mois Mlle Ville, sœur et jumele de notre Sr Marie Melanie, qui vous aprenoit les mitenes. Elle étoit venue faire une retraite pour se consulter sur vn choix d'etat. Elle ce marie ce mois cy. Nous en avons une autre, peut être de votre connaissance, Mlle Opiats, marchand au port, grande dévote [2]. Elle est sortie. Je ne say pas si elle conclura comme les autres. Voyés le tort que Nanete a eu de n'avoir pas dit : ie veux être religieuse. Je croy que dans votre ville on parle de l'aventure de notre parlement. Elle est remarquable et unique. Depuis son établissement, le président Belloc est mort d'apoplexie. Il parut une lettre au nom de son frere à M. le Commendant pr luy demander permission qu'il put sortir des arrets pr aller au tombeau. La reponce fut qu'il le permettoit pour une foix seulement. Il paroit tous les jours des ecrits suposés assés amusans. Le Comendant s'est logé a Lalande dans un vieux chateau de M. Nicole et il n'est visitté de personne.

1. Les mots que nous avons placés entre parenthèses sont biffés.
2. C'est-à-dire *Mlle Opiats, grande dévote*, dont le père était marchand établi auprès d'un des ports de la Garonne à Toulouse, tels que le port Garaud, le port de la Daurade, le port Saint-Pierre.

(*Le reste de la page est tombé de vétusté, excepté le post-scriptum suivant*) :

Il vous sera peut etre utile de savoir que M. Duroux le père[1] est tombé d'apoplexie à sa campagne; il n'étoit pas mort hier matin, ie n'en say point de nouvelles depuis.

IX

☩ VIVE JESUS

De ntre monastère de toulouse ce 4ᵉ janvier 1764.

Vous m'aurés sans doute pardonnée, ma chere petite amie, des soupsons que ma tendresse avoit fait naître. Votre aimable lettre a tranquillisé mes alarmes. Elle fut luë de toute la communauté et chaqu'une fit le panegerique de votre bon cœur et des sentiments qui sont nés avec vous. Mon Dieu! seroit-il possible que de si belles qualités.... ie ne dis rien de plus. M. de Mongasin qui a eu occasion de vous voir ne peut se taire de toutes vos politesses et tout ce que vous luy dites d'obligeant sur notre sœur Thérèse Félice. Elle vous en remercie et vous fait mille et mille compliments.

Que ne puis-ie, ma chere amie, vous exprimer touts les souhaits que ie forme pour vous dans cette nouvelle année! Vous les penétrés, je desire que vous les sentiés. Mon cœur vous est assés connû pour ne pas douter de leur sincérité et de leur étendue. J'espere qu'elle vous sera heureuse pour une conclusion favorable a votre tres malheureuse afaire. Ne diferés pas un seul instant a m'en faire part, et, par la suite, du parti que vous autres prendrés de rester a Paris, ou l'endroit que vous choisirés. Vous le savés, ie vous l'ay dit souvent : ie suis malheureuse de vous avoir connuë. Tout en moy s'intéresse à votre sort. Quel sera-t-il? pas si heureux que ie le desire. J'écris a M. Dauriac, aussi vivement que vous pouvés souhaitter. Ie say qu'il a la goute; peut etre ce sera un obstacle a pouvoir vous etre utile.

Ie suis bien sensible au souvenir que vous avés de ma famille. Ma sœur[2], monsieur de Bertier, se portent très bien ; ma nièce vit, c'est tout; elle est toujours aux soins de M. Sol[3]. Je l'ay vu,

---

1. Père du procureur qui signa la brochure de La Salle et qui fut suspendu trois mois de ses fonctions pour s'être inscrit en faux, au nom des Calas, contre certains actes de David de Beaudrigue.
2. Mme de Bertier.
3. Voir sur le docteur Sol la note 20 à la fin du volume.

et Mme Vialet et Gardelle. Je leur ay fait vos complimens; les uns et les autres vous remercient et vous font mille souhaits, aussi bien que notre sœur de Ville. Sa sœur est toujours Mademoiselle; deux mariages ont manqué.

Notre mere superieure et toutes nos sœurs sont tres sensibles à vos bontes; elles vous aiment de tout leur cœur. M. Canpan ne vient point; s'il retarde, ie m'informerai ou il habite pour le reveiller. Ie vous prie de faire mille et mille complimens de ma part et une embrassade à Mme votre mere et a chere Rosete.

Suis avec les sentimens les plus tendres, et d'un cœur qui vous est tout dévoüe, votre tres humble servante

Sr Anne Julie FRAISSE
de la V. Ste M. D. s. b.

Ie vous prie, lors que vous m'ecrirés de ne pas négliger, comme vous faites, de me donner des nouvelles de votre santé. Et la poitrine, que fait-elle?

————

X

† VIVE JESUS

De ntre monastère de toulouse ce 14e mars 1764.

Ne croyés pas, ma chere petite amie, que l'oubli ait part au retard de ma réponce. Ie ne puis et ne suis capable a votre egard que des sentimens les plus tendres. Vos lettres me donnent toujours un plaisir nouveau. Votre derniere a bien couru en premier lieu touts nos ronds, a la recreation. Chacune s'empresse de vos nouvelles; elles vous font toutes mille compliments, notre Superieure a la tête. Notre Sœur de Mongasin et Sœur Vialet voudroient vous embrasser; ie ne leur cederois pas, si ie pouvois avoir un jour cette consolation; ie m'en prendrois bien.

Ie remis votre lettre à M. Sol pour decouvrir M. Canpan. Tous les Gardele, Vialets, Mme Gay, et les autres l'ont vuë jusqu'a ma sœur qui seule pretend connoitre ce Canpan de Castres. Il n'est point a Toulouse. Voyés a qui nous devons remettre les fleurs, ou s'il n'en est plus question. Toutes vos connoissances et M. Sol vous saluent. Ie leur ai fait grand plaisir de leur donner de vos nouvelles. Ie suis bien fachée de celles que vous me donés de votre santé. Il se peut bien que les eaux de ce pays vous soient contraires; il y a des fontaines dont bien des personnes se servent, qui sont saines. Menagés vous, ne prodigués pas votre santé; vous le devés a vous meme et aux personnes qui vous cherissent tendrement.

Ma chère Nanete, mon cœur et mon esprit est bien rempli de vous ; il en est ocupé plus que vous ne croyés ; Vn objet superieur le fixe et vous rend toujours presenté a moy. Je suis a presant dans l'atente a tous les courriers des nouvelles de vos afaires. Elles m'interessent au point de me donner bien de l'inquietude. Si le jugement est retardé et que vous souhaittiés une autre letre pour M. Dauriac, vous n'avés qu'a dire : ie suis toute à vous. Point de paresse de plume, lorsqu'il est question de vous rendre servise. Je fairais, ou tenterais l'impossible pour ma chere petite amie. Mon Dieu ! qu'il me taede de savoir votre sort ! Quel qu'il soit, vous me serés toujours chere, et jusqu'à mon dernier soupir, le bon Dieu sait bien que ie ne vous oublieray devant luy. Adieu, ma chere amie, je suis pour toujours avec l'attachement le plus inviolable, votre très humble servante, Sr Anne Julie FRAISSE de la V. Ste M. D. s. b.

Mille et mille compliments a Mme votre mere et votre chere sœur. Je les remercie de leur souvenir. Elles ont bonne part dans le mien.

———

XI

LA MÈRE D'HUNAUD A Mlle ANNE CALAS.

✝

V. J.

De N. M. de Toulouse ce 31 mars 1764.

Vous nous donnés tant de témoignages de l'amitié que vous avés pour nous, Mademoiselle, que je m'adresse à vous avec beaucoup de confiance pour une petite affaire dont j'espere que vous tirerés bon parti. Il est question de nous faire païer seize Louis que nous avons prêtés à M. Francés. Il s'est engagé, dans le billet qu'il nous a fait, de nous païer dans tout ce mois-ci. Nous avons quelque souci sur son conte, n'aïant donné aucun signe de vie depuis son départ de Toulouse, ni a nous, ni a aucun de ses parents ni amis. On prétend qu'il est à Paris avec Mlle de Manse. Supposé qu'il y soit encore ou quelque part qu'il soit, si vous le pouvés, je vous conjure, Mademoiselle, de le presser de nous païer. Nous avons beaucoup pris sur nous pour lui rendre le service de lui pretter cet argent, qui nous est tres necessaire. Vous etes assés de nos amies pour que je vous dise en confiance que nous avons été obligées d'emprunter. Vous sentés par là que M. Francés nous feroit grand tort de retarder à nous rendre ce qu'il nous doit. Il se parle beaucoup de lui; vous pouvés deviner ce qu'il s'en dit. Ses parents et amis le plaignent et le blâment. Je crains qu'il n'aura peut etre pas osé se presenter a vous et qu'il sera inutile que je vous prie de vous interesser pour nous procurer notre argent. Je suis bien convaincue que, si vous y pouvés quelque chose, vos bontés et votre amitié pour nous vous engagera a nous rendre ce service.

Pour moi, mademoiselle, je suis très aise d'avoir cette occasion de vous renouveller les assurances de mon sincere attachement et de l'interet que je prens a tout ce qui vous regarde. Je suis bien impatiente sur la conclusion de vos affaires; je vous prie instamment de m'en donner des nouvelles. Vous etes toujours estimée et aimée de toute notre communauté. Nous parlons souvent de vous, et nous prions toujours beaucoup pour vous. Notre Sœur de Fraisse se porte assés bien, elle me charge de vous dire mille choses tendres. Vous connaissés ses sentiments pour vous. Les miens ne sont pas moins sinceres; rendés moi la justice d'en etre convaincue, et que je suis, mademoiselle, votre tres humble et tres obeissante servante, Sr Marie Anne D'HUNAUD, superieure

de la visitation Ste Marie. D. S. B.

Notre Sœur de Fraisse vient de recevoir votre aimable lettre que nous ayons luë avec grand plaisir a notre recreation. Elle va ecrire a M. Doriac.

XII

✝ VIVE JESUS

De notre monastère de toulouse ce 30 mai 1764.

J'atens a touts les couriers, ma chere et plus chere petite amie, des nouvelles de votre malheureuse afaire. Je m'informe; personne n'en sait mot. J'ay recrit a M. Dauriac, pas sitot que vous me demendiés dans votre derniere; mais pour le mieux. Voyant le jugement retardé jusqu'après paques, je ne luy ecrivis que le mercredi saint pour que le souvenir touchat de plut pres le terme de l'afaire. Je vous diray meme que pour ne pas afaiblir ma solicitation en les multipliant, je me suis brouillée avec le sieur Fransés qui m'en demendoit pour sa belle. Obstinement je l'ay refusé; ce sont des délicatesses que l'amitié inspire. Je puis si peu pour vous, ma chere Nanete, qu'il faut bien que je laisse en valeur ce petit rien. Mon Dieu, que ne fairayie pas si les occasions egalaient ma bonne volonté pour touts vos interets.

C'est devant le Seigneur que ie m'occupe pour vous de ce qui vous rendrait vraiment heureuse. J'espere contre toute esperance et j'espereray jusqu'à mon dernier soupir. La puissance du Tres Haut est bien au dessus de nos resistences. Il faut tout esperer de ces moments precieux, réglés dans ses decrets eternels.

Ie ne suis point encore consolée de la perte que nous ayons faite ce careme, de notre sœur Marie-Henriette Lapeirie, d'une ataque de colique, comme celle que vous lui aviés vue dans le tems que j'etois malade. On ne peut acuser le careme. Elle n'avoit jamais mangé maigre depuis ce temps. Sa colique la prit le jeudi de la semaine de la pasion et le samedi elle mourut. Nous l'avons fort regretée. C'étoit une fille d'un bon caractere qui n'avoit que trante deux ans. Les dames Notonier et de Grave sont au moment de leurs couches. La premiere a pris son logement au plus haut de sa maison et pleure volontiers lorsqu'elle voit du monde. C'est toujours la meme; l'eloge n'est pas pompeux. Notre supérieure, sr Vialet, sr Ponsan et toutes vous font mille amitiés. Nous ne vous oublierons jamais. Souvant on chante vos louanges. Ie pence qu'il en est de meme, partout ou l'on vous connoit.

Donnés moy de vos nouvelles en détail. Parlés moy de tout ce qui vous interesse, plus que de toute autre chose. Dites en plusieurs de ma part et mille amitiés à Mme votre mere, et chere Rosette. Je suis toujours avec l'atachement le plus tendre votre tres humble servante

Sr Anne Julie Fraisse de la V. Sté M. D. s. b.

———

XIII

† VIVE JESUS.

De ntre monastère de toulouse, ce 13 juin 1764.

Je suis si transportée de joye[1], ma chere petite amie, que je ne say comme m'en m'expliquer. Lisés dans mon cœur; vous y trouverés tout ce qui est dans le votre. Je prands bonne part de tout ce qu'il sent. Vos interets, vos plaisirs, vos peines sont des biens et des meaux qui m'apartiennent autant qu'a vous. Il en

———

1. Le 4 juin, le Conseil avait cassé les arrêts des Capitouls et du Parlement de Toulouse.

sera toujours de meme jusqu'a mon dernier soupir. Soyés loin, ou près, vous me serés toujours presente. Lors que je suis devant Dieu, c'est alors que je luy dis bien des choses pour vous.

Lorsqu'on aura nommé le tribunal qui doit juger le fond de l'afaire, faites m'en part au plus tôt. Nous avons de nos religieuses presque dans toutes les villes du royaume ; nous pourrons peut etre vous procurer des connoissances et protections. Toujours empressées de vous etre utiles, disposés de ce qui depend de nous. Notre Mere Superieure vous assure du plaisir sensible de votre heureux succès. Elle vous fait mille et mille amitiés et remerciemens de vos soins à l'égard du Sieur Francés. Toutes nos religieuses vous felicitent ; j'aý repandu la nouvelle dans le moment. Mme de Treville est près de ses couches. Notre Mère lorsqu'elle lui écrira luy faira vos complimens.

Je vay ecrire a M. Dauriac pour lui faire mes remerciemens et luy dire la reconnoissance que vous m'en témoignés. Il faut se menager tout le monde ; les occasions viennent, le moins qu'on y pense. J'enverray la bonne nouvelle aux personnes que vous me nommés. Dites bien des choses de ma part à Mme votre mere et chere sœur ; vous ne sauriés leur en dire au delà du vray. Dites moi, ma chere Nanete, si la suite de vos afaires, pour le recouvrement de vos biens, ne vous necesitera pas de venir un temps dans ce païs. N'oubliés pas cet article lorsque vous m'écrirés pour m'aprandre le parlement qu'on aura nommé. Je suis et seray a jamais toute a vous

Sr Anne Julie FRAISSE
de la V. Ste M. D. s. b.

XIV

† VIVE JESUS .

De ntre monastère de toulouse ce 27 juin 1764.

Je viens, ma chère petite amie, de recevoir votre aimable lettre et j'apprens en même tems le depart de Janete pour Paris, qu'elle nous a dit etre demain. J'en profite avec empressement. Ce m'est un plaisir sensible que dans notre eloignement vous soyez persuadée de mes tendres sentiments. L'afoiblissement des temps n'auront jamais action sur eux.

Je vous felicite du tribunal ou votre afaire est évoquée ; on ne pouvoit rien faire de mieux a vos interets. Ie ne trouve point mauvais ce que vous me répondés sur notre ville. Jugés, a present que vous etes instruite de tous vos malheurs; et que mon atachement vous est connù, quelle etoit ma situation vis a vis de vous, les alarmes ou j'etois, et les precautions que nous prenions toutes pour qu'ils ne vous fussent pas connùs. J'ay toujours empeché que les ecrits de Voltaire vous parvinsent. Il valait mieux que vous n'en connusiés que lors que vous seriés dans vne autre situation.

Je comprens qu'a present vous n'aurés plus besoin de M. Dauriac; en cas, vous savés tout ce que ie vous suis. J'exige que dès la conclusion de votre afaire, que j'espere aler vite, vous m'en ferés part, et de la ficsation de votre demeure qui sans doute sera a Paris. Vous le savés, ie veux etre instruite de tout ce qui vous interesse, et vous savoir hors de toute afaire. Notre Mère Superieure vous fait mille amitiés, aussi bien que toutes nos Sœurs. Elle vous prie de faire remettre la letre que Janete vous donnera a son adresse. Ce sont les mêmes que vous futes voir et qui nous ecrivirent qu'elles avoient vu une jeune et fort jolie dame qui nous etoit bien atachée.

Je suis tres obligée a madame votre mere et sœur de leurs sentimens; j'ose dire me les devoir par juste retour. Embrassés les pour moi, ie vous prie. Je suis, ma chere amie, avec la plus vive tendresse, votre tres humble obeissante servante Sr Anne Julie FRAISSE de la V. Ste

M. D. s. b.

XV

† VIVE JESUS

De ntre monastère de toulouse ce 24ᵉ octobre 1764.

Vous devés sans doute, ma chere petite amie, me croire morte, enterrée, depuis bien du tems. Me voicy resucitée. Ma chere Nanete a été malade, me disoit-elle, dans sa dernière lettre; ie l'ay été aussi à mon tour. Je n'ay jamais perdu le desir de vous renouveller les asurances de mon très tendre attachement. Je suis en peine et dans des inquiétudes terribles sur votre afaire. Nous en parlames beaucoup hier avec M. Sol; son discour me mit en perplexité. Il me dit qu'il ne craignoit point le jugement, qu'il le desiroit, bien persuadé que si l'afaire se juge, ce sera favorablement, mais ie crûs apercevoir qu'il craignoit qu'elle ne seroit pas jugée. Tirés moy de peine sur cet article, donnés moy de vos nouvelles; j'en veux a fonds, de maman et de votre chere sœur. Je fais a toutes les deux mille et mille amitiés. Toutes nos sœurs vous en font des plus afectueuses ; elles me demandent souvent de vos nouvelles ; elle vous aiment bien toujours.

Mademoiselle de Grave et Mademoiselle Nautonier, l'une et l'autre *Madame* dont ie ne me souviens du nom, ont vne consiance admirablement scrupuleuse : elles ont fait chacune une fille pour nous rendre dans la suite des temps ce qu'elles ont cru ne pouvoir faire. C'est bien faire les choses. Nous avons perdu la sœur de Catelan d'un accident d'apoplexie.

Il m'est inutile de vous repeter que si vous avés besoin de moy aupres de M. Dauriac, ie suis tout a votre service. Ie ne pense pas que vous me fairiés le tort d'en douter. Que ne puis-je avoir ocasion de satisfaire le desir de vous etre utille, et vous prouver par des efets les sentimens de mon cœur ! Notre superieure vous asure de son tendre atachement. Je suis, ma chere amie, mais de tout le cœur, toute a vous.

Sr anne julie FRAISSE de la v.
Ste M. D. s. b.

Avés vous vu notre premier president a Paris ? Il pouroit bien vous rendre service, luy qui a ete aux requetes.

XVI

✝ VIVE JESUS

De ntre monastère de toulouse ce 12 décembre 1764.

J'ay reçeu, ma chere petite amie, votre letre avec un plaisir toujours nouveau. Mon cœur est flaté de voir que le votre ne m'oublie pas. Nous voicy au terme ou vous esperés le jugement de vos afaires. Ie me doute que je seray de mauvaise humeur jusqu'au moment ou ie vous sauray contente, hors d'embaras, et décidée sur l'habitation de vous trois[1].

Au moment du jugement, je prévois bien d'aucupations. Ie me contente que dans vne grande et belle feuille vous metiez : *Nous avons tout gagné. — Nanete Calas.* Et à votre loisir, vous m'en dirés tout. Ie vous connais vive, sensible au dernier point, de l'honneur jusqu'au bout des ongles, pleine de sentimens, voila ma chere Nanete bien peinte au naturel. En consequence la santé paye pour tout, et ie ne suis point surprise de son déran-

---

1. Ici se trouvent les mots qui suivent; ils sont peu lisibles et me paraissent inintelligibles : *Pour les chapeaux ce sont d'autres débrèchements.*

gemant; ce ne peut etre autrement. J'espere qu'un jour, plus tranquille, dans un sort plus heureux, vous vous remetrés.

Je vous en souhaitte vn semblable à celuy de Mlle Gaillard, que vous avés vue chés nous. Vous pouvés la rapeler : vous lui avés eu montré d'ouvrages[1]. Elle vient de se marier; n'ayant que seize ans et avec vint cinq mille livres de rente, elle a épousé M. Treil receveur de Castres, qui n'a pas moins de quatorze mille livres de rente.

Notre Mere Superieure vous embrasse de tout son cœur; toutes nos religieuses et Sr de Ponsan, Mongasin, l'infirmière, Vialet vous asurent de toute leur tendresse. Je puis vous asurer que vous avés si bien captivé touts nos cœurs qu'il n'y en a pas une qui ne soit toute empressée de vos nouvelles. Jugés si au bon Dieu nous ne luy disons pas bien des choses pour vous. Le sage dit que la persévérance est la patience a attendre les momens de Dieu et la perfection de l'œuvre.... Il faut bien que ma chere petite amie me permete de respirer quelque foix[2]. Je pense actuellement qu'un quelqu'un qui ne nous conoitroit pas et qui veroit nos lettres, vous, jeune et jolie demoiselle protestante, et moy, vieille et laide religieuse, en seroit bien surpris. Je ris toute seule de cette pensée.

J'ai écrit à M. Dauriac. Je saluë bien tendrement votre chere maman et sœur. Ie ne suis pas en peine de quel cœur vous vous etes servies mutuëlement dans vos maladies. M. Sol et Vialet, a qui j'ai fait vos complimens, vous asurent de leur sensibilité a votre souvenir et vous protestent de leur atachement. Vous ne doutés pas du mien. Il vous est dévoué jusqu'a mon dernier soupir. Ie suis votre tres humble obeisante servante sr anne julie

de la v. ste m. D. s. b.

J'oubliais de vous parler de ma sante comme vous souhaittés. Quand ie vous ecrivis ie sortois dune maladie telle que j'eus avant votre sortie. A présent nous sommes toutes enrumées, gripe ou la tete en baraquete (*sic*).

1. Phrase traduite mot à mot du patois languedocien, pour : vous lui avez enseigné des travaux d'aiguille.

2. Est-il nécessaire de dire que l'*œuvre* dont il s'agit d'attendre la perfection, *et les choses* que les religieuses demandent à Dieu, c'est la conversion de Nanette? En parler de temps en temps, même d'une façon détournée et discrète, c'est ce que la bonne sœur appelle *respirer quelquefois*.

XVII

A Mademoiselle
Mademoiselle Anne Calas
maison de monsieur Langloy
Conseiller au Grand Conseil rue
neuve Saint Eustache A Paris[1].

✝ VIVE JESUS

De notre Monastère de toulouse, ce 26 mars 1765.

Je commençois, Ma chere petite amie, de murmurer serieusement contre vous. Par le retard du distributeur des letres, la
votre ne me fut renduë que samedi ; et des la veille toute la ville
publioit vos heureux succès. Enfin vous respirés ! Et j'en dis
de meme par la joye de vos triomphes. J'espere que vous reta-
blirés votre santé dans une situation tranquille qui vous fera
jouir du fruit de vos travaux. Je vous connois ; Combien votre
cœur a-t-il souffert ! quels déchirements ! quelle violence ! j'en ay
bien pris ma bonne part. Dans votre sejour chez nous, je ne vous
temoignois pas ce que je santois, mais mon cœur etoit toujours
attendri sur vos malheurs.

Lors que vous serés un peu débarassée de toutes vos occupations, j'exige de votre amitié, et pour contenter la mienne, que
vous me parliés de trois choses. Ou fixcés vous votre demeure ?
Esperés vous de rapeler quelque chose de vos biens ? Et vous, ma
chere petite amie, vos aimables calités, votre merite personnel
et votre sage modestie vous prometent-elles un etablissement
convenable, l'honneur de la famille réparé, seul obstacle a ce
dont vous pouviés vous flater ? Vous me trouverés peut être in-
discrete, mais vous sentés bien que c'est le cœur qui parle et qui
desire. Il me semble que vous possedés tout ce qui peut plaire
a la creature. Je laisse à Dieu, et ie le prie, de faire en vous
tout ce qui peut le contenter. Du reste, si vous me faites quelque
confidence, je vous en jure le secret.

Notre Superieure et toute la comunaute vous assurent de la
part sincere qu'elles prennent a l'heureux succès de cette terible
afaire. Elles vous embrassent et vous ayment toujours fort tendrement. Ie vous prie de temoigner a la chere maman et sœur
tout ce que ie sans de leur contentement ; mais dites le leur bien-

1. Écrite après la réhabilitation des Calas, cette lettre porte cette
nouvelle adresse, ainsi que les suivantes.

ce ne sera jamais a l'egal du vray. Mon Dieu! si ie pouvois vous
embrasser, ie le fairois bien tendrement. Adieu, mon cher cœur,
vous me serés toujours chere. S'il se presente quelque occasion
ou ie puisse vous etre utile, ô de grand cœur ie seray a votre
service. Mais que peut une religieuse? Des prières au bon Dieu
pour qu'il accomplisse en vous sa sainte volonté.

Ie suis avec l'atachement le plus inviolable toute a vous.

> Sr Anne Julie FRAISSE
> de la V. Ste M. D. s. b.

XVIII

✝ VIVE JESUS

De notre monastère de toulouse ce 17 avril 1765.

Je ne puis vous dire, ma chere petite amie, tout le plaisir dont
j'ay été saisie a la lecture de votre aimable letre. Si j'avais apris
d'ailleurs ces aimables nouveles, je ne vous aurois jamais par-
donné de ne me les avoir point détaillées. Vous m'aviez fort bien
rendu le dispositif de l'arret; j'ay été bien aise de le voir dans
toutes ses circonstances. S'il est admirable il est encore plus
juste ; l'équité demandait qu'on vous tirat de l'opression où vous
avez gemi plus de trois ans. Efacons s'il ait possible les malheurs
passés et sachés un peu vous livrer à la satisfaction d'etre parvenues au point qui étoit a present l'objet de vos desirs. Votre ca-
ractaire, je le say, vous rend plus sensible aux afflictions qu'aux
plaisirs; c'est pourquoy ie vous exhorte a vous élever au dessus
de vous-même ; et suivant le cours des évenemens, soyés contente et joyeuse, dans un païs ou les tetes couronnées font à l'envie d'essuyer vos larmes.

Notre parlement a fait, dit-on, des assemblées secrètes, pour
examiner la légitimité des pouvoirs des requêtes, mais ils n'ont
rien trouvé a pouvoir les combatre. Ils disent qu'ils feront imprimer la procedure et la donneront au public pour leur justification. Je repons qu'ils s'en garderont bien. Ie puis pourtant vous
assurer que tout ce qui vous connoit s'est rejoui de vos triomphes. Notre supérieure, toutes nos religieuses, en sont transpor-
tées et me chargent de vous le protester, surtout toutes celles
que vous nommés. Vous êtes admirable et unique; nous ne trouvons dans aucune de nos élèves de plusieurs années, les memes
souvenirs qui sont dans votre bon cœur, pour huit mois de séjour dans notre maison. Il est vray que vous avés gagné touts
les cœurs. Durant plusieurs de nos récréations, il ne s'est parlé

que de ma chere Nanette, dont chacune faisoit les éloges ; ils étoient conclus par cet elan : Mon Dieu, quel dommage !...

Si le Roy fait quelque chose en votre faveur, ie veux le savoir ; si vous pouvés fixer votre demeure à Paris, j'en seray fort aise ; on est à portée de tout. Les parisiens aiment les gascons. Je m'attendais bien que n'ayant d'autre fonds que le magazin, rien n'était garanti.

Pour ma troisième question je n'en desespere pas ; ie ne contois point sur votre fortune, ie ne say que trop que vous n'en avés point ; mais ie ne puis me persuader, que votre figure, vos rares calités, ne vous vaillent plus que des sommes considérables en cas ; et en cas, sans manquer au respect que nous devons à St Paul [1], si l'aventure regarde un catolique, franchisés le pas ; ie me chargerais bien d'en répondre à Dieu, et St Paul, bien loin de s'en fâcher, en sera très content. N'oubliés jamais que vous m'avez promis de me faire part des evenemens qui vous arriveront. Vous voyés, que ie me donne les airs de vous donner des conseils avant qu'ils me soyent demandés ; tout est permis a l'amitié. Avec vous mon cœur pence tout haut. Ie conte si fort sur la bonté et la solidité de votre esprit, que ie vous croy en garantie de participer aux damnables sistemes dont paris est infecté. Vous avés naturelement le cœur et l'esprit pieux ; un petit rayon de la vray lumiere fairoit de vous une parfaite chretiene.

Vous avés été si bien recues a Versailles que ie ne doute point que si quelque chose vous y menait, vous ne reculeriés pas.

Il serait bien a souhaitter que si le vice chancelier parle au Roy, on se joignit à luy pour fortifier la demande. Si le chancelier n'etoit deplacé, je vous ofrirois mes services auprès de madame Dauriac sa fille. J'ay fait lire a M. Sol votre letre devant ma niece de Bertier qui etoit avec luy. Elle vous en fait son compliment. M. Sol qui vous fait bien les siens s'est chargé des Vialets et Gardelle. Mille amitié de ma part a la chere maman et sœur et ne doutés pas que ie ne sois a jamais avec les sentimens les plus tendres, votre très-humble et afectionnée amie

Sr Anne Julie FRAISSE
De la V. Ste M. D. s. b.

On me gronde fort serieusement et chacune veut être nommée a leur tour ; Sr Vialet, Sr de Ponsan, Sr de Ville, de Mongasin, Marie-Louise, Marie Rose, Sr Caseirals, et Sr de Serres vous embrassent de tout leur cœur.

1. Allusion au chap. VII de la Ire Épître aux Corinthien v. 8 : *Or, je dis à ceux qui ne sont point mariés et aux veuves a ' e r est bon de demeurer comme moi.* Voy. aussi v, 25, 34, 38.

XIX

✝ VIVE JESUS

Me voicy résuscitée, Ma chere petite amie. J'ay tant de choses a vous dire que les pensées m'etoufent. Je viens d'etre malade. Ie m'informois toujours avec M. Sol s'il n'y avoit rien de nouveau dans votre position. J'ay receu en son temps la charmante nouvelle de la gratification du Roy, et votre presantation a la Reine, et tout ce qu'elle vous dit d'obligeant; et touts vos heureux avantages me saisissent comme s'ils m'apartenoient. Ie ne sens pas plus sensiblement ce qui me touche que ce qui vous interesse. Mes plaisirs sur le changement de votre fortune ne sont modérés que par l'affliction de ne voir jamais luire un petit espoir de votre vray bonheur, qui ne peut consister que dans ce qui ne finit jamais; actuëlement les larmes m'en viennent aux yeux, vous cherissant comme moy meme.

Je n'avais jamais regardé votre demeure chez M. Dumas comme suite de letre de cachet. Ie nay pourtant pas oublié qu'elle vous fut signifié, mais ie regardois ce ceremonial sans consequence, et en liberté à Paris de vous loger ou il vous plairoit. J'ignore votre nouvelle adresse; je me serviray de la même.

Voyés, ma chere Nanete, comme le bonheur vous suit, a tous. Le voyage de M. votre frere dans cette illustre compagnie[1] n'est pas indifferent et prouve le non-deshonneur de vos malheurs passés. Ce sont mes petites observations, a part moy; lorsque ie m'interesse, ie suis comme les animaux de l'Apocalipce, qui avaient des yeux devant, et derriere.

Ie ne suis point surprise de votre fixation à Paris. Ce seroit une ingratitude de quitter cette ville après tant de bienfaits. Ie m'attens tous les jours a quelque brillante nouvelle sur vous, ma chere petite amie. Ne soyés point scrupuleuse a l'égard de St Paul. Si le cas échoit, si vous me laissiés ignorer une minute seulement cette douce idée dans laquelle mon esprit se promene, supposé qu'elle se réalise, ie ne vous le pardonerois jamais. La nouvelle de la gravure m'a divertie; ie la trouve charmante, ie voudrois bien la pouvoir voir, bien mieux encore l'original. Ie suis quelque foix toute triste lorsque j'en voie l'implacable impossibilité.

Je me suis informee de ce que disent les messieurs du Parlement. A presant pas un mot. Aux premieres nouvelles du gain glorieux, ils carillonnerent beaucoup sur le droit, et le fait; les

---

1. Je n'ai pu découvrir avec quel personnage l'un des jeunes Calas vait voyagé.

messieurs des Requêtes ne pouvoient, disoient-ils, toucher a leur arret. On fit courir bien de faux bruits; mais c'est tout. A present ces Messieurs n'en parlent point; ils sont tous ocupés de M. de Fitz-James[1], des affaires de Rennes et de Pau, d'un grand projet de noblesse a venir pour les membres de leur corps, n'en voulant recevoir qui n'ait quatre generations. Ils sont en dispute entre eux sur ce fait.

Vous m'avés fait un plaisir des plus sensibles par les copies de Mrs des Requettes, et Vice-Chancelier[2]. Ie les aye faites courrir de toutes mes forces. J'y ai trouvé une augmentation a ce que je savais, de 6000 liv. pour les frais des voyages et procedures; 36 000 liv. ne sont pas indiférantes; et la gloire de les tenir de Sa Majesté, preuve d'innocence persecutee. Je me persuade que Jannete ne sortira point ses 3000 liv. de la manse commune et vivra avec vous autres sans discution.

Notre Sœur Dhunaud est bien sensible a votre souvenir et toutes nos religieuses; elles vous cherissent tendrement; toutes vous embrassent. Notre Sœur Jaquete se sent trop honorée que vous vous rapeliés qu'elle existe et vous presente ses respects. Ie ne manqueray pas de porter vos complimens aux Vialets, Gardels et Sol; il en sera le porteur, comptant de le voir aujourd'huy.

J'ay repondu fort exactement, ma chere amie, a touts les points qui vous interessent personnellement; c'est avant tout. Venons a ce qui nous regarde. J'ay ri de tout mon cœur avec notre ancienne petite mere. Vous etes charmante, admirable, unique dans votre espece! Comment avés vous gardé dans un petit coin de votre memoire, avec les choses prodigieuses qui vous ont ocupée, notre election au terme juste? Je vous entens a merveille; j'ay souvent pénétré vos pensées sur cet article malgré votre discrétion. Vous alés croire que nous sommes devenues foles, lors que ie vous dirai la Supérieure, que ni vous, ni nous, n'avons jamais vue, mais a la veille de la voir. Pour notre justification ie vous dirai une grande histoire. La voicy en racourci : notre institut a été fondé a Annecy ville de la Savoye. L'Eveque est Eveque et Prince de Geneve. St François de Sales qui en étoit l'Eveque nous y etablit cette maison que nous y avons; nous la respectons grandement; c'est la source. Elles fournissent des Superieures aux maisons de l'ordre qui en veulent. Il y en a une,

---

1. Dans cettre lettre et quelques autres, il s'agit des *Édits bursaux* que le gouvernement força les Parlements à enregistrer et qui accablaient le peuple de nouveaux impôts. Le duc de Fitz-James, commandant en Languedoc, envahit le palais avec ses troupes et fit enregistrer ces édits par la force.

2. Ce sont les lettres que nous avons reproduites plus haut, chap. xi.

a nos religieuses de Montpelier, qui a gouverné six ans; elle devoit s'en retourner chez elle. Nous en avons eu fantaisie; c'est l'élection que nous avons faite le 23ᵉ de May. Ie conte qu'elle arrivera a la fin de ce mois par tout le ceremonial qu'il a falu ecrire a l'Eveque de Geneve qui est son superieur; il faut qu'il envoye sa permission. Ce sont des délais qui finiront bientot; j'y suis tres interessee pour finir mes ocupations; il m'a falu ecrire sans fin et me meler de tout, en qualité d'assistante. Voilà notre histoire. Vous en serés bien surprise; en tout cas, vous n'etes pas seule : on en parle partout.

Votre chere Maman et Sœur veulent bien recevoir les asurances de mes tendres sentimens. Vous ne doutés pas de ceux que j'ay pour vous et qui ne finiront qu'a mon dernier soupir. Je suis toute a vous. Votre tres humble obeisante servante Sr anne julie Fraisse

de la V. Ste M. D. s. b.

de toulouse, ce 12ᵉ juin 1765.

XX

☨ VIVE JESUS

De notre monastère de toulouse ce 29 septembre 1765.

Votre letre, ma petite amie, m'a comblée de joye. J'étois au moment de vous écrire pour soulager l'afliction dont mon cœur étoit pénétré, au risque d'y mettre le comble par votre reponce. Je m'informois de vos nouvelles à ceux que j'en croyois instruits et l'on m'asura que vous etiez si fort dans les bonnes graces de l'ambassadeur d'Angleterre que ie m'attendois a tous momens d'aprandre un grand mariage, dans ce royaume. Ie ne vous cache pas que la mort me serait plus douce et que j'en prandrois des regrets jusqu'à mon dernier soupir. Vous pensés sans doute : qu'est ce que cela fait? ie suis aussi ferme en France qu'en Angleterre. Ma chère Nanete, l'espérance est la derniere chose qui meurt en nous. Tout le tems que vous ne serez pas liée, ie pouray espérer que vous le soyés un jour avec un quelqu'un qui vous menera au point que ie désire. Grand Dieu, serait il possible que de si rares vertus et des qualités uniques dont le ciel vous a comblée, ne pussent vous servir que pour cette vie ! Il faudra que le ciel soit d'airain, si nous n'en arrachons ce que nous désirons. N'y mettez pas obstacle, ma chere petite. Conservés l'intégrité de mœurs qui vous est si naturelle, ne perdés pas par la séduction du monde les heureuses dispositions de votre caractère. Où trouver un cœur comme le votre? Il est inimaginable que

vous concerviés le souvenir de ce qui est si loin de vous. Avec
cette tendresse, ces attentions, ce désir de vous etre utille, il est
vray que vous me devés quelque chose, par les sentimens de mon
cœur qui vous est dévoué, bien plus que ie ne puis l'exprimer.

Ie ne suis point en retraite ; ie la commenceré le onze du mois
prochain, jusqu'au vingt. J'ay une grace a vous demander ne
me la refusés pas. Durant ces dix jours, dites à Dieu : Seigneur,
exausés la s'il est utile à mon salut. Je ne vous demande, mon
cher cœur, rien de plus. Et toute notre communauté qui est transportée de vos letres, pas une ne vous oubliera; et toutes à l'envi
vous font mille tendres complimens, notre sœur de Hunaud, Vialet. Je fairay vos complimens à toutes vos connoissances. Notre
Superieure grilleroit de vous voir sur tout ce que nous luy disons de vous. Elle vous remercie et vous asure de son amitié. Je
vous prie d'asurer de la mienne la chère maman, et sœur; ie suis
bien sensible à leur souvenir.

Vous ne vous êtes point aperçūe du vuide que vous laissés
dans votre letre, mais mon cœur le sant. Vous ne me dites pas
un mot de vous, rien de votre sauté, ni de vos plaisirs, ni de vos
peines. Comment me traités vous, ma chere petite amie ? Croyés
vous que je n'ay pas un cœur comme vous? Ha si vous le voyés
ce cœur vous vous y trouveriés bien empreinte. Je receveray
avec grand plaisir l'estampe dont vous me parlés. J'y verray
ma chere petite en figure, si ie ne puis la voir en réalité ; pourvu
qu'il n'y ait point de nudités.

Ie prans grande part au nouveau bienfait du Roy en faveur de
M. votre frère Louis. Oserai je vous demander s'il se soutient
dans la Catolicité? Ie crains la reponce; mais ie suis persuadée que
de quelle façon qu'il en soit c'est à votre bon cœur qu'il doit cette
gratification malgré.... Je vous reconnois a ce trait : vous aurés
employé vos protections en sa faveur. Vous voilà toute au long.
Je vous connais jusqu'au fonds. N'oubliés pas que Dieu ne vous
a donné un cœur que pour luy. Adieu ma très chere petite amie,
que j'aime tres tendrement. Je suis et seray toujours toute à
vous,

Sr Anne Julie Fraisse
De la V. Ste M. D. s. b.

Notre sœur de Hunaud se fâche de ce que ie ne vous dis pas
qu'elle vous aime de tout son cœur.

XXI

✝ VIVE JESUS

De ntre monastère de toulousa ce 22 janvier 1766.

J'ay receu dans son temps, Ma chere plus petite amie, vos deux charmantes letres, celle du 8ᵉ Xbre et celle du 1ᵉʳ de l'an. Vous devez toujours vous tenir pour assurée; lors que vous voyés le retard de mes reponses, que ie suis malade. A votre premiere, ie commencois une maladie qui, selon les premiers commencemens devoit me conduire a la mort, mais deux saignées dans le premier jour et cinq medecines m'ont tirée d'afaires. Ma convalescence a été laute; la mort de M. Dauriac sans testament m'a fait un chagrin inexprimable , voyant mon frere et deux neveux sans avoir du pain. Ils ne subsistoient que par une pansion. On espere que l'heritiere du sang la continuera.

Revenons a votre premiere letre. Ie suis tres contente de votre franchise ; vous me la devés, et a vous meme et a votre religion, Ie suis afligée de vos sentimens, mais ne puis l'etre de la probité et verité qui sera toujours en vous. Comment pouvés vous penser que ma tendresse en puisse etre afaiblie ? Non, ma chere Nanete, jamais rien n'en sera capable. Vous etes trop dans mon cœur; vous n'en sortirés jamais. Ce n'est que par votre bon caractere que vous croyés m'avoir des obligations. Je n'ay fait a votre egard que me suivre. Et puis qu'ay je fait pour vous? rien, mon pauvre enfant, au prix de ce que j'aurois voulu faire. Qu'aurois je fait, si j'avois pu? une exélante catolique; effacé le souvenir de vos malheurs ; une fortune égale a ce que vous mérités; ou mieux encore, une bonne religieuse, voila ce que j'aurois fait, et ce que ie vous souhaitte pour repondre a vos souhaits dans cette nouvelle année.

J'ay porté vos complimens a notre Superieure, a la sœur de Hunaud, Vialet, et a toute la communauté. Elles vous font mille bons souhaits et amitiés.

Ie ne trouve rien a dire a votre façon de vivre. Ie vous remercie de m'avoir donné le plaisir de m'en instruire. Tout est fort bien ménagé. N'oubliés pas, dans son tems, de m'envoyer l'estampe ; elle me tient a cœur et me sera chere. Ie suis bien contente que M. Louis se soutienne dans la catolicité. Vous fairés, ie vous prie, une ambrasade de ma part, mais bien serrée, pourvû qu'on n'étoufe pas, à la chère maman et sœur. Ie suis tres sensible a leurs sentimens. Ie leur en ay voués a l'egal, tout au moins.

Vous etes curieuse du froid de ce païs ; il est afreux. Ie n'en

puis plus; j'ay prévenu vos conseils; la chaufrete me suit toujours. Depuis le p*r de la lune de Xbre la glace ne nous a quitées
que deux jours. Toute cette lune le tems a été en frimats; les
derniers quinze jours le canal se glaça, et la Garonne au retour
de la lune de janvier. Le soleil nous donne de beaux jours, mais
la glace subsiste; il ne peut la fondre que sur la Garonne qui se
reprant la nuit; le canal l'est toujours. Nous n'esperons plus la
fin de cette calamité; il n'est pas possible que de nos jours nous
ayons chaut.

Nous venons de perdre Mlle Destelanes et sœur Catherine,
tourière. Samedi dernier elles sont mortes à vne demi-heure de
distance. Dimanche dernier nous avions ce spectacle dans notre
chœur, les deux enterremens de suite. Ie n'avois jamais vu pareille chose.

Mlle Gardelle, Vialet et Sol à qui ie fais exactement vos complimens vous font bien les leurs. Et moy, ma chere petite amie,
ie vous asure de l'atachement le plus vray avec lequel je suis
toute a vous

Sr anne julie de la v. ste m.
D. s. b.

XXII

⳨ VIVE JESUS

De ntre monastère de Toulouse, ce 2 avril 1766.

Vous n'etes pas, sans doute, surprise, ma chere petite amie,
du retard de ma reponse a votre aimable letre du 22ᵉ fevrier.
Vous vous rapelés peut être que mon usage de n'ecrire en careme
que pour ce qui ne peut etre retarde m'a empeche de me donner ce plaisir, et vous voyés que ie prans au plus vite le premier
courier.

Je suis toujours dans l'admiration des sentiments dont votre
cœur est rempli. Il semble que le Seigneur ait pris plaisir à renfermer dans cet aimable cœur toute la gratitude et reconnoissance qui semble aujourdhuy etre banie du comerce des humains,
qui tournent a tous les vents. Tous vos sentiments a mon egard
ne peuvent avoir d'autre objet que les desirs que j'avois de pouvoir faire pour vous. Pour ce que j'ay fait, ce n'est pas la peine
de s'en souvenir; mais il est vray que si j'avois pu et que mon
état eut ete suséptible de fortune, ie n'en aurois voulù que pour
vous la donner. A l'egard de l'esentiel, vous n'en doutés pas. Trop
heureuse, si au prix de tout mon sang, ie le pouvois encore!

N'en parlons plus; ces propos sont trop accablants; ils échapent a la plenitude de mon cœur.

Que pouvés vous tant dire, ma chere petite, a vos amis pour nous les aquerir? Que nous sommes des bonnes personnes, qui ne vous ont pas tracacée, et qui vous cherisent tendrement. Votre bonne conduite, et tout ce que vous merités, vous ont atiré de notre part tout ce dont vous nous loués. Vous etiés admirable; a vous voir, on vous auroit prise pour une postulante des plus modestes, et recueillies. Souvenés vous, lorsque vous pasiés nos dortoirs, les yeux baissés, sur le bout des pieds. C'est savoir tout bien faire.

Que dit Mlle votre sœur avec ses religieuses? En est il comme vous avec les votres? Faites luy bien mes amitiés sans oublier Madame votre mere. Hier on délivra l'estempe. Mon Dieu! qu'il me tarde de revoir ma chere Nanete! Nous saurons bien nous rapeler tout ce qui lui manquera; phisionomie et couleurs sont empreintes dans notre souvenir.

Notre Superieure et mere de Hunaud, de meme que la Sr Violet, Ponsan, Mongasin vous asurent de leur tendresse, et toute la communauté. J'ay fait vos complimens à Mmes Vialet, Gardelle et Sol et a Madame Gay que j'ay vue ce careme. Ils vous en font mille et mille. Si ie vous rendois tout ce dont on me charge, les uns et les autres, ie ne finirois. Permetés que ie profite des ofres obligeans que vous me faites pour vne petite commission : ie souhaitte quatre onces de soye tordue comme celles que vous m'avés vu travailler. Nous les apelons soye legis. Je veux que ces quatre onces me fasent quatre nuances en rouge, savoir un rouge brun, un ponceau, un seris et un couleur de rose clair. On ne peut aler si juste pour le poids; un peu plus, un peu moins ne doit pas vous embarasser. Nous fairons bientôt un envoyé de fleurs a une marchande apelée Pastele, et nous luy donnerons ordre de vous payer. Vous voyés qu'au premier besoin ie vay sans façon. Au retour de votre part, ma chere Nanete; si ie puis vous etre bonne a quelque chose ce seroit bien de tout le cœur. Je me flatte que vous n'en doutés pas. Ce seroit en vous une injustice horrible, etant toute a vous, mais bien tendrement.

Sr Anne Julie Fraisse
de la V. Ste M. D. s. b.

Ie ne me souviens pas si dans ma derniere ie vous disés la mort de Mlles Destelanes et sœur Catherine. Et ce careme, nous avons perdu d'une purimonie Sr Claude Julie. Nous l'avons bien regretée; son age, sa douceur, sa politesse nous la rendoit bien chere. Je vous fourniray a la premiere ocasion une comodité franche pour mon petit paquet, en cas vous n'en conoisiés pas.

XXIII

VIVE JÉSUS

De notre monastère de Toulouse ce 30e avril 1766.

Je receux samedi, ma chere petite amie, l'estempe si desirée. J'avois cru sotement que le courier la portoit. A letre vue, j'envoyai à M. Lavaysse ; il m'a falu l'atendre jusqu'au 26e.

Vous etes resemblante, il est vray ; ie vous ay tres bien reconnuë ; mais bien loin de vous flater, on ne vous a pas donné tout ce que vous avés, et nous avons ete toutes tres en colere, de ce qu'on a mieux representé votre groce Janete. La gravure est magnifique, tres expressive ; ie la garderay comme un gage de l'amitié de ma chere Nanete. Il me semble qu'elle est mon enfant ; je la cheris de meme ; asurés l'en de ma part.

J'ay fait part en son temps à M. Sol de tout ce que vous me disiés d'obligean pour luy dans votre derniere. Je n'ay eu que trop ocasion de le voir durant huit jours ; il a presque habité chés nous, pour une petite enfant de M. le marquis de Puilaroque, qui au bout de tous ces soins, est alée au ciel. M. Sol envioit son sort. Je luy dis que le Bon Dieu nous faisoit de la peine de choisir notre maison pour nous enlever ces pauvres enfants qui nous sont confiés. Il me répondit que notre maison étoit le chemin du ciel. — Pourquoy donc ne vous faites vous pas frere visitandein ? — Je me ferois, dit-il, frere coupechoux, si j'étois aussi sur de ma part de paradis que cette petite qui y sera dans une heure.

Ne trouvés vous pas que cette conversation est charmante vis à vis un protestant ? Dieu soit béni ! il faut adorer ses deseins et s'y soumetre. Il m'en fache bien pourtant ! Ma chere petite amie a bien sa bonne part dans cette facherie.

Sol me dit a l'oreille que cette gravure vaudroit beaucoup dans l'Alemagne. J'en ai ete toute rejouie. Sans prejudice de touts les biens et graces spirituëles que ie vous souhaitte, ie ne puis me defendre de vous souhaitter des avantages temporels. Mon cœur seroit en grande soufrance, si ie vous y savois.

Je vous parle a batons rompus, tout comme il me vient, de l'abondance du cœur. Mais n'oubliez pas que c'est une bonne vieille ; je ne veux pas que vous montriez mes letres sans avertir que la datte du siecle est celle de mon age. Nous marchons ensemble luy et moy d'un même pas, ne nous aretans jamais.

Mille amitiés de ma part a maman et la chere sœur. On l'a tres bien representee. Maman et vous, vous resemblés avec les

diferences de l'age. Adieu ma chere Nanete que ie cheris tou
jours tendrement. Toute a vous.

Sr Anne Julie FRAISSE.
De la V. Ste M. D. s. b.

XXIV

† VIVE JESUS .

De notre monastère de toulouse ce 6e aout 1766.

Vous ne doutés pas, Ma chere petite amie, que depuis avoi
receu votre magnifique presant, parfait dans toutes ses parties
ie n'ay été malade. Avec quelque axcés de fievre, j'en suis quite
Mais aprés vous avoir remerciée, permetés mes reproches; vou
m'avés souvant ofert de me faire mes petites commissions et m
rendre service dans votre grande ville, le plus beau théatre d
la France ; et vous m'obligés a n'oser plus respirer avec vous
Votre bon cœur me touche et le mien soufre de ne pouvoir vou
procurer tout le bien que ie vous souhaitte. Ie vous en prie
rendés moy la liberté, en cas de besoin, d'avoir recours a vou
sans que votre bource en soufre, sans quoy ie ne puis profiter d
votre bon gout. Vos soyes sont des plus belles ; les couleurs, l
nuance, la groceur, tout est au mieux.

Je garde avec grand soin votre estampe. Souvent ie la consi-
dere par le plaisir de quelque resemblance. Il faut se contente
de la figure et faire un sacrifice éternel de l'original ! Mon Dieu
avec quel plaisir l'embrasserai-je !

Brisons a ce discours frivole dont ie n'ay que la fumée. Dan
les entredeux de vos letres ie demande de vos nouvelles ; personne ne m'en sait donner. Il me semble toujours qu'il y a quelque chose de nouveau a aprandre. Mes desirs me font illusion
ie me represente toujours un sort heureux a ma chere Nanete
Mon esprit s'en ocupe. Mais si votre situation presente venoit a
changer, ie ne vous pardonnerois jamais de me la laisser ignorer.

Il y a bien des choses qui me combleroit de joye sur ma cher
petite amie. J'en parle souvant au bon Dieu ; s'il fait semblan
d'etre sourt, peut être ne le sera-t-il pas toujours.

Il y a longtemps que nous n'avons vû Mme Gardelle ; ell
est fort prés de ses couches. Ie ne manque jamais de faire vo
complimens à M. Sol et le charge des autres lorsque ie ne le
voy pas. Toutes nos sœurs perseverent malgré le tems et l'eloignement a vous aimer tendrement. Notre superieure, Sr de Hunaud, Sr Vialet, Ponsan, Sr Marie Louise, toutes a l'envie me
chargent de mille et mille asurances d'amitiés. Il fait un chaut

aussi vif que le froid de ce dernier hiver. Je crains qu'il sera
ausi long. Bénisons Dieu de tout ; c'est lui qui nous a faits, il
faut donc vivre pour luy.

Mille complimens et amitiés de ma part a Madame votre
Maman et la chere sœur. Adieu, ma chere amie, aimés moy toujours un peu en retour de la plus tendre et sincere amitié. Ie
suis et seray toujours votre fidelle amie,

Sr Julie.
D. s. b.

XXV

A Madame
Madame Duvoisin à l'hôtel de M. l'ambassadeur
de Hollande, rue Bergère
A Paris[1].

† VIVE JESUS

De notre monastère de toulouse ce 25ᵉ mars 1767.

Après vous avoir dit un grand Madame très respectueusement,
ie reviens au stille du cœur. Hé bien, ma chere petite amie,
vous voila établie. N'avois je pas raison d'espérer toujours quelque bonne fortune ? Vous me paraissés tres contente ; il faut donc
que j'en sois. Vous avés bien quelque soubson [2], je ne dis rien de
plus ; mais le sujet du soubson à part, personne ne sent plus
vivement votre heureuse situation. Quels reproches ne mériteriés
vous pas ? mais vous vous les faites, ie n'ay plus rien à vous dire.
Il y a un article pourtant que j'ay peine à vous pardonner, vous
avez eu tort de douter de mon secret. Lors de la consultation,
un petit mot de confidence n'aurait pas ete deplacé. J'ay apris
comme vous dites, votre mariage par le public, avec toutes les
circonstances, dont vous ne me dites mot. Quarante mille livres,
qui vous ont été données ; quinze mille livres de rantes, atta-
chées à la dignité de votre époux. On n'a point su me dire, s'il
avoit des biens paternels. J'ay fait tout ce que j'ay pu pour découvrir tous vos avantages. Du reste, bien persuadée que fut-il
Hiroquois, Huron, Turc, pis encore, vous sauriés le métamor-

---

1. Cette lettre et les suivantes portent cette adresse.
2. Quelque soupçon que la sœur regrette de lui voir épouser un protestant, et surtout un pasteur ; rien de plus original que le désappointement et la défiance qu'elle laisse percer dans cette première lettre et dont
on ne retrouve aucune trace dans les suivantes.

phoser par votre douceur, modération et conduite respectable.
Ie vois, par ce que vous me dites de son caractere, que l'ouvrage
est tout fait. Vous ne le gaterés pas. Il faudrait être bien diabo-
lique, pour vous rendre malheureuse. Je ne veux pas perdre le
courier. Il va partir.

Vous m'ofencés; quesque vous me devés pour la consultation?
j'ay payé Sol. Soyés tranquille, dites donc ce que je vous dois.
Ne parlons plus de cet article. Toutes nos religieuses ont pris
grande part a votre bonheur. Nous vous aimons toujours tendrement. Lorsque vous aurés le temps ecrivez moi quatre pages.
De vous ie veux tout savoir. Adieu mon cher cœur. Je prie toujours pour vous; Dieu est tout puissant.

Sr Julie.
D. s. b.

XXVI

☦ VIVE JESUS

De notre monastère de Toulouse ce 22 juillet 1767.

Que devés vous penser, Madame, de mon retard à repondre a
votre toujours plus aimable letre en datte du 21 juin? j'ay voulu
attendre de finir ma petite pacotille que j'ay remise à M. Lavaysse (sous la protection de Sol, Gardelle et Vialet, pour trouver une comodité pour Paris) dont vous aurés avis de l'adresse
du porteur, s'il ne doit vous la remettre. Admirés, ie vous prie,
trois branches renoncules faites par une bonne vieille de 67. Des
deux œuillets, vous en présenterés un de ma part à M. du Voisin que j'aime de tout mon cœur, puis qu'il vous rend heureuse.
Témoignés luy ma parfaite reconnaissance. Ah! si vous aviez eu
un quelqu'un qui vous eut fait passer des mauvais jours, mon
affliction eut été extrême. Toutes les fois que ie lis vos charmantes letres, ie pense que vous avés fait un beau songe où vous
avés vu tout ce que ie souhaittois a ma chere petite amie et vous
avés pris mes desirs pour actions rëeles. Je n'ay jamais rien fait
qui merite les sentimens de reconnoissance dont vous êtes remplie. Il n'y a que votre unique bon cœur a qui je les doive.

Tout ce que vous me dites qui vous interesse m'atriste et me
console. La disproportion du vray de votre fortune, avec l'idée
qu'on m'en avoit donnée, m'a presque mise de mauvaise humeur.
Mais elle est adoucie par l'essentiel de votre contentement. Je
vous savois très incommodée; le principe n'est pas incompréan-
sible. Menagés votre poitrine, vous l'avés délicate. Si dans six
mois vous êtes maman d'une demoiselle, ie la veux Anne ou

Julie[1]. Ne négligés pas de me donner de vos nouvelles; si vous ne pouvés écrire, metes séulement : Je suis trop incomodée de telle chose pour écrire.

Ie ne puis vous rendre les amitiés que vous faites à la Sr de Mongasin; nous l'avons perdue le 10 may d'une hidropisie de poitrine. Depuis trois mois qu'elle avait regorgé le sang, la groce fievre ne l'avait point quitée. Nous l'avons beaucoup regretée. La supérieure, de Hunaud, Ponsen, Vialet et toutes nos sœurs vous font mille complimens. Je vous prie de bien faire les miens à madame votre mere et sœur. Je suis charmee du plaisir que vous avés de vous voir souvent. Mille choses de ma part à M. Duvoisin; si je le connoissois un petit brin, je le prierois de vous faire une embrassade ausi tendre que ie vous la ferois. Ie n'ay point entendu parler de la duchesse Danuille, mais je luy say bon gré de son present et plus encore de ses sentimens. Les miens pour ma chere petite damote ne peuvent etre plus tendres. C'est de tout le cœur que ie suis et seray toujours toute à vous.

Sr Julie.
D. s. b.

XXVII

† VIVE J.

J'ay ete bien fachée, Ma chere amie, de ne pouvoir vous prevenir en son tems de l'arivée de la petite bœte afin de vous empecher de payer le courier qui s'apele Petit, attendu qu'il l'etoit, M. Lavaysse n'ayant pu trouver comodité. S'il vous a demandé c'est une friponnerie. Des douleurs de rumatisme m'empecherent d'écrire.

Je le fais aujourdhuy a la hatte, devant entrer en retraitte ce soir. Veuillés ou non veuillés, ie prieray bien pour ma chere petite amie. Jamais ie ne prie si fervemment que lorsque vous en etes l'objet. Mais vous etes admirable en tout; vous nous suivés dans toutes nos demarches. Pour le peu de tems que vous avés été chez nous, vous nous savés par cœur. Rien ne vous oublie. Le principe part d'un bon cœur. Vous nous le devés par retour. Lorsque ie reçois de vos letres on s'empresse de savoir de vos nouvelles; ie lis et chaqu'une leve les yeux au ciel pour implorer la misericorde du Tout-puissant.

---

1. Mme Duvoisin n'eut que des fils; mais l'aîné, qui mourut au bout de que'ques jours, et le second, né l'année suivante, reçurent tous deux au baptême le nom d'*Anne*, qui était d'ailleurs un de ceux de Mme Calas leur marraine.

Parlons de Mlle votre fille : Vous m'en avés bien l'air. Ie vous en prie, attendés vous y et recevés la de bonne grace. Ie suis tres contente que vous la nourisiés. Le devoir vous y engage, et l'esperance de luy transmettre votre caractere. C'est le plus desirable. Ha ! si ie pouvois vous l'enlever au moment qu'elle marchera seule ! Ie l'aimerois à la folie. Elle seroit bien la chere toutoune de chaqu'une de nous.

Si vous lisés mes letres à M. Duvoisin que ie saluë, ie vous defens de luy dire mon age. Ie l'aime tendrement puisqu'il vous rent heureuse. Mes amitiés, ie vous prie a Madame votre Mere et sœur. Adieu petite damaute, ie vay m'enfoncer dans ma solitude avec Dieu seul. Dans ce monde c'est l'unique bonheur : commencer dès cette vie ce que nous fairons eternelement. Ie suis toute vôtre, bien tendrement.

Sr anne julie FRAISSE de la
V. Ste M. D. s. b.

Ce 27 7bre 1767.

XXVIII

✝ VIVE JESUS

Il y a deja longtemps, ma chere petite damaute, que j'etois bien en peine de votre situation. J'en demandois nouvelles a tout le monde. Enfin Sol, mal instruit, me dit que vous etiés revetue d'une fille. Bon, je dis ; voicy une petite Nanete ; je l'aimois deja a la folie ; et plus folement encore je rêvois, je projetois, il me sembloit que ie la tenois deja ; j'en etois rajeunie de dix ans. Je savois bien que votre terme etoit à la fin du courant, mais a une première on peut se méprendre. Je n'ay scu le vray que par votre letre dont ie vous suis doublement reconnoissante, écrite 19 jours après vos couches[1]. Au lieu de vous afliger, benissés Dieu d'avoir mis dans le sein de sa gloire votre prᵉʳ né ! Nous ne naissons que pour le ciel ; il s'y trouve ; ie vous demende quelle fortune pouvés vous faire a vos enfants, pour si brillante qu'elle soit, qui puisse etre comparée? Ce doit etre votre consolation.

---

1. Anne-Philippe-Henri, fils de Jean-Jacques Duvoisin et de Anne Calas son épouse, né le 10 décembre 1767, baptisé dans l'appartement de sa mère en présence de M. Serrurier, ancien, par F.-G. de la Broue, chapelain, ayant pour parrain Philippe Debrus, représenté par M. Henri Dumas, et pour marraine Anne-Rose Calas, sa grand'mère maternelle. (*Reg. des bapt. de la Chap. de Hollande*, au dépôt de l'état-civil de Paris.) Il mourut au bout de quelques jours.

Je vois avec bien du contentement que votre santé n'est point dérangée et vous etes assés jeune pour reparer votre perte Lorsqu'il y aura lieu, dites le moy. Ie ne puis me passer de savoir tout ce qui vous interesse. Vous ne sauriés croire, chere amie, combien souvent nous parlons de vous, et nos regrets de n'avoir pu vous tenir. Nous n'avons toutes qu'une voix sur vos aimables calités. Je m'amuse quelquefois a regarder votre gravure ; je la concerve soigneusement. Enfin tout ce qui est de vous me donne un plaisir singulier et me fait regreter les imposibilités de nous revoir jamais. J'avoüe mon foible : les larmes m'en viennent aux yeux quelque foix. Ha ! si je pouvois enlever ma chere Nanete sur les ailes des vents, je l'embrasserois mille foix et puis, tres fidelement, je la rendrois a M. Duvoisin pr ne point separer ce que Dieu a uni[1]. Vous ne sauriés croire combien je suis sensible a l'honneur qu'il m'a fait de m'ecrire quelque lignes. Faites lui mes excuses de ne luy repondre que de même. C'est par discretion ; je say bien qu'a son attention, je devrois une letre en toute seremonie.

J'ay fait la distribution de vos respects et complimens a toutes. On y a repondu par des aclamations de l'excelance de votre cœur, et chaqu'une a recommencé vos eloges. Ils finissent toujours : quel domage !... Enfin, Dieu soit beni de toutes choses ! il est tout-puissant ; c'est ma consolation. Ne mourés pas avant moy, gardés vous de cette sotise ; mes larmes couleroient jusqu'a mon dernier soupir.

Adieu, ma chere amie. Soyés persuadée que mes vœux et mes souhaits pour votre bonheur sont indepandents des téms, parce qu'ils sont de tous. Je vous remercie des votres. Je me flate qu'ils sont de même. Je suis et seray toujours toute a vous de tout mon cœur.

> Sr Anne Julie FRAISSE de la
> Visitation Sainte-Marie Dieu soit béni.

de notre monastere de toulouse

Ce 13ᵉ janvier 17|68| secret pour M. Duvoisin ; que diroit-il de mon stille[2] ?

---

1. En appliquant cette parole de Jésus-Christ (Math. 19, 6) à un mariage protestant, la vénérable religieuse se montrait plus tolérante que la loi française, devant laquelle ces mariages ne furent reconnus qu'en 1787, et que l'église catholique qui n'en admet pas la légitimité.

2. Le secret, c'est qu'étant née avec le siècle, elle a soixante-huit ans.

XXIX

A M. DUVOISIN (SUR LA MÊME FEUILLE).

Je suis, Monsieur, plus sensible que je ne puis dire a votre attention. Vous santés combien le tresor que vous pocedés m'est
cher et precieux. Vous la depeignés au parfait. Son ame tendre
ne m'est pas inconnuë, non plus que les rares qualités dont le
Seigneur l'a abondament pourvuë. Jouïssés longues années du
bonheur mutuel de vous etre si bien rencontrés. Je suis persuadée que connoissant si bien son caractere, vous eloignerés tout
ce qui pouroit afliger sa tendresse. Avant de vous la devoir et
sans vous nommer, elle m'avoit parlé des grandes obligations
qu'elle vous avoit et cela avec le cœur que vous luy connoisés. Il
me faut gener pour ne pas vous remercier de faire son bonheur.
J'ay l'honneur de vous assurer de mon respectueux atachement.

Sr Anne Julie FRAISSE

———

XXX

✝ VIVE JESUS

De ntre monastère de Toulouse ce 20ᵉ juillet 1768.

Enfin, ma belle dame, vous voilà résusitée apres six mois de
sepulture. Vous sentés bien que je veux quereler. Mais ie commence d'en etre lasse. Ne parlons plus du passé; ie mets le doit
sur ma bouche et n'aime point de voir mes amies en faute. Nous
voila reconciliées.

Votre santé, me dites vous, est assés bonne. Vous me paroissés
toujours contente, pleine de joye d'avoir bientot poupon ou toutoune Le mois de novembre decidera cette grande question. Ce
qui m'interessera le plus c'est de savoir comme vous serés. J'en
seray dans l'inquietude. Je voudrais etre assés avant dans les
bonnes graces de M. Duvoisin pour qu'il m'en dit un mot dans
ce tems facheux, si vous n'etes en etat. Souvenés vous, s'il y a
toutoune, de *Julie* ou *Anne*; ce sera ma petite filleule. Si je pouvois un jour me l'avoir auprès, je l'aimerois a la folie au dessus
de tous obstacles. J'en porte un en moy même; j'ay fait la sotise
de naitre trop tot; c'est irréparable.

Je pense que la santé du cher mari est bonne, puisque vous ne
me chargés que de complimens pour M. Sol. Ie les luy feray a
premiere ocasion. Ie suis toujours a votre service pour cet arti-

cle et tous autres ou je pourois vous donner des preuves de mon tendre atachement. On se souvient toujours de ma chere Nanete dans notre maison ; nous en parlons souvent avec les eloges que votre aimable conduite a merité. Ie suis bien flatée que M. Duvoisin veuille bien pencer quelque foix a moy. Ie vous en ay l'obligation ; ie vous prie de l'asurer de ma parfaite considération. Il y a un proverbe gascon : voyons si ie sauray l'ecrire : « qui aimo mon miou aimo mon chiou[1]. » Vous dirés sans doute que malgré mon antiquité ie ne suis pas de mauvaise humeur.

Mes amitiés a Madame votre mere et sœur. Celle cy est-elle établie ? Concerve-t-elle relation avec ses religieuses? Si je l'avois eue auprès de moy, nous aurions ete amies. Ie la soubsonne de ne l'etre pas trop avec ces dames.

Prenés tranquilement et comodement ce dont ie vay vous prier. Si vous saviés quelque marchant qui fit commerce de fleurs et qu'il vous fut posible de nous en procurer la pratique, vous nous feriés plaisir. Les irlandois et anglois en sont amoureux. Si meusieurs les hollandois etoient dans le meme gout, ie me flate de la preference, s'il vous en parvenoit. Il me prant des terreurs que les nations se brouillent, et voir disparoitre ma chere petite dame de notre royaume. En quelle terre du monde que vous soyés, vous me serés toujours bien avant dans le cœur. Je suis toute a vous, ma plus chere amie

Sr Anne Julie Fraisse
de la V. S. M. D. s. b.

XXXI

† VIVE JESUS

Permetés, Madame et tres venerable Maman, que je commence a presenter mes homages a votre illustre fils[2]. Faites les luy entendre, je vous en prie. Il m'a causé bien des alarmes, l'année ayant ete des plus funestes pour les pauvres meres qui y ont perdu la vie. La complaisance de M. Duvoisin et votre attention ne pouvoient venir plus a propos. Vous voila hors de ce mauvais pas. En vous félicitant, je me félicite de meme, toujours attachée autant a vous qu'a moy. Et j'ose dire : bien plus ; puisque, en cas je donnerois ma vie, hô bien de grand cœur! Ma chere Nanete, plut à Dieu qu'il ne falut que ce sacrifice! il seroit bientôt fait.

1. Qui aime mon chat, aime mon chien.
2. Anne-Philippe, né le mercredi 12 octobre 1768 ; il eut mêmes parrain et marraine que son frère. Ce second enfant mourut en 1771.

Vous voulés savoir de mes nouvelles. Ma santé est très bonne ; mon employ, Conseillere de nos grands Etats, archivesse. Si vous n'avés oublié notre maison, j'ay un fort joly local, tres agreable l'eté ; nous l'apelons cabinet voulé. Si vous voulés le venir ocuper avec le petit marmot, a votre service. Le cher mari y seroit de trop ; mes ofres ne sauroient aler jusque là. Je vous prie de l'asurer, malgré mon refus de logement, de tous mes souhaits dans tous les tems pour son bonheur ; de meme qu'a Mme votre mere et sœur. Ie suis tres sensible a leur souvenir. Je pence que si la sœur etoit etablie vous m'en auriés fait part. Notre sœur de Hunaud est toujours là. La Sr Ponsan et Vialet se portent bien et vous remercient de votre attention pour elles, de meme que toute notre communauté qui vous cherit tendrement.

Ma chere amie, je veux vous aprandre comme on est en droit de finir ses letres, surtout lorsqu'on est maman. Je vous embrasse de tout mon cœur.

Sr Anne Julie FRAISSE
De la V. Ste M. Dieu soit beni.

De notre monastère de toulouse ce 4 janvier 1769, hay!

XXXII

† VIVE JESUS

De notre monastère de toulouse ce 28 juin 1769.

Vous etes toujours plus charmante, mon aimable petite amie. Je ne pouvois avoir de plus sensible joye que la visite de M. Lavaysse. Voicy la premiere foix que j'ay eu la consolation de voir un quelqu'un avec qui j'ay pu savoir tout ce qui vous interesse : santé, vie heureuse a tous égards, fortune raisonnable, société tranquille, article qui me tacquinoit, trouvant en vous trop d'agréments personnels pour ne pas craindre que mal a propos…. Me voila contente ; l'estime que vous merités égalant la tendresse vous met hors de ce dont j'avois peur. Vous croyés bien que je n'ay pas interogé de front, qu'on n'a pu meme comprendre ce que je cherchois ; — mais comment vit-elle ? Sans doute bien ocupée et attentive dans son menage. — Ce sont, m'a-t-on dit, ses querelles avec M. Duvoisin ; il voudroit, lors qu'il n'y est pas, qu'elle sortit aussi : Sa santé en seroit mieux, dit-il. Mais madame a toujours une raison : Maman est venue…. Je n'ay pu…. Et le tendre mari est faché qu'elle ne s'aille promener. — Bon, ai-je dit en moi même, me voila eclaircie.

Il m'a dit mille biens de vous deux ; autant, pour moy, de sujets de contentement. Ie tramblois toujours de vous savoir en Hollande, mais par tout ce que M. Lavaysse m'a dit, je croy qu'il n'y a rien a craindre. Mais savés vous une nouvelle ? Votre letre, et ce que j'ay su d'ailleurs, m'a brouillée avec M. votre fils. Quoi ! ce petit marmot, ce coquin vous a volé toute votre graisse ! jusqu'à son retour, ie ne veux point l'aimer. Mon Dieu, votre poitrine ! je l'ay vu si délicate qu'elle merite vos attentions, je crains votre tendresse maternelle. Vous, faite comme je vous connois, vous vous reduiriés aux derniers abois. Eh ! que ne le sevrés vous ? Il a neuf mois. En Angleterre trois mois suffisent. Nous sommes savantes de cette nation par l'ocasion d'une petite angloise de trois ans et demi que nous venons de recevoir. Ses parents sont de la premiere distinction. Ils viennent de Paris où ils ont resté longtemps ; avant de finir, ie sauray son nom ; peut etre les conoisés vous ?

Revenons a vous, chere amie. Vous me témoignés une reconoisance qui excede l'objet. Il est vray que si j'avois pu aler plus loin en efets, de grand cœur ie m'y serois portée avec ardeur. Mais que pouvois-je faire ? rien au prix de mes desirs pour votre bonheur. Toutes les fois que ie reçois de vos letres, nous admirons votre cœur, n'en ayant jamais trouvé, dans le grand nombre de nos eleves, qui ait de la resemblance, quoy que les soins aient ete bien autres. Il auroit falu etre de fer, dur comme bronse, pour en agir mal avec un petit ange. Il ne se seroit pas mieux conduit. Nous en parlons souvant. La douceur, discretion, modestie, politesse, vous auroit faite prendre pour une postulante des plus attentives. Plust a Dieu ! ç'auroit eté bien alors que mon transport m'auroit fait dire comme Siméon : Retirés votre servante en paix. Oui, chere amie, j'aurois bien concenti a ma mort pour vous ceder la place. Mon cœur s'atendrit a cette pencée. Toujours la meme a votre egard et jusqu'au dernier soupir, ie ne cesseray de cherir tendrement ma chere Nanete.

Ne pensés pas que ce petit air sans façon de ma part me face oublier que vous etes une grande madame et une maman respectable. Ie ne doute nulement que vous n'ayés le tour le plus convenable pour l'education de ce cher enfant. Mais votre cœur vous causera bien des soufrances ; votre ame tendre vous livrera de terribles combats avec votre raison ; ie vous en plains davance.

Mes compliments a M. Duvoisin. Je suis bien sensible a son souvenir. Je vous charge de lui témoigner ma vive reconnoisance de toutes ses bonnes façons vis a vis de vous. Lorsque vous en recevrés quelque témoignage singulier, tout de suite vous lui en fairés mes remerciemens.

Une embrassade, de ma part, ie vous prie, a Mme votre mere et a la chere sœur. Je les remercie de penser quelque foix a moy. Adieu chere amie, soyés persuadée que toute notre comunauté vous aime, vous estime. La Sr Vialet, Ponsan, Marie Rose, Sr de Ville et toutes les autres vous embrassent, vous cherissent. Adieu, je suis et seray toujours toute a vous.

Sr Anne Julie FRAISSE.
De la V. Ste M. D. s. b.

XXXIII

† VIVE JESUS

de ntre monastere de toulouse ce
30° may 1770

C'est belle fete, ma chere amie, lorsque vos letres arivent. Ie pensois : ma chere Nanette m'oublie. Je ne seray jamais capable de cette tres grande faute a son egard; non, jamais. Vous ete toujours dans mon cœur par un souvenir tendre, profond, sincere et solide..... Je m'arete et garde en moy tout ce que je veux dire. Ha! si je pouvois embrasser ma chere amie, que ne luy dirois-je pas? Les sentiments me fourniroient les expressions les plus fortes; encore seroient-elles au dessous du vray.

Vous voila a la veille de votre voyage en Suisse. Que ne feriés vous pas pour la santé de ce cher mari, avec votre ame tendre, un cœur afectif, vif, empressé, toujours prete à vous conter pour rien vis à vis les interets de l'objet de votre amitié. Vous voila tirée au clair. Jamais le souvenir de vos aimables qualités ne s'efacera de mon esprit.

M. Duvoisin mérite tous ces sentimens. Je desire que l'air natal le remete. Je n'aurois jamais deviné qu'il fût Suisse, a tout ce que vous m'en avés dit. Vous savés le proverbe dans notre païs. Non, il n'est point Suisse, et ma chere Nanete n'en sera jamais. Ie vous connois assés pour m'assurer que vous prenés pour badinerie ce que je dis. Mais serieusement je plains le petit enfant de votre absence. Si je pouvois l'enlever, le metre dans notre selulle, vous le bien soigner de tout mon cœur, ie le ferois.

A votre retour ne manqués pas de me donner nouvelles de M. Duvoisin, de ma chere amie, du petit enfant, de Mme votre mere et sœur. Asurés les combien je suis sensible a leur souvenir. Si elles veulent l'agreer faites leur une embrassade de ma part. Il ne seroit pas de la decence de vous en dire autant pour le cher mary, mais ie le prie de vous la faire pour moy.

Nos elections et remue menage ne seront qu'au mois de May

de l'annee prochaine. Toute notre communauté vous fait mille amitiés. Nous parlons souvant de vous, de la conduite admirable que vous avés eue dans notre maison. Votre cœur reconnoissant fait le sujet de nos éloges. J'ay chargé la Sr Vialet de vos complimens a l'egard de sa famille; elle vous asure de toute son amitié.

Reste a vous parler de ma tres vénérable personne. Je me porte tres bien dans le fonds de la santé, mais soufrante des douleurs de rumatisme; a mon age, il faut bien quelque coup de cloche. Mais ie suis toujours de bonne humeur; le noir de la viellesse est encore loin de moy. Ie n'iray pas le chercher, peu desireuse de cette conformité avec ceux de mon age; elle n'est pas assés charmante. Adieu, ma chere amie. Aimés moy toujours un peu et soyés toujours sure de toute ma tendresse

Sr Anne Julie Fraisse
de la V. Ste M. D. s. b.

N'oubliés pas au moins de m'ecrire a votre retour; ce sera a la fin d'Aout ou tout au moins dans 7bre.

—

XXXIV

† V. J.

Enfin, ma charmante Nanete, vous voicy de retour. J'étois inquiette du retart et toute empressée du succés de votre voyage, aussi bien que des avantures qui pouvoient se trouver sur vos pas. Je vois que tout en est heureux et que le grand et tres interessant objet est rempli. Vous voila, chere amie, toute joyeuse du retour de la santé de ce cher mari. Je vous en felicite, et a luy, je le prie de m'en permettre les assurances. La continuité depend de bien des soins. Lorsqu'on a été éssentielement ataqué, peu de chose fait culbuter. Je suis tres sure de vos attentions. Vous en etes remplie; elles sont de votre caractere. Je ne connay point celuy du cher mary; mais, s'il ne veut se soumetre, grondé sans menagement. Brouillés vous, s'il le faut; au renoüemen les liens en seront plus forts, lors que revenant a luy il reconnoitra ses torts.

Ne luy lisés point cet article. S il étoit de mauvaise humeur il publieroit que les Moniales sement la division dans les familles. Quel scandale!

Je ne me sens point encore du taciturne de la viellesse. Ma santé chancelle un petit brin dans cette saison, sans rien d'alarmant.

Tout ce que vous me dites de votre petit poupon annonce un heureux avenir. J'aurois bien voulu le voir en matelot; c'est un coup d'œil divertissant. Mais vous avés grand tort de l'apeler petit morveux; quant on est capable de sérieux et de reflection, on ne merite point une expresion autant injurieuse; vous luy en devés des excuses. Il me semble vous voir auprés de cet enfant le caresser, luy parler raison, atentive a tout pour sa santé et son éducation. Heureux les enfans qui vous auront pour mere! Vous etes pourtant bien pareseuse.

Vous me savés, chere amie : mon cœur est rempli de tendresse pour vous; n'ayés donc attention qu'au principe, si je vous deplais dans ce que je vais dire. Mon afliction est extreme de vous voir apeler illustre [1] l'ennemi de Dieu et de toute religion; ce sentiment est même opposé à la vôtre. Peut-il y avoir quelque chose de grand dans l'homme lorsqu'il s'oppose a l'auteur de son etre? Que ne vous dirois-je pas si je suivois l'impétuosité de mon cœur et de mon esprit? Depuis votre lettre, j'en parle au bon Dieu; c'est toute ma ressource; mais, comme celle-la ne peut tarir, je ne cesseray jusqu'a mon dernier soupir de le conjurer d'avoir un regard de misericorde sur ma chere Nanete, dont l'ame m'est bien plus chere que ma vie.

Toute notre communauté vous en dit de meme, bien sensible a votre souvenir. Jamais vous ne serés oubliée chez nous. On est tout content lorsque m'arivent vos nouvelles. Je vous charge d'une embrassade a madame votre maman et chere sœur; je ne say par quel endroit j'ay merité leur souvenir; je les en remercie. N'embracés pas le cher mari; de quel ton la receveroit il? ie n'en say rien. Adieu, ma chere et tres chere amie, tout a vous plus que ie ne puis dire.

Sr Anne Julie FRAISSE
de la V. Ste M. D. s. b.

de ntre monastère de toulouse ce 28e 9bre 1770.

———

XXXV

† VIVE JESUS.

de notre monastère de toulouse ce 7 aout 1771.

Je suis afligée avec vous, ma chère amie; votre douleur fait la miene. Je connois votre cœur et n'ay point douté de vos tendres

1. Voltaire.

sentimens pour tous les enfants que Dieu vous donnera; vous se-
rés-toujours une bien bonne maman. Vos réflections prises de la
religion me consolent. Lorsque le calme sera entier, après vous
être afligée, vous devés rendre graces au Seigneur de l'heureux
sort de ce cher enfant. Quelle fortune auriés vous pu luy faire à
l'egal de la gloire dont il jouit? Il est en Dieu ; il y sera éternelement. Tous les royaumes de la terre peuvent ils entrer en
comparaison? Dans sa petite cource, il est parvenu a la possession du bonheur qu'il nous faut acquerir plus chèrement. Luy,
sans obstacle ni au dedans de luy, ni sur ses pas, mais d'un vol
rapide, se repose dans le sein de la Divinité. Cessés, ma chère
madame Nanete, de vous afliger. Prenés des sentimens plus conformes au vray.

Je supose, puisque vous ne m'en dites rien, que vous n'êtes pas
dans le cas d'espérer un prompt remplacement. Mes complimens, je vous prie, au cher mari. Il est sans doute bien afligé.
Les consequences que vous tirés de son sommeil et apétit sont
très justes. Vous avés droit d'espérer qu'il n'y a point de vice
essentiel, mais il est des personnes qui parviennent à une
grande vieillesse avec une santé foible, et des infirmités de
toute la vie. C'est un malade bien soigné, je pence. Mon Dieu,
comme ma chere amie doit s'empresser à le soulager, avec
le souci dans l'esprit et le cœur, de le faire jamais assés, et à
son gré !

Vous voyés bien que je ne vous ay pas oubliée. Vos aimables
qualités sont trop avant dans mon cœur et dans celuy de toute notre communauté. C'est une fête pour chacune lorsque je reçois de
vos letres. Je serois bien grondée, si je ne leur en faisois part.
Toutes vous font mille amitiés et vous assurent une place au no-
viciat, si M. Duvoisin le veut bien agréer. Il est vray que son
consentement est necessaire ; après quoy nous vous ouvrirons la
porte avec grand plaisir. Laisés luy tout; vous seule nous sufi-
rés. La sœur de Ponsan et Vialet veulent être distinguées dans la
foule des complimens. Je ne veux pas me brouiller avec le cher
mari; si ma proposition doit le choquer, il faut la luy soustraire.

Je vay vous dire un petit mot de moy, puisque vous le voulés.
Mes douleurs sont rumatismales et ne peuvent guerir à mon
age; mais j'ay fally mourir par des coliques dont j'ay oublié le
nom. Elles étaient tres singulieres; c'est une maladie, qu'heureusement M. Sol connoit. Il a toujours asuré qu'il me guéri-
roit; il y a réussi, malgré toutes les alarmes de nos sœurs. Elles
m'ont duré trois mois; il m'en a falu autant pour reprendre mes
forces, et depuis deux mois, je suis hors d'infirmerie. Me voilà
dite bien au long, adieu chère amie ; je suis une babillarde. On
s'oublie quand on parle avec ce qu'on aime. Vous ne me dites

rien de mere et de sœur. Bien de complimens si les voyés. adieu
toute à vous.

Sr Anne Julie Fraisse
de la V Ste M. D. s. b.

XXXVI

† V. J.

Je suis tres mécontente, ma toute chere amie, des nouvelles
que vous me donnés de ce qui vous interesse et de celle que
vous ne me donnés pas. Je l'ay cherchée dans votre letre; mais
point. Si elle avoit lieu, vous ne me le laisseriés pas ignorer. Il
faut ne vouloir que ce que Dieu veut. Votre santé me parait défectueuse. Celle du cher mari n'est pas conforme a vos souhaits;
je vous prie de luy temoigner ma reconnoissance de son souvenir. Asurés le du mien tres afectueux. En priant pour vous,
chere amie, je le fais pour luy; c'est bien de tout cœur que je
vous desire a touts les deux le souverain bonheur. L'espérance
est la dernière chose qui meurt en nôus, lorsqu'on a un Dieu
tout-puissant.... Je me tais et mets le doigt sur la bouche, et
non sur le cœur qui sera toujours le meme, en desirs des plus
vifs.

Faites bien mes amitiés à Mme votre mere et Mlle votre
sœur. Elles sont bien bonnes de se souvenir encore de moy. Je
vois avec bien de la peine la continuité de la mauvaise santé de
votre chere sœur. Combien de petits soins ma chere Nanete n'a-
t-elle auprés de ses malades? Tout ce qui est en elle respire les
attentions.

Comment vous souvenés vous toujours de nos petites afaires?
en voicy le détail. Notre Savoyarde, aprés ses six années de Supériorité est de retour a notre maison d'Annecy qui l'a faite Supérieure, et nous, notre chere mere d'Hunaud qui vous reçut
chés nous. La Sr de Ponsan est assistante, Sr Marie Louise sa-
cristaine, Sr Vialet le cabinet des ouvrages. Je leur ay fait a
toutes, vos amitiés. Toutes commencent, par premier mouvement, a lever les yeux au ciel, et puis vos éloges recommencent.
Ils n'ont jamais cessé; on parle toujours de vous avec une tendre
amitié. Toute notre communauté vous cherit tendrement. Votre
bonne conduite dans notre maison vous a merité ces sentimens.
Si M. Duvoisin veut vous le permettre, nous vous receverons
avec grand plaisir.

Parlons d'une bonne vielle. M. Sol m'a guerie de mes coliques; je n'en ay que quelque rare et leger retour. Mes douleurs

augmentent avec l'age. Je ne suis pourtant pas a l'infirmerie ; cela ne va donc pas trop mal.

Adieu, chere amie, je suis bien toute a vous, je vous assure ; mais bien tendrement.

Sr anne julie FRAISSE, de la
V. Ste M. D. s. b.

de notre monastère de toulouse
ce 8e janvier 1772.

XXXVII

† V. J.

Enfin, ma toute chère aimable Nanete, vous voicy résucitée, ou moy résucitée dans votre cœur. J'attendois vos nouvelles avec la dernière impatiance ; je pensois que quelque voyage dans les cantons suisses me privoit de ce plaisir. Je vous remercie de votre félicitation, a l'ocasion de la canonisation de notre sainte fondatrice. J'aurois bien voulu tenir prés de moi, à la grille de notre infirmerie, ma petite amie.

Il y a deux ans que nous en fimes la célébrité. Ah, si vous y aviés été présente, peut être aurais-ie vu, ce qu'après quoy, j'aurais consenti de mourir. Mes désirs auraient été remplis.

Vous voilà hors des craintes qu'on a souvent à subir dans l'état ou vous êtes. Les termes dangereux sont passés. La continuité des menagements vous fairont, j'espere, arriver heureusement au port. Je ne comprans pas bien ce que vous me dites de votre demenagement. Je vous croyais logée dans le meme hautel de M. l'ambassadeur ; que logement, nouriture, vous n'aviés à vous en mêler ; que la république d'hollande s'en avisoit comme de leur ambassadeur. Vous ne devés point douter que ie ne m'interesse a tout ce qui fait interet à ma chere amie. Et votre adresse vous me la donnés cavalierement, sans me dire si c'est même rue, même faubourg. Ie metray toujours à l'hotel d'ollande. Ie n'en say pas davantage.

A presant ma santé va assés honnetement pour mon age. Mes coliques me saluent quelques foix, mais sans suites dangereuses comme dans leur commencement, ou je faillis périr. Les douleurs tout doucement augmentent. Je commencay hier de vous ecrire et n'ay pu finir qu'aujourd'hui. Vous me dites une parole que je voudrois bien plus étendue. *Mon cœur est uni au votre pour la vie :* Mon Dieu, quels désirs n'ay je pas, qu'il le soit éternelement et que des ce moment il n'y eut plus d'obstacle ! Les larmes m'en vienent aux yeux. Si mon Dieu me fait miséricorde, comme je l'espere, je lui demanderay bien qu'il l'étende sur vous. Les prieres des saints qui nous sont manifestées dans l'apocalipse, n'ont et ne peuvent faire tort aux mérites de Jésus-Christ.

Il faut qu'avec quelqu'une de vos charmantes caresses, vous engagiez M. Duvoisin a me donner de vos nouvelles au commencement du mois d'octobre. J'en seray inquiete des premiers jours. Je n'ose l'en prier; faites luy agréer mes complimens, ie n'ose dire amitiés; mais faites en bien pour moy a Mme votre mere, et chere sœur.

Il vous faut tirer de votre catalogue Sr Marie Louise. Il y a six semaines qu'une fièvre maligne l'a emportée à l'onsième jour, à la suite d'un asthme étisie. Elle n'a pu dans cet état résister à la violence de sa fievre. Notre Supérieure vous embrasse tendrement et dit que votre cœur est unique. Le moule en est cassé[1].

de notre monastère
de toulouse ce 1er juillet
1772.

———

XXXVIII

A Monsieur
Monsieur Duvoisin, à l'hôtel
de Monsieur l'ambassadeur
d'Hollande.   *Paris.*

✝ VIVE JESUS.

Je ne puis, Monsieur, vous faire un remercîment a l'egal de ce que je sans de reconnoisance pour avoir bien voulu m'aprandre l'etat de ma chere amie que j'aime toujours bien tendrement. Je vous felicite a tous les deux de cet heureux evenement dans toutes ces circonstances. Plaise a Dieu que cet e.fant[2] ait le bonheur de concerver la robe d'innocence dont il est actuèlement revetu.

Oserai-je vous prier, Monsieur, d'embrasser pour moy ma chere Nanete et de l'asurer que toute notre communauté s'inte-

———

1. Le reste de la lettre manque.
2. Alexandre-Benjamin, né à Paris le jeudi 24 septembre 1772. Il fut baptisé par son père; il eut pour parrain Alexandre-François-Gaubert Lavaysse, le compagnon de captivité de son aïeul, et pour marraine Mlle Anne-Rose Calas, sa tante. (Voir sur ce fils de Nanette, le seul qui ait vécu, la note 35 à la fin du volume.)

resse a tout ce qui la regarde ? Nous ne l'oublierons jamais et tres souvent nous entretenons de ses aimables qualités.

Permetés que je vous rénouvelle ma gratitude de votre complaisance et que vous ayés bien voulu vous preter a me donner cette satisfaction, de même que de tous les souhaits heureux dont vous me comblés. J'ay l'honneur d'etre avec une parfaite considération, Monsieur, votre tres humble obéissante servante

Sr Anne Julie FRAISSE
de V. Sté M. D. s. b.

de ntre monast. de toulouse
ce 7e 8bre 1772.

—

XXXIX

✝ VIVE JESUS.

Vos nouvelles, chere amie, sont un beaume à mon cœur; il est toujours le meme pour vous. Vos lettres sont toujours chères a notre communauté ; chaqu'une s'empresse de les entendre et vos éloges recommencent. Combien avons nous démerdé de petits enfants ! Après dix ans de soins et d'education nous n'en recevons signe de vie. Vous, presque seule, vous souvenés toujours de nous, et ne nous ayant connues que par des voyes qui devoient nous rendre destables a vos yeux, si votre bon cœur et votre heureux caractère ne vous avoient fait discerner notre innocence et le desir que j'avois d'adoucir vos malheurs. Vous portés votre reconnoissance bien au dela du peu que je faisois, et y comprenés ce que j'aurois fait si j'avois pu. Mes desirs s'etendoient loin ; c'est tout, et ce dont vous croyés me devoir un peu de part dans votre cœur. Vous en avés une bien grande dans le mien. Je pousse mille soupirs vers le ciel et vous aime trop tendrement pour ne pas vous souhaiter le vray bonheur. Les larmes m'en vienent aux yeux ; ne m'en sentés pas mauvais gré.

La rigueur de la saison augmente mes douleurs; il faut bien que cette maison de boue dont nous sommes revêtus finisse un jour; il n'y en a pas tant pour tous.

Je vois avec grand plaisir que M. Duvoisin est a presant en bonne santé, de meme que Mme votre mere et Mlle votre sœur. Je vous prie de les asurer de ma sensibilité a l'honneur de leur souvenir, et leur dites bien des choses pour moy. Vous aurés soin d'asurer M. votre fils de tous mes tendres sentimens; je laise les tems propres a cette commission au tems que vous jugerés bon. La Sr Vialet et toutes en general et particulier vous font mille amitiés. J'ay dit a M. Sol l'article qui l'interessc, il vous en remercie et vous assure de ses respects.

Adieu, chere amie, je vous embrasse de tout mon cœur.

Sr Julie, de la V. Ste M. D. s. b.

de ntre monast. de toulouse
ce 6ᵉ janvier 1773.

———

XL

† V. J.

Vous ne doutés point, chere amie, que je ne sois au nombre des morts. Je n'ay jamais perdu de vue votre letre, malgré ma maladie et l'augmentation de mes douleurs. Cet article me met souvant dans l'impuissance d'ecrire. Je suis a presant remise et mes petites forces sont revenues, mais mon rumatisme subsiste.

Vous voulés que j'oublie la date du 6ᵉ janvier 1774. Je le veux bien ; vous me savés de bonne composition. Tout en moy subsiste malgré mes vieux jours.

Mon Dieu, ma chere Nanete, dans quelle cruèle situation a été votre cœur a la maladie du cher mari ! Je le conois, ce cœur tendre, afectif, tout plein de feu. Mais je vous trouve bien pareseuse : vous ne me parlés que de M. votre fils et point de vos autres enfants. Je vous plains de tout mon cœur. Terrible maladie de n'avoir que fils unique. Mais il ne faut vouloir que ce que le bon Dieu veut.

Je vous prie, faites mille amitiés de ma part a votre Maman et chere sœur. Mes complimens a M. Duvoisin. Je suis bien sensible a l'honneur de leur souvenir. Toutes celles de nos religieuses qui vous ont vue chés nous vous font mille tendres complimens. Celle qui etoit Supérieure lors de votre entrée[1] est devenue aveugle ; elle me charge de vous dire mille choses pour elle.

Adieu mon cher cœur. Je suis toute a vous et vous embrasse tendrement.

Sr Julie de la V. Ste M. D. s. b.

De la visitation
le 6ᵉ mars 1775.

1. La sœur d'Hunaud.

NOTES.

1

(Page 20)

LA MAISON DES CALAS.

Les Calas habitaient la maison n° 16, qui porte aujourd'hui le n° 50, dans la rue appelée aujourd'hui *des Filatiers*. La gravure placée en tête de ce chapitre est une réduction d'un dessin fait en 1845 par M. Ennemond Moquin. La maison, à cette époque, était encore telle que les Calas l'avaient habitée. La boutique contiguë à l'allée, et qui porte le nom de Lafond, était celle de Calas; l'autre, celle du tailleur Bou. L'allée, fort longue, aboutit à une petite cour, dont elle était séparée autrefois par une porte basse qui n'existe plus. Il suffit d'avoir vu les lieux pour comprendre qu'on aurait dû visiter avec le plus grand soin cette allée et cette cour, lorsqu'eut lieu l'arrestation des prévenus.

Aujourd'hui la façade de la maison a subi de grands changements : à chaque étage une troisième fenêtre a été percée, dans l'intervalle des deux autres ; le mur de briques soutenues par des soliveaux a été enduit de plâtre, un pilastre a été figuré à chaque extrémité, au-dessus de la frise qui surmonte les boutiques et qui est décorée aux deux bouts d'un ornement en pomme de pin, le tout également en plâtre. Les deux boutiques n'en font plus qu'une.

Il ne reste de l'ancienne façade qu'une seule chose, le dessus de la porte d'entrée. C'est, me dit-on, ce qu'on appelle en termes de l'art, une archivolte en *accolade pédiculée*. Cet ornement vermoulu est en bois d'une extrême vétusté et remonte à une époque antérieure aux Calas, de plusieurs siècles. Immédiatement audessus est sculpté un écusson qui porte en trois lettres gothiques le nom du Christ : i ɧ s (*Jesus Hominum Salvator* ou plutôt *JHESUS*).

Nous empruntons à M. l'abbé Salvan de Toulouse la description de l'intérieur de la maison et des changements qu'elle a subis, sans pouvoir garantir nous-même à ce sujet, l'exactitude de ses assertions, qui cependant nous semblent très-plausibles.

Rez-de-chaussée. — Un long couloir conduisait dans une grande cour où l'on voyait un acacia séculaire. Sur la rue s'ouvraient deux boutiques : l'une, contiguë au mur de la maison voisine, était celle du tailleur Bou. La boutique de Calas était divisée par une cloison en deux compartiments ; le premier, sur la rue, portait le nom de *boutique* ; le second, sur le derrière, s'appelait le *magasin*. On communiquait intérieurement de l'un à l'autre par une porte de deux mètres de hauteur et à deux battants. Cette porte était garnie de barreaux dans sa partie supérieure. Du couloir on entrait dans la boutique, et on entrait aussi de ce même couloir dans le magasin. A côté de ce magasin se trouvait l'escalier. Après l'escalier, on trouvait une troisième porte donnant sur une très-petite cour qu'on avait formée en prenant quelques mètres de terrain sur la grande. Le tailleur Bou avait aussi une petite cour à son usage, formée également de la première.

Dans la petite cour de Calas se trouvaient la fenêtre qui éclairait le magasin et la porte d'une très-grande cave voûtée qui occupait le dessous de la boutique et du magasin de Calas ainsi que de celui de Bou. Cette cave était à l'usage exclusif de Calas.

Premier étage. — Cet étage était composé de quatre pièces : 1° une salle à manger donnant sur une galerie qui dominait la cour ; 2° de ce salon on passait dans la cuisine qui prenait jour sur la rue ; 3° à côté de la cuisine se trouvait la chambre de Mme Calas, aussi sur la rue ; 4° du salon à manger on passait aussi dans une chambre qui prenait jour sur la galerie et où se réunissait ordinairement la famille après le repas. Un lit se trouvait dans cette chambre, de laquelle on passait encore dans celle de Mme Calas...

La maison Calas a subi de nos jours quelques transformations :

les deux boutiques n'en font plus qu'une ; la grande cour et les
deux petites ont disparu sous un ciel ouvert; l'escalier a été
changé, quoiqu'il soit à la même place. La disposition des pièces
du premier étage est la même ; la galerie extérieure a été en
partie enlevée ; la porte d'entrée et le couloir sont les mêmes ;
les portes qui, du couloir, donnaient entrée dans la boutique, le
magasin et la petite cour, ont été murées.

2

(Page 28)

SUR LE PLAN DE CE LIVRE.

On a blâmé le début de ce livre ; on nous a reproché comme
un manque d'ordre ce récit du *fait* qui précède ici l'étude des
caractères, ainsi que l'exposé des circonstances antérieures de la
vie des Calas et de leurs accusateurs. On a vu trop de recherche
ou d'art dans cette façon de commencer notre histoire et de retourner ensuite en arrière, comme si nous avions voulu imiter
le romancier et les dramaturges, en nous jetant à l'improviste
in medias res. Notre but a été différent. Nous voulons que
notre lecteur juge en dernier ressort les Calas et leurs juges, et
nous commençons le procès par où, selon la nature des choses, il
commence toujours, par le *fait* qui en est le point de départ et
qu'il s'agit ensuite d'apprécier d'après toutes les enquêtes possibles sur les circonstances et les personnes. C'est la marche naturelle et normale de toute procédure. Nous ne commençons
point par un résumé comme en prononce le président des assises
à la fin des débats; nous débutons par le récit de l'événement qui
donna lieu à ces débats, tel qu'il parvint à la connaissance du
public et de la justice.

3

(Page 29)

JEAN DE CORAS.

Jean de Coras, célèbre jurisconsulte et conseiller au parlement,
né à Toulouse en 1513, devint protestant et fut massacré comme
tel, dans sa prison, en 1572. Nous n'avons pas besoin, sans doute,

de faire remarquer que sa foi religieuse ne put avoir d'influence sur l'opinion qu'il exprime au sujet du capitoulat ; on sait d'ailleurs que, jusqu'au massacre de 1562, cette dignité fut souvent donnée à des huguenots.

<hr>

4

(Page 31)

SAINT-FLORENTIN.

Louis Phelyppeaux, comte de Saint-Florentin, né en 1705, mort en 1777, fut ministre cinquante-deux ans. Ses débauches, ses flatteries, sa conduite perfide et cruelle à l'égard des protestants qu'il ne cessa de persécuter, sont les seuls traits caractéristiques de ce ministre de Louis XV, plus véritablement roi que lui, et qui administra la France pendant un demi-siècle avec un pouvoir à peu près absolu.

On s'étonne de trouver en ce personnage, non-seulement contre les protestants une inflexible raideur de despote et de bureaucrate, mais une véritable et violente haine. J'en ai cherché les motifs sans les rencontrer, à moins pourtant que la première cause de cette malveillance passionnée ne fût ce fait très-connu, que l'orgueilleuse dynastie des Phelyppeaux avait été elle-même quelque temps protestante. Il semble que le souvenir de ses aïeux huguenots exaspérât Saint-Florentin, comme une tache dans sa généalogie, et qu'il tînt à honneur de montrer qu'il ne leur ressemblait en rien. Les Phelyppeaux furent secrétaires d'État et ministres pendant près de deux siècles, de Henri IV à Louis XVI, sous les noms de Pontchartrain, Saint-Florentin, Maurepas et la Vrillière.

Un tableau effrayant de ce qu'était, au dix-huitième siècle, l'administration française, a été peint d'une main sûre par M. de Barante, dans sa vie de Saint-Priest.

<hr>

5

(Page 33)

DAVID DE BAUDRIGUE.

Nous aimons mieux ne pas croire à un Mémoire manuscrit que

nous avons entre les mains et d'après lequel David aurait été coupable de concussion. Cette pièce est de la Beaumelle ; nous n'en ferons usage que comme venant d'un ennemi, et pouvant être suspecte pour cause d'animosité personnelle.

Ce Mémoire s'appuie sur des faits qu'il serait peut-être encore possible de vérifier ; nous citerons par ce motif, sans en garantir les assertions, le passage où est résumée la carrière publique de David.

« Autrefois poursuivi criminellement par le Procureur-Général, échappé au fouet et aux galères à force de protections achetées, flétri pourtant par un arrêt d'une *admonition qualifiée* sur l'impureté et l'indécente gestion de sa charge, depuis mille fois réprimé et toujours inutilement par les commandants de la province, condamné par feu M. de Thomond à la privation de ses fonctions de police à l'égard d'un bourgeois dont il avait assassiné. le fils, chargé dans une information par une créature de ses amies de l'avoir corrompue par argent donné avant, pendant et après la procédure, pour déposer contre un citoyen, enfin chassé par arrêt du Conseil du 12 février 1765, de la place de Capitoul perpétuel, et bridé par le même arrêt dans ses fonctions de Capitoul triennal, sous le prétexte énoncé que la ville n'a retiré aucun fruit de son administration, mais réellement pour le punir d'une concussion exercée envers un Anglais protestant auquel il avait vendu très-chèrement l'ordonnance toujours gratuite d'inhumation. »

6

(Page 34)

LAGANE.

Le procureur du roi en la ville et Sénéchaussée de Toulouse, Charles Lagane, était un homme lettré. Il avait remporté en 1761 un prix quadruplé (c'est-à-dire ajourné trois ans de suite) pour un mémoire sur l'État des sciences, des arts, des lois et des mœurs à Toulouse, sous les rois visigoths.

Dans son testament (10 août 1788), il légua à la ville 40 000 livres pour être consacrées à la création de fontaines publiques. Ce don a rendu sa mémoire très-populaire à Toulouse ; cependant la *Biographie toulousaine* porte sur lui ce jugement assez sévère, parfaitement motivé par les faits : « Dans les fonctions honorables dont il fut revêtu, il montra des lumières et de l'intégrité; mais quelquefois un zèle trop ardent lui fit dépasser les bornes dans lesquelles il devait se renfermer. »

7

(Page 37)

LES ARCHIVES DU CAPITOLE.

« Ces archives sont d'énormes volumes solidement reliés; les feuilles sont en parchemin. Au commencement de chaque année, se trouve avec leurs portraits, le nom des huit Capitouls chargés de la direction et de la surveillance des huit arrondissements de la Cité. Tous les portraits ont été déchirés en 93; on en remarque encore quelques vestiges.

« Toutes les années, soit avant, soit après le procès de Calas, sont complètes; la relation des principaux événements s'y trouve exposée dans un style assez clair; l'écriture est très-lisible, en grosses lettres. L'année 1760 est complète, mais c'est en vain qu'on cherche la suivante, 1761, pendant laquelle eut lieu l'affaire des Calas, — sept feuilles de parchemin ont été laissées en blanc, elles terminent un volume; le volume suivant commence avec l'année 1762.

« Voilà un fait bien significatif. Les Capitouls, qui faisaient rédiger eux-mêmes l'histoire de leurs actes administratifs, ont préféré supprimer de leurs annales l'année 1761, plutôt que de mentionner le procès de Calas. Ce silence, à défaut d'autres preuves, les jugerait à lui seul.

« Il faut cependant ajouter une remarque. Dans le volume suivant, à la première page, sur le verso de la couverture du livre on lit une observation écrite de la main de M. d'Aldéguier, auteur d'une *Histoire de Toulouse*, et ancien bibliothécaire : « Observation essentielle : les pages qui contenaient l'histoire du procès de Calas ont été arrachées. Toutes les pièces relatives à ce procès qu'elle qu'en fût l'importance, ont été détruites. » Telle est, à peu près littéralement, la teneur de cette note; elle semblerai justifiée par les débris que l'on voit, de trois ligatures en fil, qu fixaient évidemment quelques feuilles du livre.

« Mais, d'après l'avis du bibliothécaire actuel qui occupe cett fonction depuis trente ans, ces fils retenaient les portraits de

Capitouls de 1762, portraits qui, comme tous les autres, ont été arrachés.

« Nous ne pouvons que nous ranger à cette dernière opinion, — il serait difficile d'expliquer le motif pour lequel sept feuilles de papier ont été laissées en blanc, quoique terminant un volume ; — elles étaient plus que suffisantes pour renfermer tous les détails des événements de 1761, — il est des années qui ne remplissent pas plus de cinq feuilles. D'ailleurs il est complétement inexact que les pièces du procès aient péri, même à Toulouse.

« L'année 1762, depuis le commencement jusqu'à la fin, ne contient pas un mot qui ait trait à l'accusation portée contre Calas, ni à sa mort, qui cependant eut lieu cette année. C'est un fait positif.

« Il est certain que l'année 1761 n'a pas été écrite. On pourrait penser que les sept feuilles de parchemin étaient réservées à l'année 1760, que cette année n'est pas terminée. — Ce serait une erreur, car on lit ceci à la fin de cette année 1760 (ce sont les Capitouls qui parlent ; ils font leur rapport annuel) : « *Il ne nous manque*, disent-ils, *que leur approbation* (celle des citoyens témoins de leur administration), *elle sera de leur part un bienfait, et pour nous une récompense. Dixi.* » Le secrétaire a fini ; 1761 va commencer, on tourne et l'on trouve sept feuilles de papier en blanc : le tome suivant s'ouvre par l'histoire de l'année 1762. »

8

(Page 48)

MÉTIERS ET PROFESSIONS DONT LES PROTESTANTS ÉTAIENT EXCLUS.

On peut voir dans le *Vieux Cévénol* de Rabaut Saint-Étienne (notes du ch. 3) la longue liste des professions interdites aux protestants par Louis XIV. Le commerce seul leur restait, parce qu'il est impossible, même au despote le plus absolu, d'empêcher une classe quelconque de ses sujets de vendre et d'acheter. Il fallait se faire catholique pour devenir avocat (Déclaration du Roi du 11 juillet 1685 ; Arrêt du conseil du 5 novembre 1685 ; Déclaration du Roi du 17 novembre 1687) ; — procureur (Décl. du 15 juin 1682) ; — clerc de procureur (Décl. du 10 juillet 1685) ; — huissier, sergent, archer, recors (Décl. du 15 juin 1682) ; —

imprimeur, libraire, orfévre, médecin (Arrêt du conseil du 9 juillet 1685 ; Décl. du 6 août 1685) ; — chirurgien, apothicaire, épicier (Édit du 15 septembre 1685) ; — domestique d'un protestant (Décl. du 11 janv. 1686) ; — apprenti chez un protestant (Sentence de la police de Paris, 1621). En 1748, à Ganges, la femme Fesquet fut condamnée à 3000 livres d'amende pour avoir exercé l'état de sage-femme sans être catholique.

9

(Page 59)

M. DELAMOTE.

Le rôle de M. Delamote, dans toute cette douloureuse histoire, est singulier. Outre les relations d'affaires et d'amitié qu'il avait entretenues avec les Calas, deux faits seulement sont certains, qu'il eut quelque part à la conversion de Louis Calas et qu'il prêta des livres catholiques à Marc-Antoine ; mais ce dernier les lui rendit en se déclarant plus convaincu qu'auparavant de la vérité de la religion protestante. Les accusés désiraient vivement que M. Delamote fût appelé en témoignage ; de pareilles déclarations faites par un membre du parlement ne pouvaient que leur être très-utiles ; M. Delamote ne fut point appelé. Peut-être ne dépendait-il pas de lui de se faire citer. En tout cas, comme son collègue M. de la Salle, s'il avait eu son courage, il eût trouvé moyen d'agir en faveur de ses anciens amis dans l'imminence du péril où ils se trouvaient.

Nous n'acceptons pas comme fondé le bruit odieux qui se répandit à Montauban, qu'après la mort de Calas, il avait offert à Nanette son appui et son crédit à des conditions déshonorantes [1]

Mais nous ne pouvons dissimuler l'étrange impression qu'a produite sur nous une série de quatre pièces qui font partie de la collection de M. Fournier. La première est un extrait de lettre sans signature, à Mme Calas. L'auteur sollicite, depuis quelque temps, auprès de M. de Choiseul, ministre de la marine, une intendance dans les colonies. Or, ayant appris que Mme Calas « a tout accès auprès de M. l'ambassadeur de Hollande, » il l

1. Voir la dernière des trois lettres de Montauban (sans signature) que nous avons publiées dans l'appendice de notre recueil de *Lettres inédites de Voltaire*, p. 297.

prie de faire agir pour lui ce personnage auprès du ministre. Il tâche de la convaincre que son intérêt est de lui rendre ce service :

« Si mon projet pouvait réussir, il m'attirerait à Paris, et c'est alors que je dirais moi-même au roi ou aux ministres que j'aurais occasion de voir, les deux différentes conversations que j'ai eues avec M. votre fils (Marc-Antoine) quelques mois avant sa mort. Je ne doute pas qu'elles ne déterminassent à ordonner la réhabilitation de la mémoire de votre respectable époux. A ne suivre que mon inclination pour vous, je ferais même le voyage, uniquement pour vous rendre ce service ; mais vous savez que mon peu de fortune s'oppose à une pareille dépense; l'idée que je vous propose concilierait ces deux objets. »

Au dos de cette pièce Mme Calas a écrit : « *Copie d'un service qu'une personne m'a demandé.* » Or nous avons trouvé dans la même collection la minute de la belle réponse de Mme Calas, écrite de sa main et intitulée comme suit :

« Du 26 février 1763, copie d'une lettre à M. Delamotte, conseiller au parlement de Toulouse, en réponse à la sienne du 5 février de la même année.

« Monsieur, le caractère de probité que j'ai reconnu en vous de tout temps m'assure que, s'il vous avait été possible, sans vous exposer vis-à-vis de votre corps, de me donner votre déclaration touchant ce que vous savez sur le compte de Marc-Antoine, mon fils, et sur celui de mon mari, vous ne vous seriez pas refusé de rendre témoignage à la vérité; et je me flatte que si le respectable tribunal devant lequel je suis, vous appelle ici pour cela, vous remplirez mon attente. Vous avez été en occasion de connaître la droiture et la probité de mon cher mari, et je ne doute point que vous ne rendiez justice à cette innocente victime lorsqu'il en sera question, comme je ne doute pas non plus qu'il ne jouisse maintenant dans le ciel de la gloire qui est réservée à son innocence. Il était réservé sans doute au martyre; il en a éprouvé toute l'amertume. Pour moi, je suis prête à verser jusqu'à la dernière goutte de mon sang pour défendre et justifier son innocence, la mienne et celle de tous les accusés. Cette parfaite conviction de notre parfaite innocence, l'honneur, et ma forte tendresse pour ma famille sont les motifs qui me soutiennent et me fortifient dans ma juste demande. J'espère que ce grand Dieu, en qui j'ai toute ma confiance, ne permettra pas que la vérité demeure plus longtemps inconnue. Il est trop juste pour la laisser opprimer; il achèvera son œuvre, car il est le soutien de la vérité, le mari (de la veuve) et le père des orphelins; et ma cause ne peut être que bien défendue, ayant pour moi la justice de ce Père de lumière et notre parfaite innocence.

« .... Soyez tranquille, je vous supplie, monsieur, sur l'usage que je pourrai faire de votre lettre. Je n'ai pas moins de droiture depuis mes malheurs, que j'en avais auparavant, et ma discrétion ne me permettra jamais de porter préjudice à qui que ce soit pour en retirer avantage, et encore moins à un galant homme comme vous, monsieur, que j'estime et que j'honore infiniment. Je ferai toujours tous mes efforts pour vous en convaincre. Ce ne sera jamais l'intérêt qui me fera agir pour parvenir à vous procurer ce que vous désirez. Les vôtres seuls sont les motifs qui m'animent à faire les plus grands efforts pour découvrir quelque voie sûre auprès de la personne que vous m'indiquez et chez qui je n'ai jamais eu aucune relation directe. Cependant j'ai trouvé le moyen d'intéresser certaines personnes qui peuvent tout sur son esprit. On m'a fait envisager de très-grandes difficultés, parce que ces messieurs ne se mêlent d'ordinaire jamais que des affaires pour lesquelles ils sont envoyés ici. Cependant si la chose est possible, j'ose me flatter qu'on y parviendra par une autre voie. On m'a promis de me rendre réponse à la fin de l'autre semaine. Je n'ai pas voulu différer plus longtemps à vous informer de ma bonne volonté à vous servir. Si je pouvais y réussir je serais trop récompensée par le plaisir que j'aurais de vous être de quelque utilité. C'est avec ces sentiments que j'ai l'honneur d'être, avec un très-profond respect, etc. »

Deux autres lettres, écrites et signées par M. Delamote, en mars et en mai 1763, complètent ce dossier. Elles abondent en remercîments et en témoignages de sympathie. On y lit le nom de la personne dont Mme Calas espérait quelque chose pour M. Delamote auprès de l'ambassadeur ou du ministre, c'était M. d'Argental ; et Delamote apprend avec de grandes démonstrations de joie qu'il peut espérer l'appui de « quelqu'un aussi respectable, aussi estimé et aimé que M. le comte d'Argental, dont le crédit à la cour est très-considérable. »

En résumé, cette correspondance nous apprend d'abord que Mme Calas, sollicitant, en grand deuil de veuve, la révision de l'arrêt de mort de son mari, était sollicitée elle-même, comme ayant du crédit auprès des grands, et cela par un membre du parlement de Toulouse ! Ensuite, il nous semble que M. Delamote exploite, avec assez peu de délicatesse, au profit de son ambition, son témoignage devant la justice dont il est un des ministres. Enfin, on doit conclure des expressions de politesse respectueuse dont Mme Calas le comble, que tout au moins elle ne le croyait pas coupable d'avoir voulu séduire sa fille. Mais ce qui ressort avec le plus d'éclat de cet incident bizarre, c'est le noble caractère de la veuve, dont la lettre, défectueuse par le style (et plus encore, dans l'original, par l'orthographe), est admirable de dignité et de pieuse élévation.

Nous relèverons cependant encore, dans une des lettres de M. Delamote, un détail curieux. Il a reçu de Mme Calas les factums de ses avocats ; il l'en remercie et en fait l'éloge ; mais il ajoute :

« Je n'ai voulu laisser voir à personne le mémoire de M. Loyseau.

J'ai conseillé à Louis d'en user de même. Je crains que, s'il tombait dans les mains de quelqu'un inquiet, on ne le dénonçât au Parlement qui le condamnerait au feu, par rapport à la manière dont M. Loyseau parle de la fête de la délivrance de la ville, à la page 17. »

Voilà ce qu'attendait du fanatisme de ses collègues, un des conseillers au parlement de Toulouse.

10

(Pages 69 et 136)

FAMILLE LAVAYSSE.

Parmi les renseignements abondants qui nous ont été fournis sur cette famille nombreuse, nous choisirons ceux qui ont de l'intérêt par eux-mêmes ou qui expliquent l'origine de quelques-uns des papiers de famille où nous avons pu puiser.

Lavaysse père (David), né à Caraman le 13 novembre 1695, épousa en 1722 Antoinette Faure et mourut à Trie le 9 novembre 1768. De ses nombreux enfants, six seulement parvinrent à l'âge mûr. C'étaient trois fils et trois filles. Les fils sont connus sous les noms de Lavaysse du Pujolet, Étienne Lavaysse de Vidou, avocat, et Alexandre-Gaubert Lavaysse, le compagnon d'infortune des Calas.

Le premier eut plusieurs enfants, entre autres Julie, mariée à Joseph de Caffarelli, conseiller d'État, etc., et dont la fille aînée (Jenny) épousa M. Auguste Gleizes.

Le second fils de David, Étienne Lavaysse de Vidou, était fiancé à Mlle de Bruguière, fille d'un gentilhomme influent dans le pays de Foix et petite-nièce du célèbre Bayle, jeune personne fort remarquable par sa beauté, ses vastes lectures et une très-rare distinction d'esprit. Voltaire lui écrivit un jour : « Vous avez droit à mes hommages par l'immortel Bayle, dont vous êtes la nièce, et encore plus par votre mérite et par votre esprit. »

Enfermée comme protestante au couvent de Hauterive, elle y fut l'objet des plus mauvais traitements de la part des religieuses chargées de la convertir, qui l'accusaient « d'une perversité outrée et d'un endurcissement affreux. » Elle ne fut libérée qu'après une longue et dure détention.

Son mariage avec Étienne Lavaysse allait être célébré, lorsque le jour même de ses fiançailles, le bruit s'étant répandu qu'une assemblée religieuse se tenait dans le château qu'elle habitait, il fut envahi et pillé par une bande de fanatiques. Mlle de Bruguière se réfugia à Toulouse dans la famille de son fiancé. Une nouvelle catastrophe vint encore retarder le mariage; ce fut l'arrestation de Gaubert Lavaysse chez les Calas. Les angoisses que causèrent à Étienne Lavaysse le péril et les souffrances de son frère nuisirent à sa santé. Déjà gravement menacé, il épousa enfin celle qui depuis longtemps l'attendait, mais il ne tarda guère à mourir. Sa veuve, brisée par tant de douleurs, lui survécut peu de temps; elle mourut en 1766, à l'âge de vingt-sept ans, chez ses tantes qui l'avaient élevée. Elle avait écrit, disent MM. Haag (France protestante), auxquels nous empruntons ces détails, une *Histoire du fanatisme* et un récit de ses propres malheurs, qui ne furent point publiés. Sa courte vie est un touchant exemple des infortunes où l'intolérance plongea le plus grand nombre des familles protestantes.

Le plus jeune fils de David Lavaysse est celui qui figure si souvent et si douloureusement dans ce volume.

Deux de ses sœurs doivent encore être nommées ici; l'une est Marie-Henriette, femme de M. de Sénovert, avocat et plus tard capitoul, dont une fille fut mariée à Bergasse de Laziroule, membre de la Constituante et du Conseil des Cinq-Cents.

L'autre sœur de Gaubert que nous désignerons ici, Rose-Victoire, née en 1723, épousa en premières noces un sieur Nicol, et, en secondes, Angliviel de la Beaumelle, l'ardent ennemi de Voltaire, qui, comme lui, s'imposa de laborieux et persévérants efforts en faveur des Calas. Il existe de piquantes lettres de Voltaire à Mme de la Beaumelle, dont il détestait le mari et dont il avait réhabilité le frère. Aglaé de la Beaumelle, fille des précédents, née en 1768, mariée en 1794 à M. J. A. Gleizes, frère cadet de M. Aug. Gleizes, fut veuve en 1843, et mourut en 1853; j'ai dit comment un précieux recueil de documents sur l'affaire Calas, formé en trois volumes in-8°, par Mme de la Beaumelle, possédé ensuite par Mme J. A. Gleizes, sa fille, échut, par la mort de cette dernière, à sa belle-sœur et nièce à la mode de Bretagne, Mme Gleizes de Caffarelli, qui a bien voulu m'en accorder la communication.

Cette dernière est décédée au château de Lavelanet le 16 février 1869, à l'âge de soixante-treize ans.

11

(Page 83)

CARRIÈRE.

Ce jeune homme, fils d'un marchand de draps, était protestant ainsi que ses parents, mais il avait réussi à se faire recevoir avocat, au moyen d'un certificat de catholicité. Marc-Antoine et lui étaient très-intimes amis ; peut-être même les Carrière étaient-ils alliés des Calas. Quoi qu'il en soit, d'après les renseignements que nous ont donnés les descendants de Carrière, les deux jeunes gens étaient liés par une communauté d'origine, d'études et même de désordres : tous deux étaient joueurs. S'il faut en croire une tradition de famille, d'autant plus admissible qu'elle n'est pas à la gloire de l'aïeul, Carrière et Marc-Antoine auraient joué et perdu, le 13 octobre 1761, quelques louis que Carrière aurait pris chez son père. On va jusqu'à dire que ce dernier, s'en étant assuré plus tard, fit enfermer son fils pendant un certain temps au fort Brescou. Si, comme on l'a supposé, la visite du jeune avocat aux prisonniers avait eu pour but leur défense, il est facile de comprendre qu'ils aient mieux aimé la confier à Sudre, avocat très-célèbre dans le pays, qu'à cet étourdi peu recommandable. Quoi qu'il en soit, il n'y a rien d'étonnant à ce qu'un avocat, parent ou ami du défunt et des accusés, leur ait fait quelques visites et donné quelques conseils sur leur affaire. C'est à tort qu'on a présenté ces circonstances comme suspectes.

Voici sa lettre à Lavaysse. Il serait sans intérêt de reproduire les autres :

« N'oubliez pas, Monsieur, ce que je vous recommandais hier avec un ami, de dire la vérité et en quel état vous trouvâtes le fils aîné de M. Calas, et que si vous ne l'avez pas déclaré dans votre première audition, ayant dit ne l'avoir pas vu, ce fut à la recommandation du cadet qui, sur l'avis de son père, vous pria de cacher le fait, de crainte que la famille ne fût déshonorée, parce qu'on entraînait les corps des suicidés sur la claie.

« Vous aviez sans doute dit à M. Cazeing avoir vu le cadavre étendu ; il y a apparence que Cazeing l'aura dit ainsi dans sa déposition ; vous devez dire tout cela, quand vous serez interrogé, afin qu'on connaisse les motifs qui vous ont fait dissimuler la vérité, croyant d'ailleurs qu'alors on ne chercherait que des preuves contre la mémoire du défunt.

« Rappelez-vous si vous entendîtes le cadet crier : « Ah! mon père, mon père, mon père! ah! mon Dieu! » car il y a des voisins qui ont déposé avoir entendu crier ainsi, et pour prévoir toute équivoque, il convient d'indiquer celui qui criait; on dit encore avoir entendu crier à l'assassin. Rappelez-vous si vous avez entendu le père ou le cadet crier ainsi. Mais je présume que vous étiez déjà sorti lorsqu'ils criaient ainsi. Vous avez nécessairement dû entendre les premières exclamations du cadet, car vous me l'avez dit; n'oubliez pas de le dire quand vous serez interrogé comme aussi ce que vous fîtes pour empêcher la mère de descendre.

« On dit qu'il est prouvé par la procédure que la servante ayant entendu du bruit, elle se mit à la fenêtre pour s'informer de ce que l'on faisait, qu'on lui répondit que c'était dans la maison même, et qu'un instant après elle descendit à la porte en criant : *Ah! mon Dieu, l'an tuat!* on dit qu'elle a déclaré ainsi dans sa première audition. Je vous avoue que l'on ne peut pas trop concilier la curiosité de cette fille que vous m'avez dit lui avoir ordonné de rester auprès de Madame et de ne pas la laisser descendre, cette fille s'étant déjà mise à la fenêtre quand vous lui avez donné cet ordre.

« Vous a-t-elle demandé ce que c'était? le lui avez-vous expliqué à l'oreille en la consignant auprès de sa maîtresse? et si l'on vous interroge sur tous ces faits, préparez-vous d'avance à y répondre et dites toujours la vérité. Car, comme je suppose que vous l'avez dite, je suis fort tranquille sur votre compte. L'on vous demandera sans doute où vous allâtes quand vous sortîtes pour la première fois; il faut le dire. L'on vous demandera encore ce que vous vîtes en entrant, et vous devez le dire; où vous allâtes quand vous sortîtes pour la deuxième fois. Vous ne devez pas surtout oublier que vous allâtes avertir Mᵉ l'assesseur, à faire avancer le greffier; car je crois que vous me l'avez dit et votre empressement à rentrer dans la maison où les Capitouls étaient déjà rendus avec le guet, car tout cela manifeste votre innocence. MM. vos frères sont arrivés; on attend ce soir M. votre père, peut-être aviez-vous (*tout*) expliqué naïvement à M. Cazeing, qu'on a mis en liberté (*qui*) sera ouï en témoin; et en ce cas on fera en sorte qu'il dépose relativement à l'aveu que vous lui avez fait, afin qu'il n'y ait pas de contradiction.

« Il est inutile que je signe cette lettre, vous devinez assez qui je suis.

      « Toulouse, le 15 octobre au soir 1761. »

N'était-il pas du devoir strict d'un avocat, parent ou au moins ami des détenus, voyant qu'ils se perdaient par un mensonge dicté par un faux point d'honneur, de les exhorter à dire toute la vérité? Ce que Carrière fit, assez gauchement, par ses lettres anonymes, l'avocat le plus scrupuleux devrait le faire pour ses clients.

12

(Page 114)

PROCÉDURE SECRÈTE.

Cette déplorable transformation de la procédure, d'abord publique, était depuis longtemps accomplie; elle a été racontée avec une parfaite clarté par M. Faustin Hélie, dans son *Histoire et Théorie de la Procédure criminelle* (tome Ier du *Traité de l'Instruction Criminelle*). Il montre très-bien (p. 401) que les poursuites dirigées contre les hérétiques eurent une funeste influence sur les formes de la justice. Les papes, et en particulier Boniface VIII, recommandèrent expressément l'information secrète, qui, peu à peu, envahit toutes les juridictions.

Dès le seizième siècle, un protestant, l'illustre Coras s'était élevé avec éloquence contre ce système de procédure. « Advisent ici les juges, dit-il, combien il est dangereux et plein de péril, principalement ès matières criminelles, où se traite de l'honneur et de la vie de l'homme, d'asseoir jugement sur la déposition (écrite) des témoins, lesquels souventes fois asseurent pertinacement choses fausses pour véritables, dont après sont contraints à départir... Il est plus asseuré de les faire venir en personne, les ouyr, voir et contempler leurs gestes et contenances, les interroger, leur faire rendre raison du tout exactement, car je cuide (pense) qu'ainsi fesant, serait retranché le chemin à beaucoup de malignités, calomnies et conspirations des témoins, qui ne se rendrayent si faciles et proclins (enclins) à faussement déposer, pour la révérence, honneur et majesté d'une Cour souveraine, devant laquelle conviendrait respondre... La foy et l'authorité de tesmoins qui sont présens est autre et plus grand sans comparaison que des dépositions qui sont seulement leues et récitées, et le plus souvent escrites, dictées, plus à l'appétit d'un mauvais garçon de commissaire ou d'un brouillaçon de greffier, que selon l'intention et volonté du tesmoin. » (Arrêt mémorable, p. 99.) ,

On peut consulter avec fruit sur les criants abus de la législation française, avant la Révolution, la *Théorie des Lois Criminelles*, de Brissot de Warville, et une brochure pleine de sens et fort modérée qui porte ce titre piquant : *Essai sur quelques changements qu'on pourrait faire dès à présent dans les lois criminelles de France, par un honnête homme, qui depuis qu'il connaît ces lois, n'est pas bien sûr de n'être pas pendu un jour.* — A Paris, 1786. 53 p. in-8°.

13

(Page 114)

LE CHANCELIER POYET.

C'est, dit-on, le chancelier Poyet, qui transporta des usages de l'inquisition, dans la jurisprudence française, cette disposition rigoureuse et injuste, d'après laquelle le prévenu était censé admettre pour vrai tout ce que diraient les témoins, qu'il n'avait pas d'avance reprochés. Cette mesure, perfide à l'égard de ceux qui l'ignoraient, était d'une extrême gravité dans un temps où toute la procédure ne tendait qu'à obtenir un aveu plus ou moins explicite. Dans le procès qui lui fut fait après sa disgrâce, il subit la loi qu'il avait établie et en fut cruellement puni. A l'occasion d'un témoin dont la déposition pouvait le perdre ou le sauver, il fit demander au roi de lui donner au moins le temps d'y songer, réclamant ainsi pour lui-même une exception à sa propre loi. C'est à Poyet que fut appliqué le mot fameux : *Legem patire quam ipse fecisti*. (Voir *Lettres sur la Procédure Criminelle en France* (1788) et *Arrest. Luc. L. 12, t. 1, c. ii.*)

14

(Page 115)

M. DE LA PIVARDIÈRE.

Le plus flagrant exemple de l'absurdité de cette disposition d'après laquelle la preuve des *faits justificatifs*, quand on la permettait, devait être retardée jusqu'après l'achèvement de l'instruction, c'est le fameux procès d'un M. de la Pivardière, qui avait disparu en 1697. Sa femme et un prêtre étaient accusés de l'avoir assassiné. Il reparut et crut terminer le procès en se montrant. On lui répondit que son existence était un *fait justificatif* dont on ne pouvait admettre la preuve qu'à la fin de l'instruction ; en d'autres termes, on devait d'abord rechercher longuement, minutieusement et à grands frais, s'il n'était pas mort, avant de lui permettre de se montrer vivant. Encore était-ce là une permission qu'on avait parfaitement droit de lui refuser. Il fut dix-huit mois à obtenir du Parlement de Paris un arrêt comme quoi il était en vie.

15

(Page 131)

LES JUGES DES CALAS AU PARLEMENT.

L'esprit qui régnait vers 1762, parmi les conseillers des cours souveraines en France, a été indiqué avec justesse, par M. Calary, avocat, dans un discours sur les *Clients de Voltaire* (Bibliog. n° 90). Après avoir montré dans la société française, jusqu'après le milieu du dix-huitième siècle, plus de politesse que de sensibilité vraie, ainsi qu'un esprit de raillerie sceptique et insouciante qui disposait mal aux grands efforts et aux dévouements infatigables, l'auteur ajoute : « Quant aux parlements, à supposer qu'ils pussent échapper à la légèreté mondaine et à l'esprit froidement moqueur du temps, ils avaient pour garder le silence, un autre motif : ils croyaient leur existence liée à la rigueur des lois criminelles qu'ils étaient chargés d'appliquer ; et, comme tous les pouvoirs

à leur déclin, qui font de la cause de leurs abus leur propre
cause, ils défendaient ces lois avec autant d'énergie que leurs
prérogatives les plus chères. Une protestation pouvait-elle, du
moins, s'élever du barreau? Sans doute, il renfermait dans son
sein des âmes généreuses : mais on sait que, fidèles auxiliaires
des parlements, lorsque ceux-ci, après avoir épuisé leur droit de
remontrance, interrompaient le cours de la justice, les avocats
n'auraient pas consenti à plaider devant une magistrature impro-
visée et fermaient même leurs cabinets; il leur eût été difficile,
après avoir ainsi, dans les circonstances les plus graves, fait
cause commune avec les Parlements, de critiquer en matière
pénale un corps dont ils étaient les fidèles soutiens politiques.
Ajoutons que, à voir appliquer chaque jour des dispositions bar-
bares, la sensibilité s'émousse, et que, les avocats se familiari-
sant peu à peu avec les peines par la continuité du spectacle, ces
peines finissaient naturellement par leur paraître moins rigou-
reuses. Le barreau n'était donc pas capable de remuer profondément cette société frivole, froidement polie, indifférente aux
souffrances humaines; il avait lui-même besoin d'être excité par
une voix puissante à la défense des opprimés.

« Ainsi, pendant la première moitié du siècle, silence complet
sur ces graves questions : l'esprit public passe à côté d'elles sans
se révolter, sans manifester un doute; la loi continue toujours de
frapper l'accusé sur de simples indices, de proscrire toute procédure publique, d'ordonner la torture comme mode de preuve, de
prodiguer la peine de mort, d'inventer les supplices les plus
raffinés, de frapper même des faits comme le sacrilége, le suicide, l'hérésie, qui ne peuvent être des crimes qu'aux yeux de
la religion. Voilà la justice au milieu du siècle dernier, cette justice cruelle, devenant plus cruelle encore lorsque les juges chargés de l'appliquer obéissent à un sentiment qui les aveugle,
comme la passion politique ou le fanatisme religieux.

« Ce que le clergé, la noblesse, les parlements, le barreau ne
faisaient pas, les lettres devaient l'accomplir. »

Ce tableau de l'état des esprits parmi les représentants de la
loi concerne tous les parlements de France. Pour celui de Toulouse, il ne faudrait pas oublier, après ces traits communs à tous, de
rappeler sa haine ardente pour l'hérésie, et dans l'affaire des Calas,
son ignorance profonde de ce qu'était, en dehors de la France et de
l'Église romaine, la religion de la moitié de l'Europe.

Nous croyons devoir faire connaître, en quelques mots rapides, les principaux magistrats qui prononcèrent l'arrêt de mort de Jean Calas.

Nous n'avons rien à dire du premier président, Joseph-Gaspard de Maniban, marquis de Campagne, qui avait épousé une Lamoignon et mourut en 1762 après quarante ans de présidence.

Sur le refus de Dominique de Bastard, doyen du Parlement, son fils François, maître des requêtes au conseil d'État, fut mis, le 26 septembre de cette même année, à la tête du parlement de Toulouse. Né le 16 décembre 1722, il donna sa démission en 1769, se retira à Paris et y mourut le 20 janvier 1780, entouré de ses deux plus intimes amis, les maréchaux de Lorge et de Biron.

Le procureur général J. G. A. A. Riquet de Bonrepos était un descendant de l'illustre Riquet, auteur du canal des deux mers, qui avait été créé baron de Bonrepos. Nous verrons ce magistrat se montrer peu digne de cette famille italienne des Riquetti, qui fit une haute fortune en France et en Belgique, par les princes de Chimay et les ducs de Caraman, mais que rendirent bien plus célèbre deux hommes extraordinaires, Riquet d'abord et ensuite Mirabeau.

« Nous avons contre nous, écrit Voltaire le 7 juillet 1770, dans l'affaire Sirven, ce procureur général de Belzébuth. » Le mot est vif, mais il a été dit à propos du réquisitoire donné par ce magistrat contre Mme Calas et les trois autres prévenus, le lendemain du supplice de Jean Calas. Qu'on le lise, et peut-être pardonnera-t-on à Voltaire l'extrême vigueur de son indignation. Bonrepos était entré en charge le 9 février 1750 ; il dut se retirer devant le parlement Maupeou en 1771.

Trois présidents à mortier doivent être nommés ici, Antoine-Joseph de Niquet, chancelier des Jeux Floraux, et les deux présidents de la Tournelle, Henri-Gabriel du Puget et Jean-Joseph-Dominique de Senaux, tous deux membres de cette même Académie du *Gay-Saber*, et tous deux juges de Calas.

On appelait Tournelle dans les Parlements, la chambre criminelle. Je trouve parmi les papiers de la famille Lavaysse l'épigramme suivante contre les deux présidents de la Tournelle :

Senaux disait d'un ton sévère :
Si mon fils désertait le culte de son père,
Je vous le pendrais bel et bien :
Donc, Calas a pendu le sien.
Puget répondit : Chacun s'aime ;
Pour moi, quand je serais perdu,

Je me garderais bien de me pendre moi-même :
Donc, son fils ne s'est pas pendu.

M. de Niquet prit part, d'une autre manière et moins directement, à cette douloureuse affaire. Après cinquante ans de services comme conseiller et comme président, il devint premier président en 1770. Il se retira en 1787.

On nous pardonnera d'avoir énuméré les noms, les alliances, les titres de ces magistrats; nous voudrions les faire bien connaître, et nous nous étonnons nous-même du contraste que présente le rôle qu'ils vont jouer devant nous avec les noms fameux des uns, les titres académiques des autres, et les fonctions élevées qui leur étaient communes à tous. Nous avons eu occasion de juger les caractères de quelques-uns d'entre eux par leurs lettres assez nombreuses au comte de Saint-Florentin, que nous avons pu lire aux *Archives*, ou par les réponses de ce ministre. Nous publions quatre lettres inédites de MM. de Senaux et du Puget [1] où l'on s'étonne de trouver les préventions les plus aveugles contre le protestantisme, et une entière ignorance à ce sujet, qui serait très-digne de David lui-même, sans qu'ils se montrent plus humains que lui. Entre les deux, M. du Puget a la palme. Le président de Senaux se distingue par la persévérance avec laquelle il demande à M. de Saint-Florentin des pensions ou des gratifications. Tout prétexte lui est bon pour cela, tantôt les vœux de nouvelle année, tantôt la mort de M. de Maniban. J'ai lu trois lettres où le ministre, trois fois de suite, lui répond que cette demande ne le concerne pas et qu'il doit s'adresser au chancelier. Le président de Niquet ne se fait pas faute non plus de ces sollicitations intéressées. Le 5 décembre, M. de Bonrepos obtint pour sa part 10 000 livres d'augmentation sur le brevet de retenue de sa charge. Il faut en convenir, ces redoutables personnages perdent à être surpris dans le déshabillé de leur correspondance intime avec le secrétaire d'État.

La Chambre de la Tournelle qui jugea les Calas se composait de treize magistrats, les présidents du Puget et de Senaux, qui ne nous sont que trop connus par leurs lettres à M. de Saint-Florentin, les conseillers de Bojal (doyen), Cassan-Glatens (appelé aussi Cassan-Gotte ou de Jotte), d'Arbou, Coudougnan, Cambon, Gauran, Desinnocents, Miramont, Étienne de Boissy (qui avait été chargé de continuer l'information et auquel on croit pou

1. Pièces just. V et XX ; XXII et XXV.

voir attribuer l'insigne honneur d'avoir seul voté pour l'acquittement), de Cassan-Clairac, rapporteur, de Lasbordes. Ce dernier s'était d'abord retiré à la campagne, et avait dit qu'il se ré-
cusait. Il revint et prit part au jugement. Quelques-uns pensent
qu'il vota l'acquittement; il ne paraît pas que ce soit exact.

Il y a lieu de croire que plusieurs de ces magistrats auraient
dû se récuser. On lit dans le premier Mémoire de Mariette qu'un
des juges avait dit aux demoiselles Calas qui sollicitaient pour
leur père : *Vous n'avez plus d'autre père que Dieu.* Elles voulurent
le récuser, ainsi que deux autres, contre lesquels il y avait des
motifs de suspicion légale. Il fallait pour cela être autorisé par
les accusés eux-mêmes. Mais on ne put les prévenir, ni parvenir
jusqu'à eux. Aucun soldat ne voulut ou n'osa leur faire passer le
moindre avis.

. Le Président Niquet et les deux conseillers Gauran et Desinnocents furent de ceux qui, le 25 novembre 1771, réhabilitèrent
Sirven. (C. Rabaud, *Sirven*, p. 140.)

———

16

(Page 134)

SUDRE.

La cause ne pouvait tomber entre des mains plus capables.
Théodore Sudre s'était distingué de bonne heure; il entrait à
peine dans la carrière quand le fameux jurisconsulte Furgole,
dont le suffrage est une autorité de premier ordre, fit mention
de lui dans son *Traité des testaments* (t. IV, p. 28) en ces termes :
« M⁰ Sudre, mon confrère, à l'âge de vingt-cinq ans, a une connaissance très-exacte de l'histoire et des systèmes du droit romain
et en débrouille avec une facilité merveilleuse les difficultés qui
paraissent les plus inextricables. »

Sudre publia en 1753 une nouvelle édition du *Traité des Élec-
tions d'Héritier*, de *Vulson*, conseiller au parlement de Grenoble,
qu'il dédia au premier président de Maniban, et plus tard un
Traité des droits seigneuriaux. Il était né à Gimont (Gers) en 1718,
et avait été élevé au collége de la Doctrine chrétienne à Toulouse; il se maria en 1755, eut dix enfants et mourut en 1795. Sa
réputation de science, de talent et d'intégrité était grande.

Nous regrettons doublement de le trouver parmi les créanciers les plus exigeants de Mme Calas. « Il veut me rançonner, écrit-elle le 22 novembre 1763; et quoy qu'il a été bien payé, il me demande encore plus de huit cents livres. Si je l'en croyais, il confondrait tout ce qui peut me revenir. »

Malheureusement la perte de sa clientèle, par suite de son zèle pour les Calas, n'explique peut-être que trop ces exigences chez le père d'une si nombreuse famille.

17

(Page 143)

OPINION DE DEUX MÉDECINS.

Le célèbre chirurgien Louis lut devant l'Académie de chirurgie, à propos même de cette affaire, un Mémoire qui a été publié (*Bibliographie*, n° 31). Il montre que, quand un homme a été pendu, son cou porte une marque oblique montant vers le haut, et sans meurtrissure. — C'est ce que le rapport officiel a constaté sur le cadavre de Calas aîné. Selon le même savant, si un homme a été étranglé, on trouve à son cou une marque circulaire et horizontale et le plus souvent avec ecchymose, résultant de la torsion. Il ajoute :

« Il serait bien difficile qu'un homme en fît mourir un autre en le pendant; cela demande trop d'appareil : il est plus commun de commencer par l'étranglement; on suspend le corps après, pour tâcher de faire méconnaître le genre de crime; c'est une action réfléchie qui suit le mouvement violent qui avait porté à l'assassinat. Mais il est rare que le crime ne laisse des traces qui le décèlent. »

Un autre médecin distingué de l'époque avait étudié l'affaire Calas et partageait la même opinion.

« Jean Lafosse, né à Montpellier le 13 novembre 1742, s'adonna à l'étude de la médecine, et sans avoir jamais été professeur en titre, fit cependant des cours publics qui furent très-suivis. Il a laissé un travail sur le desséchement de quelques parties des côtes du Languedoc. Dans un autre ouvrage, il avait également entrepris d'établir les inconséquences que l'anatomie lui fit apercevoir dans le rapport destiné à constater l'état du cadavre de Calas fils, dont il considérait le suicide comme constant. Il lia à

cette occasion une correspondance suivie avec Voltaire. Une mort
prématurée l'enleva le 21 juin 1775 à l'âge de trente-trois ans. »
(Voir la *Statistique du département de l'Hérault*, par Hippolyte
Creuzé de Lesser, 1824, page 264.)

18

(Page 191)

LA PLACE SAINT-GEORGES.

Plus d'une fois j'ai tristement examiné cette place fatale, où
l'on chercherait en vain la colonne votée plus tard par la Convention. Peut-être vaut-il mieux qu'il en soit ainsi; pour moi, le
monument le plus éloquent à la mémoire de Calas, ce sont
quelques anciennes maisons qui sont demeurées debout çà et là,
les mêmes qu'il y a cent ans. Si ces façades de bois et de brique
noircie pouvaient dire ce qu'elles ont vu, on n'écrirait pas aujourd'hui à Toulouse que Jean Calas était un assassin et un parricide. Ces mêmes fenêtres regorgèrent de témoins émus qui le
virent mourir comme meurent les martyrs.

En 1794 la place Saint-Georges reçut le nom de place Calas,
mais elle l'a perdu depuis longtemps. Un monument à Clémence
Isaure, la fabuleuse fondatrice des Jeux floraux, s'élève sur cet
emplacement, à peu près comme l'obélisque de Louqsor à l'endroit où moururent Louis XVI et tant d'autres victimes de la
Terreur. Nous comprenons qu'on évite les souvenirs qui peuvent
donner lieu à des récriminations trop vives. L'obélisque au moins
représente une époque historique, mais la légende de Clémence
Isaure paraît bien puérile si près de l'échafaud de Jean Calas. Il
est des lieux sacrés où l'on doit se taire, et non débiter les rimes
du *gay-saber*.

19

(Pages 191 et 196)

LA TORTURE ET LA ROUE.

La torture avant le jugement était dite *préparatoire* ou *purga-
tive*; on la considérait comme un simple moyen d'information,

et non comme un déshonneur, ni même comme un châtiment. Si le patient n'avouait rien, il ne pouvait être condamné.

Quand, au contraire, la condamnation à mort était déjà prononcée, la torture avait pour but d'obtenir la désignation des complices; et on l'appelait définitive ou préalable, *définitive* par opposition à la *question préparatoire*, *préalable* quant au supplice qu'elle précédait.

Pour la question *préparatoire*, le juge pouvait se contenter, s'il le voulait, de l'*ordinaire*. La question *préalable* au contraire, comprenait nécessairement l'*ordinaire* et l'*extraordinaire*, parce que la justice ne devait plus aucun ménagement au condamné; et ses souffrances, dans ce cas, étaient un commencement, une dépendance de la peine de mort. Il devait être conduit au dernier supplice immédiatement après, parce que, disait la loi, *son corps était confisqué* et ne lui appartenait plus. Tel fut le sort de Calas.

Nous voudrions épargner à nos lecteurs tous ces détails hideux. Nous devons cependant, autant que possible, expliquer les faits, et ne point dissimuler ce qu'a souffert ce malheureux père de famille.

Voici ce qui se passait à Toulouse (chaque Parlement avait à cet égard ses usages).

« A terre, sur le plancher, étaient placés deux boutons éloignés l'un de l'autre d'un pied environ. Le bouton s'attachait aux fers que le patient portait aux pieds. De ce bouton partaient de grosses cordes qui se roulaient sur un tour à bras. Deux anneaux partaient aussi des cordes qui venaient saisir les poignets du supplicié : de cette façon les quatre membres étaient fixés. Au signal donné, les exécuteurs se mettaient à l'œuvre : l'un faisait aller le tour; l'autre tenait les cordes; un troisième plaçait son pied sur le bouton. Cette question avait pour but d'étirer les membres[1]. »

Il faut ajouter qu'après avoir allongé le corps en l'attachant au premier bouton, la même opération avait lieu au deuxième bouton, plus éloigné d'un pied. Souvent aussi, dans certaines villes, après avoir mis ainsi le corps dans un état de tension extrême, on lui passait encore sous les reins un tréteau, puis un autre plus élevé[2].

1. Salvan, p. 112.
2. Mémoire instructif pour faire donner la torture, annexé par le Parlement de Paris à son arrêt du 18 janvier 1697.

Voici maintenant ce qu'était la question à l'eau également
subie par Calas :

« Le questionnaire (c'était l'homme destiné à ce triste ministère) faisait avaler au patient, au moyen d'une corne creuse de
bœuf qu'on lui mettait dans la bouche, quatre pintes d'eau pour
la question ordinaire et huit pour l'extraordinaire. Il s'arrêtait,
sur l'avis du chirurgien présent si la victime faiblissait, et dans
ces intervalles le juge interrogeait l'accusé... Le patient ressemblait à un cétacé, rendant l'eau par toutes les ouvertures de
son corps, nous dit un vieux procès-verbal de torture. (De Bastard, t. I., p. 419.)

Voici enfin en quoi consistait le supplice de la roue. « Le
condamné était attaché à plat, et la face contre terre, sur une
croix de saint André à laquelle on avait fait, sur chaque branche,
deux entailles ou coches. Le bourreau, armé d'une barre de fer
carrée, d'un pouce d'épaisseur, en donnait un coup sur chaque
membre, à l'endroit des entailles, où les os, portant à faux, étaient
indubitablement cassés.

« Le corps du condamné, replié sur lui-même, de manière que
les talons touchassent au derrière de la tête, était ensuite attaché sur une petite roue de carrosse fixée horizontalement sur un
pivot » (Bastard, I, p. 426). — Ajoutons que la roue se trouvait
ainsi élevée de quelques pieds au-dessus du plancher de l'échafaud.

20

(Page 210)

LE DOCTEUR SOL ET SA FAMILLE.

Paul Sol était né à Saverdun (Ariége), d'une famille espagnole
établie dans le comté de Foix. L'aïeul maternel du docteur était
le feld-maréchal de Seigné, au service d'Autriche, un des officiers distingués que la révocation de l'édit de Nantes donna aux
armées étrangères. Son petit-fils fit à Montpellier de fortes études, et y laissa la réputation d'un grand zèle pour le travail, d'un
esprit très-remarquable par sa précision et sa solidité. Il avait
eu d'abord l'intention de prendre du service comme médecin
militaire en Allemagne. Mais il renonça à ce projet, et lorsque
ses études furent terminées, il commença par exercer la méde-

cine à Saverdun. Il épousa, bientôt après, une demoiselle Vaïsse, de Caraman. De ce mariage naquirent deux fils, dont l'un le général Pierre Sol Beauclair, est mort en 1814, dans la place de Bayonne qu'il commandait et qui était assiégée par les Anglais.

Le second fils du docteur Jacques Sol, officier du génie, fut en 1779 attaché officiellement à la personne de l'ambassadeur des États-Unis, qui était alors Franklin. Après avoir été chef d'état-major de l'armée des Pyrénées-Orientales, il acheva ses jours à Toulouse, où il fut jusqu'à sa mort en 1820, membre du consistoire.

Longtemps avant que l'Église de Toulouse fût rétablie, le docteur leur père avait été un des fondateurs d'une association qui, sans en prendre le nom, était véritablement une église protestante. Voici comment il avait été amené à se fixer dans cette ville.

Une épidémie qui ravagea le Languedoc et particulièrement Toulouse, avait fait sortir le jeune médecin protestant d'une obscurité à laquelle les lois alors régnantes semblaient le condamner irrévocablement. Les notables de Toulouse envoyèrent quelques-uns d'entre eux chercher à Montpellier des secours contre la suette. La Faculté réunie leur indiqua le docteur Sol, qui vit arriver à Saverdun une députation des principaux habitants de Toulouse, le suppliant de venir s'établir, au moins momentanément, au milieu d'eux. Il y consentit, mais avec l'intention arrêtée de retourner à Saverdun. Il eut de si brillants succès dans ce champ de travail plus considérable qu'il ne s'en éloigna plus. Ce qui prouve l'éclat tout à fait exceptionnel de sa réputation, c'est qu'il devint, quoique protestant, le médecin de l'Archevêché, et, par suite, de plusieurs couvents, circonstance extrêmement remarquable et sans doute unique à cette époque.

Il a laissé une grande renommée de bonté et de dévouement ; il fut, dit-on, le premier à instituer des consultations gratuites pour les indigents. Il mourut à Toulouse à l'âge de quatre-vingt-quatre ans.

Il avait dû, comme tant d'autres, se faire délivrer un certificat de catholicité pour être reçu docteur ; mais ces fictions légales ne trompaient plus personne ; les lettres même de la sœur Fraisse [1] nous prouvent qu'il était resté protestant, et connu pour tel, jusque dans les couvents dont il était le médecin. On

_____

1. Lettres XXIII et suivantes.

assure, et nous n'avons pas de peine à le croire, qu'il s'intéressa activement à la famille Calas.

21

(Page 218)

DE VÉGOBRE.

Charles de Manoel de Végobre, né à la Salle, le 20 août 1713, mort le 25 octobre 1801 à Genève, où il s'était réfugié depuis longtemps pour cause de religion. Cet homme excellent fut un des appuis les plus fermes des *Églises sous la croix*. Il les protégea activement du fond de sa retraite et légua à son fils le zèle le plus éclairé et le plus soutenu pour la cause protestante en France. Ce fils mourut en 1840 et donna par testament sa bibliothèque aux jeunes Français qui étudient la théologie à Genève. J'ai été chargé, comme leur bibliothécaire à cette époque, de recevoir en leur nom ce don généreux, le dernier témoignage d'un dévouement héréditaire à la France et à l'Église réformée.

22

(Page 218)

RIBOTTE-CHARON.

Les lettres de Voltaire à Ribotte ont été publiées, ainsi qu'une lettre de Rousseau adressée au même, dans le *Bulletin de la Société de l'Histoire du Protestantisme français*, t. IV, p. 239. Je dois à M. Ch. Read les détails inédits qui suivent sur ce personnage digne d'intérêt.

Il naquit au Carla-le-Comte (pays de Foix) l'an 1730, et s'occupa du commerce des draps, dans lequel il fit une fortune assez considérable, qu'il perdit plus tard. Ses affaires et ses goûts l'appelèrent en Angleterre, en Hollande, en Espagne. Il résida souvent à Paris, où il voyait habituellement Buffon, Thomas, Necker, Bailly et surtout Jean-Jacques Rousseau. Il profita de ses voyages pour se créer une collection d'objets d'art; on se souvient qu'il commanda un tableau à Carle Vanloo. Il publia en 1787 une lettre à Buffon, sur les maladies épidémiques. On a encore de lui un écrit sur la nature et l'origine du blé-froment, un poëme sur les beaux-arts et un recueil d'hymnes patriotiques pour les fêtes nationales de 1789-1790. Ribotte mourut au commencement du siècle.

Il est intéressant de voir le goût des lettres et des beaux-arts se relever ainsi, parmi les protestants de France, dès que la persécution se calma assez pour leur laisser quelque loisir et quelque aisance.

23

(Page 229)

ÉLIE DE BEAUMONT.

Jean-Baptiste-Jacques Élie de Beaumont, avocat, né en 1732 à Carentan, mourut à Paris le 10 janvier 1786.

La part brillante qu'il prit à l'affaire Calas lui valut, parmi les protestants, une vive gratitude et partout une haute renommée.

Mais, peu après, il se fit grand tort dans l'opinion en réclamant, du chef de sa femme, qui était née protestante, la terre de Canon, près de Caen, qui avait été vendue par ses parents. Il se fit mettre en possession de cette terre, au nom d'une des lois odieuses destinées à empêcher l'émigration des huguenots; Louis XIV leur avait interdit d'aliéner leurs biens-fonds. Mais déjà ces lois tombaient en désuétude, et l'on fut indigné d'en voir demander la mise à exécution par le défenseur de Calas, dans un intérêt purement personnel. (Voir sur cette humiliante affaire les lettres de Voltaire à Damilaville, des 1er octobre 1766 et 4 juin 1767.)

24

(Page 232)

LA DUCHESSE D'ANVILLE.

Le duché de la Rochefoucauld était tombé en quenouille. La branche aînée, qui avait eu pour chefs le second martyr de la

Saint-Barthélemy et plus tard l'auteur des *Maximes*, n'avait d'autre héritier que deux filles. On les maria à deux de leurs cousins, d'une branche cadette, les ducs d'Anville et d'Estissac.

Mme d'Anville était l'aînée; elle est connue pour sa bienfaisance, les tendances libérales de son esprit, ses relations littéraires avec Voltaire et les encyclopédistes. « Flattez sa grande passion qui est celle de faire du bien, » dit Voltaire à Moultou; et il ajoute : « Elle est capable d'aller exprès à Versailles. » Elle vint à Genève pour propager, par son exemple, une invention encore fort contestée, l'inoculation; elle fit inoculer ses filles par Tronchin. Voltaire lui prêta à cette occasion sa maison des *Délices*. Il l'intéressa vivement aux Calas; il arriva même qu'elle comprit, beaucoup mieux que le vieux célibataire de Ferney, les douleurs maternelles de Mme Calas. Elle était femme et mère; elle avait des filles. Ce fut elle qui fit rendre ses deux filles à Mme Calas; démarche que Voltaire trouvait imprudente, craignant d'exaspérer le personnage puissant qui avait obtenu les deux lettres de cachet. « Quiconque a donné une lettre de cachet veut la soutenir (V. notre recueil p. 92). » Il se doutait bien que c'était Saint-Florentin, mais n'en convenait pas, de peur d'inquiéter les partisans des Calas.

Mme d'Anville n'eut qu'un fils, le duc de la Rochefoucauld, qui en 1789 fut tué à Gisors.

Le titre de duc de la Rochefoucauld passa alors au fils de Mme d'Estissac, très-connu sous la Restauration par sa philanthropie et son libéralisme.

———

25

(Page 235)

DIDEROT.

Diderot, peu content des consultations et mémoires d'Élie de Beaumont et autres, a esquissé, à grands traits dans une lettre, ce qu'il eût dit s'il avait eu à défendre Calas. Il indique deux faits dont on n'a pas assez tiré parti. Le premier, c'est la longue vie sans reproche de Calas. Le second, c'est sa mort :

« Si cet homme a tué son fils, de crainte qu'il ne changeât de religion, c'est un fanatique; c'est un des fanatiques les plus violents qu'il soit possible d'imaginer. Il croit en Dieu; il aime sa religion plus que sa vie, plus que la vie de son fils; il aime mieux son fils mort qu'apostat : il faut donc regarder son crime comme une action héroïque, son fils comme un holocauste qu'il immole à son Dieu. Quel doit donc être son discours et quel a été le discours des autres fanatiques? Le voilà : « Oui, j'ai tué mon fils; « oui, messieurs, si c'était à recommencer, je le tuerais encore : « j'ai mieux aimé plonger ma main dans son sang que de l'en- « tendre renier son culte; si c'est un crime, je l'ai commis : qu'on « me traîne au supplice! » Au contraire, Calas proteste de son innocence : il prend Dieu à témoin; il regarde sa mort comme le châtiment de quelque faute inconnue et secrète; il veut être jugé de son Dieu aussi sévèrement qu'il l'a été des hommes, s'il est coupable du crime dont il est accusé. Il appelle la mort donnée à son fils un crime; il attend ses juges au grand tribunal pour les y confondre. S'il est coupable, il ment à la face du ciel et de la terre; il ment au dernier moment; il se condamne lui-même à des peines éternelles : il est donc athée..., mais s'il est athée, il n'est plus fanatique : il n'a donc plus tué son fils.

Choisissez, aurais-je dit aux juges..., etc. »

(*Mém et Corr.*, 1834, t. II, p. 40.)

Ce n'était pas la première fois que Diderot, dans une correspondance intime, laissait paraître son opinion sur les Calas :

« Vous êtes étonnée de l'atrocité de ce jugement de Toulouse; écrivait-il à Mlle Voland (*Mém. Corr.*, etc., 1834, t. II, p. 128.) Mais songez que les prêtres avaient inhumé le fils comme martyr, et que s'ils avaient absous le père, il aurait fallu exhumer et traîner sur la claie le prétendu martyr. »

26

(Page 238)

L'ABBÉ AUDRA.

Après avoir fait connaître des membres du clergé catholique de Toulouse aveuglément passionnés et très-peu charitables, nous aimons à montrer dans la même ville un prêtre plus instruit et plus doux.

L'abbé Audra, baron de Saint-Just, était chanoine de la métropole et professeur d'histoire au collége royal de Toulouse. « Son libéralisme, dit M. C. Rabaut (*Sirven*, p. 130), lui attira tant de chagrins qu'il en mourut. »

Il est certain tout au moins qu'il s'était efforcé de réagir contre le fanatisme toulousain et d'éclairer l'opinion publique (*Bulletin de la Société d'histoire du Protestantisme*, t. IV. p. 7). Il passa pour avoir réussi à obtenir du parlement de Toulouse de reconnaître en 1769 comme valide, sur un certificat de Paul Rabaut, le mariage protestant d'un nommé Roubel, qui venait de mourir et dont les collatéraux voulaient dépouiller la veuve. La joie qu'eurent de cet acte de justice les protestants de Provence et de Languedoc, espérant voir enfin légitimer leur état civil et le ministère de leurs pasteurs « fut si vive et se manifesta par des jouissances si publiques qu'elle fut dénoncée au prince de Beauveau, gouverneur, comme *séditieuse*. » (*Borrel, Histoire de l'Église de Nîmes*, 2ᵉ édit., p. 439.)

27

(Page 268)

SITUATION FINANCIÈRE DE LA FAMILLE CALAS.

Le 3 septembre 1763, le syndic des créanciers de Calas obtint un arrêt qui constata leurs droits et les intérêts des sommes qui leur étaient dues. Cette pièce se trouve aux Archives du Parlement, à Toulouse. Mme Calas figure sur la liste des créanciers (immédiatement après le boulanger, qui est inscrit le premier); il lui était dû dix mille livres pour sa dot, neuf cent quarante-quatre livres d'intérêts échus et sept cents livres de douaire annuel. On lui reconnut en outre une créance de deux mille quatre cent quarante-six livres, et soixante-seize livres d'intérêts, remboursables après payement de tous les autres réclamants. Trois cent quatre-vingt-une livres étaient dues à Jeanne Viguier pour ses gages.

Il paraît aussi, d'après un mot de la sœur Fraisse (Lettre nº VIII, 26 oct. 1763), qu'une somme de deux mille francs, appartenant aux deux jeunes filles, leur fut restituée.

Le passif de la maison se montait en tout à soixante-dix-neuf mille huit cent quatre-vingt-dix livres. Quant à l'actif, nous n'en

retrouvons pas le chiffre. Il est certain que bien des valeurs
avaient disparu, que beaucoup d'objets et de papiers avaient
été égarés, détruits ou dérobés, et que certaines créances, dont
les titres ne se retrouvaient pas, furent niées. ·

Du procès criminel surgirent d'autres complications. Ainsi,
pour constater ses droits, Mme Calas ne pouvait se passer, ni de
son contrat de mariage, ni d'un billet par lequel son mari reconnaissait lui devoir deux mille quatre cents francs. Il fallut obtenir, le 23 août 1762, un jugement qui lui fît restituer ces deux
pièces.

Pendant qu'elle poursuivait la réhabilitation de son mari et
tâchait de rassembler quelques débris de leur modeste fortune,
Mme Calas avait d'autres soucis encore. Sa sœur avait épousé un
sieur Valette de Falgous, dit du Tomet, premier commis de la
direction des gabelles à Bourges, qui ne cessait de réclamer
pour sa fille le payement de sept mille francs, restés dus sur la
dot de sa femme. En vain sa belle-sœur Mme Calas lui répondait
que son père, M. Cabibel, était mort chez elle à Toulouse, ayant
pour toute ressource l'appui de son gendre et une pension alimentaire que lui accordait une maison de commerce pour laquelle il
avait travaillé longtemps; en sorte qu'il n'avait laissé aucun bien.
Falgous intenta à sa belle-sœur et aux héritiers de Jean Calas un
procès qu'il perdit. Un an après le supplice de son beau-frère, il
tourmenta encore la veuve, la menaçant de lui mettre sa fille
entre les mains. Au milieu de toutes ses peines, la pauvre persécutée constitua à sa nièce, par-devant notaire, le 18 juillet
1774, une rente viagère de deux cents francs sur l'État; ce qui
n'empêcha pas le sieur Falgous, huit jours après la réhabilitation du supplicié (le 17 mars 1765), de recommencer des menaces et des demandes nouvelles. Cette fois, après avoir consulté,
elle refusa nettement. Est-il besoin de dire qu'un homme si âpre
à la curée avait abjuré depuis longtemps la religion des persécutés?

Dès qu'elle eut quelque argent à sa disposition, Mme Calas
donna à ses enfants le plus qu'elle put; à Pierre, pour commencer un commerce avec Donat, six mille francs; à Mme Duvoisin, en la mariant, six mille quatre cents francs; à Louis, toujours le plus exigeant, six mille cinq cent quarante-huit francs.
Mais elle ne cessa de se défier de lui; car, dans son testament,
elle lui substitua ses enfants nés ou à naître, et M. Dumas fut
nommé *tuteur de la substitution* par un jugement en date du

juin 1792; le tribunal homologuait l'avis des amis chargés de représenter la famille absente; ces amis, qui composaient ce qu'on appelle aujourd'hui un conseil de famille, étaient : le pasteur Marron, le docteur Varnier, MM. Monginot, Dangirard, Chauffrey, Étienne Fabre, Dumas et Tassin. — Louis ne paraît point avoir protesté contre cet acte, et il envoya lui-même de Londres sa procuration à Dumas, pour le représenter lors de la mort de sa mère.

En 1766, il avait voulu contracter avec une dame Compérat un mariage auquel sa mère fit opposition devant le curé de Saint-Séverin. Nous ne savons ni qui était la personne qu'il avait songé à épouser, ni pourquoi sa mère refusa son consentement. Louis ne paraît pas s'être marié.

A la mort de Mme Calas, la masse de ses biens, où ses enfants étaient censés rapporter tout ce qu'ils avaient reçu d'elle, se serait élevée à cent cinquante mille francs. Les trois survivants se partagèrent ce qui en restait.

28

(Page 268)

L'ESTAMPE [1].

Grimm se dévoua, avec un zèle qui mérite les plus grands éloges, à cette œuvre dont il avait conçu l'idée et en rendit compte au public avec un peu trop d'emphase, dans sa *Correspondance littéraire* du 15 avril 1765, immédiatement après la réhabilitation de Calas. Il s'adressa d'abord à son ami Carmontelle, attaché comme lui à la maison d'Orléans.

« M. de Carmontelle, dit-il, lecteur de M. le duc de Chartres, sans être un académicien profond, dessine avec beaucoup d'agrément et de facilité; il sait surtout saisir, avec la ressemblance,

1. Voir : 1° les lettres de Voltaire à Damilaville, 1765, 29 avril, 20 et 22 mai, 5 juin, 4 novembre, 1756, 20 janvier, 19 mars, 12 mai; — à Dupont, 1765, 16 Auguste; — à d'Argental, 1765, 22 Auguste et 9 septembre; — à Colini, 1765, 4 octobre;

2° La correspondance de Grimm, 1765, 15 avril, 15 août, 15 novembre;

3° Bachaumont, le 11 août 1765.

l'esprit et le caractère d'une figure, et c'est ce qui suffit à notre projet. Il a fait le tableau de toute la famille Calas[1]. »

Il alla le 9 mars dessiner leurs portraits à la Conciergerie, où ils avaient dû se constituer prisonniers pour attendre l'arrêt des maîtres des requêtes. Mme Calas est assise, avec sa fille aînée à son côté: Nanette est debout derrière elle, mais ne ressemble guère à une Vierge du Guide, quoi qu'en dise le baron de Grimm, enthousiaste de sa grâce et de sa beauté. Jeanne, debout, auprès de sa maîtresse, écoute la lecture que leur fait Gaubert Lavaysse du dernier Mémoire écrit pour leur défense par Élie de Beaumont. Pierre, vêtu de deuil comme ses sœurs et sa mère, lit par-dessus l'épaule de son ami. On proposa d'abord cette gravure au célèbre J.-G. Wille, qui refusa. Il dit dans son Journal[2] à la date du 20 avril 1765 : « M. Grimm, secrétaire du duc d'Orléans, m'écrivit une lettre dans laquelle il me proposa, au nom d'une société d'honnêtes gens qui veut faire la dépense, de graver la famille infortunée de Calas en six figures dessinées par M. Carmontelle ; mais je me suis excusé, par une réponse que j'ai faite sur-le-champ à mon compatriote M. Grimm. » Quel fut le motif de ce refus ? Des occupations trop nombreuses ? Mais M. H. Vienne a remarqué qu'on ne trouve en 1765, dans l'œuvre de Wille[3] qu'une pièce importante, l'*Instruction paternelle* de Terburg. Fut-ce la crainte de se compromettre ou la médiocrité du dessin de Carmontelle qui fit reculer le burin de l'artiste ? Quoi qu'il en soit, sur le refus de Wille, on eut recours au reproducteur habituel des profils de Carmontelle, Delafosse, graveur moins ha-

---

1. La Beaumelle fit les vers suivants pour être mis au bas de l'estampe. Ils ont été imprimés sur une bande qui se trouve sur quelques exemplaires :

> Tranquille, en un cachot attendre sa sentence,
> Par des arrêts de sang n'être pas abattu,
> C'est plaider pour Calas avec plus d'éloquence
> Que l'orateur sublime armé pour sa défense.
>   Il n'appartient qu'à la vertu
> De demander des fers pour venger l'innocence.

L'orateur sublime est Élie de Beaumont.

La plupart des exemplaires portent ces vers de Lucrèce :

> Qualibus in tenebris vitæ quantisque periclis
> Degitur hoc ævi quodcumque est.

2. Journal de J.-G. Wille, publié par G. Duplessis. Paris, 1857, t. I, p. 287.

3. Catalogue de l'œuvre de Wille, par Ch. Le Blanc. Leipzig, 1847.

bile, qui ne fit qu'un ouvrage de peu de valeur. La planche fut
offerte à Mme Calas. On obtint pour cette gravure le privilége
du roi [1], et l'on publia un prospectus sous le titre de : *Projet de
souscription pour une estampe tragique et morale* [2]. Un notaire fut
chargé de recevoir les fonds. L'exemplaire coûtait un écu de six
livres.

Voltaire applaudit à ce projet, souscrivit aussitôt pour douze
exemplaires [3] et recueillit à Genève 1000 écus de souscriptions.
Il en parle souvent dans ses lettres, quelquefois pour critiquer
le dessin; mais quand il reçut l'estampe, il y baisa au travers
du verre les figures de Mme Calas et de ses filles, puis il la
suspendit au chevet de son lit, à la place où les catholiques mettent un bénitier ou un crucifix. Elle y demeura toute sa vie; et
on peut l'y voir représentée dans les gravures indiquées à la
Bibliographie, sous le n° 133. Il écrivait à Mme Calas, le 17 janvier 1766 : « Le premier objet que je verrai en m'éveillant sera
la vertu persécutée et respectée [4]. » Il ajoute le 9 mai : « M. votre
fils Pierre est très-ressemblant; je suis persuadé que vous l'êtes
de même [5]. » Cette estampe, dont Voltaire parle avec tant de joie,
excita le même enthousiasme au couvent de la Visitation. La sœur
Fraisse, comme lui, l'attendit avec une vive impatience, la reçut
avec les mêmes transports; elle la regardait souvent avec une

1. L'original, en parchemin, avec le sceau de cire jaune, est sous
nos yeux; il est daté de Compiègne, le 7 août 1765, et autorise pour
neuf années la vente de l'estampe. — Coll. de M. Fournier.
2. Voir Bibliographie n° 43 et, pour l'estampe, n° 126.
3. Lettre à Damilaville, 29 avril 1765.
Il eut l'idée assez étrange d'ajouter à la composition de Carmontelle la
figure charmante de Donat, sollicitant à la porte de la prison auprès
d'un conseiller du Parlement. Il prétendait que la douce et pure physionomie de cet enfant aiderait à persuader les juges de l'innocence de
sa famille et intéresserait le public. Dans cette pensée il fit faire deux
fois le portrait de Donat et se plaignit beaucoup du peintre Huber, qui,
en voulant donner à son jeune modèle une expression de douleur et
d'attendrissement, avait laissé échapper la ressemblance. Il envoya cependant cette peinture à ses amis de Paris, qui eurent le bon esprit de
ne pas surcharger ainsi le projet primitif. (Lettres du 17 mars à Argental; des 20 et 22 mai à Damilaville, etc). Il paraît qu'il envoya l'autre
portrait de Donat à Berlin où Chodowiecki s'en servit; ce fut d'après ce
portrait et l'estampe, que cet artiste composa à Jean Calas une figure
qui a été reproduite plusieurs fois. (Bibliogr., 127-130.) Mais comme il se
trouve que tous les enfants de Mme Calas ressemblaient beaucoup à leur
mère, rien ne garantit la ressemblance du portrait imaginaire de son
mari.
4. Collection de M. Fournier. — 5. *Ibid.*

profonde et douce émotion et la montrait avec empressement à ses compagnes [1].

Les rois de Prusse, de Pologne, de Danemark, le landgrave de Hesse, le margrave de Bade, la duchesse de Saxe-Gotha, les princesses de Darmstadt et de Nassau-Saarbruck, l'Electeur-Palatin Charles-Théodore, les maréchales duchesses de Luxembourg et de Mirepoix, la duchesse d'Anville, la princesse de Turenne, la duchesse douairière d'Aiguillon, se firent inscrire en tête de la liste. Mme d'Anville envoya cinquante louis pour un exemplaire. Le duc de Choiseul en donna cent pour deux exemplaires. On attendait un grand succès de cette œuvre de charité, également honorable pour tous, lorsque, tout à coup, la vente de l'estampe fut arrêtée par ordre supérieur.

Nous laisserons à la plume de Grimm le récit de cet incroyable réveil de l'intolérance :

« La souscription pour l'estampe de la famille Calas au profit des infortunés qui ont survécu à ses désastres, a été accueillie du public avec la chaleur et l'intérêt dont l'humanité et la compassion la plus juste lui faisaient une loi ; mais le sort qu'elle vient d'éprouver à Paris paraîtra incroyable, même à ceux qui connaissent le mieux les fureurs du fanatisme. A peine le projet de souscription, muni du sceau et de l'approbation de la police, favorisé par les noms les plus illustres de la France, était-il devenu public, que quelques conseillers de Parlement en ont été choqués, et qu'on a exigé du lieutenant de police de faire suspendre la souscription. Un des premiers magistrats du royaume a motivé la nécessité de cette suspension par les trois raisons suivantes : 1º parce que M. de Voltaire paraissait être le premier instigateur de cette souscription ; 2º parce que l'estampe était un monument injurieux au Parlement de Toulouse ; 3º parce que ce serait faire du bien à des protestants. Il ne faut se permettre aucun commentaire sur ces trois raisons ; car il est évident que ces messieurs veulent se conserver le droit de rouer les innocents ; mais il n'est pas moins incompréhensible qu'on ose empêcher la nation de suivre l'exemple de bonté que son roi lui a donné, et que, pour éviter un dégoût à sept ou huit officiers coupables d'un Parlement, on ose priver d'un secours nécessaire des innocents qui ont été si cruellement outragés, auxquels le roi a fait rendre justice par un jugement souverain rendu par près de cent juges,

---

1. Voir lettres 23 et suivantes.

après l'examen le plus rigoureux, et que Sa Majesté a enfin jugés dignes de ses bienfaits. On n'a pu mettre aucune forme ni judiciaire, ni extra-judiciaire à cette défense ; car, sous quel prétexte empêcher la publication d'une estampe pour laquelle le roi a donné un privilége à Mme Calas, qui défend à tous ses sujets de la troubler dans le débit qu'elle jugera à propos d'en faire ? C'est donc une violence arbitraire, et qui ne peut être justifiée par aucune loi ; et c'est la magistrature qui se l'est permise en cette occasion ! Si c'est là l'esprit public des pères de la patrie, qu'il doit paraître fatal et déplorable ! On dit pourtant qu'on trouvera des moyens pour faire lever cette suspension ; mais ceux qui n'ont pas eu assez de pudeur pour ne point ordonner une injustice aussi atroce, sauront bien la faire continuer.

« .... Il faut faire diversion aux réflexions affligeantes qui résultent de tous ces faits, par un fait dont j'ai eu le bonheur d'être témoin. La veille du jour que la suspension de la souscription a été ordonnée, André Souhert, maître maçon, arrive chez le notaire. « Est-ce ici, dit-il, qu'on souscrit pour Mme Calas ? Je voudrais avoir quarante mille livres de rente pour les partager avec cette femme malheureuse ; mais je n'ai que mon travail et sept enfants à nourrir ; donnez-moi une souscription : voilà mon écu. »

Diderot avait prédit à Grimm que la souscription serait entravée, et peut-être Grimm, qui ne voulut pas l'en croire, a-t-il compromis son entreprise par le ton de son *Projet*, l'épigraphe empruntée à Lucrèce, et autres détails qui exaspérèrent le clergé et les magistrats [1].

Cette défense, que nous soupçonnons fort le comte de Saint-Florentin d'avoir accordée avec empressement aux sollicitations de la magistrature, fut levée, mais au bout de sept ou huit mois [2] ; l'ignoble but de cette vengeance mesquine fut atteint ; il ne faut pas un si long délai pour que le zèle se refroidisse ; la gravure fut moins répandue et la souscription moins considérable qu'elles ne l'auraient été. « L'injustice qu'on faisait à la famille des Calas de s'opposer au débit de son estampe, était encore, dit Voltaire, un vol manifeste [3]. » Il recommanda avec instances la souscription à ses correspondants couronnés et autres [4]. On a dit [5]

1. *Mém., Corr.*, etc., de Diderot, 1834, t. II, p. 255.
2. En mars 1776 (*Mémoires secrets de Bachaumont*, t. III, p. 13).
3. A d'Alembert, 28 aug. — 4. 4 oct., 3 janvier 1767, etc. etc.
5. Bachaumont.

que Catherine II avait envoyé cinq mille livres; ce qui a pu donner lieu à ce bruit, fondé ou non, c'est que Mme Calas reçut pareille somme, avec une lettre sans signature, d'un prétendu correspondant à Paris de la maison Clyfort d'Amsterdam [1]. Mais, dans cette lettre, où l'orthographe et la grammaire sont également maltraitées, à dessein ou non, il n'est pas question de l'estampe.

Une note, sans signature ni date, mais postérieure au mariage de Nanette Calas, informe sa mère qu'après avoir touché deux *parties traînantes* de la souscription, on a quinze cent soixante-dix-neuf livres huit sols à lui remettre. On espère recevoir encore d'autres sommes. (Ce billet est probablement de Grimm. *Coll. de M. Fournier.*)

A Londres, un banquier suisse, M. Josué Rougemont, frère de MM. Rougemont de Paris, aidé en Angleterre par un docteur Maty, en Écosse par un M. Balfour et par un M. Paumier à Dublin, plaça près de douze cents exemplaires, qui furent exemptés des droits d'entrée; ce banquier se montra fort zélé pour Mme Calas, et nous avons trouvé parmi les papiers de la veuve huit lettres chaleureuses de Rougemont; il lui envoya seize mille trois cent trente-huit francs produits par cette souscription. « Jouissez, lui écrivait le docteur Maty, du tribut commun que vous rendent toutes les nations. Il n'y en a point dont vous ne soyez devenue la compatriote, et chaque famille, chez nous, qui possède votre estampe, dit, autant par vanité peut-être que par attendrissement : Que n'est-elle Anglaise! » (13 janv. 1767, *Coll. de M. Fournier.*)

Nous trouvons, dans la même collection, deux reçus en date du 8 août 1796, par lesquels M. de Lafosse reconnaît avoir reçu de M. Grimm, d'abord douze cents livres pour la gravure d'une deuxième planche de *la Famille Calas*, puis six cents livres pour avoir retouché la première.

---

1. Clyfort est sans doute pour Clifford. Un employé de la maison n'eût pas estropié le nom. La lettre se trouve dans la Collection de M. Fournier.

29

(Page 271)

AFFAIRES COMMERCIALES DE PIERRE ET DE DONAT.

Nous soussignés, Pierre et Donat Calas frères, demeurant en cette ville, sommes convenus de nous associer pour toutes les affaires de commerce que nous pourrons entreprendre, et notamment pour une fabrique de bas de soye qui est déjà en train; et comme les fonds nécessaires doivent nous être fournis par M. Henry Cathala, aussi de cette ville, qui les tient à la disposition de notre famille protestante, par l'effet d'une souscription précédemment faite, nous reconnaissons que le susdit commerce et fabrique seront faits pour le compte de notre ditte famille, quoyque la régie n'en soit faite que par nous deux, et que le bon ou mauvais succès sera commun à tous en proportion des besoins et selon le jugement qui en sera porté par notre chère et digne mère, qui sera toujours libre de prendre la majeure portion des profits, si profits il y a; les sentiments de respect et d'attachement que nous avons pour elle nous déterminent, sans aucune répugnance, de nous en remettre à cet égard à sa discrétion, et avec d'autant plus de raison que c'est l'avis de M. Cathala et de tous nos autres protecteurs, qui sçavent, comme nous, que la susdite souscription a été faite essentiellement en faveur de notre dite chère mère.

ARTICLE PREMIER.

La Société roulera, à commencer de ce jour, sous le nom de Pierre et Donat Calas frères, et durera six années consécutives. Pendant tout son cours, ces deux régisseurs auront également la signature, dont ils ne pourront jamais faire usage que pour les affaires de la Société, et jamais, ny l'un, ni l'autre, pour compte particulier; ils ne pourront pas non plus faire aucune affaire que pour le profit commun.

ART. 2.

Le fonds capital de ladite Société sera de huit mille deux cent quatre-vingt-deux livres quinze sols et neuf déniers courants, et fourni par M. Henry Cathala, qui en est le dépositaire, comme il est dit en l'autre part, lequel fonds appartient en commun à la susdite famille protestante Calas, qui, de son côté, rapportera les

sommes qui luy auront resté des souscriptions faites en France
après l'entière définition du procès contre le parlement de Toulouze, pour le tout ne faire qu'une masse qui servira d'abord à
augmenter le commerce et à le faire fructifier, et demeurera entre les mains des gérants, pour y rester au profit commun ou
être partagé, si mieux on l'estime.

ART. 3.

Pierre et Donat Calas pourront prélever chacun, sur les profits,
la somme de cent cinquante livres cour^{tes} pour nourriture et entretien, ce qui sera passé au débit des frais de commerce; ainsi
que le loyer de maison et autres dépenses communes pour la
Société.

ART. 4.

Seront obligés, lesdits Pierre et Donat Calas, de tenir un journal et un grand-livre en parties doubles, livre de caisse, de coppie de lettres et autres livres propres, nécessaires et accoutumés
pour le commerce et pour la fabrique singulièrement, et seront
aussi tenus lesdits gérants de fournir tous les ans un inventaire
détaillé de tous les effets de la Société et un bilan de grand-
livre.

ART. 5.

En cas qu'il arrive, pendant la présente Société ou lors de la
dissolution, quelques différents entre nous ou quelqu'un de notre
famille, nous promettons de nous en rapporter à MM. Cayla, Roques, Cathala, De Végobre (?) et Debrus, nos amis et protecteurs;
et si, par l'événement de mort, maladie ou absence, le nombre
se réduisait à un, celui-ci pourra se nommer un adjoint, et les
deux ensemble un sur-arbitre, si le besoin y est, nous soumettant
dès à présent à leur décision comme à un arrêt de cour souveraine.

ART. 6.

Et afin qu'il plaise à Dieu de bénir la présente Société, il a été
convenu entre nous qu'il sera donné en aumônes, chacun an, une
pistole de Genève des deniers de la Société, à telles personnes
que nous jugerons en avoir le plus de besoin, et ce d'un commun
consentement [1].

---

1. La naïveté de rédaction de cet article peut faire sourire, ainsi que
la modicité de la somme (d'après la plus forte évaluation une pistole
valait 81 fr. 51 c.); mais nous trouvons ici l'excellente habitude des

ART. 7.

Promettons en outre l'un et l'autre de maintenir le présent traité, sans aucune innovation, en toutes les clauses et conditions y mentionnées, priant Dieu qu'il bénisse la présente Société. .

Fait quadruple des présentes, pour un être délivré à notre chère mère, un à M. Cathala, et un à chacun de nous, à Genève, le quinze septembre mille sept cent soixante-trois.

Ont signé : Pierre CALAS et Donat CALAS.
(*Collection de M. Fournier.*)

30

(Page 276)

LA POSTÉRITÉ DE PIERRE CALAS.

Il nous avait paru convenable, dans notre première édition, de ne pas pousser plus loin l'histoire des descendants de Calas. Nous n'avions pas le droit de faire passer dans le domaine public la vie toute privée d'un vieillard sans enfants, descendant de Pierre Calas et du martyr, dernier représentant aujourd'hui de cette famille et devenu catholique.

Mais nous n'avons aucun motif pour ne pas reproduire dans cet ouvrage, l'avis suivant qui a été publié dans le *Journal de Genève* du 23 décembre 1859, par la personne même que nous avions laissée dans l'ombre. Cette note suffit, et nous n'y joindrons aucun commentaire.

« Nous soussignés, Calas (Jean-Philippe-François), et ma fille adoptive, Fanny Maigre-Calas, donnons connaissance au public que M. l'abbé Delajoux (Joseph-Antoine), curé de Pougny (Ain), ayant terminé sa mission dans notre maison, et étant dans l'intention de faire des affaires pour son compte, nous le déchargeons de tous les pouvoirs dont nous l'avions investi en vertu de procurations, et déclarons que dès ce jour nous regarderons comme nuls et sans effets tous les actes qui ne seraient pas revêtus de

vieilles maisons protestantes de prélever une part pour les pauvres sur tout revenu ou bénéfice, même éventuel.

notre signature, voulant à l'avenir régir nos affaires par nous-
mêmes.

« Quintal, près d'Annecy, en Savoie,
   le 17 décembre 1859.

Jean-Philippe-François CALAS.

Fanny MAIGRE-CALAS. »

———

31

(Page 279)

ANECDOTE AU SUJET DE DAVID DE BEAUDRIGUE.

On a rapporté avec diverses variantes l'anecdote qui suit. Nous
la donnons textuellement, telle que l'a écrite pour nous, après la
première publication de ce livre, feu M. Moquin-Tandon, de
l'Institut, arrière-petit-fils, par sa mère, de l'astronome dont il y
est question.

« L'Observatoire de la ville de Montpellier, dont Barthélemy
Tandon était directeur, communiquait avec sa maison par une
terrasse établie sur le mur de ville.

« David de Baudrigue se présenta, un jour, pour visiter cet
Observatoire. Barthélemy Tandon se trouvait dans une salle, en
robe de chambre et en pantoufles. Le Capitoul prit notre astronome pour un concierge, et lui adressa plusieurs questions im-
pertinentes, du ton d'un grand seigneur ignorant et dédaigneux.
Il y avait, dans un coin de la salle, la belle lunette, donnée à la
ville de Montpellier par le gouverneur de la Province. Le Capitoul demanda : — *Quel est ce long tuyau de poële ?* — *Monsieur,*
répondit le prétendu concierge, *c'est une lunette d'approche avec
laquelle on voit très distinctement l'ame de Calas en Paradis !* —
Baudrigue recula, rouge de colère. — *Apprenez, l'ami,* s'écria-
t-il, *que je suis un des premiers Capitouls de Toulouse.* — *Et, à votre
tour, sachez,* reprit Tandon, *que je suis le Directeur de l'Observatoire de Montpellier et que je ne suis pas votre ami !*

« Le Magistrat Toulousain alla porter plainte à l'Intendant de
la Province. Celui-ci promit la punition de l'irrévérent Directeur, et, le soir, en homme d'esprit, il fit souper ensemble le Capitoul et l'astronome. »

———

32

(Page 385)

MADEMOISELLE DE NAUTONNIER.

Nous avons rencontré souvent dans les *Dépêches du Secrétariat* le nom de cette jeune fille ; son histoire est un exemple, entre mille, de tous les détails où entrait l'inflexible despotisme que les lois et l'administration faisaient peser sur les familles protestantes. Elle avait été enlevée par lettre de cachet et enfermée au couvent des *Dames Régentes* de Castres. Le seul crime de ses parents était leur religion. Les *Dames Régentes* convertirent la jeune fille au catholicisme ; mais il ne paraît pas que ce fût par des moyens très-doux, puisqu'elle demanda à plusieurs reprises d'être transférée ailleurs. Elle eut ou feignit d'avoir quelque intention de se faire religieuse, mais dans une autre maison, et adressa des suppliques en ce sens au comte de Saint-Florentin ; elle tentait en même temps d'obtenir de lui qu'il la rendît à ses parents.

Il décida, le 7 août 1762, qu'elle quitterait le couvent de Castres pour celui des Visitandines de Toulouse. Mais il déclara qu'elle ne retournerait point au sein de sa famille, toute convertie qu'elle était, « ses parents étant capables d'employer les voyes « les plus violentes pour lui faire adopter leurs sentiments. » Ce qui signifie que le Ministre connaissait fort bien le peu de sincérité des conversions qu'il arrachait par lettres de cachet à de jeunes protestantes. Il ne restait à Mlle de Nautonnier qu'un seul moyen de sortir de prison, épouser un catholique. Elle s'y décida. Un mariage fut arrangé pour elle avec un sieur de Villeneuve de la Croisille. Sa famille y consentit. Le 3 août 1763, le Ministre envoya, non à elle, mais à l'Évêque de Castres, un ordre du Roi pour la mettre en liberté, en vue de ce mariage ; il ajoute : « Vous voudrez bien me le renvoyer si le mariage venait à manquer. »

Mais ce n'était pas tout ; les protestants, ou comme on disait alors, les *nouveaux convertis* ne pouvaient vendre leurs terres sans autorisation du Roi, et M. de Nautonnier, n'ayant point d'argent comptant, dut solliciter du ministre la permission de vendre une partie de ses biens pour payer, à ce gendre que ni lui ni sa fille n'avaient choisi, la dot sans laquelle elle serait restée recluse toute sa vie, comme un grand nombre de ses compagnes. Le Ministre voulut bien accorder cette grâce; sur la recommandation de M. l'Évêque de Castres, que ce malheureux père avait dû commencer par se rendre favorable. En donnant l'autorisation le 14 août, M. de Saint-Florentin écrivit à la fois à l'Évêque et à M. de Saint-Priest, intendant de la province, et chargea ce dernier de veiller à ce que le produit de la vente fût réellement employé à la dot convenue.

On conçoit facilement ce que pouvaient être des ventes de biens-fonds où le vendeur était si peu libre. Tout le monde connaissait sa position et en abusait. Aussi en septembre 1764, M. de Villeneuve écrit encore au Ministre pour le prier d'autoriser Mme de Nautonnier à vendre une ferme pour le paiement de la dot de sa fille.

Ajoutons à ce récit que la famille de Nautonnier était noble et considérable, qu'elle avait à Paris ou à Versailles une parente, la marquise de Valcourt, qui sollicitait sans cesse pour elle auprès du Ministre. C'est malgré ces circonstances favorables et rares, que M. de Nautonnier voyait l'éducation, l'établissement de sa fille et ses propres affaires gouvernés par des Religieuses et par un Évêque; et cela, en dépit de tout ce qu'ils firent, elle et lui, contre leur conscience, pour obtenir les bonnes grâces des représentants d'une Eglise qui n'était pas la leur.

On peut juger de ce qui arrivait à des familles moins protégées, et plus fidèles à leurs convictions.

33

(Page 291)

LE PASTEUR DUVOISIN.

Duvoisin avait été pasteur de l'Église Wallonne de Bois-le-Duc du 4 avril 1749 au 5 avril 1759, jour où il fut nommé par les États-Généraux deuxième pasteur ou Chapelain de la Chapelle de Leurs Hautes Puissances à Paris. Le 11 février 1768 il reçut le titre de chapelain perpétuel de l'ambassade. Il avait épousé en premières noces Marie-Françoise Le Fauconnier de Caen, dont il eut une fille, Amélie-Marthe, née le 21 juin 1764. J'ai sous les yeux l'acte de baptême de cette enfant; elle eut pour parrains

S. Exc. M. Lestevenon, ambassadeur des États-Généraux, et M. Samuël Le Chambrier, colonel d'un régiment suisse, réformé, de son nom, au service de LL. HH. PP., pour marraines la comtesse de Limburgh-Bronckhorst-Styrum, et Mlle Marthe Gambier, sa grand'tante maternelle. (Dépôt de l'état civil à Paris.)

Voici, sur chacun des mariages du pasteur Duvoisin, des documents curieux par l'idée qu'ils donnent de la tyrannie qui pesait en France sur les protestants.

I. Pièces relatives au premier mariage de Duvoisin.

1. — M. DE St FLORENTIN A M. LE DUC DE PRASLIN, MINISTRE DES AFFAIRES ÉTRANGÈRES.

6 avril 1763.

J'ai reçu, M. la lettre que vous m'avez fait l'honneur de m'écrire au sujet du mariage que la D^lle Fauconnier veut contracter avec le S^r Du Voisin, Chapelain de l'Ambassade des Etats-Généraux. Ce n'est pas certainement, sur l'exposition d'un pareil projet, qu'elle a obtenu le brevet qui lui permet de dénaturer ses biens et à la faveur duquel elle pourra [1] en emporter le prix en pays étranger, lorsqu'elle aurait épousé le S^r Du Voisin et qu'il se retireroit soit en Hollande soit dans sa patrie. Ainsy je crois pouvoir considérer ce brevet comme obtenu par surprise. A l'égard du mariage que la D^lle Fauconnier veut contracter avec le S^r Du Voisin, il y a des exemples, quoique rares, de permissions accordées par le Roi à des Françaises d'épouser des Etrangers. Et sous ce point de vue, rien ne sembleroit pouvoir empêcher S. M. de permettre le mariage en question. Mais d'un autre côté, les Ordonnances du Roy ainsi que les Edits et Déclarations concernant la R. P. R. enjoignent à tous les sujets de S. M. d'observer dans les mariages qu'ils veulent contracter les solennités prescrites par les loix de l'Eglise et de l'Etat. Or, S. M. ne pourrait permettre à la D^lle Fauconnier d'épouser un ministre, sans donner atteinte à des loix aussi essentielles, puisque ce serait consentir à leur violement. La célébration, qui doit sans doute se faire du mariage, dans la chapelle de l'ambassadeur de Hollande

1. On avait écrit d'abord : *elle a eu pour but de pouvoir.* Ces mots sont biffés.

à la manière des Réformés serait encore une infraction à ces mêmes loix ; et je suis persuadé que si M. l'Archevêque de Paris en avoit connaissance, il ne manquerait pas de s'en plaindre. Voilà, Monsieur, les réflexions que je crois pouvoir faire sur la permission qui vous est demandée. Vous en ferez tel usage que vous jugerez à propos.

2. — EXTRAIT D'UNE SECONDE LETTRE DU MÊME AU MÊME.

..... A l'égard de l'effet que pourrait produire en Hollande, par rapport aux Catholiques, le refus de la permission demandée par la D^lle Fauconnier, je doute fort qu'il y ait lieu d'en craindre aucun fâcheux. Les Etats-Généraux pourraient se porter à gêner les mariages des Cath. établis sous leur domination, si le Roi par quelque loi générale imposait un nouveau joug aux protestants de son Roy^e. Mais le refus de la permission en question est fondé sur des loix aussi anciennes qu'essentielles ; et je ne saurois présumer que les Etats G. voulussent venger un refus aussi légitime fait à un simple particulier, sur nombre infini de leurs sujets, qu'il est d'ailleurs de leur Politique de ne pas forcer à sortir de leurs Terres par des rigueurs mal-entendues dans une matière aussi délicate que celle des mariages.

Au surplus, M., cette affaire est par sa nature trop importante pour que je prenne sur moi de rien proposer à S. M. sur ce sujet. Et je crois ne pouvoir me dispenser d'en rendre compte à S. M. dans son conseil.

II. Pièces relatives au second mariage de Duvoisin.

1. PLACET A MONSEIGNEUR LE DUC DE CHOISEUL, MINISTRE DES AFFAIRES ÉTRANGÈRES [1].

Monseigneur !

Le Sieur Jean Jacques Duvoisin, Suisse de nation, Chapelain perpétuel de l'ambassade de Hollande, remontre très humblement à Votre Grandeur, qu'il a formé le projet d'épouser la D^lle Anne Calas, fille cadette de Jean Calas Marchand à Toulouse, dont les malheurs et l'innocence reconnue authentiquement par un juge-

---

1. Cette pièce et les deux suivantes sont tirées des Archives des Pays-Bas à la Haye.

ment solemnel, ont excité une si grande sensation dans l'Europe, et dont la famille a reçu des marques si consolantes des bontés de Sa Majesté.

La D^{lle} Anne Rose Cabibel, mère de la future, est disposée à consentir à ce mariage. Mais, remplie des sentiments de la plus vive et de la plus respectueuse reconnoissance des bienfaits qu'elle a reçus de son Souverain, elle désire avant toutes choses que Sa Majesté veuille bien approuver ce mariage qui convient d'ailleurs de part et d'autre ; et en ce cas, comme le suppliant est sujet d'une Puissance étrangère, elle supplie Sa Majesté d'avoir la bonté de mettre sa fille à l'abri des dangers qu'elle pourroit courir d'après les loix reçues en France, qui défendent aux naturels François de se marier en pays étrangers, ou même de s'y retirer.

A ces causes, Monseigneur ! plaise à Votre Grandeur expédier un Brevet par lequel Sa Majesté donnera son agrément au mariage projeté entre le suppliant et la d. D^{lle} Anne Calas, née Françoise, et faisant profession de la Religion Protestante ; en conséquence autorisera la d. D^{lle} Calas à jouir, faire et disposer de tous ses biens présens et avenir, et exercer tous ses droits et actions en France, nonobstant toutes Ordonnances, Edits, Déclarations, Arrêts et Réglemens à ce contraires, de la rigueur desquels il plaira à Sa Majesté relever et dispenser la d. D^{lle} Anne Calas aud. cas de mariage et sans tirer à conséquence. Et le Suppliant ne cessera jamais de faire des vœux pour la conservation de Votre Grandeur.

(La même grâce a été accordée à MM. d'Erlach et Thélusson.)

> N. B. *Ce Placet a été présenté à M. le Duc de Choiseul par S. E. M. de Berkenroode, le mardi 27 janvier 1767.*

2. — A M. DE BERKENROODE.

A Versailles, le 1er février 1767.

Monsieur,

Sur le compte que j'ai rendu au Roi du mémoire que V^e Ex^{ce} m'a remis, à l'effet d'obtenir de Sa Majesté, en faveur du Sr Jean Jacques Duvoisin la permission d'épouser la D^{lle} Anne Calas, le Roi a bien voulu autoriser ce mariage et je joins ici le brevet que

Sa Majesté m'a ordonné de faire expédier en conséquence. J'ai
l'honneur d'être avec une parfaite considération
                    Monsieur
                                    De Vre Exce
                        Très humble et très obéissant serviteur
                            le Duc DE CHOISEUL.

3. — BREVET DE SA MAJESTÉ TRÈS CHRÉTIENNE PORTANT PERMIS-
    SION DE SE MARIER EN FAVEUR DU Sr JEAN JACQUES DUVOISIN AVEC
    LA Dlle ANNE CALAS.

Aujourd'huy trente un Janvier mil sept cent soixante sept, le
Roi étant à Versailles et ayant égard à la très humble suppli-
cation que lui a fait faire le Sr Jean Jacques Duvoisin, Suisse
de nation, Chapelain perpetuel de l'Ambassade d'Hollande en
France, de lui permettre d'épouser la Dlle Anne Calas, Fille
cadette de feu Jean Calas, Marchand à Toulouse et de Dlle Anne
Rose Cabibel, et Sa Majesté voulant traiter favorablement le dit
Sr Jean Jacques du Voisin et particulièrement la Dlle Anne Calas
en considération des temoignages avantageux qui lui ont été rendus de la probité de sa Famille, de son affection pour son service
et pour sa personne, Elle leur a permis de se marier ensemble,
sans que pour raison de ce, il puisse leur être imputé 'd'avoir
contrevenu aux ordonnances de Sa Majesté, et au dit Sr Jacques
Duvoisin d'avoir contrevenu à celles qui deffendent aux Etrangers
qui ne font pas profession de la Religion catholique apostolique
et Romaine de se marier dans son Royaume ou d'épouser aucune
de ses sujettes sans y être autorisés, de la rigueur desquelles
Elle les a relevés et dispensés par le présent Brevet, permettant
en outre par icelui à la Dlle Anne Calas de jouir, faire et disposer
de tous ses biens présens et à venir, et exercer tous les droits et
actions en France, soit qu'elle y fixe son domicile ou qu'elle éta-
blisse sa residence en païs étranger, ayant Sa Majesté pour cette
fois seulement, et sans tirer à conséquence, commandé d'expédier
le dit présent Brevet, qu'Elle a pour assurance de sa volonté signé
de sa main et fait contresigner par moi Conseiller Secrétaire
d'état de ses commandemens et Finances.
                                    (Signé) LOUIS
                        et plus bas, le Duc DE CHOISEUL.

Je soussigné, Secrétaire de Son Excellence Monsieur Leste-

venon de Berkenroode etc. Ambassadeur de Leurs Hautes Puissances les Etats Généraux des Provinces Unies, à la Cour de
France, certifie que la copie ci-dessus est conforme à son original, qui lui a été adressé par son Excellence Monsieur le Duc de
Choiseul. En foi de quoi j'ai signé le présent Certificat à Paris le
12 Février 1767.

(Signé) *L. Reynard.*

4. — ACTE DE MARIAGE DE J. J. DUVOISIN AVEC ANNE CALAS.

Aujourd'hui 25 de février 1767, sur le brevet donné et accordé
de la part de Sa Majesté Louis XV, Roi de France et de Navarre,
en date de Versailles du 3i de janvier 1767, signé par Sa Majesté
même, et plus bas Le Duc de Choiseul, dispense des bans ayant à
cet effet été accordée, par Son Excellence Monsieur Lestevenon,
seigneur de Berkenroode, Stryen etc. etc. etc., ambassadeur de
LL. HH. PP. à la Cour de France, j'ai béni en sa présence, celle
de Messieurs Reynard, Serrurier, anciens de la Chapelle, de
M. Loos, écuyer de Son Excellence, et de plusieurs parents et
amis, dans la salle du Dais de son Hôtel, le mariage de Monsieur
Jean Jacques Duvoisin, chapelain de la dite ambassade, fils de feu
M. Benjamin Duvoisin et de défunte Madame Marguerite Duvoisin, né à Yverdun, canton de Berne, d'une part, et de mademoiselle *Anne Calas,* née à Thoulouse, fille de feu M. Jean Calas et
de dame Anne Roze de Cabibel d'autre part.

Fait à Paris en Consistoire ce 25 de février 1767.

F. G. DE LA BROUE, chapelain.

(*Extrait du R gistre des Mariages de la Chapelle de Hollande à
Paris.* — *Dépôt de l'Etat Civil, Hôtel de Ville de Paris.* — *Reg.
in-fol. Coté* 97).

5. — Un exemplaire de cette dernière pièce, que nous trouvons dans la collection de M. Fournier, porte en outre ce qui
suit :

Nous Chapelains et Anciens, desservans en cette qualité la Chapelle de Leurs Hautes Puissances Nos Seigneurs les Etats Généraux des Provinces Unies des Pais-Bas, auprès de Son Excellence
Monsieur Lestevenon, seigneur de Berkenroode, Stryen etc. etc.
leur Ambassadeur à la Cour de France, déclarons et certifions

que l'Extrait cy dessus est conforme à son Original. En foi de quoi nous apposons l'empreinte du cachet de la Compagnie [1].

Fait à Paris en Consistoire,
ce 30 d'avril 1769
Et pour tous
F. G. DE LA BROUE, chapelain
L. REYNARD, ancien
L. SERRURIER, ancien

Suit la légalisation des signatures ci-dessus par l'ambassadeur, avec sa signature et le sceau de ses armes.

34

(Page 293)

MARTHE CAMP, VICOMTESSE DE BOMBELLES.

J'ai publié, parmi les *Lettres inédites de Voltaire sur la tolérance*, p. 253, à propos d'une autre lettre du philosophe de Ferney, une note sur les malheurs de Marthe Camp, vicomtesse de Bombelles. Elle appartenait à une honorable famille de Montauban, et avait été mariée à un officier catholique, dans une assemblée de protestants *au Désert*. Plus tard, elle fut abandonnée avec son enfant et de fait répudiée par son mari, qui avait dissipé sa dot et qui contracta une plus riche alliance, à la faveur des lois de l'époque, d'après lesquelles les mariages protestants étaient nuls. Un vieillard opulent et très-considéré, qui jouissait, quoique protestant, de priviléges exceptionnels que sa famille tenait de Colbert, le manufacturier Van Robais vengea la délaissée en lui donnant son nom et en adoptant sa fille Charlotte de Bombelles, qui épousa plus tard un des neveux et successeurs de son père d'adoption.

1. Ce cachet du consistoire (hollandais) de Paris représente un navire en pleine mer, agité par les vents que figurent des têtes bouffies qui soufflent du milieu des nuages. Sa fière et belle devise n'a que deux mots : *Non prævalebunt*. En effet, les ennemis de l'Église protestante de Paris, depuis François Ier et Charles IX, jusqu'à Louis XIV et à Saint-Florentin ont pu soulever contre elle de terribles orages, mais ils n'ont pas prévalu contre son bon droit et sa pieuse persévérance.

35

(Page 293)

ALEXANDRE DUVOISIN-CALAS.

Alexandre-Benjamin Duvoisin, qui ajouta plus tard à son nom celui de sa mère, et qui était né à Paris en 1772, était d'un caractère bizarre et inconstant. Il fut élevé à l'*Académie militaire* fondée à Colmar par le poëte allemand Pfeffel, qui s'était beaucoup lié avec Voltaire, lorsque ce dernier, en 1755, avait habité les environs de Colmar. Pfeffel, ancien officier, devenu aveugle, s'est fait connaître par ses poésies et par les services qu'il sut rendre, malgré son infirmité, à l'enseignement de la jeunesse [1]. Il portait le plus vif intérêt aux Calas, et accueillit avec joie leur enfant dans son école.

En 1789, Alexandre fut envoyé dans la patrie adoptive de son père, à l'université d'Utrecht. Trois ans après, nous le trouvons enrôlé dans l'armée des côtes à Cherbourg. Une réquisition du Comité de salut public, obtenue sans doute par des amis, le fit attacher en 1794, comme interprète, probablement pour la langue hollandaise, à l'administration des postes. Cette place ayant été supprimée, il fut secrétaire de la légation batave à Paris.

Plus tard, nous le retrouvons au 16e régiment de dragons. Le 23 frimaire an VI, il fut arrêté à Anvers, comme suspect d'émigrer, et renvoyé sous escorte à Paris.

Au commencement de 1801, il revint d'Italie ; nous ne savons dans quelles circonstances.

En 1805, il était *secrétaire de la chambre de S. A. I. le prince Joseph*, et en janvier 1808, il avait le même titre auprès de la reine de Naples, femme de Joseph.

Le 5 nivôse an XII, « il avait épousé, dit l'historien des *Églises du Désert* [2], une personne fort intéressante, Mlle Castel, fille du membre de l'Assemblée législative, professeur bien connu en littérature par son poëme *des Plantes*. De ce mariage naquit un fils aîné que ses parents eurent le malheur de perdre par un suicide, événement qui nous a été certifié par des témoins en position de bien connaître la vérité, » (sans doute Mme Duvoisin que dans ses

1, Th. C. Pfeffel, *Souvenirs biographiques*, recueillis par son arrière-petite-fille, Mme Lina Beck-Bernard. Lausanne, 1866.
2. *Histoire des Églises du Désert*, t. II, p. 324.

dernières années, mon oncle Charles Coquerel a bien connue).
Comme Marc-Antoine, son grand-oncle, le fils aîné d'Alexandre
Duvoisin se pendit, fort jeune encore, à Paris. Son frère cadet se
fit marin.

Dans les intervalles des nombreuses professions qu'il adopta,
Alexandre à deux reprises essaya du commerce, mais n'y réussit nullement; et nous trouvons dans la collection de ses papiers,
qui appartient à M. Fournier, de grosses liasses de protêts, de
jugements et autres pièces analogues qui ne montrent que trop
le désastre qu'il eut à essuyer. Souvent aussi il tâcha de se créer
des ressources en donnant des leçons. Enfin, il avait eu, comme
son oncle Marc-Antoine, des prétentions littéraires et le goût des
représentations théâtrales [1]. Il publia successivement plusieurs
ouvrages de littérature légère qui n'eurent aucun succès et ne
méritaient pas d'en avoir [2].

Sa dernière œuvre fut un triste démenti donné par lui-même
aux sentiments honorables qui lui avaient dicté la lettre reproduite plus haut (p. 301). Il fit une sorte de vaudeville sur la
visite de sa grand'mère à Voltaire, *Un déjeuner à Ferney*; et ne
sut traiter ce sujet, fort peu dramatique en lui-même, qu'en
renonçant à toute apparence d'exactitude historique. La marquise
de Villette (Mlle de Varicourt) y joue un rôle important, quoiqu'à
cette époque elle n'eût que sept ans. Le secrétaire de Voltaire
Wagnière, alors âgé de vingt-cinq ans, y est traité de *vieil intendant*, et son nom même est mal écrit.

Le 31 mai 1831, cette pitoyable production fut *honorée* comme
le porte le titre, *d'un prix d'encouragement littéraire par la division des Beaux-Arts du Ministère des travaux publics et du com-*

---

1. *Littérature française contemporaine*, par MM. Louandre et Bouque-
lot, t. III, p. 447. — *Biographie universelle, supplément*, t. LXIII,
p. 285. — Quérard, *France littéraire*, t. II, p. 755.

2. *Adolphe de Valdheim* (*sic*), *ou le Parricide innocent*, par
A. D. V. C. (Alexandre Duvoisin Calas). Paris, Ducauroy, an X (1802)
In-12.

— *Chansonnier des casernes, ou nouveau recueil de chansons mili-
taires*, Paris, Égron, 1822; in-8 de 8 pag.; 50 c.

— *Firmin, ou le frère de lait, anecdote française*, etc. Paris, De-
terville, 1803, 2 vol. in-12.

— *Wilhelmina, ou l'Héroïsme maternel, histoire hongroise*. Paris
G. C. Hubert, 1813, 2 vol. in-12; 5 fr.

— *Un Déjeuner à Ferney en 1765, ou la veuve Calas chez Voltaire,
esquisse dramatique en un acte et en vers*. Le Mans, impr. de Monnoyer,
832, 48 p. in-8.

merce. Il est probable que cette récompense fut surtout un secours donné au dernier héritier de Calas. Agé alors de cinquante-huit ans, Duvoisin paraît avoir lutté péniblement contre la misère. Il eut le mauvais goût de jouer lui-même, sur un théâtre particulier, au Mans, *le Déjeuner de Ferney*, le 3 janvier 1832. Il paraît que quelques éloges de complaisance lui donnèrent un faux espoir et qu'il crut trouver une ressource dans cette étrange profanation des souvenirs de famille les plus touchants. En février, il alla à Chartres et y joua de nouveau, cette fois publiquement, le principal rôle de sa pièce ; il reçut un accueil glacé, juste manifestation de la réprobation populaire. Désespéré, il se tua le 20 février 1832.

Ce suicide, dont nous avons acquis la certitude, et celui de son fils, semblent indiquer chez quelques membres de cette famille une prédisposition héréditaire, dont on connaît de nombreux exemples ; ce fait donnerait même un degré de vraisemblance de plus au suicide de Marc-Antoine, qui, du reste, n'est nullement douteux.

BIBLIOGRAPHIE[1].

I. — AVANT LE SUPPLICE DE JEAN CALAS (9 MARS 1762).

1. DÉCLARATION DU SIEUR LOUIS CALAS, — à Toulouse, ce 2 décembre 1761.

> « La situation accablante où je suis.... »
>
> Signé : LOUIS CALAS.

   8 p. 8°, sans nom d'imprimeur. (Désigné dans les notes de ce volume, comme suit : *Louis*, 1.)

2. REQUÊTE ET ORDONNANCE, *qui permet la fulmination du Monitoire*, etc., — 8 déc. 1761, à TOULOUSE, *de l'imprimerie de la*

----

1. On ne regarde pas, en Allemagne, une monographie comme achevée si elle ne contient une liste précise et détaillée des écrits qui existent sur la matière, et l'on a raison. Quand on traite un sujet tout spécial, on doit prétendre, sinon à donner des résultats absolument complets et définitifs, au moins à faire connaître tout ce qui a paru sur la question, et à laisser, aux recherches des travailleurs à venir, un point de départ très-nettement marqué.

Je me suis efforcé de ne rien omettre dans le tableau qu'on va lire, et j'indique moi-même les documents que je n'ai pu me procurer ; mais je crains qu'il n'en existe d'autres encore.

Comme un pareil travail ne peut être utile que par une rigoureuse exactitude, et comme dans cette liste de 141 publications, il y en a beaucoup qui se ressemblent, j'ai représenté, autant qu'il a été possible, les caractères même employés dans les titres que j'ai reproduits. — Quand le nom de l'auteur est en petit caractère et séparé du titre, c'est qu'il s'agit d'une publication anonyme. — Les diverses éditions d'un même ouvrage, autant que j'ai pu les connaître, sont inscrites sous le même numéro, sauf quelques réimpressions en pays étrangers. — J'ai

veuve de Me BERNARD PIJON, avocat, seul Imprimeur du Roi et de la cour, chez la veuve Lecamus.

3. CHEFS DU MONITOIRE Que baille, devant vous, Messieurs les Capitouls, le procureur du Roi de la ville, etc. — A TOULOUSE, de l'imprimerie de la veuve de M* BERNARD PIJON, etc.

> Affiche in-f°.

4. MÉMOIRE POUR le Sieur Jean Calas, Négociant de cette Ville; Dame Anne Rose Cabibel, son Épouse; et le Sieur Jean-Pierre Calas, un de leurs Enfants. — A TOULOUSE, CHEZ J. RAYET, Imprimeur Libraire, à la Mère des Sciences et des Arts, Place du Palais.

> « On ne sait ce qui doit.... »
>
> *Signé :* Me SUDRE, Avocat.

> 104 p. 8° sans date. (Désigné ainsi dans les notes : Sudre, 1.)

5. OBSERVATIONS POUR le Sieur Jean Calas, la Dame de Cabibel, son épouse, et le sieur Pierre Calas, leur fils. MDCCLXII.

> « On a très-bien établi.... »
>
> *Signé :* DUROUX, fils.

> 72 p. 8° — Par M. de La Salle, Conseiller au Parlement de Toulouse — Voy. Court de Gebelin, *Toulousaines*, p. 141.)
> (Désigné ainsi dans les notes : La Salle.)

6. SUITE POUR LES SIEURS ET DEMOISELLE CALAS A TOULOUSE, chez la veuve J. P. ROBERT, Imprimeur Libraire, rue Ste Ursule, à St Thomas. MDCCLXII. —

> « L'équité n'est pas.... »
>
> *Signé :* Me SUDRE, Avocat.

> 56 p. 8° (Sudre, 2).

7. RÉFLEXIONS POUR les Sieurs et Demoiselle Calas. — A Toulouse, chez J. P. Faye, à la place Roubaix, près l'hôtel de M. le Premier Président.

> *Signé :* Me SUDRE, Avocat.
>
> 8 p. in-12. (Sudre, 3.)

8. MÉMOIRE JUSTIFICATIF POUR LE Sr LOUIS CALAS. — A TOULOUSE,

expliqué, à mesure que l'occasion s'en présentait, les abréviations qui se trouvent dans les notes de ce volume, et qui rappellent les documents imprimés que j'ai dû citer le plus souvent. — Comme on confond souvent les nombreux factums publiés dans cette cause, j'ai indiqué les premiers mots de chacun, qui les distinguent mieux que des titres souvent trop uniformes.

de l'Imprimerie de J. Rayet, à la Mère des Sciences et des Arts, place du Palais.

« J'ose encore me flatter.... »

12 p. 8° (Louis, 2).

9. MÉMOIRE DU SIEUR GAUBERT LAVAYSSE. — A TOULOUSE, chez JEAN RAYET, Imprimeur Libraire, etc.

« J'écris pour moi.... »

26 p. 8° (Lav. 1.)

10. MÉMOIRE DE Me DAVID LAVAYSSE, Avocat en la cour, pour le Sieur François-Alexandre-Gaubert Lavaysse, son troisième fils. — A TOULOUSE, de l'Imprimerie de Jean Rayet, Imprimeur Libraire. etc.

« C'est pour mon fils.... »

Signé : LAVAYSSE fils[1].

52 p. 8° (Lav. 2).

11. LA CALOMNIE CONFONDUE OU MÉMOIRE DANS lequel on réfute une nouvelle accusation intentée aux Protestants de la province du Languedoc, à l'occasion de l'affaire du Sr Calas, détenu dans les prisons de Toulouse.

« S'ils ont appelé le Père de famille Beelzébuth, com-
« bien plus traiteront-ils de même ses domestiques.
« Math. X, 25. »

Au Désert. — MDCCLXII.

« Le Christianisme naissant.... »

Par Paul Rabaut et La Beaumelle. 12 p. 4° (Cal. Conf.)

12. OBSERVATIONS SUR UN MÉMOIRE QUI PARAÎT SOUS LE NOM DE PAUL RABAUT, intitulé LA CALOMNIE CONFONDUE : « Ne dum tacemus, non verecundiæ, sed diffidentiæ causâ tacere videamur. St Cip. Epist. » — MDCCLXII.

« On avait laissé dans les ténèbres.... »

Par l'abbé de Contezat. 16 p. 8°. — S. l. n. d. (Contezat.)

13. ARREST DE LA COUR DE PARLEMENT du 6 mars 1762, QUI Condamne un Imprimé intitulé : La Calomnie Confondue, etc. Signé Paul Rabaut, à être lacéré et brûlé, et ordonne l'information contre ceux qui ont composé, écrit, imprimé et

_____

1. Étienne Lavaysse de Vidou, deuxième fils, Avocat au Parlement. Voir p. 31 de ce Mémoire.

débité ledit ouvage. — A Toulouse. De l'Imprimerie de la veuve de Me Bernard Pijon, etc.

8 p. 4°.

II. — DU SUPPLICE DE CALAS A L'ÉDIT DU CONSEIL QUI CASSE LES ARRÊTS DU PARLEMENT DE TOULOUSE (4 JUIN 1764).

14. Pièces Originales Concernant la mort des Sieurs Calas et le Jugement rendu a Toulouse.

« Toute l'Europe retentit d'une affaire.... »

(S. l. n. d.) 22 p. 8° contenant :

15. *a) Extrait d'une lettre de la Dame veuve CALAS* du 15 juin 1762.

« Non, Monsieur, il n'y a rien.... »

Avec des notes de Voltaire. (P. 1.-6.)

16. *b)* Lettre de Donat Calas, fils, a la Dame veuve Calas, sa mère. — De Châtelaine, 22 juin 1762.

« Ma chère infortunée et respectable mère.... »

Par Voltaire. (P. 7-22.)

17. A Monseigneur le Chancelier. — *De Châtelaine,* 7 juillet 1762.

Signé : Donat Calas.

Par Voltaire. 2 p. 8°. Lettre d'envoi des *Pièces originales* et de *la Requête au roi en son Conseil.*

18. Requête au Roi en son conseil, *Châtelaine 7 juillet* 1762.

Signé : Donat Calas.

Par Voltaire, 2 p. 8°.

19. Pièces Curieuses et Intéressantes *concernant* la famille Calas, qui ont été fournies par M. de Voltaire. — A Lausanne, chez Franç. Grasset et Comp. MDCCLXVIII.

108 p. in-18. Ce recueil contient :

a) La lettre de M. de Vol.... *à M. d'Am....*

(P. 1 à 16). Voir plus bas n° 38.

b) Un Avertissement historique.

(P. 17.)

20. *c*) Lettre de Donat Calas à l'Archevêque de Toulouse, datée de Châtelaine le 8 juillet 1762.

> Par Voltaire. (P. 18-27)

21. *d*) Lettre de M. N. N. à M. de Voltaire — à Aix, le 28 juin 1762.

> (P. 29-30.) M. N. N. *est un des plus grands seigneurs du Royaume* (?) Cette lettre et la suivante sont contre les Calas.

22. *e*) *Autre lettre écrite de Toulouse à Mademoiselle****.

> *Signée* : COUDER, Jurisconsulte.
>
> (P. 31-37.)

23. *f*) MÉMOIRE DE DONAT CALAS pour son père, sa mère et son frère. — Châtelaine, 22 juillet 1762.

> « Je commence par avouer.... »
>
> Par Voltaire. (P. 38-65.)

24. *g*) DÉCLARATION DE PIERRE CALAS. — Châtelaine 23 Juillet 1762.

> « En arrivant chez mon frère.... »
>
> Par Voltaire. (P. 66-81.) (Décl. P. C.)

25. *h*) HISTOIRE D'ÉLISABETH CANNING ET DE JEAN CALAS.

> « J'étais à Londres.... »
>
> Par Voltaire. (P. 82-90 et 90-106.)
> L'Ed. orig., en 21 p. 8°, est d'août 1762.
> Ces huit pièces sont insérées dans un récit abrégé des faits. La plupart des publications de Voltaire sur cette affaire ont été aussi imprimées dans le format in-8° et réunies sous le titre de : RECUEIL DE DIFFÉRENTES PIÈCES SUR L'AFFAIRE MALHEUREUSE DE LA FAMILLE DES CALAS. On trouve souvent, chez les marchands de vieux livres et dans les bibliothèques, ce recueil relié avec quelques-uns des *Mémoires* suivants.

26. MÉMOIRE A CONSULTER ET CONSULTATION POUR la Dame Anne Rose Cabibel veuve CALAS et ses enfants. — Paris 23 Août 1762. — De l'Imprimerie LE BRETON Imprimeur ordinaire du ROI 1762.

> « La plus infortunée.... »
>
> *Signé* : ÉLIE DE BEAUMONT (et 15 autres Avocats.)
>
> (Précédé d'un Avis de l'Imprimeur, 2 p. 8°)
> 70 p. 8°. (E. de B. 1.)

27. MÉMOIRE POUR Dame ANNE ROSE CABIBEL, veuve du Sieur JEAN CALAS, Marchand à Toulouse; LOUIS et LOUIS DONAT CALAS leurs fils, et ANNE ROSE et ANNE CALAS leurs filles,

Demandeurs en cassation d'un arrêt du Parlement de Toulouse du 9 mars 1762.

De l'Imprimerie de LE BRETON, etc. 1762.

« Jamais spectacle.... »

Signé : M⁰ MARIETTE, Avocat.

136 p. 8°. (Mar. 1.)

28. MÉMOIRE POUR DONAT, PIERRE ET LOUIS CALAS. — De l'Imprimerie de LE BRETON, etc.

« Un fils, accablé.... »

Signé : M⁰ LOYSEAU DE MAULÉON, Avocat.

63 p. 8° ou 65 p. 4° (L. de M.)
Par un artifice un peu puéril, on nomme ici les trois frères
dans l'ordre inverse de leurs âges. Louis inspirait si peu de sympathie, qu'on a voulu le désigner le dernier. Voltaire avait rendu
fort intéressant le petit Donat dont la simplicité et le cœur l'a-
vaient touché.
Ce Mémoire se trouve aussi parmi les *Plaidoyers* de Loyseau de
Mauléon. Paris, 1771 (t. 1ᵉʳ), qui ont été traduits en allemand,
Zurich, 1772.

29. RÉFLEXIONS POUR Dame ANNE ROSE CABIBEL, veuve du Sʳ JEAN
CALAS, Marchand à Toulouse, LOUIS et LOUIS-DONAT CALAS,
leurs fils; et ANNE et ANNE ROSE CALAS, leurs filles, Demandeurs en cassation d'un Arrêt du Parlement de Toulouse du
9 Mars 1762.

De l'Imprimerie de LE BRETON, etc. 1763.

« Il n'est personne.... »

Signé : M⁰ MARIETTE, Avocat.

10 p. 8°. (Mar. 2)

30. EXTRAIT *d'une lettre écrite en réponse à un chirurgien de Lyon,
par le Sieur Lamarque, chirurgien de Toulouse, au sujet de la
Digestion.*

Signé : LAMARQUE.

4 p. 4° S. l. n. d.

31. MÉMOIRE SUR UNE QUESTION ANATOMIQUE RELATIVE A LA JU-
RISPRUDENCE, Dans lequel on établit les principes pour distinguer, à l'inspection d'un corps trouvé pendu, les signes du SUICIDE d'avec ceux de l'ASSASSINAT. *Par M.* LOUIS,
*Professeur Royal de chirurgie, Censeur Royal, chirurgien
consultant des armées du Roi,* A PARIS, chez P. G. Cave-
lier, 1763.

54 p. 8°.
Lu à la séance publique de l'Académie royale de chirurgie le

jeudi 14 avril 1763. — Suivi de l'approbation de M. Pibrac, directeur de l'Académie royale de chirurgie.

Permis d'imprimer 29 avril 1763 *Signé* De SARTINE.

32. LETTRE écrite à un des principaux Magistrats du Conseil d'É-
tat, le 24 Déc. 1762 par la sœur ANNE JULIE FRAISSE, Religieuse de la Visitation de Ste Marie de Toulouse.

2 p. 8° S. l. n. d. — C'est la première des quarante lettres que
nous avons données plus haut.

33. OBSERVATIONS *pour la Dame veuve* CALAS *et sa famille*. —
De l'Imprimerie de LE BRETON, etc. 1764.

« La longueur inévitable.... »

Signé : Me MARIETTE, Avocat.

29 p. 8° (Mar. 3).

34. LES TOULOUSAINES OU LETTRES HISTORIQUES ET APOLOGÉTI-
QUES, En faveur de la Religion Réformée, et de divers Protestants condamnés dans ces derniers temps par le Parlement de Toulouse, ou dans le Haut - Languedoc. — A
ÉDIMBOURG (Lausanne).

Tantæne animis cœlestibus iræ ? Virg. Æneid.

Par Court de Gébelin. 1 v. in-12. 1763.
Cet ouvrage a paru en feuilles. Il y a deux tirages; l'un est
de 444 p.; l'autre, de 458, contient quelques courtes additions.
La dernière lettre est datée du 10 décembre 1762; mais Voltaire
fit prier Court de Gébelin de retarder la mise en vente, de peur
de nuire aux Calas.

III. — DE L'ARRÊT DU CONSEIL A LA FIN DU DIX-HUITIÈME SIÈCLE,

35. MÉMOIRE POUR la veuve CALAS et sa famille. — De l'Imprimerie De Grangé, rue de la Parcheminerie 1765.

« Enfin, après le plus sérieux examen.... »

Signé : Me MARIETTE, Avocat.

53 p. 8° (Mar. 4).

36. MÉMOIRE A CONSULTER ET CONSULTATION POUR LES ENFANTS DE
DÉFUNT JEAN CALAS, MARCHAND A TOULOUSE. — A Paris,
chez Merlin, Libraire, à l'entrée de la rue de la Harpe, en
venant par la rue de la Bouclerie MDCCLXV.

« Toute l'Europe est instruite du sort déplorable.... »

Signé : ÉLIE DE BEAUMONT.

8°, 28 p.; in-12°, 31 p. L'éd. 8° est signée de lui et de sept autres
avocats, le 22 janvier 1765.   (E de B. 2.)

Mme Calas, dans une note de sa main, où elle énumère les mémoires publiés en sa faveur, attribue celui-ci à Mariette qui est
un des neuf signataires.

37. MÉMOIRE DU SIEUR FRANÇOIS ALEXANDRE GUALBERT LA-
VAYSSE. — Paris, de l'imprimerie de Louis Collot, rue Dauphine MDCCLXV.

  « L'affaire des Calas.... »

  32 p. 8°. Autres Éd : 26 p. 4°. 31 p. 12°. (Lav. 3.)

38. LETTRE DE M. DE VOL.... A M. D'AM....

    Au château de Ferney, 1er Mars 1765.

  « J'ai dévoré.... »

    (Voltaire à Damilaville).
    16 p. in-18. (S. l. n. d. d'impression.)

39. LETTRE D'UN PHILOSOPHE PROTESTANT *à M. X. *** sur une
lettre que M. de Voltaire a écrite à M. d'Am.... à Paris, au
sujet des Calas.*

    Par Fréron.

    (ANNÉE LITTÉRAIRE, Mai 1765, t. III, p. 145.)

40. MÉMOIRE POUR Dame ANNE ROSE CABIBEL VEUVE CALAS ET
POUR SES ENFANTS, sur le Renvoi aux Requêtes de l'Hôtel au Souverain, ordonné par arrêt du Conseil du 4 juin
1764. — De l'imprimerie de Louis Collot, rue Dauphine.
MDCCLXV.

  « Il n'existe donc plus, ce jugement.... »
            Signé : ÉLIE DE BEAUMONT, Avocat.

    94 p. 12°. — 94 p. 8° (E. de B. 3.)
    La dernière page contient le RAPPORT du médecin et des chi-
    rurgiens, qui examinèrent le corps de Marc-Antoine Calas, daté
    du 14 novembre 1761.

41. JUGEMENT SOUVERAIN DES REQUÊTES ORDINAIRES DE L'HÔTEL DU
ROI, *Qui décharge* Anne Rose Cabibel, *Veuve de* Jean Calas,
Marchand à Toulouse; Jean-Pierre-Calas, son fils; Jeanne
Viguière, *Fille de service chez ledit Calas*, Alexandre-Fran-
çois-Gualbert Lavaysse, ET LA MÉMOIRE *dudit défunt* Jean
Calas, *de l'accusation contre eux intentée.* — Du 9 Mars 1765.
A PARIS, DE L'IMPRIMERIE ROYALE. 1765.

    (Éditions diverses en 14 p. 4°, — 39 p. 8°, — 35 in-12°.)

42. TRAITÉ SUR LA TOLÉRANCE, A L'OCCASION DE LA MORT DE JEAN
CALAS.

1763. — Sans indication de lieu. 183 p. 8°.

Par Voltaire. Écrit en 1762 et achevé en 1763 (voir une note du ch. XVII), répandu à petit nombre jusqu'après le jugement. En 1765, Voltaire fit réimprimer ce *Traité* avec un ARTICLE NOUVELLEMENT AJOUTÉ, *dans lequel on rend compte du dernier arrêt rendu en faveur de la famille des Calas.*

43. PROJET DE SOUSCRIPTION POUR UNE ESTAMPE TRAGIQUE ET MORALE.

> *Qualibus in tenebris vitæ quantisque periclis,*
> *Degitur hoc ævi quodcumque est.*

(10 ou 12 p. 8°.) Permis d'imprimer, ce 18 juillet 1765.

44. LETTRE DE M. LE MARQUIS D'ARGENCE, BRIGADIER DES ARMÉES DU ROI.

> Au château de Dirac, ce 20 juillet 1765.

(Réponse à la *Lettre d'un philosophe protestant* par Fréron indiquée plus haut n° 39.)

45. LETTRE A M. LE MARQUIS D'ARGENCE DE DIRAC.

> 24 Auguste 1765.

Par Voltaire. Ces deux lettres, en 8 p. in-12. S. l. n. d.

46. AVIS AU PUBLIC SUR LES PARRICIDES IMPUTÉS AUX CALAS ET AUX SIRVEN.

Par Voltaire. 34 p. 8° S. l. n. d.

47. LETTRE DE M. DE VOLTAIRE A M. ÉLIE DE BEAUMONT, AVOCAT AU PARLEMENT. DU 20 MARS 1767.

> « Votre mémoire.... »

2ᵉ Édition. 15 p. 8°. Le sujet de cette lettre est le procès de Sirven, mais elle contient sur les Calas des détails inédits.

48. DÉCLARATION DE JEANNE VIGUIÈRE, *Ancienne Domestique des Sieur et Dame CALAS de Toulouse, touchant les bruits calomnieux qui sont répandus sur son compte. Permis d'imprimer,* ce 9 *Avril* 1767. DE SARTINE. — De l'Imprimerie de P. DE LORMEL, rue du Foin.

8 p. in-8°. — On lit à la fin de cette pièce :
« N. B. Cette calomnie avait été publiée dans tout le Languedoc, et elle était répandue dans Paris par le nommé Fréron, pour empêcher M. de Voltaire de poursuivre la justification des Sirven accusés du même crime que les Calas. Tous ceux qui auront lu cette feuille authentique sont priés de la conserver comme un monument de la rage absurde du fanatisme. »

49. *Histoire de la délivrance de la ville de Toulouse, arrivée le 17 Mai 1562, où l'on voit la conspiration des huguenots contre*

les catholiques, leurs différents combats, la défaite des hugue-
nots et l'origine de la procession du 17 Mai, le dénombrement
des reliques de l'Église de Cernin (St Sernin) : le tout tiré des
annales de ladite ville.

> *Tantum religio potuit suadere malorum !*

> 1762. — Toulouse, chez Michel Sens, libraire, rue Saint-
> Rome.
> « L'historien, dans une préface très-judicieuse et bien écrite,
> « fait voir la nécessité de supprimer cette cérémonie, monument
> « trop durable du fanatisme et de la révolte. » *Mémoires secrets*
> (Bachaumont) T. 2, p. 190, 5 mai 1765.

50. HISTOIRE DES MALHEURS DE LA FAMILLE DE CALAS, etc.,
précédée de : *Marc Antoine Calas le suicidé à l'Univers*, Héroïde.

> Par Édouard-Thomas Simon — 1766. 8°.

Voir : Ersch. *France Littér.* I, 406 et II, 302, et Salvan (plus
bas, n° 89).

51. SENTIMENT POLITIQUE, etc.

> Cinq lettres contre les Calas citées dans Bachaumont (Mémoires
> secrets, au 29 oct. 1767, t. II, p. 186 (Éd. 1830).
> Peut-être est-ce l'écrit *imprimé à Toulouse* que Voltaire, vou-
> lant le montrer au rapporteur de l'affaire Sirven, à Chardon, de-
> manda à Moultou par lettre du 2 Déc. 1767 (Notre recueil) et le
> surlendemain au pasteur Olivier Desmons.

52. SERMONS PRÊCHÉS A TOULOUSE *Devant Messieurs du Parlement*
et du Capitoulat Par le Révérend Père APOMPÉE DE TRAGO-
PONE, *Capucin de la Champagne Pouilleuse.* — A ÉLEUTHERO-
POLIS chez JONAS FREETHINKER, Imprimeur et Libraire, Rue
de l'Antimoine, entre le Palais de la Raison et l'Église de
Notre-Dame des Lumières. 1772.

> 440 p. in-12. — Ce volume contient :

a) PREMIER SERMON Sur la mort de *Jean Calas* Vieillard infirme accusé par les bons Catholiques d'avoir pendu le
13 Octobre 1761 son fils aîné, jeune homme le plus adroit,
le plus fort et le plus robuste de la Province ; pour ce fait,
condamné à la question ordinaire et extraordinaire par arrêt
des Capitouls, lequel fut cassé et ensuite confirmé et aggravé
par arrêt du Parlement de Toulouse. Enfin ledit *Jean Calas*
condamné à être rompu vif, par arrêt de la même Cour du
9ᵐᵉ Mars 1762. — Avec des notes historiques et critiques de
l'Éditeur.

> NIHIL ORITURUM ALIAS, NIL ORTUM TALE FATENTES.

> (P. 1 — 226.)

b) SECOND SERMON *Prêché par le même, devant la même assemblée et à la même'occasion.*

(P. 227 — 378.)

c) COURTES RÉFLEXIONS SUR LES DEUX SERMONS PRÉCÉDENTS.

(P. 379 — 404.)

d) LETTRES. — *Les Lettres suivantes ont été écrites par un jeune homme nommé* Pagez, *Étudiant en droit à Toulouse, Parent de la famille Calas. Elles sont adressées à* Louis Calas, *le cadet des frères, lequel ayant changé de Religion était alors à la Dalbade, fameux couvent des PP. de l'Oratoire, près de Toulouse.*

(P. 405 — 440.)

Ce livre est un violent pamphlet de l'école de Voltaire. Les lettres, au nombre de 10 (avec les réponses) ne sont pas plus authentiques que les sermons. L'auteur, qui attaque le christianisme avec des quolibets, souvent indécents, et une érudition de dernier ordre, combat pour les Calas avec des assertions inexactes et des points d'exclamation.

53. *Lettres inédites de Voltaire* [1] recueillies par M. de Cayrol, publiées par M. A. François.

2 vol. in-8° 1856. — Paris, 2ᵉ Éd. 1860.

54. *Voltaire à Ferney*, par Evariste Bavoux et A. F.

1 vol. 8° 1858. Paris.
(Contenant, entre autres, sa correspondance avec la duchesse de Saxe-Gotha).

55. *Le dernier volume des Œuvres de Voltaire* par E. Didier.

1 vol. 8° 1862. Paris.

Les trois lettres à de Végobre que contient ce volume concernent la famille Calas et non les Sirven, comme le dit l'éditeur.

56. *Lettres inédites de Voltaire sur la tolérance*, publiées avec une introduction et des notes par Ath. Coquerel fils.

1 vol. in-12. 1863. Paris.'
(Calas, — Sirven, — les Galériens protestants, — Marthe Camp, — le passe-port du ministre Moultou, — Rippert de Montclar). Désigné dans ce volume par les mots : *notre Recueil.*

1. Nous n'indiquerons ici aucune édition des Œuvres de Voltaire, nous nous bornerons à ceux des recueils de ses lettres publiés de nos jours qui ont ajouté de nouvelles pièces au vaste dossier épistolaire de l'affaire Calas.

57. CONVENTION NATIONALE. — RAPPORT ET PROJET DE DÉCRET *Sur la proposition d'indemniser les enfants de JEAN CALAS, de la ruine que son procès leur a occasionnée, aux dépens de qui il appartiendra;* PRÉSENTÉS AU NOM DU COMITÉ DE LÉGISLATION PAR F. S. BEZARD, *Député par le département de l'Oise à la Convention Nationale.* — Séance du 23 pluviôse an 2 (11 février 1794). IMPRIMÉS PAR ORDRE DE LA CONVENTION NATIONALE.

> De l'Imprimerie Nationale.

> 12 p. 8°.

IV. — PIÈCES DE VERS.

58. *JEAN CALAS* A SA FEMME ET *A SES ENFANTS*, héroïde, par Blin de Sainmore, 1765. — Paris, de l'Imprimerie de SÉBASTIEN JORRY, rue et vis à vis la Comédie-Française, au Grand Monarque.

> *Tantum Relligio potuit suadere malorum.* Lucret. l. 1.

> 24 p. 8°. Cette *Héroïde*, qui a eu 4 éditions, a paru avec d'autres écrits du même auteur 1766-1768, 8°.

59. CALAS SUR L'ÉCHAFAUD A SES JUGES. [1] 1765. — Veuve Pierre.

> Bayonne et Paris.

> 8 p. 8°. Autre Éd. in-12.

60. L'OMBRE DE CALAS, *LE SUICIDE* A SA FAMILLE ET A SON AMI DANS LES FERS, — *précédée d'une lettre à M. de Voltaire.*

> A Amsterdam et se vend à Paris chez Cailleau, Libraire, rue du Foin-St-Jacques à St André. MDCCLXV.

> 16 p. 8°. par Pierre-Jean-Baptiste Nougaret, né à la Rochelle le 16 décembre 1742, mort en 1823. Voltaire lui écrivit le 20 avril 1765, en réponse à l'envoi de ces vers.

61. *LETTRE* D'UN COSMOPOLITE *A L'OMBRE DE CALAS* (sic). 1765.

> Par Bernard-Louis Verlac de la Bastide, Avocat à Nismes.
> 8 p. 8°.

1. Bachaumont (Mém. Secrets, t. I, p. 164), parle d'une héroïde où Barthe chante Calas, mais qui n'est pas encore publiée (12 janvier 1763); serait-ce *Calas sur l'échafaud?*

Ce titre est inexact ; les 2 premières pages sont une *Lettre d'un Cosmopolite à M. de Saint E****, 1er may 1763. Les 4 dernières pages contiennent une *Épître à l'ombre de Calas*. Voltaire remercia l'auteur de l'envoi de ces vers, le 17 mai 1765.

62. REQUÊTE AU ROI, POUR LA DAME VEUVE CALAS. — 1763 et 1764.

> 8 p. 4e et 8° (s. l. n. d.) En vers (par M. Le Roy).

63. ÉPÎTRE A M. DE VOLTAIRE, sur la réhabilitation de la Famille Calas, par la Harpe. — 1765.

> En vers libres (Dans ses *OEuvres*).

64. *Marc-Antoine Calas le suicide à l'Univers*, héroïde par E. T. Simon, voir plus haut, n° 50.

V. — THÉATRE[1].

65. CALAS OU LE FANATISME, Drame en quatre actes, en prose, par M. LEMIERRE D'ARGY, représenté pour la première fois, à Paris, sur le Théâtre du Palais - Royal, le 17 Décembre 1790. — *Quot victimæ in unâ!* (OVID.) — A Paris, au bureau des *Révolutions de Paris*, rue des Marais F. S. G. n° 20 — 1791.

> 120 p. in-8.
>
> (Précédée d'une Histoire abrégée de la mort de Jean Calas, tirée des OEuvres de Voltaire.)
> Lemierre d'Argy était neveu de l'Académicien.

66. JEAN CALAS, tragédie en cinq actes, en vers, représentée pour la 1re fois à Paris, sur le Théâtre de la Nation, par MM. les Comédiens Français, le 18 Décembre 1790. — Précédée d'une préface historique sur Jean Calas et suivie d'un nouveau Ve Acte. Par J. L. LAYA. — A Paris, chez Maradan et Perlet, rue St-André-des-Arts, hôtel de Château-Vieux, 1791.

> 116 p. 8°.

67. LA BIENFAISANCE DE VOLTAIRE, pièce dramatique en un acte, en vers, par M. VILLEMAIN D'ABANCOURT. Représentée pour la première fois sur le Théâtre de la Nation, le lundi 30 Mai 1791.

Tantum Relligio potuit suadere malorum. Lucrèce.

---

1. Pour les pièces de théâtre en langues étrangères, voir plus loin, 109, 121, 122.

(Dédiée aux mânes de Voltaire ; dédicace en vers.)

A Paris, chez Brunet, libr. rue de Marivaux, près le Théâtre Italien. 1791.

46 p. 8°.

68. JEAN CALAS, tragédie en cinq actes (en vers), par Marie-Joseph CHÉNIER, Député à la Convention Nationale, Représentée pour la 1ʳᵉ fois à Paris, sur le Théâtre de la République, le 6 Juillet 1791. (Précédée d'une lettre de M. Palissot sur la tragédie des Calas.)

A Paris, chez Moutard, Libraire Imprimeur, rue des Mathurins, section de Beaurepaire, n° 334. — 1793.

91 p. 8°. (Intitulée aussi : Jean Calas ou l'École des Juges.)

69. LA VEUVE CALAS A PARIS, ou le triomphe de Voltaire, pièce en un acte, en prose, par M. J.-B. PUJOULX, représentée sur le Théâtre Italien le 31 Juillet 1791.

J'ai fait un peu de bien ; c'est mon meilleur ouvrage.
                                                VOLTAIRE.

A Paris, chez Brunet, libraire, place du Théâtre Italien.

32 p. 8° — Voltaire est au nombre des personnages, quoiqu'il ne soit venu à Paris que seize ans après l'époque indiquée. On assure que cette pièce a été mise en musique et chantée au Théâtre Favart.

70. CALAS, Drame en trois actes et en prose, par Victor DUCANGE, représenté pour la 1ʳᵉ fois à Paris, sur le Théâtre de l'Ambigu-Comique, le 28 Novembre 1819 et repris à la Gaîté en 1841.

30 p. 8°.

71. UN DÉJEUNER A FERNEY EN 1765, ou la Veuve Calas chez Voltaire, esquisse dramatique en un acte et en vers, par Alexandre DUVOISIN-CALAS.

Le Mans. Imprimerie de Monnoyer. 1832.

48 p. 8°.

72. LA MORT DE CALAS, tragédie bourgeoise traduite du hollandais en français, par le Chevalier d'Estimanville de B. — A Leyde chez C. van Hoogeveen. 1780.

La Dédicace à *Madame veuve Calas, à ses enfants et à l'ami qui partagea leurs fers*, est datée de la Haye, le 1ᵉʳ juin 1780.
C'est une traduction libre et en prose de la tragédie *De Dood van Calas*. Voir plus loin n° 121.

73. Les Calas, drame en trois actes et en prose, par M. de Brumore, 1778. 8°. Berlin.

74. Les Salver, *ou la Faute réparée*, drame en 3 actes et en prose, par M. de Brumore, 1778. 8°. Berlin.

> M. Beuchot (Éd. de Voltaire, t. 4, p. 502) indique cette pièce comme se rapportant, ainsi que la précédente, à l'histoire des Calas. Je dois à M. Barbier la communication d'une note manuscrite de M. Beuchot, qui confirme ce renseignement; M. Beuchot avait vu les deux pièces de Brumore dans la fameuse Bibliothèque théâtrale de M. de Soleinne.

VI. — DIX-NEUVIÈME SIÈCLE.

75. Jean Calas ou l'innocent condamné, suivi *Du récit de la* condamnation injuste de plusieurs Victimes du fanatisme, de l'intolérance, de la superstition ou de l'erreur, par A. S.

> Quand le juste opprimé périt sans défenseur,
> La honte doit tomber sur le juge oppresseur.
> (Chénier, *tragédie de Calas.*)

A Paris, chez Figer, Imprimeur Libraire, rue du Petit Pont, n° 10.

> 108 p. in-18°. S. d.
> (Avec un frontispice. Voir n° 137.)

76. Histoire de la Ville de Toulouse, *depuis la conquête des Romains jusqu'à nos jours*, par J. B. S. D'Aldéguier. — Toulouse, 1835.

> 4 vol. 8°. Voir T. IV, pages 297 à 315 et les notes p. 18 à 31.
> Ce même récit a paru dans la *Mosaïque du Midi*. 4e année, p. 151 et suiv.

77. Histoire des Églises du Désert, par Charles Coquerel, — Paris, 1841.

> 2 vol. 8° (t. 2, p. 304-341.)

78. Histoire des Pasteurs du Désert, par Napoléon Peyrat. — Paris, 1842.

> 2 vol. 8°.

79. Histoire Politique, Religieuse et Littéraire du midi de la France *depuis les temps les plus reculés jusqu'à nos jours*, par Mary Lafon. — 1841.

> 4 Vol. 8°. (T. IV, p. 325-356.)

32

80. Histoire Générale de Languedoc *par Dom Claude de Vic et Dom Vaissette, Religieux Bénédictins de la Congrégation de St Maur*, commentée et continuée jusqu'en 1830, par le chevalier Al. du Mège. — Toulouse, 1846.

> 10 vol. 8°. (T. 10, p. 565-580.)

81. Le Procès Calas, *Compte-rendu de la Procédure conservée aux archives de l'ancien parlement de Toulouse*, lu le 7 Décembre 1854, à la rentrée solennelle des conférences des avocats stagiaires, par Me Théophile Huc, avocat près la Cour impériale de Toulouse, Docteur en Droit. — Paris, Libr. Ch. Douniol, rue de Tournon, 29.

> 32 p. 8°. — Extrait du *Correspondant*, t. 35, 5e livraison, 25 février 1855; reproduit aussi dans le journal *l'Univers*.

82. Procès-verbal inédit *de la question et de l'exécution de Jean Calas père.*

> Publié dans les *Petites Causes célèbres du jour*, par Frédéric Thomas, avocat à la Cour impériale. Paris, 1855. Septième volume, p. 287.

83. Voltaire et les Genevois, par J. Gaberel, ancien pasteur. — Genève, 1856. (Deuxième édition 1857.)

> 1 vol. 12°.

84. Guide dans Toulouse, par Le Blanc du Vernet (1857).

> 1 vol. 12°.

85. Les Parlements de France, Essai historique sur leurs usages, leur organisation et leur autorité par le Vicomte de Bastard d'Estang, etc., conseiller à la cour impériale de Paris. — Paris 1857.

> 2 vol. 8°. (Voir le t. I, p. 383-414.)

86. Causes célèbres de tous les peuples, par A. Fouquier [1]. Cahier 8, ou 36e Livraison.

> Calas, Sirven, De la Barre. — 32 p. in-folio, dont 30 consacrées à Calas. — Illustré de 7 gravures sur bois, dont une reproduit *l'estampe* d'après Carmontelle et une autre représente la scène apocryphe de Jean Calas sur la charrette du bourreau bénissant sa maison.

87. La Famille Calas ou les Victimes du Fanatisme (Roman) par Clémence Robert.

> Dans le *Journal à cinq centimes*.
>
> 23 févr. à 18 mai 1861.

---

1. Nous indiquons seulement pour mémoire d'autres recueils de *Causes célèbres* : La Ville 1770, t. 1er (ou in-12, t. IV), et *St Edme* t. 1er, p. 451.

88. LA FAMILLE CALAS par la même (première partie du même ouvrage) 1863 Arnauld de Vresse.

> 1 vol. 12°.

89. HISTOIRE DE JEAN CALAS A TOULOUSE d'après la procédure authentique et la Correspondance administrative, par l'abbé SALVAN, chanoine honoraire de Toulouse.

> (Réponse au présent ouvrage). Toulouse, 1863. 1 v. 12°.

90. LES CLIENTS DE VOLTAIRE, discours à la conférence des avocats le 28 Décembre 1868 par Mᵉ Raoul Calary (*Le Droit*, 1ᵉʳ janvier 1869).

VII. — ANGLETERRE[1].

91. ORIGINAL PIECES *relative to the Trial and execution* of M. CALAS, merchant in Toulouse. — Londres, 1762.

> 8° (Becket.)

92. HISTOIRE D'ÉLIZABETH CANNING ET DE JEAN CALAS. — MÉMOIRE DE DONAT CALAS, pour son Père, sa Mère et son frère — Déclaration de PIERRE CALAS. Avec les pièces originales concernant la mort des Sʳˢ Calas, et le jugement rendu à Toulouse. Par M. de VOLTAIRE. — A Londres, chez JEAN NOURSE, libraire, dans le *Strand*. 1762.

> 59 p. 8°.

93. A TREATISE ON TOLERATION, *occasioned by the death of* J. CALAS. — London 1763.

> Trad. de Voltaire.

94. A CRITICAL EXAMINATION *of the evidence for and against the prisoners* P. CALAS, his mother, etc. — London, 1764.

> 8° (Whitridge.)

95. LETTRE DE M. DE VOL.... A M. D'AM.... *sur deux événements tragiques en* FRANCE *du même temps ; dans la persécution des*

---

1. Voltaire faisait écrire à Mme Calas par Wagnière le 14 sept. 1762 (voir Notre Recueil) : « Les mémoires préparatoires qu'on a imprimés sont traduits actuellement en allemand, en anglais et en hollandais ; le public a prononcé en faveur de l'innocence ; le conseil la vengera. » Il est probable qu'une partie de ces traductions ont échappé à nos recherches.

deux familles de CALAS *et de* SIRVEN *pour cause de* RELIGION.
Genève (Londres). — 1765.

16 p. 18°.

96. AN ADDRESS TO THE PUBLIC upon the parricides imputed to the
families of Calas and Sirven. — 1767.

Trad. de Voltaire.

97. THE HISTORY OF THE MISFORTUNES OF JOHN CALAS, A VIC-
TIM TO FANATICISM, *to which is added a letter from M. Calas
to his Wife and children.* — *Written by Monsieur* DE VOL-
TAIRE.

Printed by T. Sherlock near Southampton Street, Strand 1772
(Tout en anglais, sauf la Lettre en vers de Blin de Sainmore, 8 pages. Voir plus haut, n° 58.) En tête se trouve,
en IV pages : *List of the nobility and gentry who have subs-
cribed to relieve the family of Calas.* Cette liste, ouverte par
les noms de la Reine et de l'Archevêque de Cantorbéry,
porte ceux de 10 Évêques, de 79 *Lords* et de 47 *Gentlemen.*

IV, 33 et 8 p. 8°.
Autre édition : même titre.
    *London, printed by J. Cooper, Bow Street, Covent Garden, for
    Louis Calas.* 1789. 55 p. 8°.
        Après 27 pages de récit en anglais, on lit en français : *His-
    toire des malheurs de la famille de Calas, suivie d'une lettre d*^{e}
    Jean Calas à sa femme et à ses enfants. L'Histoire n'occupe que
    4 pages. L'héroïde de Blin de Sainmore (qui n'est pas nommé)
    se trouve à la suite, et la pièce de vers intitulée *Calas sur l'é-
    chafaud à ses juges* termine le volume.

98. *Gentleman's Magazine*, t. XXXII, p. 509 (long récit de l'affaire
Calas), t. XXXIV, p. 54, t. XXXV, p. 143, t. XLIV, p. 118,
t. LVII, p. 337, t. XLV, p. 722.

99. *London and St James Chronicle.*

A SUBSCRIPTION is Humbly requested for the Unhappy
FAMILY of CALAS.

    O England ! can you hear a good man groan and not relent
    or not compassion him ? (*sic*)

                        SHAKESPEARE.

On ajoute que les dons sont reçus par M. Dubisson (*sic*)
at his house in Mortimer street, Cavendish square et
chez T. Beck et P. A. de Hondt, libraires. Les dons et
les noms des donateurs seront publiés dans les journaux.

    (Nous avons publié cette pièce, très-probablement émanée de
    Louis Calas, dans l'appendice de notre recueil de Lettres inédites
    de Voltaire, p. 303.)

VIII. — ALLEMAGNE[1].

100. *Literarischer Anzeiger*, Gœttingen 1763.

101. *Nova Acta Historiæ Ecclesiasticæ.*

Weimar, 1764. — T. IV (ou n° 30), p. 183-207 et p. 748-794.

102. LEBEN UND TOD *des zu Toulouse* unschuldig gerichteten JOHANN CALAS, nebst dem über ihn gesprochenen Urtheil, aus dem franzœsischen. — Francfurt und Leipzig. 1767.

16 p. 4°.
(Il est probable, d'après la préface, que cette publication a été continuée.).

103. — La lettre de Mme Calas et celle de Voltaire sous le nom de Donat ont paru en allemand à Berlin en 1763.

104. HENKE. — *Allgemeine Geschichte der christlischen Kirche.*

T. VI, p. 288.

105. HENKE. — *Kirchengeschichte des* 18ten *Jahrhunderts.*

T. 2.

106. VON EINEM. — *Versuch einer Vollstændigen Kirchengeschichte des* 18 ^ten *Jahrhunderts.* — Leipzig, 1778.

T. 2.

107. ERSCH UND GRUBER. — *Allgemeine Encyclopædie.* — Leipzig. 1825.

4° Sect. I, t. XIV, p. 104. — Article de Baur.

108. — HERZOG. — *Real-Encyklopædie für Protestantische Theologie und Kirche.* — Stuttgard und Hamburg.

22 vol. gr. 8° 1854-1868 (t. 2, p. 495-498. Art. de M. G. von Polenz).

109. C. F. WEISZE. Der Fanatismus oder Jean Calas, ein Trauerspiel. (Drame historique en 5 actes.) — Leipz. 1780.

Tantæne animis cœlestibus iræ!

Et dans le recueil de ses tragédies, Carlsruhe. 1782. T. 3, p. 99.

110. *Geschichte der neuesten Weltbegebenheiten.*

T. Ier.

1. Cette liste allemande est sans doute fort incomplète. Nous y avons porté quelques journaux et recueils qui indiquent au moins que l'on s'est intéressé aux Calas au delà du Rhin.

111. *Litteratur und Theater Zeitung.* 1780. L. 26 und 28.

112. *Biographien hingerichteter Personen.*

> T. 3, p. 326-348.
> Cette notice est une traduction des documents publiés en France.

113. Lic. th. W. Mangold, a. prof. der Theol. zu Marburg. — *Jean Calas und Voltaire.*

> Ein Beitrag zur Geschichte des Kampfes um die Toleranz, Kassel, 1861, 50 p. in-8°.

114. Dr Herzog. *Die Familie Calas und Voltaire der Retter ihrer Ehre.*

> Dans le Zeitschrift für die historische Theologie; zweites Heft., Gotha, 1868, p. 218-264.

IX. — HOLLANDE.

115. Pièces Originales *Concernant la mort* des Srs Calas *et le jugement rendu à Toulouse.* — A Amsterdam, chez *Magerus* et *Harrevett*; à Haarlem, chez *J. Bosch*; à Leyden, chez les Frères *Luchtmans*; à Rotterdam, chez *J. D. Beman*; à la Haye chez *Pierre Gosse* Junior et *Daniel Pinet.* 1762.

> 29 p. in-12.
> Il existe une autre édition d'Amsterdam contenant la lettre de Mme Calas, et celle de Donat à sa mère. 1763, Schneider.

116. Innocence et supplice de Jean Calas, *négociant à Toulouse.*

> 24 p. in-12. Réimpression hollandaise de l'histoire d'Élizabeth Canning et de Jean Calas.

117. Mémoire de Donat Calas, pour son *père, sa mère et son frère.*

118. Déclaration de Pierre Calas.

> Réuni au précédent en 40 p. in-12°.

119. Mémoire pour Donat, Pierre et Louis Calas, *au sujet du jugement rendu à Toulouse, contre le Sieur JEAN CALAS leur Père, Par Monsieur* Loyseau de Mauléon, *Avocat au Parlement de Paris.*
    Imprimé sur la copie de Paris.

> A La Haye chez Daniel Aillaud, Libraire. 1763.
>
> 88 p. in-12.

120. Memorie voor Donat, Pierre en Louis Calas, ter Zaake van het vonnis te Toulouse uitgesproken tegen de Heer Jean Calas, hunnen Vader. Door de Heer Loyseau de Mauléon, Advocaat in het Parlement van Parijs. Uit het Fransch vertaald Door de Heer E. Bs. — In S'Gravenhage Bij Daniel Aillaud en Hendrik Bakhuijzen, Boekverkopers, 1763.

121. De Dood van Calas, treurspel in drie bedrijven, door van Hoogeveen Jr. — Leyde. 1766.

> Cette tragédie, en 3 actes et en vers, a été traduite en français. (Voir plus haut, n° 72.) Calas meurt au 2e acte, David devient fou au 3e acte et se tue.
> Les personnages sont : 1° David de Beaudrigne, 2° sa femme, 3° le président Puget, 4° Lasbordes, 5° Boissy, 6° Coudougnan, 7° Gauzan *juges*, 8° Jean Calas, 9° Mme Calas, 10° Jean-Pierre, 11° Lavaysse, 12° André, ami de David, 13° le père Bourges, confesseur. Personnages muets : Cassan-Clairac, rapporteur, Senaux, Cassan de Jotte, Darbou, Desinnocents, Bojat, de Cambon, Miramont, juges. Jeanne, vieille servante.

122. Jean Calas, treurspel in vijf bedrijven door Brendes a Brandis (*secr. Maatschappij voor t' nut van t'algemeen*).

Amsterdam 1781, chez Wijnand Wijnands.

> Traduction ou imitation de la tragédie de Weisze (Voir plus haut n° 109). Suivie d'une Notice sur l'histoire des Calas, par le même auteur.

123. Histoire de la délivrance de la ville de Toulouse etc. (Voir n° 49). — Amsterdam, chez Marc Michel Rey 1765.

> 52 p. 8.

124. Ad Jvdices Tholosanos, senis innocvi JOANNIS CALASI CARNIFICES.

> Pièce de vers latins signée PETRVS BVRMANNUS, secundus.
> Lvgdvni Batavorum apud Petrum van der Eyk, 1765, 8 p. in-4.

125. Prof. Domela Nieuwenhuis, *Geschiedenis der Christelyke Kerk in Tafereelen.*

> T. V. p. 91. sq.

126. Jean Calas en zijn huisgezin, *geschiedkundige studie naar de oorspronkelijke bescheiden bewerkt*, door Athanase Coquerel, Jr. Nieuwe uitgaaf (nouvelle édition). Amsterdam, K. H. Schadd, 1863.

> Traduction du présent ouvrage.

X. — ESTAMPES [1].

127. *a*) LA MALHEUREUSE FAMILLE CALAS. La Mère, les deux Filles, avec Jeanne Viguière, leur bonne servante, le Fils et son ami le jeune Lavaysse.

> Qualibus in tenebris vitæ quantisque periclis
> Degitur hoc ævi quodcumque est. *Lucret.*

> *Avec privilége du Roi.*
> L. C. De Carmontelle *delineavit* 1765. — DELAFOSSE *sculpsit.*

> In-folio en largeur. (Reproduite en tête de ce volume.)
> On a de cette planche deux états différents ; dans l'un le mot *sculpsit* se termine par un *t* simple ; dans l'autre par un *t* suivi d'un crochet.

b) Même pièce, Copie 1785.

c) Même pièce, même titre, sans l'indication du nom du graveur. Reproduction en sens inverse avec cette épigraphe :

> *Dans les ténèbres la vérité perce, et cependant elle est outragée.*

d) Même pièce, même titre. Réduction, les figures tournées du même côté que dans l'original.

> *L. C. de Carmontelle del. — Peter Gleich sculp.*

> Petit in-4° en largeur.

128. *a*) LES ADIEUX DE CALAS A SA FAMILLE. *Dan. Chodowiecki fec.* 1767.

> Jean Calas est assis ; son fils Pierre lui baise la main ; une de

---

1. J'ai vu la plupart de ces pièces au *Cabinet des Estampes* de la Bibliothèque Impériale ou dans la magnifique collection historique de feu M. Hennin qui, comme M. Achille Devéria, avait facilité mes recherches avec une bienveillance que j'aime à rappeler.

Je dois des indications utiles et nombreuses à M. Henri Vienne, capitaine au 1er régiment de hussards, qui a fait une étude spéciale de l'*Iconographie* de l'affaire des Calas.

Un inventaire rédigé après le décès de Mme Calas nous apprend qu'elle avait dans son salon et que ses filles conservèrent trois tableaux qui étaient leurs portraits au pastel. Il serait intéressant de découvrir ce que ces trois portraits sont devenus. Nous savons seulement que le moins précieux, celui de Rose, était, il y a trente ou quarante ans, dans la famille du docteur Varnier.

ses filles est à genoux et l'entoure de ses bras ; l'autre, debout, appuie sa tête contre celle de son père. Un geôlier est occupé à ouvrir les fers qu'il a aux pieds. Mme Calas est évanouie dans un fauteuil, devant lequel une Bible est ouverte sur un guéridon ; Lavaysse et Jeanne Viguier lui font respirer des sels. De l'autre côté, deux soldats qui gardent la porte introduisent un moine [1].

Dans ce premier état, le moine porte une calotte et un rosaire, la tête est moins éclairée, et surtout la planche moins surpassée.

Au bas, en marge, les six vers suivants :

Infortuné Calas ! Famille désolée !
Qui ne compatirait à vos vives douleurs ?
L'Univers voit en vous l'innocence immolée ;
Mais s'il ne peut, hélas ! que vous donner des pleurs,
La vérité n'est pas dans tous les temps voilée,
Chés la postérité vous aurez des vengeurs.

Grand in-f° en largeur. N° 48 de l'œuvre de Chodowiecki, décrit par Jacoby. Berlin, 1808.

b) Même pièce, même date.

La planche est plus finie ; la tête du moine plus ombrée, coiffée d'un capuchon ; le rosaire a disparu.
Au bas on lit :

« Je crains Dieu.... et n'ai pas d'autre crainte. »
Inv. peint et gravé par D. Chodowiecki à Berlin 1768.

c) Même pièce 1768.

Plus finie encore en quelques endroits.

d) *Der Abschied des Calas von seiner familie.*

Dem Herrn Daniel Chodowiecki zugeeignet.

1. Cette scène est imaginaire. Il n'est pas vrai que Calas ait revu sa femme ni ses enfants avant de mourir. Il n'est pas douteux que la figure de Jean Calas, souvent reproduite depuis, ne soit également de convention. Chodowiecki lui a donné des traits qui rappellent d'une manière frappante ceux de ses enfants. Mais c'est là une erreur ; car son fils Pierre et les deux sœurs ressemblaient beaucoup, tous trois, à leur mère, ce qu'il est très-facile de vérifier dans l'estampe n° 127, que nous avons reproduite. Cette ressemblance est assez marquée pour n'être pas contestable. Mais il n'est pas à croire que le type de figure de Mme Calas, si reconnaissable chez ses enfants, fût aussi celui de leur père, dont il n'existe aucun portrait authentique.

Ce double motif, le caractère tout à fait imaginaire de cette scène et de la principale figure, nous a décidé à ne point reproduire cette estampe qui n'a rien d'historique, quoiqu'on la considère en général comme le pendant de celle de Carmontelle.

Durch dessen ergebensten Diener u : Freund. Joh. Elias
  Haid.
Nach dem original Gemâhlde von gleicher Gröse (sic)
     Daniel Chodowiecki pinxit. —
     Joh. Elias Haid sculpsit. Aug. Vind. 1777.

     In-f° en largeur.

e) Même sujet, même titre.

     Daniel Chodowiecki inv. et delin.
Andreas Leonhard sculpsit et excudit. Norimb. 1790.

     In-f° en largeur.

f) Même sujet.

     Nach Chodowiecki gestochen

     On lit au haut: 5ter *Aufzug.* 5ter *Auftritt.* Cette gravure a été
faite pour une pièce de théâtre, probablement pour celle de
C. F. Weisze, voir plus haut: 109.
     In-12 en hauteur.

129. *a*) *Les Adieu (sic) de Calas.*
     Joh. H. Lips. sculp. 1778.

     Le groupe du père et de la jeune fille, en bustes, emprunté au
sujet précédent, dans un médaillon rond équarri.
     A l'angle supérieur sont les chiffres suivants, XIV, p. 68. Je ne
sais à quelle collection ils se rapportent.
     In-4° en longueur.

b) *Les Adieu de Calas, nach Chodowiecki (sic).*

     Reproduction de la même estampe. Même format.

c) Copie

     Barlad sculp.

     In-8°.

d) Copie

     Boulay del. *Barbaut* sc. (sur bois).

     In-4°.

130. Les adieux de Calas a sa famille.

     Vignette gravée au bistre par E. Hemme d'après Agram, en
hauteur.
     Un prisonnier jeune, dans les bras duquel se jettent trois
femmes. Figures, costumes, tout est de pure fantaisie.

131. CALLAS (sic).

     L. Buchhorn dir.

Zwickau, b. d. Gebr. Schumann.

Portrait de Calas gravé sur cuivre.

> C'est la figure imaginée par Chodowiecki dans *les Adieux* Calas lève les yeux au ciel. Il porte le bonnet de prisonnier. — De 3/4, à gauche.

132. Portrait de Voltaire.

Dessiné et gravé à l'eau forte par Queverdo. — Terminé par Massol.

> Médaillon rond, sur un socle qui renferme une réduction de l'estampe de Chodowiecki, avec le titre et l'épigraphe de l'original. On lit au-dessus du portrait :
>   ..... *Qu'il ne soit qu'un parti parmi nous,*
>   *Celui du bien public et du salut de tous.*
> Au-dessous sont figurées les Œuvres de Voltaire avec cette inscription :
>   *La loi, dans tout état, doit être universelle ;*
>   *Les mortels, quels qu'ils soient, sont égaux devant elle.*
> In-4° en hauteur.

133 *a*) LES EFFETS DE LA SENSIBILITÉ SUR LES QUATRE DIFFÉRENTS TEMPÉRAMENTS.

Non omnes pariter tanta infortunia terrent.
D. Chodowiecki del.

> Quatre personnages examinent un tableau placé sur un chevalet C'est l'estampe n° 128, les *Adieux de Calas à sa famille.* Le bilieux s'emporte, le sanguin pleure, le mélancolique, les bras pendants, parait atterré ; le lymphatique est un gros homme assis et immobile qui regarde avec une sorte de curiosité flegmatique.
> Qu'on ait choisi ce sujet comme type des impressions variées que produit un même fait sur les divers caractères, c'est un indice assez curieux du grand retentissement qu'eut cette affaire et de la sympathie générale qu'on accordait aux Calas.
> In-18 en largeur.

b) Même sujet.
D. *Chodowieki (sic) del.*   *Joh. H. Lips. fec.*

> In-12 en largeur.
> Pièce gravée pour les *Essais physiognomoniques de Lavater.* Le tableau des *Adieux* est au trait et divers accessoires manquent.

c) Même sujet, même format que le précédent. Copie presque au trait.

> Mauvaise reproduction.

d) Le *Magasin pittoresque* (1865, p. 49), a reproduit cette composition.

134. *a*) Le *Déjeuné de Ferney.*

De Non, d'après nature à Ferney, le 4 Juillet 1775. — Gravé

*par Née et Masquelier, même année. Se vend à Paris chez
les Auteurs, rue des Francs-Bourgeois près l'Arquebusier,
Pte St Michel.*

> Médaillon ovale, petit in-4° en largeur.
> Voltaire est à demi couché sur son lit. Mme Denis est assise à son
> chevet devant un guéridon sur lequel le déjeuner est servi ; der-
> rière elle est une jeune servante. Au pied du lit, M. de Laborde,
> fermier général [1], assis dans un fauteuil, parle avec vivacité. Le
> Père Adam, debout derrière lui, joint les mains, comme saisi par ce
> qu'il entend. En dedans des rideaux du lit, à la place où les catho-
> liques suspendent un bénitier ou un crucifix, est placée l'estampe
> de la *Malheureuse famille Calas* (n° 127) dans un cadre. Elle est
> très-facilement reconnaissable malgré sa petitesse, et le nom de
> Calas s'y distingue nettement.

b) Même sujet, titre et format, à l'eau forte pure.

135. LE TRIOMPHE DE VOLTAIRE.

> *Inventé, dessiné et gravé par A. Duplessis, peintre et gra-
> veur d'histoire, d'après le tableau original peint par lui-
> même, qui est au cabinet de Voltaire.*

> In-f° maximo en largeur.
> Vaste et très-médiocre composition, où Mme Calas, ses filles, son
> fils, Lavaysse et Viguière paraissent parmi les accusés que Voltaire a
> défendus. Les figures sont imitées d'après les portraits de Carmon-
> telle (n° 127).

136. Gravure au burin, pour l'héroïde de Blin de Sainmore (voir
plus haut : 58).

> *Ch. Eisen inv.*   *E. de Ghendt sculp.*

> Elle représente le magasin de Calas. Le corps de Marc-Antoine
> est étendu sur des ballots d'étoffes, la corde au cou. Sa mère se pen-
> che sur lui, et s'efforce de le rappeler à la vie. Le père au désespoir,
> lève au ciel ses mains jointes en poussant des cris violents. Un jeune
> homme qui entre, une chandelle à la main (Pierre ou Lavaysse),
> s'arrête épouvanté. Les habits du mort sont pliés sur le comptoir.
> Un tabouret renversé, le billot, la corde coupée, indiquent comment
> le suicide a eu lieu.
> In-8° en hauteur.

137. Frontispice de l'ouvrage intitulé : *Jean Calas ou l'innocent
condamné*, par A. S. (Voir plus haut, n° 75.)

> Cette mauvaise gravure représente Voltaire accueillant une femme
> qui semble être en deuil et que suivent un homme et une autre
> femme.
> A gauche, un échafaud surmonté d'un gibet, etc., que foudroie
> du haut du ciel un Génie ailé, armé d'une épée et d'un bouclier à
> tête de méduse. Aucune des figures, pas même celle de Voltaire, ne
> sont des portraits.

_____

1. C'est une note de *S. Cole.* (*Mss.* 5884 *au British Museum*) qui m'a
fait connaître le nom de ce personnage, en qui j'avais cru deviner le docteur Tronchin.

138. *Voltaire promettant son appui à la famille Calas* (Éloge de Voltaire par la Harpe).

> *Bergeret pinx. et del. — Lith. de C. de Last.*

> Voltaire déjeune sous un arbre, devant sa porte, avec une jeune femme qui lit (Mme de Villette?). Une carriole couverte vient de s'arrêter; trois femmes en deuil, couvertes de longs voiles, un homme et une jeune servante en sont descendus et implorent Voltaire; une des femmes est à ses genoux. Voltaire les accueille, et en signe de protection, il étend sur leurs têtes inclinées sa main qui tient une plume. A l'exception de sa figure, toutes les têtes sont purement imaginaires.
> In-4° en largeur.

139. *Quatre scènes d'une pièce de théâtre sur Calas.*

> Suite d'estampes cataloguées sous le n° 610 de la seconde vente Laterrode (20 Déc. 1858. Vignères, expert).

140. *Gravure de l'époque de la Révolution.*

> Delaunay, de Flesselles, Berthier, Foulon, chacun portant sa tête au bout d'une pique, veulent entrer dans la barque de Caron qui refuse de les y recevoir; il n'accueille que le pendu Remy François.
> On voit, sur la rive opposée du Styx, Calas, parmi d'autres victimes de l'ancien régime.
> (Voir *Histoire de la Société Française pendant la Révolution* par MM. de Goncourt. In-12, p. 256.)

141. *Portrait en pied de l'acteur Villeneuve, rôle de Calas, dans le mélodrame de Ducange.*

> On lit en haut : « VILLENEUVE, Ambigu. » — En bas : « *Calas*, pièce de ce nom. »
> L'acteur lève les yeux et les bras vers le ciel.
> In-12 en longueur.

142. Les sept gravures sur bois du 8e cahier des *Causes Célèbres*. (Voir plus haut le n₀ 86.)

> Représentant : 1re Mme Calas essayant de secourir le suicidé. — 2e Calas découvrant son fils pendu. — 3e Calas, sur la charrette, bénissant sa maison. — 4e *L'estampe* d'après Carmontelle. — 5e L'exécution. — 6e Évanouissement de Lavaysse. — 7e Un vieillard dans les fers.

XI. — JOURNAUX ET RECUEILS PÉRIODIQUES.

Nous avons essayé de donner l'énumération complète des publications spéciales auxquelles a donné lieu l'affaire Calas. Mais il serait très-long, difficile, et au fond peu utile, de retrouver tous les articles de journaux, de revues, de dictionnaires historiques, de recueils de *Causes célèbres*.

Il suffira de quelques indications sommaires.

Tous les journaux de l'époque ont retenti de cette cause, dès que Voltaire l'eut prise en main. Il faut consulter sur ce sujet la *Correspondance littéraire de Grimm*, celle *de Diderot*, celle de *La Harpe*, les *Mémoires Secrets de Bachaumont*, l'*Année littéraire de Fréron* et surtout le *Journal Encyclopédique* dont le principal rédacteur, Pierre Rousseau de Toulouse, défendit les Calas, correspondit avec Voltaire et répondit, le 15 juin 1764, par une lettre importante (t. 4, 3ᵉ partie, p. 124) à celle qui avait paru, contre les Calas, sous les initiales de Mme de M.

Plusieurs des brochures que nous avons signalées ont été insérées dans un recueil, voltairien par le titre non moins que par le contenu, l'*Évangile du jour*, Londres (Amsterdam), 1769-1778, (Telles sont les lettres du marquis d'Argence de Dirac et la réponse de Voltaire, la déclaration juridique de Jeanne Viguier, t. 3, p. 21, 46.)

Une feuille qui paraissait à Toulouse sous le titre d'*Affiches, Annonces et Avis divers*, contient aussi quelques renseignements (20 mars 1765, etc.)

Une prétendue lettre de Lefualde-Conté à Spalingrier (Toulouse, mars 1762), contenant un récit tout à fait imaginaire du supplice de Calas, a été publiée d'abord par une revue anglaise, *the Metropolitan*, traduite dans le journal français *le Temps* (31 mars 1831) et reproduite, sous toutes réserves, dans le *Bulletin de la Société de l'Histoire du Protestantisme français* (t. 3, p. 626). C'est une pièce sans aucune valeur, œuvre d'un faussaire ou d'un romancier, mais conçue dans un sens entièrement favorable à Calas.

Le dernier recueil cité contient (t. 4, p. 239 et suiv.) UNE LETTRE INÉDITE DE ROUSSEAU ET 19 DE VOLTAIRE AU SUJET DE LA RÉHABILITATION DE CALAS. Nous avons fait usage des dernières, mais le correspondant du *Bulletin* s'est trompé, quant à la lettre de Rousseau; elle est antérieure de 15 jours au suicide de Marc-Antoine, et se rapporte au procès du pasteur Rochette et des trois frères De Grenier; c'est à eux que Rousseau refusa le secours de sa plume avec un égoïsme à peine déguisé.

Le *Journal Général* a publié en 1837 deux articles, suivis de deux autres en avril 1843, dans la même feuille, paraissant sous le titre qu'elle porte encore aujourd'hui, *le Droit*. L'auteur anonyme de ce double travail était M. Amédée-Thomas Latour, substitut du procureur général, puis juge au tribunal de première instance à Toulouse, auteur d'une brochure sur *le Parlement, la bazoche et le barreau de Toulouse*. M. Thomas Latour est mort en 1856. Il tenait de M. le marquis de Latresne, ancien procureur général au Parlement de Toulouse et de M. le marquis de Catelan, ancien avocat général à la même Cour, la tradition, hostile aux Calas, qui s'était perpétuée au sein de la magistrature toulousaine.

Lorsque parut la brochure de M. Huc, en 1855, les feuilles ultra-catholiques, telles que l'*Univers*, le *Correspondant*, adoptèrent le travail de cet avocat, et à Toulouse, un journal intitulé *l'Aigle* se prononça dans le même sens; c'est ainsi que la culpabilité des Calas se trouva proclamée de nouveau par les feuilles périodiques.

Nous ne citerons plus que le *Dictionnaire de la Conversation*; l'article *Calas* est de M. de Pongerville, de l'Académie française. La juste indignation de l'auteur en racontant cette tragique histoire a nui, non-seulement au ton général de sa notice, qui est violent, mais à la précision et à l'exactitude de son récit.

XII. — DESIDERATA.

Malgré des efforts longtemps soutenus, nous ne sommes pas arrivé à établir une liste tout à fait complète des publications auxquelles le procès Calas a donné lieu.

1° Nous n'avons pu nous procurer la *Lettre de Mme de M*** de Toulouse au sujet du malheureux Calas*. Nous ne savons où ni sous quelle forme elle a paru.

2° Voltaire se plaint quelque part d'un jésuite irlandais (est-ce Needham?) qui, *dans la plus insipide des brochures*, traite d'*ennemis de la Religion* les défenseurs des Calas et les Maîtres des Requêtes qui les ont absous. — Nous n'avons trouvé ni cette *insipide brochure*, ni aucun renseignement sur cet écrit ou sur son auteur.

3° J'ai eu le regret de ne pouvoir trouver à la Bibliothèque de l'Arsenal une liasse classée autrefois par les soins de feu M. Vieillard, depuis Bibliothécaire du Sénat, et qui contenait une lettre autographe de M. de Morlhon [1], et un imprimé, qui doit être un écrit satirique contre les magistrats de Toulouse et paraît distinct de ceux que j'ai indiqués plus haut. Malgré l'extrême obligeance de M. Vieillard, qui a bien voulu m'accompagner dans mes recherches, la liasse égarée n'a pu être retrouvée.

---

1. Barnabé de Morlhon, premier président-présidial, juge-mage et lieutenant-général-né en la Sénéchaussée de Toulouse. — Il se pourrait que Blin de Sainmore, qui a été conservateur de la Bibliothèque de l'Arsenal, et qui est l'auteur de la lettre de Calas à sa femme et à ses enfants (voir ci-dessus n° 58), eût réuni quelques pièces sur les Calas.

4° M. le marquis de Catelan, ancien avocat général au Parlement de Toulouse, mort pair de France en 1838, s'était occupé de recherches sur l'affaire Calas. Nous doutons que son travail ait été achevé; quoi qu'il en soit, il n'a point paru. Il a montré un jour à M. Moquin-Tandon des pièces inédites (au moins alors) sur l'affaire Calas, et entre autres une lettre du Père Bourges.

5° La correspondance de M. Dumas, qui reçut chez lui à Paris les demoiselles Calas, avec Debrus, et peut-être quelques autres pièces, se trouvaient, en 1857, à Romainmôtiers, et bientôt après à Montreux, dans le canton de Vaud, entre les mains de M. de Bray. Je n'ai pu voir ces papiers.

FIN.

TABLE ANALYTIQUE.

---

pète des fragments de *Hamlet* et du *Sidney* de Gresset, 51. — Sa colère contre Louis devenu catholique, 49, 63. — Sa mélancolie, 53 ; niée par M. Huc, 52 ; affirmée dans le Moniteur, *ib.*; par Pierre, *ib.*; par Lavaysse père, 124. — Sa réponse à Viguière, 52, 75. — Sa répugnance pour le commerce, 48. — Ses fautes, *ib.* — Ses funérailles, 105-111. — Ses parents calomniés à son sujet, 152. — Ses lectures, 50. — Ses prétentions, 50.— Son âge et son caractère, 46. — Son corps porté au Capitole, 27. — Son costume pareil à celui de Louis, 56. —Son entretien avec Challier, 53, 165, 166. — Son idée de se faire pasteur, 165, 166. — Son intolérance, 49. — Traité *très-tendrement* par son père, 40. — Trouvé sans vie au milieu de sa famille, 21. — Vu dans les églises catholiques, 159-162.

Marie Leczynska (la reine), 242, 254.

Mariette, avocat célèbre, se charge de la cause, 226.— Ses factums, 235, 249.

Marron (le pasteur), III, 240.

Mary Lafon (M.), contre les Calas, 363.

Massaleng, veuve, témoin, 155.

Mathey, témoin, 152.

Maupeou, accueil qu'il fait à Mme Calas, 240, 256. — Mande Mme Calas, 255. — Sa réponse aux maitres des requêtes, 255, 263.

Maurepas (comte de), ministre, 263. — Sa lettre à Mme Calas, 368.

Mercadier, Dlle, et deux autres témoins, 146.

Meynier (M. Ch.), IX.

Micault de Souleville (le père), témoin, 140.

Michelet (M.—), 333.

Midi de la France, foyer d'hérésie, 3.

Mignot (l'abbé), neveu de Voltaire. — Mme Calas lui est adressée, 235. — Porte à Sellières le corps de son oncle, 275.

Miroix, témoin, 50.

Moniteur. — Appel des Calas contre le, 129. — Ce que c'était, 89. — *Fulminé*, 95. — Illégalité du Moniteur, 92, 96. — Ne pouvait désigner les personnes, 93. — Nombreuses publications et fulminations du Moniteur, 95, 97, 130.— Personne n'ose soutenir l'appel, 129. — Sanctionné après coup par l'official, 130.—Texte du Moniteur contre les Calas, 94.

Montbel (Mme de), supérieure de Saint-Pantaléon, 310.

Montesqueu, témoin, 166.

Montesquieu, cité, 90.

Montfort (Simon de), 6.

Montluc, 11.

Montpellier (le présidial de), fait saisir les mémoires des avocats, 236.

Monyer, assesseur des Capitouls, 22.— Calomnié et poursuivi comme favorable aux Calas, mais disculpé par un arrêt, 120.

Moquin-Tandon (M.), XVI, 470.

Morand (Pierre), bourgeois hérétique, 5

Morlhon (B. de —), 511.

Moultou (Paul), correspondant et ami de Voltaire, 217, 219, 235.

Nanette (Anne Calas), plus tard Mme Duvoisin, 66. — Calomniée indignement à Toulouse, 292. — Écrit à Griolet, 282. — Enlevée de nuit par la maréchaussée et enfermée à la Visitation, 283. — Est bien traitée à la Visitation, 286. — Libérée et envoyée à Paris chez la dame Dumas, 288, 290. — Mort de son mari, 294.—Porte au président d'Auriac la lettre de la sœur Fraisse, 288. — Sa mort, 295. — S'enfuit à Mautauban avec sa sœur après l'exécution de son père, 282. — Ses enfants, 293. — Son mariage, 291.— Son portrait par Grimm et par la sœur Fraisse, 66.

Nautonnier (Mlle de), 385, 471.

Niquet (le Président, 448.

Ordonnance criminelle de 1670, 27, 28, 93, 114, 115, 116, 127, 170.

Pagès, témoin, 145.

Parlement de Toulouse. — Assemblée secrète, 257. — Casse l'arrêt des Capitouls, 128. — Sa colère, 242. — Sa précipitation, 129. — Sa réponse à l'arrêt du grand conseil 242. — Ses excès de pouvoir contre le duc de Fitzjames, 131.

Pénitents (confréries des), inventées à Toulouse, 7.

Pénitents blancs (archiconfrérie des), au convoi de Marc-Antoine, 105. — Célèbrent pour lui un service fastueux, 106.—Les pénitents et Mme Calas, 108. — Leur lutte contre les Calas, 110. — Leur suppression en 1792, 111. — Prétexte de la cérémonie célébrée en l'honneur de Marc-Antoine, 106. — Voltaire (sur les), 110.

Pérès (Jean), faux témoin, 149.

Petit (Jeanneton), histoire controuvée de, 149.

Peyronnet, chirurgien, 28.

Pfeffel, 479.

Philippe Auguste, 6, 18.

Philippe le Bel, 9.

Pie IV, 12.

Piéges tendus aux accusés dans les in-terrogatoires, 98.

Pierre Calas abjure, 205, — arrive à Ge-nève, 229. — Condamné au bannisse-ment à vie *pour les cas résultant du procès*, 207.— Considéré comme l'as-sassin par David, 53. — Convient naïvement de sa médiocrité d'esprit et de caractère, 54. —Demeure incar-céré dans un couvent 209.—Ferme la porte de la maison en rentrant pour souper, 77. — Interrogé longuement par Voltaire, 230. — Laisse une chan-delle allumée dans la maison, 25. — Pierre et Lavaysse découvrent le cada-vre, leurs cris, 78. — Pierre perd la tête, 79.—Pourquoi le rapporteur con-clut aux galères contre lui, 207. — Propos qu'on lui avait prêté, 206. — Sa lettre au P. Bourges, 209. — Sa mort, 276. — S'évade du couvent quatre mois après son incarcération, 209. — Son établissement de com-merce, 271 et 467.—Son mariage, 272

Plan de ce livre, 431.

Planet (Demoiselle), témoin, 155.

Platte, témoin, 160.

Plougoulm, VI, 319.

Poirson (lettre de), 198, 199, 210.

Polenz (G. von —), cité, 321.

Pompadour (Mme de—), 221.

Pongerville, 298.

Popis, témoin, 138.

Pouchelon (Dlle), témoin, nie avoir dit ce qu'on lui prête, 139, 145.

Poyet (le chancelier —), 114, 444.

Praslin (duc de—), 231, — accueil qu'il fait à Mme Calas, 240.

Prêtres et moines tous érigés en juges d'instruction, 92. — Aucun ne peut affirmer que Marc-Antoine voulût abjurer, 155.

Preuves (classifications des —), 169.

Prévost-Paradol, 332.

Prise à partie projetée des Capitouls et du Parlement, 251, 257, 259.

Privat (feu M. —), IX.

Procession du 17 mai, 12, 15, 256.

Protestants accusés d'assassiner leurs enfants catholiques, 101,— par l'abbé de Contezat dans une brochure, 186, — par l'abbé Dugué, 97, 347, —par la rumeur populaire, 23, — par le clergé dans le Moniteur, 101, — par le prési-dent Du Puget, 26, 173, — par M. De-bru, 148. — Animosité contre les—, 147.

—Conséquences qu'on tire du préjugé répandu sur les protestants, 172.—Droits des enfants protestants contre leur père, 57. — Émigration à Nî-mes et hors du royaume, 211. —Juste indignation que leur cause le Moni-toire en France et à l'étranger, 101, 176. — Leur joie à la nouvelle de la réhabilitation, 262. — Leur re-connaissance envers Voltaire, 262. — Ne pouvaient avoir de domestiques protestants, 44. — Professions qui leur étaient interdites, 48. — Quel-ques-uns croient au crime des Calas, 235. — Terreur que cause parmi eux le supplice de Calas, 231.

Pujoulx.—*La veuve Calas à Paris*, 298.

Rabaut (Paul — XIII) dénoncé à Saint-Priest par Lamoignon qui désire qu'on ne sévisse pas, 316, 354. — *La Calomnie confondue*, 175. — La viva-cité de cet écrit est blâmée par les collègues de —, 178.— Remet un pla-cet à M. de Paulmy, 356. —Sa lettre à Bonrepos, 187. — Son admirable *Mémoire* justificatif, 186. —Son por-trait par Saint-Priest adressé à La-moignon, 356.

Rabelais, cité, 10.

Raymond V, 5.

Raymond VI, 6.

Raymond VII, 6, 9.

Read (M. —), VII.

Recolement, 114.

Regnier (l'abbé —) félicite Mme Calas, 241.

Réhabilitation, 251.

Reprocher un témoin, 114.

Requête, ne peut être présentée, pour-quoi, 120. — Pour récuser David et Chirac, 120.

Résumé des témoignages devant les Capitouls et le Parlement, 168.

Retentum, 199.

Ribotte-Charron, 218, 455.

Richelieu (le maréchal duc de —) écrit au sujet des Calas à Voltaire, 220. — Voltaire lui présente Pierre, 232.

Rochechouart (Cte de—), cité 113, — écrit à Saint-Florentin, 123, 352.

Rochette, dernier pasteur martyr, 15, 16, 53, 179, 185.

Rose Calas, 65. — Enfermée au couvent de N.-D. de la rue du Sac, 285. — Se trouve mal à Versailles, 241.

Rougemont, 466.

Rougian, huissier, témoin, 107.

Rousseau (J. J.) rend hommage à Ca-las, 235.

FIN DE LA TABLE ANALYTIQUE.

TABLE DES MATIÈRES.

PIÈCES JUSTIFICATIVES.

LETTRES DE LA SŒUR A.-J. FRAISSE.

NOTES.

BIBLIOGRAPHIE.

FIN DE LA TABLE DES MATIÈRES.

10757 — Imprimerie générale de Ch. Lahure, rue de Fleurus, 9, à Paris.